전쟁 유전자

전쟁 유전자

전쟁의 생물학적 기원과 더 나은 세계로 가는 길

2011년 4월 28일 초판 1쇄 찍음
2011년 5월 4일 초판 1쇄 펴냄

지은이 | 말콤 포츠, 토머스 헤이든
옮긴이 | 박경선

편 집 | 김희중, 오정원
관 리 | 이영하
영 업 | 우현권

종 이 | 세종페이퍼
인 쇄 | 미르인쇄
제 본 | 은정제책

펴낸이 | 장의덕
펴낸곳 | 도서출판 개마고원
등 록 | 1989년 9월 4일 제2-877호
주 소 | 서울시 마포구 공덕1동 105-225 2층
전 화 | (02) 326-1012
팩 스 | (02) 326-0232
이메일 | webmaster@kaema.co.kr

ISBN 978-89-5769-121-2 03300

* 책값은 뒤표지에 표기되어 있습니다.
* 파본은 구입하신 서점에서 교환해 드립니다.

• 이 도서의 국립중앙도서관 출판시도서목록(CIP)은 e-CIP 홈페이지(http://www.nl.go.kr/ecip)와 국가자료공동목록시스템(http://www.nl.go.kr/kolisnet)에서 이용하실 수 있습니다. (CIP 제어번호: CIP2011001782)

전쟁 유전자

SEX and WAR

말콤 포츠 · 토머스 헤이든 지음 | 박경선 옮김

전쟁의 생물학적 기원과 더 나은 세계로 가는 길

개마고원

차례

• **일러두기**

1. 본문의 각주는 모두 원저자의 주이며, *, **, *** 순으로 표시했다. 옮긴이 주는 따로 표시했다.
2. 본문의 인용문 중 [ ] 표시는 원저자의 첨가이다.
3. 책과 신문은 『 』로, 논문과 기사는 「 」로, 음악과 영화 등은 〈 〉로 표기했다.

독자에게

초창기에 나는 산부인과 및 가족계획 분야의 일 덕분에 전세계의 수많은 나라들을 가볼 수 있었고, 그 가운데는 전쟁이나 폭력 분쟁이 막 휩쓸고 지나간 나라도 많았다. 그곳에서 전쟁 중에 자행되는 강간의 참상과 그 모든 유혈 사태 뒤에 여성과 그 가족이 감당해야 하는 끔찍한 상황들을 목격했다. 찰스 다윈과 생물학적 진화에 매료되었던 것은 자그마치 30여 년 전까지 거슬러 올라간다. 그러나 내가 진화적 행동과 전쟁을 연계시켜 생각하기 시작한 것은 UC 버클리로 오고 나서, 그로부터 15년이 지난 뒤였다. 나는 인간과 기타 영장류가 분쟁 상황에서 보이는 행동에 관한 책들을 닥치는 대로 읽었고, 우리 호모 사피엔스가 동종의 다른 인간을 향해 가하는 폭력에 대한 글을 쓰기 시작한 것이 바로 이 책의 시발점이 되었다. 이 책을 쓰기 시작하던 당시, 아내 마사 캠벨은 인간 폭력에 관한 내용을 다룬 내 초고를 볼 때마다 이렇게 말하곤 했다. "하지만 다 남자들이 하는 짓이라고요." 아내는 내가 집필 중인 책이 사실상 인간 폭력에 관한 것이라기보다는 남자들의 행동에 관한 것이라는 의견이었다. 이 책 전반에 걸쳐 마사의 통찰은 아주 중요하게 작용했고, 여성에 관해 집중적으로 다룬 두 장(6장과 13장)은 그녀와 공동 집필하기도 했다.

수많은 나라에서 일할 수 있었던 것은 큰 행운이었으며, 아마도 더 큰 행운은 서로 다른 다양한 분야에서 즐거움과 만족을 느낄 수 있었다는 점일지 모른다. 나는 늘 인생에서 내가 하려고 하는 일이 무엇인지 확실히 알았지만, 언제나 결과적으로는 완전히 다른 일을 하게 되곤 했다고 내가 가르치는 학생들에게 이야기하곤 한다. 나는 어렸을 때 지금은 랭커스터 대학의 동물학과 교수가 된 우리 형 빌에게 과학을 많이 배웠다. 형은 내가 우연히 발견해 들고 온 죽은 동물의 뼈대를 표백해 짜 맞추는 법을 가르쳐주었으며, 제2차 세계대전 당시 평소에 보기 힘든 귀한 음식이었던 크리스마스 저녁 만찬에 오른 닭을 가지고 그렇게 한 적도 있었다. 학창 시절 꿈은 고고학자가 되는 것이어서 케임브리지에서 역사학으로 학위를 받았지만, 그 뒤 의학으로 전공을 바꿨다. 의과대학 재학 당시에는 신경과 전문의가 되고 싶었지만, 그 후 내 관심은 산부인과 쪽으로 향했다. 산부인과 교육을 받는 동안에는 잠시 발생학 분야 연구를 한 적도 있다.

뜨거운 열정이 나를 인도했던 적이 크게 두 차례 있었는데, 그 첫 번째는 20대 때의 일이었다. 젊은 의사였던 나는 노스 미들섹스 병원에서 근무하던 당시 밤마다 잘못된 낙태 시술로 인한 가슴 아픈 사례를 여러 차례 마주치게 되었고, 수술실에서 이 여성들을 진료해야 했다. 당시, 미국의 일부 주에서는 피임조차도 불법이었고, 영국 내 수많은 가정의들이 미혼 여성에게는 경구 피임약을 처방해주지 않던 시기였지만, 여성들이 가족계획을 선택할 수 있도록 돕고자 혼신의 힘을 다했다. 1968년, 나는 런던에 본부를 둔 국제가족계획연맹의 초대 의료부장에 임명됐다. 제2차 세계대전 중에 성장한 나는 집을 떠나 버스로 몇 시간 이상의 거리도 이동한 적이 없었고, 프랑스조차도 너무 멀어 갈 수 없는 나라로 느껴졌다. 그런데 이제 내가 하는 일 덕분에 전 세계 구석구석 안 가는 곳이 없게 되었다. 10년 뒤 나는 미국으로 건너가 40개국에서 가족계획 사업을 진행 중인 국제가족건강기구라는 인도주의 단체의 총재로 일하게 되었고, 그곳에서 나는 연구원 시절 알고 지냈던 친구인 로저 쇼트와 다시 만났다. 그는 코끼리, 캥거루, 영장류 및 기타 동물들의 생식 분야에서 세계 최고의 전문가 중 한 명이다. 우리는 이 기구에서 가족계획뿐 아니라 에이즈 예방을 위해서도 함께 노력했다. 뿐만 아니라 로저는 다윈주의 진화론이 제시하는 통찰에 대한 내 열정에도 불을 지펴주었다. 이 두 번째 열정은 서서히 무르익었지만, 첫 번째 열정만큼이나 내 세계관을 완전히 변화시켰다. 이제 꽃을 피우기 시작한 진화심리학이라는 학문은 내게 인간의 폭력과 성적 행동에 관한 수수께끼를 풀어갈 수 있는 더 나은, 새로운 방법을 제시해주고 있다. 각자 제인 구달을 만난 적이 있는 로저와 나는 제인 구달과 리처드 랭엄 같은 다른 과학자들이 침팬지 행동과 관련하여 발견한 사실들에 완전히 매료되었다.

역사, 고고학, 동물학 분야에 대한 관심, 그리고 대도시에서 만난 전문가들뿐 아니라 오지에서 가난한 이들과 함께 일하고 세계 각지를 여행하며 얻은 경험이 한데 통합되었고, 내 생각은 다음의 한 가지 질문으로 수렴되기 시작했다. '우리 인간은 굉장히 큰 두뇌를 지닌 고도로 사회적인 동물임에도 불구하고, 왜 그토록 많은 에너지를 한 가지 일—같은 인간들을 의도적·조직적으로 살해하는 일—에 쏟고 있는가?' 이 책은 바로 그 질문에 답하고자 하는 노력의 연장선상에 있으며, 그에 대한 대답은 흥미로운 만큼이나 매우 중요한 의미를 지닌다고 믿는다.

이 책을 쓰기 시작한 지 몇 년이 흘렀을 때, 운 좋게도 나는 『US 뉴스 앤 월드 리포트U.S. News & World Report』에 실린, 전쟁의 생물학적 근원과 사회적 발달에 관한 토머스 헤이든의 놀라운 글을 읽게 되었다. 그는 생물학을 공부한 뒤 전문 기자 겸 작가가 된 사람이었고, 전쟁의 본질에 관해 나와 상당히 비슷한 견해를 가지고 있는 듯했다. 내 부탁으로 그는 이 이야기를 들려주는 작업에 동참했고, 우리 둘 다 독자 여러분이 그 결과물을 즐겁게 읽어주길 바란다. 1993년 출판을 함께 시작한 이래로 내가 기꺼이 '지옥에서 온 편집자' 라고 불렀던 내 아내이자 UC 버클리 교수인 마사도 이 책의 집필에 동참했으며, 그녀는 여성에 관한 내용을 집중적으로 다룬 두 장에 초점을 맞추어 작업했다.

그 밖에도 이 책이 나오기까지 중요한 도움을 준 많은 이들이 있다. 제2바티칸 공의회 자문위원이셨던 고 프랜시스 제비어 머피 신부님은 피임과 관련된 가톨릭 신학에 대한 내 이해의 폭을 크게 넓혀주셨다. 그런가 하면, 1998년경 UC 버클리 역사학과 교수이자 법률가, 군사 전문가인 톰 반즈와 함께 강의를 하는 행운을 누리며 군사軍史 분야에 관한 내 지식이 폭증—적절한 표현인지는 모르겠지만—할 수 있었다. UC 버클리 재직 당시 우리는 그 공동 강의를 '사랑 대신 전쟁' 이라고 장난 삼아 부르곤 했다. 또한, 에리트레아에서 보건부 장관으로 있었던 15년 동안 에티오피아와의 극렬한 전쟁의 최전방에서 AK-47과 청진기를 번갈아 써야 했던 경험을 들려줬던 아세포 테케스테 박사에게도 심심한 감사를 표한다. 그리고 해방 전쟁의 사상자들을 치료하기 위해 영국에서의 일자리를 떠나 모국 방글라데시로 돌아왔던 자프룰라 초두리 박사와 여느 전쟁 못지않게 치열했던 이란-이라크 전쟁 당시 의사로 일했던 이란 마샤드의 하미드 타라바티 박사에게도 감사를 전하고 싶다. 그리고 지금은 세상을 떠나고 없는 이들도 있다. 제2차 세계대전에 참전했던 미 공군 앤드류스 장군에게는 독일 상공에서 B-17을 조종했던 경험에 대해 얼마나 더 묻고 싶었는지 모르고, 그리고 밥 그린블랫 박사로부터는 가미가제 공격에서 살아남았던 이야기를 좀 더 꼼꼼히 챙겨 들었어야 했다는 아쉬움이 남는다. 그리고 우리 아버지와 형에게도 공을 돌리고 싶다. 아버지, 1939년과 1940년의 영국 공군 복무에 관해 좀 더 구체적인 질문들을 더 많이 던질 걸 그랬어요. 그리고 톰 형, 1949년 인도 분할 당시 난민 보호 활동이나 한국 전쟁 참전 경험에 대해 날카로운 질문을 더 많이 했어야 했다는 생각이 들어.

내 견해에 비판적인 의견을 제시하기도 하고 내가 미처 찾지 못한 참고문헌을 조사해주었던 대학원생들에게도 큰 빚을 졌다. 마이크 무산테, 안젤라 첸, 벤 벨로우스, 모라 그라프, 브랜든 스완스페거, 그리고 지금은 미 해군에 복무 중인 조지프 콜란젤로에게 고마운 마음을 전한다. 그리고 많은 친구들과 동료들이 원고에 대해 다양한 의견을 준 것도 큰 도움이 되었다. 오클랜드의 스티브 델 박사, 샌프란시스코의 톰 홀 박사, 도쿄의 에드 스팀 박사, 버클리대 조지 울프 교수, 워싱턴의 브래들리 셰어 박사, 그리고 죽은 닭의 뼈를 재구성하는 데 달인이었던 그 시절 이후—긴 장화를 신고 헤집고 다니며—큰 고래도 복원해냈던, 우리 형, 영국 랭커스터 대학의 윌리엄 포츠 교수에게도 감사하고 싶다.

공동 저자인 톰은 그의 아버지인 서스캐처원 대학 역사학과의 마이클 헤이든 교수에게 감사의 말을 전하고자 한다. 마이클 헤이든 교수는 초기 집필한 몇 장의 초고를 읽고, 톰에게 구체적인 사실의 정확성을 늘 강조해주셨다. 또한 그의 어머니 고 조운 헤이든 여사는 무엇보다도 사람이 가장 중요함을 그에게 늘 일깨워주셨다. 톰의 아내이자 동료 저술가인 에리카 체크 헤이든은 조언자이자 지지자로서 톰에게 가장 큰 힘이 돼주었다. 이 책에서 가장 중요하다고 생각되는 사진자료들을 찾는 데 도움을 준 톰의 동료 켈리 크라우스와 로렌 스톡바우어에게도 나와 톰이 함께 감사의 말을 전하고 싶다.

지금까지 내가 집필하고 편집한 십여 권의 책들은 주로 대학 출판사나 학술 전문 출판사에서 나왔다. 그러나 이번 책은 다르다. 이 책의 폭넓은 관점과 광범위한 분야에서의 관련성은, 나날이 제한된 분야의 지식 창고가 되고 있는 출판사와는 잘 어울리지 않았다. 글렌 예페스와 벤벨라 북스를 만나게 된 것은 큰 행운이었다. 벤벨라 북스는 출판의 양보다 질을 더욱 중시하며, 독자들에게 즐거움과 지적 자극을 함께 전달할 수 있는 내용을 소개하기를 주저하지 않는 출판사다.

궁극적으로 책은 다른 저작물, 실제 사례, 발견 사항 등을 통해 시공을 초월해 영향을 미치고 있는 수천 명이 함께 쓰는 것이라 할 수 있다.(물론, 우리의 실수나 불찰의 책임을 이들 과거의 실력자들이나 그들에게서 얻은 우리의 영감에 돌릴 수는 없다.) 『전쟁 유전자』를 탈고하면서, 내가 어린 시절에 흥미를 가졌던 모든 것과 세계 각지에서 만난 선생님, 책, 친구, 동료들로부터 얻은 지식, 그리고 슬프고, 즐겁고, 참담했던 갖가지 모든 경험이 어떻게 완전히 새로운, 흥미진진한 방식으로 한데 뭉쳐졌는지 깨달을 수 있었다. 이 세계가 처한 현실을 생각하면 초조한 기분이 되기는 하지만, 인간의 생물학적 유산을 제대로 이해한다면 각 개인으로서나 인간이라는 하나의 종으로서나 인류가 과거보다 한층 밝은 미래를 만들어나갈 것이라는 굳은 희망 역시 아직 버리고 싶지 않다.

I
성과 폭력

올닛 씨, 본성은 이 지구상에서 인간이 초연해야 할 대상이에요.

— 로즈 세이어(캐서린 햅번 분)의 대사, 〈아프리카의 여왕〉, 1951년 작

탁자 위로 열쇠를 던지며 보건부 장관이 말했다. "2단 기어는 고장 났소." 나는 단지 수술 합병증이 생기면 이떻게 발견할지 알고 싶었을 뿐이지, 건물 밖에 구급차를 세워두라는 부탁을 한 것은 아니었다. 이 건물은 우리가 강간 피해 여성들을 위한 보호소로 바꾸어 사용하고 있는 곳이었다. 당시는 독립 전쟁 직후인 1972년 방글라데시였고, 나는 힘든 직무를 수행 중인 초청 방문객 신분이었던 관계로 구급차로 개조한 랜드로버 한 대와 운전수 한 명을 구할 수 있었다. 2단 기어는 그 장관이 말한 대로였다.

전쟁이 빚어낸 결과를 접할 기회가 너무도 많았던 내 인생에서도 역사상 최악의 조직적 여성 강간 사례로 기록될 법한 이 사태를 목격한 것은 전쟁에 관련된 가장 충격적인 경험이었다. 1947년 단일 국가로 출범한 파키스탄은 동과 서로 나뉘어져, 사실상 적대적 관계인 인도 영토를 사이에 두고 1600킬러미터가량 떨어져 있었다. 이 두 지역은 동일한 이슬람교 신앙을 공유하고 있었지만 언어와 문화 면에서는 완전히 분리되어 있었다. 동파키스탄이

방글라데시로 독립을 추진하자 인종적으로 섞여 있는 서파키스탄은 분리 독립을 막기 위해 벵골 지역 동단東端으로 군대를 이동시켰고 매우 격렬한 전쟁이 뒤따랐다. 파키스탄군은 민간인을 표적으로 삼아 남자는 사살하고 여자는 강간했다. 인도는 동파키스탄 편을 들며 전쟁에 개입했고, 1971년 12월 마침내 서파키스탄군이 항복하면서 동파키스탄은 방글라데시로 독립하게 되었다. 나는 그 직후, 조직적 강간으로 임신하게 된 여성들을 최대한 돕고자 하는 인도, 방글라데시, 호주, 미국, 영국 출신의 의사들로 구성된 의료진을 인솔했다. 여러 달에 걸쳐 우리는 그 피해 여성들에게 수백 건의 수술과 낙태 시술을 해주었다. 당시 내가 목격했던 아픔과 치욕, 이루 말할 수 없는 고통은 그 이후 평생 내 머릿속을 떠나지 않았고, 성, 전쟁, 인간 본성에 대한 생각에 지속적인 영향을 미쳐왔다.

이 책은 전쟁에 관한 책이다. 또한 공포와 잔혹성, 생물학적 기원, 그리고 잔혹하고 악랄하며 파괴적인 집단 폭력의 오랜 역사에 관한 책이기도 하다. 아마도 가장 중요한 것은, 단지 인류가 얼마만큼 바닥까지 추락할 수 있는지뿐만 아니라, 어떻게 이런 지경까지 왔으며 그에 대해 과연 우리는 무엇을 할 수 있는지 알아보는 것이다. 동물의 왕국에서는 좀처럼 찾아보기 힘든 이런 동종 살해는 그러한 성향을 보일수록 그렇지 않은 이들보다 다음 세대에 유전자를 전달할 가능성이 더 높았기에 인류 역사의 초기부터 진화해온 남성의 행동임을 우리는 보게 될 것이다. 그렇다면, 전쟁과 폭력은, 성性과 생식과 불가분의 관계라는 말이 된다. 그러나 그렇다고 해서 인간이 선천적으로 살인 성향을 타고났다거나 지금까지 늘 그러했듯 미래에도 전쟁은 있을 수밖에 없다는 의미는 아니다. 사실, 우리는 인류가 최악의 파괴적 충동을 제어하여 좀 더 안전하고 안정된 세계를 구축할 수 있음을 보여주고자 한다. 실제로, 인류는 그러한 걸음을 내딛기 시작했다. 오늘날 세계에는 성능을 극대화시킨 각종 무기 그리고 전쟁과 테러의 악랄한 실제적인 위협이 도사리고 있지만, 오히려 우리는 지금 그 어느 때보다도 평화로운 세상에 살고 있다.

지금부터 우리는 선사 및 역사 전반에 걸쳐 이웃을 공격하고 자원을 약탈하는 것도 마다 않으며 여성을 유혹하거나 강제하여 성교를 해왔던 남성 소집단이 결과적으로 더 많은 자손을 남기게 되었음을 살펴보고자 한다. 반면, 여성은 습격에 가담하여 목숨을 잃을 위험에 노출되기보다는, 폭력을 효과적으로 행사하는 남성과 연합함으로써 번식 성공률을 높이는 쪽을 택하는 경향이 강했다.* 여성도 물론 자기 자신과 자식, 공동체 등을 보호하기 위해 용감하게 맞서 싸우지만, 남성의 경우처럼 자발적으로 연합하여 나가서 타인을 공격하거나 죽이는 일은 드물다. 다행스러운 것은 인간에게는 생물학적 측면 외에도 문화가 있다는 점이다. 인간의 유전자는 폭력적 충동을 드러내기도 하지만, 대개 인간의 정신, 마음, 그리고 법적·사회적 기준은 그러한 충동을 상당히 성공적으로 잠재운다. 수백만 년 동안 진화는 성과 폭력을 결합시켜왔지만 문명은 인간에게 그 둘을 다시 분리할 수 있는 도구를 주었으며, 우리는 여기서 세상을 더 안전하게 만들 수 있는 길을 찾을 수 있다고 주장한다. 세상을 안전하게 만들 방법을 알고자 한다면, 전쟁과 그로 인한 영향을 생물학적 관점에서 면밀히 살펴볼 필요가 있다. 이때 우리 눈에 들어오는 광경은 불편하리만치 추악할지도 모른다.

방글라데시에서 만났던 외국인 동료 가운데 호주 출신의 저프 데이비스 Geof Davis 박사는 종전 후 그곳에 가장 오래 머문 사람이었다. 방글라데시의 모든 병원을 방문한 그는 9개월간 지속된 전투 기간 중 강간을 당한 여성의 수가 10만 명에 달하는 것으로 추산했다.[1] 대다수가 사춘기도 채 지나지 않은 소녀들이었다. 내가 우려했던 대로, 구급차를 불러야 할 만큼 심각한 합병증이 유발된 안타까운 경우도 있었다. 영양실조 상태였던 데다, 우리가 그

* 명백히 이는 오늘날에도 유효한 사실이다. 300여 년간 28개 모집단을 대상으로 이루어진, 영국의 레베카 시어와 루스 메이스의 2008년도 연구에서는 유년기의 아버지와의 사별은 자손의 생존에 "놀라우리만치 아무런 실질적인 영향을 미치지 않은" 것과는 달리, 어머니의 죽음은 유아 사망률을 크게 증가시킨 것으로 나타났다.

들을 돕기 위해 찾아갔을 때는 이미 한참 시간이 흐른 상태였기 때문이었다. 자연 유산 또는 인공 유산으로 태아가 자궁 내에서 죽게 되면 혈전을 유발하는 단백질이 괴사한 조직 주변에 축적되는 경우가 있다. 의사들이 무섬유소원혈증afibrinogenemia이라 부르는 이 증상 때문에, 당시 우리가 치료했던 한 여성은 사산된 태아를 꺼내는 과정에서 과다 출혈을 일으켰다.

구급차가 필요했다. 그것도 아주 급히. 하지만 운전수는 하필 바로 그때 점심을 먹으러 나가서 이리저리 산책을 하던 중이었고, 구급차 키마저 들고 가버린 상황이었다. 한참을 정신 없이 찾은 끝에 차 키를 들고 있는 운전수를 발견해 병원으로 출발할 수 있었지만, 환자는 수혈이 절박하게 필요한 상황이었다. 소녀는 보호소를 떠나 울퉁불퉁한 길을 달려 병원까지 가는 도중 내 무릎을 베고 누운 채 숨을 거뒀다.

방글라데시처럼 굉장히 보수적인 무슬림 사회에서 여성을 강간하는 것은 그 여성을 파괴하는 것이나 다름없는 행위다. 앞으로 살펴보겠지만, 남성이 여성의 생식을 통제하려 드는 데는 몇 가지 생물학적 이유가 있으며, 충격적일 만큼 자주 나타나는 전시戰時 중 강간은 그러한 성향의 극단적인 사례라 할 수 있다. 이와는 조금 다른 맥락이지만, 조직적 강간은 방글라데시 사회의 내분으로 이어지기도 했다. 강간을 당한 처녀는 영영 결혼할 수 없는 처지가 되고, 기혼자는 부정不淨하다는 이유로 남편에게 버림을 받았다. 수도인 다카Dhaka 각 지역에서 이송된 여성들은 그 비좁은 보호소에서 우리가 어렵사리 구해 비치한 철제 침대 위에 죽은 듯이 누워 있었다. 그들은 우리에게도, 서로에게도 아무런 말을 하지 않았으며, 벵골 출신의 우리 팀 동료들도 그들에 대해 알아낼 수 있는 것이 거의 없을 정도였다. 이름조차 모르는 경우도 있었다. 사망한 소녀가 누구이고 어디서 왔는지 알아내는 데만도 상당한 시간이 걸렸다.

벵골 출신의 의사들은 소녀가 파키스탄인이 아닌 방글라데시에 거주하는 비하르족에게 강간을 당했다는 사실을 듣고 큰 우려를 표했다. 비하르족은 본래 인도의 인접 지역 출신인데, 방글라데시의 독립을 막으려는 서파키스탄 편에 섰다는 이유로 특히 증오의 대상이 되고 있었다. 게다가 파키스탄군은 1971년 12월 16일 항복 후 철군하면서, 이웃의 보복 가능성을 우려하여 비하르족을 보호하기 위해 그들을 체포해 수용소에 감금했다. 나의 방글라데시인 친구들은 그 소녀의 사망 소식이 비하르족 진영에 대한 보복성 공격을 촉발할지 모른다고 걱정했다. 나를 통해 이 소식이 전해지면 부족 간 폭력 사태의 가능성이 줄어들지 모른다고 생각한 그들은 "가서 이 소녀의 죽음을 부모에게 알려주겠소?"라고 부탁했다. 과연 젊은 영국인 의사 혼자 폭동을 어떻게 무마시킬 수 있을지 자신이 없었지만, 다시 길을 떠나기 위해 우리 일행은 랜드로버에 모두 올라탔다.

소녀의 집으로 가는 도중 연료가 바닥났고, 우리는 우연히 비하르족 진영의 바로 건너편에 멈추게 되었다. 어떤 소요 사태가 이미 발생한 상황이었고 불길이 일고 있었다. 우리 운전수가 디젤 연료 한 통으로 천천히 다시 차를 움직일 무렵 이미 주변은 어스름해졌다. 근처 이슬람 사원에서 저녁 기도를 마치고 나와 눈단속을 하고 있는 물라(이슬람교 율법학자_옮긴이)에게 길을 물어 마침내 그 소녀의 부모가 사는 집을 찾아냈다. 소요 사태가 발생할 위험을 낮추고자 우리는 그 어머니에게 딸이 많이 아프다고 말한 뒤 병원까지 동반해 돌아오기로 했다. 그 집까지 들어가는 길이 너무 좁아서 차를 몰고 들어갈 수 없었기 때문에 길 끄트머리에 차를 세워두고 그곳에서 소녀의 어머니를 만났다. 그녀는 몇 가지 챙길 것이 있으니 집에 빨리 다녀오겠다고 했다. 우리는 어둠 속에서 그녀가 돌아오기를 기다렸다.

소녀의 어머니는 돌아오지 않았다. 딸이 죽었다는 사실을 정확히 듣지 않았어도 딸아이의 상태를 짐작하고 있었던 것이다. 만일 딸이 강간으로 인한 임신이 아닌 다른 이유로 죽은 것이었다면, 소요 사태에 대한 우리 동료들의 우려는 정말로 현실이 되었을지도 모른다. 그렇지만 당시 방글라데시에서 낙태는 남에게 알려져서는 안 될 수치스러운 일로 여겨졌고, 낙태라는 오점은 강간을 당했다는 수치를 더욱 가중시켰다. 딸이 그런 일을 당한 것이라 짐작한 어머니는 상황을 직면하는 대신 그저 도망쳐버렸던 것이다. 이 전쟁에서 여성들은 삼중고三重苦를 겪었다. 강간을 당하고, 임신이 되고, 낙태로 인한 수치심과 고통을 견뎌야 했다. 성폭력으로 인한 고통과 절망은 전쟁에서 너무도 흔한 일이다. 그러나 전쟁의 다른 충격과 공포와는 달리, 여성의 이러한 고통은 대중의 시선이 닿지 않는 곳에 숨겨진다. 모든 고통을 고스란히 여성 각자가 홀로 감당해야 하는 것이다.

조직적 강간은 전쟁에서 명백히 가장 남성적이고 흉악한 단면 가운데 하나지만, 이것이 전부가 아니다. 모든 전쟁은 엄청난 물질적 손실을 야기하며, 인간적인 측면에서 이루 말할 수 없는 고통을 야기한다. 그러나 인류 경험의 상당 부분을 전쟁이 차지하고 있는 탓에, 인간이 그토록 자주 동족의 일원들을 고의로 살해한다는 사실 자체가 바로 전쟁의 가장 충격적인 단면임을 우리는 늘 간과한다.

오늘날 평화로운 서구 세계 대부분의 가정에서도 그다지 먼 옛날로 거슬러 올라가지 않고서도 전쟁의 흔적을 찾을 수 있다. 흔히 우리는 참전 용사들의 용맹을 찬양한다. 내 아내의 삼촌인 더글러스 캠벨은 제1차 세계대전 당시 미국에서 훈련받은 최초의 전투 조종사였다. 그는 1918년 봄 독일 전투기 8대를 격추시켰고, 그 후 부상을 입었다.[2] 우리 아버지는 1919년 영국 공군 창설 당시 그리고 제2차 세계대전 초기에도 영국 공군에 몸담고 있었으며 형은 직업 군인으로 한국 전쟁에 참전했다. 제2차 세계대전 당시 어린 아이였던 나는 영국 케임브리지에 있었다. 이따금씩 폭격이 있었고 때때로 어머니가 말쑥하게 면도한 인근 폭격 기지의 미군 조종사들을 초대해 저녁 식사를 대접했던 기억이 난다. 나는 너무도 어렸기 때문에 수천만 명의 사내들이 전세계적 갈등과 격변에 휘말린다는 것이 어떤 의미인지 이해하지는 못했지만, 영국의 참전을 찬성하는 만장일치의 목소리와 독일을 향한 전세계적인 증오는 아직도 기억이 난다. 현재 절친한 내 친구들 가운데는 제2차 세계대전 당시 연합군이 끝없이 폭격을 퍼부었던 도시에 살고 있는 독일인들도 있다. 당시 상호 적대감의 골이 상당히 깊었다는 사실은 그 친구들을 통해서도 확인할 수 있었고, 만일 그네와 우리 가족이 전쟁 중에 어떤 식으로든 마주쳤다면 벌어졌을지도 모를 일들은 생각조차 하기 싫다. 무엇이 '우리'와 '그들'을 그토록 뚜렷하게 나누고, 우리로 하여금 인류 동포들을 죽이는 일도 서슴지 않게 만드는 것일까?

오늘날 북미인과 유럽인은 각자 자신의 땅에서 수십 년째 전례 없는 평화를 누리며 살고 있다. 더 이상 서구인들은 자기 집 위에 폭탄이 떨어지거나 탱크가 도로로 밀고 들어오는 일을 겪지 않게 되었고, 평범한 사람들에게 전쟁은 이제 텔레비전에서나 볼 수 있는 일이 되었다. 그렇다고 해서 전쟁이 관심 밖으로 아주 밀려났다는 이야기는 아니다. 여전히 많은 남자들은 질리지 않고 전쟁 이야기를 읽으며, 일부러 시간을 내어 전쟁터를 찾거나 옛 전쟁의 오래된 유품을 수집하기도 한다.(내가 알고 지내는 대부분의 여성들은 인류 역사의 대부분이 남성의 파괴 행위로 점철되어 있음을 분명히 알고 있고, 전술이나 영웅 행위에 관한 책을 읽으며 시간 보내는 것을 좋아하지 않는다.) 전쟁과 폭력은 우리가 읽는 소설에도 스며들어 있다. J. R. R. 톨킨의 『반지의 제왕』에 나오는 환상적인 풍경이나 조지 루카스의 〈스타워즈〉 시리즈의 화려한 사이버 이미지 등은 사실은 호빗족이나 은하계 제국에 관한 이야기가 아니다. 그것은 바로 우리 인간에 관한 이야기다. 정의와 불의를 우리가 어떻게 인식하며, '타자'를 얼마나 쉽게 증오하고 친족에게는 얼마나 맹목적인 사랑을 바치는지를 보여주고 있는 것이다. 상징적인 어떤 대상을 수호하거나 악의 무리로부터 과년瓜年한 여성을 구해내는—'과년nubile'은 말 그대로 '결혼할 나이'라는 의미—젊고 잘생긴 전사를 보며 열광하는 데는 이유가 있다. 이러한 전형적인 모습은 이미 모두가 알고 있는 인간의 감정이나 생물학적 측면을 기반으로 하고 있다. 또한 우리가 왜 그토록 많은 시간을 들여 서로 싸우고 있는지, 왜 엄청난 담력까지 발휘해가며 동족을 죽이려드는지, 그리고 심지어

1918년 자신의 뉴포트 전투기 옆에 선 21세의 더글러스 캠벨. 제1차 세계대전 당시 미국에서 훈련받은 최초의 전투 조종사였던 캠벨은 6주 뒤 전투 중 부상을 당했다. 그는 94세까지 살았다. 전장에서의 관계는 복잡다단할 수 있다. 중세 기사들을 하나로 묶어주었던 기사도 원칙은 적과의 교전 상황임에도 불구하고 제1차 세계대전 중 전투기 조종사들에게도 적용되는 경우가 많았다.

는 왜 최대한 고통스러운 방법을 일부러 택하기까지 하는지에 대한 결정적인 실마리를 제시한다.

방글라데시의 참상이 나로서는 새로울 것이 없었음에도 불구하고, 충격을 받지 않을 수 없었다. 나는 서파키스탄 전역을 돌아다니며 가족계획을 연구하면서 파키스탄 병사들의 출신 소도시나 마을에 대해서도 어느 정도 잘 알 수 있었다. 강간을 저지른 남자들은 비정상적으로 악한 사람들이 아니었다. 그들 역시 자신의 아내와 딸을 보호하기 위해 자신의 생명을 기꺼이 내려놓겠다고 나선 자랑스러운 아버지였고, 혼전 성관계나 혼외정사를 엄격히 금하는 사회의 구성원이기도 했다. 그 어디에서도 성과 폭력 간의 변질된 잔인한 상관관계는 찾아볼 수 없었으며, 강간이라는 그들의 행위는 불건전한 문화의 산물도 아니었다. 실제로 미국인 남성을 대상으로 한 설문조사에서 여성을 강간한 뒤 절대 붙잡힐 염려가 없는 상황이라면 어떻게 하겠냐는 질문에 3분의 1 이상이 강간을 할 것이라 답했다.[3] 그리고 솔직히 더 많은 남자들이 이런 진실을 인정하지 않을 수 없을 것이다. 분명 남성에게는 선천적으로 추악한 면이 있다고 볼 수 있으며, 완전히 새로운 상황에 놓인다면 이 책의 남성 저자들도 예외일 수 없을 것이다.

물론 사회과학에서는 이 모든 내용을 연구해왔고, 인간의 폭력성에 관한 다양한 측면을 광범위하게 다루어왔다. 하지만 그러한 폭력적 행위에 대한 **설명**은 여전히 부족한 실정이다. 의사인 나는 질병의 증상 목록만으로는 불충분하다고 교육받아왔다. 적절한 진단을 내리고 효과적인 치료법을 찾고자 한다면 근본 원인부터 찾는 것이 마땅하기 때문이다. 다행스럽게도, 인류의 조직적 폭력에 관한 수수께끼를 풀 실마리로서 우리에게는 수많은 지적인 도구와 과학적 데이터가 있다.

성과 전쟁은 사실상 **생물학과 전쟁**으로 대치해도 무방할 것 같다. 이 책은 전쟁과 테러리즘의 생물학적 근원에 관한 책이다. 인간 행동에 대한 진정한 이해는 수백만 년에 걸친 인류 진화를 포함한 인간의 생물학적 측면이라는 렌즈를 통해서만 가능하다는 것이 우리의 생각이다. 따라서 우리 자신을 이해하는 한 가지 효과적인 방법은 인간의 생물학적 친척에 해당하는 다른 포유동물들을 관찰하는 것일 수 있다. 인간은 쥐나 개를 대상으로 약제 실험을 하며, 돼지의 판막을 심장에 연결하는 이식수술 덕에 수만 명의 생명을 구할 수 있었다. 이처럼 명백한 생물학적 상관관계에도 불구하고 이상하게도 인간의 행동 문제에서는 많은 사람들이 다른 동물에 관한 사례 관찰을 꺼린다. 그러나 우리는 인간의 포유류 사촌들을 자세히 살펴봄으로써 그 유사점과 차이점을 통해 우리 자신에 대해 많은 부분을 배울 수 있다. 개, 돼지, 원숭이 모두 인간처럼 성에 관심이 많고 폭력적인 행동을 표출하기도 하지만 인간과는 달리 동족 말살을 하는 경우가 거의 없는 이유를 알아낼 수 있다면, **우리 인간**이 그러한 일을 저지르는 이유를 이해하는 데 도움을 얻을 수 있을 것이다.

경 쟁

궁극적으로, 모든 생명체의 진화는 경쟁을 동력으로 이루어져왔다. 박테리아에서 거대한 삼나무에 이르기까지 모든 생물은 주어진 환경에서 자원이 허용할 수 있는 수준 이상으로 빠르게 번식한다는 것은 명백한 보편적 사실이다. 따라서 모든 생물은 생존을 위해서는 비단 다른 종에 대해서뿐만 아니라 동종끼리도 경쟁을 해야 한다. 말 그대로 수십억 년 전 처음 생명이 시작되었을 때부터, 경쟁은 이미 분자 수준에서부터 존재했으며, 이 경쟁은 그 후로 나날이 복잡한 방식으로 생명의 진화를 이어오고 있다. 결과로서의 진화는 승자와 패자를 가려내는 고통스럽고 혹독한 과정으로, 찰스 다윈의 표현에 따르면 "자연의 투쟁war of nature"을 통해 빚어진 것이다.

조류나 포유류처럼 복잡한 동물의 경우 이러한 생존경쟁은 폭력적인 행동을 수반하는 경우가 많다. 종간, 종내는 물론이고 동종 내 암컷과 수컷 간에도 이러한 일이 일어난다. 여러 종에서 이러한 자연의 투쟁은 수컷이 짝짓기를 하기 위해 반드시 이겨야만 하는 싸움에서 가장 분명히 드러난다. 사슴이나 코끼리바다표범의 경우 주변 수컷들과의 경쟁에서 이겨 많은 암컷을 수태시키는 수컷이 자신의 유전자를 다음 세대로 전달할 수 있을 것이고, 경쟁에서 진 수컷들은 그러지 못할 것이다. 인간의 행동은 사슴이나 코끼리바다표범의 경우보다 훨씬 복잡하다. 하지만 우리 인간의 경우에도 좀 더 적극적이고 경쟁에 강한 남성이 유전자 풀gene pool에 훨씬 많은 기여를 하고 있는 것은 분명한 사실이며, 덕분에 인간의 호전적 성향은 점차 강화된다.

칭기스칸을 예로 들어보자. 2003년 각국의 유전학자로 구성된 어느 팀에서 중앙아시아인을 대상으로 한 DNA 분석을 발표했다.[4] 놀랍게도 중앙아시아 남성의 8퍼센트가 사실상 동일한 Y 염색체를 지니고 있음이 밝혀졌다. 이러한 결과는 단지 신기한 생물학적 사항이 아니라, 인류라는 집단의 과거에 대한 중대한 통찰을 제공하는 대단한 발견이었다. 이 Y 염색체는 남성성을 규정하는 것으로, 동일한 Y 염색체를 지니는 남성들은 모두 한 명의 동일한 남성의 후손임을 의미한다.* 중앙아시아 지역의 남성 열두 명 가운데 한 명꼴로 동일한 Y 염색체를 가지고 있다는 사실이 의미하는 바는 단 한 가지다. 최근 천 년 정도 이내 역사의 어느 시점에 한 남성이 엄청난 수의 자손을 낳았다는 것이다. 기원후 1206년부터 몽골제국의 황제로 군림하며 1227년까지 살았던 칭기스칸이 바로 이러한 역할에 부합하는 역사적인 인물이다.

중앙아시아 일부 지역에서는 여전히 위대한 지도자로 칭송받으면서도, 다른 지역에서는 가장 야만적인 인물이라는 비난을 받고 있는 칭기스칸은

* 인간의 염색체는 22쌍의 상염색체, 그리고 X 및 Y 염색체의 조합인 한 쌍의 성염색체로 이루어져 있다. X 염색체가 2개인 사람은 여성이고, X 염색체 1개, Y 염색체 1개가 하나인 사람은 남성이다. 상염색체의 경우, 부모 양쪽에서 각각 전해진 유전 물질이 번식 과정에서 혼합되지만, 단일 Y 염색체는 사실상 변형되지 않은 채 아버지에게서 아들로 전달된다. 결과적으로 부계는 확실한 추적이 가능하다. 또 다른 형태의 유전물질인 미토콘드리아 DNA는 어머니에게서만 아들과 딸 모두에게 전달되어 모계 혈통을 드러내며, 이 DNA는 훨씬 더디게 변화한다.

사상 최대 규모의 군사적 확장을 진두지휘했다. 고작 20년 남짓의 기간에 그는 중앙아시아 고원의 부족들을 통합해 동해에서부터 카스피해까지 동서로 약 6000킬로미터에 달하는 영토를 정복했다. 칭기스칸은 전투가 끝날 때마다 약탈한 여성들을 포함해 여러 전리품을 공동으로 나눠 가짐으로써 부하들의 충성심을 강화했지만, 가장 아름다운 여성들은 자신의 몫으로 남겨두었을 뿐 아니라 과시라도 하듯 남의 아내나 딸을 범하는 데서 쾌락을 찾기도 했다. 칭기스칸의 출생 이후 불과 1세기 후, 중국의 한 역사학자는 칭기스칸의 후손이 이미 2만 명에 달한다고 주장했는데, 이러한 주장이 과장이었을지도 모르지만 현대의 학자들은 칭기스칸의 후손이 오늘날 전세계적으로 1600만 명에 이른다고 보고 있다. 달리 표현하자면, 현재 이 지구상에 살고 있는 전체 남성 가운데 거의 200명 중 1명이 칭기스칸의 후손이라는 이야기가 된다.

칭기스칸이 이러한 '창시자 효과founder effect'의 가장 극적인 사례이기는 하지만, 유일한 경우는 아니다. 최근 800여 명의 아일랜드 남성을 대상으로 한 또 다른 Y 염색체 연구에서는 20퍼센트에 해당하는 사람들이 니얼Niall이라는 중세 왕에게서 물려받은 것으로 생각되는 동일한 유전자서명genetic signature을 지니고 있는 것으로 밝혀졌다. 연구진은 결론적으로 아일랜드 사람의 약 12분의 1가량, 즉 전세계적으로는 약 2~3백만 명에 달하는 이들이 니얼 왕의 후손일 것이라고 추산했다.[5] 그리고 17세기 만주의 패자覇者 누르하치에 관한 유사한 분석에서도 누르하치—어쩌면 그의 조부인 기오창가—의 자손이 오늘날 160만 명에 달하는 것으로 나왔다.* 다음 장에서 살펴보겠지만, 만일 진화의 성공 여부를 개체의 자손 수로 판단한다면, 칭기스

* 가까운 친족 관계의 남성끼리는 같은 Y 염색체를 가지고 있기 때문에, 이러한 방식의 유전자 분석으로는 조카, 삼촌, 부계의 사촌 형제 등을 구분할 수 없다. 또한, 모든 남성의 후손은 당연히 조부의 후손이기도 하다. 어느 Y 계통을 어느 한 명의 남성이 창시하든 남성 친족 집단이 창시하든 결과는 동일하며 원인 역시 마찬가지다. 전쟁, 정복, 강간이 그런 원인이 될 수 있다.

칸, 니얼 왕, 누르하치, 그 밖에 잘 알려지지 않은 다른 전사나 강간범마저도 모두 역사상 가장 '성공적인' 남성 축에 들어가야 할 것이다.(그러나 이들 가운데 폭력이나 전쟁을 진화적으로 개발한 것으로 인정받을 만큼 오래전에 살았던 사람은 하나도 없다. 그들도 우리와 마찬가지로 세상에 태어나기도 전에 이미 수백만 년에 걸쳐 이루어진 진화의 산물이었다.) 그럼에도 불구하고 인간이 공감하고 이타주의를 실현하며 사랑할 수 있는 사회적 동물로도 진화해온 것은 다행스러운 일이다. 그러나 사람들 대부분이 칭기스칸 같은 인간이 승자가 되는 세상을 원하지 않는다 하더라도, 과거에 그러한 부류의 인간이 승자가 되는 일이 그토록 빈번했던 이유를 이해하지 않고서는 오늘날 우리가 사는 세상에 여전히 스며들어 있는 갖가지 습격이나 전쟁을 이해할 길이 없다.

역사와 문화 전반에 걸쳐 부와 권력을 가진 남성일수록 대개 더 많은 성교 상대를 두었고, 따라서 더 낮은 사회계층의 사람들보다 더 많은 자손을 남겨왔다.* 성경에 솔로몬 왕은 700명의 아내와 300명의 첩을 두었다고 나와 있다. 이집트 파라오, 아즈텍 황제, 터키 술탄, 아프리카 왕, 중국 황제에게 대규모 하렘은 당연한 관행이었다.[6] 1970년대 우간다의 독재자 이디 아민Idi Amin은 4명의 아내와 30명의 자녀를 두었다. 빅토리아 여왕의 아들인 에드워드 7세는 정부情婦를 여러 명 두었으며 잠깐씩의 연애관계도 수없이 많았다.[7] 극장의 로열 박스에 앉아 여성 청중을 훑어본 뒤 시종을 시켜 가장 매력적인 여성을 자신에게 데려오도록 시키곤 했다. 백 년 뒤 헤비메탈 밴드가 비슷한 방법을 쓰게 되었고 그 옛날 시종의 역할을 이제는 로드 매니저가 담당한다. 존 F. 케네디 대통령은 장기간 지속된 혼외정사 관계가 여럿 있었고 하룻밤 정사도 다반사였는데, 빌 클린턴이 틀림없이 부러워했을 법한 당

* 물론, 최근 들어 신뢰할 만한 피임이 가능해지면서 성관계를 가지고도 임신하지 않기가 상당히 쉬워졌다. 그러나 남성 유명인을 대상으로 한 친자관계 확인소송이 잦은 것을 보면, 이러한 사실은 오늘날 부와 권력을 지닌 남성 다수에게는 해당되지 않는 것 같다.

시의 포용적인 문화 덕분에 가능한 일이기도 했다.[8] 남성에게 성적인 기회를 분배하는 데 권력이 사용되는 방식을 명백히 보여주는 예로는 페루의 잉카인들을 들 수 있는데, 이들 사이에서 탄핵 같은 것은 아무 문제도 되지 않았을 것이다. 잉카 법은 (남성) 귀족 한 명당 50명의 여성까지 허용했으며, 봉건 속국의 지도자에게는 30명, 십만 명의 남성을 거느린 제후에게는 20명의 여성을 허용하는 식으로 점차 내려와 끝으로 열 명의 남성을 통솔하는 우두머리에게는 3명의 여성을 허용했다. 잉카 제국의 황제가 피라미드 구조 상단에서 제국 전체에서 뽑은 가장 아름다운 여성들을 차지했으며, 최하위층의 남성들은 결혼을 하지 못하는 경우도 허다했다.

모든 장군이 칭기스칸처럼 여성을 강간하는 것은 아니고, 모든 왕이나 대통령이 난잡한 생활을 하는 것도 아니며, 모든 바람둥이가 폭력적인 것은 아니라 해도 시공을 초월해 모든 사회에서 왜 보통의 남성이 여성보다 훨씬 더 폭력적인가는 여전히 설명이 필요한 문제다. 이 책에서는 인간의 진화 역사가 그 열쇠이며, 성과 폭력에 관련된 남성과 여성의 여러 가지 행위는 환경에 따라 변화될 수 있기도 하지만, 유전자에 이미 새겨져 있는 부분이기도 하다는 사실을 주장하고자 한다. 표준적인 사회과학 패러다임에서는 양성 간 차이가 거의 전적으로 문화로 결정된다고 말한다. 반면, 진화적 패러다임에서는 남성과 여성의 행동에는 수백만 년에 걸친 진화 과정으로 형성된 생물학적인 차이가 있다고 인식한다. 이는 천성이 환경을 이기기 마련이라는 주장이 아니며, 문화가 중요하지 않다거나 유전자가 전지전능하다는 의미도 아니다. 단지 다른 모든 생물 종과 마찬가지로 인간 역시 생물학에 종속되어 있음을 인식하는 것뿐이다.*[9] 역사는 우리에게 행동 기질이 숙명적인 것은

* 아들 하나와 딸 하나를 둔 부모는 대부분 양성 간 행동의 차이를 느낄 수 있으며, 이는 인간에만 해당되는 것이 아니다. 2002년 이루어진 한 연구에서 심리학자 제리안 알렉산더Gerianne Alexander와 멜리사 하인스Melissa Hines는 베르베트원숭이들에게 경찰차나 인형 같은 장난감을 주었다. 어린 수컷 원숭이들은 장난감 차를 이리저리 밀고 다니며 더 많은 시간을 보냈고, 어린 암컷 원숭이들은 인형을 끼고 지내며 더 많은 시간을 보냈다.

아니라는 사실을 보여준다. 인간은 여러 경로로 물려받은 다양한 충동과 성향을 선택적으로 표현할 수 있으며, 그중에는 평화적이고 창의적인 부분도 있기 때문이다. 인간의 유전자가 성격이나 기질을 결정하는 데 영향을 미치는 것은 분명하지만, 인간의 행동은 가족, 환경, 문화, 그리고 본인의 결정에 의해 매우 다양한 방식으로 빚어질 수 있다.

집단공격

인류의 전쟁과 테러에는 남성들의 특별한 유형의 폭력이 수반되는데 이 책에서는 이를 집단공격team aggression으로 부르고자 한다. 이러한 행동은 인간에게 국한된 것이 아니다. 이 책에서는 무리 생활을 하는 일부 포유동물에서 어떻게 성년층 집단—거의 예외 없이 수컷—이 동종 개체를 공격하고 살해하는, 상당히 특수한 행동이 진화해왔는지 살펴볼 예정이다. 그 과정에서 그들은 자신의 영역을 확장하고 자신이 속한 집단에서 사용할 수 있는 자원의 양을 늘리는 동시에 성적 경쟁 관계에 놓일 수 있는 상대를 제거하는 부수적인 이득도 얻는다. 그 주된 행위자인 침팬지와 인간의 경우 이러한 유형의 집단공격의 우선적 수혜자는 수컷이다.

오늘날 군대가 소분대를 기반으로 한데 모여 소대를 구성하거나, 대부분의 테러리스트들이 작은 행동집단을 형성하는 것은 우연이 아니다. 모든 문화권의 젊은 남성은 극도로 서로에게 충실한 소규모 집단 속에서 협동하고자 하는 공통된 열망을 지니고 있다. 전장에서의 용맹을 인정받아 훈장을 받는 남성 대다수는 20대이거나 더 어린 이들이다. 그리고 대개 자신은 왕이나 조국을 위해서뿐 아니라 동료 전우들을 위해 싸웠노라고 말할 것이다. 그 가장 친밀한 집단을 실망시킬 것이 두려웠기 때문이라고 말이다. 7장에서는 첨단기술로 포장된 외면에도 불구하고 오늘날의 전쟁이라는 것이, 브라질 열대우림에서 원시 부족 사내 몇 명이 행하는 불과 수 분짜리 습격이나

1942년부터 1943년 겨울까지 스탈린그라드에서 수 개월간 지속된 격렬한 전투 속에 갇혔던 백만이 넘는 전사들의 경우와 다를 바 없는 일련의 행위에 기반한다는 점을 살펴볼 생각이다. 2001년 9월 11일에 3000명 이상의 목숨을 앗아간 열아홉 명의 젊은이 역시 이 같은 폭력적 습격의 연속선상에 있다.

진화를 통해 우리 몸은 육류를 소화할 수 있게 됐고, 손으로 작은 물건들을 능수능란하게 다루게 됐다. 마찬가지로 우리는 특정한 보편적 행동 체계들 역시 물려받았다. 역사의 모든 기간, 거의 모든 문화권에 걸쳐 나타나는 성적 질투심이 그 한 가지 예일 것이다. 같은 인간에 대한 집단공격에 가담하는 성향은 바로 이러한 유전된 행동 체계에서 기인한다는 것이 우리의 견해로, 공격성, 집단 결속, 그리고 외부인에 대한 적대감과 그에 맞물린 내집단에 대한 강한 충성심 등이 여기에 포함된다. 이러한 충동은 500만 내지 700만 년, 혹은 그 이상을 거슬러 올라가는 것으로 침팬지와 인간의 공통 조상에서도 찾아볼 수 있다. 유인원과 흡사한, 숲속에 살던 인간 조상에게 유전자 돌연변이가 나타나 이로 인해 성인 남성이 형제나 사촌들과 연합하여 이웃을 습격하거나 살해하게 되었고, 그러한 성향을 보였던 이들이 더 넓은 영토를 확보할 수 있었다는 증거가 나와 있다. 더 넓은 영역은 더 많은 자원을, 더 많은 자원은 더 많은 여성을, 더 많은 여성은 더 많은 성교의 기회를, 더 많은 성교의 기회는 폭력적 성향을 포함한 해당 남성의 유전적 소질을 다음 세대로 전달할 수 있는 더 많은 자손을 의미한다. 집단 내에서 폭력을 도모했던 남성들은 냉혹한 자연의 투쟁에서 승자가 되었다.

전쟁이나 테러 공격을 본래는 평화로웠던 세상을 어지럽히는 잠깐의 일탈쯤으로 치부해버리기 쉽지만, 생물학이나 역사를 보면 이처럼 단순한 문제가 아니다. 진화적 단서와 고고학적 기록, 오늘날의 패턴을 면밀히 검토해 보면 여러 가지 습격이나 전쟁은 인간 본성의 근본적인 측면, 즉 인류가 생겨나기 이전에 기원한 행동이자 얼마든지 쉽게 반복될 수 있는 행동임을 알 수 있다. 인류 사회가 나날이 복잡해지고 기술이 점차 치명적 위험성을 띠게 되면서 전쟁의 겉모습은 엄청나게 변화해왔지만, 스스로 나선 전사가 없는 전쟁이란 없으며 그러한 전사가 부족했던 적도 없었다. 두 차례의 세계대전 당시, 십수 개 이상의 국가에서 청년 세대 전체를 대상으로 징병이 이루어졌으며 놀랍게도 스스로 입대를 거부한 이는 드물었다. 심지어 군인이나 그 가족이 감당하게 되는 육체적·경제적·정신적 부담에 대한 세간의 인식이 어느 때보다 높았던, 최근 미국의 이라크전 기간 중에도 모병관은 단순 복무에 그치지 않고 전투에 직접 참여하겠다는 젊은이를 상당수 만날 수 있었다. 이 책에서 말하고자 하는 핵심은 폭력, 테러, 전쟁—그리고 그 기저의 감정들—은 그것을 표출한 남성에게 이득을 안겨준 적 있는, 어떤 진화된 행동에서 비롯된다는 것이다.

여 성

이성異性의 마음을 읽기란 정말 어려운 일이다. 아니, 어쩌면 불가능한 일인지도 모르겠다. 이는 내가 이 책에 대한 아내의 도움에 특별히 감사하는 이유이기도 하다. 산부인과 의사인 나는 수백 명의 아기를 출산시켰으며, 출산은 언제나 강렬한 경험이었다. 의대생이었을 때 나는 난생 처음 출산 과정을 보며 거의 까무러칠 뻔하여 그 자리에 주저앉을 수밖에 없었다. 그럼에도 불구하고 나는 남자이기에 아이를 낳는 일이 어떤 것인지 진정으로 이해할 수는 없을 것이다. 만일 우리가 단 하루만이라도 반대쪽 성의 마음으로 살아볼 수 있다면, 양성兩性이 세상을 바라보는 방식에 내부의 호르몬(이 자체가 유전자의 발현이다)과 외부의 환경이 얼마나 다른 영향을 미쳐왔는지에 놀라움을 금치 못할 것이라는 생각이 든다.

앞으로 차차 살펴보겠지만, 여기서 우리가 취하는 진화론적 관점은 집단 공격은 주로 젊은 남성의 행동에서 나타나며, 여성에게 영향을 미치곤 하지만 장기적인 이득이 되는 경우는 드물다는 사실을 강조한다. 여성은 자기 자신이나 자식을 위해 자원을 얻고자 경쟁하거나 가장 공격적이고 능력 있는 지도자 남성이나 집단과 연합하여 이득을 취하기도 하지만, 여성의 경쟁이 남성의 경우처럼 폭력적 파괴성으로 표현되는 경우는 드물다. 물론, 뛰어난 여성 군 지도자도 있었던 것처럼 여성 가운데도 깡패, 전사, 테러리스트가 분명 존재한다. 그러나 선사학이나 인류학의 일부 공상적 오해에도 불구하고 남성과는 달리 여성에게는 자발적으로 뭉쳐서 이웃을 잔혹하게 공격하려고 하는 기질이 거의 없다.

나이가 지긋한 남성의 경우에 대해서도 마찬가지 설명이 가능하다. 이들은 장군으로서 전쟁을 통해 취할 수 있는 이득이 젊은 보병보다 큰 만큼 잃을 것 역시 더 많기 때문이다. 장년층 대비 청년층 비율이 높은 사회는 특히 갈등의 소지가 많으며 폭력의 발생 위험을 줄이는 한 가지 방법은 여성의 지위를 향상시키고 사회 내에서 그들의 역할을 극대화하는 것임을 입증하고자 한다.

여성의 지위를 높이면 폭력 분쟁의 위험을 낮출 수 있다는 사실은 어쩌면 전쟁에 관한 진화적 관점에서 얻을 수 있는 가장 심오한 통찰인지도 모른다. 페미니즘 철학에서 말하는 정치적 올바름politically correct 개념과는 달리, 전쟁의 위험을 감소시키는 여성의 역할은 철저한 연구와 역사적 경험을 통해 입증이 가능하다. 여성의 선택권이나 정치적 영향력을 사실상 박탈하고 있는 국가의 여성들이 더 많은 권한을 갖도록 한다면 세계를 더 안전하게 만들고 테러 위험을 낮출 수 있을 것이라고 우리는 주장하고자 한다.

전쟁에 관한 이러한 생물학적 관점과 가족계획과 관련된 아내 마사와 나의 작업 간에는 명백하고 중요한 진화적 연결고리가 있다. 대다수 여성의 입장에서 볼 때, 자율과 평등을 향한 첫걸음은 바로 언제, 몇 명의 자녀를 낳을지에 대한 선택권을 갖는 것이다. 이탈리아에서 이란에 이르기까지, 오늘날 가족계획 결정권이 여성에게 있는 곳에서는 어김없이 가족의 규모가 감소한다는 것은 경험적으로 밝혀진 사실이다. 인구의 급증으로 인해 인류의 기반

시설과 사회체계에 부담이 되고 자연 환경이 위협받고 있는 이 시점에 이러한 사실은 중요한 의미를 지닌다. 출생률을 낮추면 자원 획득 경쟁이 완화되고 장년층 남성이나 여성 대비 혈기왕성한 젊은 남성의 비율이 낮아져 평화의 가능성을 획기적으로 높일 수 있다. 이를 비롯해 전쟁의 바탕을 이루는 여타 생물학적 동역학을 이해함으로써 비로소 우리는 전쟁과 그로 인한 파괴의 가능성을 감소시키는 실질적이고 효과적인 조치를 모색할 수 있다.

문명의 최상의 상태

호모 사피엔스는 20만 년이 넘도록 개별적인 종으로 존재해왔다. 이는 지구상에 생명체가 존재해온 수십억 년 세월에 비하면 찰나에 불과할지 모르지만, 인류 역사의 95퍼센트는 수렵채집인으로 구성된 소규모 씨족집단 내에서의 생존과 번식—그리고 싸움—으로 점철되었다.* 다시 말해, 인간의 성적 행위의 바탕을 이루거나 폭력을 유발하는 행동 체계는 석기시대의 환경**에 적합하게 신화한 것으로, 협력이 다수에게 도움이 되고 핵폭탄이나 생물학적 무기가 사용자를 포함한 인류 전체에 해를 입힐 수 있게 된 이 글로벌 공동체에 맞게 진화한 것이 아니다. 그러나 문화의 진화 속도가 생물학의 진화보다 빠르다는 사실은 위험이 도사리고 있는 이 세계에도 희망을 부여한다. 우리는 인간의 석기시대 행동을 이해하고 억제할 수 있다.

진화론적 관점은 평화를 찾을 수 있는 전략을 제시할 뿐 아니라 오늘날에도 여전히 왜 그토록 수많은 사회에서 남성이 여성의 자유를 속박하려드는지 그 이유를 설명하는 데 도움이 된다. 1970년대에 나는 레바논 베이루트

* 19세기 저술가들은 이들 집단을 '야만인들savages'이라고 일컬었다. 오늘날에는 '문자 사용 이전preliterate'이라는 중립적 용어가 사용되고 있다.

** 고고학계에서 약 200~300백만 년 전 초기 원인原人이 돌로 만든 도구를 최초로 사용하면서 석기시대가 시작된 것으로 규정한다. 석기시대는 구석기, 중석기, 신석기시대로 나뉜다. 약 6000 내지 1만 년 전 시작된 신석기시대에는 농경, 토기 제작, 정착 생활이 이루어졌다.

에서 잠시 일한 적이 있었다. 당시 신문에는 자신의 누이나 조카딸을 살해하고 가벼운 징역형에 처하거나 혹은 아예 무죄 선고를 받은 남성의 사례가 자주 실리곤 했다. 이 이른바 '명예 살인'은 여성이 사랑에 빠지거나 혼전 성관계를 가졌을 때 친족 관계에 있는 남성이 가족의 명예를 지키기 위해 그 여성의 목을 칼로 찔러 살해하는 것이다.[10] (실제로, 유니세프에 따르면 2004년 요르단에서 23건, 이집트에서 52건, 파키스탄에서 300건, 예멘에서 400건의 명예 살인 사례가 보고되었다.) 겉으로 드러나는 폭력성의 정도에는 차이가 있지만 이같이 여성을 통제하려는 욕망이 여러 방식으로 표출되는 실제 사례는 서구 사회에서도 찾아볼 수 있다. 미국에는 특히 미혼 여성의 피임을 엄격히 제한하기를 바라는 사람들이 상당히 많다. 내가 보기엔 잘못 이해하고 있는 것이 분명한 도덕적·종교적 이유들을 대지만, 어쨌든 목적은 동일하다. 여성이 언제, 몇 명의 자녀를 낳을지 스스로 결정할 권리를 제한하는 것이다. 미국은 민주주의와 자유 시장을 대외적으로 천명하면서도 수많은 개발도상국에서 여성을 그토록 잔인하게 짓누르고 있는 오래된 제약들—정치 및 경제 활동에 동등하게 참여하는 것을 막는 제약들—과 싸우는 데는 더딘 행보를 보이고 있다. 서구의 과학과 기술은 휴대전화, 점보제트기, 고수확 종자, 백신 등을 선사했음에도 불구하고, 개발도상국의 가난한 여성이 본인의 생식에 대한 선택권을 찾을 수 있도록 돕는 문제에서 우리는 여전히 인색하며 이중적인 태도를 보인다. 불행히도, 가족계획에 대한 국제적 지원을 둘러싸고 특히 미국 정계 내부에서 오늘날 일고 있는 논쟁은 남반구의 여성(그리고 많은 남성)이 바라는, 다음 세대의 테러 억제와 갈등 해소에 크게 도움이 될 수 있는 인도적인 조치에 걸림돌이 되고 있다.

인간이라는 종이 생존할 수 있을지 아니면 전쟁이나 생태계의 재앙으로 인해 자멸의 길로 치달을지 결정하는 데 인간 행동의 진화를 이해하려는 의지는 실질적인 도움이 될 수 있을 것이다. 여기서 우리가 제시하는 생물학적 분석은 비관적이라기보다는 사실적이므로, 굉장한 도움이 될 것이라 생각한다. 우리는 전쟁이 불가피하다고 주장하는 것이 아니라, 단지 서로 싸우는 행위 자체가 인간 본성에 얼마나 뿌리 깊이 박혀 있는지 중점적으로 보여주려는 것뿐이다. 나는 적절하게 조성된 환경에서라면 젊은 남성 대부분은 자신도 모르는 사이 전쟁 영웅이나 고문관, 혹은 강간범처럼 행동을 하고 있을 것이며, 이는 모두 동일한 진화적 이유에 기인한다고 생각한다. 1972년 방글라데시에서 나는 어쩌다 보니 엘리트 특권 계층의 젊은이에 속했고, 정부 초청 귀빈으로서 전쟁 중에 잔인하게 폭행을 당한 여성들에게 최소한 어느 정도 도움을 줄 수 있는 입장에 있었다. 내가 강간범 무리에 속하지 않을 수 있었던 것은 내 진화적 본성이 달라서가 아니라 단지 내가 태어나고 자란 환경이 다르기 때문이라는 생각은 무척 괴로웠다. 그러나 그 오싹한 진실을 솔직히 인정하고 나서야 나는 비로소 방글라데시의 참상을 제대로 이해하고 그곳에도 일말의 희망이 있음을 확인할 수 있었다.

본 장의 첫머리에 적은 대사는 1951년 작인 고전 영화 〈아프리카의 여왕 The African Queen〉에서 가져온 것이다. 기독교 선교사인 로즈 세이어(캐서린 햅번 분)와 술에 찌들어 사는 통통배 주인인 찰리 올넛(험프리 보가트 분)이 나누는 대화 중 일부다. 낡았지만 제법 튼튼한 그 배에서 이들은 서로 만나게 된다. 최상의 상태에서 문명은 인간의 호전적 본성을 초월할 수 있다는 생각은 단순한 종교적 견해가 아니라 바로 이 책에서 반복되는 주제가 될 것이다. 인류가 좀 더 평화로운 미래를 만들어나가리라는 희망은 진정 존재한다. 하지만 그 희망은 굉장히 어둡고 위험한 긴 터널 끝에 보이는 희미한 불빛처럼 빛나고 있다. 우리가 석기시대의 행동을 어떻게든 길들이고자 한다면 바로 그 기원부터 먼저 이해해야 할 것이다.

2
자연의 투쟁

자연의 투쟁, 기근과 죽음은 우리가 생각할 수 있는 가장 고귀한 일,
즉 더 고등한 동물의 탄생으로 귀결된다.

— 찰스 다윈, 『종의 기원』, 1859

아내와 내가 탄자니아의 곰베 강 국립공원의 침팬지를 관찰할 수 있었던 것은 정말 행운이었다. 이 공원은 제인 구달이 인간의 가장 가까운 친척인 침팬지를 40년간 연구했던 곳이다. 마사는 이곳에 두 번 들렀고 나는 대여섯 번쯤 들러 그 지역의 가족계획 프로그램을 연구했다. 영장류학자들이 침팬지 행동 연구에 바쳤던 것처럼 수천 시간을 들이지는 않았지만, 침팬지의 복잡한 무리 생활을 엿보고 침팬지와 인간을 비교해볼 수 있었다. 인류가 침팬지의 후손은 아니지만 인간과 침팬지는 500만 년 내지 700만 년 전에는 공통된 조상을 가지고 있었다. 때문에 둘은 일종의 진화상의 사촌 관계나 마찬가지다. 침팬지와 인간은 분명한 차이가 있지만 여러 가지 유사점도 있으며, 이는 공통된 생물학적 계통의 유산이다. 침팬지처럼 지능이 높은 동물을 관찰하다보면 어쩐지 감동적인 구석이 있으며, 그들 역시 우리 인간을 흥미롭게 지켜보지 않을까 하는 생각도 든다. 한 번은 곰베 강을 가로지르는 좁은 판자 다리의 가장자리에 서 있었는데, 때마침 두 어른 수컷이 속

을 파먹기 위해 작은 야자나무를 쪼개고 있었다. 하던 일을 끝마치고는 바로 내 뒤로 다리를 건너면서 덩치 큰 한 놈은 내 눈앞 30센티 정도 거리에서 흔들고 있던 커다란 자기 음낭을 내 등에다 스치고 지나갔다. 가볍게 스쳤지만 틀림없이 고의적이었다. 내게 전달된 메시지는 이런 것이었다. "당신과 마찬가지로 나도 수컷이다. 내가 마음만 먹으면 너 하나쯤은 부숴버릴 수 있어. 하지만 이 정도 크기의 고환이라면 당신 정도는 신경 쓸 필요도 없지." 나 역시 동감이었다.

침팬지의 행동에 대한 과학적 관찰은 단순한 호기심 차원을 훨씬 넘어선다. 침팬지 사회의 복잡한 특성들을 파헤침으로써 우리 자신의 본성에 대해 어느 정도 실마리를 얻을 수 있다는 생각은 일부 독자에게는 이상하게 보일지 모르나, 여기에는 그럴 만한 충분한 이유가 있다. 침팬지 암컷을 살펴보면 좋은 엄마가 된다는 것의 의미를 금세 알 수 있다. 놀이를 하고 있는 젊은 침팬지들에게서 볼 수 있는 활력, 행복감, 그리고 이따금씩 나타나는 불만 등은 인간의 유희와 다를 바가 없다. 전쟁과 테러에 관해 침팬지들이 우리에게 분명히 시사하는 바가 무엇인지 곧 살펴볼 예정이다. 그러나 그에 앞서 전쟁과 인간 본성에 대한 견해의 역사부터 어느 정도 이해할 필요가 있을 것 같다.

아인슈타인은 "생각은 우리가 보는 것을 결정한다the theory determines what we observe"고 믿었다.[11] 인간의 행위, 특히 폭력적인 행동을 고찰해볼 때 이는 더욱 타당한 듯하다. 전쟁이나 테러에 대한 설명은 대개 두 가지로 나뉜다. 한 가지 지적인 전통은 계몽주의 시대의 프랑스 철학자인 장-자크 루소와 연관된 쪽으로, 세상은 본래 선하다고 규정짓는다. '순수하고 선한 인간들이 사는' 평화로운—목가적이기까지 한—세상에 우리 조상이 살고 있었다고 보는 것이다.[12]

루소의 관점은 제1차 세계대전 이후 새로이 유행하던 학계에서 채택되었다. 전쟁은 생물학적 유전의 영향과는 무관한, 문화의 산물일 뿐이라고 주장한 애슐리 몬태규, 프란츠 보아스, 마가렛 미드 등의 인류학자들이 여기에 속했다. "악은 인간 본성에서 비롯된 것이 아니다. 학습되는 것이다"라고 몬태규는 적은 바 있다.[13] 네덜란드의 역사가 요한 하이징아는 여기서 한 걸음 더 나아가 "규칙에 따르는 모든 싸움에는 놀이의 형식적 특성이 있다"고 주장했다.[14] 전쟁은 본질적으로 일종의 과열된 경기처럼 된 것이지, 사람을 죽이려는 실제 의도는 없었다고 그가 주장했는데, 바로 그 이듬해 히틀러가 네덜란드를 침략했고 1945년 히틀러가 죽을 때까지 하이징아는 구금되었다. 그럼에도 불구하고 루소의 영향은 존속되었으며, 인간 본성을 전쟁과 집단학살의 공포로부터 거리를 두려는 충동도 십분 이해할 수 있는 일이다. 제2차 세계대전 이후, 마르크스주의 고고학자들은 석기시대 사회가 경제적으로 자급자족이 가능했기 때문에 전쟁이 없었다고 주장했지만[15] 이러한 주장은 부싯돌 화살이 몸에 박힌 해골이 발굴되면서 무효가 되었다.[16]

반대편 관점은 루소의 견해보다 시기적으로 앞선다. 이는 주로 영국의 철학자 토머스 홉스와 관련된 것으로, 그는 1651년작 『리바이어던』에서 "만인은 만인의 적이다every man is enemy to every man"라고 적은 바 있다. 루소의 해석에 따르면, 사람들이 폭력적으로 변하는 것은 양육상의 어떤 문제나 환경 속의 불의 때문이라는 것이다. 평화를 선천적 인간 조건으로 보며, 전쟁이나 테러 행위는 사회적 병폐로 치부한다.[17] 그러나 홉스의 견해를 따르는 쪽에서 볼 때 전쟁은 이상 현상이 아니라 다른 영향력이 제거되었을 때 사회가 회귀하게 되는 규범이다. 이는 본질적으로 비관주의적인 인간 행동 모형으로 여겨져왔지만, 사실 그렇지만은 않다. 최초의 현생인류 이전부터, 즉 인간이 하나의 종으로서 존재하기 시작한 이래 사실상 전쟁은 인류와 더불어 계속 존재하며 유전되어온 행동임을 주장할 발판을 이 장에서 마련하고자 한다. 결과적으로 우리는 다른 동물들, 특히 침팬지의 행동을 관찰함으로써 전쟁에 대해 많은 것을 배울 수 있음을 확인할 수 있을 것이다. 그리고 좀 더 사실적인 이러한 생물학적 관점은 비관주의적 관점이 아니라, 오히려 인간의 가장 파괴적인 성향을 파악하고 이를 억제할 최적의 기회가 된다는 점을 보여줄 것이다.

전쟁의 본질을 연구함에 있어, 진화론적 접근은 생물학, 인류학, 역사 사이의 가교가 된다. 이러한 식의 통합은 E. O. 윌슨의 기념비적인 1998년작 『통섭: 지식의 대통합Consilience: The Unity of Knowledge』[18]에 개략적으로 설명되어 있는데, 사실 이러한 시도가 처음은 아니다. 전쟁을 생물의 본능적 현상으로 규정한 최초의 사상가는 내가 수련의로 일한 유니버시티칼리지 병원의 외과의사이기도 했던, 20세기 초 지성 가운데 한 명인 윌프레드 트로터였다. 그의 책 『평화시기와 전쟁시기의 무리 본능Instincts of the Herd in Peace and War』은 제1차 세계대전이 정점에 달했던 1916년 출판되었다. 이 책에서 그는 인간은 외부의 위협에 강하게 반응하는, 군거群居하는 본능을 지닌 종으로 진화했다고 주장했다.[19] 그는 이러한 행동이 유전된 것인 동시에 무의식적인 것임을 분명히 꿰뚫어보고 있었다. "지식의 상당 부분을 비이성적인 믿음이 차지하고 있으며, 그 믿음의 주체는 이성적으로 입증 가능한 지식과 비이성적인 믿음을 구분하지 못한다"고 그는 적었다. 『평화시기와 전쟁시기의 무리 본능』은 1922년까지 7쇄에 들어갔지만 그 후 완전히 잊혀지다시피 했다. 1960년대에 로버트 아드리는 『세력권 의식Territorial Imperative』에서 인간은 영역을 지키려는 성향을 진화시켜왔다고 주장하기도 했다.[20] 그리고 거의 같은 시기에, 행동주의 심리학의 선구자이자 노벨상 수상자인 콘라트 로렌츠는 자신의 저서 『공격성향론On Aggression』에서 인간은 선천적으로 공격적이라고 주장했다.[21] 아드리와 로렌츠는 이 논의를 진전시켰지만 여타 동물들과 달리 왜 인간은 유독 동종 개체를 조직적으로 살해하는지에 대해서는 설명하지 못했다. 쉽지는 않겠지만 반드시 설명이 필요한 중요한 부분이다.

사회적 위계에서 내가 어디쯤 해당하는지 분명히 알려주었던 그 녀석을 포함해, 곰베 강 국립공원의 침팬지들[22]은 우리의 지성에 구원의 손길을 내

밀어주었다. 곰베나 다른 곳에서 일어난 침팬지 폭력에 대한 관찰은 하버드 대의 리차드 랭엄과 데일 피터슨의 1996년 저서 『악마 같은 남성: 유인원과 인간 폭력의 기원Demonic Males: Apes and the Origins of Human Violence』[23]에 생생하게 나와 있다. 이 책은 『악마 같은 남성』의 견해를 출발점으로 삼고 있으며, 화석이나 고고학적·역사적 기록을 통해 침팬지와 인류의 공통 조상에서부터 현재에 이르는 인간의 습격, 전쟁, 테러의 발달 과정을 추적한다. 역사의 본질은 거꾸로 거슬러 올라가는 시간 여행에서 현대의 짐은 최소한도로 가져가는 동시에 역사적 인물들의 입장에서 생각해보는 데 있다. 마찬가지로, 다른 동물들에 대한 관찰의 핵심은 그들의 입장에서 생각해보는 것, 즉 다른 종의 세계 속으로 들어가 최대한 우리의 인간적 관점을 배제하는 데 있다. 이는 쉽지 않은 여정이 되겠지만, 마음의 준비가 된 여행자는 그에 대한 보답으로 이 여정에서 유례없이 흥미진진하고 중요한 이야기를 듣게 될 것이다.

진화 설명하기

침팬지가 우리 자신에 대해 무엇을 말해줄 수 있을지 이해하기 위해서는, 먼저 인간과 침팬지가 서로 연관되어 있다는 것, 즉 공통의 조상을 지니고 있다는 것이 어떤 의미인지부터 정확히 알아야 한다. 그리고 이는 찰스 다윈에서부터 출발해야 함을 의미한다. 그의 『종의 기원』(1859)은 인류 사상사에서 여러모로 가장 중요한 책이며, 가장 도발적인 책 가운데 하나이기도 하다. 다윈주의적 시각은 신성한 창조자가 생명을 지닌 유기체 각 종을 각각 따로 만들었다는 정적인 세계를, 모든 생명체가 서로 연관되어 있으며 서서히 변화하고 있는 동적인 세계로 바꾸어놓았다. 설계와 목적이 변이라는 무작위적, 무목적적, 우연적 변화로 대체돼버린 것이다.

근본적으로, 다윈주의적 진화는 놀라우리만치 단순한 과정이다. 모든 생명체는 부모를 닮기 마련이지만, 미묘하면서도 극적인 여러 가지 방식으로 차이가 생길 수 있다. 그리고 스스로 그것을 인식하든 못하든 상관없이 모든 생명체는 죽기 전에 번식을 하기 위한 경쟁에 뛰어든다. 그 승부에서 얼마나 성공적인 결과를 내놓느냐는 여러 요인에 달려 있으며, 우연은 가장 중요한 요소 가운데 하나다—무작위적인 그 모든 운運에 대해 알고 싶다면 떨어지는 운석에 맞아 죽은 공룡에게 물어보면 될 것이다. 그러나 이 밖에도 개체의 체력이나 지적 능력, 질병에 대한 민감성, 성적 성숙도, 위기시 도망가거나 싸우는 성향 등 무수히 많은 다양한 요인이 생존과 관련되어 있다. 정도의 차이는 있지만 이 모든 요인은 유전자의 영향을 받으며, 모든 유전자는 변화, 즉 돌연변이에 민감하다. 돌연변이를 통해 어느 유전자가 좀 더 유용하게 변하면, 그 새로운 형태의 유전자를 물려받은 개체들은 자신의 유전자와 돌연변이 내용을 후세에 전달하기도 전에 죽게 되는 사태를 피할 확률이 더 높아진다. 따라서 새로운 개체는 기존 개체보다 번식 면에서 더 유리한 위치를 차지하게 되며, 바로 이것이 진화의 핵심이다.

다윈은 복잡한 실험을 한 적도, 통계를 사용한 적도 없었다. 현미경이 하나 있기는 했지만, 그것이 없었어도 자신의 이론을 만들어낼 수 있었을 것이다. 박물학자였던 다윈은 두 가지 간단한 관찰로부터 진화가 일어났음을 추론했다. 우선, 모든 동식물은 환경이 감당할 수 있는 정도보다 더 많은 자손을 번식시키며, 이 때문에 각 개체는 생존을 위해 경쟁할 수밖에 없다. 둘째, 각각의 동식물은 서로 다르고 이러한 차이는 유전된 것이며, 이는 다윈의 표현에 따르면 "생존경쟁에서 유리한 종족의 보존"으로 이어진다는 것이다. 다윈은 1831년부터 1836년 동안의 비글호 세계 일주 항해와 오랜 세월 동안 자신의 정원에서 자연 세계를 면밀하게 관찰하면서 각 종들이 시간이 흐르면서 변화, 경쟁, 진화한다는 확실한 증거를 제시했다.

진화는 '왜냐하면'이 아니라 '그러므로'의 문제임을 명심해야 한다. 다시 말해, 기린은 나무 꼭대기에 달린 먹을거리에 닿을 수 있기 **때문에** 긴 목을 가지도록 설계가 된 것이 아니다. 오히려, 비교적 긴 목을 가지고 태어나게 된 기린들이 생존율과 번식률이 더 높아서, **그러므로** 더 긴 목을 가진 기린의 유전자가 이후 세대에서는 더 흔하게 나타나게 된 것이다. 다윈은 갈라파고스 제도에서 본 예닐곱 종의 핀치는 아주 오래전 먼 곳에서 건너온 단일 종의 소수 개체가 진화한 것이라 추측했다. 오늘날 그곳에는 14종의 핀치가 서식하고 있는데 이들 종은 주로 부리의 형태와 크기의 작은 차이를 기준으로 구분된다. 이 핀치들은 특정 형태의 부리를 발달시켰기 때문에 특정 씨앗을 쪼개어 열 수 있었던 것이 아니다. 그보다 이 핀치들 중에서 특정 식량원을 이용하기에 가장 적절한 형태의 부리를 지닌 종류가 식량을 성공적으로 얻었고, 따라서 생존하여 자신의 유전자를 다음 세대로 전달할 수 있었던 것이다. 프린스턴 대학의 피터와 로즈마리 그랜트는 20세대에 걸쳐서 이 새들의 타고난 부리 크기의 차이를 면밀히 측정했다.[24] 이들 부부는 진화의 작용을 기록했고, 단 1밀리미터의 부리 크기 차이조차도 먹이가 부족한 시기에는 죽느냐 사느냐를 판가름할 수 있음을 입증했다. 뉴턴의 중력 이론과 마찬가지로, 진화 역시 관찰을 통해 입증되어왔다.

돌연변이는 다윈주의적 진화의 연료이며, 유전자 안에 바로 그러한 변이성이 자리잡고 있다.* 우리의 유전자 프로그램은 어떠한 아이도 부모 중 어느 한쪽과 완벽히 동일하지는 않도록 사실상 보장하는 몇몇 기제를 갖추고 있으며, 아주 드물게 일란성 쌍둥이일 경우에만 동기 간에 유전자가 동일하다. 실제로, 모든 신생아는 부모 양쪽의 유전자 꾸러미를 혼합하여 대개의

* 변이성은 영양, 질병에의 노출, 부모의 양육 등 외부 요인에서도 찾을 수 있으며, 유전적 변이는 운동선수가 사용한 스테로이드에서부터 태아에게 노출된 알코올, 수은, 그 밖의 화합물에 이르기까지 모든 것에 의해 강화 또는 약화될 수 있다. 최근까지만 해도 과학자들은 그러한 환경적 요인이 유전 변이를 야기하지 않는다면 그 영향은 자손에게 전달되지 않는다고 믿어왔다. 그러나 환경적 요인이 DNA를 처리하는 세포기계cellular machinery에 변화를 일으킬 수 있으며, 이러한 변화는 사실상 다음 세대로 전달될 수 있다는 것이 최근 실험을 통해 입증되었다. 이는 우리가 생물학에 관해 알아야 할 부분이 아직도 얼마나 많은가를 가장 극명히 보여주는 사례 가운데 하나다. 이러한 '후생적後生的' 변화의 정도나 중요성은 여전히 모호하나, 암에 걸릴 가능성 등에서는 중요할 수 있음은 명백한 사실인 것 같다.

경우 스스로 새로운 배열이나 돌연변이를 일으키게 하는 일종의 새로운 실험이다. 대부분의 돌연변이나 수많은 유전자 재배열은 생존에 관한 한 중립적이다. 이른바 '질병 유전자disease genes'(사실 이들은 오로지 해당 유기체의 파멸을 가져올 목적만을 가진 유전자가 아니라, 일부 중요한 목적을 수행하지 못하는 유전자다)처럼 해로운 것들도 있다. 그런가 하면—특정 환경 조건과 맞물릴 경우—오래 생존하여 번식이 가능하도록 개체에게 도움을 주는 유전자도 있다.

유전자의 역할

오늘날 우리가 누리는 수준의 유전에 대한 이해도 없었던 상태에서 그토록 놀라운 통찰을 이끌어냈다는 데서 다윈의 천재성을 엿볼 수 있다. 1860년대에 다윈은 전혀 모르는 상황에서, 현재 체코 공화국이 된 브르노에서는 그레고르 멘델이라는 수도사가 수많은 개체의 특성—여기서는 그가 수도원 뜰에서 길렀던 완두콩의 경우—이 단순한 수학적 규칙에 따라 유전되었음을 증명했다.

마치 역사의 장난처럼, 멘델이 연구하던 당시 주요한 생화학적 발견은 전쟁의 파괴적인 결과로 이루어지고 있었다. 1866년 7주 전쟁 당시 프로이센은 독일 슈투트가르트 근방인 타우버비쇼프스하임Tauberbischofsheim 전투에서 오스트리아를 완전히 무찔렀다. 스위스 출신 의사였던 프리드리히 미셔는 병사들의 감염된 상처에 고여 있는 고름을 대량으로 분석했다. 고름의 주성분은 백혈구와 박테리아로, 두 가지 모두에 DNA가 상당량 포함되어 있다. 미셔는 점성이 있고 황색을 띠는 고름을 모아 최초로 화학적 구조를 연구했지만, 자신이 찾은 그 큰 분자가 생물학적 유전의 열쇠이리라고는 예상치 못했다.[25] 1944년, DNA가 유전자 정보를 전달함이 밝혀졌고, 1953년 2월, 프랜시스 크릭과 제임스 왓슨은 로절린드 프랭클린이 진행했던 뛰어난 X선 결정 해석x-ray crystallography 연구를 이용하여 오늘날 널리 알려진 DNA

의 이중나선구조를 발견해냈다.[26]

DNA는 유전암호를 이루는 소수의 질서정연한 분자 구성 요소로 배열된 수만 개의 원자로 구성되어 있다. 미셔는 이미 "모든 언어의 단어나 개념은 24 내지 30개의 알파벳 문자로 표현이 가능하듯" 화학물질도 정보를 전달할 수 있을 것으로 추측한 바 있었다. 이는 대단한 통찰이었다. DNA 암호는 4가지 화학적 '문자' 로만 쓰여지는데, 이것으로 만들 수 있는 조합은 한정적이지만 수백만 회가 반복된다. 우리는 DNA에 담긴 정보 서열을 유전자라 부르며, 유전자는 단백질 생산을 제어한다. 이번에는 이 큰 단백질 분자 덩어리들이 생명 단위가 된다. 이들이 근육 구조를 구성하고 신경의 기초가 되며 적혈구를 통해 몸 전체에 산소를 운반하는 것이다.

유전자는 주택의 설계도처럼 고정된 청사진이 아니다. 유전자끼리나 환경과도 상호작용을 하며, 발달 과정에서 다양한 부분에 각기 다른 특성을 부여하면서 태아를 형성하는 동안 각 유전자는 켜지거나 꺼진다. HOX 유전자 등 동물의 배아에게 어떻게 가슴, 배, 기타 유사 부분으로 세분화될지 알려주는 일부 DNA 서열은 수십 억 세대를 거쳐오면서도 여전히 그대로 남아 있다. 인간의 발화나 언어와 연관된 것으로 보이는 이른바 FOXP2 등 몇몇 다른 유전자들은 약 12만~20만 년 전에 와서야 인간 종에 확산되었다.[27] 대개 우리가 서로 식별할 수 있는 해부학적 혹은 행동상의 특징은 수많은 유전자들의 협력으로 생성되는 것이다.

현대의 분자생물학은 자연 속에서의 인간의 위치를 원자 수준까지 명확히 밝혀주며, 모든 생명체는 서로 연관되어 있고 서로 다른 종도 공통의 해부학적 구조와 행동 방식을 지닌 경우가 많다는 다윈의 1859년 발견을 의심할 여지없이 확인시켜준다. 궁극적으로 인간은 결핵균, 개구리, 떡갈나무와 공통된 조상을 가지고 있다. 우리의 유전자 전체인 인간게놈의 서열 분석이 이루어진 2001년 이전까지 과학자들은 인간의 DNA가 다른 종의 DNA와 굉장한 차이가 있을 것이라 생각했지만, 실제로 그 차이는 미미했다. 인간이 쥐와 분리된 것은 7000만 년 전이었고 침팬지와 분리된 것은 500만~700만 년 전이었다. 그리고 오늘날 우리는 인간이 쥐와 93퍼센트의 유전자가 같고, 침팬지와는 98퍼센트 이상의 유전자가 같음을 알고 있다. 유전학을 이해하면 모든 인종을 하나로 볼 수 있다. 모든 증거를 종합해보면, 대략적으로 구분된 이들 인종 집단끼리의 차이보다 인종 집단 내의 차이가 크기 때문이다. 진화를 이해하면 모든 인간이 한 가족임을 명명백백히 깨닫게 되며, 네덜란드 출신의 개신교 성직자이자 1948년 남아프리카 공화국의 수상이 되었던 다니엘 프랑수아 말란(남아프리카의 인종격리정책을 실시한 인물_옮긴이)이 다윈의 진화론을 심히 못마땅하게 여겼던 이유도 알 수 있다.

진화가 무작위적 사건들의 산물임을 생각하면, 생물학이 '지적인 설계intelligent design' 보다는 '황당한 설계ridiculous design' 라 할 만한 것들로 가득하다는 사실이 전혀 놀랍지 않다. 예를 들면, 후두는 음식물이 지나가는 통로와 공기가 지나가는 통로를 분리하는 방향으로 진화했지만, 그러다가 혀의 뿌리 부분에 가까이 이동하여 발화시 중요한 역할을 할 수 있게 되었다. 그러나 이 유익한 진화적 변화의 대가로 음식물이 위로 넘어가지 않고 기도를 따라 폐로 내려가게 돼서 질식사를 하는 경우도 생겼다. 공대 1학년 학생도 그보다는 지적인 설계를 해낼 수 있었을 것이다. 아마도 4억 년 전 인간의 어류 조상 가운데 하나에서 소변을 신장에서 체외로 배출하는 관이 두 개가 생겼을 것이다. 수컷의 경우 이 두 번째 관이 정자를 체외로 운반하는 편리한 도관 역할을 했고, 암컷의 경우는 나팔관, 자궁, 질로 진화했다. 이 기관으로 통하는 출구는 어류의 배지느러미 뒤에 있었지만 물고기가 육상 동물로 진화하면서 이들은 뒷다리를 지탱할 수 있도록 뼈고리bony ring, 즉 골반이 필요하게 되었다. 여성이 분만을 할 때 엄청난 고통과 자신과 태아 모두의 위험마저 무릅쓰고 골반을 통해 아기를 밀어내야 하는 이유가 바로 여기에 있다. 아기가 엄마의 배꼽을 통해 나온다고 생각하는 여섯 살짜리 아이는 지적 설계자가 있었더라면 산도產道를 복벽腹壁으로 통하도록 변경했을 것이라는 점을 정확히 보여준다. 하지만 진화는 재설계를 허용하지 않는다. 단지 이미 존재하는 것을 기반으로 하는 또 한 번의 우연한 돌연변이를 기다릴 뿐이다.*

생존과 번식에 유리한 신체 또는 행동상의 형질을 '적응적'이라 부른다. 이런 형질들은 유기체가 주어진 환경에 더 잘 적응하게 하여 번식 가능성을 높여준다. 그러나 이 책의 주제인 성, 전쟁, 그리고 그 둘 사이의 근본적인 관계와 관련해서는 모든 적응적인 특성이 모든 환경에서 유익한 것은 아니라는 점을 짚고 넘어갈 필요가 있다. 3억 5000만여 년 전 물고기가 처음 바다를 떠나 네 발 동물로 진화하기 시작할 당시 폐는 분명 중요한 진화상의 혁신이었다. 그리고 그로부터 5000만 년 후 고래의 조상들이 바다로 돌아왔을 때 틀림없이 폐는 그다지 불리한 부분이 아니었다. 그러나 환경이 달라졌고, 상업적인 고래잡이 때문에 고래들은 거의 멸종할 지경에 이르렀다. 고래들은 호흡을 하기 위해 수면 위로 떠올라야만 했기 때문이었다. 이처럼 동일한 형질이 매우 적응적이던 것에서, 중립적인 것으로, 그리고 심각하게 부적응적인 것으로까지 바뀐 것은 오로지 고래들이 사는 환경이 변화했기 때문이었다.

우리는 고래의 폐와 마찬가지로 인간 남성의 폭력, 집단공격, 전쟁 기질도 본질적으로는 진화의 찌꺼기 같은 것이 아닐까 생각한다. 그러한 행동 저변에 깔린 충동은 그것을 표출하는 이들에게 번식상의 이점으로 작용했던 시절이 있었을 것이며, 오늘날에도 그러한 경우가 있을지도 모른다. 그러나 문화를 비롯한 여러 조건이 변화하는 동안 유전자는 변함없이 그대로이며,

* '지적 설계' 가설에 대해서는 수많은 반박이 존재한다. 이 이론은 생물학적 구조와 체계는 너무도 복잡하고 완벽해서 우연으로는 생겨날 수 없으며, 따라서 어떤 지적인 (그리고 아마도 신성한) 설계자가 빚어낸 산물임이 틀림없다는 견해다. 아프리카의 여성들이 아기를 낳기 위해 긴 시간 동안 산고를 겪고서도 결국 아이가 태내에서 죽어 서서히 물러지고 부패하기 시작할 때까지도 여전히 밖으로 빼내지 못하는 광경과 그러한 외상으로 생길 수 있는 산과적 누공obstetric fistulas—질과 방광 사이가 찢어져 평생 소변이 새는 채로 살아야 하는 상태—사례를 목격한 나로서는 인간의 설계에 대단한 지성이 개입되었다는 사실을 도저히 믿을 수가 없다.

인간의 석기시대 충동 가운데 상당수는 정보 시대를 사는 현대인에게는 바람직하지 않다. 생물학적 측면이 인간의 행동을 궁지에 몰아넣어왔음은 명백한 사실이며, 그곳에서 다시 빠져나올 방법을 찾는 것은 우리의 몫이다. 그것이 바로 인간이 고래보다 나은 점이다. 고래는 숨을 참을 수 없지만, 인간은 전쟁을 그만두기로 마음먹을 수 있다.

암컷을 손에 넣기 위해 싸우느라 단일 종의 수컷들이 서로 맞붙게 되는 성적 경쟁은 어느 정도 지적인 설계자라면—자비로운 설계자라면 말할 것도 없고—피하도록 만들기로 마음먹을 법한 또 다른 진화의 산물이다. 수컷 바다코끼리들이 서로 싸우다가 자기 새끼를 짓뭉개 죽이기까지 하는 것처럼 성적 경쟁은 매우 파괴적으로 진행되곤 한다. 또한 전쟁 중에 강간을 저지르는 남성의 성향 역시 성적 경쟁의 산물이라는 결론은 피할 길이 없어 보인다. 남성은 서로를 죽일 수밖에 없는 것인가를 묻는 도덕률에 진화는 아무런 말이 없다. 하지만 진화는 여성을 죽이는 쪽보다 강간하는 남성에게 훨씬 더 많은 보상을 할 것이다. 이는 남성이 강간을 하도록 진화해왔다는 뜻이 아니라, 모든 남성은 아니어도 적어도 다수의 남성이 아마도 강간 행위의 기저에 깔린 공감의 단절, 감정 조절능력 상실, 공격을 경험할 잠재적인 생물학적 성향을 지니고 있음을 의미한다. 우리는 전쟁, 테러, 그리고 그에 따르는 공포의 기저에는 바로 이러한 유전된 집단공격 기질이 있으며, 그 기원이 무엇이든 집단공격은 오늘날 세계에서 엄청난 희생을 수반하고 역효과를 야기하는 행동이 됐음을 보여주고자 한다.

행동 기질

다윈은 자연선택에 의한 진화에 관한 자신의 이론이 당시 빅토리아 시대 사회에서 논란이 될 것임을 알고 있었고, 『종의 기원』에서 인류 진화의 문제를 피하며 "인류의 기원과 그 역사에 빛이 드리울 것"이라고만 언급했다. 마침내 그가 자연선택과 성적 경쟁이 어떤 방식으로 인간의 행동에 영향을 미쳐왔는지 의견을 분명히 개진한 것은 1871년에 들어서였다.

개나 고양이가 자기 새끼를 돌보는 행동 등을 보고 우리는 다른 동물의 본능을 인식하지만, 사실 본능이라는 단어는 인간 행동의 미묘한 측면을 포착하기에는 너무 피상적이다. E. O. 윌슨은 우리가 물려받은 행동의 틀을 기질predispositions이라고 칭하고 있으며, 우리는 앞서 이 용어를 이미 사용했다. 때때로 단일 유전자가 이러한 경향이나 성향을 제어할 수 있는 경우도 있다. 예를 들어, 쥐(어쩌면 사람도 가능)에게서 특정 유전자가 결핍되면 자기파괴적 대담성이 표출되는 것으로 밝혀졌다. 이 유전자가 없는 쥐는 아무런 거리낌 없이 분주하게 돌아다니다 눈에 잘 띄는 물체에 기어올라 고양이나 여타 포식자 앞에서도 숨지 않고 자신을 노출시킨다. 그러나 인간의 성욕이나 이웃에 대한 증오심 등 대부분의 행동은 수많은 유전자 집합 간의 복잡하고도 변화무쌍한 상호작용에 달려 있으며 주변 환경의 영향을 받기도 한다.

대부분의 사람들은 유전자가 인체 일부의 크기나 형태를 결정하거나 질병을 유발할 수도 있다는 것을 인정한다. 그렇지만 유전자가 공격과 같은 행동에도 영향을 미칠 수도 있다는 것은 좀처럼 받아들이기 어려워한다. 그러나 인간 역시도 우리의 그 모든 복잡성 속에서, 유전된 다양한 충동과 행동을 드러내며, 이 모든 충동이나 행동들은 그 개인이 오래 생존하여 번식에 성공할 수 있도록 하려는 유일한 목적을 위해 진화돼온 것이다. 많은 행동 기질들이 지리적 위치와 역사적 시기를 막론하고서 발견된다. 어떤 것들은 굉장히 강력하고 보편적이어서 통상적인 계기가 없어도 존속한다. 예컨대 미소를 한 번도 본 적 없는 시각장애인도 언제 어떻게 미소를 지을지 아는 것이다. 궁극적으로는, 동물의 DNA를 통해 밝혀진 패턴은 내부에서 화학적 환경의 영향을 받으며 바깥 세계에 반응하는 뉴런의 연동 체계의 구축 방법을 상세히 밝혀내게 될 것이며, 과거와 현재 경험에서 모두 드러난 바와 같이, 이는 인간의 행동 기질을 설명해줄 것이다.

폭력, 공격을 비롯한 호전적 기질은 사실상 모든 인간 남성에게서 나타나는데, 인류 이전 조상에게 있었던 이 같은 행동이 기원이 되었을 가능성이 높다. 그 기질의 발현 정도는 각 개인마다 천차만별이지만, 특정 인종이나 민족 집단이 일관되게 더 높거나 낮은 수준의 선천적 공격성을 지니고 있다는 식의 증거는 전혀 없다. 문화 집단 및 인종 집단은 확실히 시대에 따라서 호전적이거나 평화적인 성향을 보여왔지만, 한때 누구에게나 두려움의 대상이었던 바이킹 해적의 후손인 오늘날의 평화적인 스칸디나비아 반도 사람들을 떠올려보기만 해도 그러한 차이가 유전자가 아니라 주로 문화나 환경에서 기인함을 알 수 있다. 특정 집단을 선천적으로 폭력적이거나 공격적이라고 말하는 것은 어불성설이며, 유감스럽지만 우리는 모두 선천적으로 폭력적이고 공격적이다. 그러나 마찬가지로 우리 모두 바이킹족처럼 180도 달라질 수 있다.

제인 구달은 관찰을 통해 침팬지 수컷이 암컷의 두 배로 자주 실수를 하거나 나무에서 떨어지며, 10미터 이상 높은 곳에서 떨어지는 경우는 모두 수컷임을 발견했다.[28] 인간의 사고 통계에서도 다리나 팔이 부러지는 경우는 젊은 남성이 또래 여성의 두 배에 달함을 확인할 수 있다. 분명 문화가 중요한 역할을 하고 있겠지만(집에 얌전히 있으라고 교육받은 소녀가 길에서 차에 치일 가능성은 낮다), 침팬지에 관한 자료를 보면 여성에 비해 더 많은 위험을 감수하는 남성의 기질에는 생물학적 원인도 있다는 것을 분명히 알 수 있다. 이와 동시에, 유전자와 환경의 복잡한 상호작용은 끊임없이 변화한다. 형제자매는 같은 부모에게서 유전자를 물려받지만, 출생 순서가 행동에 영향을 미칠 수 있다. 맏이로 태어난 아이에게 최적의 전략은 자신의 권위를 유지하고 상대적으로 강한 힘을 이용해 동생들로부터 자신의 위치를 방어하는 것이지만, 동생으로 태어난 아이들의 입장에서는 그 상태 자체에 의문을 던지고 더 힘이 센 손위 형제자매와 겨룰 수 있는 새로운 전략을 생각해낼 필요가 있다. 다윈은 혁신적인 생각을 해낸 막내아들이었다.[29]* 생존경쟁에서 이길 수 있는 행동적 틀을 제공하는 것은 진화지만, 이러한 기질이 어떻게 발현되는가는 환경에 달려 있다.

유전된 행동 기질을 연구하는 학문인 진화심리학은 동종 살해와 같이 겉으로 보기에 비논리적인 행동을 논리적으로 설명해낼 수 있다. 진화심리학은 두 가지 중요한 원칙에 근거를 두고 있다. 첫째, 인간이 물려받은 기질은 대부분 무의식 속에 내재된, 생존을 위한 지름길이다. 원숭이와 마찬가지로 사람들 대부분은 뱀에 대한 선천적인 공포를 지니고 있다. 뱀은 독이 있고 우리를 죽일 수도 있다는 사실을 알 필요도 없다. 인간은 그저 스르륵 움직이는 긴 물체를 무서워해서 가능한 한 빨리 그것으로부터 도망치도록 설정되어 있는 것이다.[30]** 둘째, 이미 지적한 바와 같이, 진화는 천천히 일어나는 과정이며 인간의 유전자는 지난 성공의 기록이다. 우리가 물려받은 행동은 대부분 오래전 과거 세상에 인간을 적응하게 도왔던 것들이다. 수백만 년 동안 인류의 조상은 몇백 명 규모의 작은 무리를 지어 살았는데, 그 안에서 여성은 식용 식물을 채집하여 대부분의 열량 공급을 담당했고, 남성은 사냥을 하여 단백질 대부분을 공급했다. 인간의 행동 기질 대부분은 컴퓨터, 자동차, 콘크리트로 가득한, 완전히 달라진 오늘날의 세상이 아니라 바로 이러한 삶의 형태에 적응할 수 있는 방향으로 진화한 것들이다.

* MIT 대학의 프랭크 설로웨이는 미국 연방 대법원의 표결 기록을 분석한 결과 맏이로 태어난 판사의 경우 다른 판사들에 비해 보수적인 견해를 표명하는 비율이 두 배에 달하는 것을 발견했다. 출생 순서의 영향과 같은 인간의 행동에 대한 생물학적 통찰은 흥미롭고 매력적일 수 있지만, 그 유효성을 증명하기는 쉽지 않다. 출생 순서의 영향에 대한 설로웨이의 분석은 다른 진화심리학자들에게 반박을 받기도 했다. 어쨌든 이 책의 저자들은 모두 가족 중에 막내다.

** 인간에게 남아 있는 '내장된hardwired' 행동에 관한 증거는 갑작스런 공포를 느끼면 소름이 돋는 현상에서도 찾아볼 수 있다. 침팬지는 겁에 질리면 모낭의 잔근육들을 이용해 털을 곤두세워 몸집이 더 커 보이게 만든다. 인간도 동일한 반응을 하는 것인데, 우리는 단지 그 효과를 내는 털이 없어지게 된 것뿐이다.

곰베 강 국립공원

다른 동물들에게는 굉장히 드문 일인데도, 유독 인간은 왜 서로 죽이는가 하는 질문을 과학자, 철학자, 정치가가 좀처럼 던지지 않는 이유는 바로 우리 자신이 늘 전사戰士로 살고 있기 때문인지도 모른다. 어쩌면 동종 살해에 대한 중요한 진화론적 통찰이 저명한 인류학자나 위대한 장군, 박식한 사회학자에게서 나오지 않았다는 것, 그리고 남성에게서는 절대로 나오지 않았다는 사실 역시 당연한 일인지도 모른다. 그러한 통찰은 바로 정식 과학 교육도 받지 않았던 젊은 여성 비서에게서 나왔다.* 1960년, 제인 구달과 그녀의 어머니 밴은 탕가니카 호숫가의 곰베 강이라 불리던 좁다란 샛강 근처에 텐트를 쳤다. 제인 구달, 르완다(제인 구달이 연구하던 탄자니아 바로 북쪽)에서 고릴라를 연구한 다이앤 포시,[31] 그리고 지구 반대편 중간 즈음의 보르네오에서 오랑우탄을 연구한 비루테 갈디카스에게 영감을 불어넣었던 사람은 바로 케냐 출신의 저명한 인류학자이자 화석학자였던 루이스 리키였다.

처음에 제인 구달과 다이앤 포시는 자신들이 줄곧 따라다녔던 유인원들을 숲속의 덩치 큰 신사쯤으로 여겼다. 하지만 1974년 1월, 제인 구달이 가르쳤던 탄자니아 출신의 힐라리 마트마는 한 무리의 침팬지 집단이 다른 무리의 침팬지 일원을 공격한 것에 대한 최초의 보고서를 작성했다. 제인 구달은 이 공격을 직접 목격한 뒤 이렇게 적었다. "내가 침팬지를 처음 알았던 당시에는 상상도 할 수 없었을 일이었다. 어느 무리 집단의 수컷이 인근의 더 작은 공동체의 개체에게 가하는 일련의 그 잔혹한 공격은 암컷, 수컷 할 것 없이 공격 대상의 죽음으로 이어졌다."[32] 끔찍한 일이지만 바로 이 같은 살생 사례는 유인원과 인간이 우리의 예상보다도 훨씬 더 닮아 있다는 사실

* 훗날 구달은 결국 박사 과정을 이수했고, 실제로 우리(말콤)도 케임브리지 대학에서 같은 스승, 로버트 하인드의 가르침을 받았다. 로버트 하인드 교수는 원숭이 행동 연구의 권위자이자 전쟁 원인 연구의 선구자다.

인간의 경우와 마찬가지로, 침팬지 암컷은 대개 자애로운 어미다. 10세경에 처음 교미를 하게 되고, 수태 기간은 8개월이며, 2.5~5년간 수유를 한다. 초기 몇 년간은 어미와 새끼가 수 미터 정도도 떨어지는 경우가 거의 없다. 침팬지 수컷은 아버지가 되어도 무관심한 반면, 새끼가 죽으면 어미는 슬퍼한다. 사진 속 콩고민주공화국의 보노보 침팬지 새끼는 태어난 지 채 몇 시간이 되지 않았다.

을 반증한다. 다음 장에서는 이러한 동종 살해에 대해 더욱 자세히 살펴볼 예정이다.

곰베에서의 잠깐의 경험만으로도 마사와 나는 동물 행동 연구에 헌신하는 이들의 끈기와 인내를 배울 수 있었다. 공원 내에 있는 제인 구달의 거처에 우리가 머물던 당시 그곳에 있었던 또 다른 유일한 사람은 폴란드 출신의 젊은 영장류학자였다. 주변이 암흑에 휩싸이는데도 그녀가 현장에서 돌아오지 않자 우리는 굉장히 걱정이 되기 시작했다. 침팬지 한 마리가 일몰 직전에 둥우리를 만들 때까지 그녀는 그 침팬지의 뒤를 계속 따라갔다가 어둑한 비탈길을 따라 수 킬러미터를 다시 천천히 걸어 돌아왔던 것이다. 그녀는 찬 음식으로 식사를 하고 호숫물로 씻고 잠깐 눈을 붙이고는 동트기 전에 그 침팬지의 둥우리가 있는 곳으로 돌아가기 위해 일찍 일어났다. 영장류 행동 연구는 고된 일이지만, 그 결과는 굉장히 귀중했다. 제인 구달과 그녀의 제자들은 우리가 이 세계와 그 안에서의 인간의 위치를 바라보는 방식을 바꾸어 놓았다.

호르몬의 역할

그렇다면 진화는 행동에 어떤 영향을 미치는가? 한 가지 중요한 방식은 세포의 상호 소통에 사용되는 분자인 호르몬의 작용을 통해서다. 일부 호르몬은 단백질이며, 모든 단백질이 그러하듯 이들은 우리 유전자 속에 암호화되어 있고 발달 프로그램 및 환경 여건에 따라 세포에서 생성된다. 그러나 피부나 결합조직을 구조적으로 지탱하거나 체내 신진대사의 기초가 되는 수많은 화학 반응을 돕는 다른 단백질들과는 달리, 호르몬은 우리의 기분이나 행동을 조절한다. 그리고 단백질이 아닌 호르몬들을 만드는 것은 역시 단백질이기 때문에 진화의 대상이다.

암컷보다 수컷의 성향이 더 폭력적이고 공격적이라는 것 역시 인간과 침팬지의 행동상 공통점 가운데 하나다. 나는 내 자신이 특별히 폭력적인 사람이라고는 생각하지 않지만 남성성의 징후를 찾으려면 술집에서의 싸움이나 특공대 공격처럼 명백한 사례까지 갈 필요도 없다. 나는 예상을 벗어나는 작동을 하는 컴퓨터에 대고 욕설을 퍼부으며 소리를 지르지만, 내 아내는 그런 무의미한 행동을 하는 법이 절대 없다. 그리고 공항 보안 검색대를 통과할 때마다 그녀는 나를 진정시켜야 한다. 얌전히 굴도록 강제하거나 지시에 따르라고 암묵적으로 요구하는 심사 과정은 내 경쟁적 충동을 건드리기 때문인데, 이는 그녀라면 평생 경험해볼 리 없는 현상이다. 일부 차이는 성격 문제일지 모르지만, 이 역시 성인 남성의 경우 여성보다 20배 많은 양의 테스토스테론이 분비되는 탓이기도 하다.[33] 사춘기 소년은 테스토스테론 수치가 높아져 근육의 강도가 상승하고 목소리가 굵어지며 수염이 나고 성적 충동이 생기게 된다. 테스토스테론은 지위와 공격에 대한 대부분의 남성적 욕구를 불러일으키며, 충동 제어를 형편없게 만드는 원인이 되기도 한다. 대부분의 생물학적 특성에서 보듯, 양성 간 호르몬 차이는 절대적 차이보다는 정도의 차이인 경우가 훨씬 많다. 여성도 테스토스테론을 생성하며 이는 여성의 성욕을 증가시키는 호르몬이기도 하다. 여성의 경우 이 '남성' 성 호르몬은 난소뿐 아니라 부신에서도 만들어지지만, 그 수치는 낮고 일정한 편이다. 남성의 경우 고환에서 내보내는 테스토스테론의 양은 연령이나 순간의 상황에 따라 크게 변화한다.

비교적 낮은 수치의 테스토스테론에도 공격 '허용' 효과가 있지만, 용량 대비 반응도 있어서 테스토스테론 수치가 평균 이상인 남성은 언어적으로나 신체적으로 공격적인 성향을 보인다.[34, 35] 테스토스테론 수치는 독신자보다 기혼 남성의 경우 더 낮고(아마도 높은 테스토스테론 수치는 본질적으로 위험하며, 장기적인 관계라는 덜 경쟁적인 맥락에서는 내분비 체계가 각종 수치를 느슨하게 낮출 여유가 생기기 때문일 것이다), 예상할 수 있듯, 20세에서 24세 사이의 미혼 남성은 동일한 연령 집단의 기혼 남성에 비해 살인을 저지를 가능성이 3배 높다. 일부 연구에서는 남성의 경우 높은 테스토스테론 수치가 폭력 범죄나 가정 내 폭력과 연관이 있음이 발견되었다.[36] 성적을 향상시키고 체질량을 증가시키기 위해 테스토스테론이나 기타 스테로이드제를 사용하는 운동선수의 경우 성격이 급해지고 쉽게 싸우게 되는 성향이 심해지는 이른바 '스테로이드 분노'가 생길 가능성이 높다.

테스토스테론의 효과는 미미할 수 있지만, 침투성이 있다. 경쟁이 치열한 경기를 앞둔 남성 축구 선수의 경우 테스토스테론 수치가 상승하며 경기 내내 계속 높은 수준으로 유지된다. 진 팀에서는 그 수치가 떨어지지만 이긴 선수들의 경우 상승된 상태로 유지되며, 심지어 여러 날 지속되는 경우도 있다. 놀랍게도 똑같은 변화가 축구 팬들에게도 일어난다. 대리전에서조차도 우리가 우리 편과 얼마나 강하게 동일시하는가에 대한 생리학적 증거인 셈이다. 그리고 '우리 대 그들'의 역학 관계는 강력하다. 카리브 해의 어느 섬에서 도미노 게임 팀을 대상으로 이루어진 연구에서는 자신이 사는 동네 출신 팀보다 옆 동네 출신 팀과 게임을 할 때 테스토스테론 수치가 더 높게 나타나는 것으로 밝혀졌다. 테스토스테론의 변화는 체스 게임을 하는 남성에게서도 나타나며, 흥미롭게도 경쟁적인 게임이라 하더라도 쉽게 이길 수 있을 것으로 예상되는 경우에는 경쟁이 치열하거나 오래 지속되는 경우보다 테스토스테론 수치의 상승폭이 작았다.[37] 올리버 슐타이스와 케네스 캠벨은 하버드 대학 학부 남학생들에게 타인을 멋대로 조종하거나 혹은 자발적인 도움을 주거나 하는 등의 내용을 담은 일련의 그림을 보여주고 나서 그에 관한 이야기를 써보게 함으로써 타인에게 영향을 미치고 싶은 욕구를 측정했다. 타인을 이용함으로써 권력을 얻으려는 욕구가 가장 높은 것으로 나타난 이야기를 쓴 이들은 테스토스테론 수치도 가장 높은 축에 속했다. 테스토스테론의 한 가지 역할은 독단적인 행동을 강화하는 것으로 생각된다.[38] 붉은 털원숭이의 경우 테스토스테론 수치는 사회적 지위에 비례하며 세력 다툼에서 진 원숭이에게서는 낮게 나타난다.[39] 평균적으로, 테스토스테론 수치는 성직자보다 법정 변호사에게서 더 높게 나타난다.[40]

여타 호르몬 및 효소 역시 행동에 영향을 미친다. 스트레스를 받는 상황에서는 양성 모두 아드레날린 수치가 상승한다.[41] 세로토닌은 특히 동물의 사회적 지위에 영향을 미치는 화학적 전령이다. 서열이 낮은 베르베트원숭이는 세로토닌 수치가 낮지만, 세로토닌 수치를 증가시키는 약을 투여하면 집단 내 서열을 상승시키는 데 도움이 되는 다양한 방식으로 행동에 변화가 생긴다.[42] 반대로, 음식물 섭취 변화는 뇌 내의 세로토닌 수치를 낮추고 유의미한 결과를 가져올 수 있다. 어느 연구에서는 영국 교도소 내 젊은 남성 수감자들의 식사에 미량영양소를 첨가하자 교도관이나 타 수감자에 대한 폭력이 무려 35퍼센트나 감소하는 것으로 나타났다.[43] 진화가 우리에게 부여한 유전적 기질은 우리의 내분비선에서 생성되는 호르몬에 의해 늘 조절된다. 이들은 강화 또는 억제될 수 있으며, 거의 예외 없이 항상 외부 환경의 영향을 강하게 받는다.

환경의 영향

유전자와 환경 간 상호작용에 관한 가장 이해하기 쉬운 예는 아마도 언어의 습득일 것이다. 모든 인간 언어에는 문법과 구문이라는 특정한 공통 규칙이 있지만, 성인의 두뇌는 대개 좌절과 혼란을 느낄 만큼 각 언어는 상이하다. 그러나 어린이는 주위에서 들려오는 언어가 영어든 일본어든 혹은 그 어떤 다른 언어든 상관없이 마치 스폰지처럼 그 구조와 미묘한 의미를 흡수하고 습득할 수 있다. 아이들에게 이런 놀라운 능력을 선사하는 것은 바로 유전자이며, 환경은 이를 우리가 언어라고 인식하는 특정한 일련의 단어와 규칙으로 빚어낸다.* 아이들이 학교 교육 없이도 아주 이른 시기부터 이러한 일을 해내는 것은 인간의 두뇌가 일관되게 언어를 처리할 수 있는 기질을 진화시켜왔기 때문이다. 유전암호가 정확히 어떤 신경 경로를 통해 단어나 구조를 분석하여 유의미한 정보를 전달하는가는 여전히 풀리지 않는 의문으로 남아 있다. 그러나 생물학적 메커니즘의 정확한 세부 내용을 전혀 모르는 것은 새삼스러운 일도 아니고 진화 과정을 좀 더 폭넓게 이해하는 데 방해가 된다고만 볼 수도 없다. 앞서 살펴본 바와 같이, 다윈은 유전 법칙에 대해 개략적인 생각만 있었을 뿐이고 DNA 분자 구조에 대한 아무런 지식도 없었지만 진화 과정 전반의 큰 구조를 추론해낼 수 있었다.

개미의 행동은 자칫 일련의 기계적 행동 반응으로 잘못 해석되기 쉽지만

* 만일 서로 다른 언어를 쓰는 예닐곱 집단의 사람들이 한 곳에 모인다면 그들은 곧 각 언어의 단어들을 한데 뒤섞고 결합시켜 '피진pidgin(혼성)' 언어를 만들어내게 될 것이다. 다음 세대가 한데 어울리게 되면, 바로 그 아이들이 문법을 더해 피진어를 하나의 완전한 언어, 즉 크레올Creole어로 탄생시키는 것이다. 1970년대와 1980년대에 니카라과의 농아 집단은 자신들만의 일련의 수신호手信號를 만들어냈고, 단 한 세대 후부터 복잡한 문법이 생겨났으며 이것이 '크레올'어가 되었다.

이들의 경우에도 환경과 유전자는 미묘하고 복잡한 방식으로 상호작용을 한다. 예를 들어, 사막 개미 중 어느 종은 자기 집 근처에서 먹이를 찾아 돌아다닐 때는 같은 종의 개체들에 극단적인 공격성을 보이지만 집에서 100미터가량 떨어져 있을 때는 훨씬 관대해진다.[44] 인간의 경우 유전자와 환경의 관계는 모노아민 산화효소monoamine oxidase라는 효소의 이야기가 이를 잘 보여준다. 모노아민 산화효소는 화학적 전달물질이 기능 수행 후 뇌에서 제거되는 속도에 영향을 미친다. 단백질로 구성된 다른 효소들과 마찬가지로 모노아민 산화효소의 수치는 유전자에 의해 결정된다. 낮은 수치는 평균치 이상의 공격성과 관련이 있으며, 좀 더 높은 수치는 통상적으로 공격적 충동으로 이어질 수 있는 환경적 영향에 대한 보호 효과가 있는 것으로 생각된다. 인간 및 여타 동물 연구 모두 역시 어린 시절의 학대가 성년기 폭력성의 증가와 연관이 있음을 보여주고 있다. 영국, 미국, 뉴질랜드 연구자들은 537명의 성인 남성을 대상으로 폭력성을 추적 조사했다.[45] 이들 가운데 무려 80퍼센트는 불행히도 효소의 수치가 낮았으며 **동시에** 유년기에 학대받은 경험이 있었다. 한 연구자는 유전자와 환경 간 상호작용의 결과, "보통 사람보다 강간, 강도, 폭행을 저지르는 비율이 4배 높다"고 보고하기도 했다.

유년기의 학대는 뇌에 영구적인 변화를 일으킬 수 있다. 예를 들면, 어렸을 때 신체적 혹은 성적으로 학대를 받았던 성인은 해마 부위의 크기가 더 작다. 아동 학대의 장기적 영향을 연구한 마틴 타이처와 하버드 연구진은 이러한 변화가 손상이 아닌 적응의 산물임을 알게 되었다. "유년기 스트레스에의 노출은 성인이 되었을 때 위험한 세계 속에서 생존하고 번식할 수 있도록 적응하는 방식으로 신경 발달을 변화시키는 분자학적·신경학적 효과를 낳는다." 그러나 모든 위험에 공격적으로 반응하는 기질에는 큰 대가가 따르며 유년기에 학대를 경험한 사람은 제2형 당뇨병 발병률과 자살률이 높으며 수많은 정신 의학적 문제를 안고 있다.[46]

지위에 대한 욕구는 인간을 포함한 영장류에게 사실상 보편적인 행동 기질이다.* 남성의 경우 높은 사회적 지위는 좀 더 많은 짝짓기 기회와 연결되며, 여성의 높은 사회적 지위는 좀 더 안정적인 식량 공급 기회와 연결된다. 그러나 사회적 지위를 갈구하는 기질은 개인이 살고 있는 사회적·물리적 환경에 따라 달라진다. 교도소에 수감된 사람과 마찬가지로, 동물원에 갇힌 동물들은 서로에게서 달아날 수 없다. 1970년대 말, 네덜란드 출신의 영장류 학자 프란스 드 발은 네덜란드 아른헴 동물원에서 대규모 집단의 침팬지를 연구했다. 그가 예론이라 불렀던 한 침팬지는 3년 동안 우두머리 수컷이었지만, 곧 루잇과 니키라는 서열이 낮은 두 수컷의 연합으로 지배가 위협을 받게 되었다. 야생에서라면 예론은 숲속의 다른 곳으로 달아났을 테지만, 아른헴 동물원의 관리인들은 어느 날 우리를 열고는 다음과 같은 광경을 목격했다.

> 루잇의 머리, 옆구리, 등, 항문 주위, 음낭 등에 깊은 상처가 수없이 나 있었다. 특히 두 발은 중상을 입은 상태였고, 양 손에도 물린 자국이 있었다. 가장 끔찍했던 것은 바로 루잇의 양쪽 고환이 모두 없어졌다는 사실이었다.[47]

이보다 45년 전 런던 동물원에서는 솔리 주커만이 가로 세로 30미터 미만의 구내에서 망토개코원숭이 100마리 사이의 경쟁 관계를 관찰했다.**[48] 야

* 분명히, 모든 영장류 사회는 어느 정도 사회적 유동성social mobility을 허용하지만, 대부분의 인류 문화에서는 출생시 계통, 성, 위치 등에 기반한 제약을 만들어왔다. 적어도 이론상으로는 각 개인의 지위가 태생보다 본인의 능력이나 성취로 결정되는 현대의 민주주의는, 말하자면, 사실상 한층 더 유인원 같은 상태로 회귀한 것과 같다고 볼 수도 있다. 침팬지들 간의 경쟁처럼 훨씬 폭력적이고 명백히 성적인 뉘앙스를 포함하는 경우는 드물다 하더라도 말이다.

** 많은 이들이 타 영장류에 대한 연구를 발판 삼아 대중에게 상당한 권위를 행사할 수 있는 자리를 차지하게 된 것은 어쩌면 당연한 일인지도 모른다. 주커만은 1980년대 영국 국방부의 과학 고문이 되었고 그 뒤 귀족 작위에 올랐다. 제인 구달과 내 스승인 로버트 하인드는 케임브리지 세인트존스 칼리지의 학장이 되었다.

생의 상태에서는 그러한 갈등이 치명적인 경우가 드물지만 동물원 내에서는 수컷이 암컷을 두고 싸움을 벌이는 과정에서 생긴 상처나 스트레스로 인해 3분의 2가량이 죽었다.[49] 그러나 드 발이 덩치는 크지만 집단 내에서 느긋한 성격을 보이는 어린 짧은꼬리원숭이들과 덩치는 더 작지만 공격적인 성향의 어린 붉은털원숭이들을 한데 넣자 정반대의 일이 일어났다.[50] 붉은털원숭이들이 짧은꼬리원숭이들을 위협하자, 예상과는 달리 짧은꼬리원숭이들은 적대적으로 대응하지 않고 붉은털원숭이들의 공격적 태도를 단순히 무시해버렸다. 5개월이 지난 뒤 이 우리 안에서는 두 종의 어린 원숭이들이 평화롭게 잠을 자고 있었고, 붉은털원숭이들의 공격성이 크게 감소했기에 드 발은 이들을 '개과천선'한 붉은털원숭이라고 불렀다. 핵심은 아무리 깊이 뿌리박힌 '유전자적' 행동도 환경 조건에 영향을 받을 수 있고, 심지어 정반대로 바뀔 수도 있다는 것이다.

인간의 일부 DNA는 단백질을 만드는 일종의 형판形板 역할을 하지만 개별 유전자의 작용을 촉진하거나 지체시키는 데도 상당한 역할을 한다. 환경은 유전자 발현을 변화시킬 수 있으며 유전자 정보의 차이는 환경에 대한 개인별 반응을 변화시킬 수 있다. 다시 말해, 양방향으로 상호작용하는 한 세트인 셈이다. 유전자 발현이 환경에 의해 변하는 방식은 UC 버클리의 동료학자 달린 프랜시스의 연구에 아주 잘 나타나 있다. 쥐의 경우, 다른 어미보다 새끼를 더 많이 핥고 쓰다듬어주는 어미가 있다. 그렇게 손길을 많이 받은 새끼일수록 어미의 보살핌을 덜 받은 새끼들보다 스트레스에 더 침착하게 반응하며, 뇌 내부에도 해부학적으로 차이가 난다. 이러한 행동은 그 후손에게 전달되고, 이는 다시 3대째에게로 전달된다. 뿐만 아니라 그 효과는 '좋은' 어미의 생물학적 후손은 물론이고, 다른 쥐에게서 태어났지만 '좋은' 어미에게 양육된 새끼들에게서도 뚜렷이 나타난다.[51]

통 섭

자연 세계를 연구할 때 우리 머릿속에 있던 이론이, 우리가 던지는 질문이나 도달하게 되는 결론에 영향을 미친다는 아인슈타인의 우려를 잠시 되짚어볼 필요가 있을 것 같다. 전쟁과 테러와 관련한—수많은 지식 분야에서 수백 명의 연구자들이 수십 년간 연구해온 내용에 근거한—우리의 주장은 본성과 양육 두 가지는 끊임없이 변화하는 서로 연관된 여러 가지 중요한 역할들을 수행한다는 것이다. 과학이나 인간사에는 여러 사안들을 이분화하고자 하는 유혹이 존재한다. 모든 일은 옳거나 그르다든가, 검은색 아니면 흰색이라는 식이다. 그러나 모노아민 산화효소나 아동 학대에 관한 관찰에서 분명히 드러났듯이, 사실 대부분의 사회적 과정은 늘 수많은 복잡한 요인 간의 상호작용이다. 이는 E. O. 윌슨이 주장한 통섭, 즉 '여러 생각이 함께 넘나듦'의 일부분이다. 통섭은 인간의 모든 연구 분야가 상호 영향을 미칠 수 있으며, 이를 통해 우리 자신과 이 세상에 대한 좀 더 새롭고 온전한 이해를 할 수 있다는 개념이다.

불행히도, 환경이 폭력의 유일한 결정 요인이라는 생각은 학계에 여전히 만연해 있다. 1986년, 유네스코 총회에서 20명의 학자들은 "폭력에 관한 세비야 선언Seville Statement on Violence"을 작성하여 다음과 같이 주장했다. "전쟁이나 여타 폭력적 행위가 유전적으로 우리의 본성에 갖추어져 있다고 말하는 것은 과학적으로 옳지 않다." 미국 심리학회, 인류학회, 사회학회 등을 포함, 몇몇 학회에서 이 세비야 선언에 지지표를 던지기도 했다. 그러나 진정한 과학은 관찰, 실험, 논쟁을 통해 진보하는 것이지, 선언서를 지지한다고 해서 발전하는 것이 아니다.[52] 인간과 마찬가지로 침팬지 수컷도 한데 무리를 지어 의도적·조직적으로 동종의 다른 일원을 죽인다는 관찰 결과는 일부 폭력적 행동이 실제로 유전된 것임을 가장 분명하게 입증한다.

유전자를 형성하여 신체의 해부학적 구조와 행동의 틀을 암호화하며 수십억 년간 DNA 서열 사이에서 이어져온 경쟁은, 식기세척기에서 기름기를 제거하는 세제만큼이나 인간적인 척도와는 상관없는 과정의 결과물이다. 우리는 그러한 행동을 도덕적 혹은 비도덕적으로 인식하지만, 이는 우리 유전자의 생존 기계의 핵심 부분인 뇌가 특정한 주요 행동을 강화하는 방식일 뿐이다. 이에 대해서는 E. O. 윌슨이 매우 설득력 있게 설명하고 있다.

> 다른 생명과 마찬가지로 호모 사피엔스는 스스로 길을 개척해왔다. 그래서 지금 우리는 이곳에 있다. 아무도 이러한 상황으로 우리를 이끌지 않았으며 아무도 우리를 지켜봐주지 않았다. 우리의 미래는 순전히 우리에게 달려 있다. 이제 우리는 인간의 자율성을 인정해야 한다. 그리고 우리가 가고 싶은 곳을 밝혀야 한다. 이러한 시도에 대해 환원주의적 분석으로 다루기에는 너무 복잡한 과정이라고 말하는 것은 온당하지 않다. 그것은 일종의 비종교적 지식인의 항복이며 게으른 모더니스트의 '신의 뜻'이다. (…) 호모 사피엔스가 이 행성을 결단내기 전에 제대로 정착하여 행복해져야 한다. 진지한 고찰이 바로 앞에 닥친 수십 년을 나아가기 위해 필요하다. 우리는 정치경제학의 대안들 대부분이 파멸을 초래하는 것이라는 사실을 깨달을 만한 능력을 갖고 있다. 우리는 인간 본성의 토대를 탐구하여 사람들이 본질적으로 가장 필요로 하는 것이 무엇이며 그것이 왜 필요한지를 밝혀내기 시작했다.[53]

유전자는 특정한 주요 상황에 적절히 반응하는 데 필수적인 신속 반응 체계를 제공할 수 있지만, 불변의 규칙을 작성하는 것은 아니다. 세비야 선언 역시 "생물학은 전쟁이 인류의 운명이라고 결정하지 않는다"는 결론을 맺고 있으며 이는 우리도 확실히 동의할 수 있는 부분이다. 어떤 의미에서 보면 우리는 유전자를 위한 생존 기계인 것도 사실일 수 있으나, 그렇다고 해서 DNA가 당기는 줄에 꼼짝없이 매달린 꼭두각시 인형도 아니다.

일련의 충동이나 행동에 진화적 근원이 있다는 사실은 그러한 충동과 행동을 피할 수 없다거나 우리가 그렇게 '해야만 한다' 거나 그렇게 하도록 되어 있음을 의미하지 않는다. 단지 역사의 어느 시점에 그러한 충동이 우리 조상들에게 경쟁자들에 대한 번식상의 우위를 부여했음을 의미할 뿐이다. 그러나 우리나 우리 자손에게도 생존이나 그로 인한 번식이 보장되는 것은 전혀 아니다. 생물학의 중대한 원칙은 시대와 환경은 변하기 마련이며, 이에 맞춰 변하지 않는 종은 멸종한다는 것이다. 간단히 말해, 어제 찾아낸 성공적인 생존 공식이 내일은 우리를 파멸로 이끌 수도 있다.

더 의미심장한 사실은 인간은 대립되는 수많은 충동—선과 악, 공격과 타협, 분노와 용서, 이기심과 이타심—을 지니고 있고, 그 모든 충동은 적어도 어느 정도는 진화의 유산이라는 것이다. 주어진 환경 속에서 어떤 충동을 따라 행동할지 결정하고 다른 이들도 그에 동참하도록 독려하며 세상을 변화시키는 능력도 갖추고 있는 것은 모든 동물 중에서 아마도 인간이 유일할 것이다. 우리에게는 생물학적 측면뿐 아니라 문화도 있으며, 지식, 과학, 그리고 자신의 행동을 반성하고 조절할 수 있는 능력이 있다. 전지구적 빈곤, 환경 파괴, 대량살상무기, 근본주의자들의 테러가 횡행하는 이 시대에, 진정 제대로 우리의 본성을 극복해내고자 한다면 〈아프리카의 여왕〉에서 로즈 세이어가 했던 말을 곱씹어볼 필요가 있을 것 같다.

3
잃어버린 고리

행동에 대한 유전자의 개념은 발달에 대한 유전자의 개념만큼이나 낯설다. 난해하기는 둘 다 마찬가지지만, 인간의 몰이해를 이유로 대자연이 그 방법을 바꿀 리는 없다.

— 매트 리들리, 〈게놈〉, 1999

인간과 침팬지의 수많은 생리학적 유사점 가운데 하나는 성 주기에 따른 호르몬 변화다. 침팬지의 월경 주기는 28일이 아닌 36일이지만, 호르몬의 변화는 인간과 동일하다.* 의사로서 일을 시작했을 무렵 나는 능숙해질 정도로 혈액 표본을 채취할 일이 자주 있지도 않았고, 침팬지를 대상으로 채혈할 생각도 전혀 없었다. 하지만 캘리포니아 샌디에이고 동물원에서 침팬지 군집을 연구하던 영장류학자 앤 퓨지를 포함한 동물 연구가들은 훨씬 비위가 강했다. 암컷의 생리 주기 연구를 위해 혈액을 채취하는 대신, 침팬지의 대변을 모아 비닐 봉투에 담은 뒤 연구실로 가져와서 호르몬 수치를 측정했다.(호르몬은 혈액 내를 순환할 뿐 아니라, 소화기로도 흘러들어간다.)

수컷 중심으로 형성되는 침팬지 사회에서 암컷은 성적으로 성숙되면 태

* 동물원의 침팬지들 가까이서 연구를 진행했던 어느 여성 영장류 학자는 기숙사에서 같이 지내는 여성들이 일제히 시기를 맞추어 생리를 하게 되듯 자신의 생리 주기가 연구 대상 동물들과 같아지는 것을 발견했을 정도로 침팬지는 인간과 유사하다.

어날 때 속해 있던 무리를 떠나 다른 집단으로 옮겨간다. 동물원에서도 그러한 자연적 역학을 모방하고자 동물들을 이동시키는데, 앤 퓨지가 처음 만났을 때 어렸던 어느 암컷은 성숙기에 들어설 즈음 프랑크푸르트 동물원으로 옮겨졌다. 몇 년 뒤 퓨지가 프랑크푸르트를 찾았을 때 샌디에이고에서 옮겨와 이제 성년이 된 이 침팬지는 이 연구자를 알아보고는 몸을 굽혀 대변을 한 움큼 모아서는 그녀에게 건넸다. 이 침팬지 암컷은 지구 반대편으로 옮겨와 매일 수백 명씩 혹은 수천 명씩 다양한 사람들을 보아왔음에도 불구하고 앤을 바로 알아보고 적절한 선물을 건넴으로써 연대감을 표하고자 했던 것이다.

침팬지에 대해 더 많은 것을 알게 될수록, 인간과의 유사점이나 차이점은 더 흥미롭게 다가온다. 우리는 500만~700만 년 전 조상이 같았기 때문에, 인간과 침팬지의 차이점은 진화가 줄곧 서로 다른 방향으로 이끌어온 길을 반영하며, 유사점은 오래전에 두 종 모두가 물려받은 특성들을 대체적으로 반영한다. 인간의 두뇌는 침팬지의 것보다 두 배 크지만 현미경으로 보면 유인원의 뇌와 유달리 두드러지게 다른 점은 전혀 없다. 앞으로 이 책에서는 인간이 침팬지와 동일한 패턴과 개수의 치아를 가지고 있고, 손과 발의 뼈도 동일하며, 뇌의 뉴런망도 동일하듯, 성년에 이른 수컷이 무리를 지어 동종의 타 집단을 공격하고 살해하는 기질도 공유한다는 주장을 전개해나갈 생각이다. 이러한 기질에 대한 이해는 인류의 전쟁과 테러를 이해하는 데 있어 잃어버린 연결고리에 해당한다. 이를 위해서는 우리의 생물학적 사촌을 조금 더 이해할 필요가 있을 것 같다.

무 리

침팬지는 매우 사회적이고 상당히 지능이 높은 동물이다. 야생에서 침팬지 수컷이 자신이 태어난 공동체를 떠나 다른 무리에 합류하는 것이 관찰된 바는 전혀 없었다. 이 때문에, 무리는 형제, 사촌, 삼촌, 조카, 그 밖에 연관된 수컷 집단 위주로 구성되며, 다양한 연령대의 암컷과 수컷 30~60마리 정도가 포함된다. 이들이 통제하는 영역의 규모에 따라 손에 넣을 수 있는 먹이의 양이 결정된다.

제레드 다이아몬드 같은 저자는 침팬지와 인간이 매우 비슷해서 우리 인간을 세 번째 침팬지 종이라 볼 수 있을 정도라고 하기도 했지만, 침팬지에는 두 종이 있다. 우리가 동물원에서 흔히 보는 대상이자 제인 구달이 거의 반 세기 동안 곰베에서 연구해온 침팬지의 학명은 판 트로글로다이트*Pan troglodytes*이나,[54] 명료성을 위해 우리는 그냥 '침팬지' 또는 '침프'라 부르기로 한다. 상대적으로 덩치가 작은 사촌인 보노보 침팬지—다시 말하지만 정확히는 '보노보' 혹은 판 파니스쿠스*pan paniscus*—와 그냥 침팬지, 이 두 종은 앞서 2장에서 살펴보았던 인간 본성에 관한 상반된 견해를 각각 대표한다고 볼 수 있다. 보노보에 대해서는 나중에 살펴보기로 하고, 우선 홉스주의적 성향이 뚜렷한 침팬지를 자세히 알아보자.

침팬지는 과일, 씨앗, 식물의 속 등을 주식으로 하고 곤충의 애벌레나 사냥으로 잡은 다른 동물의 고기를 먹이로 삼는 경우도 간혹 있다. 이른바 '먹이 쟁탈전'이 벌어지는데 상당히 소란스러운 경쟁이 되는 경우가 많다. 수컷은 먹이를 탐색할 집단을 대개 네댓 마리로 꾸려 자신들이 속한 영역 주변을 돌아다니며 과일 나무를 찾는다. 먹이의 밀도에 따라 서로 흩어졌다가 다시 모이기도 한다. 침팬지 암컷은 30~50개월 동안 새끼에게 젖을 먹이는데, 상당히 긴 시간이지만 대형 유인원에게는 흔한 일이다.(수렵채집인, 즉 우리 인간의 원시시대 조상도 최소 15개월 이상 모유 수유를 했을 것이다.) 처음에는, 침팬지 어미가 어디든 자기 새끼를 데리고 다니고 시간이 지나 새끼가 어느 정도 성숙하면 어미 등에 올라탈 수 있다. 임신과 양육의 부담을 지고 있는 암컷은 혼자 먹이를 찾아다니는 경우가 수컷보다 더 많다. 먹이 채집 활동을 자신이 속한 무리가 관할하는 숲의 핵심 지역으로만 한정하는 경향도 더 강하다. 수컷은 새끼를 용인할 뿐, 먹여 살리거나 키우는 일에는 참여하지 않는다. 침팬지들은 서로 볼 수 없을 때는 우우 소리를 질러 서로를 부르는데 장거리에서 부를 때도 있다. 매일 밤 어른 침팬지는 각자 꺾은 나뭇가지로 나무의 높은 곳에 잠잘 곳을 새로 만든다. 어린 것들은 저마다 어미의 보금자리에 머물며, 가족의 유대는 평생 지속될 수도 있다. 인간과 마찬가지로 침팬지에게도 지역 문화가 있다. 예를 들면, 서아프리카 코트디부아르의 타이 포레스트에 서식하는 무리는 돌망치와 모루를 사용해 견과류 껍질을 까지만, 동아프리카의 침팬지는 아직 이러한 기술을 발견하거나 전해주지 못하는 상태다.[55, 56]

제인 구달이 곰베 강 국립공원에서 침팬지 연구를 시작했을 당시, 서로 나뉜 네 무리가 32제곱킬로미터의 지역을 점유하고 있었다. 다른 동물들의 경우와 마찬가지로 궁극적으로 침팬지 무리의 번식 잠재력은 먹이 조달에 의해 제한된다. 킬리만자로 산 기슭의 케냐 암보셀리 국립공원에서 개코원숭이를 연구하는 잔 알트만은 암컷은 깨어 있는 시간의 70퍼센트를 온전히 생존을 위한 먹이 찾기에 쏟아붓고 있음을 발견했다. 또한 침팬지 역시도 절반 이상의 시간을 먹이를 찾는 데 사용하는 탓에 야생에서는 과체중인 유인원을 찾아보기 힘들다. 생활 영역의 크기에 비해 개체 수가 지나치게 증가하거나 먹이가 부족한 혹독한 시기가 지나치게 오래 지속되면, 일부 동물들은 아사할 위기로 내몰린다. 우리 인간처럼 침팬지도 위생 관념이 있다. 예를 들면, 그들도 나뭇잎 다발로 상처의 피나 생리혈을 닦아낸다. 그러나 생존을 하고 자신의 유전자를 물려주는 일은 녹록하지 않은 일이며, 잠재적 식량원을 손대지 않고 그대로 두는 행동은 진화적으로 용납될 수 없다. 언젠가 마사와 내가 건기에 곰베를 찾았을 때 침팬지들은 너무나 허기진 나머지 자신의 배설물을 뒤적거리며 소화되지 않은 음식 찌꺼기를 찾고 있었다.

침팬지 사회는 인간 사회와 마찬가지로 위계적이다. 잘못되었다고 생각한 행동은 양성 모두 기억해두고, 호의를 베풀면 돌려받을 것을 기대한다.

수컷은 최고, 즉 우두머리alpha의 자리에 오르고자 끊임없이 서로 경쟁한다. 으르렁대고 상대를 괴롭히며 나뭇가지를 부러뜨리고 바위를 던지거나 숲속의 나무 밑동을 북처럼 쿵쿵 치며 소란을 피우기가 다반사다. 암컷 간에도 역시 연장자에게 가장 안정적인 식량원 접근을 보장하는 일종의 사회적 위계가 있지만, 수컷의 허세와는 달리 암컷 간 위계는 나지막하게 으르렁대는 소리와 미세한 몸짓 언어로 결정된다. 암컷 간의 관계는 수컷의 경우보다 더 영속적이고 안정적이다. 침팬지 수컷은 마구잡이로 짝짓기를 하고 상대가 배란기의 암컷이면 닥치는 대로 난폭하게 짝짓기를 하는 경우도 많다. 우두머리 수컷alpha male에게 성적 기회가 많지만 나머지 수컷들 역시 생식 능력이 있는 암컷에게 접근할 기회가 있다. 대체로 짝짓기는 공개적으로 이루어지는 활동이지만, 배란기의 암컷과 수컷이 무리를 떠나 둘만 따로 짝을 지어 숲속을 다니기도 한다. 암컷이 자발적으로 가는 경우도 있지만, 위협과 구타 때문에 강제로 따라 나서기도 한다. 그러나 대부분의 경우 암컷은 누구와 짝짓기를 할지 결정하는 데 어느 정도 선택권을 지닌다. 실제로, DNA 연구를 보면 암컷은 이따금씩 자신이 속한 무리를 몰래 빠져나가 다른 무리의 수컷과 짝짓기를 하기도 하는 것으로 나타난다. 어느 부계父系 연구에서는 코트디부아르의 침팬지 무리 속에서 태어난 새끼 가운데 절반가량이 무리 외부의 수컷이 아버지인 것으로 밝혀지기도 했다.[57]

침팬지의 사회생활은 굉장히 복잡하다. 특히 수컷은 연합체를 꾸리는 경향이 있으며, 어른 두 마리는 상대가 아무리 힘이 세다 해도 보통 한 마리를 제압할 수 있다. 영장류 사회에서 권력은 사회 위계를 따라가기 마련이다. 그러나 침팬지 수컷 사이에서는 위계가 낮은 일부 개체가 상당한 영향력을 발휘하여 먹이와 짝짓기에 접근할 기회를 늘릴 수 있다. 붉은털원숭이나 개코원숭이의 경우는 싸움이 일어나면 이기는 편에 합세하는 경향을 보인다. 침팬지 무리에서는, 인간 사회에서 흔히 볼 수 있는 광경처럼, 싸움 중반 즈음까지는 구경꾼들이 패자의 편을 든다. 사실, '패자underdog'(본래 투견에서

진 개라는 뜻에서 유래_옮긴이)라는 말을 쓰는 것은 바로 개들의 무리에서는 최하위 개체를 돕는 법이 없기 때문이다. 어느 수컷이 다른 수컷이 우두머리 위치에 오르도록 돕는 경우 이 '2인자' 역시 상당한 실력 행사를 할 수 있게 된다. 우두머리 수컷의 역할 가운데 하나는 싸움을 중단시키는 일이며, 유능한 최상위 개체는 싸움에서 더 약한 쪽 편을 들어 중재하는 경우가 많다. 침팬지 양성 모두 평화를 구축하고 경쟁으로 인한 부정적 영향을 털어버리기 위한 갖가지 의식이나 몸단장에도 열심이다.[58] 격렬한 포효와 타격이 수반되기도 하는 싸움이 끝난 직후, 진 쪽은 대개 이긴 쪽의 털을 손질해주면서 화해를 청한다.

집 단 공 격

그러나 인류의 전쟁과 테러의 진정한 기원은 바로 침팬지 사회의 일종의 국제관계 속에서 찾을 수 있다. 침팬지 무리는 각기 자신의 영역을 인식하고 어른 수컷은 그 경계에 가까이 다가갈수록 긴장하고 경계 태세를 취한다. 개울이나 도랑이 경계 구실을 하기도 하며, 이 경우 수컷 무리는 자기 쪽 경계까지는 자신 있게 나아가지만 선을 넘은 다음부터는 매우 주의를 기울이며 움직인다.[59] 수컷은 약 10 내지 20퍼센트 이상의 시간을 영역 경계를 '순찰'하는 데 들이며, 주로 직접 관찰을 기본으로 한다. 이러한 순찰에서 먹이를 구하는 경우는 3분의 1 정도에 불과하므로, 소중한 먹을 기회마저 포기하고 이러한 행동을 한다는 사실은 이것이 실제로 매우 중요한 활동임을 뜻한다.

침팬지의 경계 순찰에는 두 가지 종류가 있다. 첫째는 자신들의 영역 안으로 들어오는 침입자가 없음을 확인하기 위해 침팬지들이 순회하는 상비 보초 근무다. 두 번째는 특정 지역에 집중되는 유형의 순찰로, 이웃 무리를 공격하려는 의도가 있는 것으로 보인다. 만일 다른 무리의 영역 경계 근처에 식량 자원이 풍부하면 먹이 조달 담당조는 대개 어느 높은 지점에 올라가 시야가 닿는 곳까지 훑어본다. 분주히 돌아다니고 나뭇가지에 매달려 흔들거리거나 '헐떡거리고 우우하는pant-hoot' 일련의 소리로 소통을 하기도 한다. 그런 다음 인접한 영역에서 응답하는 침팬지가 있는지 살펴보듯 귀를 기울인다. 아무 소리가 없으면 안전하다고 믿고 전진한다. 만일 침입 집단 쪽에서 다른 영역 안에서 침팬지가 지은 둥우리를 발견하게 되면, 높은 곳으로 올라가 그곳을 꼼꼼히 관찰하기도 한다.[60]

서로 다른 무리에서 먹이를 찾으러 나온 침팬지들이 우연히 마주치는 경우 세 가지 일이 발생할 수 있다. 집단 간 규모에 차이가 나는 경우, 더 작은 집단이 조용히 물러가는 것이 보통이다. 규모가 비슷한 집단끼리 만난 경우 양 집단의 수컷들은 땅을 쿵쿵 두들기고 나뭇가지를 질질 끌거나 우우 소리를 지르고 돌이나 막대기를 집어 던지기는 하지만 직접적인 물리적 공격을 하는 경우는 드물다. 잠시 후 한바탕 흥분이 가라앉고 각 집단은 서로 유심히 지켜본다. 경쟁 상대들이 물러서면 각 집단은 마치 "이봐, 우리는 너희에게 겁먹지 않았어!"라고 말하기라도 하듯 시끄러운 소리를 실컷 낸다. 그러나 이따금씩 대여섯 마리 남짓의 수컷으로 이루어진 침입 세력이 더 작은 집단을 만난 경우에는 실제 공격을 하기도 한다.[61]

행동생물학ethology—동물의 행동을 연구하는 학문—에는 이해하려는 대상 동물을 의인화할 위험이 늘 존재한다. 즉 실제로는 전혀 관련이 없는 경우인데도 인간과 유사한 동기를 찾으려들 수가 있다. 그러나 해당 종들이 직계 조상을 공유하고 있고, 해당 행동이—적어도, 소년 시절 동네에서 무리를 지어 놀아보았거나 실제 순찰병으로 근무한 적이 있는 사람의 입장에서는—확실히 인식 가능한 경우라면, 그 명백한 연관성을 간과해서는 안 될 것이다. 침팬지의 경계 순찰 및 습격은 인간의 기습 공격이나 전투 형태를 그대로 따르고 있으며, 두 경우 모두 인류의 전쟁 및 테러와 침팬지의 공격을 연결 지을 수 있는 주요 행동에 그 바탕을 두고 있다. 랭엄을 비롯한 다른 행동주의 과학자들은 침팬지의 이러한 치명적 습격을 '연합 공격coalitional aggression'이라 부르지만, 이 용어는 너무 동떨어진 느낌이다. 침팬지 수컷으로 구성된 소규모 습격조가 다른 무리의 영역을 침입한 뒤 그 '외국' 씨족공동체의 혼자 있는 개체를 발견하고 죽이려 할 때, 이는 우리 인간의 가장 공격적인 수준의 행동을 보여주고 있는 것이기도 하다. 이러한 공격은 고의적·조직적·치명적이며 무엇보다도 협동 작업을 기반으로 한다. 이 마지막 결정적 요소를 강조하는 의미에서 이 치명적 습격을 '집단공격team aggression'이라 통칭하고자 한다.

침팬지의 집단공격에는 공격 측 수컷들의 유난히 잔인한 행동이 수반된다. 이를 관찰한 과학자들은 좀 더 평화로운 상황에서 수백 시간 동안 개체들을 지켜보았을 수도 있고 그러다 보니 목격된 그러한 습격 광경이 본능적으로 심기 불편하게 여겨졌을지도 모른다. 아마도 가장 예뻐하는 조카가 떠돌이 고양이를 학대하고 있는 것을 우연히 본 것과 비슷한 상황일 듯하다. 습격이 벌어지는 상황에서는 수컷 두세 마리가 상대를 제압하고 있는 동안 나머지 일원들이 사지와 이빨을 이용해 공격을 감행할 수도 있다. 수컷은 희생물을 두들기고 살점을 찢어내려 한다. 이들은 상대 수컷의 고환을 떼어내거나 손가락이나 발가락을 물어뜯기도 한다. 이러한 살생은 마치 장시간 계속되는 잔혹한 고문과도 비슷하며, 대개 희생 대상은 바로 죽지 않으며 출혈과 상처 감염으로 고통받다가 여러 날이 지나서야 죽게 된다. 특히, 치명적인 공격은 자원이 가장 제한적이고 대상 개체들이 충분한 먹이를 확보하기 위해 어쩔 수 없이 홀로 돌아다니기도 하는 건기에 가장 자주 나타난다.

침팬지 집단공격의 정확한 원리를 완전히 이해할 수는 없겠지만 그러한 공격이 자발적이기만 한 것은 아닌 것 같다. 때로는 우두머리 수컷이 자기 무리의 영역 내에서 과시 행동을 한 다음 일부 수컷을 이끌고 다른 영역을 기습적으로 덮치면서 습격이 시작되기도 한다.* 구달에 따르면 "나이가 든 수컷은 먼 거리를 오가는 일이 점차 힘겨워지는 탓에 참여 빈도가 낮아지기는 하나, 어른 수컷은 모두 어느 정도는 이러한 흥분되는 행사(습격)에 참여하고 싶은 욕구를 내비친다. 그러나 한창 혈기왕성한 수컷들 가운데도 명백한 개인차가 나타난다." 일부 수컷은 늘 집단을 이끌고 다니는 등 타고난 전사의 모습을 분명히 나타내 보이기도 한다. 다른 수컷들도 순찰조에 합류하고 싶어 하기도 하지만 집단 후방 쪽에 있다가 가장 먼저 되돌아오는 경우가 많다.

치명적 공격은 일반적으로 단기적 사건이며, 인간 관찰자 입장에서는 예상 밖의 일이다. 인류가 아프리카 전역에서 침팬지 연구를 해온 총 170여 년 동안 집단공격이 직접 목격된 것은 단 17건이었다. 산재한 무리의 모든 개체들이 어디에 있는지 과학자들이 항상 알 수는 없는 노릇이지만 발생했을 것으로 추정되는 습격 건까지 포함시킨다 해도 집단공격은 흔하지 않은 행동으로 생각된다. 무리 간 폭력이 곰베 공원에서 처음 목격되었을 당시 일부 비판적인 사람들은 이 사태는 단지 관찰을 위해 바나나를 이용하여 침팬지들을 중앙 지점으로 유인했던 연구진들 때문에 일어난 것이라고 주장하기도 했다. 그러나 영장류학자들은 침팬지 수컷의 집단공격은 실제로 지속되어온 행동이라는 데 대부분 동의하며, 지금까지 이러한 공격은 아프리카의 다섯 개 지역에서 관찰돼왔다. 이들 지역은 서로 수백 킬로미터 떨어져 있고 대부분 인공적인 먹이 제공은 없었다.

최초로 관찰된 집단공격 사례 가운데 가장 안타까운 사례 중 하나가 있다. 1974년, 제인 구달 연구팀은 경쟁 관계인 카사켈라 무리의 수컷 집단에게 최소 세 번 이상의 공격을 받은 카하마 무리의 늙은 암컷인 '마담비 Madam Bee'를 목격했다.(이 일련의 공격은 1974년부터 1977년 사이에 곰베 지역에서 관찰된, 전쟁 수준의 습격이었다.) 소아마비로 한쪽 팔이 마비된 마담비는 자기 방어가 불가능했다. 첫 번째 공격 당시 마담비는 한쪽 다리에 깊은 자상

* 침팬지 연구를 위해 관찰자들은 해당 동물 무리의 일원 전체가 인간의 존재에 완전히 적응될 때까지 몇 달간 계속해서 같은 동물들을 따라다닌다. 영장류학자인 인간이 무리 속에 포함되어 있는 것이 집단공격을 하는 수컷 무리에게 유리한 점으로 작용하는지의 여부는 알려진 바가 없다.

이 침팬지 수컷은 1998년 우간다의 키발레 국립공원 내에서 경쟁 관계에 있는 이웃 집단의 수컷 열 마리에게 혹독한 집단공격을 당해 목숨을 잃었다. 침팬지 '전쟁'은 놀라울 정도로 인간의 분쟁과 유사점이 많다. 접경 지역에는 별로 살지 않는다거나, 세력으로 압도하는 동시에 기습적으로 공격을 감행하는 것이나, 수년간 계속해서 간헐적으로 습격이 되풀이되기도 한다는 사실 등이 그러하다. 아마도 가장 중요한 사실은 인간이나 침팬지나 대부분의 충돌은 영토나 자원 확보를 두고 일어나며, 적에 대한 일체의 감정이입을 차단할 수 있는 능력에 달려 있다는 것일 것이다.

을 입었고, 이제 막 성적 성숙기에 도달한 그 딸은 공격한 무리들에게 끌려갔다. 치명적인 마지막 공격은 첫 번째 공격이 있은 뒤 1년 후에 일어났으며 관찰자가 이를 현장 일지에 기록하여 제인 구달이 취합했다.*

그러더니 (…) 조메오는 돌아서서 마담비를 후려치고 짓밟았다. 마담비와 함께 있던 암컷들은 나무가 우거진 쪽으로 도망쳐버렸다. (…) 마담비는

* 다음 설명에서 '과시 행동display'은 암컷에게도 간혹 쓰지만 주로 수컷의 행동을 묘사할 때 영장류 학자들이 사용하는 용어로, 공격적으로 힘을 드러내 보이는 의미에서 털을 바짝 곤두세우고 앞으로 돌진하거나 경우에 따라서는 부러진 나뭇가지를 손에 들고 껑충 뛰어오르기도 한다. 이러한 식의 과시 행동을 하며 우우 소리를 지를 때도 있다.

서 있기조차 힘든 몸으로 온몸을 부들부들 떨고 있었다. 갑자기 사탄이 나타나 그 암컷을 땅바닥으로 내던지고 짓밟더니 몇 미터쯤 질질 끌고 갔다. 그 다음에는 피건이 계속해서 암컷을 때리고 밟으며 맹렬한 기세로 공격했다. 이 암컷은 너무 심하게 다친 데다 아마 숨도 가쁜 탓인지 비명조차 지르지 못했다. 암컷의 움직임이 멈추자 수컷은 떠나는 시늉을 했다. 조메오가 돌아와 미동도 없는 암컷의 몸을 자기 쪽으로 끌고 와 반쯤 일으켜 세운 다음 쿵 하고 쓰러뜨리고는 짓밟고 나서 산비탈을 따라 굴러 떨어뜨렸다. 수컷은 그제서야 행동을 멈추고 몇 미터 떨어져 앉았다. 마담비는 일어서려 애를 썼지만 쓰러지더니 가만히 누워 있었다. 다시 움직이려 하더니 이번에는 다시 비탈을 기어오르기 시작하고 울음 소리를 내며 덤불을 찾았다. 사탄이 다시 모습을 드러내 이 암컷을 땅바닥에 힘껏 내리치고 자기 쪽으로 끌어당겼다가 다시 밀어냈고, 양손과 양발로 2분 동안 계속 때렸다. 관찰자들은 그 암컷이 죽었다고 생각했다. 털을 바짝 곤두세운 사탄은 곁에 서서 나뭇가지를 그 암컷에 갖다 대고 흔들었다. 고블린도 가까이 앉아 뚫어져라 지켜보고 있었다. 사탄은 그 암컷이 결국 다시 움직일 때까지 나뭇가지를 흔들었다. 이때 고블린은 자리를 떠나 근처에서 일종의 과시 행동을 하고 있던 나머지 수컷 세 마리에게 합류했다. 사탄은 아직 떠나지 않은 채 그 암컷이 빽빽한 작은 덤불 쪽으로 천천히 움직이는 것을 지켜보며 뒤를 따랐다. 공격 개시 15분 만에 그 암컷은 사라졌고, 사탄은 떠났다. 인간 관찰자들이 마담비를 찾기까지는 그로부터 3일이 걸렸다. 이 암컷이 깊은 상처를 입은 부위는 왼쪽 발목, 오른쪽 무릎, 오른쪽 손목, 오른쪽 손, 등(상처가 여러 군데 있었음), 왼쪽 엄지발가락(피부 조각에 간신히 매달려 있었음)이었다. 그 공격이 있은 뒤 닷새째에 이 암컷은 숨을 거뒀다.* 62

* 단순히 번호를 부여하는 대신 구달은 최초로 야생 침팬지들에게 이름을 붙여주었다. 골리앗이나 사탄 등 그 동물의 특성에 어울린다고 생각하는 이름을 주로 선택했고, 파긴, 피피, 플레임, 플린트 등 같은 알파벳 문자로 시작하는 이름을 붙여줌으로써 가족 관계를 연결시키거나 마담비의 딸들에게는 리틀비와 허니비라는 이름을 지어주기도 했다.

이 같은 일련의 잔혹한 공격은 어떻게 해석해야 할까? 생식력 있는 암컷을 포획하는 것으로 습격을 마무리하는 본래의 방식은 진화적 관점에서 보면 충분히 논리적이다. 짝짓기 상대 후보를 하나 더 확보하는 것은 공격하는 수컷 입장에서는 번식 기회의 증대를 의미하기 때문이다. 그런데 왜 습격자들은 공격조에 그다지 큰 위협이 되지도 못할, 번식기가 지난 암컷을 제거하려고 반복해서 돌아왔던 것일까? 정확한 이유는 절대 알 수 없겠지만, 진화는 개별 사건의 논리보다는 전반적인 결과에 초점이 맞추어져 있음을 기억할 필요가 있다. 마담비의 안타까운 경우를 보면, 이 암컷의 죽음은 그 공격자들에게 어떠한 이득도 가져다주지 못했을지 모른다. 그러나 한데 어울려 조를 짜고 외부의 약한 개체를 적으로 인식하여 가차 없이 맹렬히 공격하는 무의식 속 진화적 기질은 이유도 없이 상대를 죽이는 충동으로 발전한다. 공격에 나선 침팬지들이 모종의 이득—암컷 포획이나 새로운 영토 확보 등—을 빈번히 얻어 그 결과 번식이 증대되었다면, 그러한 충동이 진화에 유리하게 작용한다고 볼 수 있을 것이다.

집단공격은 무의식적일 수 있으나 분명 상당한 지적 능력과 정교함을 요하는 일이다. 장기적인 기억과 비교적 복잡한 계획이 있어야 치명적인 습격이 가능하다. 습격자들은 집단으로 움직이고 은밀히 전진하며 공격에 앞서 희생 대상을 관찰한 뒤 습격시 희생 대상을 도울 만한 어떤 다른 동물이 근처에 있을지 파악하는 법을 익혀야 한다. 침팬지 수컷이 인접한 무리를 습격할 때 모두가 하나의 협동 집단으로 움직인다면 각 개체에게 모두 이익이 될 것이다. 신체적 전성기의 수컷 네댓이 경쟁 무리의 단일 개체를 식별한 뒤 격리시킬 경우 비교적 거의 위험에 노출되지 않고 해당 개체를 죽일 수 있다. 인간 관찰자들이 관찰했던 습격에서 공격조의 수컷이 심하게 다친 적은 단 한 번도 없었다.

하지만 집단공격은 전혀 간단한 일이 아니며, 공격에 가담하는 개체들은 모두 희생자가 반격할 경우 위험에 처할 수 있다. 그러나 집단적으로 행동함으로써, 위험을 분담하고 잠재적으로 치명적일 수 있는 전략을, 느리지만 지속적으로 상대편에게 타격을 입혀 마침내 전멸시킬 수 있는 비교적 손실이 적은 방법으로 바꾸는 것이다. 이 같은 위험 분담은 이익 분배로도 연결된다. 앤 퓨지는 관찰을 통해 카사켈라 무리가 영역을 확장하면서 과실수를 더 많이 이용할 수 있게 되고 수컷들은 더 몸집이 무거워지고 더 강해졌음을 알아냈다. 암컷들 역시 집단 영역의 중심부에서 채집 범위를 넓혔고, 더 많은 새끼들이 줄지어 태어났다. 수컷들이 전사로서 성공적인 모습을 보이고 자신들의 영역을 확장하고 나니 다른 무리 출신의 성년기 암컷들이 카사켈라 무리에 더 흔쾌히 합류하려는 듯 보였다.[63] 간단히 말해, 더 많은 자원을 통제한다는 것은 다음 세대까지 생존할 후손을 더 많이 남길 가능성이 그만큼 높아짐을 의미한다. 집단공격은 침팬지나 인간 모두 그러한 진화적 보상을 획득하기 위해 고안해낸 한 가지 방법이다.

흥미로운 것은 집단 간 경쟁과 집단공격이 바로 각자 자기 집단을 향한 견고한 이타주의의 연대를 토대로 이루어진다는 점이다. '우리'와 '그들'(사회학자들은 이를 각각 '내집단'과 '외집단'으로 지칭한다) 간의 차이를 식별하는 것은 집단공격, 전쟁, 테러의 주요 동인 가운데 하나인 동시에 사회적 동물에게는 중요한 생존 기술이기도 하다. 인간과 마찬가지로 침팬지 역시 외부의 존재에게는 끔찍하리만치 잔인할 수 있는 동시에 자신의 동료에게는 관대할 수 있다. 탈진한 마담비는 자신의 딸인 리틀비와 허니비가 발견했던 과실수에 오를 수 없었다. 마담비가 땅바닥에 누워 있자 리틀비는 잘 익은 과일 열매 하나를 손에 들고 다른 하나는 가지째 입에 물고 나무에서 내려왔다. 그러고는 제 어미에게 다정하게 다가가 과일 하나를 건넸다. 어미와 딸은 나란히 곁에 누워 과일을 먹었다. 이러한 집단공격과 상냥한 행동은 모두 진화된 충동일지 모르지만 그렇다고 해서 하나가 덜 무시무시한 것이고 다른 하나가 덜 다정한 것은 아니다. 철학자들은 인류를 관찰하면서 그러한 양극단이 단일 피조물 안에 공존할 수 있다는 놀라운 사실을 발견해왔다.

사실, 집단공격을 움직이는 것은 포악성뿐 아니라 이타성이기도 하다. 공격에 가담한 각 일원은 나머지 모든 동료의 이득을 위해 자신의 안전을 담보로 삼는 것이다. 1964년, 영국의 진화생물학자 윌리엄 해밀턴은 각 개체가 밀접하게 연관될수록 서로를 위해 기꺼이 위험을 감수하려는 성향이 강해지며 한 침팬지 무리 속의 수컷들은 모두 혈연관계라는 점을 지적했다. 이러한 종류의 이타성과 호혜성은 그러한 행동을 물려받은 개체들 역시 확실한 혜택을 얻기 때문에 진화되는 것이다.[64] 이타성과 위험 분담의 전형적인 예로는 토끼나 사슴 일부 종의 하얀 꼬리를 들 수 있다. 어느 집단의 한 일원이 포식자를 발견하면, 자신의 하얀 꼬리를 내보임으로써 위험을 인지했음을 알린다. 그렇게 함으로써 자신이 발각되어 목숨을 잃을 위험은 높아지지만 같은 종의 모든 동물들이 똑같이 행동한다면 이득은 커지고 위험은 분산된다. 침팬지와 인간은 사회적 상호작용에 대한 민감한 의식과 장기적인 기억력을 갖추고 있기 때문에 훨씬 더 복잡한 형태의 이타주의 사례가 있을 수 있다.

집단공격이 진화할 수 있었던 것은 그러한 행동을 처음 드러낸 수컷일수록 자신의 유전자를 다음 세대로 물려줄 확률이 더 높아졌기 때문이다. 미어캣에서부터 붉은털원숭이에 이르기까지 수많은 사회적 동물들은 동종의 타 개체의 공격에 대비해 자신들의 영역을 지키고자 협력할 것이다. 그러나 이들에게는 상대 영역에 침입하여 상대 집단을 고의적으로 살해하고 수적으로 압도하는 전략은 없다.[65] 사실, 집단공격은 4000여 종의 포유류 가운데 침팬지, 늑대, 점박이하이에나, 사자, 콜로부스원숭이에게서만 관찰되며, 가장 분명히 나타나는 것은 바로 우리 인간에게서다. 알래스카에서 이루어진 한 연구에서는 어른 늑대의 죽음 가운데 40~65퍼센트가 영역 경계 근처의 동물 무리에 의한 공격 때문인 것으로 밝혀지기도 했다.[66] 그러나 늑대, 하이에나, 사자의 군서 생활은 친족 관계의 암컷 집단을 중심으로 이루어지기 때문에 이들의 집단공격에는 침팬지 습격에서 나타나는 성적 이득의 측면은 없다. 침팬지 습격에서는 새로운 영역 확보만큼이나 새로운 암컷 확보가 중요한 문제가 된다. 한 마리의 수컷이 다수의 암컷과 관계를 맺는 고릴라 사회에서는 두 수컷이 서로 싸울 수 있지만, 유전자적으로 연관된 어른 수컷이 집단으로 모이지 않기 때문에 집단공격은 진화하지 않았다.[67] 고래와 돌고래 역시 큰 뇌를 가지고 있고 경우에 따라 친족 관계의 수컷들이 어른이 되어서도 함께 머물기도 하며[68] 일부 어린 돌고래 수컷은 교미할 암컷을 유혹하고자 서로 협력하기도 하지만, 3차원의 광활한 바다에서는 영역의 의미가 다소 다르기 때문에 이들의 경우에도 집단공격은 진화하지 않았다. 그러나 정해진 영역이 있는 숲에서 생활하고 혈연관계인 수컷들이 무리를 이루는 침팬지의 경우, 진화의 우연은 동종의 타 개체를 향한 집단공격을 특히 효과적으로 만들었다.

외집단

곰베에서 4년간 계속된 침팬지 '전쟁' 중 어느 습격에서 카사켈라 수컷 집단이 새끼를 데리고 있는 이웃 집단의 암컷 한 마리와 우연히 마주친 적이 있었다. 암컷과 새끼는 무리에서 떨어져 나와 있었고 잔인한 공격을 당한 상태였다. 이 암컷은 자신을 공격한 이들 중 하나 앞에서 성적으로 유혹하는 자세를 취했다. 그 대상은 바로 마담비를 죽였던 사탄이었다. 한 공격에서 그 암컷은 실제로 손을 뻗어 그 수컷에게 갖다댔다. "사탄은 이러한 접촉을 거세게 물리쳤고, 다음 순간 나뭇잎을 한 움큼 집어 들더니 그 암컷이 손을 댔던 자신의 다리를 문질러 닦았다"고 구달은 적었다. 혼자 남겨진 암컷은 다시 공격을 당했고 그 새끼도 치명적인 상처를 입었다.

우리는 단지 관찰을 통해서만 침팬지의 뇌 속에서 무슨 일이 일어나고 있는지 판단할 수 있을 뿐이다. 그렇지만 우리는 이들이 나뭇잎 다발로 배설물이나 상처의 피를 닦아내는 것을 봐왔다. 사탄은 그 낯선 암컷이 어쩐지 '더

럽다'고 느꼈던 것일까? 분명, 그 수컷은 암컷의 성적인 접근을 받아들이지 않았다. 다른 무리의 일원을 자신과는 근본적으로 다르다고 판단한 뒤 상대를 어떤 식으로든 더럽다고 치부해버리는 행동을 침팬지가 진화시켰던 것일까? 우리가 종종 다른 인간을 '인간이 아닌 존재로 바라보듯dehumanize' 이들도 다른 침팬지를 '침팬지가 아닌 존재로 바라보는de-chimpanzeeize' 것일까? 그러한 태도의 진화는 동종 개체에 대한 계획적 공격에 가담하는 것을 더 쉽게 만들 것이 분명하다. 사실, 죽이려는 대상을 탈동일시de-identify하는 일종의 신경 조직을 진화시키지 않았다면, 지능과 사회성이 높은 동물이 동족을 조직적으로 살해한다는 것은 당연히 불가능한 일이다. 분명히 타인을 인간이 아닌 존재로 바라보는 능력은 동종의 일원을 죽이는 데 반드시 필요한 또 하나의 열쇠다.

분명히, 집단을 형성하고 외부인을 의심하는 경향은 인류 역사만큼이나 뿌리가 깊다. 아니, 어쩌면 인류 역사보다도 더 오래되었는지도 모른다. 그리고 우리 자신이 타인과 실제로 얼마나 비슷한가는 중요한 문제가 아닌 것 같다. 1906년 미국의 사회학자 윌리엄 섬너는 '자민족중심주의' '내집단' '외집단' 등의 용어를 만들어냈다.[69] 그는 "적대감이 실제로 드러나는 것은 특정한 경우에 한해서지만, 각 집단은 이익 간 길항작용 때문에 상대를 잠재적인 적으로 인식할 수밖에 없으며, 따라서 각 집단은 다른 모든 집단을 의심과 불신의 눈초리로 바라보게 된다"고 적었다. 그는 "남자들로 하여금 외부인에 적대적인 자세를 취하게 만들었던 바로 그 조건들이 그들로 하여금 우두머리의 지배에 굴종하고 규율에 복종하며 법을 따르고 평화를 구축하며 내부 제도를 마련하게 만들기도 했다"고 추측했다. 다윈도 비슷한 관찰 내용을 바탕으로 이렇게 적었다. "애국심, 충성심, 복종, 용기, 공감 수준이 높아서 서로 돕고 공동선을 위해 자신을 희생할 준비가 늘 되어 있는 구성원이 많은 부족은 다른 부족보다 승리할 확률이 높을 것이다."[70] 소속 집단에 대한 강한 충성심은 이타성의 또 다른 형태이며, 수렵채집을 하던 우리의 전사

戰士 조상들 사이에서는 매우 적응적인 형질이었을 것이다. 오늘날 우리는 이를 일컬어 애국심이라 한다.

그럼 외집단을 향한 적대감은 어떠한가? 이는 내집단 충성심의 필연적 결과나 다름없으며, 적어도 남성의 경우 거의 보편적인 현상이다.* 이스라엘 사람들과 팔레스타인 사람들, 그리스인과 페르시아인, 로마인과 카르타고인, 십자군과 사라센, 아리아인과 유대인, 카우보이와 인디언, 시아파와 수니파, 옥스포드와 케임브리지, 버클리와 스탠포드—세상은 늘 이런 식으로 쉽게 '그들'과 '우리'로 나뉘고, 이는 종종 치명적인 결과를 낳기도 한다. 제1차 세계대전 중 루디야드 키플링은 이렇게 말했다. "오늘날 세계에는 인간 아니면 독일인, 이렇게 두 가지 구분만이 있을 뿐이다."**[71]

키플링이 관찰한 것은 단순히 '그저 있을 법한' 이야기가 아니었다. 사회학자들은 주변 세상을 내집단과 외집단으로 구분하려는 인간의 기질을 조명하는 실험을 해왔다. 이는 어려서부터 나타나는 성향이다. 예를 들면, 소년 집단들은 휴가 캠프에 도착하면 단지 다른 시간에 도착한다는 이유만으로 서로 경쟁을 하려든다.[72] 1970년대 스탠포드 대학의 필립 짐바르도는 학생 자원자 모집 광고를 낸 뒤 동전 던지기를 하여 죄수 혹은 간수 역할을 무작위로 배정했다.[73] 실제와 똑같은 모형 감옥이 심리학과 건물 복도에 만들어졌다. 죄수 역할을 맡은 이들은 각자 집에서 '체포'되어 '감옥'으로 연행되었고, 한쪽 발목에는 쇠사슬을 달았으며 앞뒤에 번호가 적힌 일률적인 죄수

* 나는 스스로 흥미로우면서도 상당히 의미심장한 사실을 발견했는데, 어느 특정한 순간 내가 속한 집단에 따라 나 자신을 운전자와 동일시하기도 하고 보행자와 동일시하기도 하는 것이었다. 운전 중에 나는 예고도 없이 내 차 앞 도로로 불쑥 뛰어드는 무책임한 무단 횡단자들로 둘러싸이지만, 내려서 차 문을 잠그고 발을 내딛는 순간 나는 곧바로 분명한 의도로 나를 들이받으려는 거의 빛의 속도로 달려드는 각종 세단과 SUV에 둘러싸인다.

** 내 유년 시절, 전세계적 증오의 대상이었던 독일 친구들과의 내 개인적인 우정은 내집단의 확장이라는 희망적인 움직임을 보여주는 한 가지 작은 사례다. 잔혹한 전쟁으로 얼룩진 1000여 년이 가고 경제 협력 시대가 도래한 뒤 정체성 공유 의식이 나날이 커져가는 유럽은 이를 가장 분명히 보여주는 사례다.

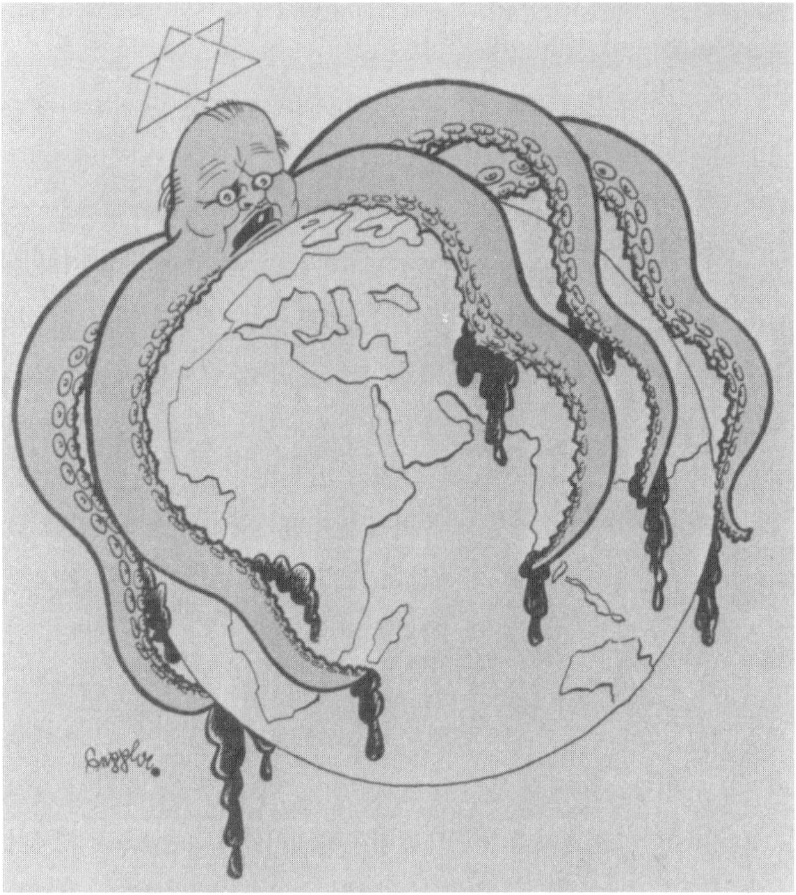

적을 비인간화하는 기질은 인류에게 뿌리 깊고 보편적인 성향이다. 제2차 세계대전 당시 미국은 일본인을 원숭이로 묘사해 선동했는가 하면, 독일 나치 정권은 윈스턴 처칠을 촉수로 지구를 움켜쥐고 있는 유대 문어로 그려놓기도 했다. 상대방을 인간과 거리가 먼 존재로 만들려는 이 같은 노력은 오늘날까지도 계속되고 있다.

복을 입었다. 단 3일 만에 이 '죄수들'은 우울감에 빠졌고 12명 가운데 10명이 실험 참가비로 받은 돈을 다시 내놓고 감옥을 빠져나가고 싶어 했다. 그러나 '간수들'은 모두 시간에 맞춰 일했고 그중 몇 명은 '죄수들'을 "새로 고안해낸 방식으로 잔인하게 괴롭히는 등 주어진 역할 이상"을 해냈다. 이 실험은 예정보다 일찍 종료할 수밖에 없었다. 단 며칠에 불과한 기간 동안

간수 역할을 맡은 참가자들이 지나치게 무례하고 가학적으로 변한 반면 죄수들은 스스로를 자신의 번호로 식별하고 주어진 운명을 받아들이는 모습을 보였기 때문이었다. 흥미롭게도, 결국 짐바르도에게 이 실험을 그만둘 것을 종용했던 사람은 그의 여자친구였다. 짐바르도와 그 동료 학생들이 훗날 기록한 바에 따르면, "건강한 미국 대학생들이 (…) 자신의 동료들을 모욕하고 위협하며 비열하고 비인간적인 대우를 하는 데서 쾌감을 느끼는 듯 보였다".

스탠포드 감옥 실험에서 얻어진 이 같은 통찰은 실제 현실 세계에서도 여러 차례 확인된 바 있다. 미국 공군사관학교에서 사관생도들에게 적군에게 붙잡혔을 때 생존하는 법을 가르쳤는데, 이 프로그램은 곧 여성 사관생도를 대상으로 한 남성 사관생도의 강간 시뮬레이션으로 변질되었으며, 제대로 감독이 이루어지지 않은 뉴저지 이민 센터의 교도관들은 재소자들을 구타하고 학대했다. 스탠포드 대학생들의 경우처럼, "심야 교대는 특히 폭력적이었다".[74] 이라크의 아부그라이브 교도소에서 벌어진 미군 교도관들의 잔혹 행위를 설명하는 데는 훈련 부족이나 선생 스트레스까지 갈 것도 없다. 불행히도 그들이 자행한 끔찍한 행동은 자녀 양육만큼이나 인간에게 기본값으로 설정된 행동인 듯 보인다.

흥미로운 사실은 침팬지의 집단공격 사례에서도 볼 수 있듯이 군중의 일원이 된다는 것 자체도 적대 행위를 심화시킬 수 있다는 것이다. 인간에게는 흐름을 따라가려는 욕망이 내재되어 있는 듯하다. 1951년, 사회심리학계의 선구자인 솔로몬 E. 애쉬는 한 가지 간단한 실험을 준비했다. 자원자들에게 종이 위에 그려진 선들의 길이를 맞추도록 한 이 실험에서 배우들이 엉뚱한 선을 선택하고 실험 참가자들이 그 선택을 듣게 했을 때, 약 3분의 1에 달하는 참가자가 오답임을 '알았음'에도 불구하고 그 잘못된 선택을 따랐다.[75]

또 한 가지 유명한 실험에서, 1963년 예일 대학의 스탠리 밀그램은 지도자를 따르는 인간의 기질을 입증해 보였다.[76] 그는 다양한 계층의 사람들을 모집한 뒤 학습 방식에 관한 연구에 참여하게 될 것이라고 알려주었다. 자원자들에게는 15에서 450볼트까지 표시가 붙어 있는 일련의 스위치를 준 뒤 간단한 단어 학습 시험에서 응시자가 틀린 답을 제시할 때마다 그 사람에게 전기 충격을 주어야 한다고 일러두었다. 그 기계가 가짜라는 사실은 자원자들에게 알리지 않았고, '시험 응시자' 역할의 배우는 더 강한 '충격'이 가해지면 더 큰 고통을 느끼는 것처럼 여러 가지 표현을 했다. 실험 참가자들은 심리적으로 갈등을 느끼는 눈치였고 고통을 주는 것은 잘못된 일이라고 주장하기도 했지만 거의 대부분의 참가자들이 전압을 계속 올리라는 연구진의 지시에 그대로 따랐다. 상대가 비명을 지르고 몸부림치는 것을 보면서도 말이다. 여성이 더 많은 갈등을 표출하기는 했으나, 남성과 마찬가지로 결국 권위에 복종하는 모습을 보였다. 1970년대 앨버트 반두라는 이와 유사한 가짜 충격 실험을 통해 권위와 '집단사고'의 연관 관계를 설명했다. 그는 집단이 내린 결정은 개인이 내린 결정보다 더 가혹하다는 사실을 밝혀냈다.[77]

반 세기가 넘도록 사회학자들은 이러한 식의 독창적이고 통찰력 있는 실험을 통해 타인을 인간이 아닌 존재로 보는 인간의 능력, 권위의 힘, 동맹의 중요성, 그리고 책임 분산이 어떻게 우리로 하여금 개인의 정체성을 상실한 채 더 가혹하고 잔인한 행동을 하게 만드는지 끊임없이 증명해왔다. 이러한 행동 기질은 남성에게서 더 뚜렷하게 나타나는 것 같지만, 사실 거의 모든 인간에게 잠재된 부분이기도 하다. 그러한 행동을 조절할 수는 있지만, 우리는 우리와 같은 인간을 인간이 아닌 존재로 보는 사악한 능력의 그늘 아래 살고 있는 셈이다. 표준 사회과학 패러다임으로는 이러한 행동이 왜 혹은 어떻게 일어나는지 진화론적 관점에서 설명할 수 없다. 그러나 이것만큼은 아주 명백하다. 이러한 행동과 충동이야말로 바로 침팬지처럼 효과적인 형태의 집단공격을 수행하는 데 필요한 요소라는 사실이다.

사냥

제인 구달이 오랜 기간 동안 인내심 있게 관찰하기 전까지 침팬지는 주로 과일을 먹는 초식동물이 확실하다고 여겨졌다. 침팬지가 다른 동물을 사냥하고 죽인다는 사실은 집단공격 사례보다 먼저 발견되었지만, 충격적이기는 마찬가지였다. 사냥은 협동 작업, 선견지명, 호혜성을 모두 아우르는 남성적인 활동이기도 하며, 집단공격의 진화보다 역사가 길 수도 있다. 생명체는 기존에 있던 부분들로부터 새로운 구조나 행동을 만들어내기 마련이기 때문이다. 어떤 행동이 먼저인지는 몰라도 상관관계가 있는 것은 틀림없다. 코트디부아르에 있는 타이 집단의 브루투스라는 경험 많은 노년 수컷은 그 집단 내 최고의 사냥꾼이었을 뿐 아니라, 종종 젊은 수컷들을 이끌고 집단공격에 나서기도 했다.[78]

구달은 침팬지들의 사냥을 처음 목격했던 당시를 이렇게 회상한다.

> 어느 날 아침, 로돌프, 미스터 맥그리거, 험프리(어른 침팬지 세 마리)와 청소년기에 접어든 수컷 한 마리가 바나나를 배불리 먹고 나서 앉아 있었고, 개코원숭이 무리가 이 구역을 가로질러 지나가던 중이었다. 갑자기 로돌프가 벌떡 일어나더니 재빨리 어느 한 건물 뒤로 움직였고 나머지 세 마리도 뒤를 따랐다. 모두들 함께 살금살금 조용히 의미심장하게 움직였다. 나도 따라 나섰지만 이미 늦어서 실제 포획 장면은 보지 못했다. 그 건물 주변을 돌던 중 갑자기 개코원숭이의 비명이 들렸고 몇 초 뒤 개코원숭이 수컷들의 포효, 침팬지들의 비명과 포효가 잇따랐다. 나는 마지막 몇 미터를 달려가 무성한 덤불 사이로 로돌프가 꼿꼿이 서서 어린 개코원숭이의 한쪽 다리를 잡아 몸을 자기 머리 위로 휘두르더니 바윗돌 위로 머리를 쿵 내리치는 광경을 보았다.[79]

그런 다음 로돌프와 나머지 침팬지들은 그 죽은 개코원숭이를 먹었다. 어른 수컷이 부시벅, 덤불멧돼지, 개코원숭이와 콜로부스원숭이 및 다른 종의 원숭이들을 사냥하고 죽여서 먹는 모습은 침팬지 연구가 이루어지는 곳이면 어디에서든 볼 수 있었다. 배란기의 암컷들이 실제 사냥을 하는 수컷 집단에 속하는 경우는 드물지만, 수컷들과 함께 다니며 먹잇감을 지목하고 고기를 나눠 먹는 것을 즐기는 경우가 흔하다.* 사냥에 성공한 수컷은 대개 사냥으로 잡은 동물을 자기 무리의 다른 일원들과 나눈다. 침팬지의 사냥은 100회 이상 관찰되었고 여기서 얻어진 통찰은 폭력 성향이 강한 수컷 간 협력의 그 미묘하고 복잡한 면을 이해하는 데 어느 정도 도움이 되었다.[80] 침팬지들 생활의 다른 면과 마찬가지로, 다양한 침팬지 집단 사이에는 문화적 차이가 있는 듯하다. 실제로, 동아프리카 곰베 지역의 침팬지들은 주로 콜로부스원숭이 어미로부터 새끼를 낚아채는 반면, 서아프리카 타이 지역의 침팬지들은 어른 원숭이를 잡는 솜씨가 좋다. 공통의 진화로 각 집단에는 사냥에 필요한 충동과 능력이 생겼지만, 개별적인 경험을 통해 각기 다른 표현으로 드러나게 된 것이다. 다시 말하지만, 선천적 능력을 구체적인 모습으로 빚어내는 것은 양육(문화, 경험, 환경)이다.

습격 살해와 마찬가지로 침팬지들의 사냥 역시 지켜보기 끔찍한 광경이다. 침팬지들은 사냥으로 잡은 동물을 산 채로 먹을 때도 있는데, 먼저 두개골을 쪼개 열어서 뇌를 떠내거나 움찔거리는 팔다리에서 아직 온기가 있는 살점을 입으로 베어 무는 식이다. 사냥감이 일단 잡히면 무리 내 모든 침팬지들이 흥분한다. 밀림에서는 고기가 금세 부패하며, 사냥 주동자가 앉은 자리에서 한 번에 사냥감을 전부 먹기는 힘들다. 사냥에 나선 무리는 살기 위해 안간힘을 쓰는 먹잇감의 반격이나 추락 사고로 인해 다칠 위험을 감수한

* 인간의 경우도 사냥은 남성이 주로 한다. 문자 사용 이전의 집단 179개를 대상으로 한 인류학 연구에서는 166개 집단에서 남성만이 사냥을 했고, 남성과 여성이 함께 사냥을 했던 집단은 13개였으며, 여성만이 사냥을 담당한 사례는 전혀 없었다.

것이다. 때문에 사냥에 참여하지 않은 다른 일원들은 고기를 나눠달라고 구걸을 하며, 마지막으로 죽이는 일을 한 개체는 먼저 자신이 배불리 먹고 난 뒤에 먹이를 나누어주는 경우가 많다. 수컷들은 그러한 추격에 들인 노력과 위험 부담에 따라 보상을 받는 듯하다.[81] 수컷과 암컷을 모두 포함해 다른 일원들과 고기를 나누는 일은 수컷의 지위를 높일 수 있으며, 암컷과 나누어 먹음으로써 차후에 그에 대한 보답으로 성관계를 맺을 수도 있다.

침팬지의 사냥 및 집단공격 행동 비교

사냥	집단공격
혈연관계의 수컷 소집단 내 협력	혈연관계의 수컷 소집단 내 협력
먹잇감 기습	공격 대상 기습
단기(수 분 정도)	단기(수 분 정도)
전략적으로 상대를 압도	전략적, 수적으로 상대를 압도
집단 일원들의 도움만 있으면 부상 위험도 낮음	집단 일원들의 도움만 있으면 부상 위험도 낮음
단기적 혜택: 먹이	장기적 혜택: 영역 확대 = 먹이 + 교미 대상 암컷 증가
먹잇감에 대한 감정이입 결여	공격 대상에 대한 탈개인화 및 '비유인원화de-ape'
암컷 동반시 암컷은 즐거워하고 수컷은 이들과 먹이를 나누어 먹음	암컷 동반시 암컷은 즐거워함
공격 대상은 다른 종의 동물 / 목표는 먹이 확보	공격 대상은 같은 종의 동물 / 목표는 중상해 및 살해

집단 안에서의 공격

분노는 감정이지만, 공격은 행동이다. 사회적 동물의 집단 외 공격과 집단 내 공격 간에는 중요한 차이가 있다. 내집단 공격은 흔한 일이지만 치명적인 경우는 드물며, 진 쪽에서는 대개 여러 가지 방식으로 패배를 시인한다. 예를 들면, 제압당한 레슬링 선수가 마치 심한 부상을 입기 전에 바닥을 두들겨 경기의 중단을 요청하는 것과 마찬가지다. 그러나 내집단 분노가 폭력으로 귀결되는 경우도 상당히 많다. 사냥의 예에서 보았듯, 인간 역시 대부분의 다른 포유동물과 마찬가지로 남성이 대체로 여성보다 폭력성이 강한 경향이 있다. 1장에서 지적했듯이 진화적으로 보면 이해할 수 있는 일이다. 어미가 죽으면 자식들의 삶 역시 위험에 처한다.[82] 남성의 입장에서는, 일찍부터 자주 번식을 해오기만 했다면 본인이 일찍 죽는다 해도 진화론적으로는 크게 문제될 것이 없다. 여성도 분명히 경쟁적인 성향으로 진화해왔겠지만 치명적일 수 있는 위험을 감수하는 경향은 남성보다 약하다. 범죄 기록을 보면 대개 남성의 유죄 선고 사례가 여성보다 5~10배 많으며, 살인 사건의 경우 범인이 남성인 경우가 여성의 10배에 달한다.*

인간의 살인은 특수한 경우로, 진화가 어떻게 갖가지 충동을 부여하는지와 반드시 진화가 의도한 결과를 가져오는 것은 아니라는 사실을 잘 보여준다. 대부분의 살인 사건은 서로 아는 사이에서 일어나며 매우 친밀한 관계에서 일어나기도 한다. 다시 말해, 살인은 내집단 공격의 한 가지 사례인 것이다. 어떤 남성이 자기 지위가 위협받는 것을 감지한 데서 시작된 사소한 언쟁이 살인으로까지 이어지는 경우가 상당히 많다. 부와 지위는 더 많은 번식기회를 제공하는 경향이 있으므로 남성은 부와 지위를 두고 경쟁하도록 진화했다.[83] 진화는 도덕과는 전혀 상관없는 것임을 생각해보면, 사회의 가장 밑바닥 계층의 남성에게는 모든 위험을 감수하기에 충분한 이유가 있는 것이다. 유전자를 후세에 전하지 못하는 성관계도 없는 소극적인 삶을 사느니 죽음의 위험을 무릅쓰는 편이 낫다는 것이다. 적어도 역사적으로 이는 사실이었다. 그러나 사회적·경제적·기술적 변화로 인해 폭력과 성공, 성공과 성교, 성교와 번식은 점차 분리되어왔다. 오늘날 거의 모든 사회에서 많은

* 그러한 공격이 단순한 주먹다짐으로 끝날지 아니면 살인으로 이어질지 여부는 사용 가능한 기술에도 영향을 받는다. 브라질 상파울로에서는 살인 사건이 시간당 평균 1건씩 발생하며 이 가운데 90퍼센트가 총기 사고다. 또한 미국의 1일 평균 총기 살해 건수는 일본의 연평균 건수를 웃돈다.

자녀를 둔 아버지들은 오히려 부와 권력을 가장 적게 가진 남성들이다. 그러나 여성의 권리 회복, 재무 설계, 콘돔 등의 문제와는 별도로, 진화적 충동은 여전히 그대로 남아 있다.

인간 남성 사이의 경쟁은 지나친 자만심과 모욕에 대한 예민한 감수성 등과 함께 성적 질투에서 비롯되는 경쟁의 한 형태로, 수사슴의 뿔이나 공작의 꼬리 깃털에 견줄 법하다. 성적 지배와 성적 질투가 여전히 인간 폭력의 흔한 원인이 되고 있는 이유가 바로 여기에 있을 것이다.[84] 아프가니스탄에서는 여성이 사람들 앞에서 팔의 맨살을 드러냈다는 이유만으로도 맞아죽는 일이 많았다. 이를 여성의 성에 대한 남성의 지배를 위협하는 행위로 간주한 것이다. 전세계적으로 살인 사건의 5 내지 20퍼센트가량은 남성이 자신의 성적 파트너를 살해한 경우이며, 불안정한 내연 관계이거나 남성과 아내의 연령 차이가 크게 나는 경우, 혹은 여성에게 다른 성적 파트너가 있는 경우 등 남성이 여성의 부정不貞을 더 우려할 만한 상황에서는 그런 경우가 더 많이 발생한다.[85] 부부 사이에서 발생한 살인 사건에서 연령은 특히 흥미로운 역할을 한다. 아내가 스무 살 비반인 경우가 가장 흔하며, 아내가 폐경기에 가까울수록 줄어든다. 그리고 당연히 모든 살인 사건에는 살해 이전에 여성에게 가해지는 수 차례의 가정폭력이 존재한다.

남성의 성적 질투 배후에 있는 진화론적 논리가 그런 명목으로 이루어진 모든 타락을 정당화할 수 없음은 분명하나, 시공을 초월해 매우 흔히 볼 수 있는 정절에 대한 이중 기준을 설명하는 데는 확실히 도움이 된다. 수많은 가정폭력, 배우자 살해, 여성에 대한 성적 지배 사례들은 남성의 집단공격 기질의 기저에 있는 것과 동일한 생물학적 본성에 그 뿌리를 두고 있으며, 이러한 파괴적 행동을 제어할 방법을 찾으려면 먼저 그 행동을 이해해야 한다. 인간의 경우 성별을 막론하고 부정은 상당히 흔한 일이지만, 번식 측면의 함의는 다양하다. 남성이 간통을 저지르는 경우 그는 아내에게 엄청난 감정적 상처를 입히겠지만, 그가 바람피운 다른 여자나 그 사이에서 낳은 자식을 포기하기만 한다면 아내나 자식은 아무런 자원의 손실을 입지 않는다. 그러나 여성이 바람을 피워서 임신을 하게 되는 경우, 남성은 향후 수년 혹은 수십 년간 그 아이에게 투자를 하게 될 수 있다. 생물학적으로 볼 때 이 남성은 본인의 유전자를 전달한 것이 아니기 때문에 이는 투자 '낭비'가 된다. 여성의 자궁에서 나온 아이는 그 여성의 유전자를 보유하고 있다는 것이 보장되지만, 남성은 그런 확신을 할 수가 없다. 그래서 여러 문화권에서 남성은 여성과 여성의 성생활을 통제하고자 갖은 애를 써왔다. 킬브랜든 경이 남긴 "모성은 사실이지만 부성은 추론에 불과하다"라는 말은 남성과 여성의 간통 사이에 있는 비대칭성을 압축해서 보여주며, 친부-친자 확인 검사가 나오는 낮 시간대의 텔레비전 프로그램이 왜 인기가 있는지도 어느 정도 설명해준다.

명예와 기사도

떼 지어 다니며 대규모 군서 집단을 이루고 사는 동물들은 포식자를 감지할 눈과 귀가 더 많은 셈이며 공격자를 퇴치하기 위해 협력할 개체가 더 많다. 그러나 근접하여 모여 살게 되면 그만큼 경쟁은 더 치열해지기 마련이고, 만일 감옥이나 동물원처럼 좁은 공간에 있는 경우라면 경쟁은 더 심할 것이다. 서로 도울 것인가 아니면 얼굴을 맞대고 싸울 것인가 사이의 균형에 대한 한 가지 해법은 각 개체가 '자신의 위치를 파악'할 수 있는 사회계층을 만드는 것이다.[86] 동물들이 자신이 패배했음을 표현하는 사회적 신호는 이러한 위계 속에서 안전 밸브 역할을 담당한다. 각 개체가 새로운 위치를 두고 겨루다 목숨을 잃는 불상사까지는 생기지 않도록 하는 것이다. 대다수의 종에서 사회 집단 내 폭력 행위는 한쪽이 복종의 표현을 하면서 끝이 난다. 싸움을 하던 개가 등을 땅에 대고 벌렁 누워 자신의 약점이 될 수 있는 아랫배를 드러내 보인다거나 인간 남성의 경우 항복의 표시로 두 손을 머리 위로 올리는 것 등이 그 예다. 원숭이나 유인원 사이에서 신체 공격이 발생하면, 대개 털손질을 통해 사회적 유대를 회복하는 경우가 많다. 드물기는 하나 내집단 공격이 실제 살해로 이어지는 경우도 있지만, 집단공격과는 달리 고의적인 살해를 목적으로 삼지는 않는다. 이는 분명히 우리의 진화론적 충동에 대한 제어가 상당한 수준임을 보여준다. 끝장을 보는 전투든 단순한 복싱 경기든 우리가 싸움에서 느끼게 되는 분노와 흥분이 동일하다는 것에는 의문의 여지가 없다. 관습, 법, 도덕과 같은 사회 규칙들이 우리로 하여금 그러한 분노가 빚어내는 결과를 조절하도록 돕고 있으며, 이는 바람직한 현상이다. 분명 살해 충동을 억제하는 방법이 없었다면 인간은 사회적인 종으로서 이렇게까지 발전해오지 못했을 것이다.

내집단의 싸움이 살해로까지 이어질 수 있듯이, 집단공격이 내집단 행동으로 변형될 수도 있다. 그리고 그 이유는 대개 문화적이다. 중세의 기사는 여전히 기사도 규율에 묶인 채로 적군을 위해 싸우게 되는 경우가 있었다. 모든 기사들이 정서적으로 사실상 같은 집단에 속해 있음을 확인시켜주는 이 기사도 규율은 일종의 내집단 예절로서, 살해해도 처벌받지 않는 보병에게까지는 해당되지 않았다. 초서가 말한 '진정한, 완벽한 기사'는 패한 적의 목숨을 살려줄 것이라 여겨졌다. 포로로 잡힌 중세의 기사는 안락한 생활을 할 뿐만 아니라 심지어는 자신을 붙잡은 이들과 함께 사슴 사냥을 즐기기도 했는데, 명예심 때문에 도망칠 생각은 하지 않았다. 살해 충동에 대한 이러한 문화적 제어는 오래전에 사라진 것이 아니다. 예를 들면, 두 차례의 세계대전에서 전투 조종사들은 종종 보기 드문 기사도 정신을 발휘했다. 1917년 6월, 당시 21세로 연합군 전투기 여섯 대를 격추한 독일 조종사 에른스트 우데트는 프랑스의 뛰어난 전투 조종사 조르주 긴머를 만났다. 조르주 긴머는 이미 서른 차례의 승전 기록을 보유한 에이스였다. 두 조종사가 상대를 분명히 볼 수 있을 만큼 아주 가까이서 원을 그리며 비행하면서 공중전을 벌이던 중 우데트의 기관총이 고장 나버렸다. 긴머는 그 독일인 조종사가 절망하며 주먹으로 자신의 기관총을 두들기는 광경을 보았고, 그는 우데트의 목숨을 살려주고는 손을 흔들며 돌아갔다.*[87] 제2차 세계대전 당시, 히틀러의 '사막의 여우'로 불렸던 에르빈 롬멜은 포로들에게서도 예의 바르게 대하는 것으로 유명했는데, 이는 중세 독일의 튜턴 기사단의 정신Ritterlichkeit[88]에 입각한 것이었다. 이 같은 기사도 정신이 발휘된 사례를 보면, 외집단의 상류 사회계층들은 서로 교감하는 암묵적 내집단이라고도 할 수 있다.

반면, 단지 외집단을 존중할 뿐만 아니라 적극적으로 돕기까지 하는 내집단의 일원은 보편적인 혐오와 미움의 대상이다. 단테의 『신곡』 중 「지옥」편에서 지옥 중에서도 가장 밑바닥은 배신자들을 위해 마련되어 있고, 이곳에서 그들은 사탄(침팬지 '사탄'이 아닌 진짜 사탄)에게 끝없이 잡아먹히고 또 먹힌다고 되어 있는 것은 우연이 아니다. 침팬지들의 습격과 인류의 전쟁은 모든 공격 임무에서 자기 소속 집단의 구성원들 모두를 신뢰할 수 있는가에 달려 있으므로, 가장 혈기 왕성한 시기의 젊은 남성들에게서 명예심이 특히 뚜렷이 나타나는 것은 놀라운 일이 아니다. 1389년 코소보 전투에서 압도적인 터키군에 맞서 세르비아군을 통솔하던 라자르 공은 "치욕 속에 사느니 죽는 편이 낫다"고 했다. 미국 거리에서 자신들을 상징하는 깃발을 휘날리는 갱단이나 곰베의 다리 위에서 자기 고환을 슬쩍 스치고 지나갔던 침팬지나 전하고자 하는 메시지는 동일하다. 역사학자 이반 퍼킨스의 표현에 따르면 명예란, "당당하고 공격적이며 강렬하고 신체적이며 분노가 가미된, 테스토스테론에서 우러나오는 존중에 대한 남성적 요구"다.[89]

* 마사의 삼촌인 더글라스 캠벨은 앞서 언급했듯이 제1차 세계대전 당시 미국에서 훈련받은 최초의 전투 조종사였고, 그는 미군 포병 진지를 촬영 중이던 2인승 독일 전투기와 교전을 벌였다. 그 독일 전투기는 탄환이 바닥났다. "분명히 말할 수 있는 것은 그는 옆에 빈 탄대를 두르고 팔짱을 끼고 선 채 나를 바라보았다는 것이다." 캠벨은 이렇게 회상했다. "당연히, 이 무장해제된 용감한 사내를 총으로 쏜다는 것이 내키지 않았지만, 내게 선택의 여지는 없었다……. 만일 촬영한 사진들을 가지고 그들이 기지로 돌아간다면 수많은 미국인이 목숨을 잃게 될 수도 있었다." 이 경우는 외집단에 대한 공포가 기사도라는 내집단의 이상을 불과 몇 초 만에 압도해버린 것이다. 캠벨은 그 독일 전투기를 격추시켰다.

진화와 선택

인간이 침팬지와 공유하는 모든 특성 가운데서도 가장 큰 유사점은 어쩌면 전쟁을 벌이는 기질일지 모른다. 인간이나 침팬지 모두에게 싸움의 두 가지 기본 전술은 기습과 강한 힘이다. 그리고 물리적인 힘과 공격에서부터 계획, 협동, 신뢰에 이르기까지 그러한 기질의 바탕이 되는 모든 능력과 충동 가운데서도 동종의 개체들을 비인격적인 존재로 간주하는 능력이 아마도 가장 핵심적인 부분일 것이다. 11장에서 자세히 다루겠지만, 같은 인간을 정서적 내집단으로부터 배제시키는 이러한 능력은 바로 노예제, 홀로코스트, 9·11 테러 등 우리가 악랄한 행위라 일컫는 대부분의 것들의 바탕에 있는 속성이다.

언뜻 생각하면, 전쟁이 어느 정도는 유전된 것이라는 견해가 인간의 폭력이라는 참상을 불가항력인 것처럼 느끼게 하며, 심지어 정당화하는 것 같기도 하다. 그러나 수많은 연구 분야의 정보를 한데 모으는 통섭에 대해 기억할 필요가 있다. 배고픔이 폭행 강도의 핑계거리가 될 수 없듯, 진화 역시 도덕을 쓸모없는 것으로 전락시키지는 않는다. 진화는 그저 인간 행동의 기본 구성요소일 뿐이다. 인간의 행동은 이처럼 진화되어온 행동적 틀과 끊임없이 변화하는 물리적·문화적 환경과 자유의지 등 모든 요소의 매우 복잡한 상호작용이며, 환경은 우리의 행동에 구체적 형태를 부여한다. 또한, 인간은 놀랍도록 다양한 환경 속에서 살고 있고, 각각의 환경은 유전적 기질을 다양하게 발현시킨다. 인간은 바퀴벌레나 로봇이 아니기 때문에, 다양한 상황에서 자신의 기질을 다양하게 선택적으로 이용할 수 있다. 전사들은 희생자를 잡아 요리로 만들어 먹을 수도 있겠지만 아군 동지에게 하듯 부상당한 적군들을 치료해줄 수도 있는 것이다. 분노와 증오의 충동이 여전히 핏줄을 따라 흐르고 있다 해도 말이다.

바로 이것이 우리가 우리의 사촌 침팬지보다 나은 점이다. 인간과 침팬지 모두 공통된 조상으로부터 수많은 유사점을 물려받았지만, 인간은 스스로의 행동을 관찰하고 수정하는 쪽을 선택할 수 있는 독특한 능력을 진화시켜왔다. 우리는 적군의 도시에 폭탄을 투하하고 옆 부족의 일원들을 노예로 삼을 수도 있겠지만, 반대로 민간인을 대상으로 한 공격을 규제하는 국제 조약을 준수할 수도 있는 것이다. 공정하고 복잡한 규칙에 따라 크리켓 같은 팀 경기를 할 수도 있는 반면, 깨진 맥주병을 들고 축구장에서 난동을 부리는 훌리건이 될 수도 있다. 빈곤과 인구 과밀, 명백한 불평등과 기회의 결여 등 서로를 공격하게 만드는 환경 조건으로 가득한 세상을 만들 수도 있지만, 내집단과 외집단 사이에 분명히 그어진 선까지도 최소한으로 제한할 수도 있을 것이다. 생물학은 문명 세계에서 우리가 어떻게 행동해야 할지 절대 알려주지 못하겠지만,[90] 인간이 왜 건설적인 행동과 파괴적인 행동을 동시에 하는지 이해하는 데는 도움을 줄 수 있을 것이다. 인간의 기원을 아는 것은 인간 행동을 이해하고 우리 모두가 좀 더 안전하고 안정된 미래로 가는 길을 찾는 데 반드시 필요한 일이다.

4
우리 형제들

우리가 소수라고는 하나 행복한 소수는 형제의 일단이니,
오늘 나와 함께 피를 흘리는 사람은 다 나의 형제가 될 것이다.
아무리 비천한 신분의 사람일지라도
오늘의 공으로 귀족의 반열에 들 것이다.
지금 영국에서 침상에 누운 채 노닥거리는 귀족들은
후일 이 자리에 참여치 못한 자기 자신을 저주할 것이다.

— 〈헨리 5세〉, 4막 3장

제2차 세계대전 당시 케임브리지에서 어린 시절을 보내던 나는 도시 주변 평평한 진원 지역에 생겨난 영국군과 미군의 공군 기지에 매료되었다. 나는 정원에 누운 채 단독 처녀 비행에 나선 젊은 조종사들이 모는 조그만 노란색 타이거 모스 복엽기나 기습을 위해 독일 상공을 향해 떠나는 사발four-engined 폭격기를 물끄러미 쳐다보았다. 어머니는 미 공군 식당에서 자원봉사를 했고, 그 공군들 가운데는 우리 교회에 예배를 보러 오는 이들도 있었다. 그래서 나는 기껏해야 나보다 열 살 위인 몇몇 미군 조종사들을 만날 수 있었다. 통계적으로 보면, 그들 가운데 절반은 독일 폭격 중에 화상을 입어 목숨을 잃거나 살해당하거나 사지가 절단된 4만 7000명의 미국 공군의 한 명이 됐을 것이다. 내 기억 속의 그들은 총명하고 예의 바르며 점잖은 자원군이었다. 서른 차례의 기습 폭격을 모두 마치고 무사 귀환할 확률은 5분의 1 정도였으며, 200명에 1명꼴로는 그 가공할 위험 앞에서 겁에 질려 도망쳐버리기도 했다.

대체 무엇이 폭격기 승무원들로 하여금 그토록 냉혹하고 끔찍한 기나긴 전투 비행을 수없이 견뎌내게 했을까? 어떤 힘의 조합이 그 유쾌하고 다정한 사내들로 하여금 일면식도 없는 여성과 아이들 수천 명을 비롯한 많은 사람들에게 가차 없이 공포와 파멸을 안기게 만들었을까? 체제에 대한 복종과 본국에서 당할 치욕에 대한 걱정도 한몫했을 테지만, 사실 이들은 열정적이고 의욕 넘치는 전사이기도 했다. 소집단 내 남성들이 서로에 대한 가공할 만한 충성심과 죽음에도 굴하지 않는 대단한 용맹을 드러내고, 일말의 감정이입도 없이 외집단 공격을 감행하는 것을 영장류 특유의 기질로 볼 수 있을까?

이 책은 남성성을 부정하거나 그러한 남성성의 문제적 측면을 없애려는 것이 전혀 아니며, 사실 그러한 일은 애당초 가능하지도 않다. 그러나 전쟁과 테러에 대한 진단을 계속해나가다 보면 남성적 행동의 중심적인 역할을 무시할 수가 없게 된다. 이번 장에서는 우리 인간 종의 남성에 대해 좀 더 면밀히 살펴보고, 충성심, 용기, 인내 등 가장 가치 있는 것으로 꼽을 만한 진화적 충동들이 어떻게 발현되어왔고 세대를 지나며 어떻게 전쟁에서 활용되어왔는지 알아보고자 한다. 이를 통해 바로 그러한 기질들이 어떻게 하면 남성, 여성, 그리고 사회 전반에 훨씬 더 긍정적인 결과로 유입될 수 있을지 생각해볼 수 있을 것이다.

셰익스피어는 아쟁쿠르 전투를 앞둔 헨리 5세가 병사들에게 내뱉는 대사를 통해 참전 중인 남성들의 내집단 유대감을 제대로 포착해냈으며,[91] 이는 인접 영역을 습격하는 침팬지 무리에 대해서도 어느 정도 정확한 묘사일 것이다. 남성의 호전적 기질에 기여하는 모든 충동과 행동적 틀 가운데서도 가장 강력한 것은 아마도 전우 간의 유대감일 것이다. 미술, 문학, 우화에서도 동지애를 칭송하며, 충성심을 인간의 중요한 미덕으로 여긴다. 그러나 잠시 한걸음 물러서서 진화라는 렌즈를 통해 이 강렬한 충동들을 살펴보자. 우리는 굉장히 놀라운 사실을 발견하게 될 것이다.

전쟁의 환희

생물학적 관점에서 볼 때, 다른 누구인가를 위해 팔이나 다리, 때로는 생명마저 기꺼이 희생하겠다는 마음은 그 대상이 가까운 피붙이일 경우에나 납득할 만하다. 예를 들어, 전쟁에서 친형제를 대신해 죽는다 해도 그가 살아남아 번식을 하게 된다면 당신이 가진 것과 같은 특정 유전자 다수는 후세에 전달된다. 또한 이전 장에서 침팬지 습격조의 경우에서 보았듯이, 일련의 강렬한 감정, 충동, 행동은 자연적으로 존재해왔으며 이는 집단 충성 및 용기에 대한 진화론적 논리를 강화하는 데 도움이 된다. 우리의 논지는 진화가 상호 관련된 갖은 충동과 감정을 남성, 특히 청년들에게 유산으로 남겨왔다는 것이다. 또한 그러한 충동 및 감정들은 명예심이나 군 생활 전반에 기본이 되는 폭넓은 행동적 틀—충성심, 용기, 공격성, 동지애 등—이 된다. 싸울 때 우리가 흔히 몸담게 되는 소집단(분대 및 소대, 테러 조직, 풋볼 팀 등)은 이제 대부분 더 이상 혈연관계가 아니지만, 유대와 상호 협력이라는 오랜 진화적 체계는 상당 부분 여전히 유효하다. 앞으로 보게 되겠지만, 훈련이나 공통된 경험은 집단공격 기질을 생성하고 강화할 수 있으며, 유전자를 전혀 공유하지 않는 남성 간에도 친족이나 다름없는 매우 강한 유대감을 형성할 수 있다.

인간의 감정은 특정 유형의 행동을 강화 혹은 약화하려는 목적에 부합하는 경우가 많고, 쾌락은 특히 이러한 측면에서 핵심적인 역할을 맡는다. 좋은 음식, 따스하고 안전한 집, 그리고 성교는 모두 즐거움을 선사하며, 당연히 인간의 생존에도 기여한다. 그러나 더 이상 굶어 죽을 위험이 없는 오늘날에도 인간은 여전히 기름진 식사를 즐기고, 번식보다 순전히 쾌락을 위해 성교에 탐닉하는 거의 유일한 동물 종 가운데 하나다. 집단공격 충동이 가장 잔혹한 형태로 드러나는 전쟁에서, 전쟁 중의 공포, 고통, 권태에 관한 갖가지 이야기들이 넘쳐나기도 하지만, 의외로 진심 어린 환희의 고백 역시 많다는 사실은 놀라운 일이다. 혹은 그다지 놀라운 일이 아닌지도 모른다. 습격하여 적군을 전멸시키고자 하는 기질이 마치 식욕이나 성욕처럼 어느 정도 유전자가 이끄는 생존 본능에 해당한다면, 전쟁터에서 극도의 흥분이나 공공연한 쾌감을 경험하는 것도 당연한 일이니 말이다. 이 책의 저자들에게 생소한 경험인 것은 다행이나, 이는 어니스트 헤밍웨이가 『누구를 위하여 종은 울리나』에서 "거짓말을 하든 하지 않든, 자원 입대한 모든 군인은 어느 순간 상대를 죽이는 데서 쾌감을 느껴왔듯 당신도 남을 죽이는 일을 즐겼음을 인정하라"고 쓴 대목이 일리가 있다는 증거가 된다.

전쟁터에서의 군복무에 흔히 수반되는 두려움, 공포, 정서적 트라우마 등을 과소평가하는 것은 잘못일 것이다. 그러나 적어도 일부에게는 전투가 짜릿한 변신의 경험일 수도 있다. 너대니얼 플릭은 1999년 미 해군에 입대하기 전 뉴햄프셔의 다트머스 대학에서 고대 그리스·라틴학 학사 학위를 받았다. 2003년 이라크 침공시 그는 정예 정찰 부대를 이끌었고, 그가 몰던 험비는 바그다드로 향하던 중 매복 중이던 적군의 습격을 받았다. 플릭은 응사했다.

> 곤충이나 식물을 제외하고 그때까지 인생을 통틀어 내가 죽인 생명체는 단 하나였다. 10대 시절 부모님 댁의 잔디를 깎던 중 실수로 잔디 깎는 기계의 날로 얼룩다람쥐를 다치게 한 적이 있었다. 나는 어금니를 꽉 물고 삽으로 그 다람쥐의 머리를 절단했다. 안락사를 시켜준 것이었지만 마음이 괴로웠다. 나는 사냥을 나간 적도 없고 사냥을 하고 싶다고 느낀 적도 없었다. 그런데 지금 나는, 이름 모를 도시에서 낯선 이들을 향해 수류탄을 던지며 쾌감을 느끼고 있었다.[92]

그보다 250년 전, 조지 워싱턴은 형에게 쓴 편지에서 전쟁의 포화 속에서의 자신의 첫 경험에 대해 이렇게 적었다. "탄환이 내는 휘파람 소리를 들었어요. 정말이지, 그 소리에는 어딘가 매력적인 구석이 있어."[93] 물론 그 매력은 그 탄환들이 빗나갔다는 사실에서 일정 부분 비롯된 것 같으며, 예컨대 보어 전쟁에서 포화를 받았던 윈스턴 처칠은 이렇게 적기도 했다. "총알을 맞고도 무사한 것만큼 호쾌한 일은 없다."[94] 그러나 전쟁의 매력은 목숨을 건진 데 대한 안도감 말고도 더 있는 것 같다. 시어도어 루즈벨트는 "내 아내의 임종이라 할지라도 그 침상을 떠나 싸우러 나갔을 것"이라 주장했으며 대통령이 된 그는 1898년 산후안 고지 전투에서의 임무 수행이 "내 인생 최고의 날이었다"[95]고 말하기까지 했다. 제2차 세계대전 당시, 영국 스핏파이어 조종사였던 공군 대위 D. M. 쿡은 공중전을 앞둔 순간을 자신의 인생에서 "가장 짜릿하게 흥분되는 순간"이라 묘사했다.[96] 그런가 하면 야간 전투 조종사였던 로데릭 치점은 하룻밤 사이에 독일 전투기 두 대를 격추시켰던 경험을 두고 "달콤하게 취하는" 기분이었다고 털어놓기도 했다. 남북전쟁에 참전했던 로버트 E. 리는 "당연히 전쟁은 아주 끔찍한 일이다. 그렇지 않다면 우리는 점점 더 전쟁을 즐기게 될지도 모른다"[97]고 말했다.

조애나 버크는 자신의 책 『살인의 내밀한 역사: 20세기 전쟁의 면대면 살해An Intimate History of Killing: Face-to-Face Killing in Twentieth Century Warfare』에서 전쟁에 대한 생물학적 해답을 찾지는 않았다. 그러나 그녀가 인용한 전투에 관한 실제 사례들은 외집단의 일원을 살해하려는 기질이 침팬지와 인간 모두에게 뿌리 깊이 박혀 있다는 주장을 뒷받침한다. 한 예로, 벨기에의 지식인이자 사회주의자인 앙리 드 망은 제1차 세계대전 중 자신의 경험에 대해 다음과 같이 적었다.

> 한때 나는 스스로 이러한 중독과는 무관하다고 생각했다. (…) 박격포 장교가 되어 적진에 직격을 날린 뒤 시체며 찢긴 몸뚱어리들이 사방으로 솟구쳐 오르는 것을 보고, 부상병이나 탈주자의 절망적인 비명소리를 듣기 전까지는 말이다. 그러나 고백해야겠다. 그것은 내 인생에서 가장 행복한

> 순간 중 하나였다고. (…) 과학 연구, 성공적인 대외 활동, 권위, 사랑 등이 가져다주는 만족감 같은 것을 과연 그 황홀한 순간에 비할 수 있을까?* [98]

군의 신병들 대다수가 피에 굶주린 이들도, 살인 욕구에 휘둘리는 이들도 아니라는 점에 주목할 필요가 있다. 사실, 현대의 직업 군대는 악한이나 반사회적 살인자의 무차별적 살해와 거리를 두고자 애를 쓴다. 남성, 특히 나이가 꽤 어린 이들의 경우 특정한 상황에서 그런 감정을 느끼는 경우가 종종 있지만, 모든 남성이 전투에서 사람을 죽일 때 황홀감을 경험하는 것도 아니고, 아무 상황에서나 그런 것도 아니다. 그러나 사람을 죽이는 일에 대해 언급하면서 여성이 환희라는 말을 사용하는 일은 거의 없으며, 전투에 참가한 수많은 남성이 실제로 털어놓은 '전쟁의 환희'는 전쟁의 생물학적 근원을 찾으려는 우리의 노력에 한 가지 중요한 단서가 된다. 또 한 가지 증거는 전쟁에서 남성이 좀 더 보편적으로 경험하는 전우라는 이름으로 맺어진 유난히 긴밀한 유대에 있다.

동 지 애

제2차 세계대전에 참전하여 가장 많은 훈장을 받은 미국의 전쟁 영웅 오디 머피는 독일군 전체에 대한 공격 임무를 홀로 감당할 수 있었던 비결을 묻는 질문에 이렇게 간단히 답했다. "그들이 내 친구들을 죽이고 있었으니

* 노골적인 성적 은유는 전쟁에 관한 이야기에서 자주 볼 수 있다. 제2차 세계대전에 참전했던 영국의 앤서니 S. 어윈 장교는 독일 전투기의 급강하 폭격을 받은 뒤 기적적으로 목숨을 건졌던 경험에 대해 "마치 한 여자와의 완벽하고 강렬한 결합을 맛본 남자가 된 듯한 느낌이었다. 땀이 흘렀고 마음은 더 간절해졌다"고 표현했다. 어떤 작가들이 전쟁은 성교의 대리물 같다고 표현하는 것도 놀랄 일이 아니다. 그러나 그 연관관계는 좀 더 근본적인 듯하다. 성교와 전쟁 모두 남성의 깊숙한 진화론적 욕망을 채워주는 것이기에, 이 두 개념이 서로 은유적으로 사용되는 것은 지극히 자연스러운 일이다.

까요." 전장에서 보여준 가공할 용맹에 관한 온갖 이유 가운데 가장 많이 언급된 것은 바로 동지들에 대한 단순하고도 절대적인 헌신이었다. 남성이 군에 입대하는 이유로는 이상주의적 애국심에서부터 금전적 필요, 그리고 징병에 이르기까지 여러 가지가 있을 수 있다. 그러나 머피의 말에 따르면, 일단 총격이 시작되면 "전쟁은 당신 곁의 전우에 관한 일이 된다".[99]

살해할 다른 무리의 일원을 찾아 숲속을 헤매는 침팬지 집단은 단 네댓 개체만으로도 구성될 수 있다. 문자 이전 시대의 사회에서는 기습을 감행하던 무리들 역시 이처럼 소규모인 경우가 많았지만, 오늘날의 군대는 수십만 명의 남성을 동원할 수 있다. 언뜻 보면, 차이가 크기 때문에 상관관계가 뚜렷해 보이지는 않는다. 그러나 좀 더 면밀히 분석해보면, 최대 규모의 전투 병력도 결국 소규모 단위 여러 개를 기반으로 구성됨을 알 수 있다. 참호 속의 소대, 완전 무장한 험비에 올라타 순찰을 도는 보병대, 달빛 한 점 없는 캄캄하고 차가운 하늘을 나는 폭격기 승무원이나 위험한 바다 속을 헤매는 잠수함 승무원 등도 다 마찬가지다.

인간은 소집단일 때 가장 효과적으로 기능하며, 이는 수천 년간 군 지도자들이 주지해온 사실이다. 현대의 군대에서는 9명에서 15명가량으로 분대를 구성하고, 서너 분대가 소대를 구성하며, 서너 소대가 모여 중대를 이루어, 한 중대에는 총 100명 내지 300명가량의 군인이 소속된다. 기원전 2세기경, 마케도니아의 필리포스 왕이 이끄는 군대는 64명의 남성으로 이루어진 소대로 구성되었고, 로마군은 백부장의 지휘 아래 모인 100명 이하의 집단으로 구분되었다. 칭기스칸은 수백만 명의 자손을 둔 것으로 추정되지만, 자신의 몽골군은 10명, 100명, 1000명 단위로 조직하였다.[100] 제1차 세계대전 당시 C. E. 몬태규는 이렇게 적었다. "우리 군 전체 병력은 200만 혹은 1000만이 되었을지 모르지만, 그 규모가 어떠하든 한 개인의 세계는 자신이 속한 집단, 기껏해야 자신의 소대 정도였다. 그에게 중요한 것은 오직 작은 배 하나에 가득 올라탄 조난자들이었다……."[101] 육체적으로나 정신적으로 의지가 되고, 충성심과 용맹을 고취시킬 수 있는 기본 단위는 결국 침팬지 습격조 규모 정도의 무리인 것이다.

아랍 속담에 이런 것이 있다. "나는 내 형과 싸우고, 나와 내 형은 내 사촌과 싸우며, 나와 내 형과 내 사촌은 공동의 적과 싸운다." 침팬지의 경우에서 보았듯이, 우리는 가장 가까운 이들과 경쟁하고 말다툼을 하지만, 이 가장 가까운 이들과 연합하여 비슷한 구성의 또 다른 집단에 맞서 경쟁하고 논쟁을 벌이기도 하는 것이다. 이는 우리 자신이 믿고 싶어하는 것과는 달리, 인간이 침팬지의 감정과 크게 다를 바 없는, 수렵채집 생활을 했던 석기시대의 감정을 여전히 지니고 있음을 보여준다.

인간의 삶에는 여러 가지 형태의 우정이 있겠지만, 함께 전쟁을 겪은 사이인 남자들 간의 우정만큼 진한 것은 없다. 글렌 그레이는 1941년 컬럼비아 대학에서 철학 박사학위를 받던 바로 그날 미군에 징집되었다. 분석적인 성향의 그는 전투가 지닌 지속적인 호소력을 전쟁터의 장관, 파괴하고자 하는 욕망, 그리고 가장 중요한 전우애, 이렇게 세 가지 수준으로 구분하였다. 1959년 자신의 책 『전사들: 전쟁터의 남성에 대한 고찰The Warriors: Reflections on Men in Battle』에서 그는 어떻게 수없이 많은 군인들이 죽는지에 대해 묘사하고 있다.

> (…) 국가나 명예, 종교적 신념, 혹은 그 어떤 추상적인 가치를 위해서가 아니라, 자기 목숨을 건지려고 위치를 이탈하면 동료를 더 큰 위험에 노출시키게 된다는 사실을 깨달았기 때문이었다. 집단에 대한 이러한 충성심이 바로 전투 사기의 핵심이다.[102]

달아나는 이들도 있을 것이고, 처벌이 두려워 도망치지 않는 이들도 있을 것이다. 그러나 대부분은 가장 끔찍하고 위험한 상황에서도 도망치지 않는다. 이 철학자이자 군인이었던 사람은 "이 동지애라는 감정은 일종의 황홀경이다. 각자 자신의 개인적인 상실은 조금도 개의치 않고 타자를 위해 기꺼이 목숨을 내놓을 준비가 되어 있는 것이다"라고 적기도 했다. 이러한 행동을 보통 '의무'라 부르지만, 이는 더 큰 규모의 다른 집단보다는 자기 동료들에 대해 남자들이 느끼는 책임감이며, 전쟁 당시의 일시적 감상 이상으로 지속되는 경우가 많다. 군인들은 부상을 당해 집으로 돌아갈 수 있게 돼도, 전선의 부대에 복귀시켜줄 것을 계속해서 요구하며 동지들을 버리고 떠나느니 자신의 목숨을 다시 걸겠다고 나서곤 한다. 미국 작가 윌리엄 맨체스터 역시 안전한 병원을 뛰쳐나와 제2차 세계대전의 태평양 지역 최전선으로 돌아간 이들 중 하나였다. 그로부터 35년이 지난 뒤 그는 이렇게 회고했다.

> 애정에 가득 찬 행동이었다. 사지死地에 선 그 사내들은 내 가족이자 내 고향이었다. 그들은 내가 말로 다 표현할 수 없을 만큼 가까운 이들이었고, 내가 알던 그 어떤 친구보다도 가까웠으며, 앞으로도 그러할 것이다. 그들은 나를 저버린 적이 없었고, 나 역시 그들 없이는 존재할 수 없었다. 함께여야만 했다. 내가 그들을 구할 수 있을 것이라는 사실을 알면서도 그들을 죽게 내버려두고 내 목숨을 건지는 일은 있을 수 없었다. 나는 이제야 알 것 같다. 남자는 깃발이나 국가, 해병대나 명예 혹은 그 어떤 다른 추상적 의미를 위해서 싸우는 것이 아님을. 남자는 서로를 위해 싸우는 것이다. 전투에서 자신을 위해 기꺼이 죽어줄 동지나 자신이 기꺼이 목숨을 바칠 만한 동지가 없는 남자는 남자가 아니다. 그는 진정 저주를 받은 자다.[103]

우리 자신을 그토록 확실히 위험에 몰아넣을 수도 있는 그 강렬한 감정들은 설명이 필요하다. 실제 생존자들의 고백이 있긴 하지만 그들 역시 전우애에 이끌려 결국 죽음을 맞이한 말없는 수천 명의 남성을 대신하고 있을 뿐이다. 진화적 논리는 굉장히 복잡해 보이는 경우가 많지만 생존 본능이라는 것이 항상 그 본능의 주체인 개인에게 초점이 맞추어지는 것은 아님을 기억할 필요가 있다. 때때로 그 행동의 초점은 집단이 되기도 하며, 우리는 싸움을 계속하도록 사기를 진작시키는 이 황홀한 충성심이 침팬지든 인간이든 유인원의 습격조를 유지시키고자 진화적으로 선택되었을 것이라고 예상해볼 수 있다. 젊은 남성이 습격이나 전투에서 기꺼이 자기 목숨을 내놓게 만드는 이 동지애는 달리 표현하자면 진화가 빚어내고 특정 환경에서 표출된 일종의 행동적 기질인 셈이다. 예나 지금이나 이것은 무의식적인 것이며, 친족 관계의 개체들이 영역을 확장하여 더 많은 자손을 양육할 수 있는 환경을 만드려는 진화적 목적을 달성하는 지능적인 방식과는 전혀 관계가 없다. 그러나 진화적으로 이 동지애라는 기질은 남성이 번식에 필요한 자원을 습득하는 경우에 유리한 점으로 작용했다. 그리고 그러한 이점이 사실상 사라져버린 지금까지도 그 성향은 여전히 존속하고 있다.

살 해

전사들의 정서적·심리적 틀은 복잡하고도 다양하며 동지애로 맺어진 유대는 전쟁에 필요한 한 가지 요소일 수는 있으나 그 자체만으로는 충분하지 않다. 인류의 진화 역사 초기의 생존 전략으로서 집단공격이 성공을 거둔 이유를 이해하려면, 그러한 행동의 여러 측면을 좀 더 살펴볼 필요가 있다. 물론, 가장 중요한 것은 바로 살해 능력이다.[104]

이전 장에서, 무리에 속하게 되면 권위에 복종하고 잔인한 행동을 할 가능성이 높아지는 것을 보았다. 다시 말하지만, 이는 싸우는 영장류의 경우 진화를 통해 강화될 것으로 예상되는 행동 유형이다. 집단공격은 공격 측 집단 내부에서 공유하는 이타심과 전적인 신뢰에 달려 있지만, 동시에 동종 개체를 죽이겠다는 의지도 필요하다. 사실 사회적 동물에게 이는 특히 매우 위험한 전략이다. 진화는 그 눈 먼 실험에서 인간의 마음에 일종의 감정이입 스위치를 달아놓음으로써 살해 충동을 어느 정도 제어할 수 있게 된 것으로 보인다. 대상을 내집단이나 외집단 중 어느 쪽에 속하는 것으로 판단하는지에 따라, 인간은 같은 인간을 대단한 연민으로도, 냉혹한 무관심으로도 대할 수 있는 정신적 능력을 선천적으로 지니고 있는 셈이다.

중요한 것은, 우리가 상대를 인간으로 분명히 인식하고 있는 한, 다른 인간을 죽이는 일이 결코 쉽지 않다는 것이다. 두 차례의 세계대전에서 모두 최전방에 있었던 S. L. A. 마셜 대령은 사람을 죽인 군인 중 다수는 "양심적 병역거부자가 된다"고 적었다.[105] 7000명이 목숨을 잃고 3만 3000명이 부상을 당했던 게티스버그 전투 이후 2만 7574자루의 머스킷 총이 전쟁터에서 수거되었다. 90퍼센트는 장전된 상태였고 머스킷 총 한 자루에는 스물세 개의 발사 화약과 탄환이 들어 있었다.[106] 방아쇠를 당기기도 전에 목숨을 잃은 사람은 얼마나 되고, 전쟁이 일어나기 전까지만 해도 같은 국가라는 내집단의 일원이었던 적을 향해 차마 발포하지 못했던 사람은 얼마나 될까? 어느 논평가는 제1차 세계대전 당시 미 공군 전투 조종사 가운데 1퍼센트가 독일 전투기 30 내지 40퍼센트를 격추시켰다고 주장하기도 했다. 이들은 단지 더 우수한 조종사여서 살아남아 독보적인 성공을 거두었던 것일까? 아니면, 다른 이들이 공격을 철저히 감행하기를 망설였던 것은 아닐까? 제2차 세계대전 당시 마셜 대령은 유럽 내 작전 구역 최전방 부대원의 단지 15 내지 20퍼센트만이 소총을 발사한다는 사실을 발견했다. 한국전에서 이 비율은 55퍼센트까지 올라갔으며, 베트남전에서는 90 내지 95퍼센트의 군인들이 발포한 것으로 추측된다. 적군을 아군과 다르게 인식할수록, 더 쉽게 방아쇠를 당길 수 있는 것일까?

침팬지 역시 사회적 동물이며, 인간과 마찬가지로 동종 개체를 살해하는 것에 양가적 감정이 있고 개체마다 다양한 반응을 나타내는 듯 보인다. 3장에서 언급했던 카사켈라 침팬지 무리의 습격에서 보면, 피건은 어미의 팔에서 떨어져 나온 새끼를 공격했다. "한쪽 다리를 잡아든 채 나뭇가지며 몸통에 그 새끼를 부딪치며 나무 사이를 뛰어다녔다. 땅으로 뛰어내린 뒤 돌아다니며 바위에 대고 그 희생물을 힘껏 내리쳤다." 인간으로 말하자면, 분명이 침팬지는 기꺼이 방아쇠를 당긴 셈이었다. 그러나 그다음 동행하던 습격조 중 한 마리가 그 새끼를 들어 올리더니 내집단 윤리라도 적용하듯 털을 다듬어주었다. 시간이 지난 뒤 카사켈라 무리 중 어린 침팬지 하나가 그 다친 새끼를 '구조'하여 약 한 시간 넘게 데리고 다녔다. 결국 그 새끼는 상처 때문에 죽기는 했지만 말이다.

같은 종 내에서 내집단과 외집단 사이의 경계는 결국 인위적인 구분에 불과하기 때문에 치열한 전쟁 속에서도 그 경계가 흔들릴 수 있다. 1914년 성탄절, 웨일스 퓨질리어 연대의 참호 반대편에 있던 바이에른군은 웨일스 민요 〈밤새도록Ar hyd y nos〉를 독일어로 불렀다. 웨일스군은 답가로 〈마리아는 아기를〉을 불렀고 양 군대는 중간 지대에 모여 한데 어우러져 영국산 쇠고기 통조림과 독일산 소시지를 나누어 먹고 함께 축구를 했다. "이 휴전 시간 동안 어느 편에도 일말의 증오"는 없었다. 다음 날 군인들은 서로를 죽이는 일에 복귀했다.[107] 미국 남북 전쟁 기간 중, 양측은 참호를 파나갔고 서로 전초선이 단 몇십 걸음 간격에 불과한 경우도 있었다. 외로움에 지친 초계병들 사이에 형제애가 싹트기 시작했고 심지어는 상호 발포하지 않기로 합의하기도 했다. 연합군 장군 스톤월 잭슨이 버지니아 전초선을 방문했을 때, 북군의 한 병사가 말했다. "권총으로 그를 쏠 수도 있었겠지만 양측은 서로 발포하지 않기로 합의를 한 상태입니다. 득 될 것도 없고 단지 살인에 불과하니까요."[108] 서로 지척에서 생활하게 되면서 이 남성들은 내집단 행동 규칙을 수용했던 것이다.

리버스와 호플리테스

남자들이 오로지 전쟁에만 몰두했던 사회에 관한 생생한 사례는 역사적으로 수없이 많다. 아무리 증오로 가득한 적군 사이라 해도 그 문화적 혹은 유전적 차이는 침팬지 외집단을 구분하는 것만큼이나 인위적으로 보일 만큼 사소한 경우가 많다. 그러나 침팬지의 경우에서 보았듯이, 인간은 서로 간의 차이를 확대하여 이를 전쟁의 근거로 삼으려는 경향을 타고난 듯 보인다. 과거에도 인류 사회에는 습격, 약탈, 강간, 영토 확장이 늘 넘쳐났다. 그러나 계속 가속도가 붙어온 전쟁과 교전은 이제 나름의 논리를 확립한 듯 보인다. 전쟁 및 습격의 동의어가 되다시피 하고 사회적으로 막대한 대가를 치렀던 두 집단을 좀 더 집중적으로 살펴보고자 한다. 이들의 행동에 대해서는 집단 공격 기질과 진화적 충동이 유독 강하게 발현되었다는 것 말고는 달리 설명할 길이 없어 보인다.

나는 잉글랜드 북부 뉴캐슬 근처에서 태어났다. 수 세기 동안, 잉글랜드와 스코틀랜드 경계 지역은 소집단 간의 끊임없는 분쟁의 장이었다. 리버스Reivers는 씨족 중심의 국경 약탈자들이었으며, 자신들의 전쟁 행위를 중요하게 생각했다. 그들은 세례식 중 남자 아기의 오른손은 세례반에 담기지 않도록 조심스럽게 잡아 올려 훗날 전투에서 남자로서 '적 많은 일격'을 가할 수 있도록 하였다.* 리버스는 진정한 습격자들이었고, 전체적으로 봤을 때 그리 많은 영토가 오간 것은 아니었지만, 제법 많은 말이나 양이 상호 간에 탈취되곤 했다. 습격은 결국 자원 획득의 문제였던 것이다. 이들의 경계 습격은 굉장히 지속적이면서도 치명적이었던 탓에 오늘날 사랑하는 이의 죽음에 대해 말할 때 사용하는 '사별bereavement'('bereave'는 본래 '강탈하다'라는 의미로, 리버스reivers에서 유래했다_옮긴이)이라는 단어에 이들의 흔적이 남아

* 암스트롱Armstrong이라는 성은 리버스에서 유래된 것으로 보인다. 그레이엄Graham, 닉슨Nixon, 커Kerr, 펜위크Fenwick, 존스톤Johnston 등도 이러한 전투 집단에서 그 뿌리를 찾을 수 있다. 또한, 오늘날 리버스의 후손이 다른 이들보다 공격적인 성향을 지니고 있다고 의심할 만한 아무런 근거가 없다는 사실은, 전쟁이 끊이지 않았던 과거 역사가 반드시 미래까지 예견하는 것은 아님을 보여주는 또 한 가지 증거가 된다.

있다. 침팬지 집단공격의 경우와 마찬가지로, 리버스의 습격조 역시 바람이 센 체비엇 힐스에서 함께 어울려 자랐던, 유전적으로 친족 관계에 있는 남성들로 구성되었다. 1603년 잉글랜드와 스코틀랜드가 제임스 왕 치하에서 합병되자, 수많은 리버스가 교수형에 처해지거나 감옥에 보내졌고 외부 세력에 의해 질서가 수립된 듯 보였다. 어떤 이들은 영국군에 입대하여 정식 군규율 아래 용맹한 군인으로 인정받게 되었다. 다른 이들은 영국 식민지였던 미국으로 이주하여 경계에서 교전하는 전통을 지속시켜나갔으며, 교전은 서로 간에도 일어났고 애팔래치아 산맥의 북미 원주민들과도 이루어졌다. 카우보이 영화를 통해 유명해진 남성 집단은 리버스가 미국에 전래한 '맹추격hot trod' 습격조의 직계 후손이다.[109]

리버스는 전형적인 습격단이었지만, 2500년 전 고대 그리스의 호플리테스hoplites(장갑 보병대_옮긴이)는 그와 같은 근원적 기질이 어떻게 강화되고 향상되어 구체적으로 자리를 잡을 수 있었는지 보여준다. 중장갑 보병대였던 호플리테스는 리버스보다 좀 더 규모가 크고 제대로 정비된 집단을 이루어 싸웠으나, 그들의 사회 구조, 용맹, 전투 행위 등의 바탕에 깔린 충동과 구조는 동일했다. 호플리테스는 8~12줄로 길게 정렬한 밀집방진phalanx으로 전투에 임했다. 집단공격시 직접적인 상호 보호의 방편으로, 각 병사는 방패로 자신의 오른쪽에 선 전사를 보호했다. 가장 용맹한 이들을 전방에, 가장 결연한 이들을 후방에, 그리고 불안한 모든 이들을 그 중간에 배치함으로써 전력을 다했다.[110] 호플리테스는 자신의 체중의 절반에 달하는 청동 투구, 흉갑, 다리 보호구에다 무거운 방패와 끝에 쇠가 달린 2.5 내지 3미터짜리 미늘창까지 지니고 다니느라 더위에 완전히 지치곤 했다. 게다가 호플리테스는 18세 이상 모든 남성의 3분의 2까지 입대하기도 했으므로, 이들은 직업적 정예군이라기보다는 습격단 내지 민병대에 훨씬 가까울 수밖에 없었다. 그럼에도 불구하고 기원전 499년부터 448년까지의 페르시아 전쟁에서 인구가 총 200만 남짓에 불과했던 그리스 도시국가들에서 차출된 호플리테스 병사들이 약 7000만 인구의 중앙집권화된 페르시아 제국의 군대를 물리쳤다. 기원전 490년 마라톤 전투에서 호플리테스는 불과 192명의 병사를 잃으면서 6000명이 넘는 페르시아군을 죽였다. 이는 집단 결속, 상호 희생, 동지에 대한 굳은 충성심이 어떠한 힘을 발휘하는지 입증하는 놀라운 사례다.

매우 흔한 일이듯, 사실 '외집단'의 정의는 상황에 따라 얼마든지 변할 수 있으며, 그리스군 내부에도 싸움은 있었다. 페르시아의 역사가 마르도니오스는 그리스군이 서로 싸우는 방식에 대해 언급한 적이 있다. "서로 선전포고를 한 직후 최대한 평평하고 넓은 땅을 찾은 다음 그곳에서 싸움을 벌였다. 결국, 승자도 극심한 손실을 입는다. 패자에 대해서는 더 말할 것도 없다. 완전히 전멸했으니 말이다."[111] 또한 그는 이런 전투는 합의에 의해 대개 치즈와 대추야자 열매에 와인을 곁들인 늦은 아침식사를 한 뒤 오후에 일어났다고 그는 덧붙였다. 호플리테스의 결투는 거의 1.5킬로미터에 달하는 스크럼을 짠 밀집 대형의 상대와 벌이는 미식축구 혹은 영국 럭비 경기나 마찬가지였던 셈이다. 그 형태는 경계 습격보다 더 짜임새 있었지만, 위험은 결코 덜하지 않았다. 전투를 앞둔 남성들은 문자 그대로 질겁을 한 상태였고, 전쟁은 비명소리, 맹렬한 돌격, 부러진 창과 망가진 방패와 함께 시작되었다. 양측 군대가 서로 충돌하고 나면, 교전은 말 그대로 서로 밀치는 싸움이 되었다. 적군의 창이 닿지 않는 후방에 선 이들은 전방의 동지들의 등 뒤에서 자신의 볼록한 방패를 앞으로 밀어 넣음으로써 지지와 압박을 동시에 가했다. 최전선에서 '갑옷과 갑옷' 그리고 '투구와 투구'를 서로 맞대고 싸우는 이들은 단검으로 베고 부러진 창을 찔러 넣었다. 누군가가 쓰러지면 적군뿐 아니라 아군에 의해서도 짓밟힐 수밖에 없었다.

밀집방진 대형은 영리한 전술임이 분명했지만, 그 이상의 의미가 있었다. 서로 빰이 맞닿을 만큼 밀집하여 싸우는 상황에서는 자신이 누구를 의지하고 있으며, 주저하거나 물러서면 누구를 저버리는 결과로 이어지는지, 의문의 여지가 없는 것이다. UC 프레즈노의 역사학 교수인 빅터 데이비스 핸슨

호플리테스 전사들의 훈련 및 집단 결속은 고대 그리스 문화의 핵심이었다. 평범한 시민이던 이 수천 명의 병사들은 전투에서 서로를 마주보며 예닐곱 줄로 겹겹이 밀집해 늘어섰다. 각각은 호플론hoplon이라는 원형 방패와 창검을 지니고 있었으며, 값비싼 청동 갑옷과 투구는 부유한 지주들만이 구할 수 있었다. 도시국가들 간의 전쟁은 1~2년에 한 번씩은 있었으나, 그리스군에게는 외부에도 막강한 적들이 있었다. 훈련을 통해 구축된 용맹하고 조직적인 호플리테스는 페르시아 전쟁 중 기원전 490년에 있었던 마라톤 전투에서 우세한 페르시아군을 물리쳤다.

은 호플리테스가 "자신의 좌우, 전후에 있는 사람, 형제와 사촌, 아버지와 아들의 입장에서 전쟁에 임했으며, 같은 상황에 놓인 남자들에 대한 존중과 두려움 속에서 그들은 결투법을 준비하고 살해를 통해 (쾌감까지는 아니어도) 존엄을 지켜냈다"고 적고 있다.

바이킹족 역시 방진 대열로 싸우는 경우가 있었고 1066년 잉글랜드 스탬포드 브릿지 전투에서 침략자인 노르웨이의 하랄드 하드라다 왕처럼 방어벽을 형성하는 경우도 있었다. 이러한 밀집방진은 리버스처럼 함께 성장하고 일하는 과정에서 형성된 깊은 충성심을 이용한 것이어서, 놀라우리만치 용감한 행동으로 이어지기도 했다. 그리스의 호플리테스 및 선원들은 자유로운 몸이었지만, 양심적 병역거부자는 한 명도 없었다. 오늘날까지 우리가 기억하고 있는 그리스의 시인, 과학자, 철학자는 대부분 호플리테스의 일원으로서 전투에 참전한 적이 있었으며, 심지어 앞을 못 보는 이들조차도 방진 대열에서 자리를 지키기도 했다. 기원전 480년 살라미스 해전에서 훨씬 우세했던 페르시아군에 맞서 3단 노선을 노 저어 몰고 나갔던 그리스인들은 모두 이 첫 번째 민주주의 사회에서 자유로웠던 남성들로, 자발적인 선택이 바탕이 된 상호 유대감과 공동 운명이라는 데서 싸울 동기를 얻었다. 그날 희생된 4만 명의 페르시아 해군은 말 그대로 채찍질에 못 이겨 전장으로 끌려나온 이들이었다.[112] 그리스의 시인 아이스킬로스는 자신의 묘비에 쓸 비문을 만들면서, 2500년이 지난 지금까지도 공연되는, 자신을 위대한 고대의 극작가로 만들어준 자신의 희곡 작품들에 대해서는 언급하지 않았다. 그 대신 이렇게 적었다. "마라톤의 숲이 그 영광과 더불어 전장에서의 그의 용맹을 말해줄 것이다."[113] 아이스킬로스의 형은 마라톤 전투에서 아이스킬로스 곁에서 전사했다.*

방진 대열이 유지되고 병사들이 자신의 방패로 서로를 엄호하는 한, 마라톤 전투에서 페르시아군이 느꼈듯 이 밀집 대형은 타도하기가 거의 불가능했다. 그러나 시간이 흐르면서 어느 순간 대열이 무너지곤 했다. 그리스어로 이를 '패닉panic'이라 했는데, 신화 속 목양신인 판Pan이 자신이 기르는 양떼

* 서로를 위한 전사들의 헌신의 극단적인 예로는, 카이로네이아에서 신성대神聖隊라 불리던 한 호플리테스 전투 집단을 들 수 있는데 이 부대는 동성애 커플로만 구성되었다. 로마의 군 사학자 플루타르코스는 "형제끼리, 친구끼리, 연인끼리 열을 지어 있기" 때문에 호플리테스는 최고의 전투력을 보였다고 적었다. 마케도니아의 필리포스 왕은 카이로네이아 전투에서 승리를 거두고 신성대의 모든 일원이 끝까지 싸우다 죽었음을 알고 이렇게 선포했다. "이 용사들이 어떠한 불명예를 행했거나 겪었다고 생각하는 자는 누구도 무사하지 못할 것이다."

에게서 이 같은 비이성적인 공포를 보았으리라는 데서 유래했다. 소크라테스는 기원전 338년 마흔이 훨씬 넘은 나이에 카이로네이아 전투에서 패색이 짙은 편에서 싸우고 있었는데, 그는 퇴각하는 동료들을 재결집시키고 저항심을 조직하여 전멸 사태를 막을 수 있었다. 그의 표현에 따르면 "치욕 말고는 죽음이나 그 무엇도 괘념치 않고 그곳에 남아 위험에 맞서기로" 했다는 것이다.[114]

그리스의 호플리테스 전투에 양식화된 면이 있었다 해서, 치명적인 결과가 없었다고 생각하는 것은 잘못이다. 고전학자 페터 크렌츠는 그리스가 치른 전투에서 평균적으로 승자 스무 명 중 한 명, 그리고 패자 일곱 명 중 한 명꼴로 죽었을 것으로 본다. 그리고 대다수의 도시국가는 2년 혹은 3년마다 한 차례씩 전쟁에 뛰어들었다. 기원전 480년, 테르모필레에서 페르시아군에 맞서 싸우는 과정에서는 그리스의 소도시 테스피아이의 성인 가운데 3분의 1이 목숨을 잃었다. 그로부터 50여 년 후인 기원전 424년 델리온에서도 같은 비율의 인명이 희생되었고, 기원전 396년 네메아에서도 동일한 일이 되풀이되었다.[115] 오늘날 무시무시한 무기를 들고 벌이는 그 수많은 전쟁에도 불구하고, 현대전에서는 인구에 대비해 그 정도 규모의 살육은 절대 일어나지 않는다. 기원전 168년에 있었던 피드나 전투와 관련하여, 핸슨은 끔찍하지만 상당히 개연성 있는 계산을 내놓고 있다. 로마의 보병 군단이 마침내 마케도니아의 밀집방진을 무찔렀을 때 그 전쟁터를 적신 피가 거의 4만 리터에 달했으리라는 것이다. 로마군 전사자 1000명당 2만 명의 마케도니아군이 목숨을 잃었다.[116] 그러나 50년 전의 뉴기니나 500년 전 리버스의 경우에서 보듯, 호플리테스 전투에서 아무리 끔찍한 무력 충돌이 있었다 해도 전체 인구 대비 총 사망자 수는 국가 형성 이전의 사회에서 반복되던 습격에서 당연히 더 많았으리라는 사실은 시사하는 바가 상당히 크다.

신병 훈련소

리버스가 양을 훔치거나 호플리테스가 총력전을 벌일 때, 사람들은 각자 자기 곁에 있는 이들과 연관되어 있었다. 다시 말해, 대부분 어려서부터 개인적으로 아는 사이였다. 출생으로 얽혀 있거나 일상에서 함께 훈련받았다는 점에서, 호플리테스의 행동은 침팬지 습격조와 상당히 유사하다. 남성들이 혈연이나 일상의 사회적 거래를 통해 가깝게 연결되는 경우, 기초 훈련을 생략할 수도 있다. 그러나 사회가 더 복잡해지면서 군은 서로 관련성이 없는 집단에서 병력을 모집하게 되었고, 이 때문에 좀 더 형식을 갖춘 훈련이 이루어지기 시작했다. 이러한 훈련은 기술을 가르치기 위한 것이기도 했지만, 그보다 훨씬 중요한 것은 바로 동지애로 맺어진 유대를 구축하는 것이었다. 아모시스 파라오 당시(기원전 1580~1557년) 같은 이른 시기에 이미 이집트 병사들은 방진 대열로 전투에 임하고 공성 사다리를 오르도록 훈련받았다.[117] 군사훈련은 대열을 정비하고 집단공격 이면의 충동을 강화하기도 하지만, 가장 중요한 점은 바로 낯선 이들로 이루어진 집단을 진정한 팀으로 만들어내는 것이다. 앞서 우리는 군사훈련이 인위적이기는 하지만 매우 강한 연대감을 서로 관련된 남성들 사이에 심어줄 수 있음을 언급한 바 있다. 모든 남성에게는 집단공격 기질이 있을 수 있으나, 상호 의존적인 동료들로 구성된 긴밀한 유대 집단의 일원이라고 스스로 느껴야 집단공격의 실질적인 힘이 발휘될 수 있다.

역사적으로 군 지도자들은 여러 가지 기발한 방법을 동원해 이질적인 개인들을 응집력 있는 전투 집단으로 결속시켜왔다. 십자군에 맞서 싸운 살라딘(1137~1193)은 맘루크Mamluks라는 노예군을 기습 부대로 활용했다. 이들은 킵차크 터키족이나 코카서스 지방의 체르케스인, 또는 여러 지역의 기독교인들을 포로로 잡아 오거나 사들였다. 자신들이 싸우기 위해 훈련받은 바로 그 적군으로 끌려온 사내들로 이루어진 이 이질적인 집단을 결속시키기 위해, 20세기 개념으로 말하자면 일종의 신병 집중 훈련소로 이들을 보냈다. 맘루크의 젊은 궁수들은 안장도 얹지 않고 말을 타고, 고삐를 놓은 채 뒤쪽으로 활을 쏘며 무릎으로 자세를 제어할 수 있도록 훈련받았다. 팔의 근육을 단련시키기 위해 하루에 천 번씩 검으로 진흙 덩어리를 베어야 했고, 때로 혹독한 훈련을 견디지 못하고 죽는 경우도 있었다. 바로 이러한 식의 정예 훈련으로,[118] 혈연관계의 유대와 흡사한 강한 유대감으로 전사들끼리 서로 돕고 존중하게 만들 수 있었다. 군사훈련 및 규율의 현대적 전통은 1611년 17세의 나이로 스웨덴 왕위에 올랐던 구스타부스 아돌푸스 왕의 통치로 거슬러 올라갈 수 있다. 그는 머스킷병과 창병을 연합시켰고, 엄격한 규율로 수시로 훈련하는 상비군을 처음 만들었다. 또한 현대적 명령 위계의 대부분 역시 그의 작품이다.

고대 스파르타만큼 군대 내 결속을 극대화하여 활용한 사례는 동서고금을 막론하고 찾아보기 힘들 것 같다. 특별한 훈련을 통해 공통의 경험과 가족 같은 유대감을 강화함으로써 오늘날의 기준에서 보아도 단연 독보적인 수준의 용맹을 자랑하는 전투 기계를 양산해냈다. 스파르타는 기원전 1000년부터 기원전 142년까지 도시국가로서 존속했다. 스파르타의 사내 아이들은 일곱 살이 되면 집을 떠나 이른바 '지옥의 스카우트 부대'에 들어가 복무했다. '채찍 든 아이들'이라 불렸던, 연령대가 좀 더 높은 소년들이 후배들을 때렸다. 아이들은 맨발로 다녔고 주어진 것은 얇은 담요 한 장씩뿐이었으며(그리스의 겨울은 상당히 추운 편이다) 이들에게 주어지는 음식은 형편없는 것으로 악명 높았다. 열아홉 살이 되면 일종의 스파르타 비밀경찰인 크립테이아에 들어갔다. 크립테이아는 아주 사소한 이유만으로도 노예를 살해하고 아무런 책임도 지지 않는 경우가 허다했다. 그리스의 역사가 플루타르코스는 "스파르타를 단결시키는 것은 두려움이다"[119]라고 했지만, 바로 이 두려움이 전사들 간의 충성심과 헌신을 고취했다. 권위주의적 통제는 분노를 일으키기도 하지만, 단합된 공격에 대한 내밀한 본능적 충동을 부추길 수도 있다. 스파르타의 남성은 서른 살이 되어야 결혼을 할 수 있었지만, 그 나이가 되어 결혼한다 해도 여전히 호플리테스 연대가 그의 집이었고, 그가 아내를 만나는 것은 단지 해가 진 뒤 성교를 할 때뿐이었다.[120, 121]

오늘날의 신병 훈련소는 스파르타군의 훈련처럼 노골적으로 사디스트적이지는 않지만, 판단을 흐리게 하고 육체적으로 혹사시키며 모욕을 주고, 신병과 바깥 세상을 단절시키도록 되어 있다는 점에서는 동일하다. 물론, 습득해야 할 기술이나 달성해야 할 신체적 조건이 있다. 그러나 핵심은 본능적인 집단공격 기질을 각성시켜 강화함으로써 함께 훈련받은 이들에 대한 강한 충성심이 고취된 전사들을 배출해내는 데 있다.* 윌리엄 맨체스터는 제2차 세계대전 초기 사우스캐롤라이나 패리스 섬의 미 해병대 신병 훈련소에서의 생생한 사례를 들려준다. "지옥이었다. (…) 하지만 최악의 상황에서도 견딜 수 있었던 것은 그 안에서 모두가 함께였고 그 모든 것을 함께 헤쳐나가리라는 것을 알고 있었기 때문이었다."[122] 오늘날에도 해군 신병들은 한밤중에 도착하도록 일정이 되어 있다. 이들은 머리를 완전히 밀어버린다. 과거 모습을 완전히 깎아내버림으로써 십난 정체성부터 확립하는 셈이다. 낮 동안의 일과는 소모적인 행군과 훈련으로 채워진다. 훈련 중 어느 한 사람이 임무를 망치거나 신체검사를 통과하지 못하면 분대 전체가 기합을 받는다. 이러한 단체 기합은 집단공격의 핵심 교훈을 강화하는 역할을 한다. 팀의 모든 일원은 다른 모든 일원에 운명이 달려 있으며, 어느 누군가의 실패는 모두에게 재앙이 될 수도 있음을 알려주는 것이다. 어느 훈련 교관의 말을 빌리자면, "그들을 완전히 무너뜨리고, 영혼을 뒤흔들어놓고, 반항적인 이들을 혼내주

* 이러한 형태의 유대감은 군대에만 국한된 것이 아니다. 의대생 시절 나는 엄격한 사회화 과정을 경험했다. 오랜 수련 기간, 진로가 걸린 중요한 시험, 내집단에서만 통용되는 의학 용어들 같은 것 외에도, 의대생들은 한 팀을 이루어 시체 해부를 하고, 수술장에 들어서기에 앞서 마스크, 수술복 그리고 장갑까지 완벽하게 착용한다는 사실로도 다른 집단과 구분된다. 물론 이 모든 것에는 실용적인 이유가 있기는 하지만, 곁에 있는 동료들 사이에서뿐만 아니라 의학계 전반에서 끈끈한 유대를 구축하는 역할을 하기도 한다. 나는 전세계 어느 나라든 가서 내 의사 면허를 보여주면 즉각 다른 의사들의 신뢰와 호의를 얻을 수 있는 것이다.

지 않으면, 다시는 걷잡을 수 없게 될 수도 있다".[123] 신병 훈련소의 궁극적인 목표는 어찌 보면 개종이나 다를 바 없다. 어느 해병대원은 자신의 훈련 교관에 대한 기억을 떠올리며 이렇게 말했다. "하루에도 세 번씩 나를 혼쭐을 냈다. 나는 절대 그를 잊지 못할 것이다. 참 대단한 사람이라는 생각이 든다. 내가 체념하려던 순간에도 그는 절대 나를 포기하지 않았으니 말이다. 평생 그를 기억할 것이다." 궁극적으로, 그 혹독한 경험과 신병 훈련소에서 함께 겪은 고통은 분대 내 병사들 간에 일종의 가족애를 형성하는 지름길이 된다. 일단 그러한 인식이 확고히 생기고 나면, 인간의 영장류 조상들로 하여금 친족을 위해 기꺼이 생명의 위험을 무릅쓰고 습격에 나설 수 있게 만들었던 그 기질들이 이들 의형제들을 위해 표출되는 것이다.*

가장 기본적인 내집단인 혈족을 분간하는 능력은 군서동물에게는 반드시 필요하다. 근친상간을 피하기 위한 전제조건이며, 앞서 언급했듯이 이타적 행동의 바탕이 되기 때문이다. 근친 식별이 자동적으로 이루어지는 동물들도 있다. 예를 들어, 올챙이는 물 속에 화학적 방식의 메시지를 남김으로써 자기 동기를 식별하고 떼 지어 다니며 서로를 보호한다.** 영장류는 서로를 식별하는 데 음성과 신체적 외양을 활용한다. 침팬지는 제각각 매우 다른 얼굴을 하고 있어서 인간이 보기에도 각 개체를 금세 구분할 수 있을 정도다. 인간이 소규모의 수렵채집 무리를 이루어 생활하던 당시, 서로 만나거나 어떤 식으로든 관계를 맺게 되는 모든 사람은 친족이거나 아니면 혈족의 성적 파트너였을 것이다. 누가 자신의 근친인지 확인하거나 누가 잠재적 적수 혹

* 젊은 남성의 공격력을 고취시키려는 노력은 다른 폭력적 측면까지 악화시키기도 한다. 노스캐롤라이나 포트 브랙의 미군들의 경우, 가정폭력 비율이 미국 평균치의 두 배에 달한다. 2002년 어느 한 달 동안만 무려 네 명의 군인이 아프가니스탄에서 돌아온 직후 홧김에 자신의 아내를 총이나 칼로 살해했다.

** 가장 놀라운 사례 가운데 하나는 캐나다 맥마스터 대학의 식물학과 교수인 수전 더들리가 발견한 시로켓sea rocket이라는 식물의 근친 식별 능력이다. 근친 관계인 식물 곁에 있는 경우 시로켓의 뿌리는 천천히 자라지만 관계없는 식물 곁에 있으면 공격적으로 성장하며 토양에서 양분을 최대한 흡수한다. 낯선 이들에 대한 적대감과 친족에 대한 충성심은 진화의 보증서인 셈이다.

은 성적 파트너인지, 그리고 전쟁이나 기타 중대한 상황에서 기꺼이 위험을 감수하고서라도 지켜줄 가치가 있는 상대인지 가늠할 때 개개인을 알아보는 능력 이외에는 별다른 특별한 감각이 필요하지 않았다.

성장기를 함께 보낸 친족 관계의 사람들을 대하는 방식에 관한 중요한 통찰 한 가지는 조지프 셰퍼의 저서에서 찾아볼 수 있다.[124] 그는 어린 시절부터 이스라엘 키부츠에서 성장한 부부 2769쌍을 추적 연구했다. 아이들이 공동체 유치원에서 많은 시간을 보내는 동안 부모들은 농사일 등을 했다. 같은 키부츠에서 어린 시절을 보낸 이들 간의 결혼 사례는 단 한 건도 없었다. 가까운 친족 간에 성관계를 가지는 것에 대한 인류 사회의 사실상 보편적인 금기는 우리가 어렸을 때부터 알고 지내온 이들을 바탕으로 하는 듯 보인다. 수렵채집 생활을 하던 과거에, 면식이 있다는 것은 공통의 유전자를 지니고 있다는 것과 사실상 동의어였으므로 친숙함은 친족 간 유대를 나타내는 효과적인 대용물이었을 것이다. 마찬가지로, 비록 곁에 있는 사람들이 실제 혈연으로 맺어진 친족은 아니라 할지라도, 연령대가 비슷한 남성들로 이루어진 소집단을 식별하고 이들과 함께 긴밀하게 협력할 경우 혈족 간이나 다름없는 깊은 애정이 생겨나는 듯 보인다. 미 해병대 신병 훈련소의 경우, 육체적인 탈진, 상존하는 잔혹성, 까다로운 규칙들, 그리고 결국 시련을 딛고 살아남았다는 자부심은 서로 아무 관계가 없던 젊은 남성들로 하여금 빠르게 하나의 집단을 형성하게 하는 역할을 하여, 서로를 진정한 형제로 느끼게 만든다. 해병대 부사관들은 분대원들이 신병 훈련소를 떠날 때 '두 가족'을 가지게 된다고 말한다. 하나는 어린 시절을 보낸 가족이고 다른 하나는 바로 신병 훈련 기간이 종료되는 이른바 '가족의 날'에 합류하게 될 부대를 말하는 것이다.

결과적으로 동지애가 용기를 북돋운다는 것에는 의심의 여지가 없다. 혈족 혹은 전선에서 혈족이나 다름없다고 인식한 이들에 대한 충성심은 상대방을 위해 목숨을 내놓는 희생의 기반이 된다. 베트남전에서 수여된 207개의 명예 훈장을 분석한 결과, 버지니아 주립대학의 조지프 블레이크는 전우의 생명을 구하기 위해 폭발하는 수류탄에 자신의 몸을 던진 사례 63건을 찾아냈다. 이 가운데 4명은 기적적으로 목숨을 구하기는 했으나, 이들은 모두 자신의 몸을 움직이는 순간 이미 자신이 죽을 것임을 알았을 것이다.[125] 자신을 잊은 이 같은 이타적 행동은 집중적인 기초 훈련을 받은 부대일수록 흔하게 나타난다. 미 해병대에 수여된 명예 훈장 37개 가운데 22개가 수류탄 폭발을 몸을 던져 막아낸 데 대한 것이었던 반면, 비정예 부대에 수여된 명예 훈장 75개 가운데 그 같은 용맹 행위에 대한 것은 6개에 불과했다.

용 기

전장에서 호플리테스가 보여준 놀라운 용맹과 서로에 대한 헌신을 보면, '영웅hero' 이라는 말의 어원이 (반신반인 혹은 보호자라는 의미의) 그리스어 단어에서 왔다는 사실이 별로 놀랍지 않다. 일반적으로 고전 문학 속 영웅은 최대한 모든 전투의 중심에 위치하면서 명예와 부를 쟁취하는 이기적이고 파괴적인 남성이다. 때문에 이미지는 전적으로 아름답지만은 않으나, 여기서 분명히 전달하는 메시지는 다음과 같다. 팀을 위해 당신의 목숨을 걸어라, 그러면 사람들의 칭송을 받을 것이며, 살아 돌아온다면 이웃의 재물이 당신 차지가 될 것이다. 그리스에서 고대 중국에 이르기까지, 그리고 바이킹족에서부터 1943년 알류샨 열도 아투 섬에서 미군에 대한 공격 중 목숨을 잃은 2351명의 일본군에 이르기까지, 영웅을 정의하는 기준은 강한 충성심, 투지, 그리고 무엇보다도 개인의 대단한 용기다. 그들은 생존 가능성이 사실상 희박한 상황에서도 집단의 이익을 위해 자신의 목숨을 걸고 나선 사람들이다. 이것이 바로 과열된 집단공격의 기본 속성이며, 적군을 격파하기만 한다면 그 과정에서 영웅이 살았는지 죽었는지 여부는 중요한 문제가 아닌 듯하다.

군인이자 철학자였던 글렌 그레이는 전장에서의 용맹에 대해 깊이 고찰했다. 혹독한 환경 속에서 남성들은 피로, 수면 부족, 불충분한 식량, 추위 혹은 더위로 인해 자아 인식이 흐려진 나머지 죽음이 가까이 와 있을지 모른다는 생각을 아예 하지 않게 돼서 앞으로 밀고 나아가는 것이 아닐까 하고 그는 생각했다. 그저 다음날 낮과 다음날 밤까지 악전고투를 벌이는 것 이외에는 그 무엇도 생각할 여유가 없는 것이다. 어떤 이들은 다른 누군가가 죽는다 하더라도 자신은 안전할 것이라 믿기로 결심함으로써 그 살육을 견뎠으며, 자신은 살아남을 운명이라고 믿는 사람은 주변에서 영웅적인 행위라 여길 만한 일들을 하게 된다고 지적했다. 반면, 그레이의 표현에 따르면, "모든 총탄이 자신을 향하고 있고, 모든 포탄은 자신이 임시 대피소로 고른 그 지점에 떨어질 것이다. 탐욕스러운 죽음이 도처에서 호시탐탐 자신들을 덮칠 기회를 노리고 있다"고 생각하는 이들도 있었다. 그레이의 경험에 따르면, 이러한 부류의 남성은 외톨이인 경우가 많았으며, 겁쟁이로 치부되거나 동료들의 조롱거리가 되기 일쑤였다. 포화 속에서 신앙심이 깊어지는 이들도 있었지만, 전쟁을 승패가 달린 짜릿한 게임으로 보는 이들도 있었다. 이들에 대해 그레이는 다음과 같이 적었다. "전쟁은 평화가 주지 못하는, 엄청난 경험을 압축적으로 할 기회를 선사한다. 죽음에 관해서 본능적으로 운명론자가 되며, 따분하고 공허한 삶에 대한 예상보다는 오히려 더 그 운명을 순순히 받아들일 수 있다."[126] 생명이 위험에 처했을 때 그 어느 때보다도 살아 있음을 생생히 느낀다는 말을 종종 들을 수 있으며, 인간의 본성은 이러한 활력을 제공함으로써 사람들이 단순히 전투에 참가하는 것이 아니라 자신의 전부를 거는 모험을 하도록 유도하는 것으로 보인다.

이상을 개인적 안전이나 안위보다 중시한다는 의미에서만 보더라도, 명예는 용기와 가까운 친척 관계이며, 군 생활에서도 크게 중시되는 가치다. 유례없는 충성심, 용맹, 명예로 수놓은 가장 긴 역사를 쓴 이들 중 하나는 18~19세기에 인도에 주둔하던 영국군 소속 인도 용병인 세포이였다. 1803

년 인도 아사예 전투에서 승리를 거둔 아서 웰슬리(훗날의 웰링턴 공작)는 세포이에 대해 이렇게 말했다. "나는 그 군대에 대해 지나친 표현은 쓰지 못하겠다. 그들은 수적으로 훨씬 우세한 보병 집단에 맞선 최악의 포화 속에서 최상의 명령과 최고의 결연함으로 전진했다."[127] 이 군인들이 박봉을 받고, 섭씨 37도의 날씨에는 맞지 않는 모직 제복을 입으며, 혹독한 규율의 제재를 받았음을 생각해보면 이러한 용맹은 놀랄 만한 것이다. 이방신을 섬기고 심지어 사용 언어마저 대부분 다른 지배 세력을 위해 싸우고 있었음은 말할 필요도 없다.

1825년부터 1833년까지, 6만 명의 세포이가 인도군에 복무했으며, 적군과 대적했을 때 탈주한 사례는 단 한 건도 없었으며, 근무 중 취침 같은 위반 행위로 군법 재판에 회부된 경우가 35건 있었을 뿐이었다. 군에 대한 이 같은 충성심은 어디에서 기인했던 것일까? 이들 세포이는 3500년을 거슬러 올라가는 집단 정체성 및 혈족 체계의 뿌리를 가지고 있었다. 유럽의 탐험가들은 인도에 도착했을 때 혈통이라는 의미의 포르투갈어 '카스타casta'를 사용하여 자신들이 목격한 인도의 엄격한 사회 구획을 설명했다. 힌두교 사회는 수 개의 주요 카스트 및 수천 개의 부수적 카스트로 나뉘어 있었고, 이는 현재도 마찬가지다. 브라만이라 부르는 성직자 및 학자들은 다른 브라만 계급과만 어울릴 수 있고, 크샤트리아(혹은 라지푸트)라는 전사들은 다른 크샤트리아 계급과, '불가촉천민'인 파리아는 다른 파리아 계급과만 어울릴 수 있었다. 결혼은 카스트의 경계 내에서만 가능하다. 카스트 제도는 사회적 압력을 활용하여 자신의 피붙이를 지원하고자 하는 생물학적 기본 욕구를 강화하고 외집단을 경계하고 적대시한다. 인도 내 영국인들은 아마도 직관과 우연을 혼합해가며 기존 카스트 제도를 자신들에게 유리한 방향으로 이용했을 것이다. 그들은 같은 마을에서 세포이를 모집했으며 각자 자신의 전통 의례를 따를 수 있게 했다. 카스트 정체성과 엄격한 군사훈련에 의해 강화된 선천적 성향은 고난과 죽음에 맞서는 놀라운 용기와 내집단에 대한 확고한 충성심으로 연결되었다.

대 리 전

전면전은 인간이 벌이는 아마도 가장 치열한 활동일 것이다. 그러나 그 원동력이 되는 충동이나 감정은 경쟁적인 스포츠 경기(선수든 팬이든)에서부터 소방대나 구급대, 그리고 핵무장 경쟁 및 우주 개발 경쟁에 이르기까지 다양한 상황에 따라 각기 다른 강도로 동일하게 표현될 수 있다. 미식축구팀이나 축구팀을 결속시키는 유대감은 해병대 소대나 호플리테스 방진 대열의 동지애와 근본적으로 동일하며, 경우에 따라서 매우 강력한 힘을 발휘하기도 한다. 두 가지 경험을 모두 해본 남성들은 동료 소방대원과 나누는 우애는 전쟁시 총격전에서 나누는 전우애만큼이나 강력할 수 있다고 입을 모은다.

등산이나 오지 탐험 등 모험 스포츠는 전쟁과 관련된 감정과 충동들이 갖가지 다양한 상황에서 어떻게 작용할 수 있는지 보여주는 흥미로운 예다. 1921년 에베레스트 산 정상 등반 중 사망한 조지 맬러리는 제1차 세계대전 중 프랑스에서 아버지에게 보내는 편지에 이렇게 털어놓았다. "제 본능은 전쟁을 계속 원하는 것 같습니다."[128] 전쟁에 참가했던 남자가 훗날 폭력적이지는 않아도 위험한 활동에 참여하게 되는 경우는 상당히 흔하다.

군인과 마찬가지로 등산가 가운데 죽는 것을 바라는 사람은 없지만, 그 치명적인 위험이 없다면 스포츠로서의 매력은 상당히 떨어질 것이고 완전히 무의미하다고 느끼는 사람들도 있을 것이다. 더 좋은 등산 장비가 나올 때마다 등산가들은 스스로 더 위험한 새로운 모험을 시도해왔다. 1938년 여름, 극도로 험준한 스위스 아이거 북벽이 마침내 정복되자, 열성적인 등산가들은 같은 코스를 겨울에 등반하기 시작했다. 오늘날 안전 장비는 크게 향상되었지만, 등반은 여전히 위험하다. 실제로, 2001년 상반기 동안 알프스에서만 60명의 등산가가 죽었다. 제2차 세계대전 발발 이전에는 17명의 독일인

알프스 등반가들이 아이거 등정에 나섰다가 목숨을 잃었다. 독일이 크레타를 침공했을 때 독일 출신의 등산가들은 영국군이 점령하고 있던 말레메의 중요 비행장을 함락하는 데 놀라운 용맹을 보여주었다. 아이거 등정시 사망률은 24퍼센트였던 반면, 크레타 전투에서의 사망률은 18퍼센트에 불과했다.[129]

전투 중인 남성의 경우와 마찬가지로, 등산가들 역시 단 하나의 목표—이 경우에는 험준한 산의 정상 정복—에만 집중한다. 얼음과 바위로 뒤덮인, 강풍이 할퀴고 가는 험준한 지형은 무찔러야 할 적군이 되는 것이다. 노출된 봉우리에 항상 위험요소로 작용하는 낙석을 독일의 고산 등반가들은 '산악포'라 부르기도 한다. 전쟁과 마찬가지로, 고난도의 등반 원정은 지옥 같을 수 있다. 살을 에는 영하의 날씨에 휘몰아치는 강풍 속에서 20킬로그램 가까이 되는 장비를 짊어진 채 높이 쌓인 눈더미를 헤치며 걷는 일은 즐거운 산책과는 거리가 멀다. 그럼에도 기꺼이 등반하려는 남성(혹은 여성)이 있다. 그 궁극적인 목표는 폭력과는 거리가 멀지만, 등정에 수반되는 공동의 노력, 상호 신뢰, 희생, 생명의 위협은 마치 전장의 군인들처럼 끈끈하고 영속적인 우정을 쌓고 경험을 공유하게 만든다.

1958년, 인도, 파키스탄, 중국 사이에 있는 카라코람 산맥의 8킬로미터 정상을 등반하던 미국 등반대는 몇 년 전 등정 과정에서 사망한 등산가들의 무덤을 표시하는 작은 돌무더기인 케른을 우연히 발견했다. 그들은 그 케른에 돌 몇 개를 더 얹고 망자를 기리는 글을 남겼다. 기록 담당 등정대원은 이렇게 적었다. "대단한 것은 아니었지만, 그것은 그들이 잊혀지지 않았다는 생생한 증거였다. 산의 역사는 인간의 언어로 기록된다. 그리고 이 순간 우리는 이 먼 땅에서 인류 역사가 연이어 휩쓸고 간, 작지만 완전한 부분, 과거와 미래를 잇는 징검다리를 보았다."[130] 참전 용사나 전쟁 기념비 앞에서 전몰자 친구를 기리는 노장도 이와 똑같은 말을 했을 법하다.

복수

명예, 용맹, 충성은 최고의 군인이나 등산가의 가장 중요한 속성 가운데 하나일 수 있지만, 전쟁은 결국 사람을 죽이는 일이다. 침팬지와는 달리 대부분의 인간, 특히 인격적으로 훌륭한 사람이라면 단지 영토나 전리품을 얻기 위해 사람을 죽인다는 생각 자체에 몸서리를 친다. 그러나 자위권 발동에서부터 왕권신수설과 명백한 운명론manifest destiny(미국이 북미 전역을 지배할 신의 명령을 받았다는 주장_옮긴이)에 이르기까지, 전쟁을 개시하려는 왕, 장군, 정치 이론가가 갖다 대기 쉬운 긴박한 이유는 항상 얼마든지 있었다. 가장 흔한 이유 가운데 하나는 복수이며, 전쟁의 이러한 측면 역시 인간의 오랜 진화론적 과거에 그 뿌리를 두고 있는 것으로 생각된다.

복수는 사실 매우 정교한 개념이며, 이를 이행하기 위해서는 상당한 지적 능력이 필요하다. 정의감과 계획 구상 능력 및 계획을 실행했을 때 결과를 예상하는 능력과 더불어 장기 기억이 필수적이다. 우연하게도 이 세 가지는 모두 사회적 동물의 특질이며, 당연히 인간 및 인간의 사촌격인 침팬지도 해당된다. 침팬지에게는 분명한 페어플레이 정신이 있어서 그 기준에 어긋나면 격분한다. 침팬지가 오래전에 만났던 연구자를 기억해서 배설물을 선물처럼 챙겨주었듯이, 아무리 오랜 시간이 걸린다 해도 반드시 앙갚음하려는 의도와 능력, 그리고 앙심을 품는 데 필요한 기억력을 갖추고 있다. 『내 안의 유인원Our Inner Ape』에서 프란스 드 발은 밤에 모든 동물들이 밖에서 우리로 들어올 때까지 먹이를 주지 않았던 동물원의 침팬지에 관한 이야기를 썼다.[131] 한번은 어린 침팬지 두 마리가 늦게 돌아오는 바람에 전체 무리의 저녁 식사가 늦춰졌다. 그날 밤 그 침팬지들도 밥을 먹었지만, 다음날 아침 이 느림보 두 마리는 흠씬 두들겨 맞았다. 다음날 밤 그들은 가장 먼저 우리 안으로 돌아왔다.*

복수는 인간의 습격이나 전쟁에서도 중요한 요인으로 작용하며, 가문 간의 갈등이나 수 세대에 걸친 원시 부족 간 전쟁의 유일한—적어도 모두가 기억할 수 있는 유일한—원인인 경우가 많다. 복수의 불길은 오늘날의 세계에서도 여전히 무섭게 타오르고 있다. 미국은 9·11 이후 1년 반의 시간이 흐르기까지 이라크를 침공하지 않았다. 이라크가 그 테러 공격과는 무관하다는 사실이나 이라크 전쟁에 덧씌워진, 긴박하다는 그 공식적인 이유들은 잠시 접어두자. 실제로 전쟁에 뛰어드는 남성과 여성에게는 복수가 중요한 동기 유발 요인이었다. 너대니얼 플릭은 다음과 같이 회상했다.

> 내가 9·11에 대한 복수를 할 수 있는 상황에 있다는 사실에 깊이 감사한 마음이 들었다. 그 감정은 놀라우리만치 강렬했다. 단지 그동안 훈련해온 일을 마침내 수행하게 되었다는 직업적 차원의 흥미만은 아니었다. 사사로운 감정이었다. 미국을 공격하려 했던 자들을 찾아내 응징해주고 싶었다.[132]

이러한 복수의 충동은 집단공격을 부추기는 유전된 충동 꾸러미의 일부라고 생각된다. 타오르는 분노에서 행해지든, 혹은 철저히 계산된 냉정한 계획을 통해 이루어지든, 복수는 공격을 감행할 동기를 부여하는 데서 그치지 않고, 적을 제압할 뿐 아니라 철저히 파멸시키는 것까지 정당화한다. 복수는 인간이 동종 개체 살해라는 금기를 깨뜨릴 수 있는 열쇠 중 하나다. 고도로 훈련된 직업 군인의 경우로 한정한다 해도, 전시의 사례는 상상을 초월할 만큼 많다.

1935년 구르카군은 오늘날 파키스탄에 해당하는 카이버 고개 인근 지역

* 여기서도 신병 훈련소의 단체 기합 기풍과의 뚜렷한 연관성을 볼 수 있다. 침팬지의 경우에서도 볼 수 있듯, 내집단 복수는 집단에 해가 되는 행동을 제어하는 수단인 동시에 집단 결속을 강화하고 충성심을 구축하는 역할도 담당한다. 혹은 인간의 경우, 신병 훈련소를 제외하고는 내집단 복수를 당했을 때 억울함을 가장 흔하게 호소할 것이라고 생각할 수도 있다.

에서 영국군을 도와 싸우고 있었다. 부상을 입은 한 영국군 장교는 파탄이라는 주요 부족 집단인 적군에게 포로로 잡혔다. 다음날 아침 발견된 그 장교의 시체는 사정없이 채찍으로 맞은 흔적이 있었으며 크게 훼손되었는데, 고환이 입 안에 틀어 박혀 있고 피부는 벗겨져 바위 위에 널려 있었다. 그로부터 며칠 뒤 어느 구르카군이 부상당한 부족민을 붙잡아왔을 때, 분노에 휩싸인 영국군 부대장은 그 포로를 땅바닥에 앉아 있게 한 후 부하들을 시켜 죽을 때까지 고환을 발로 걷어차게 했다. 그러고 나서 시체의 사지를 절단한 뒤 영국군 장교의 시체가 발견되었던 바로 그 바위 위에 갖다 놓아 그 부족민들이 발견할 수 있게 했다.[133] 제2차 세계대전 런던 대공습 당시 영국 공군 폭격기 비행장의 지휘관은 런던 폭격 사진을 벽에 붙여놓고 성경 구절을 응용한 글귀 "가서 너도 훈Hun족(제1, 2차 세계대전 당시 독일군을 경멸하여 부르던 말_옮긴이)에게 이와 같이 하라"를 넣어 부대원들을 독려했다. 1941년 12월, 별명이 '황소'였던 윌리엄 홀시 제독은 진주만 공습을 지켜본 뒤 이렇게 중얼거렸다. "우리가 저들과 결판을 내고 나면, 일본말은 오직 지옥에서만 들을 수 있는 언어가 될 것이다."[134] 홀시는 1942년 4월 도쿄 둘리틀 공습에 참가했던 B-25 폭격기를 발진시킨 항모 전단을 지휘했다. 여기서 50명의 일본 민간인이 희생되었으며, 이에 대한 복수로 일본군은 중국에서 민간인 수만 명을 학살했다. 잘못 행해진 두 차례의 복수로, 양측의 공격과는 아무 상관이 없었던 무고한 이들이 무차별적으로 희생되고 말았다. '와일드' 빌 가니어 하사관은 공격 개시일 하루 전날 자신의 형이 이탈리아에서의 군사 작전 중 전사했음을 알게 되었다. "내가 노르망디에 도착하면 독일군은 한 명도 살아 돌아가지 못할 것이라고 맹세했다"고 그는 회상했다. "나는 미치광이나 다름없었다. 나는 프랑스로 보내졌다. 내 안의 살인마, 야만인이 고삐에서 풀려나는 순간이었다." 가니어는 프랑스에서 독일군 일부를 포로로 잡았지만, 그들이 붙잡혀 있는 동안 어느 독일 군인이 기관총을 발포하고 포로들이 탈출을 시도한 적이 있었다. 가니어는 그들을 향해 총격을 가했다. "연민은 전혀 없었다. 벌레를 짓이겨 죽이는 것만큼 쉬웠다."[135]

아동 병사

1990년 이스라엘에서 가자로 넘어가던 중 이스라엘 국경수비대가 나와 동행하던 팔레스타인 의사들을 돌려보냈다. 동료들이 당황하기는 했으나, 폭력 사태는 없었다. 그러나 바리케이드가 설치되기 전까지 수년간 거의 매일같이 분쟁이 있어왔으며, 국경 횡단 시도 한 번에 수십 명의 10대들이 목숨을 잃었다.[136] 팔레스타인 사람들은 이슬람 지하드Islamic Jihad(이슬람교 시아파의 과격 테러 활동 조직_옮긴이) 같은 집단에 소속된 이들을 하마스('이슬람 저항 운동'이라는 뜻의 아랍어 약자)라 부르며, 알 아크스 순교 여단은 '소년단The Boys'이라 불렀다. 항상 문자 그대로인 것은 아니겠지만, 이들 집단의 별칭은 죽음도 불사한 기습 공격을 감행하는 이들의 성별과 연령대를 압축적으로 보여준다.

성 호르몬이 증가하는 사춘기 소년의 경우, 유년기의 순진무구함은 성인 초기 특징인 위험 감수, 성 충동, 경쟁심으로 대체되기 시작한다. 삶의 경험은 한정되어 있고 충동은 강렬한 상태에서, 보상은 성대하고, 죽음은 아득히 멀게 느껴질 수 있다. 간단히 말해, 젊은 남성은 위험천만한 습격을 위해 설계되어 있기라도 한 듯 보인다. 이 시기는 별 탈 없이 지나가버릴 수도 있지만, 조건만 잘—실은, 잘못—형성된다면 젊은 성인 남성의 즉흥성, 공격성, 자존심은 극단의 치명적인 힘으로 변형되거나 조작될 수 있다. 최근 이러한 취약성이 상상할 수 있는 가장 끔찍한 방식으로 끊임없이 악용돼왔다.

나는 1990년대에 서아프리카의 라이베리아에서 잠시 머물렀던 적이 있었다. 그곳에 있는 동안 얼마 전 종식된 라이베리아 1차 내전에 참전했던, 열 두 살밖에 되지 않은 소년들을 만났다. '아동 병사child soldiers'라 하지만 당연히 다 남자아이들이었으며,* 이들은 폭력과 무차별 파괴의 광기 속에서

회유나 협박에 떠밀려 들기조차 버거운 무기를 집어 들고 상대에 맞서 싸웠다. 어느 인도주의 단체에서는 바로 이 소년들을 학교로 복귀시키려 애쓰고 있었으며, 나는 여러 면에서 이것이 이들을 소년으로 돌려놓으려는 시도였다고 생각한다. 험난한 길이었다. 대다수의 소년들은 칠판을 쳐다보고 있는 것을 최선으로 느끼지 않았다. 친구들과 힘을 합해 온갖 것들을 날려버리는 그 짜릿한 전우애에 비하면 얼마나 따분한 일이겠는가. 타인의 삶과 죽음을 가르는 절대 권력을 휘두르는 일과 선생님의 말에 순종하는 일은 비교할 필요조차 없을 것이다. 미성년자인 이들 병사들이 입은 심리적 트라우마는 1990년대 초 시에라리온의 소년병이었던 이스마엘 베아가 1인칭 시점으로 기록한 회고록 『집으로 가는 길A Long Way Gone』에 극적으로 드러나 있다. 강요로 인해 군인이 되었지만 베아와는 달리 자신의 삶을 재건하지 못한 채 살아가는 소년들이 아프리카 지역에만 30만 명에 달한다는 사실은 마음을 무겁게 만든다.[137] 이 소년들이 왜 그렇게 뛰어난 전사나 테러리스트가 되는지는 진화라는 관점에서 설명이 가능하겠지만, 그들을 이용하는 어른들에 대해서는 사악하다는 단어로밖에는 달리 설명할 도리가 없다.

어린 소년들에 대한 군사적 교화가 늘 실제 전투를 포함하는 것은 아니지만 그 역학은 동일하다. 스파르타처럼 나치 역시 소년들을 어린 나이부터 군대식으로 훈련시켰다. 1936년까지 독일의 10세 아동 90퍼센트가 히틀러청소년단Hitler Youth에 소속되었고, 몇 년 뒤 뉘른베르크 집회에는 90만 명이 참석했다. 한 번도 휴가를 떠나본 적 없던 소년들이 야영을 하고 게임도 하고 노래도 했으니, 제법 매력적인 프로그램이었다. 〈우리가 곧 미래다. 우리 앞에 태양이 빛난다〉라는 행진가도 있었다. 부모에게 반항하는 청소년의 자연적인 성향을 십분 장려했다. 히틀러청소년단원이었던 누군가는 60년 뒤

* 여자아이와 젊은 여성은 폭력의 영향을 받지 않았다는 뜻이 아니다. 라이베리아 역시 민간인을 대상으로 한 폭력, 강간, 성 노예 매매가 전쟁의 한 부분이었다.

에 이렇게 말하기도 했다. “중요한 것은 다른 사내애들과 어울리는 것이었다. 우리는 함께였다는 것, 그것이 중요했다.”[138] 히틀러청소년단이 최초는 아니었다. 단지 소년 단체나 종교 공동체, 스카우트 등이 과거에 했던 것을 모방하고 수용했을 뿐이며, 차이가 있다면 범위를 크게 확대하고 잔혹성을 강화했다는 것이었다. 복종하도록 아이들을 세뇌시키고, 겁 많은 아이들은 내쫓고, 힘을 겨루는 거친 게임을 시켰으며, 나이가 많은 아이들에게는 더 어린 아이들에 대해 권위를 가지게 했다—예상하겠지만, 학대 행위가 자주 일어났다.

처음에 히틀러청소년단이 전장으로 끌려 나가지 않았다 하더라도, 히틀러가 점점 절박해지면서 결국 그의 전쟁에 소년들은 적극 동원되었다. 처음에는 소년들을 소방대원으로, 나중에는 대공포수로 징집했다. 1944년, 사령부에서는 노르망디 방어를 위해 17세 소년들을 신병 모집하기 시작했다. 이들은 격렬한 전투를 치렀고 히틀러의 서부 방어벽으로 갔던 2만 명의 청년 가운데 목숨을 건진 이들은 단 5천 명에 불과했다. 1945년 독일이 몰락할 지경이 되면서 공식적인 신병 모집 연령은 16세로 낮아졌고, 동부 전선에서는 12세 소년도 전선에 편입되었다. 선천적으로 지니고 있던 정서적·심리적 전쟁 기질이 수년간 훈련과 선전으로 단련된 히틀러청소년단은 백전노장들로 구성된 러시아군에 완강히 맞서 잘 싸웠다. 좀 더 머리가 굵은 아이들이 짙게 드리워진 패색을 감지했을 때조차도 이들은 상관들이 약속한 ‘최후의 승리’를 믿었다. 어린 신병의 평균 기대 수명이 한 달 남짓이었다는 점을 생각하면 이는 안타까운 순진무구함이자 젊은이들의 용맹과 충성에 대한 증거였다. 성인인 독일 군인들은 곁에 있는 아이들을 보며 참호 속에서 눈물을 흘렸지만, 소년들 중에는 시종일관 전쟁에 열정적으로 임하며 영웅적인 죽음을 꿈꾸는 이들도 있었다. 심지어 총통의 최후 전투를 포기하는 대신 자살을 택하는 아이도 있었다.

2500여 년 전의 스파르타나 (본래는) 민주주의, 다원주의, 산업사회를 바탕으로 했던 히틀러청소년단을 보아도, 사실상 모든 젊은 남성에게는 자기 목숨을 기꺼이 바칠 만큼 끈끈한 전우애를 형성하려는 기질이 있다. 그리고 이들이 적군이라 생각하는 상대방에게 중상해를 입히거나 살해를 하는 데는 그리 많지 않은 허가나 최소한의 독려만으로도 충분하다는 것도 끊임없이 입증되었다. 특히 소년 시절을 겪어본 남성들이나 아들을 키워본 사람에게 이는 남성의 청소년기에 대한 불편한 그림이다. 또한 한때 특정한 그 유전적 성향을 표출한 사람들에게 그것이 유리하게 작용했다는 것 이외에는 별다른 설명을 찾기가 어렵다. 안타깝게도 더 이상 그렇지 않다는 사실이 명백하지만, 진화는 무자비하게 비도덕적이며, 독이 든 나쁜 열매를 맺는 가지를 쳐내듯이 효율적으로 작동하지도 않는다.

인구 규모 및 구조의 중요성

대개 젊은 남성은 나이 든 남성보다 더 즉흥적이고 폭력적일 가능성이 높다. 그렇다면 예로부터 그토록 많은 사회에서 군 병력을 확보하고 잠재적인 혼란을 억제하기 위한 방편으로 젊은 남성을 통제했던 것도 전혀 놀라운 일이 아니다. 청년이 성인이 되는 과정에 흔히 수반되는 불굴의 정신, 투지, 활력은 어린 침팬지들이 무리의 위계질서 속에서 각자 자리를 잡고자 애쓰는 과정에서도 볼 수 있으며, 역사 전반에 비추어볼 때 인류의 경험도 별반 다르지 않았다. 그러나 인류 초기에 진화 경쟁의 터보 엔진이 젊은 남성 각 개인에게 비교 우위를 선사했다면, 더욱 복잡해진 오늘날의 사회제도 속에서 젊은 남성의 즉흥성은 개인뿐 아니라 전체 사회 차원에서도 매우 부정적인 영향을 미칠 수 있다. 지금까지, 우리는 젊은 남성의 특정 본성이 행동이나 기질에서 어떤 역할을 하는지에 주로 초점을 맞추어왔다. 그러나 이들 젊은 남성이 좀 더 광범위한 공동체에는 어떤 영향을 미치며, 사회는 또한 젊은이들의 행동과 그 영향을 어떻게 조정할 수 있는지 살펴보는 것도 중요하다.

1979년 당시 급진적인 이슬람교도 학생이었던 24세의 무하마드 이브라힘 아스가자데는 테헤란의 미국 대사관 담을 넘었다.* 그는 미국을 뒤흔든 이란 인질 사태의 위기를 촉발하는 데 일조했고, 이로 인해 지미 카터 대통령은 재선에 실패했다. 그러나 한때 근본주의자 학생이었던 아스가자데는 37세쯤 되어서는 종교적 자유를 옹호하는 쪽으로 돌아섰고, 자신이 젊은 시절의 열정을 바쳐 정권 장악을 도왔던 이란의 헌법 수호 위원회에 의해 독방 감금을 당했다. 그 후 10년이 지날 즈음, 아스가자데는 개혁 성향의 정당을 이끌며 미국과의 관계 개선을 주장하고 서양식 정장을 즐겨 입게 되었다. 2002년 그는 자신의 청년기를 회상하며 이렇게 말했다. "한때 그 담을 넘은 것은 내 실수였다."

한 사람의 이야기를 반드시 보편적인 이야기로 볼 수는 없겠지만, 아스가자데의 인생 궤적이 여러 면에서 극단적이기는 해도 어쨌든 그 또래 수많은 남성들의 모습을 반영하는 부분이 상당히 있을 것 같다. 1956년 어린 학생이던 나는 나세르 대통령의 수에즈 운하 국유화 이후 영국의 이집트 공격을 적극 옹호했다. 그로부터 반 세기가 더 지난 지금 나는 바로 그 공격은 양측의 무고한 생명을 불필요하게 희생시켰으며 역효과를 가져온 극히 경솔한 판단이었다고 생각한다. 나이가 들면서 생기는 이러한 변화는 경험이 쌓이고 철학이 달라지면서 폭력에의 가담이나 수용에 대한 태도도 변한다는 것을 보여준다. 혁명가, 천재적인 컴퓨터 프로그래머, 최고의 운동선수, 가장 용맹한 군인, 가장 용감한 등산가, 가장 창의적인 음악가도 젊은 남성들이지만, 가장 악랄한 갱단의 일원과 거의 모든 자살 테러 분자 역시 젊은 남성들인 것이다.

* 1960년대 빈번했던 폭동과 시위에서부터 알제리 전쟁(1954~1962), 1980년대 한국에서 있었던 대규모 학생 시위, 이란 인질 위기에 이르기까지, 지난 50여 년간 가장 혼란스러웠던 사건마다 그 중심에 얼마나 자주 젊은 학생들이 서 있었던가를 돌이켜보면 흥미롭다. 심지어 '탈레반'이라는 단어는 본래 학생이라는 의미다. 새로운 사상에의 노출이 이러한 현상에 일조했을지 모르지만, 자유방임적이고 사회성 강한 청년 집단과 진화적 기질의 조합이 필요한 모든 것이라는 생각이 든다.

그러나 젊음의 영향은 단지 각 개인 삶의 변화에 관한 이야기가 아니다. 비교적 사소한 인구 동향상의 변화도 실제로 주요 정치적 사건을 촉발할 수 있으며 공동체 전체나 국가와 관련된 역사의 향방에 영향을 미칠 수도 있다. 19세기 서양이나 20세기 개발도상국의 경우처럼 출생률이 높고 사망률이 낮은 사회는 인구 구조가 젊은 층으로 기울게 된다. 인구통계학자들이 하듯 인구를 연령대별 집단으로 구분한다고 해보자. 인구가 증가 추세에 있다면, 5세 아동보다는 신생아가 더 많을 것이고, 10대보다는 5세 아동이 더 많을 것이다. 각 연령 집단을 크기에 따라 도표로 나타내면 피라미드 형태가 될 것이다. 꼭대기에는 상대적으로 소수인 노인층이 있고 그 이하 연령이 낮은 집단으로 갈수록 점점 수가 증가할 것이다. 유아 사망률이 낮은 수준으로 떨어지고 여성이 효과적인 피임과 안전한 중절 시술을 받을 수 있게 된 유럽, 북미, 일본, 한국 등 오늘날 각 사회에서는 출생률이 낮고, 인구구조는 청년층과 노년층 간 균형이 잡힌 홀쭉한 빌딩 형태가 된다. 인구가 급증하는 피라미드 형태의 인구 구조에서 중요한 사실은 보통 15~29세의 청년이 30세 이상의 남성보다 많다는 점이다. 좀 더 인구가 안정된 경우 30세 초과 남성의 수가 그 이하 연령대 남성의 수를 초과한다.

인구 연령 구조는 해당 국가의 정치 안정에 관한 많은 정보를 알려줄 수 있는 것으로 드러났다. 1993년 미국 CIA가 주관한 학회에서 하와이 대학의 게리 풀러는 「인종 분쟁의 인구통계적 배경」이라는 논문을 발표했다. 이 논문에서 그는 스리랑카에서 내분이 일어난 것은 한 인종 집단 내 15~24세의 인구가 20퍼센트 이상이 되는 시점이었음을 지적했다.[139] 토론토의 요크 대학에 있는 크리스찬 메스퀴다와 닐 바이너는 20세기 말 전세계 시민 폭력에 관한 지표를 사용하여 15~29세 남성의 비율이 전체 인구 중 그 이상 연령대 남성의 수에 육박하거나 이를 초과할 경우 시민 폭력이 급증한다는 사실을 발견했다.[140] 그들은 또한 북미 지역 부족들에 대해서도 전쟁의 역사적 패턴을 살펴보았다. 모하비 인디언족의 인구는 1770년 3000명에서 1872년

4000명으로 증가했는데, 바로 이 시기에 이웃 부족에 대한 습격이 가장 빈번하게 발생했다. 제2차 세계대전 발발 20년 전, 독일의 인구는 35퍼센트 증가했던 반면, 영국 및 프랑스의 인구 증가는 2퍼센트 수준에 불과했다. 1994년 르완다 대학살 사태 중 청년층이 살해단을 조직한 것은 바로 르완다가 세계 최고의 인구 증가율을 기록한 시점이었다. 내전으로 분열된 라이베리아의 경우 17세 미만이 인구의 절반을 차지한다. 서구 대부분의 국가들보다 젊은 인구 비율이 높은 미국의 경우 연령 중앙값은 35세다. 인구가 안정되고 전반적인 정치 상황도 부침이 적은 프랑스, 핀란드, 영국 등은 30세 이상의 남성 수가 15~29세 연령 집단의 두 배를 넘는다. 평균 자녀 수가 4명이 넘지만 1990년 이래 미군이 끊임없이 개입해온 1994~1995년 보스니아의 경우는 예외적이다. 간단히 말하면 높은 출생률은 곧 정치 불안 및 폭력으로 연결되는 경우가 많다.[141]

2008년, CIA의 마이클 헤이든 국장은 급격한 인구 증가를 국가 안보 제1의 문제점으로 꼽았다.[142] 최근까지도 인구 증가 및 연령 구조는 폭력, 반란, 전쟁을 일으키는 불씨가 돼왔다.[143] 물론 이들이 유일한 원인은 아니다. 2003년 리차드 신코타와 로버트 엔젤만은 논문 「인구통계로 본 안보: 냉전 이후의 시민 분쟁 및 인구」에서 "인구통계학적 요인은 단독으로 작용하는 것이 아니다. 역사적 인종 갈등, 소통하지 않는 통치 체제, 비효율적 제도 등 인구통계 이외의 요인들과 서로 영향을 주고받는다"고 지적했다. 젊은 남성의 비율이 높은 것은 폭력에 관련된 국가적 '위험 요인'으로 볼 수 있다. 이는 흡연이 폐암의 위험 인자 가운데 하나인 것과 마찬가지 원리다. 모든 흡연자가 암으로 사망하는 것은 아니지만 흡연자 중 다수가 암으로 사망하듯, 젊은 층 비율이 높은 국가라고 해서 무조건 전쟁을 일으키거나 테러 분자를 양산하는 것은 아니지만 그런 경우가 많은 것이 사실이다. 혹은 조금 다른 비유를 들자면, 사회 내 호전적인 다수의 젊은 남성들은 원자로 내 우라늄에 비할 수 있고, 여성과 노년층 남성은 반응 속도를 늦추기 위해 원자로 안팎으로 드나드는 흑연봉과도 같다. 만일 흑연봉이 너무 적으면 정치적, 사회적 용융이 발생할 것이고, 흑연봉이 충분히 있으면, 반응이 안정되고 폭발 없이 필요한 에너지를 생성할 수 있을 것이다. 여성이나 나이 든 남성이 없으면 젊은 남성의 임계량 폭발로 대분란이 일어날지 모른다. 20세기 초 중국의 인구는 무서운 속도로 증가했고 노년층 대비 청년층 남성의 비율은 마오쩌둥이 문화대혁명을 시작한 바로 그 시점에 정점에 달했다. 메스퀴다와 바이너는 통계 조사를 통해 인구의 연령 구조는 전쟁 가능성 관련 변수 중 약 3분의 1을 설명할 수 있다는 결론을 내렸다. 사회과학 연구의 관점에서 볼 때 이는 진지하게 눈여겨볼 만한 밀접한 상관관계가 있다는 의미다.

또 한 가지 중요한 요인이 있다. 인구 중 젊은 남성의 비율은 출생률 및 인구 구조뿐 아니라 성비의 변화에 따라서도 달라진다. 출생시 성비는 자연적으로 남아 쪽으로 기울어지기 마련이지만(여아 100명 당 남아 105명 꼴), 소년의 사망률은 소녀보다 약간 높기 때문에 사춘기 연령 즈음에는 자연적 성비는 거의 1대 1에 가까워진다. 그러나 인류는 여러 가지 방법으로 그 균형을 깨뜨려왔다. 19세기 중국에서는 극한의 빈곤에 대한 대처 차원에서 여아에 대한 영아 살해가 횡행했다. 가난한 가정에는 사춘기가 지나자마자 다른 가정으로 시집을 가버려 자기 가정에는 아무런 보탬도 되지 않는 딸자식에게 투자할 여력이 없는 경우가 많았다. 중국 북부의 화베이 지방에서는 여아 살해가 얼마나 많았던지 여성 100명당 남성 129명까지 성비가 올라갔다. 거의 남성 4명 가운데 1명꼴로 결혼을 못하게 되었고, 중국에서 "빈 가지"라 불리던 이들은 "폭력에 대한 평판 외에는 아무것도 잃을 것이 없었다". 이들은 노상강도나 절도 집단을 형성했고 1880년대에는 이들 중 가장 큰 집단—니엔 전Nien Jun—이 600만 인구가 거주하는 지역을 지배했으며 이는 청 왕조에 심각한 위협으로 작용했다.[144] 브리검영 대학의 발레리 허드슨과 켄트 대학의 안드레아 보어는 이와 같은 왜곡된 성비는 엘리트 집단이 분노와 폭력 성향이 강한 젊은 남성 집단의 위협에 대응하는 과정에서 전제주의적

정부를 탄생시키는 원인으로 작용한다고 주장했다.[145, 146]

예외는 늘 있기 마련이지만, 이는 타당한 일반화다. 19세기 미국에서는 남성들이 골드 러시에 합류하거나 새로운 땅을 찾아 서쪽으로 떠나면서 이주로 인해 인구 구조에 변화가 생겼다. 1880년경 여성 100명당 남성 129명의 성비를 보였던 캔자스 닷지 시티에서는 폭력 사태가 빈번히 발생했다. 반대로, 19세기 뉴질랜드처럼 성비가 균형적이었던 그 밖의 몇몇 선구적인 사회의 경우 여성은 상당히 평등하고 조화롭게 남성과 함께 일했다. 1893년 뉴질랜드는 여성에게 투표권을 부여한 최초의 민주주의 국가가 되었다. 많은 남성이 식민지로 이주하던 19세기 영국의 경우, 대다수의 여성은 본국에 남았고 성비는 반대 방향으로 기울었다. 1851년 인구 조사 결과를 보면 빅토리아 시대 해설자들의 표현을 빌려서, 당시 50만 명의 '잉여 여성'이 있었다. 이러한 통계는 대중의 주목을 받았고, 영국 역사상 최초로 수십만 명의 여성들이 끝없는 출산과 양육 대열에서 벗어나게 되었다. 자녀가 없는 성인 여성들은 여성의 재산 소유, 사랑에 기반한 동반자적 결혼 추구, 여성 참정권 운동, 여성의 대학 입학 허가 등과 관련된 법 제정에 영향력을 발휘했다. '페미니스트'라는 말은 1895년에 와서야 생겨났지만, 여성의 자치 및 권리에 대한 추구는 그보다 수십 년 전에 시작되었으며 이는 다양한 기회를 모색하던 젊은 남성 위주의 해외 이주에 기인한 측면도 있다.[147]

오늘날 아시아 일부 지역에서는 영아 살해, 여아 방기, 성 감별 낙태로 인해 남성 대 여성의 성비가 변화해왔다.* 1993~1995년 인도에서는 출생시 성비가 여아 100명당 남아 113.8명에 달했으며, 따라서 2006년 15~35세의

* 1990년대 이후 비교적 비용이 적게 드는 초음파 기기를 사용하여 태내의 남아를 감별하는 것이 가능해졌다. 태아를 둘러싼 양막강에서 배양된 세포를 이용하는 성 감별 검사는 비용이 더 들지만 좀 더 이른 시기에도 가능한 방식이다. 비양심적인 낙태 시술자들의 경우 검사 명목으로 돈을 받고는 제대로 검사를 완수하지 않기도 한다. 그런 다음 태아의 성과 상관없이 성 감별을 요청한 모든 여성의 태아를 낙태시킨다. 이전 수술에서 낙태된 여아를 가져다가 실제로는 남자 아이를 임신하고 있었던 여성에게 보여주는 식으로 눈속임을 하는 것이다.

남성이 해당 연령 집단의 여성보다 1600만 명이 더 많을 것으로 추산되었다. 중국 후베이 지방의 성비는 여성 100명당 무려 남성 130명에 달하는 것으로 보고되었으며(여아의 출생은 신고 누락되어 실제보다 적게 집계되기도 한다) 2000년 인구 조사에서는 15~34세의 경우 남성이 여성보다 2000만 명 더 많은 것으로 드러났다.[148] 성 감별 및 영아 살해는 중국 및 인도에서 불법이지만 법 시행에는 어려움이 있으며, 이미 수많은 젊은 남성들은 배우자를 구하지 못하고 있는 것이 현실이다. 나이가 많은 남성이 자신보다 나이가 어린 여성과 결혼하기도 하지만 사실 이는 성비 불균형을 심화시킬 수 있다.* 나머지 남성들은 다른 나라에서 신부감을 구하려 할 것이다. 이 같은 성비 불균형은 이미 사회 문제가 되고 있다. 다행스러운 것은, 오늘날의 중국에서는 아무리 무자비한 지도자라 해도 문화대혁명 같은 폭력, 파괴, 혼란을 야기할 수는 없으리라는 사실이다. 중국의 한 자녀 정책은 인구 증가를 억제하기 위해 도입된 것이었다. 그러나 이로 인해 중국의 연령 구조도 청년층 위주의 피라미드 형태에서 연령대별로 균형 잡힌 기둥 형태로 변했다. 성 감별에도 불구하고, 노년층 대비 청년층 남성 비율은 계속 떨어졌으며, 중국은 중대한 경제·사회적 변화를 겪고 있음에도 불구하고 20세기 중국 역사에 비추어볼 때 여전히 상당한 수준의 안정을 유지하고 있다.** 문화대혁명 시기에 비해 청년층 비율이 급감한 중국의 최근 인구 구조를 감안할 때, 마오쩌둥의 장기 집권을 가능하게 한 것 같은 무비판적인 정치적 신봉을 불러일으키기에는

* 한국의 성비도 불균형한 편이다. 그러나 여성이 더 적은 주된 요인은 성 감별 낙태가 아니라(성 감별 낙태가 있기는 하지만) 출생률은 급감하고 남성이 통상적으로 다섯 살가량 어린 여성과 결혼하는 데 있다. 각 출생 집단 규모가 감소하면서 결혼 적령기 여성이 부족해지는 것이다.

** 인구 구조가 사회 안정의 유일한 요인이라고 단정해서는 안 될 것이다. 중국이나 기타 국가에서 경제적 기회 역시 중요한 요인이며, 권위주의적 정부 역시 영향을 미친다. 1970년대에는 테러 측면에서 아일랜드와 팔레스타인은 동등한 듯했다. 오늘날, 이스라엘 및 점령당한 팔레스타인 지역에서 폭력은 나날이 심해지고 있지만 북아일랜드에서는 테러가 거의 사라졌다. 공화파와 왕당파 사이에 정치적 합의가 이루어지기도 했지만, '켈트의 호랑이'라 불린 경제 호황의 역할도 무시할 수 없다. 간단히 말하자면, 살아갈 희망이 있다고 느끼는 사람들은 굳이 테러나 전쟁에 목숨을 걸 가능성이 더 적은 것이다.

분노한 젊은 남성이 많지 않다고 주장해볼 수 있다.

낙태의 윤리성에 대해 우리가 어떻게 생각하든, 낙태가 널리 받아들여질 경우 발생할 수 있는 두 가지 별개의 사회적 영향이 있다. 성 선택의 수단으로 사용될 경우, 낙태는 사회 내 여성 대비 젊은 남성의 비율을 증가시켜 갈등의 소지를 높일 수 있다. 그러나 낙태가 여성에게 성별을 막론하고 아이를 낳지 않을 선택권을 부여하게 되는 경우, 정반대의 현상이 일어날 수 있다. 1999년 스탠포드 로스쿨의 존 도너휴와 시카고 대학의 스티븐 D. 레빗은 미국 내 범법 행위가 급감한 시점이 바로 안전한 낙태의 혜택을 누리게 된 여성들에게서 태어난 자녀 1세대가 18~24세—전쟁 가능성은 물론이고 최대 범죄 행위에 연루되는 연령대—에 도달한 시점이라는 점을 지적하여 범죄학계에 파란을 일으켰다. 이들은 1973년 1월에 있었던 로우 대 웨이드 대법원 판결(미국에서 낙태 권리를 인정한 최고 재판소의 최초 판례_옮긴이) 이후 안전한 낙태가 가능해지지 않았더라면 범죄율은 10~20퍼센트 정도 더 높았을 것이라고 주장했다.[149] 이 주장의 약점은 뉴욕[150] 등 일부 지역에서는 로우 대 웨이드 사건 이전에도 낙태가 빈번히 일어나고 있었으며, 단지 당시에는 위험하고 부당한 방식으로 행해졌다는 차이가 있었을 뿐이라는 데 있다. 그렇지만 도너휴와 레빗의 연구에는 분명 중요한 일말의 진실이 담겨 있다.

1965년 1월, 냉전이 한창이던 당시 나는 현지의 가족계획에 대한 정보를 최대한 구하고자 동유럽 지역을 방문했다. 폴란드, 헝가리, 체코슬로바키아에서 나는 지난 수년간 초청자 측이 만난 서구에서 온 유일한 방문객이 아닐까 싶었고, 그곳에서 내가 받은 환대는 바깥 공기가 찬 만큼 유난히 더 따뜻했다. 프라하에서 나는 낙태를 하려다 거절당한 여성들에게서 태어난 220명의 아동과 낙태를 생각하지 않았던 엄마들에게서 태어난 동일한 공동체의 다른 아동 220명을 대상으로 한 연구를 우연히 접하게 되었다.* 헨리 데이비드라는 미국인 동료가 후속 연구를 계속 진행했으며 그 후 35년간 이는 동서 협력의 성과 사례뿐 아니라 인류 발달에 관한 가장 놀라운 연구 중 하나가 되었다. 수십 년간, 낙태를 하려다 거절당한 여성에게서 태어난 아이들은 스스로에게 덜 긍정적인 감정을 느꼈고, 또래에게 거절당하는 일이 더 많았으며, 스스로 행복하다고 느끼는 경우도 더 드물었다. 20대 초반이 되자 '원하지 않던' 아이들은 음주 문제가 있는 경우가 더 많았고 교도소에 가는 경우도 두 배에 달했다.[151] 이러한 연구는 평균치에 관한 것으로, 물론 낙태를 하려 했던 엄마에게서 태어난 아이들 중에서도 또래에 비해 더 훌륭하게 성장한 경우가 있었다. 그러나 전반적으로 볼 때, '원하지 않는' 존재가 된다는 것은 범죄자가 될 확률이 증가하는 등 평생에 걸쳐 유해한 영향을 미치는 것으로 보인다. 도너휴와 레빗의 연구 결과는 논란의 여지는 있으나 실로 중요한 점을 시사하고 있다.

다른 동물들에게서 얻는 교훈

인류 사회의 안정성 혹은 불안정성에 인구 및 연령 구조가 중요한 영향을 미친다는 또 한 가지 증거는 바로 동물 연구에서 찾을 수 있다. 성숙한 코끼리 수컷은 '머스트musth'라는 테스토스테론이 급증하는 시기를 주기적으로 경험하는데, 이는 다른 수컷들을 장악하고 짝짓기 기회를 적극적으로 찾아나서는 시기이기도 하다. 남아프리카에서는 부모를 잃고 크루거 사냥 구역에서 온 코끼리 수컷들을 멀리 떨어진 동물 보호 구역으로 보냈다. 나이가 많고 영향력 있는 수컷이 무리 속에 없었던 탓에, 이들은 비정상적으로 낮은 연령에 '머스트'를 겪게 되었다. 이들은 광포하게 날뛰며 주변을 부수고 흰코뿔소 40마리를 들이받아 죽게 만들었다. 성숙한 수코끼리 여섯 마리가 이

* 체코인들은 철저한 반공주의자들이었고, 훗날 프라하의 봄 기간 몇 년간 러시아 정부에 대한 그들의 증오는 걷잡을 수 없이 타올랐다. 당시 유능한 젊은이들에게 선택의 여지는 거의 없었다. 그들은 기업가가 될 수는 없었고 중앙에서 통제되는 매체에서 일하고 싶은 생각은 없었으므로 의사가 되는 경우가 많았다. 때문에 그곳의 의학 및 과학은 최고 수준이었고, 정치에 오염되지 않았다.

들 어린 수컷 17마리 무리에 합류하게 되면서 나이 든 수컷이 상황을 안정시키는 역할을 한다는 사실이 뚜렷해졌고, 공격적인 파괴도 멈추었다.[152] 캐나다 몬테레이 수족관에는 부모와 떨어진 해달을 위한 유명한 재활 프로그램이 있다. 포획된 어린 수컷 한 마리를 사육한 뒤 야생으로 돌려보낼 때, 이 수컷이 바다표범 새끼를 공격하고 물속으로 가라앉혀 익사시키는 모습이 발견되었다. 부모 잃은 새끼를 대상으로 한, 이 철저한 양육 프로그램이 시행되기 전까지는 해달이 다른 포유류를 죽이는 사례는 관찰된 바가 없었으며, 인간에 의한 폐사, 밀렵, 국립공원 조성 등으로 자연 개체군 구조에 변화가 생기기 전까지는 코끼리가 다른 종의 생물을 죽이는 사례도 관찰된 바가 없었다. 인간과 마찬가지로 다른 군서 동물들의 경우에도 나이 든 개체들은 젊은 수컷의 공격 본능에 중요한 균형추 역할을 하는 것으로 여겨진다.[153]

25년 여간 사바나의 개코원숭이를 연구해온 로버트 새폴스키의 관찰 결과는 훨씬 더 충격적이다. 개코원숭이들은 50~100마리 단위로 무리를 지어 생활한다. 군서 생활은 시끌벅적하고 때로는 폭력이 수반된다. 수컷들은 정기적으로 서로 싸우고 암컷을 괴롭히는 일도 허다하다. 1983년 새폴스키가 케냐에서 연구하던 올리브개코원숭이 무리 중 위험을 감수하는 수컷들이 관광 호텔의 쓰레기를 뒤져 먹이를 찾았고 그 결과 소결핵병에 감염되었다. 어른 수컷의 절반이 목숨을 잃어 다수의 어른 암컷만 남겨지고 말았으며, 이 무리의 군서 생활은 상당히 조화로운 상태로 바뀌었다.[154] 침팬지의 경우와는 달리 개코원숭이 사회는 친족 관계에 있는 암컷 위주로 형성되며 젊은 수컷들이 새로운 무리로 들어가 지배 계급을 차지하기 위해 싸움과 이주를 감행한다. 흥미롭게도, 암컷들이 평화로운 분위기를 정착시켜놓자 (통상적인 개코원숭이 사회에서라면 훨씬 더 공격적인 성향을 보였을) 새로운 젊은 수컷들이 그 무리에 들어온 뒤에도 평화는 다음 세대까지 지속되었다.

보편적인 감정

싸움, 특히, 장기화된 전투는 그곳에서 살아남은 자들이 아니고서는 정말 알 길이 없는 경험의 세계다. 그러나 전투의 중심에는 일련의 강렬한 감정이 자리 잡고 있다는 것은 확실하다. 이는 사선에 선 양측 모두 마찬가지이고 역사의 페이지마다 지속되어왔다. 그러한 행동의 흔적은 사회의 다른 부분으로도 스며 나오며, 제2차 세계대전 당시 나는 어린 아이였음에도 불구하고 그 사실을 어렴풋이나마 알 수 있었다. 과학자 C. P. 스노우는 1940년대 영국의 분위기를 어른의 시각에서 다음과 같이 포착해냈다. "매우 이상하게도, 당시 우리 대부분은 굉장히 행복했다. 온 나라에 일종의 집단적 희열 같은 것이 있었다."

전투 중인 남성이 느끼는 충성심, 용맹, 동지애, 두려움, 희열은 온갖 책, 희곡, 개인 서신에서 수없이 묘사돼왔고, 다양한 수준의 비장함과 통렬함을 담아 친구, 동료, 아내, 애인에게 이야기로 전해졌다. 불가피한 외부 환경들을 감안한다면, 젊은 남성의 반응 방식은 사실상 늘 똑같으리라 생각된다. 이는 매우 보편적인 데다 어쨌든 매우 익숙한 행동인 탓에 우리는 한 걸음 뒤로 물러서서 그러한 행동이 어떻게 가능한지 좀처럼 의문을 던지지 않는다. 그러나 세간의 표현대로 화성에서 온 남자—혹은 금성에서 온 여자—는 어느 한쪽 성이 이러한 행동을 하여 스스로 생명을 위험에 처하게 하고 타인에게 그토록 심한 고통을 가할 수밖에 없다는 사실을 납득하기 어려울 것이다.(물론, 여성도 실제 전쟁에 개입하는 경우가 증가 추세에 있지만 여성의 동기나 행동은 대개 남성 동지들의 경우와 상당히 다르다.) 그러나 침팬지와 마찬가지로 젊은 남성 인간 역시 혈족—혹은 혈족으로 인식하는 대상—과 팀을 이루어 이웃을 살해하고자 하는 유전적 기질을 지니고 있다고 한다면, 기원전 490년의 마라톤 전투의 호플리테스나 1943년 7월 쿠르스크 전투에 참전했던 탱크 부대, 1944년 6월 6일 오마하 해변의 군인들, 그리고 1968년 1월 구정 공세에 나섰던 베트남군 등에 대한 설명이 가능해진다.

만일 전쟁과 테러라는 문제의 중심에 남성과 남성의 행동이 있다면, 이들은 여하한 해법의 핵심이기도 하다. 인간의 수많은 행동은 진화론에 그 뿌리를 두고 있지만, 그렇다고 해서 생물학적 본능이 운명은 아님은 아무리 강조해도 지나침이 없을 것이다. 우리 인간에게는 개인, 사회, 국제 사회의 차원에서 행동하고 그 결과를 변화시킬 다양한 방법이 있다. 생물학적 측면은 출발점이 될 뿐이며 인류 사회를 구성하는 원자재를 제공할 뿐이다. 문화, 공동체, 자유의지야말로 인류 사회의 궁극적 형태를 결정할 수 있다. 다음 장부터는 전쟁 및 테러의 생물학적 실제와 진화론적 기반을 이해하는 것이 현대의 삶에 그것들이 미치는 영향을 통제하고 제한하는 데 어떻게 도움이 되는지 좀 더 분명히 살펴보고자 한다.

5
테러리스트들

테러: 정부나 공동체를 협박하고 강제하기 위해 조직적으로 폭력과 위협을 가하는 행위

전쟁: 외부 세력에 대항하여 무력을 사용하는 행위

— 옥스퍼드 영어사전, 1993

9·11 테러 공격으로 2900명 이상이 목숨을 잃었다. 그들은 무고한 직장인, 여객기 승객과 승무원, 용감한 경찰관 및 소방관, 국방부의 군인 및 공무원이었다. 아무런 잘못도 없는 제3자들을 대상으로 기습적인 공격을 감행했다는 것이 특히 사악한 점이며, 침팬지 습격조는 동의하지 않겠지만, 진화론이든 뭐든 그 어떤 동기나 관점으로도 민간인을 희생시키는 공격에는 변명이나 정당화의 여지가 있을 수 없다. 그러나 만일 장기적으로 테러에 대처하고자 한다면 우리는 한걸음 물러서서 질문을 던져볼 필요가 있다. 테러리스트들은 늘 있어왔던 것인가, 아니면 최근 역사에 갑자기 나타난 변종인가? 테러리스트들은 특이한 존재인가, 아니면 인류의 집단공격 스펙트럼의 일부에 불과한 것인가? 그리고 과연 '테러와의 전쟁'이 최선의 대응인가, 아니면 테러 공격의 가능성을 낮출 좀 더 효과적인 방법이 있을까?

테러리스트는 누구인가?

단지 전쟁과 습격의 역사가 문명보다 길다고 해서, 환경이 바뀌어도 그 근본 행동이나 충동의 표현 방식이 달라질 수 없는 것은 아니다. 오늘날 세계에서 특정한 유형의 집단공격—내집단 정체성, 복수하고자 하는 욕망, 외집단에 대한 공감 결여 등에 기반한 집단공격—은 그 관계된 전사의 수에 비해 유달리 큰 주목을 받아왔다. 물론, 테러의 핵심은 바로 그 예상을 능가하는 엄청난 충격에 있다. 침팬지 습격조—그리고 다른 나라를 침략하는 초강대국—는 자신들이 경쟁상대보다 수적으로 우세한 상태에 있을 때만 공격을 감행한다. 자신들이 죽거나 다칠 가능성을 낮추기 위해 무력으로 상대를 제압하려는 것이다. 그러나 테러리스트들은 집단공격의 이러한 기준 원칙을 전복시킨다.

무력으로 상대를 압도하는 전통적인 방식이 여의치 않게 되면서, 테러리스트들은 긴밀히 엮여 있어 기술적으로 취약해진 현대 사회에서 새로운 공격 기회를 찾아냈다. 오늘날 테러가 더 손쉬워진 것은 플라스틱 폭탄과 이를 원격 폭파할 수 있는 저비용의 휴대전화 제어 장치가 생겨났을 뿐 아니라, 컴퓨터 코드에서부터 대형 쇼핑몰에 이르기까지 현대인의 생활 특성상 공격에 노출되기 쉬운 취약한 표적들이 넘쳐나기 때문이다. 2001년 9월 11일의 경우처럼 오늘날의 세계는 폭파용 연료를 가득 실은 대형 민간 제트 여객기라는 형태의 완벽히 준비된 무기까지 제공하고 있는 상황이다. 필요한 것이라고는 공격 대상에 대한 감정이입을 끊어내는 능력이며, 지금까지 살펴보았듯이 인간은 누구나 그러한 능력을 지니고 있는 것 같다.

고대 이후로 집단공격은 국가에 의해 조직·수행·통제돼왔다. 테러리스트는 이와는 다르다. 테러 집단은 정식 군대처럼 조직된 것이 아니라 독립적인 조組 혹은 느슨하게 연대한 몇 개의 독립 조의 모임 정도로 보아야 한다. 자발적인 동기로 뭉친 이들 소집단은 수십 혹은 수백 명 규모를 넘지 않는 경우가 많으며, 대개 어떠한 국가 조직과도 연계되어 있지 않다. 공격자와 희생자의 언어가 다르거나 섬기는 신神이 다를 경우, 증오와 공포는 증폭한다.

흔히 말하는 '테러terrorism'는 사실 그 뿌리가 깊다. 아사신Assassins(암살자라는 뜻의 단어이기도 하다_옮긴이)*은 8~14세기에 활동했던 이슬람의 급진적 분파였다. 신앙심이 열렬한 젊은 남성들이 모여 형성한 이들 소집단은 입회의식과 정교한 상징을 통해 결속되었으며, 정치 지도자나 종교 지도자를 암살했다. 어느 시인이 말했듯 "전진하는 전사 한 명이 수십만의 기병을 거느린 왕도 공포에 떨게 할 수" 있었다.[155] 20세기 초, (당시 무정부주의자로 불리던) 테러리스트들은 제정 러시아에서 2691명을 죽였다.[156] 20세기 말, 바스크 분리주의 단체인 ETA(Euskadi Ta Askatasuna: 바스크어로 바스크의 조국과 자유라는 의미_옮긴이)는 40년간의 투쟁을 통해 스페인에서 822명을 살해했으며, 같은 기간 동안 IRA(아일랜드 공화국군)은 1800명의 목숨을 앗아갔다. 그리고 선조 암살자들이 그러했듯이 테러리스트들이 표적으로 삼은 것은 대개 지도자들이었다. 1914년 6월에 있었던 오스트리아 황태자 프란츠 페르디난트 암살 사건은 제1차 세계대전이라는 대재앙의 도화선이 되었다. 1984년, 인도의 수상 인디라 간디가 암살되었고, 1991년에는 그녀의 아들이자 인도의 총리를 지냈던 라지브 간디 역시 암살당했다. 스리랑카의 대통령이었던 라나싱헤 프레마다사는 1993년, 베나지르 부토(파키스탄 총리직을 역임했던 이슬람 최초의 여성 지도자_옮긴이)는 2008년에 암살당했다.

암살자나 테러리스트는 자기 자신의 생존에 대해서는 거의 혹은 전혀 개의치 않는다는 점에서 습격대원이나 군인과는 다르며, 스스로 대의를 위해 일한다고 생각한다는 점에서 강도나 산적, 반사회주의자와도 다르다. 결과적으로 말해 테러리스트들은 어떤 유형의 재산을 탐내서 자기 자신이나 무

* 아사신이라는 이름은 어린 신병에게 투약되었던 해시시 혹은 마리화나를 뜻하는 페르시아어 하시신hasishin에서 유래되었다고 전해진다.

침팬지 암컷들의 경우, 가장 현실적인 생존 전략은 대개 이웃 살해와 영토 확장에 가장 뛰어난 모습을 보이는 수컷 집단에 합류하는 것이다. 역사적으로 인간 여성도 비슷한 선택에 직면해왔다. 반군 세력인 콜롬비아 무장혁명군FARC 조직에 자원하여 합류한 콜롬비아의 이 16세 소녀는 애완 앵무새를 데리고 막사 밖에 앉아 군인인 남자친구를 기다리고 있다.

고한 대상을 희생시키는 것이 아니라, 자신이 속한 민족, 사회, 혹은 숭배하는 신을 위해 자기 자신을 버리는 것이라 생각한다. 그러나 테러 집단을 제대로 이해하기 위해서는 먼저 모든 전사의 근본적인 감정적 동인은 동일하다는 사실부터 인식해야 한다. 호플리테스를 불가능한 싸움에도 기꺼이 뛰어들게 만든 바로 그 오랜 기질을 자살폭탄 테러리스트는 이용하고 있는 것이다.

현대의 테러 작전은 집단공격의 또 다른 측면을 볼 수 있는 가장 적절한 예로서, 조직적인 전쟁에 비해 훨씬 소규모로만 수행된다. 이라크 반군, 타밀 호랑이 반군, 체첸 반군, 카슈미르 무장집단, 아일랜드의 IRA, 스페인의 ETA, 레바논의 헤즈볼라, 팔레스타인 지역의 하마스, 세계 각지의 알카에다 등은 **우리**가 이들 집단을 어떻게 여기든 상관없이 **그들** 스스로를 어떤 특정 지역이나 일련의 사상을 방어 또는 해방시키기 위한 고결한 임무를 수행 중인 전사라고 생각한다. 사실 이는 전세계적으로 새삼스러운 일은 아니지만, 오늘날 테러에서 새로운 점은 전투원들—대개 비교적 소수—이 자신들이 기관총, 탱크, 헬리콥터 등을 갖춘 최첨단 군대에 맞서고 있고, 정면 승부로는 절대 상대방을 이길 수 없다는 것을 깨닫고 있다는 점이다.

진화론적 속성은 뿌리가 깊고, 인간의 독창성은 우리의 생물학적 과거가 선사해온 또 하나의 선물이다. 그 결과 테러 행위는 새로운 방식으로 발전해 오고 있다. 20세기 초의 테러리스트들에게는 배를 가라앉힐 능력이 없었고, 납치할 여객기도 없었다. 그러나 오늘날, 새로운 유형의 취약성과 한층 강력해진 폭탄이 새로운 형태의 공격을 낳고 있다. 1980년 스코틀랜드 로커비 상공에서 있었던 팬암 101기 폭파 사건으로 170명이 목숨을 잃었다. 1996년 사우디아라비아의 코바르 타워 공격으로 미군 19명이 숨졌으며, 1998년에 있었던 케냐 및 탄자니아의 미국 대사관 폭격으로 224명이 사망했다. 2000년에는 미군 구축함 U.S.S. 콜Cole호가 예멘에서 공격을 당해 17명의 미 해군이 목숨을 잃었다. 그 뒤 9·11 사건에서 19명의 테러리스트들이 뉴욕의 세계무역센터를 붕괴시킴으로써 미국을 발칵 뒤집어놓았으며, 이로 인해 미 의회예산처 추산 1조 달러 이상 규모의 전쟁이 촉발되었다.[157] 칼이나 활과 화살을 든 19명의 사내였다면 로마제국을 한순간도 멈춰 세우지는 못했을 것이다. 그 시대에는 현대인의 삶 특유의 취약성도 없었고 대규모 폭발력을 이용하기도 쉽지 않았기 때문이다.

극단적 성향의 소규모 적군 조직은 고층 건물, 환승 터미널, 저수지, 연료 저장 탱크, 지상 및 위성 통신, 유람선 및 유조선, 스포츠 경기나 군중이 밀집한 공연, 고속도로, 깊은 터널이나 긴 다리 등이 산재한, 긴밀히 연결된 오늘날의 세계에서는 공격할 방법을 얼마든지 찾아낼 수 있다. 여객기 납치가 여의치 않다고 판단되면, 191명의 사망자와 1500명의 부상자를 냈던 2004년 마드리드 사건의 경우처럼 테러리스트들은 통근 열차로 눈을 돌리거나,

55명이 사망하고 700명이 다쳤던 2005년 7월 런던 사건에서처럼 버스를 폭파하기도 했다. 여기서 의미심장한 사실은, 2005년 런던 테러 사건은 알카에다의 소행이 아니라 여타 테러 소식을 접하며 더욱 급진화된 영국 태생의 이슬람교도들이 자행했다는 것이다. 현대 사회가 복잡해질수록 불만을 품은 소수 세력의 공격에는 자연히 더 취약해지기 마련이다. 매년 수천만 명의 외국 국적자들이 국경을 넘고, 매월 수억 톤의 화물이 세계 주요 항만을 통해 이동하며, 매주 수십억 통의 국제전화가 이루어지고 있다. 아프리카 및 중동 지역에 접하고 있는 유럽의 긴 지중해 연안을 완벽히 막을 수는 없는 노릇이며, 인내심만 있다면 누구나 캐나다나 멕시코에서 미국까지 걸어서 건너갈 수 있다.

9장에서 살펴보겠지만, 세계 각지에는 대부분 과거 전쟁이 남긴, 손에 넣기 쉬운 무기들이 넘쳐난다. 게다가 최신 과학 및 기술은 현대 사회를 혼란에 빠뜨릴 수 있는 각종 폭발물, 독극물, 정교한 장치 등을 계속해서 파생시키고 있다. 인터넷이 처음 생겨났을 때만 해도, 과연 누가 원치 않는 '스팸'을 관리하는 일이 커다란 사업이 되거나 머리 좋은 청년(이런 일은 늘 젊은 남성인 것 같다)들이 소프트웨어 바이러스를 설계해 컴퓨터 네트워크를 방해하는 데서 흥미거리를 찾을 것이라고 상상이나 했겠는가?

테러의 등장

'테러리스트'라는 단어의 사용 여부가 당신이 어느 편에 서 있는가에 달려 있다는 사실은 내집단 식별의 중요성에 관한 깊이 있는 통찰이다. 누군가의 관점에서는 '테러리스트'일지라도 다른 사람이 보기에는 '자유의 투사'일 수 있으며, 공격 대상이 민간인인가의 여부가 늘 그 둘을 판가름하는 기준이 되는 것도 아니다. 제2차 세계대전 당시, 프랑스의 레지스탕스 대원들은 연합군에게는 영웅이었지만 독일이나 그에 협조적이던 비시 정권의 입장에서는 테러리스트였다. '테러리스트' 라는 명사가 처음 사용된 것은 팔레스타인이 영국의 위임 통치를 여전히 받고 있던 1946년 예루살렘의 킹 데이비드 호텔에 대한 유대인들의 공격을 언급하면서였다. 최근 수십 년간 계속되어온 팔레스타인의 유대인 공격과 마찬가지로, 유대인 테러리스트—혹은, 자유의 투사—의 기습 공격 역시 젊은 남성들이 나름의 정의감에서 행한 일이었다.* 자기 몸에 폭발물을 매달고 사람이 많이 모인 카페에서 이를 폭발시키는 팔레스타인의 자살폭탄 테러리스트는 이스라엘의 입장에서는 테러리스트지만 가자 지구에서는 영웅이다. 이스라엘 사람들은 팔레스타인 테러리스트를 '분쟁 지역' 출신의 '폭탄테러 대량학살범' 이라 하지만, 팔레스타인 사람의 관점에서 보면 그는 '시온주의 집단에 대항하여 영웅적인 순교활동' 을 감행한 '피지배 지역' 출신의 '전사' 인 것이다. 이스라엘에서는 자신들의 가자에서의 군사 행동을 '선제 타격' 혹은 '예방 차원의 정밀 작전' 이라 했지만 팔레스타인에서는 이를 '암살' 이라 표현한다. 내집단과 외집단은 서로를 굉장히 다르다고 인식하지만, 그들이 사용하는 어휘는 사실상 서로를 거울에 비춘 모습이나 다름없다.

테러리스트는 개별적으로 활동하기도 하지만, 예외 없이 모두 장기간 긴밀한 유대로 맺어진 집단에서 양산된다.(유나바머 Unabomber: university and airline bomber(대학과 항공사를 주 대상으로 하여 폭발물을 보낸 데서 붙여진 별명_옮긴이) 테드 카진스키 같은 단독 공격자들도 있으나, 그들은 테러 공격의 기법만 차용했을 뿐 그들의 동기는 공통된 진화론적 기질보다는 개인적 병리와 더 관련이 깊다.) 대부분의 테러리스트들은 내집단—당연히 동료 테러리스트들—의 전적인 지지를 받지만, 가족, 공동체, 그리고 심지어는 민족이나 국가, 종교 집단 전체로부터 지지를 받는 경우도 상당히 많다. 9·11 테러 사건의 경우, 19명의

* 영국의 위임 통치를 종식시키려는 목적을 가지고 있었으며, (훗날 이스라엘의 총리로 선출된) 메나헴 베긴이 이끈 유대인 과격 단체는 영국군 사령부를 폭파하여 91명이 목숨을 잃었다.

테러리스트 가운데 두 명이 친형제였다는 사실은 침팬지 습격조 구성과도 흡사한 부분이다. 그리고 나머지 테러리스트 대다수도 아프가니스탄의 군 형태의 시설에서 함께 생활하거나 훈련을 받았다. 가자에서 이스라엘군에게 돌멩이를 던졌던 소년들이나 최근까지도 벨파스트에서 영국군에게 시비를 걸던 소년들은 모두들 같은 거리에서 함께 놀며 자란 사이였다.

9·11 사건을 일으킨 이들은 같은 뜻을 지닌 수백 명, 혹은 수천 명 규모의 조직에 소속되어 있던, 여러 대륙 출신의 남성들이었다. 팔레스타인, 북아일랜드, 스페인 바스크 지방에서는 테러 조직이 종종 '선전포고'를 하기는 하지만 본질상 테러 작전은 통상적인 전쟁보다는 부족 간의 습격에 더 가깝다. 공격 자체는 예고 없이 결행함에도 무력 공격의 재개를 경고하는 각종 성명서는, 적대감을 주기적으로 '과시'하다가 확실히 유리한 상황에서만 공격을 개시하는 침팬지 수컷들의 경우와 흡사하다고도 볼 수 있다. 현대의 경찰 병력과 철저히 무장된 군인들을 생각해보면, 기습 공격하여 힘으로 상대를 압도하던 고대의 습격 전술은 이제 더 이상 효과가 없다.

자살 살해

로버트 그린블랫은 내가 1970년대에 세계 각국을 다니며 일하기 시작하던 당시 많은 도움을 주었던 산부인과 의사다. 그는 제2차 세계대전 당시 미 해군으로 복무했으며 일본의 패전 이후 히로시마로 건너 간 최초의 의사들 중 한 명이었다. 그러나 그가 들려준 이야기 가운데 가장 생생히 기억나는 것은 바로 그가 탔던 함선이 가미가제 전투기의 자살 공격을 받았던 당시에 관한 것이었다.* 뛰어난 이야기꾼인 로버트는 방어용 대공포화로 뒤덮인 하

* '신의 바람'이라는 의미의 가미가제는 1274년 일본을 침략하려 했던 몽골의 쿠빌라이칸 황제의 함대를 격파시켰던 태풍을 지칭한 데서 유래하였다.

늘을 가르며 미군함을 향해 급강하하는 일본 전투기를 보고 얼마나 공포로 얼어붙었던가를 실감나게 들려주었다.

최근 수십 년간, 일부 테러 집단에서는 자살폭탄 테러에 대한 의존도가 높아지고 있는 추세다. 그러나 우리가 아무리 테러리스트나 자살폭탄 테러리스트의 행위를 증오한다 해도 그들에게 단지 '비열한 살인자'라는 꼬리표를 붙여버린다면 그들의 행동을 절대 이해할 수 없을 것이며 우리 자신을 방어할 수도 없을 것이다. 사실, 동종 개체인 같은 인간을 죽인다는 점에서 볼 때 모든 전쟁은 살인이며, 결과적으로 자신이 죽게 되리라는 것을 알면서도 허리에 폭탄을 동여매고, 기관총을 숨기고, 폭발물을 가득 실은 트럭을 몰거나 전투기 조종법을 배우려면 용기와 냉철한 두뇌가 필요하다. 사건에 연루된 19명의 남성 대다수는 여객기에 탑승할 때까지만 해도 임무의 자살적 속성을 몰랐다고 오사마 빈 라덴이 주장하기는 했으나, 자살은 9·11 공격의 핵심이었다.

일본 최초의 가미가제 공격은 1944년 10월 미국의 침공에 대항하여 필리핀 방어 임무를 맡고 있던 오니시 타키지로 중장이 조직한 것이었다. 일본 지도부는 당시 전투의 절박함을 이해했고 오니시는 '도쿠베츠코게키', 즉 '특공대'로 명명한 조직을 편성했다. 주로 줄여서 '도코'로 불렸던 이 조직의 목적은 날개에 폭탄과 연료를 탑재한 전투기를 몰아 자진 충돌함으로써 미군 항공모함과 보급선을 침몰시키는 것이었다. 종전되기까지 4000명에 달하는 '도코' 조종사가 목숨을 잃었고, 약 5000명의 미국인이 그에 희생되었다. '자원'했던 모든 조종사에게는 죽음에 대한 생각이 달라질 경우 동지들이 보는 앞에서 뒤로 물러날 수 있는 기회가 있었지만, 그런 이는 아무도 없었다. 이는 전쟁 중 젊은 남성의 충성심을 조종하는 일이 얼마나 쉬운지 보여주는 사례이기도 하다. 어느 조종사는 이렇게 회상했다. "어떻게 발을 내디뎠는지 기억조차 안 납니다. 횡렬 뒤에서부터 휙 불고 지나가는 어떤 광풍 같은 것이 모든 이들을 거의 동시에 일제히 한 걸음씩 앞으로 옮겨놓았어요."[158] 일본 신병 훈련소에서는 모든 것이 혹독했고 도코 조종사 훈련은 특히 그렇기도 했지만, 일본 민족의 특수성과 신격화된 천황 중심의 문화는 강한 동지애를 불러일으켰다. 도코 대원들은 어렸고, 혼란스러웠고, 불안했고, 연약했다. 죽음을 목전에 둔 어느 가미가제 조종사는 어머니에게 이런 편지를 썼다. "어머니, 지금도 저는 어머니에게 사랑받고 싶고 응석을 부리고 싶어요. (…) 어머니 품에 안겨 잠들고 싶습니다."[159] 그러면서도 그들은 대단히 용맹스럽고 결연했으며 동료들에게 헌신적이었다. 한 부대에서 연료가 떨어져 단 몇 명만이 비행이 가능할 것이라 판단되자, 반도라는 이름의 상병은 상관에게 이렇게 부탁했다. "만일 임무수행 당일에 제 전투기가 비행이 불가능해지면 사령관님의 전투기에 동승할 수 있도록 허락해주십시오."[160]

물론 예외는 있지만, 1940년대 도코 조종사들과 마찬가지로 오늘날의 자살폭탄 테러리스트들도 대부분 젊은 남성들이다. 2001년 12월 예루살렘에서 자살폭탄 테러를 감행했던 다우드 아부 스웨이는 47세로 여덟 명의 자녀를 둔 아버지였다. 2003년 8월 자살 공격으로 스무 명의 이스라엘 사람을 죽인 라에드 압델-하메드 마스크는 30세였고 자녀가 두 명 있었다.(마스크는 어려서부터 코란을 암송했다. 그가 죽었을 때, 임신 5개월째이던 그의 아내는 "그가 신의 뜻에 따라 순교할 수 있었던 것이 나는 자랑스럽다"고 말했다.) 최근 들어서는 의심을 덜 받을 수 있다는 등의 이유로 여성 자살폭탄 테러 단원을 모집하기도 한다. 1994년부터 2004년 사이 체첸 공화국에서는 여성이 가담한 자살폭탄 테러가 15건 있었고, 2002년 체첸 공화국 내 러시아군 철수를 요구하며 모스크바 작전 구역 내에서 850명의 인질을 잡고 있던 테러리스트 40명 중에는 여성도 포함되어 있었다. 그렇게 가부장적인 사회에서 여성 테러리스트 비율이 그토록 높은 것은 어쩌면 체첸 공화국에서의 혹독하고 절망적인 상황을 반영한다고 볼 수 있겠지만, 전반적으로 볼 때 여성 자살폭탄 테러리스트는 여전히 소수에 불과하다.

자살 공격이 어떻게 성공적인 진화 전략이 될 수 있는지 처음부터 짚어내기는 쉽지 않다. 이러한 행동을 돕는 돌연변이가 일어난 이들은 번식을 하기 전에 자살할 확률이 높기 때문이다. 강력한 생존 욕구를 더 강한 힘으로 억누르도록 되어 있는 유전자를 지닌 개체가 그 유전자를 다음 세대에 물려줄 만큼 장수하지 않는 이상, 그러한 유전자들은 전달되기 힘들 것이다. 물론, 도쿄 조종사들이 강한 성적 매력을 발휘한다면 죽음도 불사하는 그러한 행동이 오히려 새로운 번식 기회를 창출할 수도 있다. 자살은 사망자의 혈족이 생존하도록 돕는 이타적 행동이기도 하다. 예를 들어, 이슬람 세계 다수 지역에서는 빠른 인구 증가와 열악한 경제 상황 때문에 결혼해서 가족을 부양할 만큼 충분한 경제력을 갖추지 못하는 젊은 남성들이 많다. 사담 후세인 통치 시절을 비롯해, 정부나 기타 그 이하 공식적인 조직에서는 자살폭탄 테러리스트의 친족들에게 물질적인 보상을 주는 경우가 많으므로, 이러한 상황에서 최선의 행동은 아마도 자살폭탄 테러를 자원하는 일인지 모른다. 당신 자신은 죽지만, 당신의 가족—그리고 당신의 유전적 자질 일부—은 생존 가능성이 높아지는 것이다. 그러나 이는 추측일 뿐이며, 사실 미심쩍은 이야기다. 진화는 좀 더 실용적이고 현실적인 이유보다 우리 행동의 깊숙한 부분에 있는 무의식적인 충동을 제공하기 때문이다. 그러나 자살폭탄 테러리스트들이 분명하게 보여주는 것은 바로 동일한 집단, 부대, 소대, 습격조, 테러 조직 등에 소속된 개인—거의 예외 없이 남성—간 유대의 힘이다.

자살폭탄 테러리스트를 모집하는 이들은 혈연관계의 기본적인 생물학적 바탕을 강조하는 법을 직관적으로 알고 있다. 하마스와 이슬람 지하드는 팔레스타인에서 자질 있는 자살폭탄 테러리스트를 식별한 다음 강도 높은 종교적·정치적 세뇌에 들어간다. 신입 대원들은 대개 가족과 단절된 채 제복을 지급받고 특유의 머리 모양을 하거나 내집단 소속감을 강화시키는 문신을 하기도 하며, 연대감의 정서나 언어에 몰입한다. 이란-이라크 전쟁(1980~1988) 당시 자살 순교자로 선택받은 소년이나 소녀는 '이맘Imam(이슬람교 성직자_옮긴이)의 아이들'로 불렸고 알카에다의 신입 대원들은 오사마 빈 라덴을 '큰 형'으로 지칭하기도 했다. 또한 생물학적 가족과 분리시키는 것은 꼭 가족의 반대 때문이 아니다. 2002년 텔 아비브의 디스코텍에서 이스라엘인 20명의 목숨을 앗아간 폭파범의 아버지는 이렇게 말했다. "내 아들은 마호메트의 소원을 실현시켰다. 그 아이는 이제 영웅이다. 아버지로서 더 이상 무엇을 바랄 수 있겠는가?" 초자연적 존재에 대한 믿음은 살아 있고자 하는 지극히 당연한 욕망마저도 극복할 수 있는 또 하나의 강력한 통로다. 이라크에서 서른 명이 넘는 자살폭탄 테러리스트들을 훈련시켰다고 주장하는 이라크 반군 알 타미미는 자원자들이 "하루 빨리 순교하기를 원한다"고 말한다. 20대 초반이었던 사우디아라비아 출신의 어느 자살테러 신입대원에 대해 그는 이렇게 묘사했다. "늘 미소와 웃음이 얼굴에서 떠나지 않았고, 때로는 노래를 흥얼거리기까지 했다. 그는 곧 천국으로 갈 것이라는 확신 속에 그 순간만을 기다렸다."*

갱 단

평범한 서양인 중에서 갱단의 일원을 직접 알고 지내는 사람은 많지 않을 것이다. 건물이나 다리에 남겨진 그래피티만 아니라면 그들의 존재조차 알 길이 없을지 모른다. 캘리포니아 대학 재직 당시 나는 로스앤젤레스 도심에서 학창 시절을 보냈던 학생들에게서 갱단에 대한 이야기를 들은 적이 있다. 로스앤젤레스는 사춘기 소년이라면 지역 갱단에 들어가지 않고 버티기 쉽지 않은 곳이다. 미국 내 대도시 지역에서는 지인 가운데 길거리 갱단 일원이 있기 때문에 학자들도 알카에다나 팔레스타인의 테러리스트에 관해서보다

* 스스로 죽음을 택하려는 열망은 어느 사회에서나 찾아볼 수 있다. 장로교 목사였던 미국인 폴 홀은 자신에게 낙태와의 전쟁을 수행할 임무가 있다고 생각했고, 2003년 낙태 시술을 한 의사를 총살한 죄로 플로리다에서 사형당했다. 그는 대중에게 이렇게 말했다. "사형이 앞당겨질수록 (…) 내가 천국에 들어가는 순간도 앞당겨질 것이다. 나는 천국에서 받을 큰 상급을 기대한다. 나는 지금 영광의 순간을 기다리고 있다."

는 갱단의 폭력 이면의 세부적인 요인에 대해 더 많이 알고 있다. 그러나 이들 두 부류는 여러 가지 공통점이 있으므로, 어느 한쪽을 관찰하면 나머지 한쪽을 좀 더 이해하는 데 도움이 될 수 있다. 1990년대 로스앤젤레스 지역에는 약 8만 명의 갱이 있었으며, '토요일 밤의 특별 할인' 권총이나 자동화기를 저렴한 값에 쉽게 구할 수 있는 탓에 매년 500명이 넘는 갱들이 목숨을 잃었다. 수년간 갱단 생활에 노출되면 테러 조직이 보여주는 악랄하고 극단적인 행위를 똑같이 자행하게 될 수도 있다. 괴물 코디 스캇이라는 별명으로 알려졌던 사니카 샤쿠르는 L. A. 갱단의 일원이었는데, '친구homies' (갱단의 동료)의 여동생이 경쟁 관계의 갱단에게 강간과 난도질을 당하자 자신의 갱단을 이끌고 상대 갱단의 일원을 한 명 붙잡아 큰 칼로 양팔의 팔꿈치 아래를 잘라내버렸다. 잘라낸 한 쪽 팔은 들고 가고 다른 쪽 팔은 길에 버렸다. 코디가 쓴 책을 보면 이렇게 나와 있다. "그날 밤 우리는 파티를 벌이며 즐거워했다. 그 팔을 가져간 것은 마무리의 증거였다."[161]

수적으로 볼 때, L. A. 갱들의 숫자는 알카에다보다도 많다. 실제로, 18번가의 갱단만 하더라도 8천에서 2만 명가량이 소속된 것으로 추산된다.[162] 그러나 험비를 타고 로스앤젤레스 18번가를 순찰하는 미군은 눈을 씻고 찾아봐도 없다. 왜 그럴까?

집단공격의 스펙트럼에서 길거리 갱단은 테러 집단보다는 문자 사용 이전 시대의 습격조에 더 가깝다. 때문에 덜 위협적으로 비춰지는 것이고, 사실 그들은 서로를 해치기만 할 뿐이다. 실제로 갱단의 행동은 침팬지들의 습격과 유사한 측면이 있으며, 도시라는 정글을 배경으로 한다는 점이 다를 뿐이다. '갱단 전쟁'을 촉발하는 것은 침팬지나 원시 인류 간 전쟁을 일으키기도 했던 두 가지 원초적인 감정—즉, 영토와 복수, 혹은 이웃 타집단 소속이라는 사실—자체인 것이다. 곰베의 침팬지들의 경우와 마찬가지로, 다른 갱단 소속이라는 사실 자체는 공격을 정당화할 충분한 이유가 된다. 지구 반대편에서도 공격을 감행하는 알카에다처럼 이데올로기적인 이유에서 외집단으로 인식한 상대를 공격하는 테러집단과는 달리, 갱들은 영역이나 자원으로 인식하는 대상을 두고 이웃 갱단과 싸움을 벌인다.

팀 경기로 다져진 충성심에서 갱단이 생겨나는 경우도 있다. 1994년 르완다 대학살은 후투족 출신의 주베날 하브야리마나 대통령 및 지도자들이 '함께 공격하는 자들' 이라는 뜻의 '인터함웨interhamwe' (과격 성향의 민병대 조직_옮긴이)를 창설하면서 시작되었다. 청소년 축구 팬클럽이 모태였다. 여느 젊은이들처럼 요란한 옷차림에 선글라스를 끼고 독특한 머리 모양을 한 채 오토바이를 타는 이들이 그들을 이끌었다. 남아프리카에서는 투옥 중이던 넬슨 만델라의 아내 위니 만델라가 유나이티드 축구 클럽이라는 자경단을 두었으며, 이들은 변절했다는 이유로 흑인 한 명을 살해하기도 했다. 그 밖에 갱단들은 좀 더 분명한 전투적 특성을 보인다. 1948년 조직된 폭주족 그룹 '지옥의 천사들Hell's Angels' 의 직접적인 탄생 배경은 전쟁이었다. 최초의 단원들은 제2차 세계대전에서 함께 싸웠던 전투기 조종사 및 포병들이었다. 마약 거래를 하는 폭주족들도 있지만, 대부분의 바이커들은 좀 더 합법적으로 가장 비싼 할리 데이비슨 오토바이를 탈 만한 여유가 있는 사람들이며, 조직 생활의 핵심인 동지애를 만끽하기도 한다. 수만 명의 바이커들은 데이토나 비치, 플로리다, 스터지스, 사우스다코타 등 각지에서 대륙을 횡단해 정기 회합을 가지며 퍼레이드를 하고, 왁자하게 먹고 마시며 여자 친구를 자랑 삼아 동반하기도 한다.

신병 훈련소에서 훈련을 마친 군인들과 마찬가지로, 길거리 갱단은 보통 입회식을 한다. 입회식에는 대개 폭력이 수반되며, 갱단의 기존 구성원들이 신입 회원들을 심하게 구타하기도 한다. 이는 애정 표현으로 여겨지기 때문에 "더 많이 맞을수록 좋다". 경쟁 관계의 갱단이나 심지어 무작위의 민간인을 상대로 한 이유 없는 공격 역시 입회식에서 흔히 볼 수 있는 또 하나의 특징이다. 전쟁 중이기라도 한 듯 길거리 갱단은 무슨 일인가 일어나기를 기다리며 그저 '어슬렁' 대고 있는 것이 보통이다. 갱단은 마치 연대처럼 그 이름에 자부심을 가지고 있으며 '깃발'이나 일종의 제복 역할을 하는 고유 마크도 있다. 기호를 문신으로 새기는 것은 거의 보편적이며, 낙인을 찍는 경우도 흔하다. 일부 갱단의 경우 수신호로 된 비밀 언어를 사용하기도 하고, 그래피티로 영역을 표시하기도 한다. 구성원들은 총상으로 남은 흉터를 자랑스럽게 내보인다. 한 젊은이는 이렇게 말했다. "총을 맞은 적이 있다. 하지만 나는 마치 슈퍼맨처럼 걸어 다닐 수 있었다."

젊은이들, 특히 갱단에 속한 젊은 남성들은 살해 사건을 목격하지만 "죽음에 대해 걱정하지는 않는다". 공격은 짜릿한 경험일 수 있고, 경찰을 피해 도망치는 것마저도 갱들이 즐기는 '황홀감'을 배가시킬 수 있다. L. A. 갱단의 어느 일원의 표현에 따르면, 성공 여부는 "최대한 적진에 투하시킬 수 있는 군인의 수"에 달려 있다. 늘 그렇듯, 죽음은 믿기 힘든 동시에 매혹적인 일이며, 산 자의 의식을 필요로 한다. 갱단의 일원이 죽으면, 그 갱단은 성대한 장례식을 치르고 일제히 집결한다. 감옥에 있는 동안 집필한 자서전에서 괴물 코디 스캇은 입회식 당시 자신은 열두 살이었고 바로 그날 밤 라이벌 갱단의 일원에게 어떻게 총을 쏘았는지 기술하고 있다.[163] 갱단의 삶은 그리 간단한 헌신이 아니라고 그의 멘토는 말한다. "말하는 게 아니라 사로잡는 거야. 싫어하는 게 아니라 죽여버리는 거지, 그리고 겁없이 죽는 거야. 니 친구들을 사랑하고 적을 미워하는 거라구." 자신이 열일곱 살이던 때의 느낌을 떠올리며 스캇은 이렇게 적었다. "내가 느끼는 것은 의무감뿐이었다. (…) 지난 2년간 다섯 번의 장례식에 참석했고, 한때 함께 웃고 떠들며 밥을 같이 먹었던 이들이 죽은 채 관 속에 누워 있는 모습을 보며 나는 냉혹해졌다. 머릿속은 온통 복수에 관한 생각뿐이었다. 내가 기분이 좋았던 때는 일을 해낸 날 뿐이었다. 그러지 않고서는 잠을 이루지 못했다. 일이라고 해서 늘 누군가를 총으로 쏘는 것이 포함되지는 않지만, 그것이 궁극의 종착점이기는 하다."

우리가 테러 조직을 떠올리든 길거리 갱단을 생각하든, 중요한 것은 그들이 속한 기본 집단은 일종의 대리 가족이 된다는 사실이다. 갱단의 일원들은 한부모 가정이나 부모 중 어느 한쪽 혹은 양쪽 모두 교도소에 수감된 가정 출신인 경우가 많고, 갱단은 조건 없이 이들을 받아들인다. 군인들 사이에서처럼 의외로 갱단에서는 '사랑'이라는 단어가 굉장히 자주 사용된다. 명예는 젊은 남성의 이미지에 가장 중요하며, 갱단이라는 배경에서라면 이는 한층 더 분명해진다. "명예가 없다면 당신은 남자도 아니다. 돈을 아무리 많이 주어도 살 수 없는 것이 명예다." 로스앤젤레스 갱단의 누군가는 그렇게 말했다.

테러 집단이나 갱단 내에서, 민족적 바탕이나 지리적 위치, 혹은 실제 혈연관계 등 그 뿌리가 어디에 있든 혈족이라는 동류의식은 중요하다. 미국의 길거리 갱단은 거의 인종 집단이나 이웃을 중심으로 구성된다. 로스앤젤레스나 시카고의 히스패닉계 갱단에서 흑인 단원을 뽑지 않듯이 벨파스트의 IRA나 스페인의 ETA에서 다른 인종 집단 출신을 받아들이는 일은 절대 없을 것이다. 존경과 충성심은 함께 움직이는 것이며, 정식 군대나 호플리테스, 아마존의 야노마모 전사들, 침팬지 순찰조와 마찬가지로 갱단의 일원들 역시 기꺼이 서로를 위해 목숨을 건다. 스캇은 열세 번 총격을 당한 뒤 한쪽 눈을 잃은 다른 갱단 동료에 대해 "소수의 사랑, 다수의 증오, 모두의 존경을 받았다"고 표현했다. 스캇은 심지어 철학자이자 군인이었던 글렌 그레이의 말을 인용해 "완전한 무법 상태"의 매혹에 대해 썼으며 "자신감, 자부심, 그리고 원초적인 힘에 대한 자각 (…) 이 지구상의 그 어떤 황홀감보다도 흥분되고, 짜릿하며, 취하게 만드는 (…) 내 친구들〔군 소대의 도시 버전〕 말고는 그 무엇도 중요치 않았다"고 했다.

경제적인 기회가 없는 도시의 젊은 남성이 실제로 길거리 갱단을 만들기가 가장 쉽지만, 단지 환경적 영향의 문제만은 아니다. 최고 특권층 출신의 젊은이들도 갱단 같은 행동을 보일 수 있다. 20세기 미국 대통령 19명 가운데 13명이 대학 시절 남학생 사교클럽에 속해 있었으며, 21세기 첫 번째 대통령도 마찬가지였다. 또한 다수가 비밀 엘리트 집단의 일원이었으며, 부시 대통령 부자를 비롯한 수많은 다른 유명 인사들이 거쳐갔다고 주장하는 예일대 해골단Skull and Bones club도 그중 하나다. 지금 보면 비웃을 법한 희한한 발상이지만, 1950년대 말까지만 해도 남학생 사교클럽 회원들의 '팬티 습격' 관습은 남성적인 집단공격의 명백한 표현이었다. 상상해볼 수 있는 가장 덜 폭력적인 방식 가운데 하나이기는 했지만, 강간을 여성의 속옷을 훔치는 상징적 행위로 대체한 셈이었다. 특별한 악의는 없었지만, 팬티 습격은 집단공격의 여러 측면을 보여준다. 남성 친구들로 구성된 친밀한 집단에서는 즉흥적으로 일종의 상호 도전 과제를 만들고 대개는 술기운을 빌려 평소의 정상적인 영역을 벗어나는 은밀한 방식으로 '자원'을 획득하는 일종의 의식을 수행한다. 그러한 행동이 자제력을 잃으면 폭력으로 서서히 변질되기도 한다. 필리핀 대학들의 남학생 사교클럽은 미국의 모형에 뿌리를 두고 있는데, 1990년대 마닐라에 있는 일류 대학인 필리핀 대학에서는 악명 높은 신입생 신고식과 '프랫 럼블frat rumble'이라는 라이벌 사교클럽 간 폭력 충돌로 11명의 학생이 사망하고 150명이 다치기도 했다.

생물학에서 절대적인 것은 없고 여성 가운데에도 갱단의 동지애를 갈망하는 이들이 있지만, 기술 역시 모종의 역할을 담당한다고 볼 수 있다. 오늘날 미국에서는 총기를 손쉽게 구할 수 있어서 여성이 같은 연령대의 남성에 비해 불리한 모든 신체적 제약을 충분히 극복할 수 있다. 그럼에도 불구하고, 연속해 발생한 갱단 살인 사건 200건을 대상으로 한 조사에서 로스앤젤레스의 수사관은 여성이 저지른 살인 사건을 단 한 건도 찾지 못했다.

경제적 여유와 기술적 정교함을 갖추고, 개인의 자유와 기회 평등을 부르짖는 21세기 미국의 길거리 갱단은 단순한 고질적인 사회 문제가 아니다. 그들은 서로에 대한 강한 충성심과 애정을 드러내고 단지 **주변에 있다는** 이유만으로 다른 사람들을 비인간적으로 대하고 공격해 근처 영토를 점유하는, 젊은 남성이 지닌 유전적 기질의 영향에 대한 뚜렷한 증거가 된다. 만일 침팬지가 사회학 연구를 할 수만 있다면, 수백만 년 전 시점에 공통 조상에게서 갈라져 나온 어느 사촌 종에게서 침팬지 자신과 똑같은 행동을 분명히 발견해낼 수 있을 것이다.

'테러와의 전쟁'이 있을 수 있을까?

테러리스트들은 비대칭적 전투를 수행한다. 그들은 공격 순간까지 잠복해 있다가 자신들의 수에 비해 훨씬 큰 타격을 가하고 훨씬 큰 공포를 유발한다. 대개 우리는 그들이 누구인지, 어디에 사는지, 집단 규모가 얼마나 큰지 알지 못한다. 최근에는 폭발이나 총격만이 있을 뿐 전선戰線도 따로 없다. 알카에다 같은 테러 집단은 서방 세계를 상대로 절대 완승을 거둘 수는 없음을 알고 있지만, 절대 패배도 하지 않음을 증명해 보이고자 분투한다. 그 승리를 어떻게 거둘지는 차치하더라도, 폭력을 중단시키는 것—일시적일 수도 있고 아닐 수도 있다—말고는 '테러와의 전쟁'에서의 승리가 어떤 모습일지 규정하는 것조차 불가능하다. 만일 테러 집단이나 이라크 반군을 어느 국가와도 직접 관련이 없고 군대의 정식 구조를 벗어나 있는 전사들로 인식한다면, 1066년 헤이스팅스 전투에서의 잉글랜드군의 패배나 1863년 게티스버그에서의 남부연합군의 패배와 같은 의미로는 그들을 패배시킬 수 없을 것이다. 어떤 면에서 보면, 수백만 년 전으로 거슬러 올라가는 유전된 기질에 기댄 채 어떤 대의명분을 위해 기꺼이 죽을 각오가 되어 있는, 분노로 가득한 남성들의 무리는 국가 전체보다도 물리치기가 더 힘들다. 진주만 공격 이후 일본이 항복하기까지는 4년이 걸렸지만, 9·11 이후 8년이 지난 지금도 알카에다는 여전히 매우 위협적인 존재로 인식되고 있다.

전통적인 전쟁에서의 승리는 최대한 많은 적군을 사살하거나 포로로 잡아들이거나 보급로를 차단하여 잔당이 마침내 항복하게 만드는 것을 의미한다. 그러나 '테러와의 전쟁'에서는 모든 테러리스트를 찾아내 죽이기는 어려운 일이며, 그 집단의 지도자를 죽이면 마치 히드라의 머리가 다시 생겨나듯 새 인물이 등장하고 분노와 과격 성향은 전보다 더 심해진다. 9 · 11 이후 미국이 추구하고 있는 '테러와의 전쟁' 이라는 환상은 서방 세계와의 싸움에 목숨을 걸겠다는 전사 집단의 수를 감소시키기는커녕 오히려 증가시켰다. 테러 분쟁의 성격을 띤 그러한 보복성 대처는 결국 테러 집단의 일원이 되려는 이들을 더 많이 양산하게 되는 경우가 많다. 2002년 6월 팔레스타인에서 실시된 어느 여론 조사에서는, 평화 회담을 지지한 이들(60퍼센트)보다 자살 폭탄 테러에 찬성한 사람들(78퍼센트)이 더 많은 것으로 나타났다. 2003년 이라크 침공은 결국 새로운 기회를 창출해주고 알카에다에 신입 대원을 공급하는 결과를 낳았다. 미국의 이라크 침공 이전까지는 알카에다는 이러한 특정한 최일선에서의 테러 공격과는 아무런 관련이 없었고, 물론 이라크와도 관련이 없었다. 2006년 이스라엘의 레바논 폭격으로 헤즈볼라에 대한 대중의 지지는 상승했다.

공격을 감행할 동기가 충분한 남성 소집단이 존재하는 한, 습격과 테러 공격은 계속 반복될 것이다. 서방 세계를 공격하려는 테러 집단은 현대식 군대의 화력에 당해낼 수 없음을 잘 알고 있다. 그러나 70억 세계 인구 중에 분노를 느끼는 사람들이 존재하는 한, 의견이 다른 이들, 시기하는 대상, 혹은 기이한 음모 이론의 대상에게 타격을 입히기 위해 그들은 집단을 이루어 현대 세계의 취약점을 이용하려들 것이다.

테러에 대한 대응

우리가 '테러와의 전쟁' 을 선포하는 것은 테러리스트들을 필요 이상으로 부각시키고 있는 것이며, 그들을 '비열한 살인자' 로 칭함으로써 문제의 핵심에서 벗어나고 있다. 진화론적 관점은 21세기의 테러 공격을 적절히 분류하고 그에 대처하는 더 나은 방식을 제안한다. 이는 우리를 증오하는 세력의 지도자 안으로 파고들어가 그의 성향을 파악하는 데 도움이 되며, 알카에다 같은 집단과 대면하고 그들을 극복하기 위해서는 반드시 필요한 수순이다.

모든 과학은 인간이 주변 세계의 냉철한 관찰자가 될 수 있다는 가정을 기반으로 한다. 화학자나 물리학자에게도 이는 충분히 어려운 일이다. 생물학자에게는 훨씬 더 험난한 작업이며, 인간과 관계되는 주제에 가까워질수록 더욱 어려워진다. 게다가 인류 **자신**의 동종 살해 문제에 이르면, 여간 침착한 관찰자가 되지 않고서는 감정을 **배제**하기가 힘들다. 그러나 우리가 동종 살해를 이해하기 위해서는 모든 분쟁을 적대 관계인 양측 혹은 모든 이들의 관점에서 분석할 수 있어야 한다. 오늘날 테러 공격의 근본 원인이 되는 여러 감정이 여타 전투 집단이 느끼는 감정과 유사할 것이라 생각할 만한 근거는 얼마든지 있다. 전술이나 타이밍, 극단적 여파 등의 측면에서 볼 때 유난히 극적이었을지는 몰라도 2001년 9월 11일 뉴욕 및 워싱턴 D.C. 테러 공격 배후의 사내들은 젊은 남성으로 구성된 여타 습격 집단과 다를 바가 없었으며, 그들의 행동 역시 적으로 인식된 상대를 집단 차원에서 살해하려는 남성의 보편적 기질의 일환이었다. 또한 우리가 그들의 공격을 얼마나 극악무도하다고 느끼는지와 상관없이, 완전히 정상적이고 도덕적이며 온정적인 또 다른 수백만 명에게는 그들이 여전히 영웅이라는 사실을 부정하거나 백안시한다면 이는 매우 어리석은 일일 것이다.

진화심리학의 패러다임에서 보면 테러 행위는 인간의 오랜 정서를 이용하는 것이기 때문에 특정한 대응이 필요하다. 우선 감정을 **배제**한 대응이 불가능하다는 점을 인식하는 데서부터 출발해야 한다. 9·11의 후유증이 가득한 미국에서 선거에 출마한 후보는 수많은 유권자들이 느끼는 극단적 충격과 대책에 대한 요구를 인지하지 않고서는 좋은 결과를 기대하기가 힘들었다. 그러나 우리는 그러한 분노를 이해함과 동시에 명료하고 적절하며 달성 가능한 군사적·정치적 목표를 수립하는 데 필요한 수준의 객관성을 확보해야만 한다.

첫 번째 단계는 테러 공격을 균형 잡힌 시각으로 바라보는 것이다. 2004년 마드리드 폭격으로 191명이 사망했고, 1500명이 다쳤으며, 2005년 7월 런던 테러 사건으로 55명이 죽고, 700명이 다쳤다. 이들 숫자를 제2차 세계대전 당시 사망자 수와 비교해보면 생각해볼 만한 점이 드러난다. 1940년 9월 초 런던 대공습 동안 계속된 공격으로 8000명 이상이 목숨을 잃었다. 제2차 세계대전에서 독일의 영국 공습으로 총 4만 3000명이 죽고 13만 9000명이 부상을 당했다.[164] 1943년 7월 연합군의 함부르크 폭격의 경우 한 도시 대상의 폭격 한 번으로 5만 명이 목숨을 잃었다. 제2차 세계대전 기간을 통틀어 미국인 300명 중 1명이 죽었으며, 독일의 경우 10명 중 1명, 구 소련의 경우 무려 7명 중 1명이 목숨을 잃었다.[165] 미국은 광대한 국토와 많은 인구, 경제적 부를 지닌 국가다. 끔찍한 사건이었음은 분명하지만 9 · 11로 목숨을 잃은 사람의 수는 미국민 전체를 기준으로 볼 때 10만 명 중 1명에 불과했다. 전세계적으로 볼 때 1990년대에 테러 공격으로 목숨을 잃을 위험은 **1000만** 분의 1 수준이었다.

표준 사회과학 모형의 수상대로, 습격이나 진쟁에 대한 내재된 충동이나 대응이 인간에게 없다면 미국민들은 세계무역센터의 붕괴를 지진 정도로 여길 수 있었을지도 모른다. 즉 예측불허의 끔찍한 사건이었지만 향후 수십 년간 다시는 없을 사건이며, 우리는 그저 고인을 애도하고 신체적 상해를 입은 이들을 보살피면 되는 것이다. 이러한 시나리오라면, 일말의 경제적인 손해도 최소화되었을 것이고 국가 차원의 복수에 대한 욕망도 없을 것이다. 그러나 진화심리학의 패러다임에서 전쟁과 테러는 지진이 아니며, 진화된 행동을 촉발하는 가시적이고 의도적인 폭력 행위인 것이다. 전쟁이나 테러는 대응을 요구한다. 문제는 섬세하고 균형 잡힌 반응을 생각해낼 수 있는가 하는 것이고, 서구의 민주국가들은 바로 이 대목에서 실패했다.

나는 헤이워드 지진대에서 약 1.5킬로미터 떨어진 캘리포니아 버클리의 자택에서 집필 중이다. 이 지진대는 이 책의 공동 저자가 작업 중인, 좀 더 많이 알려진 샌프란시스코를 지나는 샌안드레아스 단층보다도 좀 더 위험한 지역이다. 1868년 헤이워드 단층은 약 2미터 너비로 벌어지며 진도 7.0의 지진을 일으켜 30명이 목숨을 잃었다. 140년 전에는 수만 명의 사람들이 헤이워드 지진대 주변에 살았지만, 오늘날 이곳에는 나와 마사를 비롯한 약 250만 명이 살고 있다. 이 지진대의 평균 지진 발생 주기는 약 100년이며, 다음에 있을 대지진은 1500억 달러에 달하는 피해를 발생시킬 것으로 추산된다.[166] 그러나 지진은 인간 폭력과 같은 의도적 행위가 아니라는 이유로 그 위험이 과소평가된다. 테러 행위는 진화된 기질을 건드리며, 지진과는 달리 그러한 위협에 대해 우리는 과잉 반응을 보이는 경향이 있다.

정치인의 선거 당락 여부는 세상을 객관적으로 분석하는 능력이 아니라, 누구나 마음속에 품고 있는 석기시대 감정을 이용해 다음 선거에서 어디에 표를 던지게 만들 것인지 정확히 읽어내는 능력에 달려 있다. 9·11 직후 몇 주 이내에 이루어진 모든 분석에는 불확실성, 즉 유사 공격이 미래에 발생할 가능성 등이 포함되어 있었을 것이다. 그러나 조지 W. 부시 대통령과 딕 체니 부통령은 처칠과 비슷한 세계관을 지니고 있어서 자신들이 전세계적인 테러와의 전쟁을 이끌고 있다고 굳게 믿었으며, 그 어떤 대안적 전략도 나약한 것으로 치부해버렸다. 수백만 년간 사회를 이루어 살아온 인간에게는 언어나 몸짓에서 진심을 읽어내는 선천적 능력이 있으며, 미국의 수많은 시민들이나 대다수 정치인들은 밀물처럼 밀려드는 공포와 보복 욕구에 몸을 맡겨왔다. 테러 공격 후 닷새가 지나서 백악관에서는 미국 대통령이 "2001년 9월 11일에 발생한 극악무도한 공격을 모의, 지휘, 수행, 지원했다고 판단하는 국가, 단체, 개인을 상대로 필요한 모든 힘"을 동원할 수 있도록 하는 데 의회의 동의를 구했고, 승인을 얻었다. 반대 표를 던진 사람은 단 한 사람—여성—뿐이었다. 해당 결의안에 찬성표를 던진 나머지 의원들은 훗날 자신들은 당시 고의적으로 왜곡된 정보를 전달받았기 때문이었다고 주장하지만, 진화론적으로 봤을 때 그러한 상황에서 사람들은 잘못된 정보를 받았을 가능성을 **예상**할 수 있었을 것이다. 이러한 결의안을 이해는 한다 해도, 어쨌든 그 테러 공격의 발생 과정과 원인을 엄밀하게 분석하거나 향후 유사한 공격을 방지할 수 있는 최선의 결과물은 아니었다. 부시 대통령에게 막강한 권한을 부여하는 그 결의안은 1964년 8월 의회에서 통과되었던 통킹 만 결의안과 오싹하리만치 흡사했다. 베트남 포함이 미 구축함(남베트남 측에 첩보를 제공 중이었음)에 발포하여 소규모 교전이 벌어진 뒤, 미 의회는 북베트남을 상대로 싸우는 데 "무력 사용을 포함한 모든 필요한 조치"를 취할 수 있는 권한을 린든 존슨 대통령에게 부여하도록 승인했다. 통킹 만 결의안은 대대적인 베트남 전쟁의 발발로 이어졌다. 이 당시, 해당 결의안에 반대한 상원의원은 단 2명에 불과했다.[167]

군사적 위협에 대한 부적절한 과잉 반응 사례는 놀라우리만치 흔하다. 1739년 영국은 영국인 선장 로버트 젠킨스가 오늘날 플로리다에 해당하는 지역에서 스페인 함선에 포로로 잡혀 한쪽 귀가 잘렸다는 이유로 스페인에 전쟁을 선포했다.[168] 9·11 이후 미국 정부는 400억 달러 규모의 반테러법을 신설했으며, 미국 시민들이 월마드에서 사간 성조기는 11만 6000장에 달했다. 호주에서 짐바브웨에 이르기까지 총 43개국 역시 반테러 법안을 통과시켰고, 각 조항은 과거에 어렵게 쟁취한 자유를 어떤 식으로든 구속하는 내용을 포함하고 있다. 미국의 애국법Patriot Act은 연방 정부 요원들이 주인에게 고지하지 않고도 개인의 가택을 수색할 수 있도록 허용하고 있으며, 미국 시민일지라도 '적 전투원'으로 분류되면 변호사 면회 없이 군 수용소에 구금시킬 수 있도록 했다. 여러 관점에서 볼 때 9·11에 대한 미국 정부의 대응은 불균형, 부적절, 불합리하다. 9·11 이후 만들어진 법과 규제 중 일부는 무용지물이다. 여객기의 화물칸으로 들어가는 화물은 폭발물 검색대를 통과하지 않는 반면, 그 위에 앉는 승객의 신발은 X선 검사를 받기도 한다.

우리는 큰 그림을 보아야 한다. 테러를 불식시킬 수 있는 유일하게 타당한 장기 전략은 분노로 가득 차 집단공격에 가담하려는 젊은 남성들이 생겨나는 것을 막는 것이다. 지금까지 갱단 활동을 제재하려는 각종 노력은 기대치에 미치지 못했다. 헌신적이고 카리스마 있는 소수의 교회나 사회 지도자들은 갱단의 일원들에게 그들이 추구하는 소속감을 선사했지만, 시카고나 로스앤젤레스 등 미국 대도시에서 갱단을 제압하려는 경찰의 노력은 길거리의 법칙을 차용하는 경우가 많았다. 길거리 생활을 최대한 불편하게 만듦으로써 갱단을 억압하려는 방식이었다. 스캇의 말에 따르면, "'갱단과의 전쟁'이라는 개념이 성공을 거둔다는 것은 중화인민공화국이 미국인에게 이제 그만 미국인이 되라 요구하는 것만큼이나 비현실적이다".[169] 미국 길거리 갱단의 일원 중 90퍼센트가 높은 범죄발생률과 실업률이 장기간 지속되는 지역의 소수집단 출신이며, 이러한 고질적인 문제가 지속되는 한 갱단은 계속 존재할 것이다. 마찬가지로, 늘어나는 학생을 학교가 감당하지 못하고 젊은이들이 구두닦이 말고는 별다른 직업을 구할 수 없는 한, 테러도 계속해서 위험 요소로 남을 것이다.

이 책의 후반부에서 다루게 될 예정이지만, 테러 위험을 낮추기 위한 일련의 현실적인 정책은 테러라는 결과보다는 그것을 유발하는 근본적인 원인에 초점을 맞추는 것이다. 수백만 년 동안 늘 그러했듯, 젊은 남성들이 집단 공격을 감행하는 가장 큰 목적은 더 많은 자원을 얻고 성적 상대에의 접근 기회를 얻는 데 있다. 가자 지구의 경우를 생각해보자. 이곳은 한 면은 지중해, 다른 한 면은 이집트, 그리고 나머지 두 면은 이스라엘에 접해 짓눌린 직사각형 모양의 작은 땅이다. 백만 명의 팔레스타인 사람들이 이곳에 살고 있으며, 이들 가운데는 1967년 6일 전쟁 이래 이곳에 정착해온 이들도 있다. 오늘날 가자 지역 주민 대다수는 그곳에서 태어났고 다른 본토라고는 없는 사람들이지만, 정치적으로 팔레스타인 사람들은 난민으로 분류된다. 유엔이 난민 지위를 보장하고 적절한 예방 진료, 일반 백신 접종, 최소한도의 위생 등을 원조하고 있지만, 가족계획은 여전히 정치적으로 뜨거운 감자다. 가족계획의 부재와 "팔레스타인인의 자궁은 팔레스타인이 가진 유일한 무기"라는 노골적인 정치적 인식은 가파른 인구 성장을 낳았다. 1950년 100만 명이던 팔레스타인 인구는 310만 명이 되었고, 여성 1명당 평균 출산율은 6명이다. 유엔의 연구에 따르면 팔레스타인 인구는 2050년까지 945만에서 많게는 1300만에 달할 전망이다. 인구의 절반은 15세 미만이고, 현재 40퍼센트인 실업률은 계속 증가 추세에 있다. 이러한 인구통계는 정치 문제에 대한 장기적 해법을 불가능까지는 아니라 하더라도 매우 어렵게 만들고 있다. 아랍 사회는 성적으로 보수적이어서 결혼 전에는 젊은 남성들이 성적 욕구를 발산할 곳이 거의 없지만, 그렇다고 해서 경제적으로 독립하여 결혼할 여력도 없다. 젊은 남성의 수는 많고, 기회는 없고, 성적인 욕구 불만과 지배 외집단을 향한 분노가 사실상 불가피한 그 상황을 감안할 때, 이보다 더 완벽한 집단공격의 온상은 없으며, 이 경우 테러 공격의 형태로 분출되고 말 것이다.

6
여성과 전쟁

| 마사 캠벨과 공저 |

결과적으로 여성을 해치게 된다 하더라도, 경쟁에서 남성에게 도움이 되는 모든 형질은 무제한적으로 진화하게 되었다. 다른 남성을 배제하고 여성을 한데 모아 격리시키려는 남성의 노력은 모두 성 선택의 결과였다. 짝짓기 상대를 통제하려는 남성의 다양한 노력의 대가로 엄마와 자식의 생존이 희생되는 경우도 종종 있었다.

— 새라 블래퍼 허디, 1999[170]

1970년 말, 팔레스타인 해방기구PLO는 9월 요르단에서 팔레스타인 난민들이 추방당했던 충격적인 사건에서 이름이 유래한 검은 9월단Black September을 출범시켰다. 헌신적인 젊은 남성들로 구성된 검은 9월단은 과격 단체로 급성장했고 1972년 뮌헨 올림픽에서 이스라엘 선수들을 인질로 붙잡고 일부를 살해하면서 세계의 이목을 집중시켰다. 그러나 몇 년이 채 지나지 않아, 유엔에서 PLO에 참관국 자격을 부여하자 야세르 아라파트는 이 단체를 억제할 필요를 느꼈다. PLO 지도층에서는 어떤 조치를 취할지 숙고 끝에 매력적인 젊은 팔레스타인 미혼 여성을 100명가량 모집했고 이들에게 "팔레스타인 국민에게 극히 중요한 임무"에 동참할 것을 권유했다. 그러나 이들에게 테러 공격을 명령한 것이 아니라, 결혼, 가족, 경제적 기회가 잠재적으로 폭력을 일으킬 수 있는 남성들에게 미치는 영향을 실험하는 데 이용했다. 지원자들에게 검은 9월단의 주요 단원들을 소개시켜주었고, 이들 단원에게는 결혼할 경우 3000달러와 가스 난방설비를 갖춘 아파트와 텔레

비전 등을 제공하고 장기 고용을 보장하며, 아이를 낳으면 5천 달러를 추가로 지급하겠다고 했다.[171]

가부장적인 사회에서 실제로 있었던 이 독특한 사례의 결말은 흥미롭다. 실험 참여자들 내면에 있는 타인에게 '고통'을 가하려는 의도를 실험했던 예일대의 스탠리 밀그램이나 '수감자'와 '교도관' 관찰 실험을 했던 스탠포드의 필립 짐바르도와 마찬가지로, 이러한 현실 속 실험의 주창자 역시 대상을 시험했다. 이따금씩 실험 주창자들은 이미 결혼한 테러리스트들에게 여권을 주면서 PLO 업무차 유럽의 도시를 방문할 것을 요청하기도 했다. 이들은 체포되거나 새로 꾸린 가정을 잃을 것을 두려워하여 아무도 이 요청을 수락하지 않았다. 결혼 및 자녀 출산을 겪으면서 폭력적이고 위험한 행동은 이들에게 정서적·경제적·진화적인 측면에서 더 이상 아무런 의미가 없어진 것이었다. 결국 검은 9월단은 해체되었다.

만일 남성과 그들 내면 깊이 자리 잡고 있는 행동적 기질이 전쟁과 테러의 주요 원인이라면, 여성이 지닌 특유의 반대되는 기질이 치유법이 될 수 있을까? 의학 분야에서 대부분의 독에는 해독제가 있지만, 전쟁과 관련하여 남성과 여성 사이에 이처럼 직접적인 원인-치료 관계가 성립될 가능성은 희박해 보인다. 그러나 전쟁을 부추기는 환경을 조성하는 데 남성과 그들의 유전적 충동이 얼마나 중요한 역할을 하는지 간과할 수 없듯이, 전쟁 발발 가능성을 낮출 수 있는 요인들에 관한 증거를 무시한다면 제대로 된 분석이 불가능할 것이다.

복잡하게 맞물린 수많은 방식으로 여성은 전쟁 및 테러와 관련되어 있다. 남성이나 여성 모두 자원을 두고 경쟁하지만, 앞서 지적했듯이 남성은 여성보다 폭력적인 방법에 의존할 가능성이 더 높다. 집단공격과 습격은 인류 및 인류 이전의 혈통에서 폭력을 성공적으로 이용한 남성에게 번식에 유리한 점으로 작용했을 수도 있고, 그러한 남성과 긴밀히 연합한 여성 역시 식량을 채집할 더 넓은 영역, 더 넉넉한 식량, 더 건강한 자손을 얻는 혜택을 누렸는지 모른다. 그러나 모든 형태의 집단공격은 결국 제로섬 게임이라는 사실을 깨달을 필요가 있다. 다시 말해, 세상의 그 어떤 전쟁, 습격, 강간도 평화적인 방법으로는 얻을 수 없는 옥수수 한 알, 천 한 조각, 건강한 아이 한 명을 새로 보탠 적이 없다는 것이다.* 전쟁은 새로운 자원을 창출해내지 못하며, 다른 집단으로부터 그들의 자원을 빼앗아올 뿐이다. 이웃 공격에 성공한 우리의 선조 남성들에게 영토의 확장은 식량에의 접근 기회 증가, 무리의 확장을 통한 더 많은 여성 확보, 더 많은 자손의 다음 세대 존속을 의미했다. 그러나 폭력은 더 많은 식량을 생산해내는 데는 아무런 역할도 하지 못했으며, 다른 남성 집단이 숲속의 같은 지역을 점령했다 하더라도 여성의 생존과 생식에는 큰 변화가 없었을 것이다.

평균치 여성은 남성보다 덜 폭력적이며—선천적으로 그러하다는 것이 우리의 견해—생식이라는 문제에서도 노골적인 경쟁이 덜하다. 그렇다고 해서 인류의 진화나 시사적 문제에서 여성이 방관자라는 의미는 아니다. 단지 여성은 벙커 파괴 폭탄이나 기관총보다 더 미묘한 방식으로 깊은 영향력을 발휘하는 경우가 종종 있다

폭력이나 번식에 관한 전략 면에서 남성과 여성 간의 진화상의 본질적 간극은 적어도 5000년간의 사회적·기술적 변화를 통해 더욱 벌어졌다. 차후에 다시 살펴보겠지만, 시간이 흐를수록 기술은 남성 중심의 분쟁을 더욱 파괴적으로 변화시켜왔다. 정착 농경과 가축 사육이 점차 중요해지면서 부富는 한 세대에서 다음 세대로 전달되었고, 결혼 제도나 성 풍습은 여성의 출산에 대한 남성의 통제를 강화하는 방향으로 변하기 시작했다. 곡물 경작과 가축 사육으로 전반적인 식량 공급이 증가하여 인구 증가에 가속도가 붙기

* 물론, 전쟁의 결과는 대개 정반대—자원 고갈, 생명 손실, 식량 재배 및 상품 생산 기회 상실—다. 그러나 의외로 호전성은 사회에 몇몇 긍정적인 기여를 해왔다. 통조림 음식에서부터 원자력에 이르기까지, 전쟁 위기와 그에 따른 요구로 인해 수많은 기술 혁신이 있어왔다. 그리고 8장에서 좀 더 자세히 살펴보겠지만, 이웃 집단을 전술로 압도하고 정복해야 한다는 창의적 요구 역시 인류 특유의 지적 수준을 끌어올리는 데 촉매 역할을 했는지도 모른다.

시작했고 영토 확보 경쟁이 심해졌으며, 즉흥적이고 폭력적인 성향의 젊은 남성 인구층의 우위가 두드러지기 시작했다. 인위적인 출산 조절 방법이 여러 가지 발견되자, 이에 대한 남성의 방해가 이어졌다.

한두 세대 전에 흔히 그러했듯이 여성이 세상을 움직인다면 전쟁은 없을 것이라 말하는 것은 지나치게 단순한 생각이다. 그러나 평균적으로 볼 때 여성은 남성과는 다른 정치적 선택을 내린다. 남성은 우파 쪽으로 다소 기울고, 국방비 지출 증가에 찬성하며, 지도층의 상명하달식 '정책 결정' 스타일을 선호하는 경향이 있는 반면, 대개 여성은 합의 형성 방식을 선호한다. 예일대 경제학 교수인 에보니아 워싱턴은 딸을 둔 미 하원의원들이 안전한 낙태를 지지하는 경향이 더 높다는 사실을 밝힌 바 있다. 또한, 자녀를 둔 하원의원 가운데 딸이 많은 사람일수록 투표 전력이 더 진보 성향을 띠는 것으로 드러난다. 이러한 경향성은 일반 유권자에게서도 고스란히 나타난다. 미국의 경우 아들은 없고 딸만 있는 부모 가운데 37퍼센트가 민주당원으로 등록되어 있는 반면, 아들만 있는 부모는 31퍼센트다.[172] 큰 차이는 아니지만 통계적으로는 유의미한 수준이다. 독일에서는 당적 변경의 경우 아들이 하나 있는 부모 중 3분의 2는 우파 쪽으로 이동한 반면, 딸이 하나 있는 부모 중 3분의 2는 좌파 쪽으로 움직였다.

이러한 관찰 결과는 남성과 여성의 생물학적 관심사가 다름을 반영하는 것일 수도 있다. 여성은 다른 여성과 연대하고 사회복지를 지지하는 경향이 더 강한 반면, 남성은 서로 경쟁하고 강인하고 결단력 있다고 생각되는 사람을 지도자로 선출하는 경향이 강하다. 어떤 쪽이든, 여성에게 정치적 영향력과 독립성이 있을 때 국내외 폭력 사태에 지대한 영향을 미칠 수 있음은 그간 선례를 통해 분명히 입증된 바 있다. 일반적으로, 여성이 개인의 자유를 누리고 사회에서 정치적 역할을 감당하고 있는 나라는 남성 지배 성향이 더 강한 사회보다 테러를 지원하거나 이웃 국가를 공격할 가능성이 더 낮다.* 여성이 전통과 종교의 구속을 받고 성인이 되고 나면 삶의 대부분을 출산에 매달려야 하는 가부장적 사회는 폭력적인 성향을 띠는 경우가 많다.[173] 여성에게 자녀를 적게 낳을 수 있는 여지가 생기면, 자원 경쟁이 줄고 인구에서 노년층 대비 청년층 비율이 감소하며 결과적으로 시간과 활동력이 증대된 여성은 시민 사회에서 좀 더 동등한 역할을 감당할 수 있게 된다. 정치라는 남성적 영역에서 최초로 지도자가 된 영국의 마거릿 대처나 파키스탄의 베나지르 부토 같은 여성들은 이례적으로 투쟁적인 경우가 많다. 그러나 전반적으로 볼 때, 여성 비율이 높은 입법 기관은 상대적으로 더 평화적이다. 팔레스타인의 젊은 여성들과 검은 9월단 테러 분자들에 대한 실험 사례에서, 가족을 부양하는 것이 남성들의 집단공격 의지를 얼마나 누그러뜨릴 수 있는지 분명히 알 수 있다. 그러나 남성과 여성의 상호작용이 전쟁과 테러에 영향을 끼치는 모든 방식을 완전히 이해하기 위해서는, 양성 간 경쟁의 진화부터 이해할 필요가 있다.

양성 간의 대결

다윈은 1871년작 『인간의 유래와 성 선택The Descent of Man, and Selection in Relation to Sex』에서 진화 과정에서 어떻게 양성이 대립할 수 있는가를 최초로 설명했다. 수천 차례의 관찰에 입각하여, 진화생물학자들은 양성 중 생식에 최대 투자를 하는 쪽은 짝짓기를 할 때 좀 더 신중하고 까다롭게 선택하겠지만, 적게 투자하는 쪽의 개체들은 반대 성에 접근하기 위해 자기들끼리 경쟁을 하게 된다는 결론을 내렸다. 인간 등 포유류의 경우, 암컷은 새끼를 낳아 젖먹이고 기르는 데 엄청난 시간과 힘을 쏟는다. 반면, 포유류 수컷이 들이

* 2003년 이라크 침공에서 볼 수 있듯, 대량살상무기에 대한 잘못된 정보를 가지고 단기적인 애국심으로 움직이는 민주 국가는 심각한 판단 실수를 저지를 수 있다. 그러나 미국 시민들이 전쟁에 점차 환멸을 느끼게 된 2006년 당시 남성 가운데 40퍼센트는 여전히 전쟁을 지지한 반면, 전쟁을 지지한 여성은 34퍼센트에 불과했다는 사실은 시사하는 바가 크다.

는 노력은 사정射精 한 번에 그칠 수도 있다. 자신의 경쟁 상대들을 힘이나 기지로 제압한 수컷은 수많은 암컷을 통해 자손을 낳을 수 있지만, 반대로 제압당한 수컷의 경우은 아버지가 될 기회를 전혀 가지지 못할 수도 있다.*

이 같은 암컷과 수컷 간의 생식에 대한 투자의 차이는 인간의 경우 유독 두드러진다. 아이 한 명을 길러내는 일은 긴 임신 기간과 위험한 출산 과정,** 모유 수유, 다년간의 보육을 포함하기 때문이다. 즉 (부모라면 다 아는 이야기겠지만) 부모가 육아에 들이는 시간, 노력, 기회 비용 등을 고려해볼 때, 인간이 자녀를 가지는 것은 대단한 희생을 요구하는 일이며, 자기 자손의 수를 늘리고자 하는 모든 남성의 입장에서 가임 여성은 제한요인에 해당한다. 남성들이 서로 단합하여 외부 세력에 대항함으로써 생식에 성공할 기회를 증가시켰던 것과 마찬가지로, 여성과 여성의 생식을 제어할 새로운 전략을 생각해내거나 그러한 충동을 진화시켜온 남성들이 결과적으로 더 많은 자식을 낳을 수 있었다. 내집단, 외집단을 막론하고 유전적으로 여성에 대한 성폭력 성향을 지닌 사람은 그러한 성향을 이어받은 자손을 더 많이 남기게 될 가능성이 컸다. 캘리포니아 대학교 데이비스의 세라 블래퍼 허디는 "결과적으로 여성을 해치게 된다 하더라도 남성[의 경쟁]에 도움이 되는 모든 특성은 무제한적으로 진화"한다고 표현했다.[174]

양성 간의 대결이 대등하지는 않을지 모르지만, 그렇다고 해서 아주 일방적인 것은 아니다. 제인 구달, 패트리샤 고와티, 세라 허디, 앤 퓨지, 앤 캠벨 등 여성 생물학자들과 심리학자들의 노력으로 짝짓기 상대의 선택과 자원을 두고 여성이 벌이는 경쟁의 전모가 밝혀졌다.[175] 인간과 마찬가지로 원숭이

* 자연계에는 한 가지 흥미로운 역할 전환 사례가 있다. 이는 양성 가운데 생식에 더 적게 투자하는 쪽이 가장 적극적인 공격성을 띨 가능성이 높다는 일반론을 뒷받침한다. 해마의 경우, 수컷이 알주머니를 만들면, 암컷이 음경과 비슷하게 생긴 산란관을 통해 알을 낳는다. 수컷은 몸속에서 그 알들을 수정시켜 2~4주 동안 키운다. 수컷이 임신을 하는 유일한 사례로 알려져 있는 이 경우에서 암컷이 아닌 수컷이 생식에서 제한 인자가 되며, 암컷은 좀 더 활동적이고 공격적인 쪽이 된다.

** 오늘날과 같은 산과 의료 서비스가 없을 경우, 출산 100건당 1건꼴로 산모가 목숨을 잃을 수 있다.

의 경우에도 수컷의 경쟁은 쉽게 찾아볼 수 있다. 젊은 오랑우탄 수컷은 원하지 않는 암컷과 강제로 짝짓기를 하기도 한다. 숲속에서 야생 침팬지를 지켜보고 있던 마사와 나는 그다지 오랜 시간이 지나지 않아 곧 수컷들이 서로 우우 소리를 지르며 힘을 과시하고, 각자 우위를 드러내 보이려고 암컷들을 거칠게 다루는 장면을 목격할 수 있었다. 그러나 유심히 들여다보면, 암컷은 좀 더 미묘한 술책을 사용한다는 것을 알 수 있다. 성숙한 침팬지 수컷은 자신이 속한 무리의 대부분의 암컷과 짝짓기를 하지만, 이 암컷들은 수컷의 지배에서 벗어나기 위한 방편으로 다른 무리의 수컷과도 짝짓기를 하는 경우가 많다. 침팬지의 경우, 암컷은 보통 다음 수태를 하기까지 열 마리 이상의 수컷과 130회 이상의 짝짓기를 하는 등 상상을 초월하는 난교를 벌인다.[176]

수많은 진화론적 충동이 그러하듯, 남성 간의 성적 경쟁이 늘 의식적인 차원에서 이루어지는 것은 아니며, 그러한 경쟁은 종종 여러 가지 부수적인 결과를 낳는다. 가정 내 폭력이나 여성이 성적 쾌락을 즐기는 일에 대한 억압, 수많은 사회에서 공통적으로 발견되는 성 도덕에 대한 이중 잣대 등이 그에 해당한다.[177] 아버지 침팬지는 대체적으로 새끼들의 장난을 너그럽게 받아들이기는 하지만, 어떤 식이 됐든 새끼를 보살피지는 않으며, 무리 속의 다른 침팬지에게 보이는 것 이상의 특별한 관심을 자기 새끼에게 쏟는 것 같지도 않다. 이와는 달리, 모든 인간 사회의 남성은 자기 자식을 구분해내려 하고, 각기 정도의 차이가 있거나 불분명한 방법일 때도 있지만 어쨌든 육아에 힘을 보탠다. 그러나 자기 자손임을 확인하는 것이 관건이다. 진화론적 관점에서 볼 때, 자기 자식에 대한 여성의 모든 투자가 생물학적으로 가치 있는 이유는 여성은 그 아이가 본인의 자식임을 확실히 알고 있기 때문이다. 그러나 생물학적으로 자기 자식이 아닌 아이를 기르는 데 자원을 들이는 남성이 있다면, 그는 자기 자손을 부양하여 자신의 유전자를 다음 세대로 넘겨줄 기회를 허비하고 있는 셈이 된다. 엄격한 도덕률이나 격리된 하렘에서부터 정조대나 여성 할례*에 이르기까지, 사실상 인류의 모든 문화권에서 남성은 여성의 성적 선택권을 제어하고 친자확인을 확실히 할 수 있는 다양한 방법을 발전시켜왔다.

여성과 여성의 성욕을 지배하려는 남성의 충동은 진화되어온 뿌리 깊은 성향으로, 이를 변화시키기는 굉장히 어려울 수 있다. 남성은 여성보다 월등한 육체적인 힘을 이용해 여성을 지나치게 자주 속박하고 폭력을 행사한다. 예를 들어, 니카라과에서 이루어진 각종 연구를 보면, 전체 남성의 44퍼센트가 아내나 여자친구를 폭행한 적이 있다고 스스로 응답했고, 에콰도르 키토의 한 표본 지역에서는 80퍼센트에 달하는 여성이 남편에게 구타당한 경험이 있다고 응답했다.[178] 그러나 다른 유형의 폭력에서 살펴보았듯, 생물학적으로 내재된 충동이라고 해서 항상 발현되어야 하는 것은 아니며, 좀 더 긍정적인 방향으로 전환되는 경우도 실제로 많다. 가정 내 폭력의 경우, 생물학적 설명은 절대 인간 행동의 면죄부가 될 수 없으며, 진화론적 충동은 인간 도덕이나 법 체계의 근거로 삼기에 너무도 빈약하다는 것은 틀림없는 사실이다. 앞서 주장했던 대로, 최선의 경우 문명은 고유한 유전적 기질을 극복하여, 대체로 상보적이거나 상반되는 다른 행동 패턴으로 대체하기도 한다. 이와 동시에, 여성을 지배하려 하거나 집단공격을 감행하려는 남성의 기질의 근원을 더 이해하게 될수록, 우리는 그러한 성향을 더욱 완화해나갈 수 있을 것이다. 제인 구달이 최초로 연구하고, 우리가 지금까지 시간을 들여온 대상인 침팬지의 홉스주의적 행동과는 상반되는 흥미로운 사례를 자연에서 볼 수 있음을 3장에서 언급한 바 있다. 루소가 이 사실을 알 수는 없었겠지만, 침팬지의 유사 종인 보노보는 인간 본성에 대한 루소의 좀 더 긍정적인 견해를 확실히 뒷받침한다.

* 아프리카와 중동 일부 지역에서 여전히 보편적으로 행해지고 있는 이 할례 과정에서는 여성의 음핵을 제거하며, 지역에 따라서는 인접한 음순 부분까지 잘라내기도 한다. 이로 인해 여성의 성적 쾌감과 욕구가 크게 감퇴되거나 생식기 부분의 극심한 통증의 기억을 평생 안고 살아가게 된다.

보 노 보

1929년 들어서야 보노보가 침팬지와는 다른 종이라는 인식이 생겼다. '피그미침팬지' 라고도 불리는 이 보노보는 침팬지에 비해 몸집이 좀 더 호리호리하고 좀 더 쉽게 꼿꼿이 서서 걸으며, 물장구를 치거나 장난을 치는 등 해부학적으로나 행동상으로 일부 사소한 차이점을 제외하고는 몸집이 더 큰 사촌뻘 침팬지와 차이가 별로 없다고 여겨져왔다.* 그러나 그 뒤로 행동면에서 특히 상당한 차이가 있음이 드러났다. 보노보는 암컷과 수컷 모두 유희적이고 열정적인 성생활을 하며, 보노보 암컷의 경우 침팬지와는 달리 대체적으로 수컷에게 순종적이지 않다. 다 자란 보노보 암컷과 수컷은 밤에 함께 잠을 자기도 하는데, 이는 침팬지와는 다른 점으로 인간과 닮았다. 가장 중요한 사실은 수천 시간을 관찰해보았지만 보노보에게서는 집단공격을 한 번도 볼 수 없었다는 점이다.

앞서 살펴본 대로, 사회를 이루고 사는 대부분의 포유류 수컷은 성숙기에 이르면 자신이 태어난 무리를 떠난다. 따라서 코끼리, 늑대, 하이에나, 사자의 무리는 모두 누이, 숙모, 사촌 등 혈연관계가 있는 암컷들로 이루어진 모계 집단 내에서 생활한다. 침팬지와 보노보 모두 이러한 패턴과 정반대이며, 사회의 주요 단위는 수컷으로 이루어져 있고, 암컷이 성숙기에 이르면 태어난 무리를 떠나게 된다. 침팬지의 경우, 어리고 경험이 없는 암컷이 새로운 무리로 옮겨가면 친구가 전혀 없는 상태에 놓인다. 수컷보다 몸집도 작고, 그 지역에 대해서도 잘 모르기 때문에 상당한 스트레스를 받게 된다. 아마도 배란이 처음 시작되었는지 생식기가 부풀어 오른 어린 암컷을 곰베에서 지켜본 기억이 있다. 이 암컷은 저돌적인 어느 수컷에게 쫓겨 나뭇가지들을 헤

* '보노보' 라는 이름의 유래는 정확히 알려져 있지 않지만, 이 독특한 종에 대한 토착어로 보고 있는 추세다.

치며 달아나다가 쿵 하고 큰 소리를 내며 거의 5미터 아래로 떨어졌다. 다행히 스스로 몸을 일으켜 세워 도망칠 수 있었지만, 이는 어린 암컷이 낯선 무리 속에 들어갔을 때 어떤 난관에 부딪힐 수 있는지 분명히 볼 수 있는 사례였다.

인간은 사춘기가 지나면 일년 내내 성에 관심을 가지고 살며, 대다수 다른 종들과는 달리 인간의 성적인 행동 대부분은 출산과 직접적으로 연관된 것이 아니다. 그러나 침팬지, 특히 보노보의 왕성한 성적 활동은 여기서 한 단계 더 나아가, 인간과는 달리 대낮에 동료들이 보는 앞에서 일을 벌인다. 새로운 보노보 암컷이 무리 속에 들어가면, 이 암컷은 먼저 그 무리 속에 있던 암컷 한 마리와의 성적 쾌감을 바탕으로 유대 관계를 형성한다. 보노보 암컷은 서로 생식기를 문질러주는 행동을 하는데, 영장류 학자들은 이를 호카호카hoka-hoka라 부른다. 서로의 팔과 다리를 얽히게 한 뒤 암컷 하나가 상대 암컷을 안는데, 서로 빠르게 엉덩이를 움직이며 음핵을 자극하는 동안 안긴 쪽이 땅에 전혀 닿지 않도록 번쩍 들어올리는 경우도 있다. 호카호카는 땅 위에서 하거나 혹은 나뭇가지에 매달려 할 때도 있다. 보노보 수컷 역시 손과 발을 이용한(침팬지는 손가락뿐 아니라 발가락도 엄지가 나머지를 마주보고 있다) 상호 자위나 구강 성교, 그리고 나뭇가지에 매달려 왔다 갔다 하며 가늘고 긴 음경을 서로 펜싱하듯 부딪히는, 일명 '페니스 펜싱penis fencing' 등의 동성애 행위를 한다. 보노보는 성적 지향 면에서 명확한 구분이 전혀 없으며, 어른이 된 모든 보노보는 이성 간 성행위도 한다.[179]

성적인 쾌감으로 유대를 맺은 보노보 암컷들은 어느 한쪽이 수컷에게 위협이나 공격을 받을 경우 서로 돕는 관계가 된다. 암컷이 수컷보다 몸집이 작기는 하지만, 서로 믿고 함께 행동하는 암컷 두 마리는 수컷 한 마리보다 한 수 위에 있는 셈이며, 필요할 경우 힘으로도 수컷을 제압할 수 있다. 이러한 유대 관계는 양성 간 힘의 균형에 변화를 가져온다. 침팬지 무리에서는 일반적으로 수컷이 지속적으로 암컷을 지배하고 종종 물리적 폭력을 행사하기도 한다. 이러한 행동은 보노보 사회에서는 매우 드문 일로, 양성이 훨씬 평등하고 수컷이 방종하게 구는 일도 없다. 만일 침팬지 무리가 있는 샌프란시스코 동물원의 사육사로 일하면서 울타리 안으로 바나나 한 송이를 던져 넣는다면, 수컷이 밀고 들어와 바나나를 채갈 것이다. 반면, 보노보가 있는 샌디에이고 동물원에서 똑같은 시도를 한다면, 보노보 암컷이 바나나를 손에 넣게 될 확률이 높다. 아마도 양성 간 경쟁 상황이 전혀 다르기 때문에 좀 더 저돌적인 사촌뻘 침팬지에 비해 보노보는 전반적으로 덜 공격적인 것 같다. 이들의 서로 다른 본성을 분명히 보여주는 독특한 사례를 하나 놓고 봤을 때, 보노노는 스트레스가 심한 환경에 더 민감한 것 같기도 하다. 보노보가 최초로 동물원에 들어가게 된 것은 1930년대 뮌헨에서였다. 제2차 세계대전 중 연합군의 폭격으로 보노보 세 마리가 심장마비로 죽었으나,[180] 같은 동물원 내에 있던 침팬지는 모두 살아남은 것으로 알려져 있다.

다른 침팬지들에 비해 부계적 성격이 약한 보노보 사회의 특성으로 보노보 사회에 집단공격이 없는 이유를 설명할 수 있다고 보는 흥미로운 견해도 있다. 그러나 '그저 있을 법한' 수많은 진화론적 이야기들이 바로 이런 식으로 회자되고 있으며, 우리가 질문을 던지거나 결론을 도출할 때 영향을 미치는 선입관에 대한 아인슈타인의 경고도 되새길 필요가 있다. 보노보의 행동뿐 아니라 생태까지 엄밀히 관찰해보면, 무리 안의 가부장제와 무리 밖에서의 공격은 사실상 관련이 없음을 알 수 있다. 실제로, 보노보가 집단공격을 하지 않는 이유는 두 종의 생활 방식과 장소의 주요 차이점을 통해 설명이 가능하다.

다윈의 핀치와 각자 독특한 먹이를 먹을 수 있게 변형된 그 다양한 부리를 기억해보면, 가까이 사는 유사 종들이 각각 특화된 주식을 섭취하는 쪽으로 진화한 경우가 많다는 것을 알 수 있다. 덕분에 이들은 먹이에 대한 과도한 경쟁 없이 같은 지역에서 살 수 있다. 아프리카 대부분의 지역에서, 침팬지와 고릴라는 본래 같은 숲속 서식지에서 경쟁 없이 살았다. 보통의 침팬지

제인 구달이 연구하는 침팬지와 좀 더 희귀한 보노보는 해부학상 유사하지만, 사회적 행동 면에서는 차이를 보인다. 서로를 부둥켜 안고 가는 암컷 두 마리를 담은 이 사진에서 볼 수 있듯 보노보 암컷은 끈끈한 우정을 형성한다. 이러한 암컷 쌍은 서로에게 성적인 쾌감을 주기도 한다. 침팬지 수컷은 암컷을 괴롭히기도 하지만, 보노보 사회에서는 수컷의 덩치가 더 큼에도 불구하고 짝을 지은 암컷들이 수컷의 지배에 저항할 수 있다. 이들 두 종 각각에 대해 우리는 인간의 행동을 투영시켜볼 수 있다.

는 주로 과일을 먹고, 고기도 약간 먹는다. 고릴라는 엄격한 채식주의자로, 커다란 위장에서 천천히 소화할 수 있는 두껍고 부드러운 잎을 주식으로 한다.

수년 전, 우리 중 한 명(말콤)은 바다에서 800킬로미터 떨어진 내륙의 콩고 강을 건넌 적이 있다. 상당히 상류이기는 했으나 폭이 수 킬로미터에 달하는 이 거대한 강은 어마어마한 장벽이나 마찬가지며, 고릴라가 이 강을 건너지 못한 것도 놀랄 일이 아니다. 그래서 고릴라들은 콩고 강 북쪽에서만 서식하고 있다. 그러나 어떻게 해서인지 일부 침팬지 조상은 강을 건넜고, 고릴라와 경쟁할 필요가 없었던 이들은 과일뿐 아니라 잎도 먹기 시작했으며, 결국 오늘날 우리가 보노보라고 부르는 종으로 진화했다. 양질의 다양한 먹이를 좀 더 안정적으로 얻을 수 있게 된 보노보는 무리를 지어 다닐 수 있지만, 보통의 침팬지는 먹이가 부족한 탓에 각자 개별적으로 먹이를 구할 수밖에 없으며, 때문에 이웃 수컷 집단의 공격을 받을 위험에 노출된다. 혼자 있는 모습을 좀처럼 보기 힘든 보노보 사회에서 집단공격이 아예 생겨나지 않았거나 소실된 이유는 불필요했기 때문이라기보다 아무런 이득이 없기 때문이었다. 집단공격이라는 전략은 공격하기 좋게 홀로 있는 적을 발견하는가의 여부에 전적으로 달려 있다.

그러나 여기서 다음과 같은 의문이 생긴다. 치명적인 집단공격은 침팬지와 인간에게서 각각 한 번씩 두 차례 진화된 것인가, 아니면 공통된 조상으로부터 세 종 모두에게 전해져 내려오는 과정에서 근래 보노보의 행동 목록에서만 사라져버린 것인가? 새로운 구조나 행동은 진화하기 매우 어렵기 때문에, 두드러지는 모든 해부학적 특성이나 특이한 행동은 두 번씩보다는 한 번에 진화되었을 가능성이 높다. 통계적으로 볼 때, 가장 설득력 있는 설명은 인간과 두 침팬지 종의 공통된 조상은 집단공격 기질이 있었으며 보노보는 더 이상 이 성향이 필요하지 않게 되어 그러한 행동이 사라졌다는 것이다. 이처럼 동종 간 살생을 하지 않게 된 이유는 먹잇감이 다르다는 사실을 통해 충분히 설명할 수 있다.* 보노보는 떼 지어 다니며 잎을 먹기 때문에 매복하다가 한 마리씩 죽이는 것이 불가능하다. 이전처럼 집단공격을 감행하는 보노보 수컷은 극심한 집단 저항과 실패를 경험했을 것이고, 암컷과 교미할 기회를 늘리지 못했을 것이며, 실제로 그러한 공격을 시도하다가 자신이 목숨을 잃었을 수도 있다. 즉, 폭력적인 수컷은 그러한 집단공격 성향을 다음 세대로 전달하지 못했을 것이다. 따라서 집단공격이 보노보에게서

* 흥미로운 사실은, 보노보 수컷은 또한 잘해봐야 양면적인 사냥꾼인 것처럼 보인다는 점이다. 수컷이 사냥을 하는 드문 광경이 눈에 띄면, 결국 암컷이 대부분의 고기를 차지하게 된다. 또 한 가지 흥미로운 관찰 사례에서 보노보는 긴꼬리원숭이를 잡고도 먹지 않았다. 그 대신, 몇 시간 동안 사냥감이 죽기 전까지 장난감처럼 들고 다녔다.

사라진 반면, 침팬지와 인간에게는 존속됐다는 분명한 결론에 도달할 수 있다.*

전선에 선 여성들

초기 인류 사회가 모계 중심적이고 본질적으로 평화로웠을 것이라 생각하거나 여성이 주요한 전사인 사회가 있었을 것으로 보는 공상적인 문헌도 있다. 그런 세상이 실존했으리라는 생각은 흥미롭지만, 이를 뒷받침하는 확실한 증거는 전혀 없다. 새라 허디는 이렇게 적었다. "모계 중심의 사회가 존재한 적이 있었다는 증거는 전혀 없는 것 같다."[181] 인류학자인 마틴 화이트가 연구한 70개 사회 가운데 62개에서 전쟁 및 습격은 남성들만의 일이었고,[182] 북유럽의 전설만 보더라도 여성 전사는 단 한 명도 등장하지 않는다.[183] 여성은 전쟁이나 전투에서 아무런 역할도 하지 않았다는 이야기를 하려는 것이 아니다. 중미의 아즈텍이나 서아프리카의 아샨티, 그리고 제1차 세계대전 당시 서구 사회 전체를 비롯한 수많은 문화권에서 여성은 머뭇거리는 전사들을 움직이도록 자극하는 역할을 했다. 뉴기니 일부 부족의 경우 여성은 전쟁이 격화된 가운데서도 공격받지 않고 돌아다니며 "마치 감자나 오이를 수확하듯" 화살을 주워 남성들에게 다시 전달하기도 했다. 미국 독립 전쟁 당시 메리 헤이스 맥콜리는 군인들에게 물을 날라다 주면서 '몰리 피처Molly Pitcher'(물주전자 몰리라는 뜻_옮긴이)라는 별명으로 유명해졌다. 남편이 대포를 쏘다 부상을 당하자 그녀 자신이 그 대포를 장전해 발사시켰다.

* 보노보에게도 집단공격 기질은 여전히 남아 있으며, 사회적·환경적 조건으로 인해 그러한 행동이 드러나지 않는 것일 가능성도 있다. 그러나 보노보가 그러한 모습을 드러낸 적은 단 한 번도 없다는 사실을 기억할 필요가 있다. 보노보가 집단공격에 대한 유전적 토대를 상실한 것이라면, 인간 역시 언젠가는 그러한 진화론적 경로를 따르게 될 수 있다. 대개 그러한 진화는 거의 수십만 년에서 수백만 년에 걸쳐 일어난다는 점을 감안한다면, 그저 기다리기만 해서는 안 될 것이다. 그러나 인간과 보노보가 다른 침팬지 종에게는 없는 사교에 관련된 유전자를 공유한다는 사실은 매우 흥미롭다.

물론 그녀가 실존 인물이 맞다면, 그랬다는 것이다. 그러나 몰리가 전설인지 합성인지 아니면 과장인지는 사실 중요치 않다. 전장에서 한 여성의 존재가 그러한 경외감을 불러일으켰다는 사실 자체가 바로 전쟁이 분명 남성의 영역이었음을 보여주는 증거다.

전쟁에서 여성의 역할은 지난 한 세기 동안 급증했다. 전례없는 수준의 신병 확보가 필요했던 제1차 세계대전에서 육군 및 해군의 사무직에는 남성 대신 여성이 투입되었으며, 제조업, 서비스업, 농업 분야에도 여성이 대거 투입됨으로써 남성들을 전투에 참여할 수 있게 만들었다. 제2차 세계대전 동안 연합군에서는 비서로서뿐 아니라 갈수록 복잡해지는 무기의 유지보수나 통신 및 수송 등 훨씬 다양한 업무에 여성이 투입되었다. 영국의 보조수송부대ATS의 여성들은 대서양을 횡단하여 항공기를 보내주는 조종사가 되었다. 1941년, 영국 의회는 여성에게 정식 군인 자격을 부여했고, 이듬해에는 징병 대상이 여성으로까지 확대되었다. 1943년 중반경 영국 여성 인구의 절반이 전쟁과 관련된 임무에 어떤 식으로든 고용되었다. 그러나 여성은 전투에서 배제되었으며, 영국의 군인행동규정King's Regulations을 보면 ATS 조종사들은 대공포를 발포하기는 했지만 소형 무기조차도 운반할 수 없도록 되어 있다.

히틀러는 여성이 어떤 식으로든 군대와 연계되는 것에 강력히 반대했다. '조력자들'이라는 의미의 여성 지원부대 헬퍼린넨helferinnen은 전화교환수 및 사무보조원으로서 중요한 역할을 담당했지만 영국의 경우와는 달리 군인 신분이 인정되지 않았고 헤이그 조약에 따라 비전투원으로 등록되었다. 그러나 1943년경, 히틀러마저 방침을 변경하게 되었고, 독일 여성들도 2년 전 영국 여성들이 먼저 시작한 방공 업무에서 남성과 동일한 역할을 맡기 시작했다. 그러나 1944년 말이 되어 독일의 패색이 짙어지고 나서야 여성을 대상으로 한 징병 제도가 도입되었다.[184]

러시아는 사뭇 다른 전통을 확립했다. 공산주의는 여성의 평등을 강조했다. 물론 많은 공산주의의 이상이 현실에 적용하는 과정에서 흔히 변질되곤 했듯, 러시아에서 평등이란 여성이 집 안과 집 밖 **모두에서** 열심히 일한다는 의미이기는 했지만 말이다. 제1차 세계대전 당시 러시아군에는 이미 여성 군부대가 있었으며, 이 부대의 창설에 대해 영국의 여성 참정권 운동가 에밀리 팽크허스트는 "역사상 가장 위대한 사건"이라 칭송하기도 했다. 제2차 세계대전에서, 패전에 대한 두려움은 소련 여성을 대거 전장으로 이끌었다. 1941년, 사령관, 조종사, 정비사 전원이 여성인 전투 부대가 만들어졌다. 라스코바 소령은 그녀의 신병들에게 이렇게 말했다. "너희가 선택받은 사람이라면 목숨은 건질 수 있을지 모른다. 하지만 화상을 입어 어머니가 너를 못 알아볼 수도 있다. 그래도 정말 이 길을 가고 싶은가?" 물러서는 지원병은 한 명도 없었다. 남성들의 패턴과는 중요한 몇몇 미묘한 차이점이 있기는 했지만 남성과 마찬가지로 그들 역시 동지 의식을 가졌다. 어느 조종사는 말했다. "상호 존중이 대단해서 명령을 받을 필요도 없이 다들 임무에 착수하곤 했다. 물론, 명령할 사람들이 필요하며, 우리에겐 그런 이들이 있었다. 그러나 진정으로 의욕이 충만한 여성들로 이루어진 집단이라면 남성들과 같은 엄격한 규율이 필요 없다고 생각한다." 여전사들은 스스로를 남성과 다르다고 생각했고, "언제나 우리는 여자"라는 사실을 상기하며 자부심을 느꼈다. 그들은 몸에 꼭 맞게 제복을 수선하고, 규정을 어기고 머리를 기르거나 전투 전에 화장을 하기도 했다. 여느 전사들과 마찬가지로, 출격을 앞두고 공포 때문에 구토를 하는 경우도 있었지만 일단 출격하고 나면 매우 용맹스럽게 전투 비행 업무를 수행했다.

제2차 세계대전 당시 미국에서는 조지 C. 마셜 장군의 전폭적인 지지로 약 15만 명의 여성이 비전투 여군단에 복무했다. 종전 후인 1948년, 여군 통합법으로 군대 내 여성의 역할이 공식화되었다. 그러나 전투시 여성의 임무에 대해서는 구체적으로 명시하지 않았다. 스커트와 구두로 된 당시 여군의 제복을 보면 분명 전투 임무를 수행했을 것으로 보기는 어렵다. 1970년대 말부터 여성은 남성과 동일한 부대에서 복무하고 있으며, 여전히 전투 부대에서는 배제되긴 하지만 1990년대 초부터는 교전 지대에서도 복무가 가능해졌다.

지난 20년간 미군 내 여성의 비율은 증가 추세로, 현재는 약 7분의 1에 달하고 있다. 16만 명이 넘는 여성이 이라크 및 아프가니스탄 주둔 미군에 배치되었다. 여성은 남성과는 달리 배치시 서로 긴밀한 유대를 형성하는 경향이 별로 없다. 남성에 비해 차출되는 수가 적기 때문이기도 하지만 전투 중 남성들을 서로 유대하게 만드는 모종의 기질이 여성에게는 없기 때문이기도 하다. 분명 남성은 대개 남성 집단에서 특징적으로 나타나는 성性과 무관한 신뢰나 전우애를 여성과의 사이에서는 형성하지 않는다. 사실, 능력을 입증할 것을 끊임없이 종용받는 여군에게 군대는 적대적인 환경일 수 있다. 장교들은 성희롱이나 강간의 위험 때문에 여군들에게 화장실이나 샤워실에 짝을 지어 가게 하며, 적군이 아니라 동료 미군으로부터 자신을 보호하기 위해 늘 칼을 소지하고 다닌다고 털어놓는 여군들도 있다.[185] 이라크에 배치된 여군 중 한 표본 집단의 경우, 16퍼센트가 외상후 스트레스 장애PTSD 기준에 부합하는 것으로 드러났다. 이는 남군에서는 8퍼센트에 불과했던 것과 대조되는 수치다. 수십 년에 걸친 각종 연구에서는 평균적인 여성이 남성 못지않게 스트레스나 위기 상황에 잘 대처하는 것으로 나타나지만, 전쟁이라는 트라우마와 동료 군인으로부터 강간, 성희롱, 무시를 당할 위험성—실제로 흔히 발생하는 일—은 치명적인 이중고로 작용하는 것이다.

전쟁이 소총을 들고 목숨 걸고 발포 구역을 가로지르는 것이 아니라 컴퓨터에 좌표를 입력하는 일이라면 여성이 남성만큼 임무를 잘 수행해내지 못할 이유가 전혀 없다. 그러나 전쟁의 모든 국면에 여성을 포함시키라는 압력은 대부분 군 지도층이 아닌, 민사 법원, 여성 단체, 여론을 의식하는 정치인 등으로부터 나온다. 그 결과가 혼란스러울 때가 종종 있다. 예를 들어, 영국의 성차별금지법에 따르면 민간 고용주는 "특히 여성에게 영향을 주는 위험"을 파악해야 하며, 혼성 훈련부대가 1994년 군에 처음 도입되었을 때는 '성 공정성gender-fair' 정책에 근거하여 여성에게는 더 낮은 신체 기준을 적용했다. 그렇지만 4년 뒤에는 양성 모두에게 동일한 신체적 기준을 적용하는 '성별 구분 없는gender-free' 정책으로 바뀌었다. 그러나 여성은 남성보다 골반이 넓고 상체의 힘이 약한데 기초 훈련 중 남성과 동일한 기준에 도달하려 하다 보니 근골격계 부상율이 남성의 4배에 달했다.

흥미로운 사실은 혼성 군부대를 남성들이 반대하는 이유 가운데 여성이 육체적으로 힘든 임무를 수행할 수 있을까에 대한 우려는 일부분에 지나지 않는다는 점이다. 여군들은 자신들은 남성 군인과 다를 바 없이 싸울 수 있으며, 군대 내 관계 개선 및 직무 능력 발전에 핵심적인 전투 경험으로부터 자신들이 배제되고 있다고 주장한다. 2000년 유럽 사법재판소에서는 군대 내 여성의 역할을 제한한 독일 헌법 조항이 유럽연합의 성차별 금지법을 위반한다는 판결을 내렸다. 그러나 독일 군대에서 여성을 받아들이게 되자 많은 남성 군인들은 전사로서의 정체성이 다소 희석됨을 느꼈다. 그들에게는 여성인 전우가 극한 상황 속에서 업무를 수행할 수 있는지 여부가 중요한 것이 아니었고, 전우애가 상실된 느낌을 받았던 것이다. 앞서 4장에서 보았듯, 남성들에게 전우애는 전쟁과 군 복무를 통해 얻을 수 있는 대표적인 즐거움 가운데 하나다.

법적·사회적 변화의 향방을 두루 고찰해볼 때, 세계 각지 군대에서 여성의 역할은 계속 증가할 전망이다. 사실 기술적인 부분은 가장 중요한 요인일 수 있으며, 피임과 안전한 낙태 권한의 경우처럼 너무도 기본적이어서 간과되는 경우도 많다. 신체적으로, 임신한 여성은 전투 부대에 소속될 수 없다.*

* 제2차 세계대전 당시와 그 이후로 연합군에서는 임신하게 만든 상대 남성은 경력에 아무런 영향에 받지 않은 반면, 임신한 여성은 자동적으로 복무 해제되었으며, 미국에서는 이미 아이가 있는 남성과 결혼하는 것만으로도 여성의 군 경력이 끝날 수 있었다. 21세기 초, 임신한 여군 병사들은 육군 병원에서 낙태 시술을 받는 것이 허용되지 않았으며, 집으로 돌아가 자비 부담으로 수술을 받아야 했다. 그리고 늘 그렇듯, 관련 남성은 아무런 책임도 지지 않았다.

전시에 횡행하는 강간과 약탈에 여성 전우 및 사령관이 미치는 영향과 마찬가지로, 최근에는 참호 속에서 여성이 미치는 영향에 대한 진지한 연구가 이루어지고 있다. 권한과 영향력을 지닌 여성이 더 많이 투입되어 조화를 이룬 군대는 수천 년 이상 존속돼온 남성 지배적 패러다임과는 구분되는 자체적인 기풍과 문화를 발달시키게 될 것이다. 그러나 미군의 이라크 아부그라이브 교도소 내 수감자들에 대한 (주로 성적) 학대에 남성뿐 아니라 여성 교도관도 연루되었던 것을 비롯한 초기 증거들을 보면 그러한 문화적 변화는 아직 먼 일임을 알 수 있다. 한편, 승진이나 경제적 보상은 대개 전장에서의 군지휘와 직결되어 있기 때문에 성차별 문제는 여전히 남아 있다.

여성 전사에 관한 다른 모델들도 있으며, 이들 역시 여성이 전쟁을 개시할 가능성은 남성보다 낮다 하더라도 일단 전투가 시작되면 여성도 남성만큼 무시무시하고 용감무쌍한 모습으로 변할 수 있음을 보여준다. 인종 분쟁, 특히 소수 집단이 수적으로 명백히 열세인 경우, 여성은 군에서 중요한 역할을 수행해왔다. 프랑스의 지배에 대항한 알제리 전쟁, 스리랑카의 타밀 호랑이 반군, 터키의 쿠르드 노동자당 등의 경우 여성이 전투에 참여했다. 1990년대 후반, 에티오피아와 에리트리아는 국경을 사이에 두고 격전을 벌였다. 수십 년간 공격을 주고받던 갈등 상황이 마침내 극에 달한 것이다. 에리트리아군에 징집되는 이들 중 3분의 1가량이 여성이었다. 성별로 분리되어 기초훈련이 이루어졌으나, 여성 역시 남성과 동일한 혹독한 훈련을 감당해야 했으며, 최전선에서는 남성과 여성이 혼성 소대를 이루어 전투에 임했다. 여성은 군인 15명의 분대나 45명의 소대는 통솔했지만, 군인 400명으로 이루어진 대대를 통솔하는 경우는 없었다.

에리트리아에서는 여군이 최전방에 주둔하게 됨으로써 남성 군인들의 행동이 확연히 달라졌다. 예를 들면, 적을 향해 발포하고 있는 여군이 있는 한 절대 후퇴를 하지 않게 된 것이다. 한 가지 흥미로운 차이점은, 여성은 포로를 잡아두는 경우가 거의 없으며 대신 붙잡힌 적군을 차라리 죽이는 쪽을 택한다는 보고가 있다는 사실이다. 어느 에티오피아 군인은 뉴욕타임스 기자에게 이렇게 말했다. "여자는 악질이다. 그냥 잡아두는 법이 없다. 에티오피아 사람이면 누구나 아는 사실이다."[186] 2001년에서 2002년까지 있었던 라이베리아 내전 중 자신을 '검은 다이아몬드 대령'이라 칭했던 한 젊은 여성은 여성만으로 구성된 반군 조직을 이끌었다. 그녀는 권총과 휴대전화를 소지하고 다녔고, 몸에 달라붙는 청바지와 끈 없는 상의를 입고 분홍색 매니큐어를 손톱에 칠했으며 빨간색 두건을 썼다. 검은 다이아몬드와 그녀가 이끄는 다른 여성들 대부분은 전쟁 기간 중 강간을 당한 경험이 있었다. 남성들은 이렇게 입을 모았다. "그녀들은 일말의 연민도, 감정도 없다. 남자에게는 빌어볼 수 있을지 몰라도 이들에게는 불가능하다."[187] 이 여성들이 자체적인 내집단을 형성한 것은 어쩌면 당연한 일이었는지 모른다.

여성 전투원은 남성에 비해 좀 더 방어와 생존에 초점을 맞추는 경향이 있는 것 같다. 이전 장에서 보았듯이, 서로 뭉치고 간혹 적군에게 —내집단 연계가 암묵적으로 이루어지기만 한다면—감정이입을 하고 형제애를 느끼는 남성 특유의 유전적 기질이 여성에게 정말 없다고 한다면, 그러한 경향은 마땅할 것이다. 그러나 이 모형은 또 다른 관점에서도 바라볼 수 있다. 아마도 검은 다이아몬드와 그녀가 이끄는 조직, 그리고 에티오피아 여성의 입장에서 보면 남성 전체가 사실상 하나의 외집단일 수 있다. 따라서 남성인 적군에게 공감할 여지가 남성 동료 전투원들보다 적은 것이다. 에리트리아에서는 실제로 여성 군인들이 적진의 여성들을 보호하기 위한 조처를 취한 바 있다. 이러한 차별적인 공감은 에리트리아처럼 극단적으로 가부장적인 사회에서는 특히 중요할 수 있다. 에리트리아 여성 군인들은 대부분 여성 성기 할례를 받은 경험이 있었고, 이는 검은 다이아몬드와 그 부하들이 공유하는 것과 같은 유대감을 강화시킬 수 있는 고통스러운 경험이었다.

에리트리아에서는 수년간 군인 간 성관계가 금지되었고, 이를 어기는 이들에게는 징벌로 고역이나 임시 변소 청소 임무가 주어졌다. 1978년 이후 결혼이 허용되었으나 기혼자 부부는 항상 다른 부대로 배치되었으며 아이를 가지는 것은 허용되지 않았다. 군사 정책 차원에서 경구 피임약이 배분되었다. 종전이 가까워지면서 혼전성교가 가능해졌지만, 이는 약혼 관계인 경우를 전제로 하였다. 에리트리아의 지식인들에 따르면 여성 군인이나 민간인에 대한 강간 사례는 군대 내에서 알려진 바가 없었던 반면, 극심한 전투 이후 혼외정사나 미혼 상태인 군인들 간의 성관계는 특히 많았다고들 한다.[188] 평화가 찾아오자 양쪽 모두 군인이었던 부부의 경우 이혼이 더 흔했고, 언급된 사유는 성적 불화합sexual incompatibility인 경우가 많았다. 참전 경험이 있는 여성 군인들은 평범한 마을 여성에 비해 덜 순종적이기 때문인지도 모른다. 전쟁 기간 중 성관계를 했던 여성 전사들은 남성들, 심지어 한때 동료였던 이들조차도 그들을 더 이상 '순결'하지 않다고 여겼던 탓에 평생 결혼하지 못한 경우가 많았다.

성과 전쟁

이미 살펴본 대로, 칭기스칸은 끔찍할 만큼 효율적으로 성과 전쟁을 결합시킨 인물이다. 모든 군인이 성에 상당한 관심이 쏠려 있다는 것은 그다지 놀랄 만한 일이 아니다. 사실, 그렇지 않은 젊은 남성은 거의 없다. 그러나 전시 군복무에는 성에 대한 집착을 예상보다 훨씬 더 심하게 만드는 요인이 분명히 있는 듯하다. 그것이 남성성의 경쟁 또는 전반적인 여성의 부재, 또는 실제로 임박한 죽음과 그 전에 자손을 남기고자 하는 의식적 혹은 무의식적 욕구 등 무엇이든지 말이다. 글렌 그레이는 제2차 세계대전에 관한 글에서 "미군들의 입에서 가장 많이 나오는 단어는 성교를 뜻하는 비속한 표현이었다. 아무리 부적절하거나 말이 안 되는 문맥이라도 이 단어는 형용사, 부사, 동사, 명사 등 갖가지 형태로 활용될 수 있었다."[189] 그런 식의 단어 선택은 오늘날 군대에서 흔히 있는 일이지만 당시만 해도 이는 사회 규범으로부터의 엄청난 일탈이었다. 아마도 더 확실한 예로는, 직업 군인들도 휴가를 받아 전장을 잠시 떠나 있으면서 성매매업 여성 종사자들을 자주 찾는 경우가 흔하며, 규율이 느슨해지면 21세기의 군인이 수백만 년간 선조들이 해왔던 대로 강간을 저지르기도 한다는 사실을 들 수 있을 것이다. 현대의 군대에서는 대개 군인들의 강간 성향을 처벌하고 억제하려 한다. 그러나 언제나 그런 것은 아니었다는 증거가 얼마든지 있다. 예를 들면, 아마존 유역의 야노마모 남성 전사들은 습격에 성공하면 여자들을 확보해올 수 있다는 것을 당연하게 받아들인다. 만일 습격조가 자신들의 고향 마을 방위 구역으로부터 약간 떨어진 곳에서 남녀 한 쌍을 발견해 매복 기습할 경우 남자는 살해하고 여자는 납치한다. 우선, 습격조의 모든 남성이 그 여자를 강간하고, 이 피해 여성을 마을로 끌고가면 습격에 나서지 않았던 나머지 남성들이 차례로 돌아가며 강간을 한다. 그리고 결국 한 남성의 아내로 할당된다. 전쟁과 강간의 관계에 관한 유난히 노골적인 이 사례는 특이한 것이 아니다. 한 예로, 뉴질랜드의 마오리족에게 "남자는 여자와 땅을 얻기 위해 목숨을 바친다"[190]는 속담은 자명한 진실을 표현한 것이었다. 한 차례의 전투 후 마오리 전사들은 여자들을 붙잡아두기 위해 "날카로운 막대기를 여자들의 발에 관통시켜 도망가지 못하게 했다. 그런 다음 한 남자는 그들 중 아무나 한 명과 성교를 했고 성행위를 끝낸 뒤 일어서면서 그 여자를 살해했다."[191] 불쌍한 마담비의 새끼 암컷의 경우처럼 침팬지들은 이웃 무리를 습격한 뒤 새로운 암컷을 데리고 돌아오는 경우가 종종 있다. 인간 군대가 이 같은 행동을 흉내 내지 않는다고 생각하고자 한다면 우리는 억지로 현실을 외면해야 할 것이다. 그 어떤 영웅적이고 규율이 강한 군대라도 이런 행태는 존재해왔다.

규모를 막론하고 창녀를 활용하지 않았던 군대는 지금껏 하나도 없었을 것이다. '후커hooker'(창녀를 의미_옮긴이)라는 속어 단어가 남북전쟁 당시 성매매 노동자들을 워싱턴 한 지역에 모아놓았던 북군의 조지프 후커 장군의 이름에서 유래되었음은 잘 알려져 있다. 군인들과 성관계를 해주었던 종군

자들 가운데는 본인의 의지로 따르는 이들도 있었지만, 대개는 극심한 가난 때문에 선택의 여지가 없는 경우가 훨씬 많았다. 강제로 끌려나온 경우도 있었다. 지휘관들의 태도는 순진한 부정에서부터 적극적인 장려에 이르기까지 다양했다. 제1차 세계대전에서 영국, 프랑스, 독일의 군대는 군인들에게 콘돔을 지급했다. 반면, 본국에 있던 미국 정치인들은 프랑스에 주둔하던 미군 보병들이 순결한 것처럼 가장했지만, 성병 전염으로 거짓임이 탄로났다.

1930년대 매독의 확산으로 인한 군의 무력화를 우려했던 일본제국 군대는 악명 높은 '위안부' 제도를 만들어냈다. 이 여성들은 일본이나 한국의 농어촌 빈곤 가정의 어린 딸들이었다. 성노예로 징집된 이들은 한 번에 25명에서 많게는 50명까지 군인들을 받았고 1명당 3분씩 할당되었다. 이 여성들은 소액의 급료를 받았고 고향의 가족에게 돈을 보냈다. 1945년 패전 이후 일본 내각은 "성교에 굶주린" 미군 병사들이 와서 일본 여성들을 강간할 것을 우려했고, 항복 후 2주 내에 일본 정부는 자국민의 순결을 지키고자 '성방벽sexual dike'을 쌓기로 했다. 위락협회Recreation and Entertainment Association에서 5만 5000명의 일본인 위안부를 모집해 점령 미군을 위해 일하게 했다. 과거에 창녀였던 이들도 많았지만, 젊은 여성들을 대상으로 "자신을 희생"[192] 하라는 호소가 이루어지기도 했다. 미군 사령부는 불과 6개월 만에 위락협회의 문을 닫았는데, 이는 도덕적인 이유에서가 아니라 성병 전염 속도가 증가했기 때문이었다. 베를린이 러시아군에 점령당한 1945년, 군인들은 이런 말을 들었다. "붉은 군대의 군사들이여, 독일 여자들은 제군들의 것이다." 한 여성은 이렇게 적었다. "러시아군이 와서 다짜고짜 여자들을 강간했다. 벽에 여자들을 줄지어 세우고는 우리 엄마와 할머니를 끌고 나갔다. (…) 그들은 엄마와 할머니를 강간했다. (…) 나도 역시, 오 하나님." 아이에게 초콜릿을 주고는 그 엄마를 겁탈하는 군인도 있었다.[193] 베트남전 당시 사이공이나 방콕에서 "휴식을 취하며 회복" 중이던 미군들은 매춘 산업을 이용했다. 미군들이 도착하기 이전부터 있기는 했으나, 미군이 단골 고객이 되면서 규모가 몇 배 더 커졌고 훨씬 대담해졌다.

아마존 여전사들은 정말 존재했는가?

만일 집단공격이 단순히 양성 모두에서 발견되는 극단적 행동 양태에 불과하다면, 지구상 어딘가에서 혹은 역사상 어느 시점엔가 남성적인 연합 공격의 모든 특성을 지닌 여전사 집단을 발견하리라 생각해볼 수 있을 것이다. 자발적으로 연합해 어떤 외집단을 공격하고 살해하는 보편적 형제 집단과 비슷하게 조직된 일종의 '자매 집단' 말이다. 분명 전설이나 공상 소설에서는 수없이 상징적으로 사용되고 있지만, 실제 사례는 전무하다. 당연히 모든 포유류 암컷은 공격받았을 때는 수컷과 동일한 만큼 거세게 자신을 방어할 것이며, 여성도 마찬가지다. 그러나 즉각적인 위험이 없는 상황에서도 싸우기 위해 자발적으로 연합했던 전사 집단인 그리스 호플리테스에 상응하는 여성 군단은 존재한 적이 없다. 아마 앞으로도 절대 없을 것이다. 사실, 여성 전사로만 이루어진 집단으로 확실히 밝혀진 경우는 19세기 서아프리카의, 오늘날 베넹에 해당하는 다호메이 왕국의 왕을 수호했던 여성 친위대뿐이다.[194]

다호메이의 왕은 삶과 죽음에 대한 절대적인 권한을 지니고 있었다. 왕의 기분에 따라 신하들은 즉흥적으로 처형을 당할 수도 있었고, 머리가 잘린 시체는 소금이 뿌려진 채 시장에 내걸렸다. 왕의 절대 권력을 재차 확인시켜 주는 무시무시한 징표였다. 왕국 내에서 왕은 마음에 드는 여자는 누구나 자기 소유로 만들 수 있었고, 왕과 그 신하들이 하도 많이 그러는 탓에 나라 곳곳에서 성비 불균형이 심해졌다. 급기야 평민들 간의 싸움을 중단시키기 위해 왕이 실제로 매춘을 지원해야 하는 상황이 될 정도였다. "어떤 계기로 왕의 휘하에 들어왔으나 매력이 부족해 왕의 관심을 받지 못한" 여성들로 이루어진 한 무리가 친위대로 선발되었다. 입대시에 선배 대원이 각 신입대원의 왼팔을 칼로 그은 다음, 잘 닦아 광을 낸 인간의 두개골에 피를 받아 술을 넣고 섞어 신입대원에게 마시게 했다. 이것을 마시면서 그녀는 '다시 태어나게' 되고 다른 여성 동료들에게 충성을 맹세한다. 선배 대원들은 채찍을 들고 다니며 엄격한 훈련 관리를 했다. 필수 순결 서약을 어긴 데 대한 징벌은 죽음이었다. 이 여전사들은 짧은 튜닉을 입고 곤봉과 큰 칼을 들고 다녔으며 전시에는 머스킷총을 사용했다. 전원이 여성인 이 친위대 역시 결국 전쟁터에 배치되었고 귀환시 포로를 데리고 오거나 적군의 머리를 베어 들고 오지 않는 모든 여성은 징벌 대상이었다. 그들은 "우리는 적군의 창자를 들고 돌아가리라"라는 섬뜩한 가사의 노래를 불렀다. 또한 손톱을 소금물에 담가 날카롭게 만들어 무기로 사용했다고 전해진다. 물론 아주 실용적인 수단은 아니었겠지만 무시무시하게 변한 모든 여성스러운 것들을 효과적으로 보여주는 추가적 상징이었다.

21세기 독자들에게 아시리아, 몽고, 아즈텍, 다호메이 등 고대 전제 왕국들의 잔혹성은 이해하기 힘들다. 고대 아시리아인들처럼 다호메이인들도 왕이 지날 때 땅에 납작 엎드려 머리에 먼지를 뒤집어써야만 했다. 다호메이의 연례 대회의에서는 기념 행사의 일환으로 100명의 노예 및 전쟁 포로를 참수시켰다. 1889년, 새로 왕위에 오른 베한진이 자기 아버지의 장례식 기간 중 수백 명을 처형했을 때 처형자 역할을 한 것은 그의 여성 친위대였다. 오직 여성과 환관만이 왕궁 내에 들어올 수 있었기 때문에 근위대가 잉여의 첩들로 구성된 것은 사실 놀랄 일이 아니다. 남성 전사들과 여러 유사점이 있기는 하나, 이들 여성은 남성과는 달리 집단공격에 나서고자 자발적으로 연합하는 경우는 없었다. 근본적으로 다호메이 왕의 친위대는 성욕이 왕성하고 잔혹 행위에 목말랐던 남성인 폭군의 발명품이었으며, 여성은 상상조차 하기 힘든 가혹한 조건을 견디며 살아야만 했다.

자녀의 수

여성이 직접 전투원으로 전투에 참여하는 일은 별로 없었다 하더라도 전쟁과 평화에 대한 그들의 역할은 역사적으로 중요했다. 전쟁과 테러 가능성을 결정하는 가장 중요한 한 가지 요인에서 여성이 어떻게 핵심 역할을 감당하는지 보기 위해서는, 먼저 시간의 경과에 따라 인구 및 인구 통계가 어떻게 변화해왔는지를 집중적으로 살펴보아야 한다.

5000여 년 전부터 시작된 정착 농경 및 그로 인한 좀 더 안정된 식량 공급으로 사춘기 연령이 낮아졌다. 곡물과 우유를 얻을 수 있게 되면서 아이들을 먹일 수 있는 새로운 방법이 생겨났고, 그 결과 자연 피임 역할을 하는 모유 수유의 평균 기간이 줄어들거나 중요성이 감소했다.[195] 번식 능력에 농경이 미치는 영향에 관한 현대적 사례들도 있다. 남아프리카 지역에서 수렵채집 생활을 하는 쿵족은 인구를 두 배로 늘리는 데 1800년대 말부터 1900년대 말까지 한 세기가 걸렸다.* 한편 케냐에서는 1960년대부터 농업 인구가 매년 3퍼센트 이상 증가하여 20년 주기로 두 배가 되었다. 소녀들은 어린 나이에 임신을 하게 되었고 아이들이 줄줄이 태어났다. 인구 급증으로 노년층 대비 청년층 비율이 증가하게 되었으며, 이는 수많은 국가에서 전쟁이 거의 끊임없이 벌어지는 데 영향을 끼쳤다. 이는 오늘날 이집트, 이라크, 중국, 중앙 아메리카에 해당하는 지역을 포함하는, 고대의 초기 도시국가들의 특성이기도 했다.

최근까지만 해도, 인류의 인구 규모는 다른 생물 종의 개체수 규모와 마

* 수렵채집 부족의 인구 증가는 대개 느린 편이다. 사춘기도 늦게 찾아온다. 뉴기니 고원의 일부 부족에서는 여성이 18~20세가 넘어야 초경을 시작하며, 모유 수유로 인해 임신은 거의 4년 간격으로 일어난다. 평균적으로 수렵채집 집단의 여성은 가임기 동안 4~6명의 자녀를 두는데, 이들 중 절반가량은 자식을 낳기 이전에 사망하는 것이 보통이다. 그러나 증가 속도가 느린 인구도 결국은 환경의 수용량을 초과하게 된다. 이는 이웃의 자원을 내 것으로 만들든지 아니면 영양 부족으로 인한 각종 질병과 기근으로 죽을 수 밖에 없음을 의미한다.

찬가지로 부족한 자원의 제약을 받았다. 그 뒤 새로운 자원의 이용을 가능하게 하는 역사적인 주요 사건들로 인해 인구 폭등이 촉발되었다. 정착 농경과 가축 사육은 인구 증가로 이어졌다. 산업 혁명은 전세계 인구 증가에 놀라운 가속도를 붙였다. 1830년까지만 해도 전체 인류는 10억이 채 되지 않았지만, 그 후 급속도로 증가하여 1950년경 25억을 넘어섰다. 이처럼 인구가 폭발적으로 증가한 것은 사람들이 아이를 더 많이 낳아서가 아니라 작황, 수질, 위생 개선과 의술, 백신 접종의 보급 등의 대단한 성과로 인해 좀 더 많은 사람들이 살아남게 되었기 때문이었다. 오늘날, 전세계 인구는 빠른 속도로 70억 명에 근접하고 있다. 불과 200년 전 전지구상에 살았던 수만큼의 인류가 오늘날 중국과 인도에 살고 있다. 효과적인 가족계획 방법을 활용하기가 좀 더 쉬워지면서 20세기 중반 이후로는 인구 증가 속도가 상당히 떨어졌지만 인구 폭발은 여전히 진행형이다. 전세계적으로, 매 110시간마다 출생 건수는 사망 건수를 100만씩 초과한다. 인도에서 가족계획을 정말 필요로 하고 원하는 이들을 내버려두고 제대로 조처하지 않는다면, 인도의 인구(현재 약 11억)는 이 세기가 끝날 때쯤 거의 두 배가 될지도 모른다. 중국 역시 매년 700만 명의 인구가 증가하고 있으며, 향후 15년 내에 이 지구상에는 10억의 인구가 또 늘어나게 될 것이다.

이러한 어마어마한 숫자들이 선뜻 피부에 다가오지 않는 것은 아마도 생물학적인 이유 때문일 것이다. 우리는 기껏해야 몇백 명의 씨족 속에서 살던 세계로부터 진화했다. 수백 내지 수천 만은 고사하고 1만 명의 사람들조차 생각하거나 다루어볼 필요가 전혀 없었던 것이다. 만일 우리가 벌에서 진화되었다면 그런 단위의 숫자를 생각해볼 수 있겠지만, 많은 사람들에게 여기서 100만 혹은 1억 명의 타인에 대해 걱정하는 일은 쉽지 않다. 그 숫자들은 일단 너무 크기 때문이다. 그러나 엄청난 인구 증가는 단지 **한 가지** 문제가 아니다. 핵전쟁으로 인한 전멸이나 공룡을 멸종시켰던 것과 같은 종류의 또 한 번의 소행성 충돌 가능성을 제외하면, 오늘날 인류가 마주한, 어쩌면 지금까지 겪은 것 중에서도 인구 증가는 단연 가장 큰 문제다. 오늘날 전세계 인구 가운데 최하위 20억을 극도의 빈곤 상태에서 구제하기 위해 할 수 있는 일은 많이 있겠지만, 세상 모든 사람이 이 책을 읽는 독자만큼 부유해지기 전에, 이 유한한 세계는 석유, 물, 나무, 기타 자원(다량의 동물성 단백질을 포함한 음식 섭취를 위한 곡물 등)이 고갈될 것이다. 급증하는 전세계 인구가 필요로 하는 유한한 양의 식량, 공간, 원자재에 대한 요구는 상대적으로 부유한 사회의 왕성한 소비 지출 욕구와 맞물리면서, 특정 종의 멸종이나 지구온난화에서부터 전세계적 빈곤, 전염병, 그리고 지금 살펴보고 있는 폭력, 전쟁, 테러에 이르기까지 모든 문제에서 핵심적인 요인이 되고 있다.

1960년대부터 일부 경제학자들과 인구통계학자들은 인구 증가가 억제되지 않으면 미래에 재앙이 닥칠 것이라 경고하기 시작했다. 한국, 중국, 태국, 스리랑카, 콜롬비아 같은 나라들에서는 선택적 가족계획이 가능하도록 하는 갖가지 대대적인 노력이 상당히 성공적으로 이루어졌으며, 1970년대 중국이나 인도의 경우 강제적으로 이루어졌다. 그 결과 출생률이 급감했다. 파키스탄, 나이지리아, 팔레스타인 등 다른 곳에서는 가족계획이 대다수 국민에게 영향을 미치지 못한 탓에 출생률이 여전히 높았다.* 가족 규모가 비교적 작은 한국, 중국, 싱가포르, 말레이시아, 브라질 등의 국가들은 경제적으로 발전하기 시작한 반면, 여성의 권한을 거의 인정하지 않는 국가들의 경우 높은 출산율이 유지되었고 그 가운데 일부 국가는 결과적으로 오늘날 정치 불안과 폭력 문제가 가장 심각한 국가에 속하고 있다.

내가 1969년 방글라데시를 처음 방문했을 때, 파키스탄 당국은 24시간 통금을 실시하고 있었다. 가장 큰 이유 중 하나가 폭도들이 서파키스탄 정부의 압제에 항거하여 정부의 가족계획 진료소에 방화를 하곤 했기 때문이었

* 파키스탄 카라치(파키스탄의 옛 수도_옮긴이)에 1950년에는 1백만 명이 살았다. 현재에는 1천1백만 명이 살고 있으며, 2025년경에는 2천만 명으로 늘 것으로 예상된다. 1947년 건국 당시 파키스탄 전역 인구의 3/4에 달하는 사람들이 폭력과 무질서가 난무하는 이 도시 한 곳에 살게 되는 셈이다.

다. 나와 동료들은 호위 차량으로 공항에서 호텔까지 이동했으며, 우리가 참석한 학회 세션은 모두 이상하리만치 만석이었는데 이는 호텔 외부를 배회하다가는 총격을 당하기 십상이었기 때문이었다. 현지 풍경을 즐긴답시고 학회를 빼먹는 흔한 관행은 생각해볼 수조차 없었던 것이다.

당시 방글라데시의 기혼 여성은 평균적으로 6명 이상의 자녀를 낳았다. 대부분의 여성은 문맹이었으며 영아 사망률은 1000명당 150명으로 굉장히 높았다. 만일 내가 당시 50년 내에 이 국가의 각 지역 출생률이 인구 보충 수준, 즉, 가구당 자녀 2명 남짓 정도*에 머물게 될 것이라고 말했다면, 아마도 엄청난 비웃음거리가 되었을 것이다. 그러나 바로 그런 일이 실제로 일어났다. 현대적인 가족계획이 곳곳으로 확산되자, 출생률은 급감했다. 1990년대 들어 관심의 초점이 가족계획에서 벗어나게 되면서 출산율 감소세는 10여 년간 정체에 들어갔고, 평균 자녀수는 3.3명까지 증가했다. 2008년경, 평균 자녀수는 다시 감소하기 시작하여 방글라데시 전역의 평균 자녀수는 2.7명에 도달했으며 대도시 두 곳에서는 2명을 약간 웃도는 수준에 불과했다.[196] 안타깝게도 가족계획에 대한 관심 부족으로 인해 피임법의 활용은 지난 5년간 제자리걸음이었으므로 여성들의 낙태 사례가 늘고 있다는 추정이 가능하다. 낙태가 출산율을 낮추는 최선의 방법은 아니지만, 이는 보수적인 사회의 빈곤층 문맹 여성조차도 아이를 적게 낳기 위해서라면 무슨 일이든 할 정도로 절박한 심정일 수 있다는 것을 보여준다.

출생률이 높은 사회의 아이들 역시도 훗날 많은 자녀를 낳고, 어린 나이에 출산을 시작하게 될 경우, 엄청난 인구통계학적 가속도가 붙는다. 투자계정의 복리 효과와 마찬가지로, 연평균 단 몇 퍼센트 수준의 인구 증가만으로도 걷잡을 수 없는 수준의 인구 폭발이 일어날 수 있으며, 20세기의 아시

* '인구 보충 출생률'은 일부 아이는 사망할 수 있다는 점(안타까운 사실이지만, 심지어 2008년에도 방글라데시에서는 아기 100명당 7명가량이 출생 후 첫 해에 사망한다)과 불임이나 결혼을 하지 않는 경우도 있을 수 있음을 고려한 것이다.

아, 아프리카, 남미, 중동에서 바로 이 같은 현상이 발생했다. 일단 인구 증가가 탄력을 받으면 마치 항진 중인 초대형 유조선처럼 멈추기가 더 어려워지고 예상되는 피해는 더 커지게 된다. 급증하는 인구는 교육적 필요를 따라잡기 위해 투입되는 예산 규모를 빠르게 뛰어넘으며, 충분한 교육을 받지 못한 아이들은 곧 불완전하게 고용된 어른이 되어 침체된 경제 상황에서 힘겹게 살아가거나 세대가 지날수록 줄어드는 땅 한 모서리에서 농사라도 지어보려 애쓰는 처지가 된다. 오늘날 세계에는 1억 5000만 명에 달하는 성인 실업자가 있고 9억 명의 불완전 취업자가 존재한다. 앞으로 15년 내에 구직 대열에 합류하게 될 7억 명의 어린 세대 가운데 90퍼센트를 훨씬 넘는 이들이 저개발 경제권—수용 능력이 가장 없는 경제권—으로 들어가게 될 것이다. 고전 경제학 이론에서는 시장이 팽창하여 인구 증가를 수용하게 된다고 주장하지만 현실 세계를 보면 인구 성장 속도가 빠른 모든 국가에서 실업률은 계속 고공 행진을 하고 있다. 세계 각지에서 일자리를 찾고 있는 사람들 중 6000만 명은 15~24세이며, 이들은 멕시코시티의 구두닦이 소년들이거나 혹은 라고스나 마닐라에서 자신들만큼 가난한 택시 운전사들에게 담배를 세 개비씩 파는 청년들이다. 매년 80만 명의 젊은이가 취업 시장으로 쏟아져 나오는 이집트에서는 불안정한 취업 상태에 있는 이들을 '하야틴 hayateen'이라 부른다. '벽에 기대 선 남자'라는 뜻이다. 개발도상국에서 빠른 인구 증가는 대규모 도시화를 동반한다. 부모와는 달리 미래의 젊은이들 대다수는 도시에서 태어날 것이며, 텔레비전이나 쇼윈도에서나 볼 수 있을 뿐, 자신들은 절대 손에 넣을 수 없는 고급 브랜드 운동화, 매력적인 자가용, 눈부신 대중문화 같은 또 다른 세계가 존재한다는 사실을 깨닫게 될 것이다. 실제로, 가장 형편이 좋지 않은 대도시들에서도 세계적인 부와 지역 빈곤의 격차에 대한 연구가 나온다. 그들의 동시대인들이 이미 그러하듯, 가진 것 없는 미래의 아이들은 부자들이 굴리는 한쪽 세상과 자신들이 발버둥치고 있는 반대쪽 세상을 보게 될 것이다. 그리고 오늘날과 마찬가지로 그들은 더 나은 삶을 약속하고 기득권자들에 대한 증오를 설파하는 종교적·정치적 투사들의 목소리를 들을 것이다. 바로 이런 위태로운 조합이 검은 9월단에서부터 9·11 납치테러리스트들에 이르기까지 오늘날 대부분의 테러를 가져왔다. 자원 부족으로 인해 젊은 남성들이 결혼하지 못할 때, 그들의 분노는 특히 폭발적일 수 있다. 또한 인도에서는, 이미 살펴보았듯이 여성이 훨씬 적은 불균형한 성비로 인해 그 상황은 더욱 악화될 수 있다.

해법을 찾아나가다

사담 후세인이 태어났을 당시, 그의 어머니는 그를 차마 쳐다보지 못했다. 남편과 열두 살짜리 아들이 죽은 지 얼마 되지 않았던 때여서 그녀는 또 한 번의 임신에 마음의 갈피를 잡지 못했던 것이다. 버려진 사담은 삼촌의 손에 길러졌고, 삼촌은 아무도 믿지 말라고 가르쳤다. 그리고 그 결과는 전 세계가 지켜본 그대로다. 갓난아기 사담의 출생은 중국에서 날갯짓을 하여 지구 반대편에 태풍을 몰고 온 나비효과 같은 것이 아니었다. 무수한 조건과 환경이 작용하여 이라크 철권 통치와 그로 인한 혼돈과 유혈 사태라는 결말을 낳았다. 그리고 아무리 극적인 경우라 하더라도 단 하나의 사례를 근거로 하여 방침을 세울 수는 없는 법이다. 그러나 사담 후세인의 안타까운 이야기는 우리가 외면함으로써 위험을 자초하고 있는 근본적인 패턴을 보여주고 있다.

전쟁과 평화에서의 여성의 역할처럼 복잡한 문제에 대한 일체의 논의는 환원주의로의 충동을 느끼게 한다. 그러나 우리는 인구압력이 전쟁이나 테러의 유일한 원인이라거나 인구 중 젊은 남성의 비율이 높으면 반드시 분쟁이 일어난다든가 혹은 원하지 않았는데 태어난 모든 아이가 폭군으로 변한다는 주장을 하려는 것이 아니다. 강간이 전쟁터에서 나타나는 영웅적 행위를 폄훼하지 않는 것처럼 진화적 선례가 전시 중 강간에 대한 변명이 될 수 없고, 모든 전쟁, 전투, 테러 공격은 무수한 개개의 환경 조건과 인간의 결정이 빚어낸 산물이다. 그러나 그 어느 쪽도 생물학적·인구통계학적 요인을 무시해도 좋다는 의미는 아니다. 지금까지 살펴보았듯이, 이들 요인은 시험해볼 가치가 있을 뿐 아니라, 인류의 여러 사건에서 중요한 결정적 요인임이 드러나기도 한다. 또한 결정적으로, 전쟁이나 테러와 연관 지을 수 있는 여타 요인들과는 달리 사회적·인구통계학적 요인들은 얼마든지 변화의 여지가 있다.

출생률을 낮추면 평화가 찾아올까? 물론, 출생률 감소는 자원에 대한 경쟁 감소와 사회 내 혈기왕성한 젊은 남성의 비율 감소와 관련이 있을 수 있다. 그러나 그렇다고 해서 전쟁이나 민간 소요의 발생을 완전히 막을 수 있는 것은 아니며, 점차 줄어드는 인구 속에서 산다는 것에는 미처 생각지 못한 부정적인 영향도 얼마든지 있을 수 있다. 그러나 부족한 자원을 두고 벌이는 경쟁이 인간이나 여타 생물이 벌이는 수많은 전쟁의 핵심이라는 주장은 충분한 설득력이 있다. 인구 규모가 커질수록, 자원 경쟁은 더 심해질 것이다. 지구상에 매 110시간마다 새로 늘어나는 100만 명의 사람들은 성장하면서 식량을 필요로 하고 일자리를 구하려 하고 세상의 유한한 재화에서 각자의 몫을 챙기려 할 것이다. 계속해서 팽창하는 거대도시에서의 절망적인 삶을 분노 속에 간신히 버텨내고 있는 수많은 젊은 남성들이 생겨날 것이고, 이미 그들은 깡패, 전사, 테러리스트로 무리를 이루고 있다. 오늘날 브라질의 파벨라, 인도의 버스티, 파키스탄의 카치 등 전세계 도시 슬럼에 10억 명의 사람들이 산다. 슬럼이 처음 생겨난 것은 도시화 때문이었지만 이제는 자체적으로 재생산에 가속도가 붙었으며, 최근의 인구 급증세에 힘입어 슬럼에 거주하는 이들의 숫자는 오는 2030년까지 두 배로 불어날 것으로 예상된다. 에어컨으로 냉방을 하고 자가용을 모는 이웃을 보면서도 정작 자신은 하수 처리나 제대로 된 물 공급조차 되지 않는 판잣집에 사는 이들에게는 더 이상 잃을 것도 없고 폭력 말고는 생각할 수 있는 선택의 여지가 없어 보인다.

도시 폭동이나 테러 음모, 침팬지 습격 등 어떤 식으로 표현되든, 집단공격이 여성에게는 득이 되지 않는다는 점을 명심할 필요가 있다. 습격을 감행하는 침팬지 수컷들은 경쟁 상대를 제거하고 영역을 넓혔지만, 이로 인해 숲속의 과실수가 증가한 것은 아니었다. 습격에 나선 수컷들이 집에 머물렀다 해도 암컷이 얻을 수 있는 먹이의 양은 다르지 않았을 것이고, 싸움이 일어나지 않았다면 오히려 사정이 더 나았을지 모른다. 역사적인 기록이나 생물학적 통찰 면에서 볼 때 '우리 형제 전우들'이 '우리 자매 전우들'로 바뀔 리는 없어 보인다. 특정한 환경 조건에서 여성들(그리고 어쩌면 노년 남성도 마찬가지)이 남성적인 호전성을 완화시키는 역할을 하여 평화를 고취하고 분쟁을 줄일 수 있으리라는 추측이 가능하다.

좋은 소식이 있다. 대부분의 사람들은 더 많은 물질을 원하지만, 대다수의 부모는 자녀를 적게 가지고 싶어 한다는 사실이다. 이 지구의 평화와 안전을 위해 우리가 할 수 있는 가장 중요한 일들 가운데 하나는 아이를 가질지, 가진다면 언제 가질지에 대한 결정권을 여성에게 넘기는 것이다. 만일 남성의 폭력적 충동과 집단공격 및 전쟁 기질이 진화의 결과라면, 이러한 충동에 맞서 싸우는 데 우리가 생각할 수 있는 가장 기초적인 수준에서 진화론적 논리를 뒤집는 것보다 더 나은 방법이 무엇이겠는가. 진화는 평생 5~7명, 모유 수유 패턴에 따라 최대 10명까지 자녀를 낳는 여성의 생식계에 맞추어 이루어져왔다. 원하는 피임과 안전한 낙태를 좀 더 쉽게 할 수 있도록 여성에게 권한을 주는 것이 이러한 패턴에 대응할 수 있는 유일한 방법이다.

전쟁과 평화에서의 여성의 역할을 살펴볼 때, 우리는 스스로 이런 질문을 던져보아야 한다. 우리가 설명해야 하는 대상은 전쟁인가, 아니면 평화인가? 사회와 정치가 합리적인 방식으로 결합될 수만 있다면 무력 충돌은 일어나지 않을 것이라는 다수 인류학자와 사회학자의 기본 관점은 오늘날 생물학과 역사학 지식 전반에 의해 그 기반이 흔들릴 수 있다. 그러나 갈등은 남성적 행동의 기본값이라는 진화론적 관점을 받아들인다면, 인류는 끊임없이 눈부시게 진보하는 기술 속에서도 인류 이전 조상들이 아프리카 사바나에 알맞았던 그 조악한 습격 패턴을 따를 수밖에 없다는 이야기가 되는 것일까? 실제로, 그리고 경험적으로, **그렇지 않다**. 역사와 생물학은 남성에게 집단공격에 가담하려는 선천적 기질이 있음을 보여주기도 하지만, 환경, 문화, 경제 번영, 인구 구조의 특정 조건이 인간의 가장 근본적인 충동의 표현 방식에 엄청난 영향을 미칠 수 있음을 보여주기도 한다. 학문적 이분법에서 흔히 있는 일이지만, 본성nature 대 양육nurture 논쟁의 양측 모두에 일말의 진실이 있다. 만약 인간이 정말 선천적으로 폭력적이라면, 어떤 식으로든 후천적 양육의 조절 혹은 선동 효과에도 영향을 받기 마련이다.

우리의 자손이 미래에 계속 대를 이어 살아남아야만 우리는 자연의 투쟁에서 진정으로 승리할 수 있는 것이다. 인구가 현재 수준에서 계속 감소세를 이어가지 않으면 이 승리의 가능성이 현저히 줄어드리라는 주장은 결코 과장이 아니다. 충분한 정보가 주어진 상태에서 내리는 개인의 선택이나 안전하고 손쉬운 방법들에 기반하여 사람들이 자신의 가족 규모를 쉽게 조절할 수 있게 하는 것은 현대인의 삶에서 읽고 쓰는 능력만큼이나 필수적인 부분이며, 전쟁과 테러에 대한 강력한 해독제 역할을 할 수 있다. 안타까운 사실은 여성의 가족 규모 조절 권한이 대개 농부, 공장 노동자, 성직자, 정치인, 변호사 등 어떤 직업을 막론하고 남성들의 저항에 부딪히는 경우가 많다는 것이다. 이 슬프고도 놀라운 중요한 사안은 13장에서 다시 다룰 예정이다. 그러나 그보다 먼저 전쟁의 관행과 시간의 경과에 따른 그 변화에 대해 좀 더 자세히 살펴보자.

7
습격에서 전투로

(…) 제한적이고 일시적인 가족 관계의 틀 밖에서는, 만인이 서로 반목하는 홉스주의적 전쟁이 존재의 정상적인 상태였다.

— 토머스 헨리 헉슬리, 1894[197]

1991년 9월, 이탈리아와 오스트리아 국경 부근 외찰ötzal 지역에서 알프스 산을 지나던 두 여행자는 점차 줄어느는 빙하의 끝부분에서 얼어붙은 시체 한 구를 발견했다. 그들이 처음 생각했던 것과는 달리, 최근에 죽은 사람이 아니었다. 온전한 전신 상태로 최초 발견된 가장 오래된 시신이었다. 언론 매체에서 외치라는 별명을 붙여준 이 '아이스맨'은 약 5000년 전에 살았던 사람으로 알려져 있다. 그는 손에 단검을 들고 있었고, 근처에서는 활 한 자루가 발견되었으며, 몸에는 싸울 때 쓰는 구리 도끼도 지니고 있었다. 처음에는 그가 얼어 죽은 온순한 양치기였거나 사냥꾼이었을 것이라 짐작했다. 그러나 발견 이후 10년이 지난 시점에 X선 판독을 한 결과 그의 왼쪽 어깨뼈에 돌 화살촉이 거의 폐 근처에 닿을 정도로 깊숙이 박혀 있었음이 드러났다. 사망 직전 양 손과 손목, 가슴 부위에 자상과 타박상을 입은 상태였으며, DNA 연구 결과 그가 지니고 있던 단검과 풀로 엮어 만든 외투에서는 다른 사람 네 명의 혈흔이 발견되었다.[198, 199] 사냥꾼이었다기보다는 외치 본인이 인간 사냥감이었던 셈이다. 루소의 이론을 믿는 낙관주의자라면 유일하게 발견된 이 시대 사람의 시신에 단순 살해의 흔적이 아닌 집단공격의 분명한 증거가 나타난 이유를 백만 분의 일 확률의 우연한 사건 정도로 설명할지도 모른다. 홉스의 이론을 믿는 현실주의자라면 그러한 폭력이 당시 흔한 일이었을 수 있다는 가능성을 제기할 것이다.

호모 사피엔스의 습격 및 전쟁 행위 비교

습격	전쟁
소집단 (10명 미만인 경우도 있음)	수백만 명이 참전하기도 하나 전투 단위는 소집단 기반
혈기왕성한 젊은 남성	혈기왕성한 젊은 남성
노년층 남성과 여성은 지원 역할	노년층 남성은 지휘, 여성은 지원 역할
전사들은 유전적으로 연관된 관계이며 공통된 배경을 지님	전사들은 대개 훈련 및 전투 경험을 통해 결속됨
단기(수 분 내에 끝나는 경우도 있음)	수년간 지속될 수도 있음
기습적으로, 불시에 이루어짐	전쟁은 '선포'되기도 하나 전투는 불시에 이루어짐
공격 측의 위험 부담은 비교적 낮음	공격 측의 위험 부담이 방어 측보다 높을 수 있음
전투원과 민간인 간 구분 없음 / 포로 포획은 거의 없음	민간인에 대한 공격은 배제하기도 함 / 항복 및 포로 포획이 공식화되어 있음
시체의 훼손 및 포획 여성에 대한 강간 발생 / 목표는 먹이 확보	시체의 훼손 및 포획 여성에 대한 강간이 발생하기도 함 / (항상은 아니더라도) 대개의 경우 지도자의 문책 대상이 됨

1940년대에 저명한 인류고생물학자였던 아서 키스 경은 인류 초기에 평화는 당연한 것이었다고 주장했다. 그는 인간이 도구를 사용하여, 환경과 상대방을 정복했던 구석기시대가 오기 전까지, 전쟁은 돌연변이같이 희귀한 사건이었을 것이라 생각했다.[200] 20세기 중반, 사우스캐롤라이나 대학 출신의 인류학자 해리 터니-하이는 문자 사용 시대 이전 전쟁 연구의 선구자 중 한 명인 시카고 출신 법률가 퀸시 라이트와 함께 습격은 "인류의 초창기 행동을 반영"할 뿐이라고 일축했다.[201] 전쟁이나 습격이 인류 발생의 가장 초

기 단계로 회귀하는 듯하다는 점에서 보면 이러한 관찰에도 일말의 진실은 있을 수 있다. 그러나 이번 장에서 살펴보겠지만, 인류의 가장 원시적인 형태의 습격이라 해도 절대 사소한 일이 아니며, 그러한 행동의 여러 가지 측면은 오늘날까지 존속돼오고 있다. 이들 초창기 연구자들은 인간의 동종 살해가 어디에나 있으며 굉장히 오래된 일이라는 점을 이해하지 못했으며, 아무리 소규모의 습격이라 해도 상대를 해치려는 목적으로 자주 반복된다면 결국 상당히 높은 사망률로 이어질 수 있다는 단순한 사실을 간과했다. 오늘날, 활용할 수 있게 된 고고학적 증거와 해석에 사용할 수 있는 도구가 방대한 양으로 증가했다. 젊은 남성들의 상호 습격 성향이 정말로 인간과 침팬지의 공통 조상으로까지 거슬러 올라갈 수 있다면, 인류의 역사와 역사 이전 시대 전반에 걸친 습격 및 전쟁을 증명해줄 수 있는 끊어짐 없이 쭉 이어진 증거의 고리들을 찾아야 한다. 화석학적 · 고고학적 · 인류학적 증거를 살펴보면 불쌍한 외치의 죽음이 결코 특이한 사례가 아니었음을 알 수 있다.

화석 증거

'진보의 행진March of Progress'이라는 유명한 그림을 모르는 사람은 없을 것이다. 적어도 그것을 흉내 내거나 패러디한 것을 한 번쯤은 보았을 것이다. 가장 왼쪽에 있는 원숭이와 그 오른쪽의 유인원부터 시작해 여러 단계의 혈거인穴居人과 고릴라를 닮은 덩치 큰 부류를 지나 끝에는 성큼성큼 걸어가고 있는 현대의 인류가 그려져 있는 이 삽화에는 인류의 진화를 명백하고 질서정연하며 필연적인 과정으로 보는 관점이 담겨 있다. 중요한 것은, 이 그림은 단순한 추측에 근거하는 것이 아니라 초기 화석에서부터 고고학적 발굴품과 최근의 DNA 분석 등을 통해 100여 년에 걸쳐 수집된 증거를 바탕으로 하고 있다는 사실이다. 유인원에서 현 인류에 이르는 여정의 수많은 우여곡절은 여전히 명확하지 않으며, 해당 분야 연구자들 사이에서도 격론의 대상이다. 그러나 대략적인 큰 그림은 뚜렷해지고 있다.

인류의 선조는 500만에서 700만 년 전 사이 어느 시점에 침팬지와의 공통 조상에서 갈라져 나왔다. 이 두 혈통은 그 이후 계속 이어져 내려오며 분기를 계속하여 연관된 종들의 가계도상에는 수많은 새로운 가지가 많이 생겼으며, 인류의 진화론적 사촌 및 조상이 멸종되면서 그 새 가지들 중 대부분은 사라졌다. 현재는 단 하나의 인간 종—우리, 호모 사피엔스—만이 남아 있지만, 약 340만 년 전에 살았으며 원인原人, hominid으로 통칭되는 오스트랄로피테쿠스를 시작으로 역사 전반에 걸쳐 우리와 같은 혈통의 여러 구성원이 존재해왔다. 에티오피아에서 유골이 발견되어 유명해진 '루시'와 같은 오스트랄로피테쿠스는 인류의 혈통과 가까운 친척 관계이기는 하나, 직계 조상은 아닌 듯하다. 가장 오래된 인류의 직계 선조의 유해는 아직 발견되지 않았지만 같은 속에 속하는 것으로 알려진 최초의 부류인 호모 하빌리스는 240만 년 전쯤 아프리카에서 생겨났던 것으로 생각된다. 200만 년 전까지만 하더라도 뇌의 크기나 신체 구조가 침팬지와 현 인류 사이의 중간 즈음에 해당하는 생물이 아프리카 밖으로 이주하기 시작했다. 보노보가 침팬지의 사촌인 것과 마찬가지로, 이들 역시 우리의 진화적 사촌이었다. 현생인류로 말하자면, 우리 인간 종은 약 20만 년의 역사를 가지고 있다고 볼 수 있다. 우리 인간 역시 아프리카에서 생겨나 약 6만 년 전부터 전세계 각지로 퍼져나가기 시작한 것으로 보인다.

우리의 이론이 맞는다면, 진보의 행진이 한 걸음씩 이어질 때마다 침팬지나 그 조상뿐 아니라 우리 인간과 그 조상에서도 연이은 폭력의 증거를 볼 수 있어야 한다. 그러나 폭력으로 부상을 당한 것인지 아니면 죽은 뒤 유골에 상처가 생긴 것인지 혹은 큰 고양잇과 동물이나 곰 같은 포식자에게 공격을 당한 것인지 구분하기는 늘 간단치 않다. 또한 아주 오래된 인간 유해들의 경우처럼 증거가 거의 없거나 해석이 쉽지 않을 경우, 의견이 양극단으로 나뉘는 경우가 많다. 우리 조상들은 이웃과 잘 어울려 지내지만 포식자만 지나갔다 하면 늘 도망치는 힘없는 약자였다고 보거나, 같은 인간이나 다른 동물들을 사정없이 죽이는 살해자였다고 보는 것이다. 이것 역시 학계의 이분법적 관점이며, 대개 그렇듯, 진실은 그 둘 사이 어딘가에 있을 것이다.

레이몬드 다트가 1924년 남아프리카에서 최초로 오스트랄로피테쿠스의 두개골(200만~250만 년 전)[202]을 발견했을 때, 그는 이들 초기 원인이 훌륭한 사냥꾼이었다고 주장했다.[203] 1969년경, 마릴린 키스 로퍼는 발견된 36개의 오스트랄로피테쿠스 유골 가운데 20개에서 중상을 입은 흔적을 볼 수 있었으며 이는 이들이 서로 싸우거나 죽이기도 하는 일이 있었음을 보여주는 증거라고 주장했다.[204] 유타 대학의 데이비드 캐리어는 투견들의 다리가 짧고 탄탄한 것에서 유추할 수 있듯 루시 화석의 다리가 비교적 짧다는 것은 오스트랄로피테쿠스들끼리 서로 싸울 때 물리적인 이점으로 작용했을 것이라고 주장한다.[205] 그러나 다른 형질 인류학자들은 이를 지나친 상상이라고 일축하고 있다. 중국과 자바 섬에서 발견된 호모 에렉투스의 특징인 커다란 눈마루(눈 위의 튀어나온 뼈 부분_옮긴이)와 유난히 두꺼운 두개골은 도구를 사용하여 얼굴이나 정수리에 서로 일격을 가하는 이들 원인의 성향에 따라 진화가 이루어진 것일 수 있다는 의견이 제시돼왔다. 북경원인(25만 년 내지 40만 년 전에 살았던 호모 에렉투스)의 두개골 가운데 하나에는 실제로 오래전에 아문 골절의 흔적이 남아 있었다.[206] (물론, 이 상처가 공격을 당한 것이 아니라 사고로 인한 것일 수도 있으나, 안타깝게도 이 두개골은 제2차 세계대전 중에 파괴되고 말았다.)

중국에서 발견된 초기 인류의 두개골의 아랫부분에는 뇌를 꺼내기 위해 열었던 흔적이 있었는데 여기에 대해서는 식인 풍습의 증거라는 해석도 있었고, 당시 같은 장소에서 덩치 큰 하이에나의 화석이 함께 발견된 것을 근거로 하이에나의 공격을 받은 증거라는 해석이 나오기도 했다.[207] 미주리 대학의 도나 하트와 세인트루이스 워싱턴 대학의 로버트 서스맨은 초기 원인들은 실제로 다양한 육식 동물의 사냥감이 되었음을 증명해 보였으며, 초기

원인의 폭력적 특성이 과장된 측면이 있다는 의견을 제시하고 있다.[208] 그러나 양쪽의 주장 모두 일리가 있다. 초기 원인들은 자신보다 작은 동물들을 사냥하거나 자신들끼리 서로 공격하는 법을 알기는 했지만, 힘이 센 야생 동물들의 공격에는 취약했던 것이다. 분명히, 침팬지는 표범에게 잡아 먹히지만, 작은 포유류를 사냥하여 잡아 먹기도 하며 이웃 침팬지에게 치명적인 습격을 행하기도 한다. 막대기나 돌을 무기로 들었던 초기 원인은 낮 시간에는 서로가 위협적인 살해자였을 수 있지만, 밤이 되면 덩치 큰 고양잇과 포식자에게 희생물이 되었다. 곰베 유역의 침팬지들은 이 지역의 표범이 거의 멸종되었기 때문에 안전한 편에 속한다. 그러나 프랑스의 영장류학자 캐롤린 튀탱이 1970년대에 침팬지를 추적 연구했던 세네갈의 경우, 표범이 원숭이에게 실질적인 위협 요소로 남아 있는 탓에 원숭이들은 밤에 숲속 높은 곳에 집을 만드는 등 신중한 행동을 보인다.[209]

원인 화석이 발견되는 경우가 드문 것을 감안하면, 동종 살해에 관한 증거는 상당히 강력할 수 있다. 또한, 그중 일부는 살인 사건의 검시관을 설득하기에도 충분할 정도로 명백하다. 보존 상태가 뛰어난, 78만 년 전의 원인 화석이 스페인 북부 그란 돌리나 지역에서 발견되었다.[210] UC 버클리의 인류고생물학자 팀 화이트의 초기 식인풍습에 관한 연구에 따르면, 호모 안티세소르로 밝혀진 6명의 화석 유해에서 발견된 칼로 절단된 흔적은 "그란 돌리나에 살았던 다양한 연령대의 최소 6명의 살점이, 마치 고기를 얻기 위해 잡은 사냥감인 양, 굉장히 꼼꼼하게 계획적이고 효율적으로 이용되었음"을 보여준다. 에티오피아에서 발견된 비슷한 시기의 두개골에서도 절단 흔적이 보인다.[211] 식인 풍습이 없는 오늘날의 사회에서 여느 현대식 묘지에서 유해 몇 구—혹은 심지어 6000구까지라도—를 확인해봤을 때, 그와 같은 폭력과 살육의 증거가 발견될 가능성은 매우 희박할 것이다.

호모 안티세소르는 호모 사피엔스와 호모 네안데르탈렌시스의 공통 조상에 가까웠을 것으로 생각된다. 네안데르탈인은 호모 사피엔스보다 큰 뇌를 가지고 있었으며, 만화에서나 등장하는 멍청한 야만인이 아니었다. 그렇지만 이들은 멸종되었다. 최근 DNA 증거에 따르면 네안데르탈인과 현생인류의 조상 간 이종 교배는 거의 없었다. 우리 조상과 네안데르탈인의 잘 알려진 신체적 차이를 고려한다면, 그들은 완전한 외집단이었던 것일까? 우리의 조상이 네안데르탈인을 전멸시킴으로써 '종 학살specicide'의 첫 여정이 시작되었던 것일까? 프랑스 어느 동굴 바닥 주변에 원형으로 돌이 놓여 있는 상태로 묻혀 있던 한 네안데르탈인의 유골에는 "오른쪽 관자놀이 부분에 한 번 이상의 심한 타격을 받은" 흔적이 있었다. 이들은 틀림없이 호모 사피엔스의 공격뿐만 아니라, 각종 동물이나 다른 네안데르탈인의 공격도 받았겠지만, 이라크에서 발견된 어느 네안데르탈인 유골의 경우 "머리 앞부분에 전투 중 부상을 당한 듯한 흉터"가 있었고, 늑골 사이에 부싯돌이 깊이 박힌 유골도 있었다. 같은 네안데르탈인에게 공격을 받은 것이든, 현생인류로 인해 생긴 흔적이든, 한 가지 분명한 것은 적어도 큰 고양잇과의 동물로 인한 상처는 아니라는 점이다. 『끊임없는 전쟁: 평화적이고 고상한 야만인이라는 허구Constant Battles: The Myth of the Peaceful Noble Savage』에서 히버드 대학 고고학자인 스티븐 르블랑은 네안데르탈인의 죽음 가운데 5~25퍼센트는 습격이나 전쟁 때문이었을 것으로 추측하고 있다.[212] 호모 사피엔스 및 원인 조상들은 지난 수백만 년간 서로를 죽여왔으며, 전쟁이라는 인간의 진화적 사슬은 한 번도 끊어진 적이 없음을 화석 증거를 통해 확인할 수 있다.

고고학적 증거

인류의 역사를 파헤쳐 나가면서, 현 시대에 이르러 관련 정보나 표본의 양이 방대하게 늘어나게 되었다. 산재해 있는 고생물의 화석 뼈로부터 시작해 매장지, 주거지, 전쟁터 등에서의 고고학적 발굴을 통해 과거 시대의 그림이 점점 완전해지면서 전투 행동에 대한 증거는 계속 축적되고 있다. 척추에 박힌 화살촉이나 부싯돌로 만든 도끼에 의한 충격으로 산산조각 난 두개골 등의 흔적은 인류의 습격이나 전쟁을 증명하는 명백한 증거가 된다. 그러나 그 반대가 반드시 참인 것은 아니다. 폭력의 흔적이 없다고 해서 그 사회가 평화로웠음이 증명되지는 않는다. 침팬지나 인간이 밀림 속에서 하나씩 죽는다면, 수천 년 뒤 그 유골이 발견될 가능성은 매우 희박하다. 이번 장의 후반부에 자세히 다루어질 아마존의 야노마모족에서는 성인의 3분의 1이 집단공격 때문에 목숨을 잃는다. 그러나 대개 한 번에 한 사람씩, 대개 일체의 주거지로부터 상당히 떨어진, 고립된 상황에서 살해가 일어난다는 점을 감안하면, 범죄 현장 조사관조차도 전투 습격의 물리적 증거 대부분을 찾아내지 못할 것이다. 해당 사실이 발생한 후 수십만 년이 지난 시점에 이루어지는 고고학 연구에서 폭력에 관한 미세한 단서들이 소실될 가능성은 굉장히 높아진다.

다행히도, 고고학자들에게는 완전히 오리무중인 부분까지도 계속해서 다시 연구하며 증거를 찾을 방법이 여러 가지 있다. 예를 들면, 방어 시설은 전쟁이 있었음을 보여주며 습격과 전투가 잦았음을 의미하지만, 그러한 싸움의 치명성에 대한 직접적인 증거는 되지 못한다. 분묘의 부장품은 전사에 관한 정보를 전달해줄 수는 있겠지만, 물리적인 증거로는 그가 어떻게 혹은 얼마나 자주 전투에 임했는지 알 수 없다. 유골 잔해에 철퇴에 맞아 두개골이 골절된 흔적이 있거나 화살에 뚫린 흔적이 있다면 어떻게 죽음을 맞이했는지 알 수 있다. 두개골에 머리가죽을 벗겨낸 절개 흔적이 남아 있을 수도 있고, 박힌 화살촉이 그 부위의 뼈보다도 오래 남아 있을 수도 있다. 그러나 외치나 그와 비슷한 상태로 보존된 시신들 같은 극소수의 예외를 제외하면, 전투 중에 생긴 상처는 대개 부드러운 세포 조직에 생기기 때문에 고고학자들이 현장에 닿을 때쯤에는 이미 흔적이 사라진 지 오래인 경우가 많다. 교살당하기 전에 창에 찔린 소장의 흔적이나 강한 타격을 받은 상처는 화석에 남지 않는다. 버려진 무기나 시신은 유실될 수도 있고, 다른 짐승이 없애버리거나 승자가 시신의 일부를 전리품으로 취하면서 훼손하거나, 혹은 싸움이 끝난 뒤 승자가 매장, 소각 등 여러 방식으로 처분할 수도 있다. 전쟁에 관한 직접적인 고고학적 증거는 제한적일 수밖에 없으며, 과거 분쟁의 빈도나 폭력성이 상당히 축소되어 평가되는 경향이 있다고 예상하는 것이 합리적이다.

물리적 증거가 지금까지 남아 있기가 굉장히 어렵다는 점을 감안할 때, 살해에 관한 고고학적 증거가 그토록 많이 남아 있다는 것은 인류의 폭력적 혈통을 시사해준다. 간단히 말하자면, 외치뿐만이 아니었던 것이다. 외치보다 두 배는 오래되었고 초기 신대륙에서 발견된 인간 유골 가운데 가장 보존 상태가 좋은 케네윅 유골의 경우 골반에 석기가 박혀 있다.*[213] 석기는 먼 거리에서 투창기를 사용해 발사되었던 것으로 추정된다. 이는 순간적인 충동으로 인해 살해가 이루어졌다기보다는 기습 공격이 있었음을 보여주는 증거이기도 하다. 시칠리아 산 테오도로의 동굴에서 발견된 훨씬 오래된 유골을 보면 침팬지와 마찬가지로 초기 인류의 살해 행위는 성별을 구분하지 않았다. 골반에 화살촉이 박힌 채 발견된 약 1만 3000년 전 마지막 빙하기 시대의 그 유골은 여성이었다.[214]

물론, 인류 과거의 모든 개인이 비명횡사했던 것은 아니었겠지만, 폭력에 관해 전해져 내려오는 고대의 이야기들을 보면 진보의 행진에서 매 걸음마다 우리의 조상이 일종의 과시 차원의 싸움을 치렀음을 분명히 알 수 있다. 이탈리아 그리말디에서는 약 2만~3만 5000년 된 아이의 유골이 척추에 돌로 된 발사체가 박힌 채 발견되기도 하였다. 동유럽 바실레브카의 1만 년 된 중석기시대 묘지의 발굴로 늑골과 척추에 화살촉이 박힌 유골들이 발견되기도 했다. 1만 4000년 된 누비아의 묘지에서는 발굴된 59구의 유골 가운데 40퍼센트에서 뼈에 스치거나 박힌 발사체의 흔적이 발견되었다. 한 여성의

*안타깝게도, 현존하는 어떠한 집단과 직접적인 혈통 관계가 없음에도, 원주민 유적보호 및 반환법에 의거해 고대 유골을 재매장하자는 감정적인 운동 때문에 이러한 형태의 과학적 증거가 위협받고 있는 상황이다.

유골에서는 온몸에서 22개의 발사체가 발견되기도 했다. 이 같은 석기시대 버전의 '충격과 공포'가 이례적인 비극적 사건이 아니라는 증거로서, 일부 다른 유골에서도 과거 전투 사례를 입증하는 골절 후 아문 흔적이 발견되었다.[215] 서로 싸우는 부시맨을 그린 남아프리카의 선사시대 암벽화의 경우처럼, 프랑스의 쿠냑과 페쉬 메를에서 발견된 동굴 벽화에는 화살에 부상당한 남자들이 그려져 있다. 프랑스의 이 벽화들은 약 3만 년 전 것으로, 그림 속에는 가면을 쓴 남자들의 모습도 있다. 이에 대해서는 '마술적 살해magic killing'를 그린 것이라는 해석이 있지만, 당시에 있었던 폭력에 대한 여러 가지 증거를 볼 때, 동굴 벽화를 그린 이들의 생활 속에서 흔히 있었던 일들을 그린 것이라는 설명 이외의 환상을 부여할 필요는 없어 보인다.*

고대의 폭력에 대한 증거가 많다고 한다면, 습격이나 소규모 전쟁의 뚜렷한 증거 역시 전세계 각지의 발굴 작업을 통해 밝혀져왔다. 돌니 베스토니체라는 체코 공화국 고지대의 구석기시대 유적지에서, 고고학자들이 약 2만 6000년 전에 집단 사망하여 같은 무덤에 매장된 것으로 보이는 다수의 남성 유골을 발견했다. 그 유골 가운데 하나에서는 머리에 입은 부상 흔적이 그대로 보존되어 있었다.(가능한 또 다른 설명은 이들의 공동체가 매머드 사냥을 했다는 것이다—매머드 사냥은 위험한 작업이며, 상아에 다친 상처와 몽둥이에 맞은 상처를 구분하기는 쉽지 않다.) 바이에른의 오브넷 중석기 유적지에서는 38명의 남성, 여성, 어린이가 약 8500년 전에 한꺼번에 죽었으며, 100년 전 고고학자들은 참수된 유골들이 묻힌 구덩이 두 곳을 발견했다.[216] 오스트리아 아스판 마을

* 동굴 벽화에서 흔히 볼 수 있는 '핸드 스텐실' 방식은 석기시대의 사람들이 오늘날의 사람들처럼 오른손잡이 혹은 왼손잡이였을 가능성을 보여준다. 정확한 이유는 알 수 없지만, 왼손잡이는 기대 수명이 약간 더 짧은 것과 관련된 유전 형질이기도 하다. 유전학자들은 이 형질이 어떻게 존속돼왔는지 이해하고자 노력해왔으며, 짧아진 수명을 보상할 수 있는 어떤 유리한 점이 있었을 것이라 추측하고 있다. 한 가지 가설은 특히 무기를 사용하는 경우 왼손잡이인 사람들이 오른손잡이인 이들과 싸울 때 유리하다는 것이다. 복싱, 펜싱, 기타 무술에서 모두 승자 중에는 왼손잡이의 비율이 분명히 높은 반면, 수영이나 경주 등에서는 왼손잡이의 이점이 전혀 없다. 또한, 왼손잡이의 특징은 야노마모족(23퍼센트)이나 뉴기니 산간 부족(27퍼센트)처럼 습격이 빈번히 일어나는 곳에서는 특히 그 비율이 높다.

에서는 약 7000년 전 것으로 보이는 신석기시대 유골 약 150구가 한꺼번에 발굴되었는데, 그중 일부에서 두개골 골절 흔적이 발견되었고 심한 폭력의 흔적이 발견된 경우도 있었다.[217] 고대 유골에 관한 법의학 연구의 성과를 이용해, 빈의 연구팀은 자연 발생 원소인 스트론튬을 사용하여 지역민과 외부인을 구분해내는 데 성공했다. 스트론튬은 음식물을 통해 성장하는 뼈나 치아로 이동하며 화학적 서명chemical signature의 미세한 차이는 생활 장소에 관한 증거가 된다. 아스판에서 발견된 유골들의 경우, 뼈의 스트론튬 분석을 해보니 유골 대부분이 학살된 주민의 것이었고, 해당 공격에서 목숨을 잃은 타 지역 출신의 습격자들의 유골은 소수에 불과했다.[218] 연구팀은 여기서 한 걸음 더 나아가, 지금까지 알려진 그 같은 인구 집단의 연령 구조에 비추어 볼 때 젊은 성인 여성 유골의 비율이 예상보다 훨씬 낮다는 사실을 발견했다. 공격 집단이 이들을 살해한 뒤 젊은 여성들은 끌고 갔던 것일까?

시리아와 이라크 간 국경 근처의 오래된 구릉 지역 텔 브락은 세계 최초의 도시 가운데 하나가 있었던 유적지로, 거의 6000년 전 것으로 추정된다. 2006년, 텔 브락에서 약 500미터가량 도랑을 파던 불도저가 사람의 뼈 더미를 발견했다. 이 가운데 일부는 부상의 흔적이 있었다. 대부분 청년이나 중년의 유골이었고 손발의 뼈가 없는 것을 미루어 짐작할 때 매장되기 전에 시신이 일부 분리되었음을 알 수 있었다. 큰 희생이 따른 전투가 있었던 것이 틀림없다. 고고학자들이 발견한 것이 승자의 것인지 패자의 것인지는 정확히 알 수 없지만,[219] 부서진 도자기들과 소 뼈다귀가 발견된 것을 보면 이 거대한 무덤 위에서 누군가가 연회를 열었음이 분명하다. 거의 4000년 뒤 신대륙의 도시에서 또 다른 살해가 있었던 것으로 보이며, 이것이 고고학적 기록으로 남았다. 과테말라의 마야 문명 유적지인 칸쿤에서 왕, 왕비, 시종, 아이들 등 31구의 유골이 발견된 것이다. 이들 유골에는 도끼에 맞고 창에 찔리고 사지를 절단한 흔적이 있다. 그러나 암살 후에는 왕의 시신에 좀 더 예우를 갖춘 듯, 칸 막스Kan Maax라는 이름이 새겨진 목걸이 등 왕권을 상징하

는 물건들과 함께 묻혀 있었다.[220]

유럽인과의 접촉 이후뿐 아니라 이전 시점에서의 역사적 전투 및 전쟁에 관한 증거 역시도 아메리카 대륙 전역에서 찾아볼 수 있다. 스페인과 북유럽 정착민들이 말에서부터 화약에 이르기까지 좀 더 치명적인 기술들을 들여왔고 동쪽의 부족들을 서쪽으로 밀어내는 바람에 부족 간 충돌이 증가하여 북미 원주민들끼리 싸우게 된 것이라고 주장하는 고고학자들도 있다.[221] 그러나 유럽인들이 그곳에 나타나기 훨씬 전에도 대규모 학살이 있었다는 증거가 있다.

1300년에서 1400년경에 존재했고 상당히 방어적인 공동체였던 멕시코 치와와의 카사스 그란데스 유적의 경우를 보자. 스티븐 르블랑은 2000명 규모의 공동체 전체가 살해된 것으로 보고 있다.[222] 좀 더 광활한 미 서남부 전역에서는, 습격과 전쟁으로 인해 27개 정착지 가운데 24개가 거의 같은 시기에 버려졌던 것으로 보인다. 좀 더 멀리 떨어진 곳으로 눈을 돌리면, 심층적인 연구가 진행 중인 1325년경에 존재했던 사우스다코타 크로우 크릭 유적은 모여 있는 50개의 가옥을 방벽이 둘러싸고 있었다. 발굴 과정에서 대학살 직후 방어용 도랑 한 곳에 서둘러 매장한 것으로 보이는 유골 486구가 발견되었다. 40퍼센트는 두개골에 함몰된 부분이 있었다. 부러진 치아는 구강 부분에 타격을 입었다는 증거이며, 90퍼센트의 두개골에서 머리가죽을 벗겨낸 뚜렷한 절개의 흔적이 발견되기도 했다. 손이 잘린 경우나 턱에 자상의 흔적이 있는 경우도 있었는데, 이는 일부 희생자의 혀를 잘라내려는 시도가 있었음을 나타낸다.[223] 전쟁에 관한 역사적 증거는 계속 발견되는데, 그 원인을 찾아내기는 여전히 어렵다. 그러나 대학살 당시 크로우 크릭은 인구 급증 단계에 있었던 것이 거의 확실하며, 지리상으로 비옥한 평야의 중앙부에 자리 잡고 있었음에도 불구하고, 그 유골들은 성장 상태가 좋지 않은 장골長骨을 포함한 영양실조의 징후와 괴혈병 및 여타 비타민 C 결핍의 증거가 보인다.[224] 이전 장들에서 언급되었던 인구통계학적 요인들을 떠올려보면, 공동체 내 자원 부족과 공격적인 젊은 남성의 비율 급증의 불안정한 조합이 원인이 되었으리라는 추측이 가능하다.

사우스다코타 미주리 강 인근의 라슨에서도 두 개의 도랑과 나무 울타리로 방비된 가옥 29채가 발굴되었다. 이는 당시 외부의 공격이 중요한 관심사 가운데 하나였음을 보여주는 명백한 증거다. 집은 불탔던 것으로 보이고, 70구가 넘는 시신이 집 안과 부지 곳곳에서 발견되었다. 모든 시신에서 머리가죽을 벗겨내거나, 참수를 하거나, 손발을 자르거나, 내장을 제거하는 등 훼손한 흔적이 발견되었다. 다른 곳에서 흔히 나타나는 유사한 형태의 절단 사례들에 비추어볼 때, 남성의 생식기나 여성의 가슴을 전리품으로 절단해 가기도 했을 듯하지만, 유골만 남아 있기 때문에 이는 확인이 어려운 부분이다.[225] 라슨 지역은 1750년에서 1785년 사이 점령당했으며, 화살촉뿐만 아니라 머스킷 탄환도 발견되었다. 6000년 앞선 오브넷과 더불어 크로우 크릭과 라슨 유적의 경우도 발견된 유골 가운데 20대 여성의 비율은 낮은 편이었다. 습격에 성공한 뒤 전리품으로서 이들을 끌고 간 것으로 보인다.

인류학적 증거

1857년, 미국의 한 역마차 마부는 현재 애리조나 남부에 해당하는 힐라 강 유역 푸마 뷰트에서 북미 원주민 두 부족 간의 마지막 전투를 목격했다. 역마차 마부인 아이제이어 우즈는 텍사스 샌안토니오에서 캘리포니아 샌디에이고로 우편마차를 몰고 한 달 여정의 길을 가던 도중 우연히 이 전투를 목격하게 되었다.[226] 현대식 무기는 전혀 없이 벌어진 이 전쟁은 유마족과 모하비족 전사들이 마리코파족 마을을 습격하면서 시작되었으며, 이들은 3명을 살해하고 마을에 불을 질렀으며 농작물을 헤집어놓았다. 이에 대한 보복으로 마리코파족은 창과 활로 무장한 200명 규모의 기병대를 동원했다. 비슷하게 200명 규모인 유마족과 그 동맹군은 보병대였다. 유마족은 용맹하게 싸웠으나 마리코파족의 화살에 전열이 무너졌다. 마리코파족 기병대는 도망치는 유마족 전사들을 전투용 곤봉으로 살해했으며 부상자를 마저 살해하기 위해 돌아오기까지 했다. 약 1시간가량 지속된 주요 전투에서 150명이 넘는 유마족과 25명가량의 마리코파족이 목숨을 잃었다. 여러 부족의 총 인구수와 본래 전사의 수를 감안할 때, 어느 9월 아이제이어 우즈가 우연히 목격했던 이 전투는 탱크와 기관총을 앞세워 일어나는 현대의 여느 전쟁보다도 치명적인 규모였다.

1960년대 말, 나는 보르네오 사라왁에서 많은 수의 가족들과 전통적인 일자형 공동주택에 사는 한 다야크족 노인 남성과 이야기를 나눈 적이 있었다. 그는 젊었을 때 자신이 죽인 사람의 쪼그라든 두개골을 수년 전 어느 여행객에게 돈을 받고 팔았다고 했다. 다야크족에 속한 한 집단인 이반족은 적의 머리를 건조시켜 수집하는 행위가 죽은 자의 영적인 힘을 다야크족 전사들에게 전해줄 수 있고 흉작이나 불임 같은 모든 불운을 몰아내거나 망자가 된 친족에 대한 애도를 끝내는 데 필요한 마술적인 힘을 준다고 믿었다. 생태학적 차원에서는 이웃을 살해하는 것이 영토를 확장하고 식량 공급을 늘리는 효과적인 한 가지 방법임이 입증되었다.[227] 그러나 마술적인 힘을 얻기 위해 상대의 머리를 취해오는 것은 그 자체로 동기가 되었다. 18세기와 19세기에 다야크족은 보르네오 해안을 오가는 해적이 되었으며, 때로는 100명, 어떨 때는 400명까지 선원을 살해해서 그들의 머리를 수집해오기도 했다.

부족 간 습격은 내가 사라왁에 도착할 당시까지 계속 이어졌다. 나는 한때 사람을 죽여 머리를 잘라오던 인간사냥꾼의 손녀와 이야기를 나누었는데 그녀는 브래지어를 하고 있었고 또 다른 손자 한 명은 티셔츠를 입고 있었다. 망가진 자동차 한 대가 그 족장이 외부인에게 부족의 땅을 팔아 돈을 얻었다는 것을 상기시키며 서 있었다. 이제는 다야크족 공동주택에도 인터넷이 연결된 곳이 생겼다고 한다. 모든 원시 사회가 서구의 기술과 문화에 접촉하자마자 사실상 쇠락의 길로 접어드는 모습은 어쩐지 굉장히 슬프지만 불가피한 측면도 있다. 우리는 그곳 아이들에게 백신 접종을 해주지만 출산하는 자녀의 수를 제한할 수는 없다. 그들을 우리가 믿는 종교로 전향시키고 서로 싸우는 것을 그만두게 하면서도, 그들에게 우리가 가진 총과 술을 건네주고 있다. 그러고는 그들의 오랜 문화와 전통이 사라져가는 것을 놀라워하며 지켜보고 있는 것이다.

현존하는 수렵채집 집단을 통해 알게 된 사실이 현대 인간 진화의 가장 긴 구간의 현상을 그대로 반영하는지는 판단하기 어렵다. 만일 우리가 실제 문자 사용 이전 사회의 전쟁과 습격을 제대로 이해하고자 한다면, 2~3세대, 나아가서 수천 년의 세월까지도 거슬러 올라갈 필요가 있다. 율리우스 카이사르는 켈트족 전사들이 "거의 매년 공방전을 벌여왔음"을 역설하며 『갈리아 전기』를 전개하고 있으며, 헬베티아인들이 게르만족과 "거의 매일 충돌"했다고 적고 있다.[228] 그리스의 저술가 스트라보는 켈트족을 "전쟁광"으로 보기도 했다.[229] 기원전 54년 카이사르는 영국을 침략하면서 적군 수장인 카시벨라우누스를 "다른 부족과 끊임없이 전쟁을 치러온 자"라고 묘사했다. 디오도루스 시쿨루스는 갈리아의 켈트족이 적의 머리를 베어 "보통 남자들이 하듯 특정한 유형의 사냥에서 잡은 들짐승의 머리와 함께 집 위에 못으로 고정시켜 걸어두었다"고 말하고 있다.[230] 프랑스 북부의 리베몽 쉬르 앙크르 유적지에서 당시 종교적 의식이 행해지던 장소 바로 밖에서 머리가 베어지고 없는 유골 80구가 발견되면서, 끊임없는 전투에 관한 이들 저술가들의 이야기가 사실임이 확인되었다.

세계 각지의 원시인들에게는 고대 켈트족의 전투 방식이 이례적인 것이 아니라 통칙이었던 것으로 보인다. 하와이 부족은 하와이 부족끼리, 뉴기니 산간 부족은 뉴기니 산간 부족끼리 싸웠으며, 오늘날에도 간혹 싸움이 발생한다. 뉴질랜드의 마오리족은 다른 마오리족과, 북미 원주민들은 다른 원주민 부족과 싸운다. 기록이 명확히 남지 않은 시대나 장소라 하더라도, 사람이 거주하는 대륙과 역사라면 언제 어디든 상황이 크게 다를 것이라고 생각할 이유는 없는 것이다. 대부분의 분쟁은 기습 공격이나 소규모 전쟁의 성격을 띠었고, 대개 하루를 넘기지 않았다. 그러나 이러한 충돌은 살해 의도가 다분했고 자주 반복되었으므로, 이는 인류 역사 전반에 걸쳐 인간의 삶의 큰 부분을 차지할 수밖에 없었을 것이다.

15세기 이후 유럽의 탐험가들이 전세계 각지로 퍼져 나가면서 문자 사용 이전 상태의 수많은 사회와 접촉하게 되었고 극단적인 결과로 이어지는 경우도 있었다. 발견의 시대 최고의 항해사이자 탐험가였던 페르디난드 마젤란(1521년 사망)과 제임스 쿡(1779년 사망) 모두 그들이 만난 원시 부족 전사들의 손에 목숨을 잃었다.* 통상적으로, 문자 사용 이전 시대의 전쟁에 대한 초기 저술은 서구의 탐험가들이나 선교사들에 의해 이루어졌으나 어쩔 수 없는 편향된 시각을 감안하고 보더라도 상당히 잔혹한 내용이 많다. 르블랑은 19세기 초 호주의 감옥을 탈출하여 원주민들과 함께 살았던 죄수 윌리엄 버클리의 이야기를 쓰기도 했다. 버클리는 "병기를 공격자들의 손에 내버려 둔 채, 부메랑으로 부상자들을 살해하고" 도망친 적들을 그들이 잠든 밤에 공격하는 식의 습격에 대해 서술했다.[231]

인류의 전쟁에 대해 진화론적 관점에서 제대로 연구가 이루어지게 된 이래로 집단공격에 관한 가장 생생한 묘사 가운데 하나는 바로 찰스 다윈의 손끝에서 나왔다. 비글호를 타고 남미 최남단 케이프 혼 근처를 항해하던 다윈은 굉장히 춥고 습한 데다 바람마저 거센 환경에서 생활하면서도 집도 짓지 않고 옷도 없이 사는 푸에고 섬 주민들을 관찰하게 된다. 젊은 박물학자 다

* 당연한 이야기지만, 오늘날의 기준에 비추어볼 때 전부는 아니어도 대부분의 초기 유럽 탐험가들 역시 매우 폭력적인 성향을 지니고 있었고, 소수의 항해사를 제외한 대부분은 현지 부족민들과 마찬가지로 문맹이고 전근대적이었을 것이다. 또한 '발견의 항해'로 널리 알려진 이들의 여정은 최초의 집단공격 세계화라 해도 과언이 아닐 것이다. 크리스토퍼 콜럼버스가 1492년 카리브해에서 처음 만났던 사람들에 대한 느낌을 적은 것 중에는 "50명만으로 저들 전체를 정복하고, 내가 원하는 방식대로 통치할 수 있을 것"이라 생각했던 내용도 있다. 콜럼버스는 이미 그 부족 사내들에게서 인근 섬에서 온 습격자들에 맞서 싸운 결과였던 뚜렷한 상처의 흔적에 주목하고 있었다.

윈은 어느 벌거벗은 여성과 그녀의 품에 안긴 벌거벗은 아이가 진눈깨비를 맞고 있는 것을 보았다. "그 부족은 정부도, 지도자도 없지만, 적대적 관계의 다른 부족들에 둘러싸여 있으며, 각기 다른 방언을 쓴다. 이들 간에 벌어지는 전쟁의 원인은 생계 수단인 것으로 보인다"고 다윈은 기록했다.[232] 혹독한 환경 면에서, 푸에고 섬 주민의 삶은 극도로 절망적인 원시시대의 조건을 대변한다고 볼 수 있다. 그러나 더 나은 기후 조건에서도, 인류 역사 대부분이 불확실하고 적대적인 세계 속에서 전개되었다는 사실은 변함이 없을 것이다.

1930년대에 처음으로 뉴기니 산간 지역을 탐험한 유럽인들은 외부 문명과 완전히 단절된 채 석기시대 문화 속에서 살고 있는 백만 명에 달하는 이들을 발견하고는 충격을 받았다. 푸에고 섬 주민들과 마찬가지로, 뉴기니 산간 지역 주민들은 수백 혹은 수천 명 단위의 작은 씨족 집단들로 나뉘어 있었고 대부분 각기 다른 언어를 사용하고 있었다. 1920년대와 1930년대에 광부, 선교사, 인류학자, 관리자 등이 처음으로 이 산간 지역에 들어오기 전까지만 해도 거의 백만 명에 달하는 사람들이 현대 세계와는 동떨어진 석기시대 같은 환경 속에 고립된 채 살고 있었다. 뉴기니 섬에 사람이 처음으로 도착한 것은 4만여 년 전으로, 해부학적 현대인이 처음 아프리카를 떠난 지 2만 년만의 일이었다. 6000년 전까지만 해도 그들은 세계에서 가장 일찍 농업 중심의 문명을 이룩한 집단 중 하나였고, 토란과 갖가지 야채를 재배했다.[233] 고지대에서는 관개 시설을 이용해 인구 밀도가 높은 지역에 물을 공급했다. 성년기에 들어서는 젊은 남성들은 가학적이고 폭력적인 비밀 의식을 거치며 여성을 냉담하게 대하거나 노골적으로 적대적으로 대하도록 배웠다. 일부 사회에서는 남성들이 사춘기 직전 동성애 집단에 들어간 뒤 몇 년 후 이성애자로 변하기도 했다. 아내를 구타하는 일은 빈번하게 있었고 정도가 심한 경우도 종종 있었다.(그리고 지금도 마찬가지다.)

마을 간 전쟁은 거의 '영속적인' 것이었고, 어떤 씨족 집단에게는 전투가

영국의 탐험가 제임스 쿡 선장은 최초로 뉴질랜드를 일주하고 마오리 원주민과 교류를 한 사람이었다. 뛰어난 지도 제작자이기도 했던 쿡은 세 번에 걸친 세계 일주 여정에서 만난 부족들에 대해서 상세히 기록하기도 했다. 쿡은 이 그림에서 예술가적 기질을 발휘해 마오리족의 과시적인 전투용 카누의 모습과 더불어 끊임없는 전쟁이 어떻게 이들을 방어적 공간에서 살게 만들었는지 포착해내고 있다. 바다 위에 자연적으로 형성된 바위 아치 위에 지은 이 같은 요새의 모습은 화려한 무기나 방벽으로 에워싼 중세 유럽의 도시와 유사하다. 쿡은 1779년 하와이 원주민과의 충돌에서 목숨을 잃었다.

'삶의 호흡'과도 같았다.[234] 전투 발생 빈도와 사회 구조나 인구 밀도 사이에 뚜렷한 상관관계는 없는 듯하다. 이웃 마을에 대한 습격은 대개 보복 습격으로 이어져, 양쪽 모두 싸움에 지치거나 엄청난 수의 사람이 희생될 때까지 갈등은 지속되었다. 휴전이 되면 인명이나 재산 피해에 대한 보상 명목으로 돼지를 주기도 했으며, 대개 평화는 그리 오래가지 않았다. 20세기 호주의 고지대 행정관들은 습격과 전쟁을 법으로 금지시켰지만, 공격, 싸움, 비밀 습격 등은 여전히 성행했다. 그러나 강화 조약의 이점으로 남자들이 "밥을 먹으면서 어깨 너머로 주변을 살피지 않아도 되고, [화살을] 맞을 걱정 없이 아침에 소변 보러 집 밖으로 나설 수 있게" 되었다.*

뉴기니 사람들이 처해 있던 불안한 상황은 인류 역사 전반에 걸쳐 인간의 삶이 대개 어떠했는지 보여주는 중요하고도 특별한 실마리를 제공한다. 동부 산간지대에서는 전쟁이 매우 빈번했던 탓에 마을마다 방어용 울타리와 침입자 발견을 위한 망루를 세워야 했다. 어느 마을이 점령당하면 가족들은 붙잡히고 가옥은 불태워졌다. 좀 더 규모가 큰 집단 간에 분쟁이 발생하면, 수백 명의 남성이 뛰어들기도 했다. 서구의 강화 조약 이전에는, 전쟁을 이끄는 지도자가 병사들을 소집하여 적에 맞서 싸우곤 했다. 그리스 호플리테스 전투의 경우처럼 미리 준비된 전쟁터를 선택하기도 했다. 양측은 끝에 뾰족한 돌이 달린 미늘 화살과 창, 그리고 때로는 도끼를 사용해 공격을 감행했다. 방패를 지닌 이들은 느슨하면서도 기동성 있는 대열을 이루었다. 남자들은 대부분 본인의 의지에 따라 전쟁터에 뛰어들거나 빠져 나왔기 때문에 '전쟁'은 수 시간 넘게 지속되는 경우가 별로 없었다. 전투가 다음 날 재개될 때도 있었고, 그렇지 않을 때도 있었다. 이러한 대결은 게임이나 정형화된 경쟁이 아니었다. 1960년대 사회인류학자 루이스 랭니스는 이렇게 적었다. "전쟁의 명백한 목표는 가능한 한 적을 완전히 멸하는 것이었다. 모든 남녀노소가 그 대상이었으며, 병약자나 임산부도 예외가 아니었다. 대부분의 습격에서 실제 희생자 수는 한두 명 정도에 불과했지만, 집단 전체가 전멸하는 경우도 있었다."[235] 마링족의 어느 씨족은 단 두 차례의 전투에서 전체 인구의 5퍼센트를 잃었고, 어느 씨족은 한 번의 패배로 전체 인구의 7~8퍼센트가 희생되기도 했다. 침팬지 습격과 마찬가지로 이러한 손실은 순식간에 불어날 수 있으며, 어느 한 편이 연달아 승리를 거두게 되면 이들은 적

* 서아프리카 오트볼타에 있는 소마족의 한 노인 역시 비슷한 관점을 가지고 있었다. "우리 조상들은 태어날 때 괭이, 도끼, 활과 화살을 지니고 태어났다. 활 없이는 밀림에 나갈 수 없었다. 활을 지니고 있으면 꿀과 땅콩, 들짐승을 손에 넣을 수 있고, 다음에는 여자와 그 아이들을 얻고, 마침내 가축, 염소, 양, 나귀, 말을 살 수 있다. 이것들이 바로 예로부터 내려오는 부富였다. 밀림에 다닐 때는 활과 화살을 지니고 다녔다. 갑자기 나타나 죽이려드는 누군가가 항상 있을 수 있기 때문이다."

의 자원과 영토를 차지하게 된다. 그러나 만일 양쪽 세력이 막상막하인 경우, 이론상 전쟁과 보복의 악순환은 끝없이 계속될 수 있다.

야 노 마 모 족

엄청난 대가가 따르는 습격과 전쟁의 흔적이 수많은 원시 사회와 모든 대륙 전역에서 발견되고 있다. 그러나 호전적인 부족 가운데 아마존 유역의 야노마모족만큼 상세한 연구가 이루어지고 수많은 논쟁을 야기한 사례는 거의 없다.* 야노마모족은 브라질과 베네수엘라의 오리노코 강 상류 주변 2만 제곱킬로미터 열대 우림에 분포된 200여 개의 마을에 흩어져 있다.[236] 뉴기니의 경우처럼 일부 정치 단위는 200명 정도에 불과하다. 뉴기니에서와 마찬가지로 이 폭력적인 사회에서는 남성과 여성 간의 사랑이라고는 찾아볼 수가 없다. 남자들은 다른 남자들로부터 멀리 떨어져 있으라는 경고로 자기 아내를 곤봉으로 때린다. 가출한 아내는 생명에 지장이 없는 엉덩이 같은 부위에 화살을 맞거나 귀가 잘리는 벌을 받기도 한다. 습격시 여자들을 납치하는 경우가 많아서 여자들은 숲속으로 갈 때 어린아이들을 데리고 간다. 붙잡힐 경우에도 아이들과 떨어지지 않기 위해서이다. 용맹하고 영리한 야노마모족은 우노카이스unokais라고 불린다. 이들은 남의 아내를 취하는 데 능숙하여, 다른 부족 남성에 비해 평균적으로 2.5배 많은 아내와 3배 많은 자녀를 둔다.[237]

* 미국의 인류학자 나폴레옹 샤농은 야노마모족을 직접 만나는 현장 답사를 25차례 진행했고 이들 부족의 언어도 배웠다. 사회가 본질적으로 호전적이라고 주장하는 샤농 같은 인류학자와 사회는 본래 평화적이라고 주장하는 사람들 간의 정서적, 지적 간극은 다른 인류학자 패트릭 티어니의 글에서 확인할 수 있다. 티어니 역시 야노마모족을 방문했으며 샤농과 그 동료 고故 제임스 닐이 야노마모족에게 마체테(날이 넓은 아프리카 전통 칼_옮긴이)를 주고 고의적으로 홍역에 감염시킴으로써 그들의 호전적 성향을 과장하고 있다고 비난했다. 샤농은 자신과 닐이 현지에 도착하기 전에 (텍사스 규모의 지역에서 생활하며 수많은 상인이나 선교사와 접촉한) 야노마모족이 이미 홍역에 걸려 있었으며, 자신들은 야노마모족에게 백신을 접종하여 전염병 확산을 막고자 최선을 다했다고 밝혔다. 샤농은 실제로 야노마모족에게 마체테를 주었으나, 가톨릭 선교사들이 엽총을 공급하는 것은 비판했다.

폭력은 야노마모족 사회 곳곳에서 여러 가지 형태로 존재한다. 흉부를 가격하는 결투에서 남성은 두 다리를 약간 벌리고 서서 팔을 등 뒤로 하고 가슴을 앞으로 내미는 자세를 취함으로써 결투를 신청한다. 상대는 상대방 가슴까지의 거리를 가늠하고 몇 차례 주먹을 뻗는 시늉을 해본 다음 약간의 거리를 두고 마치 영국식 크리켓의 투수처럼 몸을 굽히고 뛰며 최대한 상대 남성의 흉곽에 강한 일격을 가하기 위해 주먹을 날린다. 주먹을 받는 상대방은 일순간 충격을 받고 한 번에 쓰러지기도 하지만, 상대 남성의 가슴을 가격할 수 있는 자신의 차례가 되기 전까지 네댓 차례의 타격을 그대로 받는다. 싸우는 양측의 지지자들은 두 사람을 둘러싸고 춤을 추며 큰 소리로 응원을 한다. 일격을 가한 쪽이 상대방 차례가 됐을 때 그대로 서서 가격을 받지 않고 피하게 되면, 도망친 쪽이 다시 제자리로 돌아와 마땅한 벌을 받을 때까지 난타전이 벌어진다. 이 같은 보복성 싸움을 중단시킬 수 있는 유일한 방법은 어느 한쪽이 부상을 당하거나 혹은 부상을 당한 척하는 것이다. 흉부를 가격하는 결투는 대개 적대적 관계인 역사를 지닌 집단 간에 이루어지지만, 사이가 좋은 집단끼리 축제를 마무리 지을 때 벌어지기도 한다. 이 경우에는 단지 비겁한 자가 없음을 보여주는 것이 목적이 된다.

손바닥으로 옆구리 공격하기는 흉부 가격하기가 변형된 방식이다. 이 경우에는 서로 상대의 신장 위쪽 옆구리를 손을 편 상태로 최대한 강하게 가격한다. 이 밖에도 가장 혹독한 형태로 변형된 방식이 있는데, 여기서는 2.5~3미터 정도 길이의 무겁고 유연한 나무 곤봉이 사용된다. 목적은 최대한 세게 상대의 정수리를 가격하는 것으로, 상대는 자기 차례가 돌아올 때까지 필사적으로 버티며 서 있어야 한다. 자신의 머리에 난 흉터를 자랑스럽게 보여주는 남성들도 있다. 흉부 가격하기에서 볼 수 있는 계산된 타격에 비해 곤봉 결투는 마구잡이로 이루어지고, 곤봉으로 어깨를 내리치거나 팔을 부러뜨리는 경우도 있다. 대부분의 곤봉 결투는 여성을 두고 벌어지기 때문에 혼외정사가 빈번한 큰 마을일수록 자주 벌어진다. 일단 곤봉 결투가 시작되

인류 역사 전반에서 그러했듯, 전쟁이나 폭력 분쟁은 수많은 원시 사회에 여전히 존재하는 삶의 일부분이다. 아마존 북부의 야노마모족 대부분은 아직도 전통적인 방식에 가까운 수렵채집 생활을 영위하고 있다. 1999년에 촬영된 이 사진 속 무리는 장례식에서 힘을 과시하는 일종의 의식을 치르고 있는 것이지만, 원시 부족 간에 벌어지는 실제 전쟁은 이 같은 연극적 의식과는 거리가 멀다. 야노마모족 성인 가운데 무려 3분의 1가량이 습격과 전쟁으로 인해 목숨을 잃으며, 이 정도 규모의 희생은 부족 집단들에게는 드문 일이 아니다.

면, 다른 남성들도 합세하여 마을 내 대부분의 성인 남성이 싸움에 끼어들게 되기도 한다. 곤봉 타격, 옆구리 공격, 흉부 가격은 내집단 공격의 규칙을 따르며, 복싱 경기와 마찬가지로 결투자는 생식기 공격은 피하거나 심한 외상을 입히는 것을 자제한다.(옆구리 공격 시합에 칼이나 도끼를 사용하는 경우에도 날의 평평한 부분만을 사용할 수 있다.) 그러나 폭력에 대한 제어는 늘 취약하기 짝이 없다. 흉부 가격의 경우 타격 효과를 높이기 위해 주먹에 돌을 숨기는 경우도 있다.

원시 사회에서 습격은 이러한 정형화된 내집단 폭력 유형과는 쉽게 구분된다. 선조 영장류의 집단공격 패턴을 거의 그대로 따르는 듯 보인다. 습격은 기습적으로 이루어진다. 공격 대상 마을이 어느 정도 떨어진 거리에 있는 경우, 밤공기가 차가워도 습격조는 우회로를 택하고 불을 피우지 않는다. 목표는 남자들을 살해하는 것으로, 여자들을 잡아올 수 있으면 습격자들은 이를 보너스로 여긴다.

이런 식의 공격이 생경하게 느껴지겠지만, 우리 자신의 경험을 그다지 깊숙이 들여다보지 않고서도 우리는 이런 과시적이고 남성 지배적이며 성급하고 무모한 대결 양상의 예—소도시 정치, 학내 위원회, 학교 운동장에서의 싸움—를 찾을 수 있다.

'문자 이전' '부족' '원시' 와 같은 용어는 이질감을 주기 쉽다. 그러나 야노마모족과 뉴기니 산간 부족은 단지 우리와 닮은 것이 아니다. 그들은 곧 우리 자신이다. 미국 아이가 야노마모족 사회에서 자라난다면 흉부를 가격하는 시합에서 그 어떤 경쟁 상대 못지않게 힘과 패기가 넘치는 도전자가 될 것이고, 만일 야노마모족 아이가 샌프란시스코에서 성장한다면 다른 어떤 후보와 다를 바 없이 중상모략을 더하거나 덜하면서 의원 선거에 출마하게 될 수 있다. 인간의 각 문화는 매우 다를 수 있지만, 동일한 진화론적 역사에서 각기 나름대로 표출될 뿐이다.

반 격

오랜 세월 이어져 내려온 인류 진화의 역사를 돌이켜보면, 서로를 죽이려는 인간의 기이한 기질은 역사의 모든 단계마다 존재해왔음을 분명히 알 수 있다. 그러나 공격에 맞서는 야노마모족의 결투 방식에서처럼 인류의 조상이 방어도 하지 않은 채 가만히 서 있었을 리는 없다. 군사 전략가라면 누구나 제대로 방어가 이루어지지 않는 상황에서는 적진에 오래 머물지 않아야 한다고 말할 것이며, 집단공격이 문자 그대로 수백만 년간 지속돼온 유전 형질임을 감안할 때 일련의 행동 역시 그러한 공격에 대응하도록 진화해왔다고 생각할 수 있다. 놀라운 사실은 집단공격에 대한 인간의 오랜 본능적 대응은 자살하려는 기질만큼이나 현대의 전쟁에서 위험 요소일 수 있다는 것이다.

이러한 방어적 대응의 핵심은 집단의 일원이 공격을 받거나 살해당할 경우 일어나는 강렬한 각성 반응이다. 예를 들어, 침팬지는 자기 무리의 시체를 보면 매우 강하게 반응한다. 마치 무엇에 홀리기라도 한 듯 그 시체를 가만히 쳐다보고 가까이 다가갔다가 다시 물러선다. 죽음의 원인은 중요치 않아 보인다. 곰베 공원에서 어른 수컷이 나무에서 떨어져 목이 부러지자, 그 집단의 나머지 무리는 극도의 흥분을 보였다. 그들은 시체 주변에서 소리를 지르며 과잉 행동을 하더니 결국 시체에 돌을 던졌다.[238] 표범 같은 포식자는 시체를 끌고 가 먹을 것이므로, 훼손은 됐는데 먹은 흔적은 없는 시체가 발견된다면 이웃 침팬지 집단의 공격에 대한 확실한 증거가 될 수 있다는 점에 주목할 필요가 있다.

원인原人 집단의 규모가 커짐에 따라, 새로운 방어적 충동이 진화되었을 수도 있다. 한 가지 굉장히 중요한 본능적 대응은 1구가 넘는 시체가 일시에 발견된 상황에 주목하고 이에 대해 유독 강하게 반응하는 것이었을 수 있다. 원시 사회에서 습격은 대부분 기습적으로 이루어졌으므로, 시체를 발견하는 것은 공격에 대한 두려움과 극도의 경각심을 불러일으키는 충분한 이유가 될 수 있다. 침팬지는 한 번에 한 마리씩 죽이지만, 무기의 등장은 동종 살해의 양상을 바꾸어놓았으며, 다수의 희생자가 동시에 살해당한 시점에 맞춰서 원인의 진화가 일어났을 수 있다. 아마도 오늘날 각각 별개의 상황에서 목숨을 잃는 비슷하거나 더 많은 수의 사람들보다도 열차 전복이나 비행기 추락사고 등에 훨씬 더 이목이 집중되는 이유가 바로 여기에 있을 것이다. 인간은 동시다발적으로 발생하는 죽음에 유난히 민감하게 반응하는 경향이 있다. 그리고 결정적으로, 이는 테러리스트들이 폭탄 공격이나 인질극 등에서 이용하려는 특성이기도 하다. 이와는 대조적으로, 자동차 사고나 흡연으로 유발된 암, 개별적인 강도 상해 사건 등으로 인해 한 명씩 목숨을 잃는 것에 대해서는 충격을 덜 받는다. 사실 그 죽음이나 질병으로 인해 누적되는 피해가 훨씬 큰데도 불구하고 말이다.

습격을 당해 죽은 침팬지의 시체는 얻어맞고 찢기고, 때로는, 잘 드는 날카로운 칼날을 쓰지도 않은 채 거세당한, 섬뜩한 광경이다. 싸움에 나선 인간 역시 자신이 죽인 상대방의 사체를 훼손하는 경우가 많다. 1993년 10월, 미 해병대가 소말리아 군벌과의 평화 협정을 시도하던 중, 소말리아 민병대가 미군을 살해해 그 시체를 훼손한 뒤 모가디슈 거리에서 끌고 다니는 일이 벌어졌다. 이 장면은 미국 국민들을 경악하게 만들었고, 미 해병대는 오늘날까지도 이 사건을 분노와 증오로 가득 차 언급하고 있다. 소말리아 반군 지도자를 생포 혹은 사살하려는 작전 중, 2대의 미군 헬리콥터가 모가디슈 상공에서 격추되어 18명의 미군이 사망하고 73명이 부상을 입었다.(그러나 미군의 화력이 훨씬 강했으며, 소말리아군 측에서는 500명이 넘는 이들이 목숨을 잃었다.) 헬리콥터 격추로 사망한 이들의 시신을 수습하려는 대대적인 노력이 이루어졌다. 파손된 헬리콥터를 분해하는 일은 쉽지 않았고, 최후의 시신 한 구까지 꺼내기 위해 시도하는 과정에서 미군 사상자는 몇 명 더 늘었다.[239] 2004년 이라크 전쟁 당시 미군 보안요원 시체들이 불에 그을린 채 이라크 팔루자의 어느 다리에 매달린 모습은, 그러한 끔찍한 이미지와 연계되지 않은 훨씬 더 많은 수의 사망 병사에 관한 그 어떤 문건보다도 일반 대중에게 큰 충격을 안겼다. 군대에는 전사한 전우들의 시신은 되찾아와야 한다는 일종의 확고한 불문율이 있다. 물론 이는 모욕적인 사체 훼손이 벌어지는 것을 막기 위함이기도 하지만, 어쩌면 그보다 더 깊이 들어가보면 집단공격에 내포되어 있는 상호 조력과 희생의 의무는 죽는다고 해서 없어지지 않기 때문이기도 할 것이다.

근래 역사에서 그 어떤 대규모 인명 사상 사건도 2001년 9월 11일에 있었던 미국에 대한 테러 공격보다 더한 공포와 분노, 그리고 흥미롭게도 동지애를 분출시킨 것은 없었다. 사건 이후 몇 달이 지난 뒤에 각종 언론 매체나 개인적인 대화에서 주된 주제는 갑작스레 목숨을 잃은 3000명 남짓의 사람들과 아직 남아 있는 희생자들을 구해내려는 영웅적이고도 필사적인 노력에 관한 것이었다. 2001년 한 해 동안, 같은 미국인에게 살해된 평범한 시민의 수는 외국인 테러리스트 때문에 죽은 이들의 3배 이상이었고, 쌍둥이 빌딩에서 죽은 이들의 10배가 넘는 사람들이 자동차 사고로 목숨을 잃었다. 그러나 감정이 배제된 냉철한 통계는 뜨거운 석기시대 감정의 적수가 되지 못한다. 사람들의 마음을 빼앗아 언론, 당선된 정치 지도자, 유권자의 관심을 집중시킬 수 있는 것은 바로 이러한 감정적 반응이다.(유감스럽게도, 테러리스트들 역시 이 점을 잘 알고 있으며, 이를 토대로 공격을 계획한다.) 2003년 이라크 침공 당시, 유권자들의 반응에 촉각을 곤두세우고 있던 미 의회 의원들은 자연스레 미국 국회 의사당 건물 역시 9·11 공격 대상이 될 수 있었음을 반복하여 환기시키며 자신들의 석기시대 감정과 외부 공격에 약한 모습을 보이지 않아야 한다는 요구를 마음껏 풀어놓았다. 그 결과, 그들은 정작 문제가 되고 있는 복잡한 현안과 관련해 필요한 솔직하고 열린 토론은 회피했고, 그 이후 우리는 값비싼 대가를 치러오고 있다.

외집단의 폭력적 공격을 보여주는 증거—혹은 의혹—에 대한 우리의 대응은 실제 위험 수준과는 동떨어진 경우가 많다. 이러한 반응은 대개 강한 보복 욕구, 피해자들 간의 유대감 강화, 공포와 불안의 확산 등 세 가지 형태로 나타난다. 결과적으로, 초반의 전투 열의는 대개 확산 성향이 강할 뿐 아니라 감정에 호소한다. 제1차 세계대전 초기에 자원 입대했던 남성들 중 대다수는 자원하지 않으면 남성이나 여성 모두에게 비겁하다는 비난을 받을 것이라는 심적 부담뿐 아니라 남자다움과 애국심*에 호소한 선전에 부응한

* 영국과 그 식민지에서 소명은 제국을 수호하는 것이었다. 프랑스의 입장에서 보불 전쟁은 특별 보너스에 불과했지만, 연합된 국가를 형성한 지 45년밖에 되지 않았던 독일의 입장에서는 적에게 둘러싸여 있었으므로 상대에게 흡수당하지 않으려면 먼저 공격해야 한다는 인식에 젊은 남성들이 호응했다. 이들 세 국가의 사례에서, 이 같은 원시적인 정서를 형성하고 강화시킨 것은 다름 아닌 정부였다.

것이었으며, 싸움에 나설 기회가 왔다는 사실에 흥분된 상태였다. 세계무역센터와 미 국방부 건물에 대한 연이은 공격 이후 수 개월 동안, 국가적 차원의 대응을 요구하는 목소리는 압도적이었으며, 제1차 세계대전 당시만큼 자원 입대 바람이 불지는 않았지만 수많은 젊은이들이 입대를 희망했다.* 비록 짧은 순간이었더라도 재난을 직접 함께 겪은 이들 사이에는 기억에 강하게 남은 단결심과 우정이 있었다. 예전에는 거리에서 지나쳐도 서로 눈인사조차 하지 않던 사이였는데, 이제 처음으로 "안녕하세요" "어떻게 지내요?" 하는 인사를 건네게 된 것이다. 그러나 감정이입의 정도가 깊어지면서 공포와 불안 역시 심해졌다. 불안 심리가 파고들면서 평균 주식시장 가치가 150달러 폭락하기도 했다.

대중들 간의 공포 확산은 테러 공격 이후 특히 두드러졌고, 실제 위험에 비해 지나친 경우가 많았다. 9·11 이후의 탄저병 공포는 공격을 우려하는 심리에 더욱 편승했고, 그 결과 실제로는 5건 발생한 탄저병 사망에 대처하기 위해 1건당 10억 달러에 육박하는 비용을 지출했다. 이라크군의 스커드 미사일에 목숨을 잃은 이스라엘 사람보다 공포로 인한 심장마비로 죽은 이스라엘 사람이 더 많았다. 9·11 이후, 맨해튼 지역 주민 15분의 1이 외상후 스트레스 증상을 보이는 것으로 보고되었다. 이 가운데는 세계무역센터에서 수 킬로미터 떨어진 곳에 살거나 그라운드 제로(피폭 중심지_옮긴이)를 본 적도 없는 이들도 다수 포함되어 있다.[240] 더욱 놀라운 사실은 9·11 이후 2개월간 태어난 남자아이 가운데 저체중인 경우가 평상시에 비해 29퍼센트 감소했다는 것이다.[241] 뉴욕 그리고 그 반대편 캘리포니아에서 출생 통계 연구

* 가장 대표적인 사례는 돈을 많이 버는 운동을 그만두고 2002년 미군 특수부대에 자원 입대하여 2004년 아프가니스탄에서 복무하던 중 아군의 오폭으로 목숨을 잃은 프로 미식축구 선수 팻 틸만의 경우다. 이와 유사한 사례는 수없이 많다. 여객기가 세계무역센터에 충돌하던 당시 26세의 월스트리트 금융 분석가였던 디미트리오스 가브리엘은 이 테러 공격으로 친구 네 명을 잃었다. 2003년 이라크 전쟁 발발 후, 가브리엘은 자신의 나이가 군복무하기에 결코 많지 않다고 강조하며 해병대를 설득했고 군입대를 위해 거의 20킬로그램의 체중을 감량했다. 발목 부상을 당한 뒤 전방 복귀를 고집했던 그는 2004년 11월 팔루자 전투에서 사망했다.

를 진행했던 동료 교수 레이 카탈라노에 따르면 스트레스는 자연 유산과 조산의 위험을 증가시키며, 남자 태아는 여자 태아보다 이러한 위험에 더 취약하다고 한다. 갑작스러운 공격이나 재난에 대해서는 전혀 예상치 못한 방식으로 대응하도록 진화가 이루어지며, 그 결과는 장기간 지속될 수 있다는 의미가 될 수 있을 것이다. 9 · 11 이후 7년이 지난 뒤, 약 3분의 1에서 2분의 1가량의 미국인은 자신이 테러 공격을 당할 수도 있다는 두려움을 느낀다는 조사가 나왔다. 어빈 캘리포니아 대학의 앨리슨 홀먼과 록산느 코헨 실버는 미국인 2700명을 대표 표본으로 하여 심장병에 대한 장기 연구를 진행 중에 있다. 9 · 11 이후 이들은 테러 공격에 대한 공포와 관련된 질문 항목을 추가했고, 17분의 1가량의 응답자가 수년이 지난 지금도 여전히 심각한 우려를 느끼는 것으로 드러났다. 비만이나 당뇨병과 같은 기타 심장병 관련 위험 요인을 배제시키는 정밀 분석을 해보아도 이 소집단은 다른 사람들에 비해 심혈관계 질환에 걸릴 확률이 3배 높았다.[242] 이 같은 상관관계를 바탕으로 인과관계를 증명하는 것은 과학적으로 쉽지 않은 일이나, 연구에서 주장하는 것보다 그 영향의 자릿수는 줄어든다 하더라도, 모하메드 아타와 그 동지들에 의해 목숨을 잃은 사람들 중 가장 많은 수는 세계무역센터에서가 아닌, 그 후 몇 년이 지나 집 안에 있는 자신의 침상에서 눈을 감았을 것이 분명하다.

폭력에 의한 죽음의 흔적이 남아 있는 시신을 발견했을 때, 경각심이 커지고 주의를 기울이며 한층 더 내집단 유대를 끈끈하게 맺으며 대응하는 일은 인류 진화의 상당 부분에서 적응적이었을 것이다. 예상치 못한 잔혹한 죽음에 대한 강력하고 단합된 대응은 향후의 집단공격 행동을 방어하고 저지할 수 있는 부족 집단 차원의 능력을 강화시켜주었을 것이다. 그러나 산업화된 복잡한 사회에서는 폭력에 의한 죽음에 과잉 대응하는 것이 부적응적일 수 있고, 섣불리 전쟁에 뛰어들거나 비용만 많이 드는 무의미한 보안 강화 노력을 기울이는 등 역효과를 내는 결정으로 이어지기도 한다. 미 국토안보부에서 테러 경보를 발령하고 사람들이 독가스 공격으로부터 가정을 지키고자 비닐 시트를 사들인다면, 이는 무시해도 좋은 사소한 위험에 대응하고 있는 것이다. 조리 기구에 불이 날 위험이 더 큼에도 불구하고, 걱정에 휩싸인 이들은 이처럼 발생 가능성이 훨씬 큰 화재 위험에 대비해 소화기를 구비하는 대신 테러 위험이 있다고 여기며 이에 대처하기 위해 밀봉 테이프를 사는 것이다.

모호한 상황 속 군중의 반응이나 집단 결정에 대한 복종 등 3장에서 논의되었던 여러 가지 행동은 동종 인간의 공격에 대한 모든 대응을 강화시킬 수 있다. 초기 원인原人이 공격에 대처하는 데 유리했을 법한 기질들은 이른바 '방관자 현상bystander phenomenon'이라 일컬어지는 수수께끼를 설명해준다. 1960년대 어느 한밤중에 키티 제노비스라는 뉴욕 시민이 퇴근길에 공격을 당했다. 그녀는 한 시간이 넘도록 도움을 구하는 비명을 질렀지만 이 소리를 들었던 38명의 이웃 가운데 어느 누구도 그녀를 도우려 하지 않았고, 심지어 경찰에 전화조차 하지 않았다. 이 사건 이후 실시된 사회과학 실험들을 통해, 현재 정확히 어떤 일이 벌어지고 있는지 불확실할수록 각 개인은 그 상황을 직접 판단하기보다는 집단의 대응에 순응하는 경우가 많다는 것이 밝혀졌다.[243] 이웃 간 소통이 단절된, 한밤중의 현대 도시라는 정글에서는 이러한 행동이 오히려 치명적인 것일 수 있다. 그러나 긴밀한 유대가 이루어지는 초기 원인 씨족 집단의 경우, 집단의 나머지 일원들이 함께 움직인다는 확신이 있지 않은 이상 어느 개인이 위험천만한 상황을 파악하러 나서는 것은 어리석은 일이었을 것이다. 키티 제노비스 사건을 연구한 어느 학자는 이렇게 적었다. "위험이 도사리고 있는 불확실한 상황에서 각 개인은 타인의 반응을 살펴 대응 방식을 결정한다."

진화심리학은 집단 학살에 관한 현대적 분석에서 진일보하여 다음과 같은 가장 중요한 일반론을 설명하는 데도 도움이 될 수 있을 것이다. "악행을 저지르는 사람은 대개 자신이 악한 일을 당할 것이라 확신한다"는 것이다.

우리는 공격을 받게 되면 적을 비인간화하여 신속하고 맹렬하게 가차 없이 맞서 싸울 수 있도록 진화적으로 프로그래밍되어 있다. 오늘날의 세계에서도 우리는 공격에 대비해 자신을 방어할 필요가 분명히 있다. 그러나 오늘날 지도자들이 최적의 결정을 내리기 위해서는 집중적·분석적 관점을 취해야 한다. 진화가 구축해온 인간 행동의 그러한 편향을 파악하는 것은 기본이다. 적의 행동에 대한 이해의 핵심은 그것을 용서하는 것이 아니라 궁극적으로 그러한 행동을 약화 또는 제거시키고자 하는 데 있다.

집단공격에 대한 '전광석화' 식 대응은 충분히 수긍이 간다. 집단 전체가 1~2백 명 규모이던 시절, 공격적 상호 방어나 집단적 보복 충동은 생존에 중요했을 것이며, 잘못된 경보로 인한 손실이래야 기껏 낭비된 몇 시간과 과다 분비된 아드레날린 정도였을지 모른다. 그러나 인구가 증가하고 기술이 그 어느 때보다도 치명적으로 변한 지금, 석기시대 감정에 휘둘리는 것은 어마어마한 비용 손실로 이어질 수 있게 되었다.

베트남전 당시 미 국방부 장관이었던 로버트 맥나마라는 자신의 실수를 떠올리며 미국은 베트남의 지정학적 의도를 오판했으며, 자국이 처한 위험을 과대평가했다고 지적했다.[244] 석기시대에는 적군의 위협을 실제보다 크게 인식하는 것이 안전을 확실히 보장해주었을지 모르지만, 오늘날에는 의사 결정에 심각한 오류를 야기할 수도 있다. 이는 자원 입대를 희망하는 주식 중매인이나 농부뿐 아니라 전문 정보 기관이나 선거에 당선된 지도자의 감정까지도 휘저어놓기가 쉽다. 이라크 침공에 앞서 CIA는 사담 후세인이 보유하고 있으리라 생각한 대량살상무기와 관련하여 잘못된 자료를 계속해서 무비판적으로 받아들였다.

1970년대에 미국 정치인들은 CIA조차도 구 소련의 군사력을 과소평가하고 있다고 주장하며 군 예산의 대폭 확대를 제안했다. 오늘날 우리는 당시 구 소련이 사실상 경제 파탄 상태에 가까웠으며, 생각했던 것만큼 해악을 끼칠 여력이 없었음을 잘 알고 있다. 그러나 미국의 과잉 반응은 지속되었고,

이것이 결과적으로 1980년대 구 소련의 내부 붕괴에 기여했을 수도 있다. 소련의 지도층 역시 서구의 위협을 오판한 나머지 군비 경쟁에 지나친 비용을 계속 쏟아붓느라 국가를 부도 상황으로 끌고 갔기 때문이다. 구 소련의 붕괴는 당연히 미국이 바라는 바였지만, 이러한 벼랑 끝 전술은 터무니없이 위험한 것이었고, 자칫 잘못했으면 서로 핵공격을 주고받아 상상하기조차 싫은 파국이 일어날 수도 있었다. 일례로, 1983년 나토가 정례적인 핵 발사 훈련을 실시하자 소련은 군 병력과 핵 격납고 전체에 경계령을 내려 실제 핵 공격 모의 훈련으로 응수했다.[245] 오해가 한 차례만 더 있었더라면 소련이 나토에 선제 타격을 가했을지도 모른다. 대량학살무기가 가득한 세상에서 격렬한 석기시대 감정은 너무나 위험하다. 실제로 위험에 처한다면 당연히 맞서 싸워야겠지만, 우리가 지켜내고자 하는 세상이 방어전에서 살아남기를 바란다면 대중의 최대한 차분한 통찰과 냉철하고 객관적인 분석이 필요하다.

끊어지지 않는 사슬

화석이나 고고학적 유적을 통해 확인되는 물리적 증거는 인류의 원인 조상 이래로 있어왔던 동종 인류에 대한 참혹한 대학살을 입증한다. 사실, 우리의 견해로는, 이 사슬은 인간과 침팬지의 공통 조상으로까지 거슬러 올라간다. 원시 사회의 소규모 습격조에서부터 고대의 고전적 방식의 전투, 그리고 오늘날의 레이저 유도 미사일이나 도로변 폭탄 공격으로 이어지는 과정은 한 번도 끊긴 적이 없었다. 중세 시대에 어느 왕은 7명 미만의 무장한 남자로 이루어진 집단은 산적brigand, 7~35명 규모는 무장 세력armed band, 35명 이상은 군대army로 규정하기도 했다. 습격조에서 전면전으로 바뀌는 시점은 집단 규모가 수천에서 수만 단위로 증가할 때가 아니라 수십에서 수백 단위로 옮겨갈 때라는 사실에서 보면 그 왕의 기준에 일리가 있다. 석기시대

전사 집단으로 하여금 경쟁 상대를 매복 습격[246]하게 만들었던 진화적 기질과 러시아의 백만 대군으로 하여금 제2차 세계대전 말미에 베를린을 공격하게 만들었던 진화적 기질은 동일하다. 대규모 군대는 작은 단위, 경우에 따라서는 십수 명 미만으로 이루어진 단위들로 구성되어 있으며, 이들은 서로에게 절대적으로 충성하고 습격조의 전형적 특성을 실제로 공유하기 때문이다.*

그러나 가장 놀라운 차이점 중 하나는 전쟁이 점차 특수화·정예화되면서 치명성은 사실상 약화돼왔다는 데 있다. 인류학자, 선교사, 여행가 등이 원시 시대 전쟁 모습을 묘사해놓은 내용을 보면 20세기 세계대전 못지않게 많은 희생이 뒤따랐으며 전체 인구 대비 비율로 보면 오히려 훨씬 더 치명적이었다. 캘리포니아 지역의 북미 원주민 인구는 유럽인들(과 그들이 옮긴 질병)과 접촉이 있기 전에는 약 25만 명 정도였던 것으로 추정된다. 모하비족 같은 종족은 약 5000명 정도였을 것이다. 15명가량으로 이루어진 습격조에서 전투원 가운데 7~8명을 잃거나 15명이 전부 죽는다면 그것은 재앙이었다.[247] 인구 규모에 비교해볼 때 이는 엄청난 손실이었다. 전체 인구에 대한 비율 면에서 곤봉, 활, 화살은 핵폭탄보다도 더 많은 인명을 살상했다.

윌리엄 에크하르트는 그의 사후인 1992년 출판된 저서 『문명, 제국, 전쟁: 전쟁에 관한 계량 사학Civilizations, Empires and Wars: A Quantitative History of War』 집필 과정에서 각 군대와 그 사망률에 관한 반 세기 분량의 수치 자료를 수집했다.[248] 계량 사학은 특히 힘든 작업으로, 에크하르트의 세심한 연구는 시대별 전쟁의 속성에 대해 결정적으로 중요한 통찰을 제시하고 있다.

* 인류의 원인 조상이 밀림에서 나와 대초원으로 이동하던 당시 초기에는 좀 더 큰 집단을 이루어 생활했을 것이다. 집단 규모가 2배로 커지면, 내집단에서 가능한 모든 상호작용을 파악하기 위해서는 4배의 지적 능력brainpower이 필요하다. 이를 근거로 리버풀 대학의 로빈 던바는 두개용량頭蓋容量으로 집단 규모를 예측할 수 있다는 흥미로운 의견을 제시했다. 만일 던바의 의견이 맞다면, 우리는 약 150명가량의 집단을 이루어 생활하도록 진화해온 셈이다. 결혼식에 오는 하객의 수, 혹은 크리스마스 카드를 보낼 수 있는 지인의 수를 생각해보면, 어느 정도 일리가 있는 숫자다.

역사 기록은 불완전하다. 승자는 전투에서 살해한 적군의 숫자를 부풀리는 경우가 많고, 부상자는 전투가 끝난 뒤 한참 후에 죽기도 하며, 전쟁과 연관된 각종 질병이 전투 자체보다 오히려 더 많은 사상자를 내는 경우도 많기 때문이다. 그런가 하면 정의定義상의 문제도 있다. 연구자는 전쟁 기간 중 인구 전체 대비 전사자 비율을 계산해야 하는가, 아니면 전쟁 이전 혹은 이후 평화시에 살았던 이들과 전사자를 비교해야 하는 것인가? 전사자는 연 단위로 계산을 해야 하는가, 아니면 세대 단위로 계산을 해야 하는가? 그러나 이러한 모든 문제를 감안한다 하더라도 전쟁에 관한 역사 자료를 세밀하게 통계적으로 분석해보면 어느 인구 집단에서든 습격이나 전쟁으로 목숨을 잃은 사람의 비율은 시간이 흐를수록 감소하는 것이 명확히 드러난다. 고고학적 증거 및 인류학적 관찰 결과를 통해 문자 사용 이전 시대의 사회에서는 습격과 전쟁으로 목숨을 잃은 성인의 비율이 5퍼센트에서부터 30퍼센트를

세대당, 인구 10만 명당 집단공격으로 인한 사망자 수	
침팬지	10~1만 5000
인간	1만
고대: 그리스	2300
로마	1800
미국 남북전쟁	1965
제1차 세계대전: 독일	4400
영국	2300
미국	110
제2차 세계대전: 러시아	1만 3000
독일	4750
영국	988
미국	300
베트남전: 미국	33
9·11: 미국	1

넘는 수준까지 이른다는 것을 확인할 수 있다.[249] 이는 침팬지 집단에서 나타나는 비율과 비슷하다.

고대나 중세의 전쟁은 유혈이 낭자했을지 모르지만, 전체 인구를 감안하면 원시 시대의 습격이나 전쟁보다는 사망자 수가 적은 편이었다.[250] 미국 남북전쟁의 경우, 정확한 통계치가 나와 있으며, 극도로 치명적인 전투가 많았다. 예를 들면, 1862년 9월 17일에 있었던 앤티텀 전투에서는 무려 11시간 동안 2초당 1명꼴로 사망자가 발생했다. 남북전쟁 기간 동안 전체 인구 3150만 명 가운데 남군과 북군을 합하여 거의 2퍼센트에 달하는 61만 8000명이 사망했다. 그러나 원시 부족 기준에서 보면 이는 전쟁 관련 사망률 최저 수준에 해당한다. 제1차 세계대전 당시 전투원 수와 기술의 치명성 모두 다시 증가 추세였고, 더욱 끔찍한 대량 학살이 벌어지게 되었다. 솜므 전투 개시일인 1916년 7월 1일, 영국군 1만 9000명이 목숨을 잃었고, 4만 명의 부상자가 발생했다. 넉 달 반 뒤—근본적으로 무승부인—전투가 마침내 완전히 종결되기까지 양 진영에서는 총 30만 명이 넘는 남성이 목숨을 잃었다. 그러나 제1차 세계대전의 그 참상에도 불구하고 종전 당시 영국의 사망자 수는 전체 인구 10만 명 당 2300명으로, 이는 미국 남북전쟁 당시 사망률을 약간 상회하는 수준이었다.

제2차 세계대전 당시 동부 전선에서의 인명 손실은 특히 심각했다. 독일은 1940년 6월 소련 침공에 사상 최대 규모의 군 병력을 동원하여[251] 100일 만에 붉은 군대 200개 사단을 격퇴하고 350만 명을 포로로 잡았다. 1943년 2월, 상황은 소련에게 유리하게 흘러가 육군 원수 프레데릭 폴러스 장군은 스탈린그라드 외곽에서 소련군에 항복했다. 당시 포로로 잡힌 독일인, 루마니아인, 소련인 망명자 수는 20만에서 30만 명에 육박했을 것으로 추정되지만, 훗날 집으로 돌아올 수 있었던 사람은 이들 가운데 단 5000명에 불과했다. 제2차 세계대전 기간을 통틀어 독일의 군민軍民 인명 손실은 인구 10만 명 당 4400명 선에 달했다. 피해 규모가 가장 컸던 러시아의 경우, 인구 1억

7000만 명당 1500백만 명가량이 목숨을 잃었고, 이는 성인 인구 기준으로 볼 때 10만 명당 1만 3200명 수준이었다. 반면, 제2차 세계대전에서 목숨을 잃은 미국인의 수는 성인 인구 기준으로 1퍼센트의 3분의 1(3/1000) 미만이었다. 전체 인구 대비 사망자의 비율이 어떻든, 전쟁에 나선 이들의 용맹과 사랑하는 사람을 잃은 이들의 아픔은 어디서나 마찬가지다. 그러나 1940년대 미국의 전사자 수는 비슷한 시기 뉴기니 산간 지방 원시 부족의 사망률의 20분의 1 미만이었다는 사실 등을 인식하고 비율을 확인하는 것 역시 중요할 수 있다. 만일 우리가 알프스 고지대에서 잠든 석기시대의 외치를 부활시켜 미국으로 이주시킬 수 있다면, 일단 자동차와 통조림 음식에 충격을 받고 나서, 그는 이 세계가 얼마나 안전해졌는지에 굉장히 놀랄 것이다.

뉴기니 산간 지방에서 생활하고 있는 원시 부족은 우리의 석기시대 조상이 수천 세대 동안 살아온 삶의 방식을 대변한다. 그러한 '미개한' 행동과 거리를 두는 편이 마음 편할지 모르지만, 현대의 전쟁이나 테러 공격을 이해하고자 한다면 우리의 내면 깊은 곳에는 그들과 다를 바 없는 충동과 기질이 있음을 인식할 필요가 있다. 어쨌든 정의상으로도 우리는 이 같은 가장 폭력적인 자연의 투쟁에서 승리한 자들의 후손이자 그들의 진화적 유산의 상속인인 것이다. 그렇다고 해서 우리가 폭력적인 공격을 하게 되어 있다는 의미는 아니다. 우리가 물려받은 것에는 폭력만 있는 것이 아니기 때문이다. 실제로, 뉴기니 산간 부족은 정원을 가꾸고, 기르는 돼지에 신경을 쓰고, 자녀를 양육하며, 모닥불에 둘러앉아 이야기를 나누며 대부분의 시간을 보낸다. 인류의 역사와 본성에 연구의 빛을 온전히 춘다면 끈질긴 암흑에서 결국은 빠져나올 수 있으리라는 궁극의 희망을 찾을 수 있을 것이다.

2001년 9월 11일, 미국인 10만 명당 1명 수준에 해당하는 이들이 목숨을 잃었다. 같은 해, 이보다 더 많은 미국인이 권총을 든 같은 미국인의 손에 목숨을 잃었다. 그러나 9·11은 미국 정치와 외교의 일대 지각 변동을 가져왔으며, 이는 곧 엄청난 비용을 들이고도 여전히 해결되지 않은 아프가니스탄과 이라크 전쟁으로 이어졌다. 우리는 그러한 수치를 다룰 때 감정을 배제할 수 있을 만큼 진화되지는 않은 것이다. 경제 성장과 기대 수명을 극대화하도록 프로그래밍된 냉철한 슈퍼 컴퓨터가 미국을 다스렸더라면, 9·11은 국가 경제나 사망률에 일말의 문제도 야기하지 않았을 것이다. 그러나 좋든 나쁘든 인간은 모두 석기시대 감정에 지배된다. 외부의 위협에 대한 우리의 대응에는 경쟁 관계에 있는 원인 집단의 공격으로 목숨을 잃을지 모른다는 두려움이 상존하던, 우리 조상이 진화한 수렵채집 환경에 대한 적응의 결과가 짙게 가미되어 있다. 핵탄두와 미생물 무기, 화학 폭탄 등으로 무장된 세계에서 극소수의 테러 분자는 현대 문명사회에서 취약한 공격 대상을 언제든지 찾아낼 수 있으므로, 경계는 여전히 필수적이다. 그러나 냉철한 숙고 역시 필요하다. 우리가 내면 깊숙한 충동을 극복하여 생존하고, 계속되는 인류 진보의 행진에서 다음 걸음을 내딛고자 한다면, 위험을 냉정하고 객관적으로 분석하여 자기 방어 및 보복 욕구를 잠재울 필요가 있다. 신중하고도 생산적인 정치적 대응이 필요하며, 군사 행동은 불가피한 경우에 한하여 적절히 효과적으로 이루어져야 한다. 심리 반응의 진화적 뿌리를 이해하는 것은 이 어려운 문제를 해결하는 데 중요한 열쇠가 될 수 있다.

8
전쟁과 국가

"제국은 본질적으로 폭력 조직이다."

— 퀸시 라이트, 1942[252]

창문이 날아가고 젊은 남자 예닐곱이 소리를 지르며 방 안으로 뛰어 들어왔다. 그들은 내 동료이자 공동 강의자였던 역사학 교수 톰 반즈의 모자를 낚아채고 강의실에 있던 한 여학생을 잡아채어 어깨에 둘러메더니 괴성을 지르며 강의실을 빠져나갔다. 캘리포니아 대학의 학부생들은 기발한 생각을 하는 것으로 유명한데, 발표조 학생들이 수업 발표를 시작하기 앞서, 집단공격이 성과 자원을 확보하기 위한 것임을 실제 시연으로 보여준 것이었다. 물론, 톰의 모자는 그다지 값어치가 나가는 물건이 아니었지만 말이다. 순간 톰과 나, 그리고 강의실의 나머지 학생들 모두 정말로 놀랐지만 알고 보니 납치된 학생은 그 조의 일원이었다. 이 발표조에는 미군에 복무하면서 소말리아에 참전한 경험이 있는 학생도 있었기에 발표 내용이 굉장히 정확하고 상세했다. 그러나 학생들의 발표 방식보다도 훨씬 파격적인 것은 교수들의 접근 방식이었을 것이다. 역사학과 공중보건학처럼 서로 거리가 먼 학문 분야의 교수진이 하나의 강좌를 함께 진행하는 것은 매우 드문 일이기 때문이다.

톰 반즈는 고대 수메르로부터 오늘날 이라크 전쟁에 이르기까지 군사軍史에 관한 백과사전적 지식을 지니고 있으며, 나와 마찬가지로 그 역시 침팬지 행동에서 얻은 통찰이 인류 역사 및 행동 심층의 미스터리를 설명하는 데 도움이 된다는 사실을 알아차렸다. 우리가 함께 가르쳤던 첫 강의 중반 즈음 그는 내게 말했다. "이거 정말 효과가 있군요." 우리가 함께 가르쳐보니 기술, 문화, 인구 증가로 인해 전쟁의 겉모습은 달라졌지만, 그렇다고 해서 전쟁의 기원이 묻혀버린 것은 아니었으며, 내집단 호혜성과 외집단 공격이라는 이중의 추동 감정이 희석된 것도 아니었음을 분명히 확인할 수 있었다. 인류 역사의 이야기를 따라 거슬러 올라가는 과정에서 우리는 약 5000~8000년 전 도시국가의 생성 및 발전을 통해 인류의 진화적 기질이 심층적으로 발현되었고, 다시 이러한 인간 내면의 충동은 인류 문명의 특성을 형성하는 데 일조해왔음을 금세 알 수 있었다. 현대 세계에서의 전쟁이라는 특수한 성격에 대해 이해하려면, 자주 논쟁의 대상이 되는 인류 문화의 두 가지 바탕인 정치와 종교를 유심히 들여다볼 필요가 있다. 이 두 가지는 내집단과 외집단 사이를 구분 짓는 중요한 기준으로 작용한다. 정치와 종교로 인해 우리가 그토록 쉽게 갈라지는 것은 당연한 일이다.

전세계적인 핵무기 대참사가 빚어질 뻔했던 1962년 쿠바 미사일 위기를 떠올려보자. 미국과 그 연합국들은 터키 부근에서 조준한 일부를 포함해 500개의 핵탄두를 소련을 향해 조준하고 있던 반면, 소련은 훨씬 먼 거리에서 300개의 핵탄두를 미국을 향해 조준하고 있었다. 소련의 니키타 흐루시초프 수상은 여느 경쟁적 영장류가 그러하듯 적에 대한 우위를 공고히 하기를 원했고, 플로리다 남단에서 불과 150킬로미터 정도 거리에 있는 쿠바에 소련제 핵탄두 장착 SS4 미사일 36대를 배치하기로 했다. 미국의 U2 정찰기는 흐루시초프의 예상보다 훨씬 일찍 그 미사일들을 발견했다. 공군사령관 커티스 르메이의 지휘하에 영장류 특유의 위협 반응을 보이던 미군 장성들은 쿠바 폭격 및 침공을 주장했다. 다행스럽게도, 이 경우 흐루시초프와 미국 케네디 대통령은 세계를 호령하는 우두머리 수컷의 자리를 두고 각축을 벌이면서도, 라이벌을 제거하고 영토를 확장하려는 습격조보다는 성숙한 대처 방식을 택했다.[253]

민주적으로 선출된 지도자든 독재자든, 종교적 예언가 혹은 군 사령관이든, 지도자의 권력 경쟁은 대개 기습적이고 악의적인 외집단 공격 규칙보다는 연합, 호혜, 그리고 오래 기억되는 손해 또는 호의와 같은 내집단 규칙 아래 이루어진다. 케네디는 흐루시초프에게 모욕을 주게 되면 바로 그러한 외집단 대결을 촉발할 수 있으며 이는 곧 핵으로 인한 상호 전멸로 이어질 수 있음을 인지했다.(케네디는 총체적 파괴가 "3분의 1 정도" 수준이 될 것으로 예상했던 반면, 흐루시초프는 "전 인류가 사라질 것"이라고 보았다.[254]) 공격을 감행하는 대신 케네디는 25만 병력과 전투기 1000대를 주둔시켜 병력을 과시하면서도 실질적인 개입은 해상봉쇄 수준으로 제한했다. 이는 추가적인 미사일 반입을 막으면서도 전쟁 발발은 막았다는 점에서 매우 영리한 선택이었다. 경쟁 관계의 침팬지들이 서로 과시 행동을 하면서도 실제 공격까지는 가지 않는 것과도 흡사한 방식이었다. 케네디와 소련 대사 아나톨리 도브리닌은 소련이 쿠바에서 SS4 미사일을 철수하는 대신 미국은 소련 국경 근처의 터키에서 주피터 미사일을 철수하기로 합의했다. 또한 케네디는 이 협정을 비밀에 부침으로써 미국 내에서 위신이 손상되는 것을 막았다. 그는 결국 자신의 고국과 군에서 우두머리의 자리에 올랐다.

쿠바 미사일 위기는 침팬지의 세력 다툼과 상당히 유사한 방식으로 전개되었다. 야유를 보내고 큰 소리를 내고 과시 행동을 수없이 했지만, 실질적인 변화는 일어나지 않았으며, 물리적인 폭력도 전혀 없었다. 그러나 결국 전면 핵전쟁을 막을 수 있었던 것은 현명한 판단과 더불어 상당한 운이 작용한 측면도 있다. 소련 모스크바의 공산당 정치국은 미사일을 철수하겠다는 공식 메시지를 미국 정부에 전달하기로 했지만, 그 발표 내용을 전달해야 할 남자가 모스크바 라디오 방송국으로 가는 도중 엘리베이터 안에 갇혀버렸다. 만일 상황 해결이 늦어져, 멈춰선 엘리베이터 밖으로 그 메시지를 빼내지 못했더라면 제3차 세계대전이 발발했을지도 모르는 일이다. 당시 카리브해 지역에서는 케네디가 모르는 상황에서 핵탄두 어뢰를 탑재한 러시아의 F급 잠수함이 미군 구축함과 충돌하기 불과 90초 전에 급강하함으로써 반파되는 사태를 간신히 피했다. 소련군 승무원들은 어뢰 발사를 건의했으나, 바실리 아르히포프 함장이 이를 거부했다.[255] 전세계의 운명이 한 명의 지휘관의 신속한 결정에 달려 있었던 것이다.

본 장에서는 인류의 가장 중요한 두 가지 제도인 정치적 국가와 종교 조직이 전쟁의 외양을 어떻게 바꾸어왔는지, 그러면서도 어떻게 그 진화적 기원은 묻히지 않고 드러났는지 살펴보고자 한다. 국가적·종교적 정체성은 둘 다 거대하고 강력한 내집단을 형성하기도 하지만, 조직과 공동의 목적을 만들어냄으로써 단순하고 산발적인 습격에 불과했던 집단공격을 인류 역사상 최대·최장의 집단 노력에 해당하는 현대의 전쟁으로 확대시키는 데 일조하기도 했다. 최초의 도시국가는 이미 분업과 부의 축적, 식량 및 기타 산물의 저장 등의 특징이 있었다. 이는 원시 집단에서도 아주 제한적으로 존재했지만 근대 사회와 국가에서는 필수적인 부분이었다. 이 같은 사회적 변화가 전쟁에 미치는 영향은 실로 대단했다. 분업으로 인해 처음으로 전문적인 전업 전투원 집단이 등장할 수 있었고, 저장된 자원의 축적 덕분에 전쟁이 수년, 수십 년, 심지어 한 세기 이상—영국과 프랑스 왕실 간의 백년 전쟁(1337~1457)이 그 예—지속되는 것이 가능해졌다. 침팬지들의 습격은 수 분 이상 지속되기 어렵고, 원시 사회의 공격은 한 시간 혹은 하루 안에 끝나는 것이 보통이며, 그리스 호플리테스도 결국은 창을 내려놓고 밭으로 복귀했다. 그러나 수백만 명의 인력이 개입되는, 산업화된 국가들 간에 벌어지는 오늘날의 전쟁은 수년간 전세계적으로 지속될 수도 있다.

전쟁 규모의 확대는 집단공격의 위험과 이점 간 공식을 뒤집는 데도 일조했다. 지금까지 살펴본 대로, 습격이 발달할 수 있었던 것은 공격자의 입장에서 위험이 낮은 전략이었기 때문이다. 홀로 떨어져서 쉽게 제압할 수 있는 적이 나타날 때까지 기다리는 방식이었으니 말이다. 야노마모족의 경우, 습격조가 훨씬 많은 적군을 살해했다 해도 습격자가 단 한 명이라도 목숨을 잃으면 그 습격을 실패로 간주한다. 야노마모족을 연구한 인류학자 나폴레옹 샤뇽은 습격하는 집단이 다른 마을의 우두머리를 포함하여 두 명을 살해했으나 돌아오는 길에 벌어진 소규모 접전에서 무리 중 한 명이 목숨을 잃었던 어느 습격을 언급하고 있다. 습격조는 적의 무리를 두 명 더 살해했지만, 그럼에도 불구하고 샤뇽의 정보원은 이 습격은 완전한 재앙이었다고 단정했다.[256] 한 명의 인명 손실에 대한 습격조의 반응은 집단공격에서 상호 보호의 중요성뿐만 아니라, 즉각적이고 신속한, 맹렬한 반격으로 공격에 대응하는 것의 위력을 확인해준다. 그러나 도시국가 및 소제국의 등장은 그 모든 것을 바꾸어놓았다. 좀 더 큰 무리를 구성하고, 사회 지도층의 통제를 받으며, 틀이 갖추어진 방어 체계에 맞서 싸우게 되면서, 개별 공격 집단은 큰 피해를 입었다. 그러나 해당 병력이 전체 차원에서 승리를 거두기만 하면, 죽음, 고통, 사별 등 전선의 군인들과 그 가족들이 어떤 희생을 치르든 국가와 지도층은 혜택을 입을 수 있었다.

인류 조상의 진화가 이루어지는 동안 그리고 좀 더 현대 역사에 가까워오면서 전쟁에 관해 일어났던 변화를 돌이켜보면, 심기 불편한 질문이 몇 가지 떠오른다. 집단공격에 참여하려는 인간 내면의 기질도 인간의 큰 두뇌 진화에 반영된 것일까? 수렵채집 무리에서 점차 더 규모가 크고 긴밀히 조직된 종족, 도시국가, 국가, 그리고 그 이후의 모든 문명 집단에 이르는 과정에서 유혈 사태를 동반하는 전쟁이 필수불가결한 역할을 수행했다고 볼 수 있을까? 그리고 무엇보다도 가장 도발적인 다음 질문을 던질 수 있을 것이다. 종교 조직이 발달하게 된 것은 그것이 명확한 내집단 정체성을 규정하고, 각 종족들이 더욱 유능한 전투 집단으로 거듭날 수 있도록 규합하고 동기를 부여하는 데 도움이 되었기 때문은 아니었을까?

농업과 산업

오늘날 시리아에서 이라크까지 펼쳐져 있는 비옥한 초승달 지대의 도시 국가들은 각각 수백 제곱킬로미터에 달하는 영토를 다스렸고 인구는 3만~10만 명 선이었다. 통치자들은 500~700명 규모의 전문 호위대를 두었고, 전쟁시에는 4000~5000명가량의 남성을 전투에 소집했다.[257] 부족 안에서의 평등은 점차 더 엄격해진 위계와 상명하달식 지배로 대체되었다. 아무리 형편없이 통솔된다 해도, 수천 명 규모의 군대는 씨족 수준에서 이끌 수 있는 백 명 남짓한 전사 무리를 상대로 늘 이기기 마련이었을 것이다. 따라서, 가장 큰 군대를 보유한 자가 늘 승자가 되었다. 변덕스럽고 잔인하게 굴어도 강력한 리더십에는 보상이 뒤따랐다—최근의 역사에서 되풀이된 대로다.*

초기의 도시 생활은 분업을 장려했으며, 이를 통해 특수화와 전문화가 가능했다. 농부들은 공동체 전반에 식량을 공급했고, 어떤 이들은 철과 청동 제조나 가죽 세공에 숙련된 장인이 되어 좀 더 날카롭고 다양한 무기와 더욱 튼튼한 갑주를 만들어내기도 했다. 전업 군인 계급도 생겨났다. 더 이상 봄에 파종이나 가을에 추수를 하기 위해 전사들이 전장을 떠나지 않을 수 있게 되었다는 뜻이다. 전쟁터 안팎에서, 동맹의 형성과 분열, 스파이 행위, 유인

* 진화생물학자는 적응adaptation과 순응acclimation을 반드시 구분하며, 여기서도 이 부분을 강조하고자 한다. 적응은 한 생물종이 환경에 좀 더 완벽하게 맞도록 진화해가는 과정에서 축적되는 생물학적 변화를 일컫는다. 반면, 순응은 개체나 집단이 변화하는 환경에 대응하는 단기적 적응을 뜻한다. 전자는 느리고 비가역적이며 우연에 의해 좌우되는 과정으로, 간단히 말하자면, 생물학적 진화에 해당한다. 후자는 주어진 환경 내에서 개체가 진화적 유산을 최대한 활용하는 것으로, 빠르고 가역적이며, 적어도 인간의 경우에는 의도적이다. 진화에 소요된 긴 시간을 감안할 때, 지난 수만 년에 걸쳐 일어난 인간 행동의 모든 변화는 생물학적 진화라기보다는 문화적 순응을 나타낸다고 보는 편이 타당할 것이다.

및 함정 작전 등의 기회가 생겨났다. 그리고 항복도 하나의 선택지가 되었다.(물론, 언제나 받아들여지지는 않았다. 기원전 197년 키노스케팔라이 전투에서 패한 마케도니아인들은 항복의 표시로 창을 세워 들었다. 로마 군 지휘관 플라미노스는 부하들의 포로 살해를 막으려 했지만, 막지 못했다.[258] 전쟁은 해상으로 확장되었고, 도시에서 방벽을 쌓게 되면서 공성기구가 최초로 등장했다. 기원전 2000년경, 오늘날 터키가 있는 고대 히타이트 왕국 수도 보가즈코이에서는 돌과 벽돌로 이중벽을 쌓았다.

습격조에 속한 침팬지들은 잠시 먹이 찾는 일을 멈추고 이웃 집단의 개체를 수적으로 압도하여 죽이기 위한 기습 행동에 집중한다. 문자 이전 인류 사회의 습격조는 출격시 5~10킬로그램의 식량과 인근의 적을 습격하는 데 필요한 활, 화살, 창 등을 몸에 지닌다. 뉴질랜드의 마오리족은 적을 비인간화하도록 진화한 사람만이 해낼 수 있는 방식으로 전사들에게 식량을 공급하기도 했다. 즉 그들은 살해한 상대를 먹었다.[259] 1820년대에 어느 유럽인은 사람 고기로 가득 찬 바구니를 들고 가는 여성 노예 20명을 목격하기도 했다. 정착 농경과 더불어 잉여 식량이 남고, 가축을 부리고, 배가 등장하면서, 군대에 좀 더 장기간 식량 공급이 가능해졌고, 더 먼 여정에 나설 수 있게 되었다. 오늘날, 보통 군인 1명에게는 최소 하루에 50킬로그램의 군수품이 필요하고, 항공 대원에게는 500킬로그램이 필요하다.[260]

정규 국가가 정식 전쟁을 개시한 최초 기록은 기원전 2525년 라가시 왕이 움마 왕에게 승리를 거둔 내용을 묘사한 수메르 유물인 독수리 석판Stele of the Vultures에서 볼 수 있다.[261] 라가시 왕은 나귀 네 마리가 끄는 사륜 전차에 올라 전투용 도끼를 휘두르며 6열로 밀집 도열한 군사를 이끌고 있다. 분명, 군사 기술은 막대기와 돌멩이 수준을 넘어 훨씬 진보한 모습이다. 비옥한 초승달 지대의 최초 도시국가들 간에는 전쟁이 빈번했다. 예를 들어, 아카드의 사르곤 대왕은 기원전 2325년경부터 시작된 50년 통치 기간 중 34차례의 전쟁을 치른 것으로 기록되어 있다. 이집트 파라오 아메노피스 1세(기원전

1550~1528)는 터키 남부의 눈 덮인 타우루스 산이 보이는 곳으로 군대를 이끌었고, 투트모스 3세는 기원전 1468년 메기도 전투에서 병사 2만 명과 전차 900대를 끌고 팔레스타인으로 진군했다. 기원전 8세기까지 아시리아인들은 최대 5만 명까지 군대를 동원했는데, 이는 오늘날 미군 5개 사단에 맞먹는 규모다.[262] 300년 후, 페르시아의 다리우스 대왕은 그리스를 정복하고자 보병 30만 명, 기병 6만 명을 약 2500킬로미터 이동시켰다. 고대의 군대는 진군 중 자급자족 생활을 했으며, 여성과 아동이 군대를 따라 함께 이동하며 청소나 지원을 하고 동반자 역할을 담당하는 경우가 많았다. 명장 한니발(기원전 247~183)이 이끄는 만 명 병력의 카르타고 군대는 자급자족 생활을 하며 적국 이탈리아에서 15년을 버텼다. 기원전 4세기, 마케도니아의 알렉산드로스 대왕은 여성들의 종군을 금지하여 기동력을 대폭 증대했다. 그러나 이제 그 병사들은 진군하는 현지에서 음식뿐 아니라 성교 상대를 조달해야만 하는 상황이 되었다. 두 가지 모두 강제로 손에 넣었다.

사회 전반에 전문화 경향이 뚜렷해짐에 따라 군대 규모는 증대하고 실제 참전하는 남성의 수는 줄었다. 1066년 헤이스팅스 전투에서 해롤드 왕의 색슨 족에 맞선 노르망디 보병 2만 명과 기병 1만 2000명은 사실상 17일 전 영국 해협을 건넌 전체 인원에 해당했지만,[263] 제2차 세계대전 당시 미군에서는 징집된 이들 가운데 6분의 1만이 실제로 전투에 나섰다.[264] 태평양 연안의 일부 전투 지역에서는, 전방에 군인 1명을 세워두는 데 필요한 인력이 18명에 달했다. 2001년 아프가니스탄에서 전투를 경험한 미국인은 소수에 불과했다. 실제 발생한 지상전은 대부분 아프가니스탄 군벌이 수행했으며, 여기에 미국은 4500만 달러를 지불했다.

독재자와 민주주의

붉은털원숭이처럼 암컷 위주로 구성된 사회든 침팬지처럼 수컷 위주의 사회든, 모든 영장류 사회는 일정한 위계적 사회 구조 내에서 자리 다툼을 벌이는 경쟁 관계의 개체들로 이루어져 있다. 항상 한두 명의 지배자와 그에 복종하는 수많은 개체들이 있기 마련이다. 그러나 영장류, 특히 침팬지는 위계 구조를 완화하고 개별적인 행동의 자유를 허용하는 방향으로도 진화해왔다. 3장에서 보았듯이 침팬지 무리에는 한눈에 알아볼 수 있는 최고 자리의 우두머리 수컷이 있고, 좀 더 미묘하지만 굉장히 큰 영향력을 발휘하는 암컷간 위계가 존재한다. 우두머리 수컷은 불량배처럼 굴 수도 있지만, 그는 사실 온전한 독재자가 아니며 나머지 수컷들은 전체 위계 구조 속에서 자신의 위치를 유지 혹은 상승시키기 위해 서로 도전하는 경우가 많다. 공동체 내 수컷이 서로 죽이는 일이 매우 빈번하게 발생하지만, 이들은 대개 서로 털을 손질해주는 등 항복과 화해의 주요 의식과 힘의 상징적 과시를 통해 집단 내 긴장을 조정하기도 한다.

문자 이전 인류 사회는 훨씬 강력한 평등화 메커니즘을 발달시켜왔으며, 이 메커니즘은 남성 중심 사회의 위계 구조를 완전히 없애지는 못해도 어느 정도는 감출 수 있다. 뉴기니에는 '빅맨big man'이라 불리는 촌장들이 있는데, 이들은 주로 훌륭한 연설가이자 아량 있는 지도자다. 그러나 순전히 독재적인 권력만 있다면 집단 구성원들의 강한 반대에 부딪힐 수 있다. 과시는 지배를 확립하는 한 가지 효과적인 방편이지만, 덩치 큰 영양을 갓 잡은 쿵족의 사냥꾼은 무리 안으로 뛰어 들어와 자기가 한 일을 자랑하지 않는다. 대신 다른 사람들이 하루 일과를 어떻게 보냈는지 물어보기를 기다렸다가 스스로를 낮추며 이렇게 말한다. "응, 사실 별다른 건 없었어." 사우스캘리포니아 대학 제인 구달 연구센터의 크리스토퍼 보엠은 어느 인류학자에게 농담처럼 말하던 어느 쿵족 남성에 대해 적고 있다. "우리에게는 물론 추장이 있죠. (…) 하지만 우리는 누구나 추장이에요."[265]

그러나 사냥 원정을 나가거나 영토 외부를 습격하게 될 경우에는 이러한 평등주의적 경향이 제약을 받는다. 그러한 상황에서, 그리고 특히 집단 규모가 클 경우, 분명한 리더십이 없으면 누군가가 목숨을 잃게 될 수 있다. 뉴기니 산간 지방의 메엥 부족은 전쟁에 나설 때, 모든 전사들이 한 자리에 모여 굉장히 상세하게 전술을 논의한다. 모든 이들의 의견을 듣는 것이다. 그러나 전장에서는 '최고 족장'이 정해진다. 단, 그의 권력은 중앙집권적 권위보다는 집단의 합의를 이해하는 데 기반하며, 종전과 동시에 그의 지배력은 사라진다. 그와 같은 전시 준비가 얼마나 빨리 영속적 권위로 연결될 수 있는지는 쉽게 확인할 수 있다. 실제로, 오늘날까지도 비상시에 권력을 쟁취하는 것은 군 실세를 잡거나 독재를 꾀하는 이들이 가장 선호하는 형태다.

초기 국가들이 소규모 씨족들로부터 융합하여 확장되기 시작하면서, 좀 더 광범위한 사회 내에서 일어나는 것과 비슷한 변화가 군 조직 내에서도 일어나기 시작했다. 습격이 전쟁으로 바뀐 것처럼, 민간 사회에서 계급과 사회 계층화가 뚜렷이 나타나게 되면서 전사 계급 사이에서는 명확한 명령 계통이 발달했다. 장교와 사병 간 구분이 생기게 됨에 따라, 각종 기회나 위협에 대한 젊은 남성들의 즉흥적인 대응은 지도자들의 명령으로 대체되기 시작했다. 역사가들에 따르면, 기원전 1천 년대 동안 비옥한 초승달 지대의 군대에는 창을 든 부하 10명당 칼을 휘두르는 장교가 1명씩 있었다.[266] 그러나 모든 군대의 기본 구성이 전투 단위인 소대를 중심으로 이루어지는 것에는 변함이 없었으며, 이는 경쟁 관계의 씨족을 습격하는 원시시대 전사 무리나 이웃 집단의 개체를 죽이는 어른 침팬지 수컷들과 여러 가지 특징 면에서 비슷했다. 그러나 전쟁을 더욱 복잡하게 만드는 지휘 구조는 생물학에서는 유례가 없는 일이다. 소대 이상 다양한 수준의 통제와 협조를 통해 군대는 소규모 집단의 단결력을 잃지 않으면서도 대규모 병력을 규합할 수 있다. 다층적 명령 계통이 없었다면 다리우스 대왕은 마라톤까지 진군할 수 없었을 것이고, 율리우스 카이사르는 갈리아를 침략하지 못했을 것이며, 붉은 군대의 게오르기 주코프 원수는 스탈린그라드에서 독일의 제6군을 포위하지 못했을 것이다. 흥미로운 사실은 대장, 중장, 기타 서열로 이루어진 군 명령 구조가 오늘날 모든 행정 체계의 토대를 제공하기도 했다는 것이다. 그러나 그 규모가 얼마나 크든지 민간이든 군이든 명령 체계의 강도는 가장 약한 고리의 강도에 달려 있다. 침팬지 습격조의 경우와 마찬가지다. 두 차례의 걸프전에서 연합군에 맞섰던 이라크군에는 문자 그대로 수천 명의 장군이 있었지만 장교와 사병 사이에 부사관은 한 명도 없었다. 기술적 측면은 차치하더라도, 이 같은 빠진 고리가 1991년과 2003년 두 차례에 걸친 사담 후세인의 급속한 패배에 한 가지 요인으로 작용했을 수도 있다.*

전문화 추세가 이어지면서 최전선의 사령관과 정치 지도자가 더 이상 동일 인물일 필요가 없어졌다. 왕은 전쟁의 물리적 위험으로부터 완전히 떨어져 있을 수 있었다. 장군조차도 모든 위험은 병사들에게 떠넘기고 최전선에서 벙커로 피신할 수 있었다. 결과적으로 계획과 조직은 소수의 지도층이 세우고 실제 임무는 힘없는 다수가 수행하는 새로운 유형의 집단공격이 탄생했다. 그러나 21세기 아프가니스탄과 이라크에서 기술은 이와 같은 위험 회피의 진화를 일부분 원점으로 돌려놓았다. 고위 사령관의 휴대전화 통화내역은 도청될 수 있고, 그의 차량은 무인 침보기에 미행당할 수 있으며, 어느 분쟁이 발생하기도 전에 GPS의 안내에 따라 움직이는 900킬로그램짜리 폭탄이 사령관의 침실을 박살 낼 수도 있다. 이제 부하 군인들보다도 사령관이 먼저 목숨을 잃을 수도 있는 것이다.

침팬지들이 무리를 지어 이웃 영토로 순찰을 나설 때, 통상적으로 이들은 기회주의적으로 행동하는 듯 보인다. 그러나 우두머리 수컷은 과시 행동을 직접 이끌거나 나아가 실제 전투 지도자 역할을 담당함으로써 나머지 수컷들을 흥분시킨다. 보엠은 곰베 유역 연구 당시, 카사켈라 무리의 우두머리

* 이처럼 독특하고 부자연스러운 이라크군의 구조는 미국의 이라크 침공 이후에도 여러 문제를 야기했다. 연합군 임시행정당국이 사담 후세인의 군대를 해산시키고 무급 상태로 집으로 돌려보냈을 때, 새로운 군대를 완전히 새로 구축하기가 굉장히 어렵다는 것이 분명해 보였다. 이라크에서는 신병 지원자들에게 전통적인 부족 내에서의 의무나 종교적 연대 이상의 충성의 전통이 없었기 때문이다.

수컷인 고블린이 두 무리의 침팬지들 사이의 주인 없는 중간 지역을 어떤 식으로 정찰했는지 자세히 적고 있다. 순찰조가 이웃 무리의 포효를 들었을 때 어린 침팬지는 이에 맞서 소리를 지르기 시작했지만, 고블린이 잠자코 있음을 깨닫고 바로 멈추었다. 고블린은 시야가 확보된 적절한 곳으로 옮겨가 '적'의 위치를 파악하고는 1분 정도 상황을 판단하는 듯했다. 그러더니 무시무시한 소리를 지르고 과시 행동을 시작했고, 이번에는 그 동료들도 합세했다.[267] 고블린은 진정한 리더십을 발휘했으며, 적대적인 과시 행동으로 위치와 힘을 드러내는 전략이 유효하다는 고블린의 분석은 그가 속한 무리 전체에 이점으로 작용했다.

허세와 실책

전쟁에서 양측은 모두 자기 편이 이길 것이라는 환상을 가지고 임하지만, 나중에 보면 지는 쪽에서 승산을 오판한 듯한 경우가 상당히 많다. 작전일지는 일반적으로 아군의 능력이나 적군의 약점을 과장하는 등 수많은 군사적 실책을 담고 있다. 지휘관들은 왜 이런 식으로 행동할까? 다시 말하지만, 그 실마리는 좀 더 광활한 동물의 왕국에서 찾을 수 있다. 우위를 차지하기 위해 다투는 고등 영장류는 상징성이 강한 행동을 과시적으로 하는 경우가 종종 있다. 어떤 동물이든 대립 상황에서 최소 비용으로 승리를 거두는 방법은 효과적으로 엄포를 놓는 것이다. 무리 속의 침팬지 우두머리 수컷은 나뭇가지를 꺾어 흔들고, 물속에 뛰어들거나 바위를 뒤집기도 하고, 나무 둥치를 북처럼 두들기거나 털을 곧추 세운 채 소리를 지르며 돌격하는 등의 행동을 보이기도 한다. 이는 다른 침팬지들뿐만 아니라 인간 관찰자의 눈에도 강렬한 인상을 주는 과시 행동이다. 엄포와 허세는 특정한 상황에서 피해를 발생시키지 않고도 사회 질서를 구축할 수 있기 때문에 진화상 선택돼왔을 수도 있다. 중국의 군사 전략가 손자는 "모든 전쟁은 속임수"라고 했다.

침팬지든 인간이든 지도자 위치에 오르는 이들은 대부분 강인하고 단호할 뿐 아니라 지략도 뛰어나며 예측 불허의 상황을 예상하는 데도 노련할 것으로 생각된다. 명민하게 속임수를 간파하고, 허풍을 떨 만한 상대를 시험하는 개체가 진화적으로 유리한 위치에 서리라는 것은 자명한 일이다. 사기꾼이라면 누구나 아는 사실이겠지만, 자신이 진실을 말하고 있다고 상대를 설득할 수 있는 최고의 방법은 바로 자신의 거짓말을 스스로 믿는 것이다. 동물들의 싸움에서, 상대에게 겁을 줘 물러서게 만들 때 자신의 힘을 과장해서 믿고 요란하게 드러내는 것보다 좋은 방법이 또 어디 있겠는가? 리처드 랭엄은 실제로 큰 뇌를 가지고 있고 사고력이 있는 영장류는 엄포를 놓는 방법을 써서 적수를 속일 수 있다고 주장했다.[268] 전투 집단 역시 규모가 더 큰 집단을 이기기 위해 자신의 역량을 과장하여 승리를 거둘 수 있다. 겁을 주어 쫓아버리거나 자신은 절대 지지 않는다는 자신감을 극대화시키는 등의 방법을 사용하는 것이다. 이러한 행동은 재앙을 불러올 수 있으며, 특히 적이 당신의 행동을 간파하고 허세를 부리고 있다는 것을 눈치챌 경우 위험해진다. 그러나 기습 공격에서는 더 약한 집단이 강한 집단을 이기는 경우도 있다. 충천한 사기—이것 역시 일종의 자기 기만—도 명백히 적응적인 듯하다.[269] 이러한 형질이 인류 진화의 긴 역사 속에서 항상 존재해왔기에, 자신의 막강한 능력을 스스로 확신하고 적을 악마나 겁쟁이로 묘사하는 뛰어난 언변을 지닌 지도자들에게 사람들은 열띤 반응을 보이는 것이다.

문제는, 과도한 자신감은 극도의 어리석음과 별다를 바가 없다는 데 있다. 1915년 8월, 영국, 호주, 뉴질랜드 연합군 병력은 러시아의 흑해 항구들에 접근할 수 있는 항로를 열기 위한 다르다넬스 해협 공격의 일환으로 터키 수블라 만에 상륙했다. 계획에는 문제가 없었고, 군사적 기습도 성공했으며, 정찰기들이 터키군의 반응을 살피고 있었다. 12시간이 채 지나지 않아 2만 명의 터키 병력이 상륙했다. 당시 영국군 사령관은 61세의 프레데릭 스톱포드 경으로 과체중의 몸집에 자신의 서류 가방을 드는 것조차 힘들어 할 정도로 허약한 사람이었는데, 자신이 이끄는 군대가 오스만투르크제국 군대보다 훨씬 우위에 있으므로 아무런 기습이나 준비도 필요 없고 서두를 필요도 없다고 확신했다. 스톱포드는 그 뒤 48시간 동안 해안 근처에 모습을 드러내지 않았으며, 수장 없는 군대는 해변을 내려다볼 수 있는 고지도 점하지 않은 채 보스포루스 해협을 헤엄쳐 건넜다. 당시 어느 목격자는 마치 "8월의 공휴일" 같았다고 표현하기도 했다. 터키군은 참호를 파 방어 태세를 갖췄고, 결국 연합군 7000명은 수블라 만이 보이는 고지를 점하려는 과정에서 목숨을 잃었다. 어느 사령관의 표현대로, 사실 수블라 만은 작전 첫날 "올라가는 수고만으로" 점령할 수 있었다.[270]

제2차 세계대전 초기, 영국 식민지였던 싱가포르는 유럽, 호주, 뉴질랜드 사이의 바닷길을 장악할 수 있는 열쇠로 인식되었다. 윈스턴 처칠은 내각 회의 의사록에 "싱가포르는 최소한 적군 5만 명이 포위 공격해야 함락당할 것"이라고 적었다. 일본군이 말레이시아 반도를 통해 이동하기 시작하자, 영국군은 리펄스 함(제1차 세계대전 당시에도 사용되었던 전함)과 프린스오브웨일스 함을 보내 싱가포르를 방어했다. 본래 싱가포르 특별 함대로 배치된 항공모함 인도미터블Indomitable은 서인도제도 주변을 항해했지만 전함을 지휘했던 톰 필립스 제독은 공군력의 중요성을 과소평가한 채 무신경하게 항해를 계속했다. 그 결과 두 전함 모두 일본 전투기에 격침당했으며, 군인 840명이 수몰되었다. 결국 싱가포르는 수적으로 열세였던 일본군에게 함락당하고 영국, 인도, 그리고 아시아 연합군은 포로 수용소에 갇혔으며 이곳에서 많은 이들이 목숨을 잃었다.[271] 처칠은 뛰어난 지도자이자 전략가였지만, 자신의 허세를 스스로 믿어버리는 것—그리고 일본군보다 영국군이 원래 우세하다는 믿음—은 값비싼 대가를 치르는 실책이 될 수 있음을 보여주었다.

싱가포르 방어전에서의 처칠과 그 사령관들의 판단이나, 다르다넬스 해협에서 지휘관들이 보였던 안일한 태도와 선입견을 비난하기는 쉽다. 그러나 그들이 과오를 범하게 된 원인을 좀 더 깊이 들여다보면 그 행동의 진화적 뿌리를 발견할 수 있다. 싱가포르의 경우, 처칠의 과다한 자신감은 분명 독으로 작용했다. 그러나 그러한 호전적인 성격이나 자신의 허세에 대한 확신이 처칠이 전쟁 지도자로서 성공하는 데 결정적인 역할을 한 것은 아닐까? 매우 합리적인 사람이라면 싱가포르를 포기했거나, 혹은 완전히 다른 방식으로 싱가포르를 지켜냈을지도 모른다. 그러나 바로 그 합리적인 사람은 1940년 됭케르크에서 영국이 패배에 직면했을 때 즉각적인 항복만이 유일하게 타당한 방침이라는 판단을 내렸을지도 모른다. 그 패배 이후 처칠 전시내각의 고위 각료였던 핼리팩스 경은 무솔리니에게 히틀러와 평화 협정을 맺는 것을 주선해달라고 제안할 뻔했다.[272] 처칠은 영국 혼자 힘으로는 나치를 타도할 수 없지만, 가망 없어 보이는 그 상황에서도 미국이 결국 참전하기까지 단호히 싸움을 지속하지 않는다면 모든 연합군 세력이 전쟁에서 패배할 것이라는 사실을 알고 있었던 것이다. 만일 처칠에게 진심 어린 신념이 없었다면, 그가 장중한 연설로 영국이라는 나라를 뒤흔들 수 있었을까? 처칠이 결국 전설적인 전시의 지도자이자 승자로 남았다는 사실은 진화가 자신의 과장된 주상을 스스로 믿는 남성들에게 유리하게 작용해왔으리라는 랭엄의 주장을 뒷받침한다. 영국을 비롯한 전세계의 나치 독일에 대한 승리는 어쩌면 자신은 절대 질 리 없다는 유인원 수준의 비논리적인 처칠의 믿음 덕분인지도 모른다.

미국의 이라크 침공이 심각한 문제로 떠오르고, 대량살상무기가 발견되지 않음으로써 전쟁의 본래 명분에 의문이 제기되던 2004년, 조지 W. 부시 대통령이 재선에 성공했다. 열띤 선거전에서 가식적인 행동이나 뻔한 거짓말을 하지 않는 정치인은 없을 것이다. 그러나 수많은 전략가들이 그의 정책들에 심각한 결함이 있다고 평가했고 이후 전개되는 사건들을 통해 그러한 평가가 옳았음이 입증되었지만, 정책에 대한 부시의 자기 확신은 유례없는 수준이었다. 부시의 라이벌이었던 존 케리는 뉘앙스가 풍부한 긴 문장을 구사했고 일부 사안에서 입장을 변경했는데, 이 때문에 결국 '변덕쟁이' 라는 비난을 받았다. 복잡한 세상에서, 어떤 전략에 의문을 제기하고 경우에 따라서는 방향을 수정하는 것이 현명할 수 있다. 그러나 부시의 유난스러운 확신은 사람을 안심시키는 석기시대식 기질을 십분 활용한 셈이었고, 이는 수많은 유권자들의 마음을 움직였다. 미 국민의 86퍼센트가 2004년 대선의 가장 중요한 주제로 테러를 꼽았고, 원시적인 허세, 허풍, 확신이 다수 유권자들의 불안을 해소해주었던 것 같다.*

징병과 강압

문자 사용 이전 시대에 공격조는 전부 지원자들로만 구성되었다. 유일한 심적 부담이 있다면 동료들에게 비겁자로 비춰지는 것에 대한 두려움뿐이다. 『갈리아 전기』에서 카이사르는 국가 체제가 형성되기 이전 게르만족의 하나인 수에비족이 군사를 어떻게 모집했는지 기술하고 있다. 매년 각 주에서는 1000명의 전사를 보내야 했다. 집에 남겨진 이들은 그 지역에서 두 배로 의무를 다함으로써 전투를 지원했고, 이듬해에는 참전했던 이들과 교대했다.[273] 이러한 체제는 소규모 집단에서 무리 없이 작동되었지만, 좀 더 조직화된 대규모 정치 단위가 등장하게 되면서 곧 징병제가 자원제를 보강하게 되었다.

대부분의 국가들은 기본적인 전투 단위의 틀에서 벗어나지 않았기 때문에 계속해서 엄청난 규모로 병력을 조직할 수 있었다. 우리의 일관된 주장은 집단공격 기질은 모든 남성, 특히, 젊은 남성의 내면에 있다는 것으로, 이 성향은 서로를 잘 알고 신뢰하며 공통된 전투 경험 속에서 유대를 맺은 수십 명의 개인을 중심으로 구축된다. 그런데 이러한 역학관계를 근본적으로 바

* 흥미롭게도, 유권자 대다수는 2004년 대선에서 '도덕적 가치'의 중요성 역시 강조했다. 본 장 후반부에서는 전쟁의 도덕률이나 종교의 중요한 역할과 외집단 역학outgroup dynamic에 대해 살펴보고자 한다.

꾸어놓은 것이 바로 징병제도다. 과거에는 형제, 사촌, 유전적 친족이 (무의식적이지만) 확고한 진화론적 이유에서 나란히 함께 참전했던 그 자리에, 이제는 대부분 전혀 다른 각 지역에서 모여들어 개인의 의지와 무관하게 전투에 참여하는 징집병들로 뒤죽박죽인 병력이 서로 싸우게 된 것이다. 침팬지식 습격이나 부족 간 전투에서의 자연적인 단합과 공동의 목적을 대신할 공식적인 군사훈련, 엄격한 규율, 체계적인 명령 구조가 이제 필수가 되었다.

3500여 년 전 지금의 이라크 땅에서 고대 아시리아 제국이 번영을 구가한 이래, 그 나라는 줄곧 전투에 나설 젊은이들을 모집하고 문자 그대로 혹독하게 단련시켜왔다. 한데 연합하여 습격을 감행하려는 젊은 남성의 선천적 기질에 채찍을 가하고 처형하겠다고 위협했던 것이다. 기원전 480년 9월 21일, 페르시아의 크세르크세스 황제는 아이갈레오스 산 중턱의 옥좌에 앉아 살라미스 해협에서 페르시아의 함대가 그리스 군에 맞서 싸우는 모습을 보면서, 전투에 참여한 용사들에게 나누어줄 상벌을 서기관에게 받아 적게 했다. 결국 그러한 포상을 베풀기도 전에 6만 명의 페르시아인들이 목숨을 잃고 말았지만 말이나.[274] 로마 군인들은 가벼운 규율 위반의 경우 급료 삭감을 당하거나 태형에 처해졌고, 근무 중 취침 등 심각한 위반에 대해서는 동료 부대원들에게 곤봉으로 맞아 죽게 하는 장살형杖殺刑, fustuarium이 내려졌다. 명령에 불복종하거나 비겁한 행동을 보인 부대의 경우, 소위 10분의 1 처형이 내려졌다. 말 그대로 열 명 가운데 한 명을 골라 타살하는 것이었다. 일반 사병뿐 아니라 장교도 그 열 명 중 한 명에 포함될 수 있었는데, 기원전 71년 스파르타쿠스가 이끄는 노예반란군에게 자신의 군대가 패하자 크라수스가 이런 형벌을 내렸다. 1640년대 영국 내전 당시 홉튼 경은, 명장은 "명령과 보상과 처형을 잘해야" 한다고 주장하기도 했다.[275] 프러시아의 프리드리히 대왕은 전투 중 뒤로 돌아서는 병사에 대해서는 무조건 뒤에 있는 자가 그를 총검으로 찌르도록 명령했다.

미국 남북전쟁 당시 사소한 위반에 대해서는 벌로 임시 변소로 쓸 구덩이를 파거나 마구간을 치우게 했다. 좀 더 중대한 위반 사항에 대해서는 독방에 감금하거나 '구부려 재갈 물리기'라는 벌에 처했다. 입에 나무로 만든 재갈을 물리고 손목과 발목을 단단히 묶은 상태에서 수 시간 방치해두는 벌이었다. 도망친 자는 머리를 밀어 깎고 엉덩이에 낙인을 찍거나 전우들이 보는 앞에서 처형시켰다.[276] 스탈린그라드 전투 중, 소련 비밀경찰은 탈영이라는 '비겁 행위'는 물론이고 독일군 진영으로 넘어가는 동료 병사를 목격한 뒤 총살하지 않았다는 죄목으로도 1만 3500명을 처형했다. 규칙에 대한 맹목적인 집착이 얼마나 논리와 집단의 이익을 압도하는지 보여주는 한 가지 사례가 있다. 어느 러시아 전투기 조종사가 격추당해 낙하산을 타고 떨어졌다. 그는 자신이 독일군 진영으로 떨어졌다고 생각하고는 일부러 자신의 공산당 신분증을 찢어 없앴다. 그러나 사실 그는 소련 진영에 떨어진 것이었고, 전투 중 휘장을 떼어낸 자는 총살형에 처하도록 한 스탈린 령 제270호에 따라 즉시 처형당하고 말았다.[277]

애 국 심

대규모 군대를 유지하기 위해 가혹한 규율과 상명하달식 통제가 불가피하다 하더라도, 분명 이것이 병사들로 하여금 규칙을 지키고 책임을 준수하게 만드는 유일한 방법은 아니다. 헨리 5세가 자신의 병사들을 '형제들'이라 칭하며 규합했듯, 시대를 막론하고 대부분의 국가는 연합 공격을 뒷받침하도록 진화되어 있는 선천적인 충성심을 형성할 방법을 모색한다. 고국에 대한 열렬한 사랑과 충성을 뜻하는 영어 단어 'patriotism'은 명백히 '아버지father'를 뜻하는 라틴어에서 나왔으며, 공통된 목표를 위해 각자 개인의 이익을 희생할 것을 주문하려 할 때 지도자들은 특히 이러한 인위적인 연대감에 호소한다. 히틀러는 스스로를 지도자라는 뜻의 '퓌러Führer'라 칭하며 조국Fatherland에 대해 끊임없이 언급했고, 제1차 세계대전 당시 자신들의

'아버지' 프란츠 요제프 황제를 위한 오스트리아군의 전투는 1916년 황제가 죽고 나서야 종결되었다. 일리노이 주립대학의 조지프 홀퍼는 알렉산더 해밀턴과 제임스 매디슨이 개인적인 편지에 쓴 어휘와 정치적인 내용의 글에 사용했던 어휘를 비교해보았다. 『연방주의자 논집Federalist Paper』(1787~1788)의 공동 저자인 미국 '건국의 아버지들'은 헌법 비준을 지지하는 방향으로 여론을 돌리는 데 일조했다.[278] 공개적인 글을 통해 애국심을 고취하고자 할 때 매디슨과 해밀턴은 '아버지' '어머니' '형제' 등 혈족과 관련된 어휘를 개인적인 용무와 관련한 편지를 쓸 때보다 거의 10배나 많이 언급했다. 에이브러햄 링컨은 다음과 같은 말로 게티스버그 연설을 시작했다. "지금으로부터 87년 전 우리의 **아버지**들은 이 대륙에 새로운 국가를 건설했습니다."(강조 표시를 덧붙였다.) 9·11 이후 5주가 지난 뒤 미 의회에서는 전화를 도청하거나 개인의 자유를 제한할 수 있는 새로운 권한을 정부에 부여하는 내용의 342쪽에 달하는 법안을 통과시켰다. 이름하여 애국법이었다.

이웃 부족에 대한 단순한 습격에서부터 현대의 복잡한 대규모 분쟁에 이르기까지, 모든 전쟁은 인간 행동의 생물학적 측면에 그 뿌리를 두고 있다. 문화권을 막론하고 선사 시대 이래 모든 전사들은 이미 해병대원의 얼굴에 나타난 표정을 파악했을 것이다. 이 사진 속 남자는 1944년 마셜 제도 에니웨톡 환초에서 참호에 숨어 있던 일본군을 상대로 2박 3일간 지속된 전투를 마치고 돌아오는 중이다.

제1차 세계대전 당시 모든 진영의 장성들은 '엘랑élan'을 자주 논급했다. 열정적인 젊은 병사들에게 특징적으로 나타나는 에너지를 지칭하는 말이었다. 군 지도자들이 자기 정책의 진화적 기원에 대해 인식한 것은 아니었겠지만, 이들은 자기 부대의 집단공격 성향을 극대화하고자 애를 썼다. 프랑스군 총사령관 조제프 조프르는 모든 공격은 "총검으로 적을 무찌르겠다는 굳은 결단으로 끝까지 밀어붙여야" 한다고 생각했다.[279] 독일의 테오도르 폰 베르하르디는 "제 아무리 뛰어난 것이라 하더라도 기계 장비"는 거부했으며, 대신 보병대 공격의 '용맹'을 강조했다. 제1차 세계대전 당시 영국군의 교본 및 보병대 규정에서는 "성공적 임무 수행을 위해 반드시 필요한 것은 적과의 접전이다. 이에 따르는 어떠한 희생이든 감수하라"고 강조하고 있으며, "불가능해 보이는 상황을 해결하는 가장 군인다운 방법은 공격"이라고 적혀 있다. 참호전의 일환으로 완충지대로의 무수한 야간 기습 명령이 내려졌다. 탈진한 군인들은 앞서 있었던 초계 중 목숨을 잃은 이들의 썩어가는 시체 사이로 목숨을 걸고 포복을 감행했다. 이러한 활동은 사실상 아무런 이득이 없었지만, 전쟁에서 승리는 기계가 아닌 사기로 쟁취하는 것이라는 사령관의 굳은 신념만큼은 제대로 반영하고 있었다. 이러한 사고방식이 습격을 시작하는 침팬지들이나 다른 마을을 공격하고자 길을 떠나는 야노마모족에게는 격려사 역할을 할지 모르지만, 완충지대로 빗발치는 총탄을 막지는 못한다.

엄격한 군 규율과 기세를 북돋우는 정치 연설이 개가를 올려왔음에도 불구하고, 그 허세를 실제로 감지해내는 사람들도 꽤 되는 것 같다. 빈부격차가 심한 사회보다 평등한 사회에서 더 나은 전투 인력이 배출되는 경향이 있다. 근래에 발생한 약 스무 건의 전투를 심층 조사한 전문가들은 부의 분배가 평등한 국가가 상대적으로 그렇지 못한 국가를 이긴 경우가 전체의 4분의 3에 달하는 것을 발견했다. 나폴레옹 시대 근방으로 거슬러 올라가자, 사회적으로 더 평등한 국가가 80퍼센트의 전투에서 승리를 거두었음을 알 수 있었다. 사회적·경제적 격차가 극심한 나라에서는 적군의 스파이나 반체제 인사들이 활동하기가 한층 더 수월하며, 정당하지 못한 정권일수록 외부의 적과 싸우는 일 외에도 자국민을 통제하는 데 많은 힘을 쏟을 수밖에 없기 때문이다. 반면, 평등하다는 느낌은 집단공격의 원동력과 흡사하기 때문에 동료를 위한 희생 의지나 상호 충성하는 더욱 긴밀한 유대로 이어질 수 있다고 볼 수 있다. 침팬지 사회는 계급적인 성격이 강하지만, 무리 속의 모든 동물은 서로 견고한 사회적 관계를 맺고 있으며, 이는 인류 진화 전반에서도 전형적인 구조였을 것이다. 대개 평등한 사회에 속한 병사가 더 뛰어난 이유는 바로 습격이라는 진화의 뿌리와 더 가까이 맞닿아 있기 때문이다.

노예제와 인종차별

노예제와 인종차별은 습격과 전쟁의 추잡한 사촌들이다. 인류는 놀라운 수준의 유전적 균일성을 지니고 있음에도 불구하고, 인종차별은 여전히 막대한 영향력을 발휘하고 있다. 실제로 전세계 인종 간 유전적 차이는 아프리카 지역의 침팬지 집단 간 유전적 차이보다도 미미하다. 그러나 침팬지와 마찬가지로 인간 역시 주변 사람들을 친족, 짝짓기 상대, 적의 세 집단으로 구분하기 좋게끔 외형적 차이를 극대화하는 방향으로 진화돼왔을 것이다. 이러한 기본적인 돌연변이와 더불어 각기 다른 환경은 특성한 득성들을 발딜시킨다. 피부색의 변화(진화의 역사에서 매우 최근에 일어난 일)나 다양한 코의 크기(큰 코는 고온건조한 사막의 대기에 적응한 것이고, 낮은 코는 습한 열대 기후에 적응한 결과) 등이 그에 해당한다. 또한, 인간은 애초에 존재하지도 않았던 여러 가지 차이점을 만들어내는 재주가 있기에, 이 같은 사소한 진화론적 차이만으로도 혈족과 친구에 대한 내집단 인식을 강화하고 외집단에 대해서는 적대감을 조장할 수 있다.

수천 년간 노예제는 보편적인 제도였고, 전쟁과 마찬가지로 어느 누구도 의문을 제기하지 않았다. 습격하고 살인하는 기질은 습격하고 노예를 거느리는 기질로 자연스레 변모했다. 습격자가 보유 자원을 늘리기 위해서는 경쟁자를 단순히 죽이는 것보다 이것이 훨씬 더 효과적인 전략이었기 때문이다. 대부분의 작가들은 최초의 노예는 아마도 전쟁포로였을 것으로 보고 있다. 페미니스트 작가인 마리아 마일스는 "노예제는 (…) 절대 상거래에서 생겨난 것이 아니라, 남성의 무기 독점에서 나온 것"이라고 단언하기도 했다.[280] 그리스로마 시대에 노예상은 군대를 따라 다니며 포로들을 헐값에 한꺼번에 사들여 나중에 되팔곤 했다.[281] 구약 시대에 유대인들은 주변의 '이교도들'로부터 노예를 사들였지만, 동족인 헤브라이인들까지 노예로 삼기도 했다. 신약 성경에서 사도 바울은 기독교인 노예들에게 "주인에게 순종하라"고 훈계했으며,[282] 기독교의 중심 사상이 평등임에도 불구하고 기독교에서 보편적으로 노예제를 비판하고 나서기까지는 그로부터 거의 2000년의 세월이 더 걸렸다.

전쟁 포로의 활용이 늘 실용적이거나 의도적인 것은 아니다. 그러나 일단 내집단 결속의 실용적 중요성이나 진화론적 근간을 이해하면, 노예를 노역자로서 아니라 주로 권력이나 종교적 우월성의 상징으로 활용하는, 지독히 끔찍한 일부 행위의 이면에 숨은 오싹한 논리를 알 수 있다. 태평양 북서부 연안의 토착민들은 추가적인 노동력이 사실상 필요 없음에도 불구하고 노예를 거느리는 경우가 많았다.[283] 예를 들어, 틀링기트족의 주인들은 새 집을 지으면 노예를 제물로 바쳤고, 콰키우틀족은 노예들을 죽인 뒤 신분이 높은 족장이 방문할 때 통나무배가 뭍에 닿으면 끌어당기기 위한 굴림대로 그 시체를 사용했다. 일단 어느 개인이 외집단에 속해 있음을 확인하고 나면 인간의 잔혹성에는 한계가 없어지는 것 같다. 포로가 된 외집단 구성원들을 착취하던 군주들 역시 끔찍한 잔인성을 드러냈다. 고대 페르시아, 멕시코의 아즈텍 제국, 서아프리카의 다호메이 왕국 등이 그 대표적인 예다.

침팬지는 이웃 무리를 습격한 뒤 성숙한 암컷을 포획하여 데리고 돌아오는 경우가 있다. 습격을 받아 위태로워진 무리 속에서 생존한 암컷은 충성심을 버리고 힘센 무리를 택할 수도 있다. 인간의 경우도 마찬가지로 습격과 전쟁이 일어나면 다른 남성은 죽여야 할 경쟁 상대지만 여성은 승자의 유전자를 후대에 전달해줄 중요한 자원일 수 있다. 원시 사회에서 여성은 습격,

강간을 당한 뒤 아이를 가지게 되면 포획자에게 종속된 채 강제로 끌려가기도 했다. 오늘날 부르키나파소라는 국가가 된 서아프리카 지역에서는 100년 전, 노예로 부리거나 신부 지참금 명목으로 교환할 용도로 여자들을 잡아들이는 특정 목적을 위해 남자들이 습격조를 편성하기도 했다.[284] 구약 성경에서 유대인은 7년간 속박된 남자 노예를 풀어줄 수 있었지만, 여자 노예에게는 이러한 기회가 주어지지 않았다.[285] 알렉산드로스 대왕은 기원전 332년 타이레 시市를 기습했는데, 그의 병사들은 7000에서 8000명에 달하는 남성을 죽이고, 2000명을 십자가형에 처했으며, 2만에서 3만 명가량의 여성과 어린이를 노예로 팔았다.

노예제는 타인을 비인간화하는 근본 기질을 이용한 것이다. 앞서 우리는 지능이 높은 사회적 동물이 동종의 일원을 죽일 수 있으려면 이러한 성향이 반드시 필요하다고 주장한 바 있다. 노예제가 있는 사회에서는 마치 전사들이 전투 중에 적을 향해 드러내는 것과 같은, 비인간적인 태도를 노예에게도 취한다. 강제로 성인을 노예로 만들기 위해서는 사회 권력 구조와 더불어 노예를 살 재력과 수갑, 채찍, 인두 등 노예를 통제할 도구가 필요했다. 노예를 장거리로 거래하는 일도 많기 때문에 노예를 옮길 때는 단단히 묶어둘 수 있는 나무로 만든 고정 틀이나 쇠사슬이 특히 중요하다. 십자가형 등의 징벌 위협이나 혹독한 채찍질이 있어야만 성인을 공포 속에 몰아넣어 평생 복종하게 만들 수 있다.

그러나 내집단과 외집단 간 경계는 차츰 허물어질 수 있고 근접성으로 인해 외집단에 대한 정의가 모호해지는 경우도 있을 수 있다. 노예가 여러 해 동안 같은 집에서 일하고 먹고 자는 경우, 전쟁터에서처럼 계속해서 비인간적인 취급을 하기 어려울 수 있다.* 이 때문에 주인이 자신이 아끼는 노예를 풀어주는 경우도 있었다. 고대 로마의 서정 시인 호라티우스와 역사가 요세푸스 모두 해방된 노예의 자식이었다. 어린아이가 붙잡혀 노예가 된 경우, 주인의 뜻에 따라 입양된 자식처럼 자라는 경우도 있었다. 어떤 형태의 노예

생활은 도제 제도와 비슷한 구석이 있던 반면, 일부 가정의 하인들은 자신의 생활이 노예나 다름없다고 여기기도 했다. 오스만 제국의 군주는 기독교도 소년들을 노예로 삼은 다음 이들을 기독교 국가와의 전쟁에서 죽음도 불사하는 예니체리Janissaries라는 상비군으로 만들었다.

노예제는 이제 널리 비판의 대상이 되었지만, 그 바탕이 되는 행동 기질이 사라지지 않았듯이, 아직도 완전히 사라진 것은 아니다. 실제로, 네팔에서는 젊은 여성들이 가족에 의해 인도 뭄바이(옛 이름은 봄베이)의 사창가로 팔려간다. 몇 해 전 나는 네팔 보건부 장관이 주관하는 한 회의에서 강연을 한 적이 있다. 장관은 내게 히말라야 산간의 몇몇 마을을 들렀다가 돌아왔던 이야기를 들려주었다. 그가 좁은 골목을 걷고 있을 때, 한 어머니가 자기 딸에게 하도 크게 소리를 질러대는 통에 그 집의 두꺼운 벽을 타고 새어 나오는 그녀의 목소리가 들렸다. 딸아이가 무엇인가를 깨뜨렸거나, 어쩌다 가족끼리 언쟁을 하게 된 것 같았다. 그 어머니는 이렇게 소리 질렀다. "네가 이렇게 못생긴 계집애만 아니라면, 봄베이로 팔아버렸을 텐데!" 뭄바이에서 성매매를 하는 여성들 다수는 가족이 팔아넘긴 네팔 출신의 소녀들이다. 분노가 치밀어, 그 어머니의 머릿속에서 그녀의 딸이 외집단의 진화적 테두리 안으로 옮겨졌던 것일까? 아마 실제로 행동에 옮길 리 없는, 그저 홧김에 내뱉은 말이었겠지만, 빈곤이 그런 생각으로 연결될 수도 있다는 사실은 장관을 착잡하게 만들었다.

* 외집단에 대한 인간 심리의 변화는 전혀 종잡을 수 없는 경우도 있다. 미국 건국의 아버지이자 독립선언문을 작성한 토머스 제퍼슨은 자신이 쓴 대로 "모든 인간은 평등하게 태어났다"고 굳게 믿었다. 그러나 버지니아에서 직접 노예를 소유하고 있기도 했던 그는 자신이 데리고 있던 노예들은 풀어주지 않았으며, 일부 선구적인 견해는 있었으나 사실상 전면적인 노예 해방을 주장한 적은 없었다. 또한, 흑인은 "육체적으로나 정신적으로나 선천적으로 열등하다"고 주장하면서도 노예 가운데 한 명이었던 샐리 헤밍스와 관계를 오랫동안 지속하면서 여러 명의 아이를 낳기도 했던 사실은 도무지 설명할 길이 없다.

전쟁의 대가

침팬지들의 습격이나 원시 사회의 습격과는 달리 그리스로마 시대 이래 조직적인 군사 활동은 대체적으로 얻는 것보다 잃는 것이 더 많았다. 1648년, (신성로마제국의 정치적·종교적 갈등에서 비롯된) 30년 전쟁을 종결시킨 베스트팔렌 조약 이후, 주권 국가들의 지도자들은 무엇인가 변화가 필요하다는 사실을 깨닫기 시작했다. 전쟁은 엄청난 피해와 고통, 대가를 수반하게 되었으므로, 각국은 영토나 영향력을 두고 벌이는 지속적이고 폭력적인 다툼에서 물러서기 시작했고 지도상에 국경을 분명히 정하면서도 타국의 내정에는 관여하지 않고자 했다. 구교 국가와 신교 국가는 종교적 신념에 있어 완전히 분리되었지만 불안한 평화 속에서 공존하기 시작했다. 17세기부터는 전투원과 민간인을 분리하고자 하는 불완전하지만 체계적인 노력이 있어왔다. 10장에서 다시 자세히 다루겠지만, 20세기경에는 승전국이 실제로 패전국의 전후 복구를 돕기 시작했고, 여전히 힘이 없기는 하나 진정한 의미의 초국가적 기구가 탄생했다. 파괴력이 대단한 각종 신종 살상법에도 불구하고, 사실 어쩌면 그로 인해, 인류는 살상을 특정한 규제 아래 특정 지역으로 한정하고, 고통받는 이들에게 인도주의적 원조를 제공할 수 있는 방편을 고민하기 시작했다.* 우리는 하루가 멀다 하고 경쟁 관계의 주권 국가들끼리 합의하고 협력하는 복잡하고도 인위적인 세계의 문제점들을 마주하게 되지만, 이것이 동물들의 행동에는 전혀 전례가 없는 일이라는 사실은 한번 생각해 볼 가치가 있다.

그러나 여전히 현대의 전쟁은 군인 개인에게나 국가 전체에나 막대한 손실을 초래하고 있다. 미국의 남북전쟁은 당시 달러 기준으로 66억 달러의

* 미국의 이라크 침공 실패와 그로 인한 광범위한 민간 피해는, 악명 높은 폭행 및 살인 사건이 몇 차례 있기는 했지만, 민간인 사상을 막기 위해 위험을 감수하고, 베트남전에서는 들어본 적도 없는 수준으로 기술을 발전시켰다는 사실을 간과하게 만든다.

손실을 초래했는데, 이는 모든 노예에게 5만 평이 넘는 땅과 평생 소득을 제공할 만한 비용이었다. 오늘날 미군은 매일 10억 달러가 넘는 군비를 지출하고 있으며, 이는 지출 규모가 큰 다른 상위 8개 국가의 국방 예산을 합한 것보다도 많은 수준이다. 실제로, 미국은 현재 해외에서 2개의 전쟁을 수행 중이다. 게다가 그중 적어도 하나는 직접 선택한 전쟁이다. 소련의 내부 붕괴 이후 외부 세력에 의한 대규모 공격의 실질적 위협은 전혀 없었다. 테러 공격이 나날이 중대 사안으로 떠오르고 있기는 하나 그에 대한 대처에 대규모 상비군은 불필요하며, 단독으로 활동하는 자살폭탄 테러리스트를 막는 데 대륙간 탄도미사일은 무용지물이다. 진행 중인 전쟁의 인적·물적 손실을 아무리 적게 잡아도 기술적으로 진보된 군대를 유지하려면 추가적인 비용이 소요되고 여러 기회를 놓치기 마련이다. 예를 들면, 육·해·공군의 연간 석유 소비량은 미국의 모든 대중교통 시스템을 14년간 운영하기에 충분한 수준이며, 군사 행동으로 인해 배출되는 유독성 폐기물은 미국의 상위 5개 화학제품 제조업체의 배출량을 다 합한 것보다도 많다.[286] 한편, 민주주의 국가들은 자국의 군수산업을 지원하고 불안정한 전체주의 국가에 무기를 파는 경우도 많다. 때로 그 무기들이 무기를 만든 쪽이나 그 동맹을 겨누는 경우가 있기도 한다. 재정 상태가 아무리 좋은 테러 집단이라 해도 표적으로 정한 제트기를 탐지해 격추할 수 있는 적외선 유도 장치가 장착된 견착식 초음속 미사일을 제조하는 것은 절대 불가능하다. 그리고 굳이 제조할 필요도 없다. 이 미사일은 이미 10만 대가량이 있는 것으로 추정되며, 이 가운데 5만 대는 개발도상국에 판매되었다. 전세계적으로 최소 30개 저항 단체가 이 가장 완벽한 테러 공격 무기를 보유하고 있는 것으로 추정된다. 이미 이 무기들은 이라크에서 미군 전투기 공격에 사용되었으며, 민간 항공기까지 겨냥할 날이 얼마 남지 않았을지도 모른다.

군비 지출은 유용한 어떤 것도 남기지 않기 때문에 경제적으로 인플레이션 압력으로 작용한다. 방위 산업의 고객은 단 하나—국민들로부터 징수한

인간의 두뇌는 통계 수치가 아닌 전쟁의 이미지에 반응하는 쪽으로 진화했다. 이러한 정신적 결점은 실제 위협이 크지 않은 상황에서도 테러 공격이 공포심을 유발할 수 있는 원동력으로 작용하기도 한다. 1864년 6월, 미 남북전쟁 당시 버지니아 콜드하버 전투에서는 만여 명의 남군 및 북군 병사들이 죽거나 다쳤고(1865년, 노동자들이 유해를 매장하고 있다. 위 사진) 결과적으로 전체 인구의 15분의 1가량이 남북전쟁으로 목숨을 잃었다. 2001년 9월 11에 있었던 테러 공격 역시 지워지지 않는 죽음의 이미지를 남겼고 남북전쟁 당시 못지않게 참혹했지만, 사망자 수는 전체 미국 인구의 10만 분의 1 수준에 불과했다. 2001년, 자동차 사고로 사망한 미국인의 숫자는 알카에다 공격으로 인한 희생자 수의 14배였고, 같은 미국인에 의한 살인사건은 6.5배였다.

돈을 지출하는 정부—이며, 계약을 체결하는 쪽과 경쟁적으로 그 계약에 뛰어드는 쪽은 사실상 동일한 배타적 내집단 소속으로, 이들은 군 퇴직자들을 방위산업 계약자 및 로비스트로 고용하는 '회전문'으로 연결되어 있는 경우가 대부분이다. 9·11 이전에는 미국이 계획대로 2011년까지 5조 6000억 달러의 흑자를 낼 것이라고 의회예산처는 추정했으나, 9·11 이후 의회예산처의 전망은 2조 3000억 달러 적자로 돌아섰다. 이처럼 달라진 예측은 경제 변동이나 정계의 감세 결정에 일부 기인하기도 하지만, 가장 큰 원인은 바로 아프가니스탄과 이라크 전쟁에 소요된 비용에 있다. 지난 수년간 미국은 1분당 25만 달러를 이라크에서 지출해왔으며, 부상당해 퇴역한 군인들에 대한 수십억 달러의 평생 지원금을 포함한 총 비용은 주둔 기간에 따라 1조 달러를 곧 상회하게 될 수도 있다.[287]

개발도상국의 군비 지출은 선진국의 약 5분의 1 수준이지만, 인적 지출의 관점에서는 집단공격에 대한 이들의 투자 규모가 훨씬 크다고 볼 수 있다. 1990년대에 서구 세계의 지출 규모가 다소 감소한 반면, 아프리카의 군 예산은 급증했다.[288] 에티오피아의 경우 군비 지출은 1인당 16달러, 보건 지출은 1인당 1달러이며, 차드와 앙골라에서는 그 비율이 25 대 1로 더 벌어진다. 전세계적으로 군사 전용 지역은 인도네시아와 터키를 합한 크기에 해당하며, 보건 개선, 식량 생산 증대, 오염 물질 관리, 에너지 절약 등에 지출되는 비용을 다 합한 것보다도 많은 비용이 무기 연구에 투입되고 있다.

각국의 군사 예산이 공공선을 위한 곳에 쓰이기만 한다면 지구상의 모든 문제는 해결될 것이라는 외침을 종종 들을 수 있다. 1990년대에 인도가 러시아로부터 미그 29 전투기 20대를 구입하는 데 들인 비용이면 1500만 명의 소녀에게 교육의 기회를 제공할 수 있었다거나, 나이지리아가 영국으로부터 탱크 80대를 구입하는 순간 사실상 그들은 200만 명의 자국 아동에 대한 예방접종을 하지 않기로 결정한 셈이라는 것은 물론 사실이다.[289] 그러나 그러한 식의 비교는 결과적으로 인간 종의 진화사의 기이한 면을 강조하기만 할 뿐이다. 군비 지출이 없다고 하더라도 오늘날 각국이 전세계 질병 퇴치, 가족계획, 환경 보호, 지속 가능한 경제 개발 등 좀 더 고상하고 이타적인 정책에 노력을 기울일 것 같지는 않다. 분명, 이러한 것들은 군사력이 덜 필요하게 만드는 데 실질적인 도움이 될 수 있는 프로젝트이므로 부끄러워해야 마땅하다. 그러나 적어도 지금으로서는 인간이 그토록 전적으로 몰두할 대상은 전쟁밖에는 없는 듯하다. 현대의 국가가 평화시에도 군비를 기꺼이 지출하고자 하는 현상은 사실상 보편적이고 뿌리 깊은, 유전된 충동으로

만 설명할 수 있을 것이다.

전쟁의 효용

현대 세계에서 전쟁의 대가는 명명백백하다. 집단공격 기질을 지닌 남성 개인이 향유하던 생존상의 본래 이점은 인간이라는 종 전체에 대한 자기파괴적인 엄청난 불이익으로 대체된 지 오래다. 그러나 전쟁의 생물학적 근원에 대한 분석을 매듭짓기 전에, 인류 초기 역사부터 현재에 이르기까지 간과된 이점은 없는지 되짚어보자.

전쟁은 기술혁신의 압력솥과도 같아서 무기 이외에도 수많은 것들의 발달을 가속화해왔다. 제2차 세계대전 중에 페니실린이 처음 사용되기 시작했고, 우리가 현재 사용하는 전자레인지의 발전장치는 영국본토항공전Battle of Britain의 승리에 일조했던 레이더 장비의 진공관이 변형된 것이며, 최초의 제트 여객기는 개조된 군용 엔진에 의해 작동되었다. 제2차 세계대전이라는 대가를 치르지 않았다면 이 모든 신보가 이루어지는 데 10~20년은 족히 더 걸렸을 것이다. 좀 더 심층적으로 생각해보면 전쟁이 인류의 진화 자체를 이끌어온 것일 수도 있고, 문명이 시작되는 데 중요한 역할을 했을지도 모른다. 인류의 원인 조상이 그토록 자주 행했을 것으로 생각되는 습격은 인간 종의 가장 중요한 특징인 뇌 용량의 증가에 어떤 역할을 담당했을 수도 있다. 큰 뇌의 진화는 사실 생각보다 훨씬 복잡한 수수께끼다. 예를 들면, 쥐는 매우 작은 뇌를 가지고도 생존하고 번식하며, 벌새는 모래알 크기만 한 대뇌를 가지고도 수천 킬로미터를 날 수 있다. 반면, 인간의 큰 두뇌는 상당한 비용을 필요로 한다. 인간은 유아기에도 두뇌와 그것을 감싼 두개골이 크기 때문에 산모에게 출산은 위험천만하고도 고통스러운 경험이 되며, 분만 중에 생명이 위험해질 수도 있다. 만일 아이가 그 험난한 출산 과정을 견뎌내고 살아남는다 해도, 평생 동안 음식을 통해 얻는 전체 에너지의 무려 5분의 1

을 뇌에서 소모한다. 진화적 관점에서, 생명에 위협이 되고 신진대사 면에서 소모적임에도 큰 뇌를 가진 아이를 낳는 걸 보면, 큰 뇌에는 정말로 매우 중요한 장점이 있을 것이다.

카사켈라 무리의 우두머리 침팬지 고블린을 기억해보라. 자기 무리를 이끌고 습격하려는 영토의 침팬지들로부터의 도전에 어떻게 응수할지 고민하는 고블린의 정신 작용을 한번 생각해보자. 습격을 성공시키기 위해서 고블린은 자신이 이끄는 무리의 나머지 수컷들의 힘과 헌신의 정도를 판단하고, 다른 무리와의 과거 유사 경험을 돌이켜본 뒤, 예상되는 적의 계획에 대해 중대한 결정을 내려야 한다.* 인간의 공격 욕구는 본능일지 모르지만 그러한 욕구를 제어하고 행동으로 바꾸어내는 정신적 처리 과정은 신경망의 상당한 연산력을 요구한다. 이웃을 공격하고 살해하려는 인간의 오래된 기질은 늘 위험한 행동이었고, 이러한 폭력이 인류 조상의 진화에서 핵심적인 역할을 담당했을 수도 있다. 간단히 표현하자면, 자연선택은 공격적이고 폭력적이며 덩치 크지만, 멍청한 원숭이들을 제거할 것이다. 전장에서의 죽음이라는 뚜렷한 선택이 아마도 지능을 증가시키는 방향의 편향을 만들어내 우리의 뇌 크기 진화를 촉발했을 것이다. 인간의 조상 집단이 서로 전쟁을 계속하는 과정에서, 훨씬 큰 뇌나 좀 더 효과적인 분석이 가능한 뇌를 만드는 모든 돌연변이가 중요한 이점이 됐을 것이다. 인간을 모든 다른 동물들과 구분 지어주는 뛰어난 지적 능력이 수백만 년에 걸쳐 인간이 서로를 살해하려 하는 과정에서 생겨났다는 생각은 매우 흥미롭다.

확실한 것은 진화 과정 속에서 인간의 두뇌 크기는 비약적인 증가를 보여왔다는 사실이다. 미주리 대학의 캐롤 워드, 마크 핀, 데이비드 기어리는 이

* 고블린은 고령까지 살았다. 실제로 마사와 나는 고블린이 숨을 거두기 불과 며칠 전 곰베 숲속 길 위에서 고블린과 마주쳤다. 그는 먹이를 얻기 위해 나무에 오르는 것조차 힘들 정도로 쇠약해 있었고, 불과 1.5미터가량 앞에 서서 슬픔과 혼란에 빠진 표정으로 우리의 눈을 똑바로 응시했다. 마치 "나에게 무슨 일이 일어나고 있는 거죠?"라고 묻기라도 하는 것 같았다.

러한 변화가 150만 년~200만 년 전쯤에 일어난 것으로 본다. 당시 원인의 두개골 화석을 보면 불과 600밀리리터 수준이던 두개 내 용량이 오늘날 인류의 1300밀리리터로 급속히 진화되는 과정의 시초를 알 수 있다. 이 같은 뇌 크기의 비약적 증가가 시작될 당시, 인류의 조상은 이미 두 다리로 걷기 시작했고 돌을 사용해 도구도 만들기 시작했다. 보호와 조리 용도로 불을 활용하게 된 것 역시 대략 이 시기의 일이었으며, 이러한 변화는 투박한 최초의 무기와 더불어 인류의 조상을 먹이 사슬의 꼭대기에 올려놓는 역할을 했다.(이전에는 먹을 수 없었던 곡물과 나무 알줄기—토란이나 벗풀 등 식용 식물 가운데 전구 모양의 부분—를 굽거나 연하게 만드는 것이 가능해졌고, 익힌 고기는 날것보다 오랫동안 상하지 않게 보관할 수 있게 되었다.) 개선된 식생활이 뇌가 커지는 것에 도움이 되었을 수도 있지만, 그 한 가지만으로는 인간의 뇌가 그렇게 크게 진화된 이유를 설명할 수 없다. 사실 그때 이미 인간은 동물을 사냥하거나 아프리카 밖으로 이주하는 과정에서 맞닥뜨린 추운 기후에 대비하기에 충분한 지적 능력을 가지고 있었다. 인간의 두뇌 크기가 급속하게 증가하기 시작할 무렵, 인간에게 최악의 적수는 바로 인간 자신이었으며 바로 이 점 때문에 공격적인 이웃 집단을 지략으로 제압하는 것이 최대의 정신적 과제가 되었는지도 모른다. 이에 대해 핀의 연구팀은 다음과 같이 표현했다.

> 다윈과 월러스가 '생존을 위한 경쟁struggle for existence'이라는 개념으로 정의한 자연선택은 이제 생명을 지탱하고 번식을 가능하게 하는 각종 자원을 **제어하기 위해 인간이 다른 인간과 벌이는** 특수한 유형의 **투쟁**이 되었다. 이러한 상황에서는 일종의 폭주 선택runaway selection을 위한 무대가 마련되며, 이 무대에서는 좀 더 인지적 능력이 뛰어나고 사회적·행동적으로 정교한 개체가 다른 개체들을 술책으로 압도하고 통제하여 지역 생태환경 내 자원을 장악할 수 있다.[290] (강조 표시는 원문에 따름)

다시 말해, 집단공격 자체가 근본적으로 바람직한 발상이었는지 의문을 제기하고 인간 자신의 유한성을 생각하게 만드는 특유의 정신적 능력에 촉매로 작용한 것은 바로 인간의 사악성이었는지도 모른다.

앞서 언급했던 대로 전쟁은 종교 발달의 원동력이 되었을 수도 있고, 좀 더 중요하게도 전쟁이 작은 무리를 지어 살던 인간이 차츰 규모와 세력이 확대된 집단을 이루어 협력하게 만드는 자극으로 작용했을 수도 있다는 것이다. 고고학적 발굴을 통해 (약 1만 500년 전 시작된) 신석기시대 대부분의 기간 동안 사람들은 작은 마을을 이루어 살았으며 이는 자연적 씨족 단위였을 것이라 추정할 수 있다. 기존의 수렵채집인 집단에서 유추해보건대, 한 집단이 싸움에서 패하면, 전멸당하거나 생존자들이 있을 경우 다른 지역으로 피신했을 것이다. 그러나 지형적 여건에 따라 도피가 불가능한 경우도 있었을 것이다. 뉴욕 미국 자연사 박물관의 로버트 카네이로는 "전쟁은 작은 자치 집단들이 무너지고 더 큰 정치 단위가 들어설 수 있게 만든 메커니즘이었다"고 주장한다.[291] 아마도 중국의 최초 국가가 황하를 따라 발달했던 이유는 이곳에 패배한 부족이 다른 곳으로 옮겨가지 못하게 막는 1.5킬로미터에 달하는 산맥이 있었기 때문이었을 것이다. 또한, 이집트와 아시리아 제국은 사람이 살기 힘든 반사막semi-desert에 둘러싸인 나일 강, 티그리스 강, 유프라테스 강의 범람원에 형성되었다. 이러한 환경 조건에서는 한 씨족이 도망갈 곳 없는 이웃 씨족을 정복한 뒤 흡수할 수 있었을 것이다. 혹은 패배한 씨족은 전멸당하고, 승리한 씨족이 좀 더 큰 영토를 차지해서 더 이상 영토 경계를 방어할 필요가 없어졌을지도 모른다. 주변의 산이나 사막이 그러한 역할을 대신해주었으니 말이다.

그렇지 않으면 일부 작은 부족들은 상호 보호를 위해 단순히 연합하기도 했을 것이다. 최초의 유럽 탐험가들은 아마존 강 유역을 거슬러 올라가다가 석궁이 닿지 않을 만큼 떨어져 있는 마을들을 발견했다. 빈번하게 있었던 치열한 전투의 흔적이 아마존 부족민들 자신에게 남은 것이다. 인디언 부족들은 수많은 공동체로 구성된 하나의 국가를 형성했을지도 모른다. 나폴레옹 샤뇽은 야노마모족을 찾아갔을 때 그들이 차지하고 있는 지역의 중심부일수록 마을 간의 간격이 유난히 좁고 추장의 권한이 더 강하며 싸움이 더 치열하게 일어난다는 사실을 발견했다. 이탈리아 중심부에 흩어져 살던 부족들이 합쳐져 로마 제국이 형성된 것과 비슷한 시기에 야노마모족 역시 좀 더 큰 단위로 연합되기 시작했을 것이다. 이와는 별개로, 이웃 집단을 정복하려는 기질이 없었다면 인류의 모든 집단은 작은 무리로 남아 있었을 것이며, 독자적으로 간신히 생계를 꾸려나가는 개개의 유랑 집단으로 남았을지도 모른다. 좀 더 덩치가 큰 결속된 집단을 꾸리는 데 필요한 전쟁과 더욱 강력한 리더십이 없었다면, 인간이라는 종은 노동의 전문화와 분업의 길을 걸을 수 없었을 것이다. 불을 사용하고 이야기하기를 좋아하는 원인들은 늘 모닥불만 쬐고 있었을 것이고, 굶주린 이들이 아이를 낳다 죽는 일이 허다했을 것이며, 폭력적인 이웃의 위협에 끊임없이 시달리며 인간은 막다른 골목에 멈추어선 채, 육체적으로나 지적으로나 인간의 지평선은 상상 속의 세계로 한정되었을 것이다.

경쟁 상대에 대한 내부의 결의를 다지고 군을 조직하는 능력이 초기 국가들에 없었다면 번영, 과학적 통찰, 예술 등 문명이 빚어낸 모든 눈부신 성과는 절대 있을 수 없었을 것이다. 우연적 성격이 강하기는 하나, 그렇게 해서 우리는 문화생활에 필요한 사회 조직과 임계 규모에 도달하게 된 것이다. 이는 전쟁과 종교에서 용맹과 잔인성이 왜 서로 가까운 친척지간인지, 엄청난 대가에도 불구하고 인간은 왜 전쟁을 미화하는지 설명해준다. 문명의 황금 심장을 전쟁이라는 용광로에서 제련하고 단조鍛造해야 한다는 결론은 가슴 아프다. 그러나 설령 이것이 과거에는 사실이었다 해도, 전쟁의 효용은 다 지나간 이야기이며 이제 그 용광로를 식힐 때라는 것은 너무도 명백하다.

성전

인간의 사소한 신체적 차이나 공통된 내집단, 외집단 기질이 전쟁과 노예제도의 토대가 되는 것이라면, 인간의 문화적·종교적 일체감은 그러한 근본적 동인을 더욱 강화하는 역할을 해왔다. 역사적으로 지구상의 모든 군사·정치 지도자들은 종교를 자신의 전쟁 목표를 뒷받침하는 데 끌어들였으며 이는 그 종교가 사랑과 용서를 설파하는 종교라 해도 상관없었다. 진화적 관점에서 보면 사실 이는 모순이 아니다. 강인하고 카리스마 넘치는 지도자가 이끄는 전투조에 속해 있던 사람들은 적과의 싸움에서 이길 가능성이 더 높았을 것이다. 제물을 바라는 아즈텍의 신이 되었든, "나 대신 적에게 되갚아 주실 만군의 여호와"가 되었든 초자연적 인도자에 대한 믿음은 집단 정체성을 구축하고 전사들을 더 용맹하게 하며 군의 사기와 허세를 완전히 새로운 차원으로 끌어올리는 역할을 한다. 다윗이 골리앗에게 맞섰을 때 그는 혼자가 아니었으며 이렇게 외쳤다. "나는 만군의 여호와, 이스라엘 군대의 하나님의 이름으로 네게 가노라."[292] 인간의 모든 행동이 그러하듯, 종교적 신념은 매우 복잡하고 모순된 현상이다. 분명, 신실하고 헌신적인 수많은 종교 신자들은 영적 신념에 따라 평화롭고 생산적인 삶을 영위해왔으며, 신앙에 관한 욕구를, 과거 유인원 조상이 털을 곤두세워 실제보다 자신을 몸집이 크고 힘이 센 것처럼 보이게 하려 했던 소름 같은 단순한 생존 메커니즘 정도로 치부하는 것은 잘못일 것이다. 그러나 전쟁의 역사에서 종교, 특히 조직화된 종교가 중추적 역할을 했다는 것은 결코 과장이 아니다.*

3500년 전, 이집트의 투트모시스 3세는 현재 요르단에 해당하는 메기도

* 조직화된 종교를 실존하는 신에 대한 믿음의 신실한 표현으로 볼 것인가, 혹은 가상의 신적 존재를 중심으로 구축한 정신사회적 구조로 볼 것인가의 문제는 여기서는 그다지 큰 문제가 아니다. 어떠한 특정 신앙의 진실성이나 그에 대한 입증과는 상관없이, 유일신 혹은 다신에 대한 신앙이 전쟁에 관련된 인류 역사에 깊이 영향을 미쳐온 것이 사실이다.

전투를 앞두고 긴급 대책 회의를 열었다. 부관들은 입을 모아 말했다. "아버지 아몬신께서 폐하의 뜻을 이루어주실 것입니다."[293] 파라오는 이 땅에 내려온 왕의 대리인일 뿐 아니라, 그 자신이 신이기도 했다. 2003년, 공화당 하원 원내대표였던 텍사스 출신의 복음주의 기독교인 톰 딜레이는 이스라엘과 미국을 지킬 수 있도록 '신의 도움'을 구했다. 딜레이나 투트모시스는 동일한 기질이 서로 다른 역사적 맥락에서 표현된 사례일까?

종교적 혹은 초자연적 신념은 놀랄 만큼 흔히 볼 수 있는 인간의 속성이며, 인간의 뇌가 다양한 양상의 종교적 집착에 매혹되고 이를 쉽게 받아들인다는 것은 분명한 사실인 것 같다. 그러나 생존과 번식에 관한 순전히 실용주의적인 관점에서만 본다면, 종교는 낭비이자 사치다. 중세 유럽에서 교회는 최대 지주인 경우가 많았고, 어떤 면에서 보면 현대의 기업과 유사한 조직이었다.[294] 생물학은 비용과 시간이 소요되는 구조나 행동에 대해서 설명을 요구한다. 2장에서 보았듯이 인류의 오래된 생존 충동으로 가득한 현대인의 행동은 흥미로운 것들이 많으며, 일부 종교적인 메시지나 관례가 여전히 호소력을 가지는 이유는 그러한 메시지나 관례가 강인하면서도 신한 지도자가 이끄는 단합된 집단에 소속되어 있다는 느낌을 만들어내는 데 있는지도 모른다. 그것이 권능을 지닌 신이 우리 편이라는 인식과 신앙 공동체에서 얻는 위안과 확신이든, 혹은 사소한 죄마저도 벌하는 권위에 대한 두려움이든, 외부의 시선에서는 아무리 공상에 불과한 것으로 보일지라도 인간에게는 종교적인 생각들을 쉽게 마음속에 받아들이는 경향이 있는 듯하다. 불행히도 이러한 기질 때문에 우리는 초자연적일 뿐만 아니라 현 시점에서는 극도로 위험한 신념까지 순순히 받아들이기도 한다.

역사를 통틀어, 종교는 전쟁을 지지하고 전략을 규정하고 군대가 적군을 물리치도록 사기를 북돋우는 데 활용되었다. 우리가 그렇게 전쟁에 종교를 이용하는 것을 종교의 타락으로 보든 종교의 핵심 특성으로 보든 이는 역사적으로 사실이었으며, 종교적 신념이 분쟁에 깊이 영향을 미치는 데 갈등이 반드시 종교에 '관한' 것일 필요는 없다. 2003년 미국의 이라크 침공을 추진한 주요 인물은 딕 체니 부통령, 도널드 럼스펠드 국방장관, 폴 울포위츠 국방차관이었지만, 종교에 기반을 둔 대통령의 숙명의식은, 다른 국가들 역시 전쟁을 지지할 것이라고 오판하게 만드는 원인으로 작용했고,* 평화 구현 계획이나 이라크 침공에 대한 냉철한 질문을 던지지 않게 만든 요인 중 하나이기도 했다.(전후 이라크에 대한 관리 계획을 담은 문건—국가안보를 위한 대통령령 제24호—이 일주일 만에 급조된 것은[295] 우리가 간절히 원하는 대상에 기적이나 신의 개입을 바라는 부적절한 믿음을 명백히 보여주는 사례다.) 토니 블레어는 영국 총리직 사임 후 자신의 굳건한 기독교 신앙에 대해 공공연하게 언급했다. 그는 부시의 성급한 이라크 침공을 막을 수 있었던 유일한 사람이었을 것이다. 그러나 그는 자신이 관여해야 할 도덕적 명령을 자신의 신앙으로 보았다. 임기 중에는 종교 색채를 별로 드러내지 않았던 블레어와는 달리 부시는 자신의 신앙을 열렬히 드러내 보였다. 부시의 종교관은 의미를 종잡을 수 없는 요한계시록을 전쟁 및 폭력에 대한 불길한 암시로 자의적으로 해석하는 수많은 근본주의 미국 기독교인들의 마음을 흔들었다. 그들 중에는 예수의 재림을 위해서는 솔로몬 신전을 예루살렘에 재건해야 한다고 믿는 종파도 있다. 그리고 이처럼 예루살렘을 유대인의 것으로 '지키는' 일은 반드시 필요한 과정이라는 것이다. 이러한 해석은 빈약한 신학 이론 차원에 그치지 않고, 세상의 종말을 앞당길 만한 어리석은 군사 행동을 부추기고 있지만 미국 내에는 여전히 이를 받아들이는 지지 세력이 존재한다. 어느 조사 결과에 따르면 미국민 전체 가운데 절반 이상이 오늘날의 사건들이 계시록과 연관된 것이라 믿고 있으며, 30퍼센트는 9·11이 성경에 예견되어 있다고 믿는다.

* 이는 다음과 같이 매우 촌스럽게 표현되었다. "어쨌든 사람들 모두를 무력 사용에 동의하게 만들 수는 절대 없겠지만, 행동, 특히 긍정적 결과를 이끌어내는 자신 있는 행동은 망설이던 국가들과 지도자들을 뒤로 뒤쳐지게 할 것이며 무엇인가 변화가 생겼음을, 평화에 한걸음 다가가는 긍정적인 변화가 생겼음을 그들에게 보여줄 수 있을 것이다."

외계 세력이 현대의 컴퓨터로만 해독이 가능한 암호를 성경에 심어놓았다는 내용을 담은 『바이블 코드』의 저자 마이클 드로스닌은 9·11 이후 국방부 초청으로 '군사 정보 고위 담당자들' 앞에서 브리핑을 하기도 했다.[296] 세계에 관한 이처럼 명백히 우스꽝스러운 설명에 대한 맹목적인 믿음이 원래는 어떤 진화적 이득을 준 것이었는지는 몰라도, 오늘날 국제 관계에 이를 적용하는 것은 명백히 부적응적이다.

찰스 다윈은 그 특유의 간명하고도 유려한 문체로 종교적 헌신을 "두려움, 존경, 감사, 미래에 대한 소망 등 여러 요소와 강한 의존감, 고귀하고 불가사의한 초월자에 대한 완전한 복종, 그리고 사랑으로 이루어져 있는 것"으로 요약했다.[297] 과학과 보통 교육이 등장하기까지 종교는 인류의 보편적 특성이었다.[298] 다윈은 종교가 주변 세상을 설명해내고자 하는 인간 내면의 욕구에서 생겨난 측면이 있다고 보았으며 진화생물학자들은 그 이래로 종교적 신념을 설명하고자 고심해왔다. 20세기 후반에 옥스퍼드 대학의 해양생물학자 알리스터 하디 경은 종교적 신념은 애완견의 충성 대상이 자기 어미로부터 주인인 인간으로 옮겨가는 것과 동일한 메커니즘을 반영한다고 보았다. 이 메커니즘 때문에 "원시인은 자신과 맞닿아 있다고 느껴지는, 자아 너머의 '어떤' 실재를 설명하기 위해 보이지 않는 존재인 이 '새로운 주인'을 상상해내는 것이다".[299] 버지니아 주 윌리엄 앤 메리 대학교의 리 킬패트릭 역시 종교와 애착이론을 연결시켜, 신에 대한 믿음은 엄마와 아이 사이의 유대를 형성하는 것과 동일한 기질에 의해 촉발될 수 있다고 주장한다.[300] 어른들 사이의 사랑 역시 동일한 메커니즘의 연장선상일 수 있으며, 이는 부모를 결속시키는 '맹약 수단'으로 작용한다는 흥미로운 의견을 제시하고 있다. 킬패트릭은 종교를 '진화의 치즈케이크'에 비유한다. 우리가 치즈케이크를 즐겨 먹는 것은 지방과 당분에 대한 인간의 진화된 기호에 기인하는 것과 마찬가지로, 종교 역시 강한 지도자에게 복종하는 인간의 기질에 그 바탕을 두고 있다는 것이다. 그러나 킬패트릭은 집단 결속을 증진시키는 방향으로 종교가 진화했다는 주장에는 반대한다. 그러한 기질이 어떻게 "포괄적응도inclusive fitness로 변할" 수 있는지 혹은 해당 집단의 생존 및 유전자 전달 능력을 개선시킬 수 있는지 알 수 없기 때문이라는 것이다. E. O. 윌슨이 주장하듯, 이 문제에 대한 답은 신성한 통치자의 존재를 믿었던 씨족들이 더 단단하게 결집되고 승리에 대한 확신이 더 강하여 습격이나 전투에서 승리할 확률이 더 높았으므로 종교가 진화해왔다는 것이다.[301] 또 한 명의 저명한 진화이론가인 빙엄턴 대학의 데이비드 슬론 윌슨 역시 종교는 원인 조상들이 결속된 집단을 형성하게 하는 역할을 했다고 본다.[302]

내집단 행동에 보상을 주는 주체로 여겨지는 어떠한 토템이나 신을 숭배하는 씨족, 집단, 국가들은 더욱 강하게 결속하고, 자연히 외부인에게는 더욱 적대적인 모습을 보이게 되었다. 다른 신을 섬긴다는 이유로 특히 증오와 비인간화의 대상이 된 외집단의 일원들을 엄벌에 처하는 신화적 '아버지'는 단결을 유도하는 강한 힘으로 작용했을 것이다. 북아일랜드나 중동의 경우처럼 가장 오래 지속돼온 일부 폭력 분쟁은 종교 기반의 집단적 충성심뿐 아니라 종파적 교육과 선동으로 인해 악화일로를 걸어왔다. '성전聖戰'은 궁극적으로 모순일 수 있지만, 수많은 분쟁이 실제로 종교적 차이로 인해 촉발되고 지속됐으며 심화돼왔다. 9·11 이후 미국 내에서 실시된 시민적 자유 제한에 관한 어느 연구에서는, 스스로 "별로 신앙심이 없다"고 답한 이들 중 단 15퍼센트만이 미국 내 이슬람교도가 자신의 소재를 정부에 등록해야 한다고 생각한 반면, 스스로 "신앙심이 깊다"고 생각하는 이들은 무려 40퍼센트가 이 방안에 찬성했다.[303]

일련의 흥미로운 질병 연구 결과는 뿌리 깊은 진화적 기질의 요구를 종교적 신념이 충족시킨다는 견해를 뒷받침한다. 그 예로, 교회에 출석하는 기독교인들은 심장병 발병 및 심장질환으로 인한 사망 위험이 낮은 것으로 드러났으며, 아프리카계 미국인에 대한 연구에서는 종교적 헌신이 고혈압 예방 효과가 있는 것으로 나타났는가 하면,[304] 정기적으로 교회에 출석하는 아프리카계 미국인들은 무려 14년 정도 기대 수명이 연장될 수도 있다는 연구 결과도 있다.[305] 최근 쿠웨이트의 유시프 야구브는 매일 다섯 번씩 기도를 하고 코란을 읽는 이슬람교도는 그러지 않는 이들보다 혈압이 낮다는 사실을 발견했다.[306] 종교가 개입된 문제는 늘 그렇듯, 가능한 해석의 가짓수는 무한히 많을 수 있다. 그러나 종교적 신념과 관련된 건강상의 이득이 모든 종교 신앙에 동일하게 적용되는 것으로 보인다는 점을 감안할 때, 수많은 신들의 힘이 어느 정도씩 나타나는 것이 아니라 종교에는 인류의 보편적 기질을 충족시키는 긍정적인 효과가 있다는 결론을 내릴 수 있다. 종교적 신념에 대한 특정 충동은 배제한다 하더라도, 종교 집단은 수렵채집 씨족 집단에 있는 정도의 신뢰와 지지를 재현할 수 있으므로 그러한 이점을 납득할 수 있다. 종교성의 부분적 유전을 보여주는 일란성 쌍생아 연구는 종교적 성향이 진화된 것이라 주장하는 여러 이론들을 뒷받침한다.[307]

종교가 전쟁을 일으킨다는 주장은 진화가 전쟁을 일으킨다는 주장만큼이나 부적절할 것이다. 그러나 종교적 신념과 정체성은 분명 인간의 근본적 기질 발현에 핵심적이고 때로는 직접적인 역할을 담당하며, 여기에는 전쟁 및 테러와 관련된 기질도 포함된다. 이슬람교의 성전의 전통을 예로 들어보자. 그 기원은 예언자 마호메트가 메디나에서 10명 내외의 남자들을 습격조로 보내 메카에서 출발한 대상隊商을 붙잡게 했던 624년 1월로 거슬러 올라간다. 여기서 메카 사람 두 명이 살해되었다. 바드르라는 작은 오아시스에서 메디나 사람 300명과 좀 더 많은 수의 메카 사람이 만났을 때 두 번째 습격은 소규모 전쟁으로 변했다. 마호메트는 무리의 후미에 남아 알라에게 간절히 기도를 올렸고 싸우다 죽는 이는 모두 그 즉시 천국으로 가게 될 것이라 약속했다. 예언자의 말을 들은 한 병사는 칼을 떨어뜨리며 말했다. "좋아! 이들의 손에 죽임을 당하기만 하면 천국에 들어갈 수 있다는 말인가?" 곧이어 그는 상대의 칼에 쓰러졌다.[308] 영원한 보상으로 가는 지름길에 대한 약속은 신실한 신앙인에게 전투에서 강력한 동기로 작용할 수 있다. 또한 바이킹족에서 십자군이나 이슬람 전사에 이르기까지 그러한 식의 생각은 역사 속에서 얼마든지 찾아볼 수 있다. 교황 우르바노 2세는 십자군에 몸담는 모든 이들에게 구원을 약속했다. 어디에서나 볼 수 있는 내세에 대한 이러한 믿음에 일말의 진실이 있든 없든, 그러한 믿음에는 생존 공식을 근본적으로 변화시킬 수 있는 잠재력이 있다. 찰나에 불과한 급박한 상황에서, 싸움에서 진다는 것은 죽음이든 짝짓기 기회의 상실이든 진화적 재앙이다. 그러나 영원한 보상이라는 개념이 일단 개입되고 나면, 생존이나 유전자 전달에 대한 긴박한 우려는 점차 자신과 무관한 것처럼 느껴질 수 있다.

이 지구상에서, 전투에서의 승리는 언제나 사회 내 남성의 위상이 제고되는 결과로 이어졌다. 성공을 신이 지지한다는 의미로 받아들일 경우, 승리로 인한 응집 및 지위 향상의 효과는 훨씬 커진다. 전사자들에 대한 초자연적 보상의 약속은 남자들로 하여금 승리를 위해 더 많은 위험을 감수하도록 동기 부여를 할 수 있으며, 전투 참여자들의 두려움을 줄여주고 그 지휘관들에게는 잠재적으로 상당한 이득을 안겨줄 수 있다. 바드르에서의 승리로 공동체 안에서 마호메트의 역할은 한층 강화되었고, 알라의 능력에 대한 마호메트 본인의 믿음 역시 굳건해졌다. 그리고 끝없이 주고받는 복수전이 이어졌다. 메디나에서 마호메트를 따르던 세력은 당시 1만 3000명에 달했다고 전해지는 포위군에 맞서 저항했고, 이 포위군이 철수한 다음날 마호메트는 적군의 편에 섰던 유대 종족을 공격했다. 수백 명의 남성이 참수형을 당했고, 여성과 아이들은 노예로 팔려갔다. 다윗왕이 밧세바의 남편을 최전선으로 보내 죽게 한 뒤 그녀를 차지했던 것과 똑같이, 마호메트는 아름다운 여인 레이한의 남편을 처형하고 그녀를 첩으로 삼았다. 통일된 목적과 종교적 신앙에서 나오는 용맹은 전투를 승리로 이끌 수 있으며, 짝짓기 기회를 두고 벌어지는 생물학적 전쟁에서도 이는 마찬가지다.

유한한 존재인 지도자보다 신을 섬기는 편이 전투력을 강화해주며, 이스라엘인들의 팔레스타인 정복(기원전 1200년), 이슬람 세력 최대의 확장기였던 두 세기(기원후 622~800년), 십자군 원정(기원후 1096년 이후), 몬테수마 치하의 아즈텍 왕국(16세기) 시기에 모두 지휘관의 전략이나 전사들의 정서를 이끌었던 것은 이웃을 집단공격하고 정복하려는 사실상 동일한 종교적 열의였던 듯하다. 지나친 자신감이 오히려 적응에 도움이 되고 집단공격을 성공으로 이끌기도 했다는 증거다. 그러나 앞에서 언급한 랭엄의 가설에 따르면, 종교적 열성이 전투에서 상당한 승리를 이끌어낸 것은 사실이지만, 개인의 부풀려진 자신감과 마찬가지로 불명예스럽고 불필요한 패배의 원인이 되기도 했다. 1880년대, 수단 돈골라의 마흐디 마호메트 아흐메드는 자신이 예언자임을 선포했다. 1898년 옴두르만 전투에서 그의 후계자 압둘라 알 타아시는 창검으로 무장한 데르비시(극단적인 금욕을 서약하는 이슬람교의 수도승_옮긴이) 4만 명을 이끌고 호레이쇼 키치너가 지휘하는 훨씬 작은 규모의 영국 및 이집트 군대의 소총과 기관총에 맞섰다. 깊은 신앙심에 바탕을 둔 데르비시의 자신감에도 불구하고, 옴두르만 전투는 완전히 일방적인 교전이었다. 마흐디가 이끄는 군사 9700명이 전사하고 1만 6000명이 부상당했던 반면, 키치너 측에서 희생된 인명은 소수에 불과했다.[309] 종교적 충동을 다르게 생각해볼 수는 있겠지만, 적어도 이들의 경우에는 그러한 충동이 결정적으로 부적응적이었던 것이 분명하다.

종교와 전쟁이 유난히 극단적으로 얽혔던 예는 1519년 스페인의 정복과 에르난 코르테스의 상륙 직전 아즈텍 제국의 최대 확장 시기에서 찾아볼 수 있다. 지금의 멕시코시티 중심부에 해당하는 아즈텍의 수도 테노치티틀란은 세계 최대의 대도시 가운데 하나였으며, 스페인 정복자들은 그 장엄함에 놀라움을 금치 못했다. 아즈텍 지배층의 권력은 어마어마한 규모의 전쟁 및 잔혹한 의식 위에 서 있었다.[310] 수많은 남성을 전쟁 포로로 잡은 뒤 내장을 적출하는—산 채로 뛰는 심장을 도려내는—제물로 바치기 위해 살려두었고, 익사시키거나 산 채로 불에 태우거나 창으로 찔러 죽였다. 희생 대상을 돌로 만든 큰 원형 제단에 묶어놓고 흑요석으로 만든 날카로운 날이 달린 검과 곤봉으로 무장한 4명의 아즈텍 전사가 공격하게 하는 방식으로 검투 시합에서 죽이기도 하였다. 제물로 바쳐지는 인간 중 3분의 1가량은 적진의 전사가 아닌 노예, 여성, 아동이었다. 최근 멕시코시티 템플로 마요르 유적지 발굴 작업에서는 비의 신에게 제물로 바쳐진 어린아이의 유해 42구가 발견되기도 했다. 코르테스와 동행했던 가톨릭 사제 프레이 디에고 두란은 테노치티틀란에서 있었던 번제 의식을 이렇게 묘사했다.

> (…) 사내 오백 명의 피로 신전이 붉게 물들었다. 번제가 정해졌다. 번제는 인간이 상상할 수 있는 가장 끔찍하고 무시무시한 제사였다. (…) 신전 바닥의 대형 화로에 크게 불을 피웠다. 이는 '신의 화로'라 불렸다. 이 거대한 불길 속에 남자들이 산 채로 던져졌다. 이들의 심장은 죽기 전에 꺼내져 신에게 바쳐졌다.[311]

다른 번제에서는 남자들과 여자들이 옷을 깨끗이 차려 입고 도시 전역에서 떠들썩한 축전을 벌였다. 희생 제물으로 쓸 포로를 잡아온 전사들은 제물의 몸에서 벗겨낸 가죽을 입고(피가 흐르는 쪽을 밖으로 오게 하여 피부끼리 맞닿게) 거리 행진을 하며 일종의 전투 의식에 참여했다. 사람을 사들여 제물로 바치는 데 동참하는 사람은 많지 않았다. 어떤 의식에서는 모든 이들이 스스로를 칼로 베어 상처를 내기도 했고, 피를 흘리기 위해 요람에 누워 있는 자기 아이의 귀를 자르는 일도 있었다. 폭력에 대한 경악할 만한 종교적 헌신이었다.

신에 대한 믿음이 아즈텍 몰락의 궁극적 원인이었다고 한다면—코르테스는 아즈텍인들이 자신을 신까지는 아니라 하더라도 신의 사자 정도로 착각했기 때문에 자신이 아즈텍을 기적적으로 정복할 수 있었던 것이라 생각했다—이 믿음은 분명히 애초에 제국을 건설할 때도 도움이 되었다. 끝없이 되풀이되는 잔혹한 의식으로 용감무쌍한 전사들이 탄생했고 이웃 종족에게 아즈텍의 힘을 각인시킬 수 있었다. 고대 그리스의 경우와 마찬가지로, 모든 성인 남성은 병사가 되었다. 각자 살해하거나 포로로 잡은 적군의 수에 따라 진급이 이루어졌다. 예를 들면, 사제가 되려면 최소 4명의 남성을 포로로 잡거나 죽여야 했다.[312] 아즈텍인들 못지않게 용맹하고도 잔인했던 스페인 정복자들 중 한 명은 적잖이 감탄하면서 다음과 같은 글을 썼다.

> 〔아즈텍인들이〕 전투 대형으로 선 모습은 세상에서 가장 아름다운 광경 가운데 하나다. 용모 준수한 이들이 대형을 정연하게 유지하기 때문이다. 그들 가운데는 매우 결연한 자세로 죽음을 두려워하지 않는 대단히 용맹한 자들도 있다. (…) 전투 중에 그들은 노래를 하고 춤을 추며, 때로는 가능한 한 사납게 고함을 지르고 휘파람을 불기도 한다. 특히 자신들이 유리한 상황에 있다고 판단할 경우에 그러하다. (…) 전쟁 중에 그들은 가장 잔인한 사람들이 된다. 형제도, 친척도, 친구도, 여성도, 심지어 아름다운 여성도, 살려두지 않고 모두 죽인다.[313]

현대의 일부 역사학자 및 인류학자들은 아즈텍 문화를 어느 정도 온화하게 묘사하려는, 공상에 가까운 지적 왜곡에 몰두해왔다. 수많은 학자들이 있지만 그 가운데 두 명인 피에르와 자닌 수아송을 예로 들자면, 이들은 아즈텍 문명을 "꽃의 전쟁"으로 묘사한다. 전투는 "경쟁자들 간에 최고를 가리기 위한, 정정당당하고 예의를 갖추어 치르는 경기"로서 사전 합의가 이루어졌다는 것이다. 이 학자들은 종교 전쟁을 "일종의 집단 토너먼트이며, 참가자들은 단지 포로를 잡아두기만 하고, 이들을 제물로 쓰기 위해 살려둔다"고 규정하고 있다.[314] 인간의 핵심적인 호전적 본성을 직시하지 않으려는 욕구가 극도로 비현실적인 관점을 만들어낸 셈이다. 어쩌면 바로 이러한 식의 자기 기만은 이를 통해 지지하려던 인간 본연의 '선함'을 믿는 동일한 루소식의 관점이 틀렸음을 궁극적으로 보여주는 것인지도 모른다. 인간의 잔인성이라는 진실을 들여다보기가 선뜻 내키지 않겠지만, 인간의 더 나은 본성을 찾는 데 단순한 희망사항은 전혀 도움이 되지 않는다. 진화심리학의 관점은 집단공격에 가담하고, 동종의 타 개체를 비인간화하며, 상대방의 주변 세계를 조직적으로 오판하고, 상징을 숭배하고, 신을 만들어내려는 가장 끔찍한 기질을 짊어진 유일한 동물이 그러한 참상을 빚어낼 문명을 탄생시킬 수 있었음을 보여준다.

프랑스의 종교전쟁, 스페인과 포르투갈의 국토회복운동Reconquista, 중부 유럽의 30년 전쟁, 그리고 십자군 원정을 보면 전쟁, 정체성, 종교가 뒤엉킨 것이 비단 이슬람교만의 문제는 아님을 분명히 알 수 있다. 그러나 오늘날 전쟁과 테러가 급진적 이슬람교 신앙과 특정한 관련이 있는 점을 감안할 때 이슬람의 군사적 전통을 좀 더 면밀히 연구해볼 필요가 있다. 이슬람교의 몇몇 전통 가운데 하나는 두 가지 유형의 지하드jihad, 즉 성전聖戰이 있다는 것이다. 첫째는 이교도를 타도 혹은 개종시키는 것을 목표로 한 공격전이다. 공격전은 국가 차원에서 수행하며 해당 국가의 통치자 혹은 칼리프caliph(이슬람 국가의 교주 겸 국왕_옮긴이)가 주도한다. 둘째는 이슬람권에 대한 공격에 대응한 방어전으로, 중심적인 지도자가 없을 때에도 각 개인은 싸울 의무가 있다. 이러한 관점은 13세기 이바 타이미야와 18세기 아브다 알 와합이 제시했다. 이들의 근본주의 교리는 오늘날 사우디아라비아 왕가의 지원을 받는 보수주의 이슬람 계통인 와하비즘(와하브파의 이슬람 근본주의 운동_옮긴이)의 토대가 되었다. 오사마 빈 라덴과 모하메드 아타 등은 이슬람 세계가 미국의 세속주의로부터 공격을 받고 있다고 인식했기 때문에 죽음을 불사하고라도 응전할 의무가 있다고 생각했던 것이다.[315]

중요한 것은 이처럼 울분, 분노, 외집단을 향한 적의가 결합되는 것은 종교가 없어도 가능하다는 점이다. 그러나 종교적 차이는 대개 증오를 심화시키고 살인을 용인하며 보상을 약속하는 역할을 해왔다. 간단히 말하자면, 전 세계에서 일어나는 지하드나 이슬람교의 테러 공격 등의 궁극적인 원인은 종교적 신념일 수도, 아닐 수도 있다. 그러나 역사, 환경, 생물학 등 모든 면에서 볼 때 그러한 신념이 불에 기름을 붓는 역할을 한다는 것을 부인하기는 어렵다.

종교적 신념과 실천은 냉철하고 비판적인 사고나 과학적 견해와 양립 불가능한 것이 아님을 주지해야 한다. 우리 아버지의 가족은 조합교회주의자들이었고 어머니의 삼촌은 감리교회 목사였다. 내 아내의 할아버지는 미국 성공회 교회의 목사였다. 내가 다녔던 영국 국교회 전통의 문법학교에서는, 성경 봉독과 찬송으로 하루를 시작했다. 언어의 아름다움을 깨우쳐주고 내가 속한 문화를 이해할 수 있게 해주었다는 점에서 지금도 고맙게 생각하는 부분이다. 그 또래 소년들 대부분이 그렇듯, 나는 『스크루테이프의 편지』[316]와 같은 종교적 주제가 담긴 C. S. 루이스의 작품들을 읽었고, 당시 종교의 모순을 두고 고심했지만 그 후 케임브리지 대학에서 루이스의 강의에 출석했다.

누구나 자연히 품기 마련인 문제들을 해결하도록 진화된 뇌의 입장에서는, 변화무쌍한 계절의 주기, 가뭄과 폭풍, 그리고 무엇보다도 사랑하는 이의 죽음과 같은 것들은 예측할 수 없는 기이한 일들로 느껴질 것이다. 원시 사회의 종교적 신념들은 세상의 변덕스러운 일들을 있는 그대로 받아들이고, 천둥이 치는 저 너머나 바위 아래마다 영혼이 숨어 있음을 감지한다. 회의가 들면, 종교는 신자들에게 '믿음'을 요구한다. 역사적으로 사회가 계속 복잡해지면서, 하나의 신(혹은 여러 신)이 도덕률을 정하고 신도들의 행동에 관한 법을 전달하는 것으로 생각되었다. 유년기나 청소년기에는 특히 초자연적 존재나 초월적 존재를 믿기가 쉽다. 이 책의 공동 저자와 나는 둘 다 청소년기에 열렬한 신앙을 품었던 적이 있다. 그는 간혹 회의를 품기는 해도 여전히 가톨릭 교인인 반면, 내 아내의 표현대로 나는 '영적인 무신론자'가 되었다.

종교적 신념을 좇는 기질은 청소년기의 어느 기간에 잠시 강화되는 듯하다. 세계 각국의 전사들 대부분이 바로 이 연령 집단에서 배출된다는 사실은 우연일까? 앞서 지적했듯이 신성한 조력자에 대한 믿음은 사회 집단의 전투력을 강화시킬 수 있고 신이 내린 권리로 통치한다는 지도자의 권위를 강화할 수 있다. 종교적 신념을 실재하는 신에 대한 마땅한 헌신으로 받아들일 수도 있고 뇌의 일시적 오류 정도로 치부하며 창의적 지능이 진화하면서 의도하지 않게 발생한 결과라 생각할 수도 있다. 어느 쪽이든, 우리는 인간 사회와 군대의 발달에 종교적 신념이 엄청난 영향을 미쳐온 것을 봐왔다. 좀 더 큰 규모의 집단에서 더 강력한 군 병력을 소집하게 되면서, 획일적인 도덕률을 설파하고 헌신적인 내집단의 모든 일원을 '보호' 하는 권능을 지닌 신에 대한 믿음은 확장된 사회가 보다 작은 집단과 씨족으로 분열되지 않게 하는 데 분명히 도움이 되었을 것이다.

모든 종교는 고통과 죽음에 대해 설명하려 하고, 많은 종교가 내세의 천국을 약속한다. 그러나 내 생각에는 실제 사별을 겪은 이들에게는 진화가 종교 못지않은, 어쩌면 더 큰 위로를 건넬 수 있을 것 같다. C. S. 루이스는 젊은 시절 무신론자였다가 성인이 된 후에 종교에 귀의한 특이한 경우였다. 그는 제1차 세계대전 당시 참호 속에서 전투에 임했고, 이곳에서 가장 친한 친구가 죽었다. 그는 30대에 들어서 기독교에 귀의했다. 어린이를 위한 작품을 썼던 그는 신학자이기도 했으며, 깊이 있는 신학자들이 대부분 그러하듯 그 역시 자애로운 하느님이 세상에 왜 그토록 많은 고통을 허락하는가의 문제를 두고 고뇌했다. 전형적인 영국인인 루이스는 지적이면서도 활달한 미국 여성 조이 그레샴과 결혼했으며, 그녀는 그 뒤 골암으로 세상을 떠났다.[317] 그의 신앙은 깊은 슬픔을 달래는 데 무력했다. 그 점에서, 다윈주의적 진화가 죽음과 고통에 의해 움직인다는 사실에는 더 이상의 설명이 필요치 않다. 끊임없이 변화하는 세계에 적응하는 과정에서 각 세대는 죽어야만 다음 세대를 위한 공간을 만들 수 있기 때문이다. 나 역시 지적이고 활달한 미국 여성과 결혼한 영국 남성이었다. 그녀가 52세에 세상을 떠났을 때, 나는 어찌할 줄을 몰랐다. 하지만 적어도 내게는 내 자신의 비탄을 이해할 수 있는 정신적 틀이 있었다.[318] 죽음은 번식만큼이나 생물학적 진화에서 중요한 부분이며, 나는 그 사실에서 위안을 얻었다. 『종의 기원』 말미에서 찰스 다윈은 이렇게 적었다. "그러므로 인간이 생각해낼 수 있는 가장 드높은 존재, 즉 더 고등한 동물의 생성은 바로 자연의 투쟁, 기근과 죽음에 바로 뒤따르는 것이다." 운 좋게도 나는 마사와 재혼할 수 있었지만, 이제 나는 일흔셋이고 암에 걸리거나 뇌졸중이 일어날지 모르며 심장이 어느 날 갑자기 멎을 수도 있다. 죽음을 달가워하는 사람은 없겠지만 자연의 질서 속에서 죽음이 차지하는 자리를 이해한다면 두려움은 저만치 멀어질 것이다. 적어도 내 경우에는 진화에서 죽음의 역할을 이해하는 것이 특정한 행동과 신앙 규약을 따르는 대가로 얻는 내세에 대한 약속보다 더한 위안이 된다. 나는 살아 있는 한 내가 어떻게 진화했는지 이해하고자 열정적으로 노력할 것이다. 그리고 마사를 매혹시킨 "인류를 위해 얼마만큼의 승리를 거두기 전에 죽는 것을 부끄럽게 여기라"는 호레이스 만의 격언처럼 살아갈 것이다. 그것이 바로 다윈도 공감했을 동인 아닐까 생각한다.

9
전쟁과 기술

전지전능하신 하느님 아버지, 저 높은 당신의 천국을 감히 바라보는 자, 적에게 맞서 싸우는 자와 함께 해주소서.

— 폴 티베츠 대령을 위해 어느 종군 목사가 작성한 기도문[319]

(폴 티베츠 대령은 1945년 8월 6일 히로시마에 원자폭탄을 투하한 사람이다.)

독일의 인류학자 불프 쉰펜호벨은 뉴기니 산간 지대의 원시 부족을 연구했다. 그는 부족민들에게 소형비행장 건설을 도와줄 것을 부탁했고, 완공 후 부족 지도자 2명을 비행기에 태워주었다. 그들은 비행기를 본 적이 거의 없었고, 당연히 타본 적도 없었다. 이들은 성기 가리개를 착용한 것 말고는 몸에 아무것도 걸치지 않은 모습으로 나타났고, 큰 돌 두 개를 들고 타도 되냐는 뜻밖의 질문을 던졌다. "이유가 무엇이냐?" 고 물어보자, 조종석 문을 열어두고 적의 마을 상공을 선회해준다면, 그 위로 그 돌들을 떨어뜨릴 수 있을 것이라는 대답이 돌아왔다. 현재 애틀랜타 에모리 대학의 영장류행동학 교수로 있는 네덜란드 출신 과학자 프란스 드 발은 이 일화를 언급하며 이렇게 적었다. "그 과학자는 신석기인이 폭탄을 발명하는 광경을 목격했다고 일기장에 적었을지도 모른다." 모든 신기술은 전쟁에 신속하게 적용되는 것 같다.[320]

경쟁 관계인 침팬지들은 나뭇가지를 꺾어 땅 위에 끌고 다니거나 마구 흔

제인 구달이 지내는 천막 근처에 있는 빈 등유 깡통을 가져다 모을 줄 알게 되기 전까지만 해도 마이크는 탄자니아 곰베 강 국립공원 내에서 서열이 낮은 수컷에 속했다. 그 뒤 마이크는 털을 곤두세운 채 소리를 지르고 깡통을 서로 맞부딪쳐 시끄러운 소리를 내면서 더 위계가 높고 덩치가 큰 수컷들에게 맞서곤 했다. 이와 같은 허세와 '무기'의 조합 덕분에 그는 무리 내에서 최고의 위치에 오를 수 있었다.

들어대며 흥분된 과시 행동을 보이기도 한다. 내집단 공격에서 요란한 소리와 허세는 침팬지들이 선택할 수 있는 무기 중 하나다. 곰베 유역의 수컷인 마이크는 제인 구달이 야영지에 가지고 왔던 빈 등유 깡통을 맞부딪쳐 소리를 내 다른 수컷들에게 겁을 주는 기지를 발휘해 무리 내에서 우두머리 수컷의 자리를 차지했다. 외집단과의 대결은 좀 더 물리적인 성격이 강하지만, 무기 개발이나 기술 혁신의 가치는 마찬가지로 명백하다. 예를 들면, 침팬지가 돌을 집어 들어 개코원숭이에게 던지는 광경이 꾸준히 목격돼왔다. 어느 현장 실험에서는 두 앞발 사이에 침팬지 인형을 잡고 있는 박제된 표범을 한 침팬지 집단에게 보여주었다. 침팬지들은 맹렬히 공격했고, 암컷 한 마리는 긴 막대기를 들고 시속 80킬로미터는 돼 보이는 속도로 막대기 끝으로 그 박제

표범을 내리쳤다.[321] 그렇지만 침팬지들이 습격 도중 물건을 집어 던지기는 하지만, 공격에 가담한 수컷들은 주로 큰 송곳니로 살점을 뜯거나 손과 발로 적을 때려서 치명적인 상처를 입힌다. 앞서 언급했던 대로, 무리 내에서 어른 수컷이 자신을 드러내 보이고자 과시적으로 행하는 엉성하고 우스꽝스럽기까지 한 허세가 습격시에는 냉혹하고 고의적인 악랄함으로 대체된다.

집단공격을 주로 행하는 쪽이 수컷이기 때문인지는 몰라도, 침팬지 수컷이 암컷보다 더 큰 송곳니를 가지고 있다는 점은 상당히 흥미롭다. 우리 인류 조상들은 진화 과정에서 송곳니가 비교적 작아졌는데, 이는 도구를 사용해 식물을 캐내고, 식량을 옮겨 다니며 거처를 짓고, 동물을 도살해 고기를 얻고, 사냥을 하고, 다른 인간을 죽일 수도 있게 되면서 생겨난 변화인 것으로 보인다. 원인의 진화 중 어느 시점에서 무기 제조의 혁신적 기술이 등장하게 되면서 습격의 성격이 달라졌으며, 주로 타인을 향해 나무나 돌—나중에는 쇠—로 된 물체를 던지고, 퍼붓고, 쏘는 식으로 공격이 이루어지기 시작했다.

투석기, 검, 철조망

초기 전쟁의 주된 무기—창, 곤봉, 철퇴—는 침팬지들이 즐겨 사용하는 나뭇가지와 크게 다를 바가 없었다. 창은 끝에 돌이나 쇠붙이 등을 붙인 길다란 일직선의 나뭇가지에 불과했다.* 철퇴는 머리 부분을 무겁게 만든 곤

* 아이오와 주립대학의 인류학자 질 프루에츠는 세네갈 동부 사바나 삼림에서 서식하는 침팬지들이 막대기를 창처럼 사용하는 것을 최근 목격했다. 이들은 이빨로 나뭇가지 끝을 뾰족하게 만들어 나무 구멍 속에 있는 부시베이비(갈라고과의 원숭이_옮긴이)를 찌르는 무기로 사용한다. 인간 이외에도 사냥용 무기를 만드는 동물이 있다는 최초의 증거가 침팬지라는 사실은 놀랍지 않을지 모르지만, 창을 이용한 대부분의 사냥이 암컷과 어린 침팬지들에 의해 이루어진다는 점에 프루에츠는 주목한다. 이전에는 침팬지 사냥이 주로 수컷의 일일 것이라 생각되었으나, 프루에츠의 주장에 따르면 먹이가 부족할 때 새로운 먹이 조달 전략을 생각해내는 동기가 특히 뚜렷한 쪽은 암컷과 어린 침팬지이며, 수컷은 채집 중에 발견한 것을 나누지 않는 경향이 있다.

봉에 불과하지만, 손잡이를 달아 휘두르면 제곱센티미터당 최대 약 20풋파운드foot-pound(1파운드의 무게를 1피트 들어올리는 데 필요한 일의 양_옮긴이)에 달하는 힘을 발휘할 수 있다. 단 2풋파운드만으로도 인간의 복벽을 뚫고 들어가거나 두개골을 골절시킬 수 있으므로, 철퇴는 사실상 굉장히 강력한 발명품이다.[322] 그 원시적인 유래에도 불구하고 미화된 이 곤봉의 치명성은 이집트 파라오 시대에서부터 오늘날에 이르기까지 정치 권력의 상징으로 활용돼왔다. 21세기 영국에서는 의회 개회시마다 철퇴 모양의 장식품을 행렬에 맞추어 운반하여 하원 의장 앞 테이블 위에 올려놓는다. 현대 민주주의의 권위에 대한, 원시적이고도 파괴적인 상징인 셈이다.

곤봉과 창이 우리 조상의 동종 살해 능력을 향상시킨 것이라면, 투석기, 투창기, 투창, 활과 화살의 발명은 원거리에서도 상대를 죽이는 것을 가능하게 했다. 그리고 이는 집단공격의 위험 계산법을 완전히 바꾸어놓았다. 습격은 항상 위험한 전략이었으며, 지금까지 살펴보았듯이 집단으로 협력하는 이유는 전적으로 이 때문이었다. 때리고 찌르는 무기는 공격자가 감당할 위험을 크게 줄여주었지만, 원거리에서도 상대를 죽일 수 있는 무기는 그러한 위험을 거의 없앨 수 있었다. 그러한 무기를 사용하는 공격자는 상대의 눈에 아예 띄지 않을 수도 있었으니 말이다. 투석기는 최대 65미터까지 효과가 있었고 메소포타미아의 최초 도시국가들에서부터 아즈텍 제국에 이르는 다양한 문화권에서 대대적으로 사용되었다. 실제로, 고고학자 모티머 휠러는 영국 도싯 지방에 있는 메이든 캐슬의 석기시대 성채의 동문 근처에 매장되어 있던 투석기용 돌 2만 2260개를 발견했다. 동물의 내장을 팽팽하게 씌워 감은 나무로 만든 단순한 형태의 활과 화살은 기원전 9000년경부터 이미 존재했으며, 동물의 힘줄이나 뿔 등을 층층이 덧댄 나무를 사용하여 유연성과 강도를 높인 복합궁은 기원전 3000년경에 처음 등장했다.[323] 이러한 발달 과정의 단계마다 습격자들이나 전사들의 공격은 더 치명적으로 변해갔고, 새로운 전술도 개발되었다. 복합궁은 나무로만 만드는 경우보다 짧게 만들 수 있기 때문에 말에 올라탄 상태에서도 사용할 수 있었다. 이러한 단순한 무기들은 상당히 효과적이어서 실제로 영국에서는 1644년 이후에도 전쟁터에서 활과 화살이 사용되었고,[324] 오늘날에도 팔레스타인의 젊은이들은 투석기와 돌을 이용해 이스라엘 군인들을 공격한다.

원시 집단 간 전쟁의 파괴적 목적은 그 기술적 혁신을 통해 잘 드러난다. 석기시대의 석촉은 두 가지 형태가 있었다. 한 가지는 화살대에 단단히 달아 작은 동물을 즉사시키는 사냥에 적합하게 만든 것이다. 다른 한 가지는 화살대에 느슨하게 달아 사람 피부에 박힐 경우 쉽게 분리되는 것이었는데, 살 속에 그대로 남아 최초 공격에서 목숨을 건진 적의 몸에 감염을 유발한다. 돌칼은 찌르고 자르는 용도로 사용할 수 있지만(아즈텍인들은 칼날을 따라 면도날처럼 예리한 흑요석 날을 껴 넣은 목검을 사용했다), 치명성을 극대화시키기 위해서는 칼을 금속으로 만들 필요가 있었다. 청동기시대가 시작되면서 그 명칭대로 금속을 사용해 최초로 만든 것 하나가 바로 각종 검이었고, 이는 기원전 4000년으로까지 거슬러 올라간다.[325] 당시에 이용 가능한 금속이 무른 성질이었기에 최초의 금속검은 짧고 통통한 모양이었다. 갈리아에서 카이사르에게 맞서 싸웠던 켈트족은 길이가 60센티미터가 넘는 철검을 만들었지만, 공격 반경이 넓어진 만큼 단점이 생겼다. 고대사를 연구하는 어느 작가는 이 검은 쉽게 휘어지는 탓에 전사는 두 번째 일격을 가하기 전에 동작을 멈추고 발로 칼날을 다시 곧게 만들어야 했다고 적고 있다.[326] 호메로스의 『일리아드』에 언급된 상처들에 관한 연구를 보면 칼은 창에 비해 적은 사망자를 냈지만, 일단 사용되면 부상시키는 데 그치지 않고 상대를 죽일 확률이 더 높았다.[327]

기술적 진보는 방어에도 적용되었다. 가죽 코트나 나무와 가죽으로 감싼 방패는 고대의 전장에서 어느 정도 보호 역할을 했다. 우르의 무덤에서는 구리로 만든 투구가 발견되었고(약 기원전 2500년 전) 금속으로 된 흉갑은 청동기시대부터 있었다. 켈트족은 기원전 1~2세기경부터 쇠사슬로 만든 갑옷을 완성했다.[328] 그러나 갑주의 무게 및 견고성과 전장에서의 기동성에 대한 요구는 늘 상충 관계였다.* 어느 고대 작가의 묘사에 따르면, 기원전 225년에 있었던 텔라몬 전투에서 켈트족은 바지에 외투만 입고 있었고, 덕분에 움직임이 가벼웠다. 그리고 방호 장비의 효용성은 적군이 사용하고 있는 무기가 어떤 급이냐에 따라 달라진다. 흑요석 칼날과 투석기에 맞서도록 만들어진 아즈텍인들의 면 누빔 갑주는 스페인 정복자들의 강철검과 석궁, 기초적 수준의 화기 앞에서 무용지물이었다.

인간 사회에서 가축을 기르게 되면서 이 동물들 역시 전쟁에 즉각 도입되었다. 기원전 1800년경에 이미 수메르인들은 전투용 전차를 완벽하게 만들어 사용했다. 처음에는 당나귀 네 마리가 끌게 되어 있는 단단한 바퀴 네 개가 달린 무겁고 느린 형태였다. 그러나 차츰 바퀴가 두 개인, 빠르고 정교한 파라오의 전차나 기원후 61년 로마에 대항해 반란을 일으켰던 이세이족의 보우디케아 여왕이 사용했던 전차와 같은 형태로 변화했다. 이러한 켈트인의 전차는 적군을 위협하는 데 사용되었으나, 밀집 대형의 전투에서는 전차에서 내려 보병으로 전투에 임해야 했고 그동안 전차의 기수는 어느 정도 떨어진 거리에서 기다려야만 했다. 850년경부터 유럽 전역에서 등자의 사용이 확산되어 기사들이 무거운 창을 들고 말 위에서 겨루는 장관이 벌어졌고, 기병들은 군도를 휘두르며 돌격할 수 있게 되었다. 말 위에 올라탄 전사는 조각, 회화, 문학 등에서 칭송의 대상으로 등장했으나, 기병대는 창을 든 보병들로 이루어진 벽을 침투할 수 없었다. 집단공격의 충동이 없는 말은 지나치

* 강력한 화기의 등장으로 중세의 판금 갑주는 쓸모 없는 것이 돼버렸지만, 최근 탄도 섬유 및 세라믹 소재의 진화로 표준 군장 목록에 다시 방호복이 추가되었다. 전신 방호복이 이라크와 아프가니스탄 전쟁에서 수많은 군인들의 생명을 구했다는 것에는 의심의 여지가 없지만, 방호와 기동성 간의 절충 문제는 여전히 남아 있다. 2004년 팔루자 전투에 참전했던 전직 미군은 내 동료 저자에게 이렇게 말했다. "우리는 사람입니다. 20킬로가 넘는 방호복을 입고 있으면 훨씬 빨리 지칩니다. 개인적인 생각이지만, 우리는 그렇게 많은 보호구를 착용한 탓에 견딜 수 있는 한계를 넘어 스스로 무너졌던 것 같습니다. 기동대가 아니었던 거죠."

게 예민해서 그러한 장애물 앞에서는 늘 멈추어 서버렸기 때문이었다. 기원후 1415년 아쟁쿠르 전투에서 기사들은 군마를 타고 전장에 도착한 뒤 말에서 내려서 도보로 싸움에 임했다. 그러나 말은 최초 도입 후 20세기 초 기계화된 기갑 부대가 대신 자리를 차지하게 될 때까지 대대적으로 활용되었다.* 기원전 7세기 아시리아의 아슈르바니팔 왕은 약 3000마리의 말을 동원할 수 있었는데, 이 가운데 3분의 2가량은 전차를 끌었고 나머지는 기병들이 타는 용도로 사용되었다.[329] 워털루에서 나폴레옹은 약 2만 필의 말을 모았는데, 이는 아시리아에는 없었던, 말을 이용하는 농경 사회의 특성을 활용한 것이었다.

군사적 혁신의 역사를 통틀어, 신기술은 대개 그것을 일찍 받아들이는 쪽에 경쟁 우위를 제공했다. 적군은 그러한 신기술에 대항할 새로운 전략을 찾아야 했다. 흙 제방, 목책, 석벽 등을 쌓는 것은 가장 오래된 방어법이다.(중국 문자 '성城'은 도시와 벽이라는 두 가지 뜻을 가지고 있다.) 토기 이전 신석기시대 유적지 여리고(기원전 8350~7350)에는 약 4만 제곱미터 부지를 에워싸는 높이 3~4미터의 벽이 세워져 있지만, 거주민을 보호하는 데는 이것으로도 역부족이었다. 이 벽은 19차례나 무너져 재건해야 했다. 기원후 10세기경 중국이 화약을 발명하자 석벽은 구식이 돼버렸다. 1248년경에는 화약이 유럽에도 상륙했고 로저 베이컨은 이를 저서에 언급한 바 있다.[330] 그러나 화약의 도입이 다음 세기의 전술 변화로 곧바로 연결되지는 않았다. 에드워드 1세는 1346년 크레시 전투에서 물병 모양의 조악한 대포인 포 드 페르pots de fer(프랑스어로 쇠물병이라는 의미_옮긴이)를 사용했지만 결과 면에서 결정적인 효과는 전혀 없었다. 1453년 콘스탄티노플을 포위할 당시 투르크군은 이

* 특히 적군이 도보로 전쟁에 임한다면 말을 탄 전사나 습격자들은 오늘날에도 치명적인 공격의 우위를 점할 수 있을 것이다. 수단 서부의 다르푸르 지역에서는 말을 타는 잔자위드 반군이 사실상 무방비 상태인 민간인을 상대로 조직적으로 대량 학살과 강간을 저지르는 것으로 악명 높다. 잔자위드라는 이름은 '말 타고 총을 든 남자'라는 뜻이다.

미 약 700킬로그램의 포탄을 1.5킬로미터까지 발사할 수 있는 대포를 개발한 상태였다. 상당히 놀라운 화력이지만 이 거대한 괴물은 하루에 단 7회만 발사가 가능하다는 한계를 안고 있었다. 실질적인 향상은 프랑스에서 있었는데, 당시 백년전쟁의 말미(1457년)에 영국군을 몰아내는 데 야전포가 상당한 공헌을 했다. 15세기와 16세기 동안, 해상용 대포의 유효 거리가 1.5킬로미터를 넘게 되면서 해상 전투의 모습에 변화가 생겼다. 머스킷총의 전신인 화승총은 긴 활보다 정확도가 떨어졌지만, 금속을 뚫을 수 있는 위력이 있었기 때문에 판금 갑옷의 종말을 앞당기는 데 일조했다.

소음 역시 전쟁의 일환이다. 이는 적군에게 정신적 혼란과 공포를 느끼게 하며 공격 집단의 단결을 나타낸다. 습격이 시작되면, 침팬지들은 헐떡대고 우우거리며 소리를 지르거나 땅을 쿵쿵 두들긴다. 알렉산드로스 대왕이 이끌었던 밀집방진은 적군과 충돌하기 직전에 "알랄라, 알랄라"라고 외쳤다.[331] 미국의 '심리전' 부대는 2004년 11월 반군이 장악하고 있던 팔루자 시를 해병대가 급습하기에 앞서 팔루자 거리에 날카로운 굉음과 헤비메탈 음악을 증폭시켜 틀기도 했다. 전투 양상이 갈수록 복잡해지면서, 명령과 소통 체계 역시 새로운 방식으로 발달해왔다. 이집트 및 그리스 벽화나 철기시대의 켈트 유적지에서 볼 수 있듯, 금속 나팔은 사기를 진작시키고 적을 위협하며 전쟁 소음을 능가하는 신호를 보내는 용도로 사용되었을 것으로 짐작된다. 하와이의 족장 키하는 15킬로미터 밖까지 들리는 앵무조개 껍데기로 만든 전쟁용 나팔을 사용했다(이 나팔은 살해한 적의 치아로 장식했다).[332] 1915년 9월에 있었던 루 전투에서는 국왕의 스코틀랜드 국경연대 제7사단을 피리 부는 사람이 이끌며 〈국경의 파란 모자〉를 연주했다.

군대 규모가 커지고 점차 기지에서 멀리 떨어진 곳으로도 습격을 시도하게 되면서 통신 중대 및 통신 기술의 중요성 역시 분명해졌다. 적절한 통신이 불가능한 상황에서는 군대 전체가 길을 잃을 수도 있다. 실제로 1306년 푸아티에 전투에서 영국군과 프랑스군은 그런 일을 겪었다. 페루의 잉카족과 일본의 사무라이는 도보 또는 말을 타고 이동하는 사자使者를 보내어 하루에 150 내지 200킬로미터의 속도로 메시지를 전할 수 있었다. 1794년 클로드 샤프는 하루에 400킬로미터 정도 거리까지 메시지를 전송할 수 있는 신호 체계를 발명했다.[333] 전쟁은 언제나 신기술의 촉매가 돼왔다. 역으로, 인터넷(미군에서 개발된 것이 시초) 등 신기술이 치명적 목적에 이용될 수도 있다. 2005년 7월 7일 런던에서 52명의 목숨을 앗아간 자살폭탄 테러리스트 4명은 알카에다나 여타 테러 조직과는 무관했으며, 이들 가운데 한 명이 파키스탄을 다녀온 후 종교적인 동기에 의해 테러를 감행한 것이었다. 이들은 폭탄을 제조하는 데 필요한 모든 정보를 인터넷에서 수집했다.

군대는 배가 불러야 진군한다고 한다면, 승패는 사용 무기뿐 아니라 보급로 및 병참 지원에 달려 있는 것이다. 고대 마케도니아인은 뛰어난 병참 조직 덕분에 2만여 명을 참전시킬 수 있었다. 18세기까지는 매일 1인당 약 5~10킬로그램의 음식, 사료, 장작이 전선으로 공급되어야 한다는 제약 때문에 군대의 규모는 최대 10만 명 수준까지만 증가했다.[334] 그러나 19세기 후반 이후로 전쟁의 변화 속도는 매우 빨라졌다. 산업 혁명으로 인해 보급 능력이 획기적으로 개선되었으며, 좀 더 정확히 말하자면, 병기와 탄약이 다양한 형태로 발전했다.(1만 1000~1만 2000년 전 최초로 발사체가 발명되었을 때 그러했듯이, 훨씬 더 강력해진 화기와 대포 덕분에, 적군을 사살할 수 있는 치명적 구역은 수백만 배까지 확대되었다.) 철도와 증기선은 군대와 보급품을 이동시키기에 최적이었고, 전기 전신만 완성이 된다면 원거리로도 첩보의 전달과 명령을 유례없이 빠른 속도로 전달할 수 있게 되었다. 시간이 흐르면서 무기 생산 방식은 수작업에서 표준화된 대량 생산으로 옮겨갔고, 소구경 및 대구경 무기의 총열 제작에서는 정확도가 크게 개선되었다. 단일의 탄약통 내에서 탄환과 작약이 빠른 속도로 쉽게 결합되었다. 1862년, 리처드 조던 개틀링 박사는 분당 300발 발사가 가능한 회전 총열이 달린 수동식 기관총을 발명했다. 개틀링 박사는 자신이 발명한 총이 매우 파괴적인 결과를 가져올 것이므로 세계 각국이 "전쟁의 무익함을 깨닫고 분쟁을 평화적으로 해결하게 될 것"임을 믿어 의심치 않았지만, 당연히 그런 일은 일어나지 않았다. 명백히 평화적인 발명조차도 극적으로 살상을 불러오는 결과로 이어졌다. 소를 가두어놓기 위한 용도로 철조망이 고안되었고 1883년 일리노이의 농부였던 조지프 파웰 글리든이 이를 특허로 등록했다.[335] 그로부터 얼마 지나지 않아, 이 울타리는 기관총 총격을 피해 도망가는 이들의 속도를 늦추고 붙잡는 데 대단한 효과가 있음이 밝혀지게 된다.

대칭적 전쟁

현재도 진행 중인 기술적 진보와 전략적 적응의 군사적 순환은 종종 교착 상태에 빠지곤 했다. 그 최악의 사례는 제1차 세계대전 당시의 참호전이었다. 공격과 방어 사이의 긴장은 실제 전쟁을 여러모로 습격과는 다른 것으로 만든다. 이는 특히 실제 전쟁에서 공격 측이 방어 측보다도 더 큰 인명 피해를 입는 경우가 많기 때문이다. 석벽과 노포(석벽을 파손시키기 위해 고안된 일종의 대형 석궁)든, 혹은 기관총과 깊은 참호든, 공격 및 방어 기술이 나란히 발달하는 한, 전쟁은 공격자나 방어자 모두에게 갈수록 큰 희생을 안기게 된다.

20세기에 있었던 두 차례의 세계대전에서 누가 우위를 차지하는가, 방어자인가 공격자인가는 시계추처럼 왔다 갔다 하며 계속되는 고통스런 경쟁을 낳았다. 잠수함, 전투기, 대규모 화학 산업은 모두 1914년 직전까지 크게 발달하여, 제1차 세계대전이 극도의 혈전 양상을 띠게 하는 데 일조했다. 공중 폭격은 정확히는 공습air raid으로 지칭되었다. 초기에 잠수함전 및 공중 폭격은 둘 다 결정적·비대칭적 수단일 것이 확실해 보였다. 폭격기는 '항상 임무를 완수할 것'이라고 여겨졌다. 가스 엔진과 전기 추진에 몰두하여 1890년대에 최초로 잠수함을 완성했던 존 홀랜드, 1866년 TNT를 발명한 스웨덴 출신의 화학자 알프레드 노벨, 1862년에 초기적 형태의 기관총을 발명한 리처드 개틀링 박사는 모두 자신들의 발명품이 파괴력이 너무 강한 나머지 방어가 어려워 보이므로 결과적으로 평화를 가져오게 되리라 확신했다. 그러나 그들의 예상은 빗나갔고, 핵무기의 파괴적 공포가 과연 장기적으로 전쟁을 억지할 수 있는가의 문제는 여전히 의문으로 남아 있다.

공중전은 내 평생의 관심사였다. 우리 아버지는 제1차 세계대전 종전 무렵 수소를 충전한 170미터 길이의 비행선을 다루는 기술자였다. 돌이켜 생각해보면, 비행선은 가장 현실성 없어 보이는 군사 기술 가운데 하나지만, 당시 공중 폭격은 전장을 적진으로 옮기는 아주 간단하고 매력적인 방법으로 여겨졌다. 1915년 1월 19일, 독일의 체펠린 비행선 두 대가 50킬로그램짜리 폭탄 6개를 노포크의 야머스 해변 마을에 투하했다. 독일의 황제는 민간인 폭격을 특별히 금지했으나,[336] 낮 시간대에 안정적으로 천천히 움직이는 연식 비행을 한다 해도 정확한 폭격은 불가능한 것으로 밝혀졌다. 곧이어 독일 언론에서는 도시에 대한 폭격을 옹호하고 나섰다. 실제로, 1915년 1월 독일의 『쾰른 신문Kolnische Zeitung』은 이렇게 주장했다. "눈에는 눈, 이에는 이야말로 우리가 적군을 대할 수 있는 유일한 방법이다. 전쟁을 단축시키는 최상의 방법이 곧 결국은 가장 인간적인 방법이 된다."[337] 영국에서는, 해군 제1군사위원 존 피셔가 영국에 살고 있는 독일인 일부를 인질로 잡아두고 "전투기의 폭격으로 민간인 사망자가 나올 때마다 1명당 인질 1명을 처형"할 것을 제안하기도 했다. 당시 해군 수석 위원이었던 윈스턴 처칠은 이 극단적인 제안을 철회시켰다.[338] 영국 측에는 다행스러운 일이었지만, 고인화성 수소가 충전된 비행선은 대공 사격, 전투기, 기상 악화 등에 취약한 것으로 드러났다. 자원 탑승자 가운데 40퍼센트가 목숨을 잃었다. 그러나 습격에 대한 원시적 충동은 강력하여, 이 비현실적인 비행선을 조종하는 승무원들은 고집을 꺾지 않는 대단한 용기를 보여주었다.

1917년 처칠은 이렇게 적었다. "공습을 통해 민간을 위협하는 방법으로 강국의 정부를 항복시키는 것은 불가능하다."[339] 그러나 제2차 세계대전이 발발하기까지 기술은 엄청난 변화를 겪었다. 공중전은 전례 없는 수준의 공포를 유발했을 뿐 아니라, 불과 21년 전 군인 수백만 명의 목숨을 앗아갔던 참호전을 대체할 것을 보장했다. 수많은 내전과 더불어 제1차 세계대전 당시의 참호전은 대칭적 전투의 전형적인 예로, 이러한 형태의 전쟁에서는 양측이 매우 평등하게 맞붙기 때문에 어느 한쪽이 일방적 우위를 점할 수 없고 뚜렷한 승자도 없이 살육이 무기한 이어진다. 군사 이론가들은 초정밀 전략적 폭격이 적국의 산업 전력을 파괴할 수 있다고 확신했다. 그러나 현실에서는, 주간 공습 중 정밀 폭격 전략은 전쟁 개시와 거의 동시에 실패로 돌아갔다. 폭격기에 너무 위험한 작전이었기 때문이다. 1939년 영국이 독일에 전쟁을 선포한 뒤 3개월이 지났을 무렵, 리처드 켈레트 공군 중령이 이끄는 최신예 쌍발 웰링턴 폭격기 24대가 대낮에 빌헬름스하펜 항구에 정박 중이던 독일 군함들을 공격했다. 대대적인 대공 사격으로 대형이 흐트러졌다. 목표물이 해안 기지의 민간 시설과 너무 가깝다고 판단한 켈레트는 폭탄을 투하하지 않고 700킬로그램에 달하는 폭발물을 그대로 싣고 귀환했다.[340] 폭격기 가운데 절반은 파괴되었다. 전략가들의 예측과는 달리 폭격기가 늘 임무를 완수하는 것은 아니었다.

제약 없는 전쟁

침팬지나 인간의 유인원 조상과는 달리 인간은 복잡하고 대부분 모순적인 전쟁의 도덕 원리를 발달시켜왔다. 분쟁시 비전투원의 역할은 늘 극적으로 변한다. 19세기에는 파괴적 전쟁의 손아귀로부터 민간인을 보호하려는 노력이 증가했으며, 1899년 헤이그 평화회의와 1922년 워싱턴 조약에서는 폭격으로 민간인을 위협하거나 비군사적 목표물을 공격하는 것을 금지했다. 그러나 기술적 한계로 인해 이러한 보호 효과는 미미했다. 체펠린 비행선과 웰링턴 폭격기는 끔찍할 정도로 부정확해서 크기가 작은 군사 목표물은 명중시키지 못했다. 대공포와 방위 전투기 때문에 폭격기는 공격을 야간에 수행할 수밖에 없었고, 어둠 속을 비행하는 폭격기는 목표물 명중은커녕 해당 도시라도 맞추면 다행이었다. 그러나 전략적으로 이는 문제가 되지 않았다. 영국 공군RAF을 전략적 관점에서 재정비하게 만든 인물이었던 트랜차드 경은 저항할 수단을 파괴하는 것보다 적군의 저항 의지를 꺾는 것이 더 쉬운 일이라고 생각했다. "사기士氣 효과는 물질적 효과의 20배에 달한다"고 그는 주장했다.

기술·문화·생물학적 기질 면에서 비슷비슷한 균형은 잠수함 사령관 및 승무원들을 절제된 공격 대신 대대적인 학살로 이끌어갔다. 독일 크루프 사의 엔지니어들은 좀 더 안전한 디젤 엔진을 도입하여 존 홀랜드의 잠수함을 개선했다. 활용 방식에 대한 지휘관들의 의견이 분분했음에도 불구하고 1914년까지 세계 각국이 보유한 잠수함은 400대에 육박했다. 전쟁 발발 전에도 영국에서는 피셔 경이 다음과 같은 결론을 내리기도 했다. "아무리 비인간적이고 야만적인 늣 보일지라도 잠수함이 할 수 있는 일은 나포한 상내를 침몰시키는 것뿐이다." 해군 수석 위원이었던 처칠 경은 이에 대해 다음과 같이 답했다. "문명화된 강국은 절대 이러한 일을 행하지 않을 것이라 믿는다."

처음에는, 전쟁 규칙상 정당한 이유가 없는 민간인 학살이 엄격히 금지되었고, 잠수함은 수면 위로 올라와 공해상에서 비무장 상선을 정지시킨 뒤 해당 선박을 수색해야 했다. 해당 선박이 은밀히 무장된 상태거나 전투와 연관된 밀수품을 선적하고 있을 경우, 이 선박을 침몰시키거나 전리품으로 취할 수 있었지만, 선원들을 구조하는 것은 필수였다. 그러나 수면에서는 잠수함이 공격받기가 쉬웠고 수색대를 배치하기에는 승무원 수가 너무 적었으며 다수의 포로를 태우기에는 선박이 너무 비좁았다. 그럼에도 불구하고 제1차 세계대전 초기 7개월 동안은 독일 잠수함 승무원들이 수상 작전 규제를 준수했으며 침몰시킨 상선의 수는 10대에 불과했다.

독일군의 잠수함 봉쇄는 독일군에 맞선 영국군 수상 함대의 해상 봉쇄 수준에는 한참 못 미쳤다. 영국군의 봉쇄는 식량을 적재한 중립국의 선박도 돌려보낼 정도로 엄격했다. 공중전의 경우와 마찬가지로, 기술적 현실로 인해 각종 정책은 내집단의 복종 원칙에서 멀어지고 무제한적인 난타전 성격을 띠던 원시 습격으로 회귀해버렸다. 폭격기가 각 도시와 그 안에 살고 있는 사람들을 공격하기에 최적이었던 것과 마찬가지로, 기술 면에서 잠수함은 교전국에 물자를 보급하는 민간 상선을 파괴하기에 최적이었다. 1915년 2월, 독일의 빌헬름 황제는 고민 끝에 영국 제도 주변 영해를 '교전 수역'으로 선포하고 잠수함 승무원들에게는 수면 위로 올라오지 않고도 어뢰로 상선을 격파할 수 있는 권한을 부여하는 새로운 정책을 인가했다. 이로부터 2개월이 채 지나지 않아 15만 톤의 영국 선박이 어뢰에 격파당했고 1917년 4월까지 침몰당한 선박 톤수는 200만 톤이 넘었다.[341]

다음 장에서 살펴보겠지만, 적어도 19세기 서구 국가들은 서로 싸우는 동안 전쟁이 최악의 극단으로 치닫는 것을 막아보려는 모종의 노력을 기울였다. 그러나 제1차 세계대전은 그 막강한 파괴력을 통해 인류 전쟁사에 원시적인 보복성 싸움을 다시 끌어들이고 말았다. 영국군은 독일에 대한 수상 봉쇄를 더욱 강화했고 독일군은 잠수함전에 있던 기존의 모든 제약을 해제하는 것으로 맞대응했다. 1915년 5월, 이들은 리버풀로 향하던 호화 여객선 루시타니아 호에 탑승하는 미국인 탑승객들에게 무제한적인 잠수함전의 발발 위험을 경고했으나 승선하지 않기로 한 사람은 단 한 명뿐이었다. 아일랜드 해안을 떠난 루시타니아 호는 영국 영해 상에서 어뢰의 공격을 받은 뒤 불과 20분 만에 침몰했고, 128명의 미국인을 비롯한 1000여 명의 승객이 익사했다. 미국민 대다수는 독일에 대한 보복 차원의 전쟁을 선포할 것을 요구했지만, 당시 우드로 윌슨 미 대통령은 중립을 고수했다. 제2차 세계대전 당시에는 처음부터 전면적 잠수함전을 개시하는 데 조금도 망설임이 없었다.

공중전의 경우, 기술이 민간인 살상 금지 약속을 깨뜨리기까지 좀 더 오랜 시간이 걸렸다. 이에 대해서는 '하늘의 기사'라 일컬어지던 조종사들에 대한 신망이나 기사도 정신이 영향을 미쳤다고 보는 견해도 있다. 1940년 8월 25일에 있었던 영국본토항공전 중 독일군 최초의 런던 공습은 공포에 사로잡힌 전투기 승무원이 저지른 명백한 실수였고, 이러한 실수 때문에 나치에서 징계를 받기도 했다. 그러나 당시 영국 수상이었던 처칠은 이 사실을 알지 못했고, 끓어오른 원시적인 보복 본능에서 다음날 밤 폭격기 81대를 보내어 베를린을 공격했다. 한동안 그는 RAF가 "군사 목표물에 정확한 폭격"을 해야 한다고 주장했지만 어두운 야간에 그들은 "안전을 위해 상당히 멀리 떨어진 지점에서 가장 가깝고, 군사 목표물이 다량 포함된 독일 시가지에 폭탄을 투하"해야 했다.[342]

1940년 9월 15일, 독일 공군 루프트바페는 1000대의 전투기를 보내 런던에 일련의 주간 폭격을 감행했다. 그러나 호위 전투기의 지원에도 불구하고 폭격기들이 늘 성공한 것은 아니었다. 독일은 주간 공습에서는 영국본토항공전에서 열세임을 인시하고 루프트바페는 야간 공습으로 전환했다. 1940년 11월 14일 밤, 독일 공군 사령관 헤르만 괴링은 잉글랜드 중부 도시 코번트리 공격에 폭격기 437대를 출격시켰으며, 가옥 2만 채가 파손되고 중세 성당이 소실되었으며 600명의 사람이 목숨을 잃었다.[343] 영국은 분노에 휩싸였고, 처칠은 만하임에 보복 공습을 하도록 명령했다. 그러나 공중 폭격은 엄청난 피해를 야기할 수 있으나, 한 국가의 산업 역량까지 무력화시키지는 못했다. 코번트리의 철도는 일주일 만에 다시 정상적으로 기능하기 시작했고, 공중 폭격으로 국가 전체의 사기가 떨어지기는커녕 오히려 더 강화된 양상을 보였다. 런던의 대사관부 육군 무관은 다음과 같이 기록했다.

(…) 최상의 조건에 있던 루프트바페는 초근거리에서 1년이 넘도록 공격을 퍼부으면서도 영국군을 무력화시키지 못했고 영국이라는 국가를 무기

력하게 만드는 데도 실패했다. 자연히 의문이 들었다. 목표물들은 지난해 영국의 경우보다 훨씬 더 분산되어 있는 데다 대공 방어로 훨씬 더 철저히 보호되고 있었으며, 훨씬 더 원거리에서 공격이 이루어졌음에도, RAF는 왜 자신들이 독일을 굴복시킬 수 있을 것이라 믿었던 것일까.[344]

1941년 11월, 처웰 경의 요청으로 처칠의 개인 과학 고문이었던 D. M. 버트는 영국군이 수행한 공습 100건에 대하여 폭격 목표물 사진 4000여 장을 면밀히 검토했다. 모든 공습을 통틀어, 지정한 조준점 8킬로미터 이내에 떨어진 폭탄은 4개 중 1개에 불과했으며, 산업 지대인 루르 지방에 대한 타격은 더욱 까다로워서 10개 중 단 1개꼴로 감소했다. 보름달이 뜬 기간에는 결과가 한결 나았으나, 독일군 야간 전투기에 입은 피해 역시 비례하여 증가했다. 한동안 영국군은 폭격 활동을 전면 중단했다. 컴퓨터가 이러한 정보를 입력받았다면 1941년 공중 폭격을 종결시키고 자원을 전쟁의 다른 국면에 투입했을지도 모른다. 어느 계산 결과에 따르면 폭격기 생산에 소비되는 비용은 영국 전체 산업 생산의 7퍼센트를 차지하는 것으로 나타났다. 이보다 더 높은 수치를 주장하는 이들도 있고, A. J. 테일러는 폭격 공세가 국내의 전쟁 활동 가운데 3분의 1을 차지한다고 주장한다.[345] 결과적으로, 영국은 탱크, 수송기, 상당량의 군수품 등을 미국에서 사들여야 했고, 이는 영국이 종전과 함께 파산하게 된 이유 중 하나다. 그러나 석기시대에 진화된 감정들은 신기술과의 상호작용을 통해 싸우는 남자들로 하여금 더욱 큰 대가가 따르는 기이한 길로 들어서게 만들었다. 제1차 세계대전 당시 처칠이 보여주었던 공군력의 효용에 대한 분별 있는 회의적 태도가 "폭격기만이 승리의 수단"이라는 신념으로 돌변했던 배경에는 보복 욕구도 어느 정도 작용했다.

1943년 1월에 카사블랑카에서 열린 연합군 지도자들의 회담에서는, "독일의 군사, 산업, 경제 체계를 점진적으로 붕괴 및 교란시키고, 독일의 무장 저항 능력이 치명적으로 약화될 때까지 독일 국민의 사기를 떨어뜨리는 것"

을 목표로 하는 폭격 작전을 수행하기로 합의가 이루어졌다. 노골적인 어휘들이 선택되었다. 정확한 폭격은 환상에 불과하다는 것이 이미 명백히 드러난 상태였고, '교란' 이나 '경제 체계' 와 같은 완곡어법도 이제 민간인이 직접적인 목표물이 되었다는 사실을 감추는 데는 아무런 도움도 되지 못했다. 전략 폭격기가 제작되어 있었고, 전략 자체가 이미 그러하듯, 승무원들은 공포나 동정심도 없는, 영장류의 습격 기질에 기반한 용맹으로 무장하고 탑승할 준비가 되어 있었다. 1940년 6월, 영국군이 됭케르크로부터 영국 해협을 건너 퇴각한 뒤 영국은 혼자였고, 현실적으로 폭격 병력을 개발하는 것 이외에는 독일군에 맞설 수 있는 방법이 없었다. 영국 상원에서는 치체스터의 벨 주교가 전략 폭격 정책의 도덕성에 의문을 제기했으나,[346] 이는 소수 의견에 불과했으며 침팬지의 경우와 마찬가지로 인간도 싸우려는 의지와 보복하려는 감정은 사실상 제어가 불가능하다.

1942년 성 발렌타인 데이, 폭격기 부대에는 '무제한' 폭격할 수 있는 권한이 주어졌다. 최초의 1000기 폭격 작전이 쾰른을 겨냥하여 이루어졌고, 그 엄청난 공격 규모는 독일군의 방위를 압도했다.[347] 1943년 7월 24일, RAF 폭격기는 함부르크를 겨냥하여 고모라 작전이라는, 걸맞은 암호가 붙은 기습 공격을 감행했고, 다음 날에는 미국 공군의 습격이 뒤따랐다. 폭격 뒤 일어난 직경 2.5킬로미터 규모의 불길이 도시 전역을 휩쓸었다. 사람들은 불에 타 죽거나 산소 부족으로 질식해 목숨을 잃었다. 시속 240킬로미터의 강풍이 불었고, 화염이 5킬로미터 상공까지 솟구치며 모든 것을 불길 속에 집어삼켰다. 유리병이 녹아내렸고 주방 집기들은 쇳물 웅덩이로 변해버렸으며, 사람의 몸은 검은 잿더미가 되었다. 민간인 사망자 수는 6만에서 10만 사이로 추정되었다.[348] 7월의 그런 참화는 되풀이되지 않다가, 1945년 2월 종전이 가까워졌을 즈음에 RAF 랭커스터 비행중대가 드레스덴에 폭탄 2500톤을 투하하면서 다시 일어났다. 다음날이 밝자 미 공군이 다시 공격을 감행하여 폭탄 1000톤을 추가로 투하했다. 3만에서 10만에 육박하는 사람들이 목숨을 잃었고, 일부 피난민은 동부 전선에서 전장을 이탈하기도 했다.

그러나 언제나 그러하듯, 새로운 공격 기술이나 전술은 곧 새로운 방어 수단을 만나기 마련이었다. 그 밖에, 베를린을 대상으로 RAF가 개시한 폭격 작전 및 특히 대대적인 공습은 좀처럼 끝나지 않는 지루한 싸움으로 이어졌다. 독일군의 야간 폭격 대응 전술은 더욱 향상되었고 RAF가 입은 피해는 지속 불가능한 수준에 이르렀다. 최악의 대칭적 전쟁이었다. 사령관들의 목표는 공습 1회당 피해를 5퍼센트 미만 수준으로 유지하는 것이었다. 통계상 이는 작전 30회(부대원들끼리는 비행 작전을 작전ops으로 통칭한다)를 완수할 확률이 5분의 1이고, 두 차례, 즉 작전 60회 완수의 경우는 20분의 1 미만임을 의미한다. 전쟁 당시 폭격기 부대 자원자 12만 5000명[349] 가운데 거의 절반에 해당하는 5만 5435명이 전투 혹은 훈련 도중 사망했다.[350] 미 제8공군의 주간 공습 역시 목적 달성에 실패했고, 이 상태는 적어도 장거리 무스탕 전투기가 독일 상공에서 폭격기를 호위할 수 있게 된 1944년 초까지도 지속되었다. 미군 조종사 4만 7000명이 목숨을 잃었고 승무원들의 부담은 지속되었다.

제1차 세계대전 당시 독일의 체펠린 비행선에는 16~22명의 인원이 탑승했다. 제2차 세계대전 당시 연합군 폭격기의 최대 탑승 인원은 11명이었다. 독일 잠수함 7형 U보트에는 44명이 승선했다. 쾰른 상공에 뜬 영국 랭커스터 폭격기 중대나 차가운 대서양의 독일 잠수함에 탑승한, 위험에 직면한 긴밀한 유대 집단의 남자들은 당대 최고의 복잡한 기술을 다루고 있었지만, 그와 동시에 원시 사회의 공격 집단에 속했던 남자들이나 침팬지 습격조 무리가 가졌을 동일한 감정을 공유했을지 모른다. 폭격기 승무원으로서 각 개인은 다른 일원 각자에게 의지했다. "제군들은 절체절명의 상황에서 모두 한 몸이다"라고 어느 부관은 말하기도 했다. 영국 공군 상사 아서 아론은 전투 집단의 일원이 동료의 목숨을 구하기 위해 얼마나 극단적인 노력을 들일 수 있는가를 극적으로 보여주는 인물이다. 그는 이탈리아 토리노 공격 도중 폭탄에 턱이 날아가고 한쪽 팔이 절단되었으며, 흉부에 대공포 타격을 입었다. 말을 할 수 없게 된 이 조종사는 자신을 조종석으로 다시 옮겨달라고 글로 써서 지시했다. 그는 탑재돼 있는 폭탄이 터지는 것을 피하고자 한 팔로 착륙을 3회 시도하여 결국 착륙에 성공했다. 조종석 앞 유리가 완전히 부서졌기에 시속 160킬로미터의 기류를 그대로 견뎠다. 그 직후 그는 숨을 거두었고 그 용맹함을 인정받아 사후에 빅토리아 십자 훈장을 받았다.[351]

전략적 폭격 작전은 영장류 습격의 연장선상으로 볼 수도 있지만, 집단공격 기질에 현대 기술이 결합되고, 습격조의 생명을 좌우하는 국가 권력의 지원이 이루어지며, 공격과 방어가 대칭을 이루게 되면, 전투는 매우 오래 지속되어 엄청난 희생이 뒤따르고 인간의 용기는 한계점에 도달하게 된다.

인류 초기의 조상은 동종의 일원들을 비인간화하고 살해할 수 있게 만드는 심리적 스위치를 진화시켰으며, 현대의 무기 역시 비인격화 살해를 통해 유사한 역할을 담당하고 있다. 활과 화살을 지닌 공격자가 상대가 보지 못하게 몰래 죽일 수 있었냐고 한다면, 장거리 무기를 지닌 현대의 전사는 **보지 않고도** 죽일 수 있다. 희생 대상을 볼 필요조차 없는 것이다. 제1차 세계대전에 참전한 조종사가 적군 조종사의 기관총이 고장난 것을 보고 도망가도록 놓아준 그 눈빛 교환 같은 것은 이제 옛날이야기가 돼버렸다. 그 대신, 군장비가 동류 인간의 자리를 대신했으며, '처치'한 대상은 조종사가 아니라 폭격기가 되고 선원들이 익사한 것이 아니라 상선이 침몰한 것이 됐다. 1991년 1차 걸프전 당시 화상 유도 및 레이저 유도 방식의 '스마트 폭탄'이 등장하면서 이러한 효과는 극대화되었다. 총구 끝에 탑재된 카메라에서 보여주는 비디오 게임 같은 이미지로 가시 목표물에 접근하는 폭탄은 완벽하게 공격 대상을 볼 수 있었지만 지상군과 민간인이 당한 참상은 볼 수 없었다. 바로 그곳에서, 죽음과 파괴는 몸서리쳐지는 현실이었지만, 집에서 TV를 시청하는 우리에게 두 차례 걸프전의 맹렬한 공습은 문자 그대로 어린이용 게임 화면이나 다를 바가 없었다.

상호 접촉 없는 살해는 공격자가 상대를 비인간화할 수 있게 해주고 피해자에게는 끔찍하리만치 치명적일 수 있다. 제2차 세계대전 당시 연합군의 전략적 폭격 작전 중, 뛰어난 기술력과 용맹함을 드러냈던 남성들은 결과적으로 특히 많은 여성과 아이들을 타격과 불길 속에서 죽게 만드는 경우가 많았다. 그리고 이상한 일이지만, 기술 자체에 대해서는 사실상 인간화가 이루어졌다. 항공기마다 개성이 부여되기 시작한 것이다. 스핏파이어 전투기의 여성적인 우아함이나 랭커스터 폭격기의 남성적인 압도적 파괴력 등을 언급하는 것이 그 예다. 피터 힌치리프는 독일 야간 전투기가 영국 폭격기 부대와 벌인 전투의 역사를 기록했다. 어느 독일군 조종사는 이렇게 말했다.

> 젊은이들은 서로를 위해 맹렬히 싸웠다. 하지만 이 야간 전투에서 목표물은 절대 개인이 아니라, 야간 폭격 부대의 모국에 폭탄을 떨어뜨리려는 전투기였다. 특히 전투기 승무원들이 자기 가족이 사는 곳일지도 모르는 도시가 불타는 광경을 목격할 수 있는 상황이라면 더욱 그러했다. (…) 이들 전투기에 바로 당신이나 나와 다름없는 사람이 타고 있다는 사실을 제대로 깨달을 수 있는 순간은 오직 동료들이 포로로 붙잡혀서 운 좋게도 작전 비행 부대에 구류되는 경우뿐이었다.[352]

1943년 함부르크에 대한 고모라 기습 작전시 스털링 사발 폭격기가 격추되었을 때 이 같은 뜻밖의 반전은 사실로 드러났다. 낙하산으로 착륙한 승무원 4명 중 3명은 민간인 무리에 포로로 잡혀 린치를 당했다. 루프트바페 비행장에 불시착한 폭격기 조종사는 포로로 잡혔으나 인간적인 대우를 받았다.[353]

제2차 세계대전 당시 태평양 상공에서 벌어졌던 공중전은 유럽의 발달과 그 궤를 같이했다. 미국 산업계에서는 1만 8000명이 일하는 1.5킬로미터 길이의 조립 라인에서 자동차를 대량 생산하던 것과 동일한 방식으로 B-27 리버레이터 폭격기를 찍어냈다. RAF와 마찬가지로 미국 공군USAAF 역시 야간 지역 폭격에 주력했다. 목조 가옥이 밀집해 있는 일본의 도시는 폭격에 특히 취약했다. 미 공군 사령관 커티스 르메이 장군은 파쇄성 폭탄에 소이탄을 혼합함으로써 불길이 퍼지기 전에는 화재가 진압될 수 없도록 만들었다. 1945년 3월 9일, 슈퍼포트리스 폭격기 349대가 도쿄를 공격했다. 하룻밤 사이에 백만 명이 집을 잃었고, 약 13만 6000명이 목숨을 잃었다. 이는 그해 여름에 두 차례 이어진 원자폭탄 공격으로 인한 사망자 수보다도 많은 규모다.* [354]

유럽의 경우와 마찬가지로 파괴는 피폭자들의 결의를 약화시키지 못했고, 일본의 산업 생산은 지속되었다. 한 달 뒤 일본은 오키나와에 상륙한 미군을 대상으로 유례없이 대대적인 가미가제 공격을 개시했고, 미군은 육군 및 해군 합동 상륙 최대의 인명 손실을 입었다. 그리고 일본의 가미가제 특공대원 2000명이 목숨을 잃었다.[355] 여기서도 전쟁은 큰 희생이 뒤따르는 보복전 국면으로 접어들었다. 사령관들에 대해 흔히 예상하듯, 처칠, RAF 폭격 부대의 아서 해리스, 유럽에 주둔 중이던 미 제8공군 이이라 이커, 태평양 지역에 있던 르메이 등 사령관들은 강렬한 전투 의지에 불탔다. 무엇보다도 젊은 남성 인력의 지원이 차고 넘쳤다. 충성심으로 뭉친 집단에 함께 합류하려는 이들의 해묵은 기질은, 스무 명 중 한 명은 말 그대로 하늘에서 쏟아져 내리는 유산탄에 맞아 찢기고 아비규환의 불길 속에 죽어가게 될 상황에서도 밤마다 공격에 나설 수 있는 거침없는 용기의 원천이 되었다. 다른 전선에서 싸우고 있는 청년들의 고향이자 폭격과 화재 속에 죽어간 수많은 여성, 어린이, 노인들의 삶의 터전인 도시 위로 죽음과 상처, 공포가 비처럼 쏟아졌다.

* 일본의 67개 도시를 겨냥한 소이탄 공격으로 종전 단계에서 백만 명의 인명이 희생된 것으로 생각된다. 로버트 맥나마라는 르메이의 공격 계획에 일조했다. 그러나 20년 뒤 맥나마라는 쿠바 미사일 위기 당시 억제 역할을 했으며, 80대에 접어든 뒤에는 모든 핵무기의 전면 폐기를 주장했다.

비대칭적 전쟁

대등한 힘으로 맞서는 양측이 서로 우위를 점하려는 헛된 노력에 온갖 자원을 쏟아붓다 보니, 기술 발달 및 전략 혁신의 주기는 전쟁의 역사에서 엄청난 파멸의 시기로 이어졌다. 그러나 상대가 되지 않는 두 적수 간의 비대칭적 전투 사례도 역사적으로 많이 있다. 그런가 하면 전술과 기술에 힘입어 소수가 다수를 죽인 경우도 있다.

전쟁 사망자 수 집계가 편향될 수 있음을 감안한다 하더라도, 역사적으로 가장 널리 알려진 전투 가운데 일부는 굉장히 비대칭적 사망률을 보였다. 마라톤 전투에서 그리스군은 192명이 목숨을 잃었고 1만 명의 페르시아군을 죽인 것으로 알려져 있다. 알렉산드로스 대왕의 군대가 이수스 전투에서 다리우스 3세의 군대에 맞서 싸웠던 당시, 8시간 동안 1분당 수백 명꼴로 페르시아 군인들이 목숨을 잃었지만,[356] 상대적으로 우수한 갑주와 전술, 그리고 더 강한 자신감 덕분에 알렉산드로스 대왕의 군대는 단 450명만이 목숨을 잃었다. 한니발의 정예 부대가 이탈리아 남부 칸나에에서 로마 보병 군단의 측면을 공격했을 때 목표는 단 하나, 로마군을 전멸시키는 것이었다. 이들은 4시간 만에 무려 7만 명의 로마군을 죽였다.*[357] 기원전 100년경 엑상프로방스에서 마리우스 장군은 상대적으로 우수한 무기와 뛰어난 전술을 사용하여 단 하루 만에 튜튼족 9만 명을 죽였다.

칭기스칸의 몽골군은 절대 2만 명 규모를 넘지 않았지만 세계에서 가장 큰 대륙의 대부분을 정복했다. 몽골군의 비대칭적 전쟁 수행 능력의 핵심은 기병대와 이들이 말 위에서 쏘는 복합궁이었다. 몽골군은 우수한 품질의 안

* 그 자리에서 죽이지 못한 이들은 다리의 힘줄을 잘라 움직이지 못하게 해둔 다음 나중에 돌아와서 살육을 마무리하고 약탈을 자행했다. 로마의 역사가 리비우스는 일부 희생자들이 고통을 견디다 못해 더 이상 기어가는 것도 불가능해지면 "스스로 구덩이를 판 다음 질식할 때까지 흙을 자기 입에 쑤셔 넣어 자살"하기도 했다고 적고 있다.

장과 등자를 사용했고, 어려서부터 말 타는 법을 배웠다. 몽골군은 군사 1명당 4~5마리의 준마를 거느리고 이동을 하여 먼 거리를 갈 때도 휴식을 위해 행군을 중단하지 않아도 됐다. 가벼운 행장으로 이동했으며, 식량이 바닥나면 말의 목 부위 정맥을 끊어 그 피를 마셨다.[358] 기원후 1223년 칼카 강 전투에서 2만 몽골군은 8만 러시아군을 전멸시켰는데, 당시 목숨을 잃은 몽골군은 소수에 불과했다. 러시아 왕자 6명은 처형당했다. 처형 방식은 이들의 몸을 묶어놓고 그 위에 무거운 판자를 올린 다음, 그 위에서 연회를 벌이며 몽골 군사들의 무게에 눌려 질식사하게 만드는 것이었다.[359] 스페인 정복자들이 무기 수준이 열악했던 아즈텍인들을 강철검이나 철제 미늘창을 이용하여 잔혹하지만 효과적으로 목을 베고 내장을 들어낼 수 있었던 것 역시 바로 이러한 무기류의 비대칭성 때문이었다. 페드로 데 알바라도가 이끄는 수백 명의 전사가 8000명의 아즈텍군을 전멸시킨 전투도 있었다. 1940년 4월, 탱크에 기계화된 보병대와 공군의 지원을 결합시킨 독일군의 전격전은 30만 명을 포로로 잡고 약 10만 명을 죽이며 유고슬라비아 전역을 휩쓸었지만, 독일군의 인명 손실은 단 558명에 불과했다. 1차 걸프전 당시 연합군의 제공권 및 스마트 폭탄과 자유낙하 폭탄의 동시 활용으로 이라크군 2만 명가량이 목숨을 잃었으나, 연합군 측의 전사자는 148명, 부상자는 458명에 불과했다.[360] 2차 걸프전에서는 미 제3보병사단의 브래들리 전투장갑차와 에이브람스 전차 60대가 바그다드 시내를 종횡무진했고, 이라크군 1000여 명이 자신들의 본거지에서 목숨을 잃었던 반면 미군 사망자는 단 1명도 없었다.

비대칭적 전쟁은 자주 발생하지만 공격을 당한 쪽이 효과적인 대응책을 생각해내기도 전에 거의 결판이 나곤 한다. 2004년까지 이라크 반군이 정식 전투에서는 미군의 화력을 당해낼 수 없으리라는 것은 너무도 명백했다. 이들이 게릴라 전술로 돌아서서 노변 폭발이나 자살 폭탄공격 등의 방법으로 살해한 미군의 수가 2003년 바그다드에서 죽인 수와 맞먹는다. 일부 원시 사회에서는 서양의 총기를 들여와 아직도 활과 화살을 무기로 쓰는 이웃 집단에게 치명적인 공격을 가하기도 했다. 1780년대에 카메하메하는 하와이 제도의 수많은 부족 중 한 부족의 족장이었다. 1789년 1월, 카메하메하의 부하가 '페어 아메리카' 라는 스쿠너(범선의 일종_옮긴이)를 포획하게 되는데 여기에는 총포와 화약이 실려 있었다. 이 새로운 무기를 어떻게 사용할지 자신에게 알려준 포로 두 명의 도움으로 카메하메하는 최초의 왕이 되어 하와이 제도 전체를 통치하게 되었다.[361] 19세기 초 뉴질랜드에서는, 활, 화살, 곤봉을 들고 수백 년간 서로 싸워온 마오리족이 유럽 상선과 포경선에 식료품을 건네주고 총포를 받기도 했다. 유명한 전사였던 홍기 히카는 마오리족의 언어인 테레오Te Reo어 성경 번역 작업 지원차 영국으로 초청을 받았다. 그러나 그는 중도에 호주에서 도망쳐 선교사들에게 받은 선물을 팔고 그 돈으로 머스킷총을 많이 사서 뉴질랜드로 돌아갔다. 서로 라이벌 관계였던 나푸히족과 나티 파투아족은 오늘날 '머스킷 전쟁' 으로 알려진 싸움을 통해 사실상 서로를 전멸시키고 말았다.[362]

냉전이 시작된 이래 미국과 서유럽의 군대들은 인력을 화력으로 대체하고자 애써왔다. 냉전 종식 후 미국의 폭탄, 탄환, 미사일의 효력과 정밀성은 재래식 전쟁에서라면 전세계 어느 나라도 이길 수 있을 법한 수준까지 향상되었다. 그러나 시간이 흐르면 적군은 적응하기 마련이다. 이라크 반군이 그러고 있고, 1993년 모가디슈에서 소말리아 군벌도 마찬가지였다. 9·11 이후 공항 보안이 강화된 뒤 2004년 마드리드 통근 열차와 2005년 런던 대중교통을 폭파한 알카에다의 경우도 그랬다. 실제로, 미국, 이스라엘, 그리고 오늘날 다른 여러 국가의 군대들의 압도적인 우월함은 결과적으로 한 가지 가장 간단한 무기—자살 폭탄테러—를 발달시키는 촉매로 작용한다. 이스라엘군의 화력에 대해 언급하던 어느 하마스 지도자는 이렇게 말했다. "우리에게 탱크나 로켓은 없다. 그러나 우리에게는 더 나은 것이 있다. 이슬람 폭탄을 터뜨리는 것이다. 소모되는 비용이라곤 우리의 생명뿐이지만, 그 어떤 것도 이 폭탄을 당해낼 수는 없다—핵무기도 마찬가지다."[363]

물론, 현실에서 핵무기는 다른 모든 무기를 이긴다. 핵무기는 전쟁에서 궁극적 비대칭을 상징한다. 19세기 말과 20세기 전반의 물리학의 근본적인 발견들은 원자폭탄을 개발하는 맨해튼 계획—나치 독일이 그 엄청난 위업을 먼저 달성할지 모른다는 공포가 미국을 부추긴 결과—의 토대가 되었다. 1945년 8월 6일, 에놀라 게이라고 불리던 B-29 폭격기가 히로시마 상공에서 원자폭탄을 투하했다. 공중전의 핵심이었던 대공포, 폭격기, 야간 전투기 등 이전의 대칭적 기술들은 어느 순간 핵무기 한 가지로 대체되었다. 히로시마 폭격 이후 당시 참상을 목격한 어느 일본인은 이렇게 적었다.

> 허리 위로 완전히 타들어가, 피부는 벗겨지고 살점은 축축한 곤죽처럼 변해버린 이들을 나는 대체 얼마나 많이 보았던가. (…) 그들은 얼굴이 없었다! 눈, 코, 입은 타버리고 없었고, 귀는 녹아 내렸다. 앞뒤도 분간하기 힘들었다. (…) 부상으로 눈알이 튀어 나온 남자를 보았다. 그는 자기 눈을 손바닥 위에 올려놓은 채 그대로 서 있었다. 그 눈이 나를 바라보고 있다고 생각하자 피가 얼어붙는 느낌이었다.[364]

일본군 수뇌부는 모르고 있었지만, 나가사키에 두 번째 원자폭탄이 투하된 후 더 이상 사용 가능한 폭탄은 없었다. 그러나 불과 10여 년 만에 미국과 소련은 엄청난 양을 비축했을 뿐만 아니라, 핵무기에 독일의 로켓 기술이 결합되어 사실상 방어가 불가능한 대륙간탄도미사일ICBM이 탄생했다. 1959년 9월 9일에 미군이 아틀라스 미사일을 발사할 수 있게 되면서 이 결합이 완성되었다. 그 이전인 1950년대 중반에도 미군의 B52, 영국군의 벌컨, 러시아군의 투폴레프 16 뱃저와 같은 장거리 폭격기는 상당히 파괴적인 대칭적 위협으로 작용했기 때문에 대규모 보복과 상호확증파괴MAD, mutually assured destruction가 강대국의 방침이 되었다. 1964년까지 미군은 ICBM 1000대 이상을 보유했고 원자력 잠수함에 단거리 미사일을 탑재하기 시작했다. 서로 앞서거니 뒤서거니 하는 군비 경쟁 논리에 따라, 대對탄도 미사일 체계 개발을 위한 비현실적인—그리고 사실상 엄청난 비용이 소요되는—노력이 있어왔다. 소련이 최초의 인공위성인 스푸트니크를 쏘아 올린 후 미국은 최초로 공중의 소련 미사일을 요격하기 위해 수백 개의 위성을 궤도에 진입시키는 방법을 고민했다. 이 계획은 밤비BAMBI, Ballistic Missile Boost Intercept(탄도 미사일 초기발사단계 요격)라는 이름으로 불렸다. 1972년 미국과 소련은 탄도 미사일방어조약ABM에 서명했지만, 실제 혹은 추산 비용이 얼마이든, 우위를 점하려는 영장류의 욕구는 강렬하다. 10여 년 후 미국 레이건 대통령은 레이저 무기를 포함한 이른바 스타워즈 계획에 1000억 달러 이상을 쏟아부었다.[365] 날아가고 있는 미사일을 요격하려는 치밀한 시도가 몇 차례 효과를 보기는 했으나, 대부분의 유수 과학자들은 그 어떤 방어 체계든 적군의 미사일에 방해용 탄두 여러 개를 장착하는 지략으로 충분히 따돌릴 수 있다고 본다. 그렇다 해도 방어 수단이 없다는 이유로 결과적으로 전쟁을 종식시킬 수 있는 무기를 상상했던 19세기 홀랜드나 개틀린의 꿈은 핵탄두를 장착한 탄도 미사일에 의해 실현될지도 모른다. 그러나 이처럼 특히 위험천만한 대칭성을 인류가 경험한 시간은 50여 년에 불과하므로, MAD라는 이름이 어울리는 그 게임의 법칙을 인간이라는 종이 계속 따를 것인지는 좀 더 지켜봐야 할 것이다.

기계와 인간

사회적 포유류 가운데 동종 살해 습격을 감행하는 단 2종 가운데 하나—바로 우리 인간—가 지능과 손기술을 진화시켜 궁극적으로 세계를 정복하는 그토록 복잡한 기술을 고안해낸 유일한 종이기도 하다는 사실은 어쩌면 특히 더 불행한 일인지 모른다. 전쟁과 그 위협은 3단 노선이라 불렸던 정교한 그리스 군함에서부터 제1·2차 세계대전 항공술에 이르는 기술적 발전의 촉매 역할을 해왔다. 그리고 기술은 다시 전쟁을 계획한다. 갈릴레오가 가장 큰 관심을 두었던 것은 태양계였는지 모르지만, 그가 최초로 망원경을 만들자 베니스의 원로원에서 가장 주목했던 부분은 이 물건으로 해상의 적군 군함을 관찰할 수 있다는 사실이었다.[366]

물론 모든 무기가 단지 사람을 죽이는 것에만 최적화되어 있는 것은 아니다. 영장류의 욕구는 그보다 더 복잡하다. 제인 구달의 빈 등유 깡통을 훔쳐냈던 침팬지 마이크는 자신의 경쟁 상대에게 겁을 주었을 뿐만 아니라, 새로운 기술로 인해 자신이 실제로 더 강해졌다고 생각했을까? 단검과 갑주에서부터 대형 범선과 항공기에 이르는 다양한 무기에는 대개 힘을 과시하려는 목적으로 심혈을 기울여 예술적인 장식을 해왔다. 투구 정수리 부분의 장식은 전사를 적군에게 더 위협적인 모습으로 보이게 만드는 역할을 한다. 독일의 전투기 조종사 만프레드 폰 리히트호펜이 포커 삼엽기三葉機를 붉은색으로 칠했던 이유는 율리우스 카이사르가 전투에 나설 때 붉은색 외투를 입었던 이유와 동일했다. 스스로를 무시무시한 인물로 두드러져 보이게 하려는 의도였으며, 리히트호펜의 경우 실제로 붉은 남작이라는 이미지를 각인시켰다. 그러나 이러한 과시적인 방법은 중대한 실수를 야기할 수 있었고, 단순히 크기를 위한 크기에 대한 욕구는 수많은 무기 체계의 몰락을 가져왔다. 1628년, 스웨덴의 군함 바사호가 처녀 항해 당시 스톡홀름 항에서 전복되어 침몰했던 이유는 선체가 너무 높았던 데다 화려하게 장식한 조각품들과 과다하게 배치한 대포 때문에 지나치게 무거워졌기 때문이었다.

제2차 세계대전 당시 독일의 기술자들은 영국에서는 붕붕탄Doodlebug이라는 별명으로 불리기도 했던 최초의 유도 미사일 V-1과 이보다 훨씬 더 복잡한 V-2 로켓을 개발했다.[367] V-1은 강력하면서도 저비용으로 제작이 가능했고 1톤가량의 폭발물을 장착할 수 있었다. V-2는 매우 복잡하고 불안정한 데다 고가였으며 제작에 엄청난 예비 인력이 필요했다. V-2 역시 탄두 1톤을 적재할 수 있었다. 그러나 V-2의 발사를 지켜본 뒤 그 로켓 엔진의 위력을 감지한 히틀러는 이를 대량 생산하라는, 재앙을 부르는 명령을 내리게 된다. 비록 일부는 항공기에 요격되거나 대공포 사격에 격추되더라도 V-1을 집중 포격하는 편이 런던을 폭격하는 데 훨씬 비용 대비 효율적인 방법이었을 것이다.

때로는 기술이 너무도 빠르게 변화하는 탓에 지휘관들이 이를 따라잡지 못하기도 한다. 제2차 세계대전 종전 후 8년이 지났을 무렵, 프랑스 주둔 영국 원정군 최고 사령관 더글라스 헤이그 경은 다음과 같이 적었다. "(…) 항공기와 탱크는 (…) 사람과 말의 부속품에 불과하며, 시간이 좀 더 흐르면 지금까지 늘 그러했듯이 말—준마—의 유용성을 깨닫게 되리라고 나는 확신한다."[368] 기병술의 대약진에 대한 헤이그의 믿음은 1916년 7월에 있었던 솜므 전투와 이듬해 파스샹달 전투에 대한 대비에 결정적인 영향을 미쳤다. 그러나 어떠한 경우든 철조망과 기관총은 매우 살상력이 높은 결합임이 입증되었다. 사람의 배치 여부와는 별개의 문제였다. 솜므 전투 개시일에 영국군 제8사단 2개 여단의 장교 300명 중 218명, 병사 8500명 중 5274명이 목숨을 잃었다. 독일군 기관총 사수 한 명은 글에서 이렇게 회상했다. "그들이 걸어오는 것을 보고 굉장히 놀랐다. (…) 우리는 조준할 필요도 없이 그들을 향해 그저 발사만 하면 됐다." 그러나 헤이그는 그 공격을 고집했고 솜므 전투가 2주차에 접어들자 영국군의 사망자 수는 하루 1만 명에 달했다. 이는 1개 사단 전체에 해당하는 규모였다. 파스샹달에서 헤이그가 이끄는 영국군은 8킬로미터 정도 전진할 때마다 거의 25만 명가량이 목숨을 잃었다. 이러한 비극이 일어날 수 있었다는 사실은 싸우고자 하는 젊은 남성의 진화된 기질이 얼마나 강인한 것인지를 보여주는 증거다. 기초 훈련과 혹독한 참호 생활은 자원병들뿐만 아니라 징집병들까지도 '형제들'로 만들었지만, 이 경우 그들의 충성심, 용맹, 단결은 오직 그들을 죽음으로 몰고 갔을 뿐이었다. 침팬지나 원시 부족민들이 행했던 습격에는 적합했지만 현대의 조건에는 완전히 부적합한 공격 작전을 장성들은 계속해서 지시했다. 그때마다 최전선의 병사들은 그 지시에 응했고, 머뭇거리는 경우도 있었지만 대개 놀라운 용기를 발휘하곤 했다.

인류의 석기시대 관점은 계속해서 전쟁터의 현실과 기술 사이의 간극을 만들어왔다. 냉전 중이던 1981년, 미국은 소련이 설계할 수 있는 그 어떤 것도 능가할 수 있도록 설계한 신형 스텔스 전투기 개발에 착수했다. F-22 랩터의 최초 비행은 1990년에 이루어졌으나, 당시 베를린 장벽은 이미 붕괴된 상황이었고 러시아는 신형 전투기 개발은 고사하고 노후된 미그 폭격기 운행을 지속하는 것조차 버거워하고 있었다. 반면 랩터 1대당 가격은 3500만 달러에서 무려 2억 5800만 달러까지 치솟았다. 2003년 이라크 침공 당시 미군에게 필요했던 것은 음속의 2배로 비행이 가능한 제트 폭격기가 아니라 도로변에 설치된 급조한 부비트랩으로부터 자신들의 험비 차량을 보호해줄 안전한 장갑 설비였다.

전쟁과 실병

나는 1960년대에 영광스럽게도 제2차 세계대전 중 페니실린 생산의 공로로 언스트 체인과 알렉산더 플레밍과 함께 노벨상을 공동 수상했던 뛰어난 약리학자 플로리 경을 만난 적이 있다. 런던의 영국 왕립학회 회장이었던 플로리는 내게 인구 및 국제 가족계획에 관한 위원회에 들어올 것을 권유했다. 아마 그가 내게 특별히 신경을 써준 것은 그가 피임을 수치스러운 금기가 아닌, 정당한 과학 연구 주제로 생각했기 때문이었을 것이다. 그의 본래 이름은 하워드 플로리이고, 호주 애들레이드 출신으로 1920년대에 옥스퍼드로 건너왔다. 당시 어느 과학자가 피임용 살정자제를 연구하려 했다는 이유로 동물학 연구소에서 실제로 쫓겨난 일이 있었는데, 실험 기자재를 손수레에 싣고 연구 시설을 찾느라 옥스퍼드 거리를 터벅터벅 걷고 있던 이 연구자를 플로리가 우연히 보게 되었다. 플로리는 그에게 자기 실험실에 공간을 마련해주었고, 말년까지도 피임 및 가족계획의 가치와 중요성을 변함없이 믿었다. 가족계획이 여전히 논란의 대상이 되던 1960년대에 플로리는 자신의 명성을 이용해 영국 왕립학회와 미국 과학원 간 간부 회의를 조직하여 해당 사안을 논의하고 이들 두 유수 학술단체의 신망을 이 사안에 활용하고 싶어 했다. 안타깝게도 그는 이를 이뤄내지 못하고 1968년에 세상을 떠났다.

페니실린 및 그 이후의 여러 항생제가 세상에 나오기 전까지는 전장에서 목숨을 간신히 구한 수많은 부상병들이 상처와 감염으로 인해 얼마 버티지 못하고 목숨을 잃었다. 이는 신석기시대에 화살촉이 분리되는 화살에 맞은 희생자에게 일어나는 일과 마찬가지였다. 그리고 전쟁터에서의 의술은 적군의 화력만큼이나 생명을 좌지우지하는 문제일 수 있다. 미국 남북전쟁에서 수술을 받은 환자의 절반가량이 목숨을 잃었다. 그러나 제2차 세계대전 당시 이 숫자는 5퍼센트 수준까지 감소했는데, 여기에는 페니실린과 마취제가 상당 부분 일조했다. 19세기의 유명한 외과의사 찰스 벨은 크림 전쟁 당시 부상자 치료를 다음과 같이 묘사했다.

> [아침] 6시에 나는 손에 메스를 쥐고, 저녁 7시가 될 때까지 쉴 새 없이 일했으며, 다음날도 그 다음날도 마찬가지였다. 수술의 모든 예절은 곧바로 생략되었다. 내가 한 남자의 넓적다리를 절단하는 동안 그의 곁에는 13명이 한꺼번에 누워서 자신을 다음 차례로 해달라고 애원했다. (…) 내 옷은 피에 흠뻑 절어 끈적해지고, 칼을 쥐고 고군분투한 두 팔에 힘이 빠지는 느낌은 정말 낯설었다.[369]

칼이나 포 공격으로 인한 죽음이나 부상이 아무리 끔찍하다 해도, 20세기 이전까지의 전쟁에서는 전투의 여파로 오는 질병과 기근 때문에 죽는 사람이 더 많았다. 사실, 질병 자체가 대개 전쟁의 성패를 결정 지었다. 구약 성경을 보면 산헤립이 이스라엘을 공격했을 때 일종의 전염병이 "앗수르 진중에서 18만 5000인을 쳤다".[370] 고대 아테네의 군사력이 무너졌던 것은 전쟁터에서의 피해 때문만이 아니라 질병 때문이기도 했다. 투키디데스에 따르면, 기원전 430~429년 역병이 돌아 군인의 4분의 1이 목숨을 잃었다.[371] 리투아니아 빌뉴스에서 전쟁터 전문 고고학자들은 1812년 모스크바에서 퇴각하던 중 사망한 나폴레옹 군대의 병사 3000명의 공동 묘지를 발굴했다. 연구자들은 이의 DNA를 최초로 밝혀냈으며 이 해충이 참호열이나 발진티푸스의 원인이 되는 박테리아를 옮긴다는 사실을 발견했다. 이들 연구진은 당시 사망자의 3분의 1은 이가 매개가 되는 질병 때문에 목숨을 잃은 것으로 추정했다.[372]

유럽인들이 신세계에 들어오면서 천연두와 홍역이라는 재앙을 몰고 왔고 대신 그들은 매독을 가지고 유럽으로 돌아갔다. 1519년 멕시코의 몬테수마와 아즈텍인들에 대한 코르테스의 승리가 우수한 유럽 무기와 아즈텍인들의 영적인 믿음에 힘입은 것이었으며, 스페인군의 침략과 동시에 몬테수마의 테노치티틀란 수도를 강타했던 천연두 유행병은 코르테스에게 한층 더 힘을 실어주는 요인으로 작용했다. 1531년, 프란시스코 피사로가 페루의 잉카 제국 수도 쿠스코에 도착했을 때, 잉카 국왕이 천연두로 죽고 그 자리에 경험이 일천한 새로운 인물인 아타우알파가 통치자로 들어섰다. 스페인인들이 침공할 당시 아메리카 대륙 전체에 1억 명 정도가 살았던 것으로 추정되며—당시 유럽 인구보다 많은 규모[373]—오늘날 멕시코에 해당하는 지역에는 2500만에서 3000만 명가량이 살고 있었다. 그런데 콜럼버스가 도착한 지 불과 50년 만에 멕시코 인구는 약 3백만으로 급감했다.

전쟁의 고통

젊은 남성들이 이웃 집단의 혼자 있는 일원을 죽이는 습격에 나서는 기질을 갖게 된 것은 본래 진화의 무작위적 과정을 통해서였다. 나날이 강력해지는 사회와 과학에 기반을 두고 급성장하는 기술에서 볼 수 있듯, 인류의 문화는 이 본능을 더욱 더 파괴적인 방향으로 확장하고 변화시켜왔다.

그러나 사람을 죽이는 기술이 단순하든 복잡하든, 고통스럽기는 마찬가지다. 아프리카에서는 전쟁에 마체테가 흔히 사용되는 탓에 마체테는 '대량살상무기'로 불린다. 물론 이를 사용하여 다른 사람을 죽이거나 신체를 훼손하는 데는 엄청난 힘과 잔인성이 필요하다. 1990년대 초, 내 동료 하나는 시에라리온의 난민 수용소에 들렀다가 열한 살쯤 된 소녀와 이야기를 나누게 되었다. 아이의 두 손은 군인(그 역시 이 소녀보다 기껏해야 몇 살 위였을 것이다)이 휘두른 마체테에 잘려 나가고 없었다. 이 아이는 상처 부위를 치료해주고 있는 간호사의 눈을 어린애답게 천진난만한 표정으로 바라보며 물었다. "간호사 언니, 내 손이 다시 자라날까요?" 잘라내면 무엇이든 금세 다시 자라나는 열대 우림 속에 사는 사람이라면 당연히 할 법한 질문이다. 하지만 전쟁의 상처는 그리 쉽게 치유되지 않는다. 콩고와 르완다에서는 히로시마와 나가사키의 원폭 희생자보다도 많은 수의 사람들이 마체테에 맞아 죽거나 몸이 불구가 되었다.

나는 어려서 제2차 세계대전을 겪었고, 그 전쟁은 특히 우리에게 깊은 충격을 남겼다. 개인적으로는, 어려서 만났던 그 비행사들의 용기와 무자비한 적군에 맞서 그 혹독한 전쟁을 승리로 이끈 헌신에 깊은 존경심을 지니고 있다. 그러나 그 대가가 너무도 컸기 때문에, 뒤로 한걸음 물러서서 현대전의 고통을 분석하는 데 도움을 주는 관점이라면 어떤 것이든 찾아볼 필요가 있다고 믿고 있다. 전쟁을 '설명'하기 위해 진화생물학에 도움을 구하는 것은 어쩐지 심기 불편하고, 심지어는 모욕적이거나 비애국적으로까지 비칠지도 모른다. 그러나 만일 우리가 다른 행성에서 온 생명체이고, 동종 살해의 성향과 동시에 뛰어난 창의력과 사회성, 공감 능력을 가진 생명체를 발견한다면, 틀림없이 어떻게든 설명할 길을 찾으려 할 것이다. 젊은 남성들이 정예

전쟁의 폭력과 잔혹성은 대개 전쟁터의 경계를 넘어서까지 확장되며, 공식적인 평화선언이 있은 뒤에도 수년간 지속되기도 한다. 과테말라의 오랜 내전은 1996년 종식되었지만, 그 영향은 과테말라 사회 전반에 여전히 퍼져 있다. 로사리오의 부모는 로사리오를 학대했고, 그녀는 일곱 살 무렵부터 과테말라 시티의 거리에서 노숙 생활을 시작했다. 이 사진은 그녀가 19세이던 2001년에 촬영한 것으로, 당시에 그녀와 그녀의 열다섯 살 친구는 경찰에게 강간을 당한 지 9개월이 지난 뒤였다. 전쟁 중에나 전쟁으로 피폐해진 사회에서는 강간이 횡행하며, 강간범은 대개 무죄로 풀려난다.

부대에 자원 입대하여 생지옥에서도 용맹하게 임무를 다하는 것은 석기시대 감정에 따른 것인가? 오늘날에는 더 이상 진화적으로 무의미함에도, 민간인들이 턱없이 많은 세금을 납부하고, 폭탄, 탄환, 화기를 제조하기 위해 밤낮없이 노동을 하는 것은 자기 방어와 외집단에 대한 증오 같은 진화된 행동의 소산인가? 집단공격에 대한 진화적 기질이 엄청난 대가가 따르는 부메랑 상황으로 변질된 것은 국가 권력과 기술의 발달 때문인가? 파스샹달 전투에서 기관총의 위력을 과소평가한 것이나 21세기 초 랩터 제트 폭격기의 능력을 과대평가한 것은 고대 전사들의 감정이 객관성을 어떻게 흐려놓았는지 보여주는 사례에 해당하는가? 제1차 세계대전 당시 참호전에서는 단 몇 킬로미터의 진흙 땅을 얻기 위해 수십만 명의 목숨이 허망하게 버려졌고, 랩터 프로그램이 축소된다 해도 400억 달러가 넘는 돈이 더 이상은 존재조차 하지 않는 적과 싸우는 데 이미 낭비된 상황일 것이다. 이라크전은 단 한 명의 독재자를 권력에서 끌어내리는 데 1조 달러를 훨씬 웃도는 비용과 거의 수십만 명에 달하는 민간인의 인명 희생을 대가로 치른 채 끝나게 될 것이다.

전쟁의 역사에서 우위는 공격에서 방어로, 다시 방어에서 공격으로 수 차례 옮겨갔다. 2개의 원자폭탄이 제2차 세계대전을 종식시켰다. 2001년 9월 11일, 19명의 젊은 남자는 바로 그 폭탄을 만들어낸 국가를 뿌리째 흔들어 놓았다. 이들은 전혀 새로운 형태의 비대칭적 전쟁을 탄생시킨 것이다. 약체인 적은 절대 승리할 수는 없겠지만 그렇다고 해서 완전히 패배하지도 않는다. 싸움은 계속되고 서로가 자원을 낭비하는 일이 무한히 반복되는 것이다. 공격과 방어 기술이 대칭 균형을 이루고, 용맹과 보복심에 이러한 기술까지 무자비하게 적용되기 시작하면, 전쟁은 인간 고기 분쇄기로 변하고, 기습 공격과 수적 우세라는 영장류 습격의 근본적인 이점은 사라지고 만다. 제1차 세계대전 당시 끝이 나지 않던 그 비극적인 대학살은 바로 이러한 소모전의 가장 구체적인 예일 뿐이다. 우리가 세계 각지의 테러 조직과 그러한 균형 상태에 들어선 것은 아닌지 깊이 생각해볼 필요가 있다. 공격과 방어에 대한 유전적 기질을 완전히 떨쳐버릴 만큼 우리는 아직 '문명화' 되지 않았는지도 모른다. 그러나 개인의 철학적 견해가 평화주의에 가깝든 혹은 군사적 현실주의에 해당하든, 인간의 한계를 이해하고 우리가 추구하는 미래를 구축해 나가고자 한다면, 인간의 뿌리를 모두 함께 철저히 고민해보아야 한다.

10

전쟁과 법

모든 전쟁은 부도덕하며, 만일 그 사실로 인해 괴로움을 느낀다면, 당신은 훌륭한 병사가 아니다.

— 커티스 르메이 장군(1909~1990)

시에라리온에서 내전이 발발했던 1990년대 초, 나는 라이베리아 북부에 밀림을 깎아 만든 작은 비행장에 내렸다. 당시 나는 런던에 본부를 둔 마리 스톱스 인터내셔널에서 일하고 있었고, 끔찍한 내전을 겪은 라이베리아 여성들의 가족계획을 도울 방법을 모색하는 중이었다. 수십만 명의 시에라리온 난민들이 또 있을지 모르는 분쟁을 피해 라이베리아 국경을 넘은 상황이었다. 내가 머물던 소주택 지구에 주차된 유엔 세계식량계획의 흰 트럭은 진흙을 잔뜩 뒤집어썼다. 라이베리아는 세계에서 강우량이 가장 많은 지역 가운데 하나이며 포장이 안 된 흙길은 엉망진창이었다. 식량 배급 트럭이 그 가장 먼 난민 수용소까지 먼 길을 달려올 때마다 길 위의 구덩이들은 크기가 점점 커져서 나중에는 폭스바겐 정도는 집어삼킬 수 있을 것 같았다.

세계식량계획은 군사 작전처럼 운영되었다. 물류, 부서진 완충기, 인력 모집, 연료 충당, 그리고 무엇보다도 식량을 난민들에게 전달하는 방법에 관한 문제가 언제나 논의의 핵심이 되었다. 축축한 열대의 밤에 우리는 탁자에 둘러앉아 있었는데, 순간 나는 그 방안에 있는 모든 이들이 각자 다른 나라—독일, 에티오피아, 네덜란드, 라이베리아, 미국, 케냐, 이탈리아, 영국—에서 왔다는 사실을 깨달았다. 우리는 각자 자신과는 직접적으로 아무 관련도 없는 전쟁에서 생명을 구하기 위해 하나의 내집단을 구성해 일하고 있는, 외집단들의 집합이었다. 우리는 집단공격의 모든 규칙을 깨뜨리는 중이었고, 그 작전은 성공하고 있었다. 형제애로 맺어진 여느 다른 전투 집단과 마찬가지로, 분쟁 지역에 들어오는 과정에서 직원 중에 사상자가 발생하기도 했고 같은 목적을 추구하며 서로를 보호하기 위해 위험을 감수했으며 일을 통해 결속되었다.

인간에게는 젊은 남성들이 한데 무리를 이루어 이웃 무리를 공격하려는, 진화된 생물학적 기질이 있다는 것이 지금까지 우리의 주장이다. 수백만 명이 집을 잃고 수천 명이 아동군과 성 노예로 강제 동원되어, 결국 시민 사회의 붕괴로 이어진 시에라리온 내전은 그에 대한 음울한 증거가 되었다. 그러나 동시에 바로 그 충동이 전혀 다른 목적을 위해 생성되고 적용될 수 있다는 명백한 증거가 되기도 했다. 생물학적 특성은 시작점일지는 모르지만, 달리 표현하자면, 그것이 반드시 우리의 운명이 되리라는 법은 없다. 만약 생물학이 제시하고 역사가 입증하는 그대로, 전쟁의 목적이 상대를 죽이거나 그가 있던 땅에서 몰아내어 적을 섬멸하는 데 있다고 한다면, 초국가적인 조직이 한 자리에 모여 가진 것을 빼앗긴 이들이 굶주릴 때 먹을 것을 주고 아플 때 치료를 해주는 광경은 정말로 이상하고도 놀라운 현상이다. 외집단에 대한 악의를 극복한 이 같은 내집단 감정이입의 성취에 나도 작은 부분이나마 기여했다는 사실이 뿌듯했다. 인간의 호전적 충동은 불가피할지 몰라도 전쟁으로 인한 최악의 상황은 불가피한 것이 아니라는 사실을 깨닫고는 가슴이 매우 벅찼다.

지금까지 우리는 서로를 죽이는 끔찍하고 악랄한 인류 전쟁의 오랜 역사를 자세히 들여다보았다. 그러나 희망을 가질 이유는 충분하다. 피로 얼룩진 인류 전쟁의 일람표에는 간혹 긴 평화의 휴지기가 중간 중간 삽입되어 있고, 이는 최근 들어 선진국들에서 가장 뚜렷이 볼 수 있는 현상이다. 성인 대부분이 전례 없는 평화와 번영의 시대에 성장기를 보낸 유럽과 북미 지역에서 이제 제2차 세계대전은 노년층의 희미한 기억에 지나지 않는다. 물론, 북한의 핵 전망이라든가 최신 기술을 탈취해 이를 이용한 뜻밖의 공격을 감행하는 소규모 청년집단에 대해 우리의 군사력이나 국제 조약은 사실상 무용지물이라는 사실 등 분별력 있는 평범한 사람을 밤새도록 걱정에 잠 못 들게 할 만한 위기 상황은 수없이 많다. 그러나 오늘날 세계에 도사리고 있는 그 모든 긴장 상황에도 불구하고 프랑스와 독일이나 미국과 일본 사이에 또다시 전쟁이 일어날 것이라 보기는 어렵다—만일 그런 일이 실제로 일어난다면 매우 심각한 사태가 될 것이다. 지금까지 우리는 인류와 전쟁의 긴밀한 관계에 대해 우려해야 하는 여러 이유를 살펴보았다. 이제 희망을 품을 수 있는 이유를 살펴볼 차례다.

'정당한' 전쟁

고대 전쟁의 도덕률로는 침팬지 수컷의 습격 행동도 설명이 가능하다. 그 도덕률이란, 경쟁자를 제거하고 그의 소유를 내 것으로 취하는 것이다. 그 이전과 이후의 수많은 지휘관들과 마찬가지로 율리우스 카이사르는 명백히 대학살을 자행했다. 기원전 53년, 그는 라인 강 주변에 살던 벨가에족인 에부로네스족을 공격했고, 부하들을 자랑스러워하며 다음과 같이 적었다.

> 그들 눈에 띄는 모든 마을과 모든 건물은 불길에 휩싸였다. 나라 곳곳의 가축은 도축하거나 노획물로 끌고 갔으며, 가을비에 일부 쓰러져 있는 농작물은 엄청난 수의 말과 병사들이 먹어 치웠다. 그러했으니, 그곳 주민

> 중 일부는 도망가고 일부는 숨어 있었다 해도 우리 군이 퇴각한 뒤에 틀림없이 굶주려 죽었을 것이다.[374]

고대의 전쟁은 침팬지 습격과 마찬가지로 분명히 자원을 얻기 위한 것이었다. 도시가 함락되면 그곳 주민들은 노예가 되었지만, 만일 포위된 도시가 저항할 경우, 신명기의 표현에 따르면 다음과 같이 됐다.

> 네 하나님 여호와께서 그 성읍을 네 손에 넘기시거든 너는 칼날로 그 안의 남자를 다 쳐죽이고, 너는 오직 여자들과 유아들과 가축들과 성읍 가운데에 있는 모든 것을 너를 위하여 탈취물로 삼을 것이며 너는 네 하나님 여호와께서 네게 주신 적군에게서 빼앗은 것을 먹을지니라.[375]

세속적 혹은 종교적 구분을 막론하고, 인류 문명의 토대가 되는 기록들마다 이 같은 정서가 담겨 있는 마당에, 인간이 여전히 침팬지와 다를 바 없는 잔혹성을 버리지 못하고 있다는 것이 그리 놀라운 일인가?

그러나 폭력과 전쟁에 대한 반감 역시 인류 문화사에 깊이 뿌리내리고 있다. 예수 그리스도가 그의 제자들에게 "너의 이 뺨을 치는 자에게 저 뺨도 돌려대라"[376]고 가르쳤을 때 그는 분명 구약 성경의 보복의 정신—"눈은 눈으로, 이는 이로, 손은 손으로, 발은 발로, 덴 것은 덴 것으로, 상하게 한 것은 상함으로, 때린 것을 때림으로 갚을지니라"[377]—을 뛰어넘은 것이었다. 한 세기가 넘도록 초기 기독교인들은 군복무를 거부했고 기원후 2세기 말까지만 해도 초기 기독교 저자인 테르툴리아누스는 하나님이 "베드로에게 무기를 내려놓게 하시면서 모든 병사의 허리띠를 풀어놓으셨다"고 주장했다.[378] 그러나 인간의 뿌리 깊은 유전적 기질은 언젠가 다시 모습을 드러내기 마련이다. 로마 황제 콘스탄티누스 대제는 기원후 312년에 기독교로 개종했는데 이는 신학적 통찰이나 평화주의로의 전환 때문이 아니었다. 전쟁을 앞둔 콘스탄티누스가 '키로Chi-Rho'의 환상—그리스어로 그리스도의 이름 첫 두 글자—을 보고 "이 징표로 너는 승리할 것이다"라는 약속을 들은 뒤, 상대편의 우수한 병력을 궤멸시킬 수 있었기 때문이었다. 기독교 모노그램은 콘스탄티누스가 세운 교회 장식이 되기에 앞서 그 군사들의 방패에 칠해졌다.

'정당한 전쟁'이라는 말을 처음 만들어낸 것은 아리스토텔레스였지만,[379] 그는 '정당화'라는 의미에서 '정당'이라는 단어를 사용했다. 그는 문명 국가의 미개 부족 말살을 정당화했다. 그러나 정당한 전쟁에 관한 기독교 전통 역시 근본적으로 다를 바가 없었다. 콘스탄티누스 직후 성 암브로스(339~397년경)는 정당한 전쟁의 전통적 정의를 한층 확장하여 이단자에 대한 공격까지 포함시켰다. 이단자는 변절자로 여겨졌던 탓에 공격을 받아 마땅한 대상이었다.*[380] 정당한 전쟁이라는 의미의 '벨럼 저스텀bellum justum' 개념은 성 아우구스티누스(354년 출생)에 의해 사실상 완성되었다. 암브로스의 견해를 바탕으로 하여 그는 전쟁을 인간에 대한 하느님의 신성한 계획의 일부로 보았고, 지상의 나라(시비타스 테레나Civitas Terrena)와 하늘나라, 즉, 하느님의 나라(시비타스 데이civitas Dei)의 개념을 전개했다. 이러한 틀 안에서는 사람들이 계급적 사회 집단을 이루는 것이 자연스러우며, 따라서 그들은 '왕족에게 복종'할 도덕적 의무가 있다고 주장했다. 411년 서西고트족의 로마 약탈을 직접 경험하는 등 로마 제국의 몰락이라는 맥락에서 그의 저술이 이루어졌으며, 본인이 주교로 있던 북아프리카 도시 히포는 그가 죽은 430년에 파괴되었다. 아우구스티누스는 자신이 살았던 부패하고 쇠락해가는 제국의 관점에서 천국을 해석했다. 그는 죄인을 벌하여 죄 짓는 일을 그만두게 하는 것은 정당하며 그럼으로써 전쟁은 사랑의 행위가 된다고 주장하며 '정

* 암브로스의 아버지는 군인이었고, 374년 밀라노 주교가 되기 전까지 암브로스 자신 역시 주변 지역의 군정장관military governor이었다.

당한 전쟁' 이라는 이론을 새롭게 곡해시켰다. 엄밀히 말하자면 그 결과 전쟁은 더욱 잔혹해졌지만, 이 논리는 초반까지만 해도 측은지심이라는 위선의 외투를 걸치고 나타났다. 전쟁에 몸담는 이들에게 자신들이 야기하는 고통에서 쾌감을 얻지 말 것이며 맹목적인 보복을 좇지 말 것을 충고했지만, 아우구스티누스는 결론적으로 폭력 사용에 아무런 한계를 두고 있지 않으며 공격전과 방어전조차 구분하지 않았다. 이러한 사고방식은 오늘날의 관점에서 볼 때 대량 학살이라는 측면 외에도 특히나 정당하지 않은 전쟁인 십자군 원정과 아메리카 대륙의 스페인 및 포르투갈 정복에 길을 터준 셈이 되었다.*

그러나 기독교의 메시지에는 평등과 평화가 담겨 있고, 실제로 기독교계는 전쟁의 참상을 막아보려는 많은 노력을 기울였다. 1027년, '신의 휴전' 운동을 통해 기독교계는 토요일 밤부터 월요일 아침까지 전투를 금지하고자 했다.[381] 석궁이 발명되었을 당시 이는 굉장히 무시무시한 무기로 여겨져 기독교에서는 석궁의 사용을 법으로 금하고자 했다. 신학자들은 불신자들을 죽이는 데는 예외적으로 사용할 수 있어야 한다고 주장하기도 했다. 1140년경 그라티아누스는 대대적으로 편찬해낸 판례집에서 여기서 한 걸음 더 나아가, 악인을 벌하는 것은 그 악인에게도 크나큰 득이 되는 일종의 자선 행위이며 불신자에게는 기본적으로 정의감이 없으므로 기독교 군대가 그들의 재산을 몰수하는 것은 정당하다고까지 주장했다. 『중세 시대의 정당한 전쟁 The Just War in the Middle Ages』에 대한 학술 연구를 마무리하면서 프레데릭 러셀은 다음과 같이 솔직한 생각을 적고 있다. "정당한 전쟁론이 촉발한 전쟁보다 억제한 전쟁이 더 많은지는 여전히 의문이다."[382]

* 이들 원정에는 여러 가지 실용적인 원인도 있었다. 교황 우르바노 2세가 최초로 십자군을 조직했던 한 가지 이유는, 서로 갈등 관계인 귀족들을 유럽 밖으로 내보내려는 것이었고, 안에서 기독교인을 죽이는 것보다 이슬람 세계와 싸우는 것이 더 가치 있다는 주장을 내세웠다. 아메리카 대륙의 포르투갈 및 스페인 제국 건설 이면에도 이와 비슷한 움직임이 있었다. 이슬람 통치자들이 이베리아 반도에서 축출되었던 국토회복운동 이후, 수 세기간 지속된 전투 전통으로 인해 무장한 귀족들이 넘쳐났다. 교황은 궁극적 외집단인 이교도들이 있는 먼 장소로 국지적 폭력을 내보냄으로써 유럽 내 평화를 유지하고자 했다.

30년 전쟁이 가져온 고통과 파괴의 한복판에 있던 17세기에는 전쟁에 관한 근본적으로 다른 시각이 등장했다.[383] 성당 하나와 가옥 140채만 남았던 1631년 마그데부르크의 약탈 이후, 3만 여 명의 남자, 여자, 어린이가 학살당했다. 1550년부터 1650년 사이 중부 유럽의 인구는 30~35퍼센트가량 감소했다.[384] 1625년, 휴고 그로티우스(1583~1645)는 『전쟁과 평화의 법The Law of War and Peace』을 출간했다.[385] 이 책에서 그는 이렇게 언급했다. "전쟁은 사소한 핑계나 아무것도 아닌 일에서 시작되었으며, 신의 법이든 인간의 법이든 어떤 것과도 무관하게 행해졌다." 비교 생물학의 도움이 없던 상태에서 그는 인간은 적군을 향한 기습, 악의, 타도 등 호전적인 욕구를 파기해야 한다고 결론지었다. 그는 "지혜롭게 통치할 줄 아는 왕은 자신에게 맡겨진 나라뿐만 아니라 인류 전체에 대해서도 생각한다"고 적었다. 이어 그는 무관이 아닌 문관이 정식 선전포고를 해야 하며 명확한 조약이 뒤따라야 한다고 주장했다. 그는 인류 초기 이래 숱한 습격과 전쟁의 핵심이었던, 적에 대한 무분별하고 극렬한 증오심을 극복하기 위해서도 노력했다. 부상당한 적군이나 포로를 인간적으로 대우해야 하며 정복당한 주민들에게는 자치권을 주어야 한다고 주장했다. "가능하다면, 실수로라도 무고한 사람을 죽게 만드는 일이 없도록 최대한 주의해야 한다." 이러한 생각이 우리 마음속에서 한 구석으로 밀려나는 경우가 많기는 했으나, 그 이후 늘 중요한 개념으로 자리 잡아왔다. 흥미로운 사실은, 본래 칼뱅주의자였던 그로티우스가 감옥 생활 중 자신의 이론을 구상했으며 이는 예정설에 대한 자기 종파의 믿음에 도전하기 위함이기도 했다는 것이다. 그는 패배한 적군에 대한 인도적 처우를 주장함으로써 생물학적 측면에도 자유로운 선택적 요소가 있다는 우리의 주장을 뒷받침하고 있다.

미국 남북전쟁 초기에 북군은 포로로 잡은 남군을 인도적 처우의 가치가 없는 변절자로 여겼고, 이는 9·11 이후 부시 행정부가 용의자들을 대우한 방식과 다를 바가 없었다. 그러던 1863년, 에이브러햄 링컨은 정치철학자

프랜시스 리버(1798~1872)에게 북군의 군사 규정을 작성해줄 것을 부탁했다. 프로이센 출신인 리버는 워털루 전투에 참전했고, 나무라 전투에서는 부상당한 뒤 죽도록 방치되었던 경험이 있었다. 그는 미국으로 이민을 와 컬럼비아의 사우스캐롤라이나 대학 최초의 역사학 및 정치경제학 교수가 되었다. 남북전쟁 발발 당시 그의 아들 둘은 북군에 입대했다. 셋째 아들은 남군에 합류하였으나 결국 윌리엄즈버그에서 전사했다. 157개 조항으로 이루어진 리버 훈령Lieber Code에서는 민간인과 전투원의 구분을 명확히 하였고, 적군에 대한 비인간화의 대표적인 사례라 할 수 있는 고문을 금지했다. 이 리버 훈령은 널리 채택되었고, 오늘날 모든 민주주의 국가에서는 민간인 학대를 자행한 군인에 대해 군법상 처벌을 하고 있다.

전쟁 법규를 국제적 차원에서 관리하려는 노력이 시작된 것은 1899년 국제 분쟁의 평화적 해결을 위한 헤이그 협약부터였다. 이 회의는 러시아의 황제 니콜라이 2세가 조직했다. 그는 실제로는 관대한 사람이었고 다정한 남편이자 아버지였지만, 자신의 이상주의로 인해 제국에 대한 통제력을 상실했고 결국 1917년 러시아혁명 이후 암살을 당했다. 헤이그 회의에서는 군비확장을 제한하고 국제 분쟁을 중재하고자 했으나,[386] 결국 이상주의와 현실정치 간의 충돌로 귀결되었으며, 오늘날까지도 밀고 당기는 논쟁이 계속되고 있다. 니콜라이의 사촌인 영국의 에드워드 7세는 이 회담을 "지금껏 들어본 중 최고의 넌센스이자 쓰레기"라고 생각했다. 영국 정부는 이미 각국의 여타 군함을 훨씬 능가하는 12인치 구경 대포와 증기 터빈을 갖춘 드레드노트급 전함을 구상 중이던 잭 피셔 경을 파견했다. 피셔 경은 이렇게 말했다. "즉각 전쟁에 나설 준비가 되어 있고, 쓰러진 적의 몸통을 가장 먼저 가격하고 걷어찰 것이며, (포로를 잡을 경우) 포로를 끓는 기름에 넣겠다고 나라 안팎에서 호언장담하고 다닌다면 (…) 사람들은 아마도 슬금슬금 당신을 피할 것이다."[387] 피셔의 메시지를 파악한 헤이그 협약 독일 대표는 영국이 "'힘이 곧 정의'라는 원칙에" 몰두해 있다고 논평했다. 1907년 2차 평화회의가 개최되었으나 두 번에 걸친 회의 모두 전쟁을 향한 움직임을 막는 데는 별다른 역할을 하지 못했다. 이들 회의에서는 비행선을 이용한 공중 폭격과 독가스의 사용을 금지했지만, 이는 단지 1899년 당시 군에서 이들 무기의 유용성을 낮게 평가한 탓에 협상 카드로나 써야겠다는 냉소적 시선이 작용했기 때문이었다. 헤이그 협약에도 불구하고, 두 가지 모두 제1차 세계대전에서 대규모로 사용되었다.

여전히 잔혹한 내란, 대량 학살, 그리고 무분별하고 부주의한 무력 남용이 곳곳에서 벌어지고 있기는 하지만, 전쟁 수행시 적용되는 도덕적·윤리적·법적 원칙 면에서—적어도 이론상으로는—인류는 많은 발전을 이루어왔다. 가슴 아픈 사실은 우리가 퇴보를 반복하고 있다는 것이며, 필요할 때면 언제든 그럴듯한 구실을 찾아왔다는 것이다. 최근의 아프가니스탄 및 이라크 침공에는 테러와의 '전쟁'이라는 딱지가 붙었지만, 포로로 잡힌 적군에게는 전쟁 포로의 권리를 부여하지 않았다. 뿐만 아니라, 미 중앙정보부는 아무런 법적 제약도 없이 3000여 명의 포로들을 심문했고 미군은 외부와의 연락이나 일체의 정당한 재판 가능성도 단절시킨 채 쿠바의 관타나모 만에서 수백 명의 '불법전투원'을 억류했다. 자신이 속한 집단 일원들의 목숨이 걸려 있는 경우라면, 핵심 정보를 손에 넣기 위해 포로를 고문하고 싶은 유혹을 느끼기 마련이다. 알카에다 요원 용의자 일부는 이집트나 모로코 등 고문이 허용되는 것으로 알려진 다른 국가로 일부러 옮겨지기도 했다. 어느 장교의 표현을 빌리면, "우리는 그들을 두들겨 패지 않는다. 다른 이들이 그들을 두들겨 팰 수 있도록 그들을 다른 나라로 옮긴다." 나와 같은 해에 버클리 캠퍼스로 온 법학 교수 존 유는 미국 대통령은 조약을 해석할 수 있는 법적 권한이 있으므로 제네바 협약도 원하는 대로 해석이 가능하다고 주장했다. 다른 문제는 차치한다 해도, 고문을 당하는 사람은 그 고통을 끝내기 위해 어떠한 거짓 증언이라도 지어낼 수 있을지 모른다. 법학자가 아니라 생물학자인 나는 그들에게서 집단공격의 징후를 읽는다.

2006년 미 대법원은 알카에다 요원 용의자를 포함한 모든 수감자는 1949년 국제사회에서 채택한 제네바 협정 제3조에 의거하여 "잔인한 처우와 고문"으로부터 보호받아야 한다고 판결을 내렸다. 베트남전 당시 전쟁 포로로 고문을 받았던 존 매케인 상원의원은 제네바 협정을 재해석하려는 법적 시도에 반대했으나, 결국 미 의회에서는 기소된 테러 용의자에게는 인신보호 제도의 권리—특히, 공정한 재판을 받을 권리—를 보장하지 않기로 한 추잡한 절충안이 통과되었으며, 제네바 협정을 자의적으로 해석할 수 있는 권한을 대통령에게 부여했다.* 테러리스트들은 선전포고를 하지 않을 뿐 아니라 고의적으로 민간인을 살상하므로 전쟁 포로의 지위를 보장받을 자격이 없다는 주장도 가능할지 모른다. 그러나 고문은 거의 예외 없이 역효과를 낳는다. 좀처럼 드문 경우기는 하나 고문을 통해 구체적이고 실질적인 첩보를 얻는다 해도, 잘못된 정보는 그 어떤 소득도 무용지물로 만들 수 있을 만큼 엄청난 위험과 결과를 초래할 수 있다. 9·11 테러리스트가 훈련을 받았던 아프가니스탄 알카에다 캠프의 리비아 출신 교관 이븐 알쉐이크 알리비는 고문을 견디다 못해 심문관에게 사담 후세인이 알카에다 요원을 훈련시키고 생화학무기 사용법을 전수했다고 털어놓았다. 고통을 피하기 위해 날조된 이 허위 정보는 이라크 침공을 공개적으로 '정당화'하는 데 일조했다.[388]

또 한 가지 중요한 사실은 고문은 우리 모두에게 혐오감을 불러일으킬 뿐 아니라 고문을 가하는 사람에게도 해롭다는 점이다. 고문은 가장 전형적이고 극단적인 비인간화의 예이며, 비인간화는 인류 동종 살해의 핵심에 해당하는 문제다. 테러와의 전쟁에서 수감자에 대한 고문을 허용하는 것은 우리의 도덕적 권위를 땅에 떨어뜨리고, 서구 세계와 함께 테러 행위 규탄에 나설 수 있는 이슬람 온건파 등과의 관계마저 위험에 빠뜨릴 수 있다. 무엇보

* 2008년 6월, 미 대법원은 인신보호 제도의 권리를 관타나모 수용소에까지 확대 적용하기로 한 판결을 5대 4로 내렸다.

다도 중요한 사실은 고문은 당하는 사람뿐 아니라 가하는 사람도 비인간화하며, 우리의 삶을 도덕이나 정신 관념과는 무관한 유인원 조상의 수준으로 전락시킨다는 데 있다. 무슨 수를 써서라도 정보를 입수하여 아군과 사랑하는 사람들을 보호하려는 강렬한 욕구는 이해할 수 있다. 우리에게 집단공격의 사악한 심장이라 할 수 있는 비인간화 기질을 극복할 능력이 있는지는 우리가 증오하는, 특히 선한 이유로 정당하게 증오할 수 있는 상대를 대하는 경우에서 진정으로 시험해볼 수 있다. 21세기 초 미국의 입법가들은 바로 이 시험에서 탈락함으로써 침팬지와 인류 공통 조상 수준의 진화적 기질로 퇴보하고 말았다.

민간인과 전투원

때로는, 앞서 3장에서 살펴보았던 명예와 기사도 같은 내집단의 사고방식이 적에 대한 외집단 비인간화를 완화시키기도 한다. 기원전 690년, 바빌로니아의 산헤립 왕은 예루살렘을 함락한 후 사신이 어떻게 "〔바빌론 공격에 저항한〕 죄를 범했던 관료와 귀족을 죽여 도시 외곽 기둥에 그 시신들을 매달아놓았는지" 기록하고 있다.[389] 죄질이 그보다 가벼운 이들은 투옥되었으나, 산헤립은 더 광범위한 보복을 자제하고 나머지는 방면하였다. 기원전 4세기경에 쓰인 인도의 『마누법전』에서는 "잠든 자, 벌거벗은 자, 무기를 들지 않은 자, 심하게 다친 자, '머리칼을 휘날리며' 도망가는 자"를 죽이는 것을 금했다. 『의무론』에서 로마의 위대한 웅변가 키케로는 다음과 같이 적었다. "파성퇴로 적의 성벽을 허물었다 해도, 무기를 내려놓고 장군의 자비를 구하는 이들은 보호해야 한다."[390] '신의 휴전' 이전에도, 기원후 9세기 말부터 10세기 초에 통틀어 '신의 평화'라 불렸던 일련의 교회 칙령에서는 교회, 과실수, 동물에 대한 공격을 금했고 여성, 상인, 순례자, 성직자, 심지어 양치기를 공격한 병사는 파문하도록 명했다.[391] 물론 이 모든 법과 칙령, 판단으로도 전시 중 강간, 살해, 절도, 보복을 완전히 막지는 못했으나, 전쟁의 통상적인 극단적 양상을 억제하려는 이 같은 움직임이 상당히 오랜 전통을 가지고 있음은 분명하다.

민간인과 전투원을 분리하려는 노력의 성패 역시 살상에 사용하는 기술과 관련이 있다. 게티스버그 전투에서는 5만 명 이상의 사상자가 발생했으나, 사망자 중 여성은 단 1명이었다. 머스킷총이나 대포를 쏠 때에는 대상을 선택할 수 있다. 반면, 히로시마와 나가사키에 투하된 원자폭탄의 경우 대상의 성별이나 표적이 군 시설인지 순수 민간 시설인지 구분하지 못했고 그러한 선택은 일체 불가능했다.(분명히, 민간인을 표적으로 삼을지 여부 역시 선택의 여지가 있고, 게티스버그 전투는 남성으로만 구성된 군대 간의 전쟁이었다는 사실 역시 중요하다.) 엄청난 고가의 스마트 폭탄, 즉 유도 폭탄의 개발은 물론 특정 표적을 좀 더 정확하게 파괴하려는 필요에서 비롯되었다. 그렇지만 정밀 타격에의 열망 중 적지 않은 부분은 민간인 사상자 수를 줄이려는 것이었다. 궁극적인 동기가 일반 대중의 부정적 인식을 피하려는 것이든 아니든, 이러한 노력은 좀 더 윤리적인 전쟁 수행을 지향하며, 보복하고 닥치는 대로 파괴하려는 원숭이 같은 충동은 멀리하려는 행보를 보여주었다.

현대전으로 접어들면서 적군을 살해하지 않고 생포하는 경우가 더 많아졌다. 그러나 그 뿌리는 유인원의 내집단 지배 경쟁의 규칙으로까지 거슬러 올라갈 수 있을 것이다. 남성이 양손을 번쩍 든 채 앞으로 걷는 전형적인 항복의 몸짓은 사회적 동물 중 다른 종에게서도 발견되는 복종의 형태다. 늑대 무리에서 상대에게 굴복하는 쪽은 항복의 표시로 땅에 등을 대고 뒹굴며 약한 부분인 배를 드러내 보인다. 늑대와 마찬가지로 모계 집단을 이루어 사는 하이에나는 복종과 취약성을 훨씬 더 극단적인 방식으로 나타낸다. 잠시 떠나 있다가 무리 속으로 다시 들어오는 개체는 일종의 '환영식'을 치른다. 하이에나들은 일부러 자신의 생식기를 축 늘어뜨려 상대의 이빨 앞에 노출시킴으로써 서로에 대한 충성과 신뢰를 표시한다. 하이에나의 턱은 덩치가 큰 동물의 뼈도 통째로 씹어 먹을 수 있을 만큼 포유류 가운데 가장 강인한데 말이다.

포로로 잡는 것은 피정복민을 흡수하는 것과는 다른 문제로, 이기심의 발로였다고 볼 수 있다. 이는 사실상 노예제의 시작이다. 궁극적으로 모든 습격은 결국 자원을 탈취하려는 것이며, 농경 및 계층 사회의 등장과 더불어 인간의 노동력은 상당한 가치를 지닌 상품이 되었다. 그러나 군인이나 민간인을 포로로 잡아 억류하며 노동력을 착취하거나 한참 뒤에 다른 이들에게 팔아넘기는 행위를 할 수 있으려면 단지 도주나 폭동을 막을 무력만 필요한 것이 아니라, 대단한 수준의 비인간화가 필요하다. 그러나 패배한 전사들을 살육하는 오래된 전통과 비교해보면, 전쟁 포로를 잡아두는 것은 사실상 윤리적인 내집단 사고의 증거일 수도 있다—단, 전쟁 포로에게 인도적 환경을 제공하고 분쟁 종결시 본국으로 송환하는 것을 전제로 하는 한에서 말이다. 오늘날 승자는 도덕적 우위도 점할 수 있으며, 이를 통해 아군 전투 집단의 사기를 진작시키고 본토에서도 여론의 지지를 꾀할 수 있다. 군인 개개인은 자신도 언젠가는 포로가 될 수 있음을 알기 때문에 호혜적 처우를 바란다는 점을 감안하면, 전쟁 포로에 대한 윤리적 처우 역시 이기적인 요소를 포함한다고 볼 수 있다.

2003년 미국의 이라크 침공 이후 미군에 의한 (다수의 민간인을 포함한) 포로 학대는 많은 이들에게 충격을 안겼다. 그러면서 이 사건은 전쟁에서 인도주의 원칙 확산의 필요성을 여러모로 강조하는 분명한 사례가 되었다. 하지만 학대의 책임 소재는 여전히 오리무중이다. 이라크군 포로들을 모욕적으로 대했던 군인들의 행동은 앞서 3장에서 본 유명한 짐바르도의 실험에서 동료들 위에 군림할 수 있는 힘을 부여했을 때 스탠포드 대학생들이 보인 행동과 완전히 일치했다. 그러한 행동은 충분히 예측 가능한 것이었다. 제대로 훈련되지 않은 소수의 예비군이 아부그라이브 수용소에서 수천 명의 수감자를 책임져야 하는 상황이었으며, 아부그라이브는 이라크에서 가장 악명 높은 수용소였기 때문이다.[392] 그러나 제네바 협정문을 읽어본 적도 없는 몇몇 군인이 인류가 늘 해왔던 식의 행동을 했다는 이유로 처벌받아야 할까? 아니면, 해당 군에 대한 최종 책임자인 사령관이나 정치인이 그 범죄를 책임져야 할까?

전쟁 범죄

정착 농경을 하게 되면서 사회 집단 규모가 점차 증가함에 따라, 법적 제재를 가할 수 있는 권한은 개인과 그 혈족에게서 좀 더 큰 사회 집단으로 이동했다. 그 예로, 수단의 누어족이나 미국 남서부의 푸에블로 인디언 등의 부족 집단에서는 족장이나 제사장이 분쟁에 대한 판결을 내렸다. 그렇지만 피고에 해당하는 쪽이 처벌에 동의하지 않을 경우, 유혈 복수전이 시작되기도 했다. 사회 규모가 커지면서 분업 증대와 기술 개선이 이루어지고, 판례 문서의 기록과 연구가 시작되었다. 이처럼 획기적인 변화의 일환으로 국가는 기소와 처벌이라는 두 가지 역할을 모두 담당하게 되었고, 벌금 부과나 배상에서부터 고문, 추방, 처형 등에 이르는 다양한 처벌이 이루어졌다. 오늘날의 법체계는 본질적으로 체계적일 수가 없다. 과거의 사례들을 바탕으로 만들고, 끊임없는 갱신, 개혁, 합리화 노력을 함에도 불구하고, 법체계는 무수히 많은 결함, 모순, 모호성을 안고 있다. 그러나 최상의 상태에서 법은 재산 분쟁, 절도, 살인, 간음 등 사회가 제재하고자 하는 각종 행동 문제를 실질적이고 투명한 방식으로 관리할 수 있다. 그러나 아무리 정교한 법이라 해도, 이 모든 경우에서 민법 및 형법은 정확히 '내집단' 범죄에 해당하는 문제만을 다룬다.

바로 이것이 국제법, 특히 전쟁 법규 발전에 큰 걸림돌이 된다. 외집단 문제(전쟁과 그로 인한 잔혹 행위)에 어떻게 내집단 해법(법과 시행)을 적용할 것인가? 집단 외부의 폭력을 규제하려는 법적 접근은 두 가지 문제에 봉착한다.

첫째, 집단 내에서는 살인으로 규정될 행위가 집단 외부에서 행해지면 사회적 보상이 주어지는 용맹한 행위가 된다. 둘째, 개별 독립국의 민간 지휘관이나 군 병력에 대한 체계적인 처벌을 집행할 수 있는 전세계적으로 인정받는 권위가 존재하지 않는다.

강제 수용소 감시 업무를 보던 독일 군인 가운데는 다른 보직으로 충분히 이동할 수 있었던 이들도 있었다. 그러나 그들은 이성적으로나 감정적으로나, 자신들이 여타 전투원 집단과 다를 바가 없다고 생각했다. 나치당원 요하네스 하셀브뢰크는 무신론자이던 자신이 전우애 속에서 '신을 믿는 자'로 변화되었음을 깨달았다. 그는 전선에서 부상을 당해 네덜란드의 그로스 로젠 강제 수용소로 전속되었으며 그곳에서 지휘관으로 승진했다. 자신이 느낀 동료 교도관들과의 유대감에 대해 그가 적은 내용은 앞서 4장에서 전투에 대해 묘사한 남성들의 이야기와 완전히 일치한다.

> 남녀 간의 사랑으로 맺어진 결속도 우리의 우정보다 강할 수는 없다. 우리의 우정은 선부였다. 우정은 힘의 원천이자 피의 맹약으로 우리를 구속했다. 그것을 위해 살 수도, 죽을 수도 있었다. 유약한 다른 이들은 감히 할 수 없는 것마저도 능히 해낼 수 있는 물리적인 힘과 용기를 우리는 이 우정을 통해 얻었다.[393]

형제애로 이어진 집단을 형성하는 바로 그 똑같은 기질이 라이베리아의 세계식량계획 활동가들이 보여준 대단한 용기와 끈기로도 이어질 수 있지만, 극한의 잔인성으로도 통할 수 있다는 사실은 인간 행동에 대한 우울한 통찰이다. 하셀브뢰크는 전선에 있지 않았고, 무방비 상태의 수감자 10만 명의 학살을 감독하는 일은 "다른 이들은 선뜻 하려 들지 않는" 일이었다.*

* 하셀브뢰크는 전범으로 기소되어 사형 선고를 받았으나, 감형되어 10년 복역 후 석방되었다.

그러나 각 상황에서 작용하는 강력한 기질은 동일하다는 사실을 믿을 만한 충분한 이유가 있다. 그러한 범죄는 마땅히 처벌되어야 하겠지만, 이는 내집단 안에서 발생한 살인으로 어느 개인에게 유죄를 선고하는 것처럼 단순한 문제가 아니다.

'전쟁 범죄' 라는 개념은 인권 개념과 마찬가지로 환영할 만한 반가운 문화적 진보이나, 이 개념이 생겨난 것은 아주 최근의 일이다. 세르비아의 슬로보단 밀로셰비치, 우간다의 이디 아민, 이오시프 스탈린, 아돌프 히틀러, 사담 후세인은 단지 율리우스 카이사르, 페르시아의 다리우스 대왕, 이집트의 람세스 2세, 아시리아의 아슈르바니팔, 그리스의 알렉산드로스 대왕, 구약 성서의 모세나 여호수아, 그리고 그 밖에 수천 명의 사람들이 먼저 했던 일을 한 것뿐이다.

1900년 남아프리카 보어 전쟁 당시 영국에서는 〈세인트 제임스 가제트〉가 다음과 같은 글을 당당히 실었다. "우리는 트란스발 정복에 착수했으며, 네덜란드계 거주민의 제거 이외에는 확실한 방법이 없다면, 남녀노소를 막론하고 그들은 제거돼야 마땅하다."[394] 거의 같은 시기 미국에서는 필리핀 전쟁 당시 무방비 상태의 수감자를 살해한 프레스턴 브라운 중위에 대해 단 2주치 급료에 해당하는 벌금형만이 부과되었다.

그러나 명백한 범죄를 처벌하려는 군사 규정상의 시도가 이루어진 것은 제1차 세계대전 이후였다. 독일을 점령한 연합군은 1918년 수많은 독일군과 정부 관료를 처형하고자 했으나 재판을 다시 독일 측에서 맡게 되자, 독일인 전범 1000여 명에게 유죄 선고를 내리려던 이 유명한 계획은 실패로 돌아갔다. 자국의 군인에 대한 재판에서 선고된 최고형은 어뢰 공격으로 격침시킨 영국 상선의 선원들에게 무자비하게 기관총을 난사한 잠수함 함장 2명에게 내려진 4년 징역형이었다. 두 차례의 세계대전 사이, 국제적이고 공정한 법적 권위로서의 상설 국제 사법재판소가 창설되었다. 양측이 판결 내용을 수용하기로 사전 합의한 문제나 개인보다는 국가 간 분쟁 판결에 관련된 사건의 경우에는 이 국제 사법재판소가 어느 정도 기능을 다할 수 있었다. 그러나 일본의 만주 및 중국 침략, 이탈리아의 에티오피아 침공, 스페인 내전 당시 나치의 프란시스코 프랑코에 대한 지원 등은 막지 못했다.

제2차 세계대전이 끝나고 사람들은 제1차 세계대전 재판의 실패를 떠올렸다. 뉘른베르크와 도쿄에 창설된 국제 군사재판소는 승전국 출신의 판사를 세웠으며 패전국의 특정 행위를 "반인도적 범죄"로 규정했다. 뉘른베르크에서 재판을 받은 185명 가운데 35명이 무죄 방면되고 25명은 처형되었고 20명은 종신형에 처해졌다. 나머지는 비교적 가벼운 형을 받거나 건강상의 이유로 석방되었고, 헤르만 괴링처럼 자살한 경우도 있었다. 내집단 차원에서 보면 모든 전쟁을 반인륜적 범죄로 규정할 수 있음을 감안할 때 이러한 법적 절차에는 자의적인 부분이 있었다. 재판소에서는 이러한 결론을 내렸다. "국제법에 반하는 범죄의 주체는 어떤 추상적 개체가 아니라 인간이며, 그러한 범죄를 저지르는 개인에 대한 처벌을 통해서만 국제법 조항이 집행될 수 있다." 그러나 상당히 그럴듯하게 들리는 이러한 주장도 특정 국가의 민법에서 특징적으로 볼 수 있는 내적 논리나 철학적 토대는 제공하지 못한다. 뉘른베르크 전범재판에서 미국측 수석 검사였던 텔포드 테일러는 이렇게 말했다. "대체적으로 전쟁을 구성하는 것들은 평화시에는 범죄가 될 만한 살인, 상해, 납치, 파손, 재산 강탈 등의 행위들이다. 그러나 전쟁 중에는 그러한 행동이 범죄로 간주되지 않는다. 전쟁 상황이 그 병사에게 면책의 담요를 씌워주기 때문이다." 20세기 이래 내집단 도덕을 외집단 행동에까지 확대 적용하려는 노력이 있어왔다. 뉘른베르크에서 테일러는 스스로의 모순에 대답하듯 다음과 같이 덧붙였다. "그러나 면책 영역이 무제한인 것은 아니며, 그 경계를 결정하는 것은 전쟁 법규다." 그러나 결과적으로 승자가 소집하고 집행했던 제2차 세계대전 당시 '국제' 군사 재판과는 달리, 뉘른베르크 재판은 사실상 연합군 전체뿐 아니라 대다수의 독일인에게도 '정당한' 것으로 받아들여졌다. 나치가 저지른 범죄의 끔찍함, 소송의 엄숙성과 무죄 선고에서 나타난 공정성, 1948년 세계인권선언, 그리고 유엔헌장은 모두 이 1년여 동안 진행된 재판의 결과가 정의로웠다는 인식을 보강해주었다. 그러나 법 집행 프로그램을 컴퓨터에 설치해놓는다면, 독일과 일본의 도시들을 폭격하여 민간인들을 으스러지고 불타 죽게 만든 연합군의 행위 역시 전쟁 범죄로 분류되었을 것이다.

뉘른베르크 재판과 같은 성격의 일본의 전범 재판에서는 텔포드가 말했던 면책이 사실상 '무제한'에 가까웠으며, 여기에는 여러 가지 정략적인 이유가 작용했다. 기소된 25명 가운데 전쟁 기간 중 일본의 총리였던 도조 히데키 장군을 포함한 단 7명만이 처형되었다. 미국 군 당국에서 필요하다고 판단한 세균전 관련 지식을 전수받는 대가로 포로에게 세균 무기 생체 실험을 자행했던 이시이 시로는 면책 방면되었다. 가장 중요한 사실은 일본 천황을 기소 대상에서 제외하기로 한 정치적 결정이 이루어졌다는 점이다. 명백히, 전쟁을 통제하려는 모든 노력은 생물학적 진화가 인류에게 남긴 기초적인 역설과 만난다. 즉 전쟁의 목적은—내집단 기준으로 볼 때—대량 학살인 것이다. 전쟁 범죄를 규정할 수 있는 절대적 기준 따위는 존재하지 않으며 인간의 판단은 늘 변하기 마련이다.

뉘른베르크 재판이 끔찍한 전쟁을 마무리 짓는 데는 성공했지만, 모든 전쟁 범죄의 기소가 조정으로 이어지지 않는 데는 여러 가지 이유가 있다. 인간의 집단공격 기질은 '다른' 사람의 행동은 자기 자신의 행동보다 '반인도적 범죄'로 낙인 찍기가 더 쉬움을 의미한다. 전쟁 범죄로 지도자가 기소되었을 때 그의 지지세력은 자신들은 공격이나 불의에 맞서 자기 방어만 했을 뿐이며, 어떠한 처벌이든 자신들은 부당하게 처벌받는다고 여길 것이다. 대개 그러한 재판은 가장 긴밀히 연루되었을 수 있는 지역 사회의 구성원을 기소하는 데는 실패하며, '범죄'가 발생할 때 수동적으로 방관했던 이들에 대해 아무것도 하지 못한다. 살상을 저지른 집단의 개개 일원에게 그(예외 없이 거의 남성)의 행위에 대한 책임을 물을 수 있는가? 1970년대 후반, 폴포트의 크메르 루주는 전 국민의 20퍼센트에 달하는 170만여 명의 캄보디아인을 살해했다. 그러나 작은 학교 건물 한 곳에 1만 4000명의 수감자를 감금해두었던 악명 높은 S-21 심문 시설의 교도관들에게 책임을 묻는 것이 마땅한가? 그들 중 다수는 수감자들을 처형시킬 당시 불과 15, 16세였고, 명령을 이행하지 않으면 자신이 목숨을 잃을 것임을 알고 있었다.[395]

전쟁 범죄로 기소된 개인에게 유죄를 선고하려는 시도는 그 결과 면에서 여전히 모호하며 혼란의 소지가 있다. 1990년대 말, 스페인의 한 판사는 런던에 거주하고 있는 칠레의 전 독재자 아우구스토 피노체트를 범죄인으로서 송환할 것을 요청했다. 이 사건은 영국 상원으로 보내졌고, 피노체트는 "어느 누구의 입장에서도 수용할 수 없는" 행위를 한 죄가 인정된다는 결론이 내려졌다. 결국 피노체트는 칠레로 송환되었으나, 항소 법원에서 '정신 이상' 때문에 재판을 받을 수 없다고 판결을 내림으로써 재판에 세우지 못했다. 1998년, 유럽연합 회원국들에 대해 구속력을 가지는 로마규정Statute of Rome에 따라 국제형사재판소ICC, International Criminal Court이 설립되었다. 국제형사재판소는 두 가지 새로운 방식으로 국제 정의의 새 지평을 열기 시작했다. 조약 당사국 대신 개인에 초점을 맞추는 뉘른베르크 전통을 지속시켰으며, 판결 내용을 로마규정 조인국뿐 아니라 비조인국에도 부과하기 시작했다. 그 결과 수많은 문제에 부딪쳤다. 발칸 반도 대학살로 기소된 세르비아의 지도자 슬로보단 밀로셰비치에 대한 재판은 굉장히 복잡한 양상으로 전개되며 시간을 끄는 바람에 헤이그에서 사건 판결이 나기 전에 그는 자연사했다.

그러나 ICC를 60개국이 비준했으며, 미국의 빌 클린턴 대통령은 2000년에 이 조약에 서명했다. 그러나 그는 이를 상원에 상정하지 않았고, 부시 행정부는 미국 정치인과 군 사령관이 기소될 수 있다는 이유를 들어 비준을 거부했다. 영국은 미국의 두려움에 조소를 보냈지만, 전쟁 범죄를 정의하고 재판소의 관할권에 합리적인 제한선을 정하는 작업은 논쟁을 야기하는, 녹록

하지 않은 일임이 곧 드러났다. 1993년, 벨기에 의회는 전쟁 범죄에 대해 ICC가 망설였던 '보편관할권'까지 주장하고 나섰다. 벨기에 대법원은 재판장에 직접 세우지 않고도 아리엘 샤론(1982년 베이루트의 팔레스타인 난민 학살에 관여한 죄목)과 조지 앙리 부르디에(차드의 전 독재자)를 재판할 수 있는 개별 국가 법원의 권리를 지지했다. 2003년 이라크전 개시 이후 영국의 토니 블레어 총리는 벨기에 법정에서 반인도적 범죄로 기소되었다. 미국 국방장관 도널드 럼스펠드는 브뤼셀에 NATO 본부를 두지 않겠다는 위협으로 맞섰으며 벨기에 의회는 결국 뒤로 물러섰다.

부수적 피해

전쟁 법규에 대한 미군 측 총괄 안내서인 미군 야전교범 27-10은 내집단 윤리를 전쟁 수행에 적용하고 있다. 예를 들면, 다음과 같은 부분이다. "지휘관은 포로들의 존재로 대규모의 감시인력이 필요해 움직임이 제한되거나 항전력이 감소된다 해도 포로들을 처형하지 않을 수 있다." 1971년 3월, '녹슨 남자' 캘리 중위는 베트남 남부 밀라이 마을 4구역에서 무차별적인 학살을 주도한 혐의로 군사 재판에서 유죄 선고를 받았다. 그는 베트콩과 무고한 마을 주민을 분간할 방법이 없었고 주민들을 살려두는 것은 자신이 이끄는 군대를 위험에 처하게 만들 수 있었으며 자신은 상관인 메디나 총사령관의 명령에 따랐던 것이라 주장하며 외집단 기준에 근거하여 자신의 변론을 펼쳤다. 캘리는 이렇게 적었다.

> 그러나 밀라이에서의 작전 임무는 비정상적인 것이 아니었다. 단지 "가서 끝장내라"는 것뿐이었다. 성경의 내용을 기억해보라. 아말렉은 어떠했는가? 하느님이 사울에게 말씀하셨다. 지금 가서 아말렉을 쳐서 그들의 모든 소유를 남기지 말고 전멸하되 남녀와 소아와 젖 먹는 아이와 우양과 낙

타와 나귀를 죽이라. 그러나 사람들은 전리품을 취했다. 그리고 하느님은 그들을 벌하셨다.[396]

밀라이 학살에 앞서 수년 전, 같은 메콩강 삼각주에 위치한 탄퐁이라는 작은 마을에서도 대학살이 있었다. 네이비 실 특수부대 정예 요원 7명은 로버트 케리* 소대장의 명령에 따라 베트콩 지도자로 의심되는 인물을 납치 혹은 살해하기 위해 야간에 상륙을 감행했다. 이들이 마을에 1200여 발의 탄환을 쏟아붓는 과정에서 최소 13명의 여성과 어린이가 무방비 상태로 살해되었다. 베트남의 한 생존자는 미군이 어떻게 한 여성과 세 어린이를 칼로 찔러 죽인 뒤 15명의 아녀자에게 근접 사격을 가했는지를 묘사했다. 한 노인의 목을 베기도 했다. 케리를 비롯한 일부 요원은 자신들은 어둠 속 90미터 거리에서 응사한 것이라고 주장했지만, 몇몇 요원들은 증언을 통해 베트남 생존자의 이야기를 확인해주었다. 캘리와 마찬가지로 케리는 허세가 심한 상관, 로이 호프먼 당시 해군 대장에게 보고했다. 로이 호프먼의 교전수칙은 이러했다. "제군들이 그들(베트콩으로 의심되는 자들)을 생포하거나 살해하지 않으면 그 대신 내게서 연락을 받게 될 것이다."[397]

살인을 정당화하기 위해 '부수적 피해'의 개념을 사용한 또 한 명은 바로 1995년 오클라호마 시티의 연방 청사 건물을 폭파하여 1차 걸프전보다도 더 많은 미국인 사망자를 낸 티모시 맥베이였다. 그는 영리한 젊은이이자 훈장을 받은 걸프전 참전 용사였으며, 반정부 반군 운동에 동조하게 된 외톨이 은둔자였다. 자신이 희생시킨 어린이들에 대한 질문을 받았을 때 맥베이는 아무런 뉘우침을 보이지 않았고 그 어린이들의 죽음을 '부수적 피해'라고 표현했다. 황당한 논리지만, 그는 사교 집단인 다윗파의 공동체가 있는 텍사

* 마찬가지로 베트남전 참전 경험이 있고 미 상원 의원을 지내게 되는 2004년 대선 후보 존 F. 케리와는 다른 인물이다.

스 웨이코를 미국 정부가 '포위' 하는 과정에서 다윗파 교도 82명이 희생된 것을 보고, 자신이 목격한 불의를 되갚아주고자 싸우고 있다고 생각했다. 티모시 맥베이는 분명히 대량 학살범이었고 정신 이상이었던 것으로 생각된다. 그러나 그의 관점에서 볼 때 반드시 필요한 정당한 계획을 이행하는 과정에서 불가피하게 발생한 부수적 피해라는 그의 주장은 두 차례의 걸프전에 참전했던 다국적군, 1990년대 발칸 반도의 NATO군, 2006년 레바논을 공격했던 이스라엘은 물론이고, 캘리나 케리의 민간인 살해를 정당화하려는 변명과 조금도 다를 바가 없다.

여러 차례의 베트남 학살의 정확한 세부 사정이 무엇이든, 추격하던 적군의 영토 깊숙이 습격을 감행하는 젊은 남성 집단은 움직이는 모든 것을 다 죽여 없애려는 영장류의 본능적 욕구 차원으로 얼마든지 퇴보할 수 있을 것이다. 베트남 내에서 미군이 저지른 전쟁 범죄 122건이 군사 재판에서 유죄 선고를 받았으며, 탄퐁의 경우와 마찬가지로 훨씬 많은 수의 사건은 기소조차 되지 않은 채 잊혀졌다. 베트남에서의 경험을 로버트 케리는 다음과 같이 회상했다.

> 죄책감을 훨씬 능가하는, 치욕의 감정이다. 한순간도 거기서 자유로울 수 없다. 대낮에도 어두운 그림자가 드리운다. 나라를 위해 목숨을 바치는 것은 사람들에게 일어날 수 있는 최악의 일이라는 생각을 한 적이 있었지만, 지금은 생각이 바뀌었다. 나라를 위해 사람을 죽이는 것은 그보다도 훨씬 끔찍한 일일 것이다. 끝없이 따라다니며 나를 괴롭히는 기억이기 때문이다.[398]

진화가 우리에게 사람을 죽이는 일을 살인이라 지칭하는 것과 전쟁이라 지칭하는 것, 두 가지 상반된 도덕 체계를 선사했다는 사실을 상기한다면, '부수적 피해' 에 관한 의사결정이 왜 그토록 어려운 일인지 비로소 이해할 수 있을 것이다. 맥베이, 캘리, 케리 등의 인물에 얽힌 도덕적으로 복합적이고 혼란스러운 이야기를 제대로 이해하려면, 이들의 행위가 내면 깊숙이 있는 광기와 파괴본능과 더불어 영장류의 집단공격에 대한 본능적 기질이 표출된 것임을 알아야 한다. 이들은 모두 원형적인 영장류 습격의 형태로 민간인을 살해했으며, 이는 인류 역사 대부분에 걸쳐 남성들이 행해온 것이다. 티모시 맥베이는 처형되었다. 캘리는 군법회의에 회부되었고,* 로버트 케리는 미 상원의원에 선출되기도 하였다. 그들 나름의 기준에서 보면 모두 자신의 임무를 수행한 용감한 남성이었지만, 전쟁에 관한 법적 해석에 따르면 전부 마땅한 처벌 대상이었다.

화해와 재건

전쟁의 참상을 개선하고자 하는 몇몇 중요한 노력이 20세기 들어 이루어지기 시작했다. 모두 성공적인 것은 아니었으나 대체적으로 획기적인 수준의 노력이었으며 어느 정도 분명화된 호모 사피엔스의 행동과 완전히 야생인 침팬지의 행동 간의 간극을 넓히는 데 일조했다. 전세계적으로 지금까지 21세기의 가장 중요한 큰 변화는 바로 전쟁 난민과 패전국을 돕기 위한 일련의 인도적·경제적 방책이 등장했다는 점이다. 제1차 세계대전 이후 국제연맹이 인도적 지원을 제한적으로 담당했으나, 제2차 세계대전 이후 유엔은 전후 세계에 대한 좀 더 인도적인 새로운 기준을 마련했다. 민간인과 전투원을 구분하려는 노력이 증가하면서, 전후 민간인들이 겪는 고통은 '무고한' 사람들의 문제라는 인식이 형성되었다. 세계식량계획 같은 국제 기구가 전쟁 난민이 된 공동체에 식량과 거처를 제공하는 등의 긴급한 생명 구호 활동

* 캘리는 밀라이에서 민간인 22명을 계획적으로 살해한 것에 대해 유죄 선고를 받고 노역이 부과된 종신형에 처해졌다. 그러나 그 후 그는 조지아의 포트 베닝 군사 기지에서 단 3년 반만 복역했다.

에 나서고 있다. 아마 율리우스 카이사르라면 찬성하지 않았을 일이고, 침팬지 무리가 취했을 행동과는 정반대일 것이다. 사람들의 관심에서는 어느 정도 밀려나 있는, 정치적으로 용인된 이러한 활동은 일반적인 생각보다 훨씬 더 근본적으로 전쟁의 외면을 바꾸어놓았다. 이러한 활동은 선진국에서 광범위한 지지를 얻고 있으며, 민주주의 국가의 수반이 전쟁으로 인한 인도적 위기에 개입하지 않을 경우 그 지도자의 정치적 생명이 위협받을 수 있는 정도가 되었다. 특히, 굶주리는 어린이들을 다루는 TV 영상이나 각종 매체 보도는 강렬한 내집단 공감을 불러일으키게 된다.

그러나 구호 단체가 제대로 기능하기 위해서는 초당파적이어야 하는데, 이는 현실적으로 어려울 수 있다. 초당파적이라는 것은 세계 인류라는 좀 더 큰 집단을 포용하기 위해 개별적인 내집단 소속은 저만치 제쳐놓는 것을 의미한다. 우리의 깊숙한 내면에서 이따금씩 느껴지는 감정의 기준에서 보면 세계 공동체를 포용하는 것은 좀 더 협소한 자신의 내집단에 대한 일종의 배신으로 비춰질 수도 있다. '옳든 그르든, 내 조국'의 정신을 버리고 대신 '내 조국이든 아니든, 옳은 것은 그른 것을 이긴다'라는 정신을 선택해야 하기 때문이다. 최근 들어 국경없는의사회 등 민간 구호 단체가 인권 보호에 적극 나서고 있다. 이들 단체는 실제로 내집단 윤리의 범위를 인류 전체로 확장시켰으며, 매우 중요하고 가치 있는 활동을 해오고 있다. 안타까운 것은 기자이자 바드 대학 교수인 데이비드 리프가 "세계인권선언이 추구하는 바가 지상의 현실로 옮겨질 것 같지는 않다"고 쓴 것처럼 전쟁 상황 속에서 미해결 과제는 여전히 많다는 사실이다. 인권은 내집단 개념이지만, 모든 인간을 우리 자신의 내집단 일원으로 받아들이기는 대체로 쉽지 않다.

그러나 침팬지는 보복 욕구뿐 아니라 용서, 결속, 범칙자에 대한 포용 등을 위한 다양한 사회적 매커니즘도 가지고 있다는 사실을 기억할 필요가 있다.* 우리에게 알맞은 용기, 지혜, 강력한 리더십이 있다면 다른 영장류인 침팬지의 이 기질이 인간에게서 어떻게 나타날 수 있는지 분명히 보여주는 사례가 20세기 말에 있었다. 남아프리카공화국 진실화해위원회TRC는 특성상 전쟁이나 다름없었던 남아프리카의 아파르트헤이트(1994년 철폐된 남아공의 극단적 인종분리정책_옮긴이)가 남긴 상처를 치유하려는 특유의 노력이었다. '전범'을 '정의'의 심판대에 세우는, 본질적으로 힘든 작업에 대한 현명한 대안이었다. TRC는 아파르트헤이트 실시 당시 살인과 고문을 실시한 이들을 희생자 및 유족들과 대면시켰다. 그 목적은 처벌이 아니라 과거에 벌어진 일을 확실히 인정받고자 하는 것이었다. 이 책에서 자주 언급되었던 내집단/외집단 행동 모형에서, TRC는 잔혹한 집단공격에 가담했던 이들로 하여금 자신의 행동을 내집단 기준에서 다시 바라보게 만들려 했다. 중요한 사실은, TRC 역시 아파르트헤이트로 인해 인권 유린을 당했던 남아공의 흑인들이 그리 쉽게 용서하고 잊어버릴 것이라 기대하지는 않았다는 것이다. 그보다 폭로, 자백, 분노와 고통 등 반응의 표현을 공식적인 구조로 만듦으로써 분쟁에서 각자의 입장에 섰던 사람들 모두에게 한때는 자신의 적이었던 상대방을 같은 인간으로서 느낄 수 있게 만들었다. 다시 말해, 이러한 과정은 좀 더 넓고 포괄적인 내집단을 형성해나가는 시작이었다. 물론 이것이 늘 효과적인 것은 아니었지만, TRC는 서로 공감과 공격이 반복되는 악순환을 끊어보려는 근본적이고 획기적인 시도를 한 것이었다. 이는 내전, 대학살, 그 밖에 내집단 결속을 와해시키는 여러 재난을 겪은 다른 국가들에게 여전히 중요한 본보기가 되고 있다.

* 모든 사회적 동물 집단에는 체제에 저항하는 개체들의 압력이 늘 존재한다. 위계 상승을 시도하거나 집단의 이익에 공헌은 하지 않고 집단으로부터 혜택을 얻고자 하는 일종의 무임승차를 꾀하기도 한다. 진화에는 생존을 위한 집단 결속 및 협력을 돕는 대응 전략이 내재되어 있다. 침팬지의 경우 털을 손질하는 행위는 각 개체 간의 유대를 강화시켜주며 내집단 분쟁 이후 무리를 다시 통합시키는 역할을 한다. 이러한 유형의 사회적 접착제가 효과적인 이유는 이것이 먹이를 찾거나 다른 일에 들일 수도 있는 시간과 노력의 투자를 요구하긴 하지만 즐거움을 주기 때문이다. 리버풀 대학의 인류학 교수 로빈 던바는 인간의 말이 침팬지의 털손질에 해당한다고 추측한다. 잡담, 이야기, 토론 역시 털손질과 마찬가지로 시간이 드는 과정이며, 사람들을 한데 엮어주는 역할을 한다.

초국가적 힘

국가를 침팬지 무리의 등가물로 본다면—대략적인 의미에서지만 받아들일 수 있다—같은 국가의 국민들은 우리에게 가장 중요한 내집단이 된다. TRC는 국가적 내집단을 모든 남아공 국민을 포함하도록 확장시키는 방식을 통해 효과를 이끌어냈지만, 더욱 단단히 고정된 중요한 경계를 우리가 확장시키려 한다면 과연 어떤 일이 벌어질까? 수많은 학자들은 인권 보호는 초국가적 기관에 의해서만 가능하다고 주장해왔다. 17세기의 윌리엄 펜이나 18세기의 임마누엘 칸트는 전쟁을 막기 위한 국가 연합체 개념을 주장했다. 칸트는 "영구적 평화"는 국가들 간의 연맹을 통해 실현될 수 있으며, 그 "자주권에 대한 헛된 긍지"는 아이들에게 세계 정부에 대한 필요성을 교육함으로써 극복 가능하다고 믿었다. 제1차 세계대전 이후 "국제 협력을 증진하고 국제 평화와 안보를 실현하기 위하여" 국제연맹이 탄생했다. 미국 우드로 윌슨 대통령은 이 체제의 핵심적인 지지자였으나, 미 상원에서 연맹 창설 규약을 비준하고 미국을 가입시키는 데 필요한 3분의 2 이상의 동의를 얻지 못했다.

'국제연합(유엔)' 이라는 명칭은 1942년 1월 프랭클린 D. 루즈벨트 대통령이 나치 전쟁 집단에 대항하여 연합한 26개국을 언급하면서 최초로 사용했다. 국제연합이 오늘날과 같은 형태를 갖추게 된 것은 샌프란시스코에서 1945년 4월부터 6월까지 열렸던 국제기구 창설에 관한 연합국 회의에서였다. 회의 말미에 조인된 헌장은 명백히 제2차 세계대전의 경험에서 나온 것이었다.

> 우리 국제연합의 제 국민은 지금껏 두 차례에 걸쳐 인류에게 형언할 길 없는 슬픔을 안겼던 전쟁의 참화로부터 미래의 세대를 구하고, 기본적 인권과 인간의 존엄 및 가치에 대한 믿음을 다시 한 번 확인하기로 결의하

였다.[399]

미국의 국제연맹 가입을 방해했던 고립주의 성향은 제2차 세계대전 이후 유엔에 대한 적극적 지원으로 변화했다. 미 국무장관은 유엔을 "전세계적 이해의 새 시대"라 칭했다. 명백한 결함을 드러내기도 했지만, 유엔은 국제연맹에 비해 평화 수호 면에서 점차 성공을 거두어나갔다. 이는 국제적 논의의 지평을 마련한 것과 무엇보다도 세계식량계획, 난민 고등판무관, 평화유지활동국 등 다양한 산하 기구의 활동에 힘입은 측면이 크다.

그러나 담화가 인류의 모든 문제를 해결할 수는 없으며, 갈등을 야기할 가능성이 가장 큰 주체는 바로 국제 사회의 격려나 종용에 반응을 보일 가능성이 가장 낮은 범법자, 독재자, 반군, 악한이다. 모든 법률 제도에는 집행 분과가 필요하며, 유엔이 세계 경찰이 되려면 아직도 갈 길이 멀다. 유엔은 국가별 통치 개념을 기반으로 구성되어 있다. 조직 활동은 통상적으로 국가 간 논의에서 합의된 내용을 바탕으로 이루어지며, 안전보장이사회의 투표가 이루어져도 5개 상임 이사국에는 여전히 거부권이 있다. 유엔은 1950년 한국 전쟁에 명목상 개입을 하기는 했으나, 이는 단지 주요 표결 당시 소련이 유엔 안보리에 불참한 우연한 외교적 상황 덕분이었다. 쿠웨이트나 코소보의 경우처럼 좀 더 최근 분쟁의 사례에서는 강대국으로 구성된 초국가적 집단이 유엔 체제 밖에서 집결했다. 현재 유엔 평화유지군은 무장한 구호 단체 성격을 유지하고 있다. 그들은 민간인을 보호하고 평화를 유지하는 활동을 하고 있지만, 분쟁에 적극적으로 개입하지는 않는다. 유럽연합은 EU 평화 유지 공동 병력에 대한 논의를 진행 중이며, 아프리카연합 등 다른 지역의 단체들 역시 비슷한 방향으로 움직이는 추세다. 명령 체계의 문제에서부터 중립적 활동이라는 핵심 과제에 이르기까지 엄청난 난관이 있으나, 잠재적 보상 역시 상당하다. 진정한 국제 경찰의 개념은 먼저 같은 의견을 가진 국가들로 이루어진 소집단의 협력에서 출발하여 수 차례 경험이 반복적으로 축적된 뒤에야 비로소 실현될 수 있을 것이다.

국제 군법의 기타 원칙으로는 특정 유형의 파괴 병기나 민간인 살상 가능성이 높은 무기에 대한 제한 노력이 있다. 병기의 국제 거래를 통제하려는 최근 유엔의 노력은 전반적으로 실패로 돌아갔다. 1997년 오타와 대인지뢰 금지 협약이 성공할 수 있었던 것은 지뢰 반대 단체들이 일반적인 유엔의 거부권 및 지연 시스템을 피해갈 수 있었기 때문이다. 그러나 소형 화기는 보스니아에서 라이베리아에 이르기까지 오늘날 여러 전쟁에서 여전히 주요 살상 무기로 사용되고 있으며, 권총, 소총, 기관총의 수는 **매년** 600만~800만 개씩 증가하고 있다. 소형 화기로 인한 연간 사망자 수는 50만에 이르며, 이들 화기를 통제할 경우 공격으로 인한 사망자 수를 감소시킬 수 있을 것이다.* [400] 불행히도, 중국, 러시아, 미국은 자국 내 제조업체 및 정치 로비 단체의 환심을 사느라 소형 화기 규제에 대한 일체의 합의를 근시안적으로 차단하고 있다. 2001년 소형무기 불법 거래에 관한 유엔 회의는 현재 국제 무기 거래 반대 운동가들을 화력으로 압도하는 전미총기협회를 집결시킨 것 말고는 아무런 성과를 거두지 못했다. 2006년, 무기거래를 제한하려는 두 번째 시도는 쿠바와 미국을 비롯한 소수의 국가들에 의해 저지되었다. 이들 양국이 손을 잡은 것은 흔치 않지만 유감스러운 사례였다.

어떤 국가든 전쟁을 막고자 한다면 자력으로 군대를 전선에 배치할 수 있어야 한다는 것이 일반적인 결론이다. 어떠한 국제 법규에 합의가 이루어졌든, 불량 국가나 악한 세력은 늘 존재하기 마련이며, 1차 걸프전에서처럼 개별 국가 혹은 국가 연합체가 유엔의 결의안을 집행하고자 할 경우에도 이들 자신이 공격자로 비춰지기 쉽다. 그러나 국제적 군사력을 조직, 지휘, 배치

* 1999년 미국 내에서 총기 사고 사망자 수는 2만 8874명이었고, 이 가운데 다수는 갱단 전쟁으로 인한 것이었다. 몇몇 주의 경우 권총 소지시 등록조차 불필요한 미국에서는 고의에 의한 총기 사고 사망률이 10만 명당 13.47명에 달한다. 반면, 총기에 대한 엄격한 규제가 이루어지는 싱가포르의 경우, 10만 명당 0.24명으로, 미국의 50분의 1 이하 수준에 해당한다.

하려는 노력은 어떠한 것이든 효과적인 전투 단위의 기본 기질에 어긋난다. 무장한 병력에게 "평화를 수호"하라는 요구 자체가 의미상 모순이다. 인간을 서로 싸우게 만드는 생물학적 기본 동인은 오늘날 평화유지군이 마주하고 있는, 혼란스러운 상황에서 그 기반이 흔들린다. 뚜렷한 적이 존재하지 않는다. 사병과 지휘관은 신뢰하기 어렵게 느껴지는 다국적 동료들과 함께 전투를 수행하게 되고, 전쟁의 핵심인 무력 사용은 복잡한 교전 수칙에 심각한 제약을 받게 된다. 이러한 교전 규칙은 평화유지군의 '과도한 무력' 사용을 예방하기 위한 필수적이고 인도적인 군사 명령이지만, 생물학적인 모순은 조금도 덜어내지 못한다. 전쟁이란, 본래 이기기 위해 싸우는 것이다.

모국의 가족들은 자신들이 잘 알지도 못하는 먼 곳에서 평화유지 임무 수행 중 발생한 인명 희생보다는 자국의 직접적인 이익을 위해 자국군이 싸우는 과정에서의 희생을 더 잘 받아들인다. 또한 현지에서의 명백한 명령이 없는 상황에서 군인들은 최소한의 저항을 택하고 개입하지 않으려고 할 가능성이 크다. 바로 이것이 1994년에 있었던 르완다 대학살에서 유엔이 효과적으로 개입하지 못했던 한 가지 이유다. 2002년 6월, 미국은 유엔이 보스니아에서 수행 중인 평화유지활동에 필요한 일부 비용을 부담하고 군사적 지원을 하겠다는 약속을 일방적으로 철회했다. 이 결정은 국제주의자들로부터 거센 비난을 받았지만, 미국의 정계와 군 지도자들은 강력히 지지하고 나섰다. 그 과정에서 전쟁과 법을 연관 지으려 할 때 발생하는 심오한 철학적·현실적 문제점들이 부각되었다. 2003년 이라크 침공의 결과에서 분명히 보았듯이, 경찰 업무와 군사 활동은 완전히 다른 직무이며 군인과 경찰은 서로의 임무를 바꾸어 수행하기에 대체로 부적합하다.

양가성과 진보

전쟁을 사장시키는 법적 작업을 현실에서 논할 수 있게 되기까지는 수많은 문제와 생물학적·정치적·실용적으로 엄청난 장애물이 도사리고 있다. 그러나 지난 수 세기 동안 인류는 전쟁이 과도한 양상으로 치닫는 것을 법적으로 제한함으로써 상당한 진보를 이루어왔다. 경우에 따라서는, 상대를 전멸시키는 활동—"호흡이 있는 자는 하나도 남기지 아니하였으니"라는 성경 구절로 요약될 수 있는 고대 세계의 보편적 방식—이었던 전쟁이 더욱 복잡한 과정으로 변형되기도 했으며, 이 경우 프로이센의 카를 폰 클라우제비츠 장군의 유명한 표현대로 "방법을 달리한, 정치의 연장선"을 기본 전투 단위로 하여 구성된 군대가 전략적으로 수행하게 된 것이다. 그로티우스의『전쟁과 평화의 법』의 목적은 인간의 진화적 과거로부터 물려받은 기습, 포악성, 적의 섬멸에 관한 생물학적 욕구를 전복시키는 것이다. 인간은 진보하고 있지만, 그 과정은 상당히 더디고 양가적이다. 전쟁의 법칙은 늘 내집단 복종이라는 확고한 계명과 외집단 파괴라는 불가항력 사이에 끼어 있다. 사악한 집단 습격이 살인에 대한 모종의 제약으로 옮겨가는 과정은 본질적으로 불안정하고 불확실할 수밖에 없다.

인간의 생물학적 근원을 제대로 이해할수록 최악의 전쟁 국면을 개선시키는 데 도움을 줄 문화적·환경적 영향을 형성할 수 있는 더 나은 상황에 있게 될 것이다. 블레어를 전범으로 기소하려는 단순한 행위나 나토 본부를 브뤼셀에서 옮기겠다는 럼스펠드의 학교 깡패식 정치에서 알 수 있는 것은, 극단적 전쟁의 폐단을 막을 행보를 진정으로 시작하려 한다면 먼저 동종 살해에 대한 보편적 인류(혹은 적어도 남성)의 정신분열에 정면으로 맞서야 한다는 사실이다. 보편적인 지지를 이끌어내기 힘든, 인권에 대한—정당하지만—극단적인 주장을 펼치는 대신, 점진적이고 실질적인 행보를 계속 이어간다면 최상의 진보가 가능할 것이다.

동시에, 전쟁의 발발 횟수를 줄이고, 분쟁으로 집을 잃고 굶주리는 이들을 지원하는 일 모두에서 우리가 그동안 얼마나 큰 진전을 이루어왔는지 상기해볼 필요도 있다. 아시리아의 아슈르바니팔 왕(기원전 668~625년)은 전쟁 포로에게 의도적으로 가한 무시무시하고 잔인한 학대 장면을 묘사한 부조 세공에 채색을 하여 궁전 입구를 장식했다. 산 채로 살가죽을 벗겨내거나 혀를 뽑아내고 쇠몽둥이로 무참히 때리는 모습이었다. 그러한 조각 작품의 의도는 위협하고 각인시키며 본보기를 보이는 데 있었다. 2004년 같은 나라—이라크—를 점령한 세력이 행한, 이보다는 훨씬 약하지만 여전히 끔찍한 모욕과 구타는 수많은 미국인에게 자부심 대신 수치심을 안겼다. 우리가 전쟁을 억제했다고 주장하기는 어렵지만, 전쟁을 외국 국민에 대한 무차별적 살상으로부터 좀 더 인도적인 방향으로 돌려놓기 시작한 것은 분명하다. 즉, 전쟁을 출발점에서 벗어나게 만들기 시작했다는 뜻이다. 국제법과 그 효과적인 집행은 그 과정을 진전시키는 데 있어 중요한 역할을 할 것이다. 그러나 전쟁의 생물학적 뿌리를 좀 더 직접적으로 파고들지 않고서는 제대로 성공을 거두리라 기대하기 어렵다.

우리는 인류의 석기시대 행동이 얼마나 흔한 것인지 종종 망각한다. 2006년의 어느 날에 부시 대통령은 상원에서 줄기세포 연구에 대한 제한을 완화시키는 법인에 대한 거부권을 행사하면서, 동시에 민간인 대량 살상이 불 보듯 뻔한데도 레바논의 헤즈볼라 공격에 사용될 폭탄의 이스라엘 수출을 허가했다. 내가 실험실 연구원으로 있었을 때 줄기세포 다발을 보려면 고성능 현미경이 필요했으며, 개인적으로는 아녀자들로 가득 찬 가옥 위로 폭탄을 떨어뜨리는 것보다는 개수대에 줄기세포를 흘려버리는 쪽이 훨씬 덜 괴로웠을 것이다. 그러나 인간은 타인을 비인간화하려는 선천적 능력과 전쟁을 '정당화' 하는 능력이 매우 뛰어나기 때문에 선의를 가진 지적인 사람들조차도 어른이나 아이보다는 배아를 걱정하는 데 더 많은 시간을 들인다. 물론 그 어른과 아이가 다른 어딘가에 살고 있고 자신의 내집단에 속해 있지 않는다면 말이다.

11
악

정말 심각한 살상, 고문, 파괴 행위에 참여하는 이들은 살인자나 범죄자, 불량배, 반순응주의자가 아니다. 역사적으로 전쟁의 대학살, 종교적 박해, 도시 약탈, 여성에 대한 대규모 강간 등은 오히려 정의로운 대의를 내세워 행동하고 열렬한 신앙을 가진 건전한 시민이나 순응주의자들이 저질렀다.

— 아서 쾨슬러, 1967[401]

우리 자신의 전투 충동을 어떻게 억제할 것인가를 더 깊이 고민하기에 앞서, 먼저 우리가 맞서고 있는 대상의 속성부터 이해할 필요가 있다. 영어에는 그 대상을 완벽하게 표현하는 단어가 있다. 바로 '악evil'이다.

누구나 악의 개념에 대해 어느 정도 알고는 있지만, 그 근원에 대한 해석은 분분하다. 기독교인에게 악은 원죄의 증거이며, 현대 사회학의 관점에서 악은 병리학적 행동이다. 우리는 뉴욕과 워싱턴에 대한 9·11 테러 공격을 전형적인 악행으로 보아야 하는가, 아니면 연쇄적인 역사적 사건에 대한 납득할 만한 대응으로 보아야 하는가? 무기가 다르고 수적 규모는 훨씬 크지만, 뉴기니 산간 부족 습격조가 이웃 마을에 가한 기습 공격을 그런 것으로 볼 수 있다. 이는 여호수아가 여리고 성 주민들에게 했던 것과 동일하다.(여리고 주민들은 자신들이 포위된 사실을 알고 있었다는 점만 다를 뿐이다.) 일본군이 진주만에서 했던 것과도 동일하다. 예고 없이 공격을 감행한 습격자가 희생된 사람들에 대해 몰랐다는 점에서는 미국이 히로시마에서 했던 일과도 동일하다. 9·11 공격 역시 이전에 한 번도 본 적 없는 동종의 개체를 죽이는 침팬지 집단의 행동과 본질적으로 다를 바가 없었다. 인간의 마음속에서 악은 상대적인 것이다. **그들은** 악하지만, **우리는** 결백하다—혹은 적어도 상황에 따라 정당화된다. 반대편에서는 이 설명이 반대가 된다. 언제나 최악의 살상과 잔학 행위는 우리가 싸우고 있는 상대편을 악으로 인식하는 경우에 일어난다. 인간이 같은 인간을 죽이게 만드는 바로 그 비인간화가 실은 악이라고 볼 수 있지 않을까? 이 정의定義는 좀 더 생각해볼 가치가 있다.

살인 사건의 경우, 대개 두 명의 개인—살인자와 희생자—이 있으며 이들은 서로 아는 사이인 경우가 많다. 추리소설 작가인 애거사 크리스티는 피해자를 불시에 찾아와 기묘한 독약으로 살해하는 냉혹한 살인자에 관한 이야기를 즐겨 썼다. 그러나 현실 세계에서 대부분의 살인자는 지적이기보다는 감정적인 성향이 강하다. 말다툼이 벌어지고, 분노가 폭발하고, 싸움이 격해지고, 급기야 칼부림이나 총격이 일어난다.

두 가지 모두 대체적으로 남성적인 행동이지만, 집단공격은 살인과는 굉장히 다르다. 여성도 살인과 고문을 자행할 수 있지만, 앞서 6장에서 주장했던 바대로, 여성이 습격, 전쟁, 노예 소유의 핵심인 집단적 협동을 개시하는 법은 절대 없다. 살인과는 달리, 집단공격은 우리로 하여금 같은 인간인 타인을 증오하게 하고 별다른 논쟁도 없이 살인을 저지를 수 있게 만든다. 인간을 냉혹한 살인자로 만드는 것이다. 집단공격의 경우 공격자는 피해자를 과거에 한 번도 본 적이 없을 수 있다. 언쟁도 없다. 그리고 피해자는 직접적이거나 긴박한 그 어떤 위협도 가하지 않는다. 그들은 그저 여리고에, 난징南京에, 드레스덴에, 혹은 뉴욕에 살고 있을 뿐이다. 공감 따위는 날아가버리고 없다. 9·11 테러리스트들이 그러했듯이, 치명적 공격을 가하는 모든 집단은 증오를 원동력 삼아 공격을 감행한다. 우리는 살인자의 동기에 대해서는 동의하지 않지만, 대개 적어도 그들을 이해할 수는 있다. 우리가 '무의미한' 살인이라 지칭하는 것은 공격자가 피해자를 모르는 경우나 피살자가 명백히 무고한 사람인 경우뿐이다. 피해자와 아는 사이이거나, 격렬한 감정이 분명히 드러나거나, 라이벌 집단과의 연관성이 명백한 경우에는, 설령 그 행위 자체는 혐오한다 해도 특정 살해 행위 속에서 그 '의미'를 사실상 발견하는 경우가 많다.

해당 사안에 대해 신학자나 법률가, 혹은 주정뱅이 철학자의 입장에서 접근하든 상관없이, 악이라는 이 문제는 결국 동종 개체, 특히 한 번도 만난 적 없는 모르는 대상에 대한 불필요한 잔학 행위로 귀결될 수 있을 것 같다. 인류의 법률 제도에서도 정당방위에 의한 살인, 치정에 의한 살인, 그리고 처벌 수위가 더 높은 계획적인 냉혹한 살인을 구분하고 있다. 이러한 의미에서 볼 때, 뱀, 매, 상어 등은 자신의 친지나 혈족을 '비종화非種化, de-specize' 하거나 '비개체화de-individualize' 하는 것은 차치하고, 먹이의 편에 감정이입할 수 있는 진화된 능력 자체가 없으므로 '악한' 존재일 수 없다. 이러한 맥락에서 제인 구달은 아프리카의 야생개 무리에 대해 쓴 자신의 책에 『무고한 도살자들Innocent Killers』이라는 제목을 붙였다.[402] 침팬지와 호모 사피엔스는 희생 대상에 감정이입할 수 있는 능력과 이를 무시해버릴 수 있는 능력을 모두 가지고 있기 때문에, 살해는 죄에서 자유로울 수 없는 것이다.

우리가 주장하듯, 젊은 침팬지 수컷과 인간 남성 둘 다 외집단의 일원을 공격하고 살해하려는 진화적 기질을 지니고 있다고 한다면 잔혹성의 문제는 새로운 국면으로 접어들게 된다. 아무리 끔찍해 보이는 악행이라 해도 남성의 입장에서는 수백만 년 동안 진화적으로 의미가 있었던 것이기 때문이다. 여성이 원인이 된 경우를 포함하여, 직접적인 이유 없이도 남성이 상대에게 고통을 가하기도 하는 이유는 한 가지가 있다. 극단적 가학성은 새끼 고양이에게 사냥법을 가르치기 위해 반쯤 죽은 쥐를 이리저리 휘두르는 고양이의 수준을 능가한다. 일단 침팬지나 인간이 다른 개체를 외집단 소속으로 확인하면, 그 대상을 말 그대로 갈가리 찢어놓으려는 욕망에 아무런 한계가 없어지는 것 같다. 오래 끄는 공격을 잔인하다고 느끼는 공감 능력이 고양이에게는 없다. 그러나 인간의 경우, 가학성은 문제의 핵심이다.

타 락

성인이 되고 판단력이 성숙해지면서, 우리는 대부분 인간의 악한 본성에 혼란을 느낀다. 성직자들이 어떻게 종교 재판을 벌일 수 있었으며, 독일인들은 어떻게 자국의 강제 수용소에 반대하지 않을 수 있었을까? 평등과 개인의 자유라는 원칙 위에 세워진 미합중국이 어떻게 노예 제도를 용인할 수 있었을까? 아즈텍의 인간 제물, 폴포트의 캄보디아 대학살, 서로를 죽이는 르완다의 투치족과 후투족, 수단 다르푸르에서 비아랍계를 살해하는 아랍계 잔자위드 반군, 이 모두는 우리에게 충격을 준다. 사실, 타인의 고통에 대한 이 같은 무감각과 대규모의 가학적 행위는 그러한 행위가 쓸모없어진 이후에도 존속돼온 진화적 충동의 증상으로 보아야만 비로소 납득할 수 있다. 이것들은 완전히 잘못된 집단공격의 흔적이다.

전쟁의 역사는 숨 멎을 듯한 가학성과 용맹스러운 이타주의가 뒤섞인 지속성 있고 일관된 기록이다. 철학자들과 신학자들은 이 딜레마에 늘 골머리를 앓았다. 성 아우구스티누스는 질문을 던졌다. 만일 하느님이 선하다면, "악은 대체 어디에 있으며, 어디서, 어떻게 이곳으로 기어들어 온 것인가? 악의 뿌리는 무엇이며, 악의 씨앗은 무엇인가?"[403] 845년에 세상을 떠난 철학자인 알 나잠 등의 이슬람 학자들은 신은 어떠한 악도 행할 수 없다고 믿었다.[404] 복음주의 개신교에서는 "모두가 죄인"이며, 그리스도의 죽음이 우리의 죄를 씻어준다고 강조한다. 유대-기독교에서는 선악과를 먹어보라는 사탄에게 이끌린 이브의 유혹에 순전한 아담이 넘어간 것으로 인간의 현 상황을 해석한다. 신학적으로 볼 때, 이타심이 자연적인 상태이며 죄는 설명이 필요하다. 기억하겠지만, 인간 본성에 대한 이러한 이해는 자연 상태에서 인간은 본래 선하다는 루소의 성선설에도 나타난다. 다윈주의적 관점은 그 반대가 진실임을 보여준다. 경쟁과 반목은 규범이며, 이타심이 존재하기는 하나 이는 비교적 최근의 생물학 역사에서 진화된, 제한적이고 불안정한 행동에 가깝다는 것이다. 진화는 기존에 존재했던 것 위에 혁신을 더한다는 점을 생각하면, 이타주의는 유혈 경쟁이라는 큼지막한 알맹이를 감싸고 있는 행동상의 껍질이라고 볼 수 있다. 인간이 그토록 자주 타락하는 것은 어쩌면 당연한 일이다.

한국 경북 대학의 최정규와 뉴멕시코 산타페 연구소의 새뮤얼 보울스는 게임이론을 사용하여 인류 진화를 연구하고 있다. 이들의 시뮬레이션은 경쟁, 공감, 이타성이 어떻게 상호작용을 하는지에 관한 흥미로운 통찰을 제공한다. 이 연구는 내집단 이타주의와 외집단 증오 성향이 상호 강화 역할을 하고 있음을 보여준다. 이들은 내집단을 돕게 만드는 유전자를 보유한 개인과 그렇지 않은 개인이 공존하는 컴퓨터 진화 모형을 고안했다. 그리고 다시 여기에 2차 변수를 더하여 외집단에 적대적인 이들과 이웃 집단에게도 관대하고 교류를 지속하는 이들로 구분하였다. 이 시뮬레이션에서 안정적인 시스템을 이루는 쪽은 이웃 집단과 교류는 하지만 비관용적이고 이기적이며 이타심이 없는 개인들이었다. 그러나 수백 세대에 걸친 시뮬레이션에서 내집단에는 이타적이지만 외집단에는 배타적인 개인의 비율이 높은 사회는 그러한 내집단 중심적 이타주의자들의 비율이 낮은 이웃 사회를 끊임없이 공격하고 정복했다.[405] 명백히, 악을 설명하는 데는 생물학 그 이상이 필요하지 않다.

악의 뿌리를 생물학적 특성에서 찾을 수 있다 해서 악의 발현이 받아들여질 만해지거나 혹은 바라보기가 더 쉬워지는 것은 아니다. 그리고 악은 자신의 존재를 상기시키기라도 하듯 역사 전반에 걸쳐 각 문화권마다 주기적으로 모습을 드러내왔다. 진화생물학자들의 행동 연구에서 주된 관심사는 한 종에 보편적으로 나타나는 행동이며, 적을 비인간화·비개체화하려는 인간의 기질은 바로 그러한 행동에 해당한다. 악의 발자취는 어디서든 볼 수 있다. 기원전 20세기 아시리아에서는 사람이 화형대 위에서 최대한 오래 살아 있도록 치밀하게 계산하여 몸을 찔렀고, 기원후 20세기에는 우리 시대에 깊은 상처를 남긴 수 차례의 대학살이 있었다. 그 모든 이면 깊숙한 곳에는 비인간화라는 일관된 흐름이 있다. 희생자를 정말 인간으로 생각했다면 이러한 일을 서로 자행할 수 없었을 것이다.

1980년 폴포트의 통치를 피해 자국을 떠난 캄보디아인들이 모여 있는 태국의 난민 수용소를 방문한 적이 있었다. 마바니라는 한 젊은 여성은 자신의 남편이 총탄에 맞아 죽고, 할아버지는 자살하고, 아기는 설사로 죽는 것을 지켜보아야 했다. 그녀는 자신의 고통을 서툰 영어로 이렇게 적었다.

> 매일 새벽 5시가 되면 논에 나가 5시부터 11시까지 농사를 지어야 한다. 우리는 한 시간 동안 일을 멈추고 미음을 먹은 다음 저녁 6시가 될 때까지 다시 일을 한다. 우리는 집에 가서 밥을 세 숟가락 먹고 7시에 회의에 〔가야〕 할 때도 있다. (…) 크메르 루주는 〔우리는〕 일해야 한다고 매일 강제로 말한다. 일 안 하면 밥도 없다. (…) 그들은 잔인했다. 그들은 고함을 지른다. 그들은 오만하다. 연민이 없다.[406]

가학성은 여러 가지 형태로 나타날 수 있지만, 공통점은 모두 타인을 비인간화·비개체화하는 인간의 능력이라 할 수 있다. "그들은 오만하다. 연민이 없다"는 마바니의 말은 인간의 감정이입 스위치가 꺼지면 어떤 일이 일어나는지를 아주 정확히 포착해내고 있다. 오사마 빈 라덴이 9·11 공격에 대해 이야기하는 비디오 화면이 공개되었을 때 이를 본 사람들은 그 평범한 말들에 절망, 분노, 당혹감을 느꼈다. 자신이 신의 뜻을 실현시키기 위해 일하고 있다는 확신을 가진 사람이라면 인명의 희생에 회한이 가득 찬 심정을 표현해야 마땅하지 않은가? 회한은 아니라 하더라도 적어도 이글거리는 증오심이라도 보여야 하는 것 아닌가? 그러나 아니었다. 빈 라덴은 이따금씩 요란한 웃음을 섞어가며 장황하고 일관성 없는 이야기를 늘어놓았던 것이다. 쌍둥이 빌딩이 무너지던 순간 바로 악의 화신일 것이라 우리가 상상한 빈 라덴의 이미지와는 전혀 어울리지 않았다. 하지만 평범함이야말로 악의 본질이다. 빈 라덴이나 알카에다가 미국인 전체에 대해 그러했던 것처럼 성인의 두뇌가 일단 어느 집단을 '적'으로 분류하고 나면, 해당 집단의 일원은 제거되어야 할 표적에 지나지 않게 된다. 식료품 저장고의 개미나 잔디밭의 잡초나 다름없어지는 것이다. 한 번에 많은 이들이 죽을수록 더 좋다. 침팬지들이 한 번에 한 마리씩만 죽이는 이유는 그것이 맨손과 맨발, 긴 송곳니만으로 할 수 있는 전부이기 때문이다. 우리는 다른 종인 동물의 사고방식을 들여다볼 수는 없지만, 침팬지가 기술을 가지게 된다면 이웃 집단을 공격하는 규모를 기꺼이 늘릴 것이라고 생각한다.

우리가 원하든 원하지 않든, 우리는 모두 자신이 속한 내집단과 수많은 외집단을 구분한다. 물론 우리는 하나 이상의 내집단에 동시에 소속되어 있을 수 있다. 마치 보드빌(16세기 프랑스에서 시작된 일종의 소가극_옮긴이) 배우가 의상을 갈아입듯 우리는 쉽게 우리의 마음가짐을 바꾸고 종국에는 도덕적 기준마저 바꿀 수 있다. 우리는 어느 순간 자신이 속한 집단에 일체감을 느끼고 너무도 쉽게 타인을 폄훼한다. 자신이 응원하는 축구팀에 대한 심판의 부당한 페널티 판정에 극도로 분노하는 사람은, 무고한 민간인이 희생될지 모른다 해도 어느 먼 나라 '테러리스트'에 대한 무차별 폭격을 지지하게 될 수도 있다. 그러나 이는 단지 다른 사람들이 하는 행동이 아니다. 우리는 누구나 이처럼, 그것도 너무 쉽게 행동한다. 이는 인간 특성의 일부분이다.

타인을 공격하려는 욕구 혹은 타인에 대한 공격을 무심하게 방관하는 능력의 스위치는 자기 방어에 대한 필요성이나 교육을 통해 켜거나 끌 수 있다. 상황에 따라 누구든지 테러리스트나 훈련받은 군인, 혹은 축구장의 훌리건이 될 수 있다. 그러나 어떤 사람들은 유난히 쉽게 타인을 비인간화하는 것 같다. 빌 버포드 기자는 해리라는 영국 축구 팬의 이야기를 전해준다. 버포드는 해리를 좋아하지 않을 수가 없다. 해리는 다정하고 낙천적인 아내와 어린 자녀를 둔 위트가 있고 자상한 남편이자 아버지이며, 정의감도 강한 사람이기 때문이다. 한번은 소란스러운 무리를 해산시키려던 경찰관이 해리의 친구를 무례하게 대하며 이런 모욕적인 말을 내뱉은 적이 있었다. "어서 서둘러, 이 거지 같은 새끼, 당장 꺼지라구." 이 말에 격분한 해리는 유리창을 박살냈다. 경찰관과 해리 사이에 격투가 벌어졌고, 해리는 상대의 머리를 바닥에 세게 내리쳐 잠시 정신을 잃게 만들었다. 그리고 그 경찰관 얼굴에 입을 대고 "입 안으로 튀어 나왔다는 느낌이 들 때까지" 눈알을 빨아들인 다음 "이빨로 끊어냈다". 마치 역사 속의 남성 전사처럼 해리는 상대를 비인간화한 나머지 아무런 죄책감도 느끼지 않았다. 경찰관의 눈알을 끊어 뱉어낸 다음 그는 집으로 돌아가 아내를 차에 태우고 동네 켄터키 프라이드 치킨 가게로 갔다.[407] 그는 피로 흠뻑 젖은 티셔츠를 입은 채 창가에 앉아 있다가 체포되었다. 전쟁에서라면 동료에 대한 해리의 충성심은 보상을 받았을 것이다. 그러나 1980년대 영국에서 그의 행동이 그에게 안겨준 것은 장기 징역형이었다.

극단적으로 끔찍한 폭력 사례를 찾는 것은 쉬운 일이지만, 인간의 잔학성은 단지 특정 개인에게만 나타나는 단편적인 일탈이 아니다. 특정 상황에서는 사회 전체의 문제가 될 수 있다. 역사적으로 그러한 상황은 드물지 않았다. 유대인 역사가 요세푸스는 기원후 69년 당시 포위된 예루살렘 전역에 기근이 너무나 심각해서 살아남은 자들이 죽은 자들을 묻어줄 힘조차 없었던 상황을 묘사했다. 아무런 희망을 찾지 못한 이들은 성곽에서 뛰어내려 스스로 목숨을 끊기도 했지만, 로마군과 그 동맹군의 포위망을 넘어가려는 이들도 있었다. 도망을 시도한 한 사람은 금화를 숨기기 위해 삼키고서는 그 금화를 찾으러 자기 변을 뒤지다가 붙잡히기도 했다. 요세푸스는 다음과 같이 기록했다. "도망치는 자들은 몸에 금화가 꽉 차 있다는 소문이 돌았다. 아랍인들과 시리아인들은 피난민들을 잡아 배를 갈라 속을 뒤졌다. (…) 하룻밤 사이에 거의 2000명에 달하는 이들의 배가 찢겼다."[408] 1014년 발라시스타 전투에서는 비잔틴 제국의 황제 바실레이오스 2세가 사무엘 왕의 불가리아군에 승리를 거두었다. 바실레이오스 2세는 포로 1만 5000명 전부의 눈알을 뽑을 것을 군에 명령했고 "자기 동료들을 이끌고 본국으로 돌아갈 수 있도록 100명 중 한 명씩은 멀쩡한 눈 한 쪽씩 남겨두게" 했다. 사무엘 왕은 깊은 슬픔 때문에 죽었다고 전해진다.[409] 13세기 초 프랑스 북부의 남작들은 프랑스 남부의 카타리파派, 즉 알비파에 대항하는 십자군을 조직하기 시작했다. 알비파는 기독교 신앙을 다른 관점으로 해석하며 기독교의 권위에 도전했던 분파였다. 교황은 이 싸움을 축복했고 이단을 근절하기 위해 종교 재판을 열었다.[410] 피고는 종용받는 내용을 모두 그대로 자백할 때까지 고문대 위에서 고문을 당한 뒤 화형당했다. 십자군이 베지에 시를 함락할 때 군사를 거느렸던 교황 특사는 기독교인과 알비파 이단 교도를 구분할 필요 없이 "하느님이 알아서 골라내실 것이니 다 죽여 없애라"고 명했다고 한다.

문화권이나 시대를 막론하고 권력자에 의한 이러한 식의 잔학 행위는 오늘날의 기준에서 보면 매우 충격적이다. 그러나 정말 놀라운 것은 그에 대한 일반 대중의 지지도가 상당히 높았다는 사실이다. 예를 들면, 15세기의 한 연대기 기록에 따르면, (오늘날 벨기에인) 브뤼헤 사람들은,

> 반역죄 혐의를 받은 판사들이 시장 한가운데 높이 세워진 단 위에서 고문을 당하는 광경을 아무리 봐도 성에 차지 않았다. 운이 나쁜 이들은 단 한 방에 목숨이 끊어질 수 있게 해달라고 간청했지만 거절당했고, 사람들은 그 고문 광경을 보며 축제를 벌이기도 했다.[411]

1492년 10월 12일, 크리스토퍼 콜럼버스와 그 부하들은 카리브해 연안에 최초로 상륙했을 당시, 벌거벗은 채 평화로운 모습으로 농사를 짓는 그곳 사람들을 만나고 흥미를 느꼈다. 그러나 비극적이게도 얼마 지나지 않아 그들

을 인간 이하의 외집단으로 인식하게 되었다. 1502년 서인도제도로 이주했던 바르톨로메 데 라스 카사스는 스페인 식민지 개척자들을 다음과 같이 기록하고 있다.

> 그들은 누가 사람을 반 토막 낼지, 일격에 머리를 잘라낼지 내기를 걸었다. 창자를 갈라 열어보기도 했다. 아기의 발을 잡아 엄마의 품에서 떼어낸 뒤 아기의 머리를 바위 위에 내리쳤다. (…) 그들은 다른 아기들의 시신 위에 침을 뱉고, 칼을 손에 쥔 채, 아기 엄마와 그 앞에 있던 모든 사람들도 같이 침을 뱉도록 시켰다.[412]

1637년 5월 26일, 뉴잉글랜드 코네티컷 식민지에서 일어난 피쿼트 인디언 부족과의 전쟁 중 존 메이슨이 지휘하는 청교도군은 피쿼트 인디언 "600명 또는 700명"이 피신해 있던 작은 나무 요새를 포위했다. 메이슨은 그 요새를 둘러싼 나무 울타리에 불을 지르도록 명령했다. 단 7명의 인디언만이 도망쳐 목숨을 구했다. '홀로코스트holocaust'라는 단어는 초기에는 불태워 버린다는 의미였으며, 메이슨은 그 대학살이 "자신의 적과 자기 편 사람들의 적을 비웃으시며 〔피쿼트 부족을〕 불덩이로 만드신"[413] 하느님의 섭리라고 말했다.

1937년 12월 난징 함락 후 일본 제국주의 군대가 중국인 수천 명을 학살했던 장소 중 한 곳에 지금은 박물관이 있다. 이 도시는 당시 중국의 수도였다. 이 도시는 오늘날 중국에서 특히 급속히 발전하고 있다. 박물관으로 들어가는 긴 진입로를 따라 걷다보면 입장객을 둘러싼 유리벽 양쪽으로 수백 개의 유골이 보관되어 있는데, 마치 들고 일어나서 학살에 보복이라도 하려는 듯한 느낌을 준다. 일본군은 6주 동안에 그로부터 8년 뒤 히로시마 원자폭탄 공격으로 희생된 사람의 수와 맞먹을지도 모르는 사람들을 학살했다.* 단검, 총, 총검을 든 군인 개개인이 한 번에 한 명씩 살해했다. 민족주의자였던 장제스 총통이 난징 수호를 위해 지명했던 탕셩치에 따르면 누가 가장 빨리 죽일 수 있는지 보기 위해 시합을 하기도 했다고 한다. "〔일본군〕 각 팀에서 군인 한 명씩 나와 칼로 포로의 머리를 베면 다른 군인은 그 머리를 주워 한쪽에 던져 쌓아 올렸다. 얼마 뒤부터는 희생자의 목을 잘랐는데, 그 편이 더 빨랐기 때문이었다. 가책을 느끼는 기색은 전혀 없었으며, 군인들은 웃고 있었다."[414] 희생자 몇몇을 허리까지 구덩이에 파묻은 다음 개들을 그 위에 달려들게 하기도 했다. 포획자의 관음적 쾌락을 위해 여성을 강간하라는 요구에 응하지 않은 한 승려는 칼로 거세를 당해 과다 출혈로 숨졌다. 여성에 대한 공격은 실로 참혹하여, 강간으로 인한 내상으로 목숨을 잃는 경우도 많았다.

18세기 하와이의 카말라라와루 족장은 카나로아쿠아나를 무찌르고서 적수를 처형시키기에 앞서 그의 눈을 뽑았다.[415] 1830년, 적수인 나이 타후에게 붙잡힌 마오리족의 타마이하라누 족장은 나무에 묶였다. 그에게 죽은 남자의 미망인이 그의 목을 베어 그 피를 마셨다. 그다음 그녀의 아들이 타마이하라누의 눈을 잡아 뜯어 입에 넣고 삼켰다.[416] 18세기 말까지 영국에서 반역죄에 대한 형벌은 반죽음 상태가 될 때까지 매단 다음 거세와 할복을 한 뒤 내장을 들어내는 것이었다. 침팬지 역시 채택할 만한 방법이다. 불과 한 세기도 덜 지난 과거만 해도 미네소타 덜루스에서 3명의 흑인 청년이 고문을 당하다 살해되는 광경을 만 명이 구경하고 있었고, 당시 미국 전역에서는 이러한 린치가 수없이 발생하고 있었다.

1994년, 르완다에서 후투족은 투치족 약 80만 명을 학살했다. 1960년대에는 인근 부룬디에서 투치족이 10만여 명의 후투족을 살해했다. 후투족은 주로 농경을 하는 반투족인 반면 투치족은 대부분 목축을 하는 닐로트족이

* 이러한 대학살의 희생자 수 추정치는 편차가 크다. 난징대학살의 경우 4만에서부터 36만 명까지 다양한 추정치가 존재한다.

었지만, 역사적으로 볼 때 이러한 구분은 대개 불분명했고 두 부족 간 결혼도 흔했다. 그러나 1930년대 벨기에 점령군은 소 10마리 이상을 보유한 이를 투치족으로 분류한 신분증을 발급함으로써 외집단 간의 경계선을 두드러지게 했다. 1994년 종족 학살이 이루어지는 동안 후투족은 투치족을 '바퀴벌레들'이라 불렀고 후투족 출신의 대통령은 투치족은 "우리와 함께 살 아무런 권리가 없다"고 공포했다. 살육에는 주로 마체테가 사용되었고 대부분 청소년 갱단이 실행했다. 두 국가의 전체 인구를 감안할 때 미국에서 비슷한 규모의 학살이 자행되었다면 단 몇 주 만에 3000만 명가량이 살해된 수준이었다. 이러한 형태의 악에는 늘 두 가지 특성이 있다. 첫째는 외집단에 대한 맹목적 증오, 그리고 둘째는 살육을 자행하는 집단 사이의 강한 충성심에서 학살이 비롯된다는 사실이다.

민족, 인종 간의 사악한 증오는 수년간 수면 아래에 도사리고 있다가 어떤 외부 사건에 의해 촉발되면 치명적으로 폭발할 수 있다. 1970년경 내가 처음 케냐에 갔을 때 나이로비의 인구는 50만 정도였다. 2008년, 그곳의 인구는 250만 명까지 증가했으며, 이 가운데 70만 명은 1970년대까지만 해도 나이로비 국립공원 인근 숲이었던 키베라 슬럼가에 살고 있었다. 나는 이 빈민가에서 근무하고 있었고, 그곳 친구들에게 키쿠유족 출신인지 혹은 루오족 출신인지 한 번도 물어본 적이 없었다. 그저 그들은 구덩이가 군데군데 움푹 파인 좁은 진흙길을 따라 길게 늘어선 단층 판잣집들에서 어렵게 생계를 이어나가며, 마땅한 하수 시설도 없는 곳에서 건강을 유지하려 애쓰는 용감한 사람들일 뿐이었다. 2007년 12월 대통령 선거를 며칠 앞둔 어느 날 나는 차를 몰고 키베라를 지나고 있었는데 동네는 아주 평화로웠다. 그러나 키쿠유족 출신의 대선 후보가 선거 결과를 부정 조작하자 우세 집단이던 키쿠유족과 다른 종족 사이에 극렬한 분쟁이 벌어졌다. 선거가 도화선이 되었지만, 오랜 내집단/외집단 정체성과 그보다도 더 오래된 집단공격 기질이 기름을 부은 격이었다. 나이로비 북부 도시인 엘도레트의 한 교회 안에서 불타 죽은 40여 명을 포함하여, 케냐 전역에서 800명가량이 목숨을 잃었다. 이들 사건에 관한 보도에서 늘 간과되는 것은 이것이 파탄 상태의 국가에서 발생한 일이 아니었다는 사실이다. 이는 급속도의 위험한 인구 증가로 부담이 가중되기 시작한, 안정되어 있던 국가에서 벌어진 일이다.

집단 잔학 행위의 사례들도 많지만, 분명 정신이상인 개인이 단독으로 행한 악행의 사례도 있다. 분명, 소수의 인간—그리고 소수의 침팬지—은 사실 반사회적이다. 그러한 사례들은 특정한 유전자 조합과 특정한 일련의 환경적 압력의 영향으로 뇌 속의 어떤 부분이 심각하게 잘못된 결과로, 거의 모든 사람을 외집단으로 분류하는 경우라 추정된다. 그러한 개인이 단독으로 행동하면 반사회적 인물이 된다. 그러나 이들이 집단 혹은 국가 전체까지 장악하게 될 경우, 역사상 희대의 악한의 반열에 오르게 되는 것이다. 이오시프 스탈린은 확실히 바로 그 대열에 자리하고 있는 인물이다. 이 소련의 독재자는 1930년대 숙청과 강제 노역에 이어 정치범 수용소인 굴라크를 처음 만들었다. 역사가 앨런 불럭은 스탈린이 "음모, 전복, 암살에 대한 두려움을 늘 가지고 있었으며, 천성적으로 도량이나 인간적 감정이 전혀 없고 본능적으로 잔인한 성격 탓에 더욱 철두철미한 계획을 세울 수 있었으며, 잦아들 줄 모르는 자신의 강렬한 보복 욕구에 충실했던 사람이었다"고 적고 있다.[417] 스탈린이 직간접적으로 죽인 사람의 수는 상상을 초월한다. 공산당이 수확물을 수탈했을 때, 1932년에서 1933년까지 지속된 기근으로 우크라이나를 비롯한 여러 지방에서는 500~700만 명이 목숨을 잃었다.[418] 1944년 붉은 군대의 승리로 200만 명의 러시아 전쟁 포로가 "자유의 몸이 된" 뒤 죽거나 시베리아로 유배되었다. 스탈린은 군 사령관 15명 가운데 13명, 그리고 186명의 사단장 가운데 154명을 처형했다. 단 하루—1937년 12월 12일—동안 스탈린은 수감자 3167명의 사형 집행을 승인했다. 불럭은 이렇게 기록하고 있다. "그의 사전에 연민은 없었다. 그는 예전과 똑같이 일정을 소화하며 편지를 받아쓰게 하고, 고위 관료들을 만나고, 회의를 주재하고, 전장을 찾았다. 수년간 가까이서 함께 일했던 이들이 처형되었을 때도 마찬가지로 일말의 감정의 동요도 보이지 않았다." 우리는 대부분 거리가 먼 집단에 대해서는 타인을 비인간화할 수 있는 능력을 지니고 있지만, 스탈린은 흔히 동료나 친구라고 부를 법한 이들마저도 비인간화했던 것으로 보인다. 그는 사람을 죽이는 것을 즐겼던 듯 보인다. 스탈린은 이렇게 말했다. "치밀하게 계획을 세우고, 보복의 갈증을 해소한 뒤, 잠자리에 드는 일, 세상에 이보다 달콤한 것은 없다."

'정의의 이름으로 행동하는 도덕적 시민'

그러나 대부분의 악을 행하는 것은 괴물 같은 인물이 아닌, 평범하게 보이는 사람들이다. 스페인 내전 당시 기자로 활동했던 작가이자 철학자인 아서 쾨슬러는 프랑코 장군의 파시스트 진영에 붙잡혀 사형선고를 받았다. 영국의 개입 덕분에 그는 처형을 면했으며, 본 장의 도입부에 적은 그의 글은 모든 악의 중심에 자리 잡고 있는 어둠의 핵심을 포착해내고 있다. 공감 능력이 없고, 상대에게 고통을 가하거나 고통을 당하는 장면을 보는 것에서 쾌감을 느끼는 듯 보이는 스탈린 같은 인물은 흔치 않지만, '정의의 이름으로 행동하는 도덕적 시민' 은 흔히 볼 수 있다. 악을 이해하려 할 때 히틀러, 스탈린, 폴포트, 칼리굴라 같은 정말 기괴한 인물들에 대해 설명하기는 사실 더 쉬울 수 있다. 여러모로 친절하고 다정한 사람이지만 종국에는 악을 인정하고, 그것에 대항하기보다는 동참하는 편이 쉽다고 여기는 대부분의 평범한 사람들에 대해 설명하는 일이 오히려 더 어렵다.

1937년 12월 12일, 스탈린이 3167명을 직접 죽이지는 않았다. 600만 명에 달하는 유대인과 수백만 명의 동성애자, 집시, 전쟁 포로를 히틀러와 힘러가 자기 손으로 직접 죽인 것은 아니었다. 사형 집행관들과 고문자들은 어디서 나온 것일까? 소련이나 독일에 공감 능력이 결여된 스탈린과 히틀러를 닮은 이들이 유독 많았던 것일까? 유대인에 대한 나치의 홀로코스트는 '설명이 불가능' 하다고들 표현해왔다. 『히틀러의 자발적 집행자들』에서 다니엘 요나 골드하겐은 독일인들은 "이례적으로 치명적인 정치 문화"의 희생양이었다는 결론을 내렸다. 그는 다음과 같이 적고 있다. "수용소 제도는 새로운 나치의 도덕적 성향을 발현하게끔 했다. 그 성향은 본질적으로 기독교 도덕과 계몽적 인본주의의 정반대에 해당하는 것이었다."[419]

그러나 이러한 문구는 기술記述일 뿐 설명이 아니다. 히틀러를 악마로 만들어버림으로써 나머지 세상 전부를 '정상' 으로 만들려는 시도는 솔깃하지만 오도의 소지가 있다. 악을 이해하기 위한 진화론적 접근 방식은 우리를 더 겸허하게 만드는 동시에 더 많은 질문을 던진다. 히틀러는 반사회적 인격장애자였지만, 홀로코스트에는 수백만 명의 적극적 동참자들과 소극적 방관자들이 있었다. 나치의 선전 활동과 행정 절차는 유대인을 외집단으로 분류했으며, 외집단의 구성원을 폭행하고 살해하려는 인간 본연의 기질을 이용했다. 그리고 1940년대의 독일에 살았다면 우리 중에서도 많은 이들이 자발적으로 시형 집행관 노릇을 했을 수 있다고 생각하지 않을 이유가 전혀 없다. 몇 세기 전 유대인에 대해 쓴 다음과 같은 글이 있었다.

> 그들은 우리나라에서 우리를 포로로 잡아둔다. 그들은 우리로 하여금 자신들을 위해 땀 흘려 일하여 돈을 벌고 재산을 늘리게 만들면서, 정작 본인들은 화덕 뒤에 느긋이 앉아 배pear를 굽고 먹고 마시며 우리 재산으로 편하게 잘산다. 그들이 (…) 조롱하며 우리에게 침을 뱉는 것은, 일은 우리가 하고 그들은 우리와 우리 땅을 소유한 게으른 대지주가 되게 그대로 두고 있기 때문이다.[420]

위의 글을 쓴 사람은 개신교의 창시자 마르틴 루터였다.

나치가 인간을 대상으로 극단적 잔학 행위를 자행하던 당시, 그들은 동시에 유럽에서 가장 발달된 동물 보호법을 통과시켰다. 1933년 집권 직후 그들은 생체 실험을 금지하고 말에 편자를 다는 것이나 심지어 바닷가재를 삶는 일까지 규제했다. "동물을 생명 없는 소유물처럼 다뤄도 된다고 생각하는 이들은 강제 수용소로 보내겠다"는 헤르만 괴링의 협박은 같은 인간을 비인간화하는 기이한 능력의 상징이자 극단적인 모순의 사례로 여전히 회자된다.[421]

제2차 세계대전 중 독일군 대대에서 유대인 학살 임무에 선발된 이들 중 90퍼센트는 40세 이상이었다. 대부분 기혼자였고 각자 아끼는 가족이 있었다. 이들 가운데 나치 당원은 소수에 불과했으며, 모두 평범한 남자들이었다. 유대인 8만 명을 바르샤바 동부로 몰아넣는 임무를 맡은 101 경찰대대는 약 500명 규모였다. 1942년 6월부터 1943년 11월까지 이들은 8만 명이 넘는 유대인을 살해하거나 죽음의 수용소로 보냈다. 이들을 지휘한 빌헬름 트랩 소령은 잠자리에 들거나 창고에 숨어 있는 유대인을 찾아내 근거리 총격을 가하는 임무를 받아들이기 힘들어 하는 이들은 얼마든지 다른 임무에 배치되도록 했다. 그러나 전임을 선택한 이는 소수에 불과했다. 한 장교는 처형 임무가 "온전히 본인의 뜻은 아니었지만, 높은 권위에서 하달된 명령을 받았다"고 시인했다. 그는 부하들에게 "고국에서 폭격을 견뎌야 했을 자신의 아내와 아이들을 떠올리라"고 주문했다. 복수심을 일으키는 비논리적인 방식이었지만, 보복전에서 흔히 사용되는 방법이었다.

어느 면에서 보나, 제2차 세계대전 당시 독일 군인들은 침팬지 습격 특유의 비개체화와 비인간화 능력을 갖추고서 유대인 학살에 임했다. 군인들은 새로 마련된 공동 매장지까지 희생자들과 나란히 걸었고, 도착해서는 총격을 효율적으로 가하기 위해 유대인들을 엎드리게 했다. 품에 안겨 있던 어린이와 아기도 살해되었다. 101 경찰대대의 의사였던 쉰펠더 박사는 가장 효과적으로 총격을 가하려면 사람의 목덜미 중 어느 부위를 조준해야 하는지 나타내는 해부도를 모래밭 위에 그리는 등 자신의 의학 전문지식을 이용해 잔학 행위를 도왔다. 처형을 집행하는 군인들은 뼛조각들과 뇌로 군복이 얼룩지기도 했다. 도축장을 처음 찾은 이들이 갖가지 소리, 고꾸라지는 가축들, 바닥에 흥건한 피에 기겁을 하듯이, 임무 수행 첫 날에는 특히 괴로워하는 이들도 있었다. 그러나 결국에는 대부분 일과에 적응했다. 수용소 사진을 찍기도 했다. 율리우스 빌라우프 지휘관의 아내는 신혼여행 도중 그의 업무에 동참하기도 했으며, 손에 소가죽 채찍을 든 채 소탕 현장을 목격하기도 했다. 독일 적십자의 간호사들 일부는 학살 현장을 참관하러 오기도 했다.

유대인을 학살한 초병들을 충동질한 것은 인류의 기본 전투 집단 내에서 유대감으로 작용했던 바로 그 충성심, 즉 전우들에게 비겁자로 낙인찍힐지 모른다는 두려움과 외집단의 일원을 비인간화하는 능력이었을 것이다. 어느 군인이 말했듯이, "전진하는 〔그리고 어떤 다른 임무를 수행하는〕 데는 대단한 용기가 필요하지 않았다". 그러나 그들은 겁쟁이로 비춰지길 원치 않았다. 심기불편하고 거부감이 드는 이야기겠지만, 상황에 따라 명예 훈장이나 빅토리아 훈장을 받을 만한 행동을 낳는 바로 그 욕구가 다른 환경에서는 전쟁 범죄 유죄 판결로 이어지기도 했다는 결론을 피하기 어렵다. 행위라는 동전을 던졌을 때, 악의 반대편은 용기다. 동전이 어느 쪽으로 떨어지는가는 환경이 그 동전을 어떻게 던지는가에 따라 달려 있다.

집단공격에 대한 진화적 논리에서는, 자신이 처할 위험은 최소화하면서 외집단의 일원을 최대한 많이 죽이는 것이 옳다. 테노치티틀란의 템플로 마요르 사원 꼭대기에서 제물이 된 포로의 내장을 산 채로 끄집어냈던 것이나, 1937년 난징 시민 참수, 1790년 미국 노예 감시인의 채찍질, 1920년 미네소타에서 일어난 린치에 대한 환호, 1944년 가스실로 사람들을 보낸 행동, 2001년 연료를 채운 민간 제트여객기를 고층 건물로 돌진시킨 것 등은 모두 바로 이러한 기질이 발현된 결과다.

다행인 것은, 오늘날 상당수의 사람들이 이러한 행위를 규탄하고 나선다는 사실이다. 교육, 여행, 그리고 다양한 문화와 배경의 사람들을 접할 기회가 늘어나면서 우리는 점차 외집단 구분이라는 것이 대부분 인위적임을 깨닫고 있다. '타자'는 사실상 우리 자신과 다를 바가 없다. 습격과 전쟁에 필수적으로 요구되는 비인간화는 설 자리를 잃어가고 있다. 오늘날 지구상에 살고 있는 60억이 넘는 사람들은 누구나 대부분 적어도 하나 이상의 싫어하는 외집단이 있을 것이다. 그러나 대부분은 그 외집단의 구성원을 고문하거나 살해하지 않았으며, 앞으로도 그러지 않을 것이며 또 그럴 수도 없을 것이다. 진화생물학의 관점은 우리에게 악이 여전히 그 모습을 드러내고 있다는 사실에 그저 슬퍼하기만 할 것이 아니라, 지금까지 어떠한 진전이 있었고 앞으로 어떻게 더 진전될 수 있을지 관심을 가지라고 요구한다.

휴이넘과 야후가 지배하는 세상

조너선 스위프트가 1726년 『걸리버 여행기Travels into Several Remote Nations by Lemuel Gulliver』을 썼을 때 어린이를 위한 책을 쓰고자 한 것이 아니었다. 그의 표현을 빌자면, "세상을 즐겁게 하는 대신 화나게 만들"고 싶었다. 릴리퍼트에서 걸리버는 18세기의 종교적·정치적 논쟁과 흡사한 사소한 문제들을 두고 언쟁을 벌이는 소인들을 만나고, 브롭딩낵에서는 걸리버가 묘사하는 부패한 그의 나라를 전혀 이해하지 못하는 거인들을 만나게 된다. 마지막 여정에서 그는 휴이넘과 야후의 나라를 방문한다. 휴이넘 종족은 지적이고 합리적인 말이고, 야후 종족은 타락하고 비열하며 야만적인 인간이다. 어느 군주가 걸리버와 친구가 되기 전까지 처음에 휴이넘은 걸리버를 그저 미개한 야후의 하나로 여겼다. 이 고상하고도 감각적인 말들에 대해 알아갈수록 걸리버는 자기네 문화보다 훨씬 더 이성과 진실에 입각한 듯한 그들의 문화를 동경하게 된다. 이러한 생각은 시간이 지날수록 흥미를 더해가는 선견지명이었음이 드러난다.

큰 두뇌와 발달된 기술로 행성을 지배하고 변화시키게 된 사회적 동물이 조상 말로부터 진화한 것이라고 잠시 가정해보자. 그 사회는 어떤 모습일까? 성교의 기회나 지위를 두고 경쟁이 벌어지게 되면서 휴이넘들 간에 폭력 행위가 발생하리라는 것에는 의심의 여지가 없다. 이타주의적인 행동은 물론 이기적인 행동도 나타나리라는 것도 분명하며, 타인의 고통에 상당히 무관심한 경우도 많을 것이다. 그러나 무리를 지어 이웃 집단 혹은 씨족으로부터 개체들을 떼어내 갈가리 찢어놓으려는 잔혹한 기질은 절대 진화하지 않았을 것이다. 같은 종의 다른 개체들을 그저 경멸과 타도의 대상으로만 보는 능력은 집단공격을 할 수 있도록 진화한 행동이 과도하게 확장된 결과다. 같은 종에 대한 이 같은 적대심은 극소수의 동물 종—인간, 침팬지 1종, 그리고 늑대 정도—에만 국한되는 것임이 관찰 연구를 통해 밝혀졌다. 그리고 그 충동이 조직적인 습격과 전쟁으로까지 비화되는 것은 인간과 침팬지의 경우뿐이다.

인간의 잔인성은 세 가지 관점으로 살펴볼 수 있으며, 각각의 접근마다 인간으로서 우리 자신과 서로 간의 관계를 어떻게 바라보는가에 관한 깊은 함의가 담겨 있다. 착한 사람도 있고 나쁜 사람도 있다고 간단히 생각할 수도 있다. 이 모형에 따르면, 1940년대 트레블린카 강제 수용소의 나치 친위대는 본질적으로 나머지 우리들과 다른 사람들이었다. 그들에게는 악한 성향이 있었고, 그것은 아마도 유전되었을 것이며, 그들이 보인 사디즘은 거기서 비롯되었다는 것이다. 이러한 방식의 홀로코스트 이야기는 우리로 하여금 착한 우리들은 그러한 잔학 행위를 할 수 없다고 스스로 확신하게 만든다. 혹은, 인간은 누구나 무색의 백지 한 장으로 세상에 태어나며, 그 백지 위에 문화나 초기의 경험으로 자신의 운명을 써나가게 된다고 생각할 수도 있다. 이런 식으로 설명하게 되면, 로마 트라야누스 황제의 명령에 따라 5000명의 검투사들이 서로를 죽이는 광경을 보기 위해 모여들었던 로마인들이나 기원전 71년 스파르타쿠스의 반란 이후 6000명의 노예를 십자가 처형했던 로마인들의 행동 역시 그들의 문화가 그렇게 가르쳤기 때문이었다.

우리가 견지하는 생물학적 관점은 죄에 대한 공동 책임에서 그리 쉽게 빠져나가게 내버려두지 않는다. 전쟁에 대한 생물학적 관점은 인간 자신을 전혀 새로운 방식으로 바라보게 한다. 공격하기 위해 연대하는 기질은 우리 안에 매우 뿌리 깊이 자리 잡고 있기 때문에 모든 인간은 완전히 모순되는 두 가지 도덕 체계에 따라 살아갈 수밖에 없다. 인간은 "살인하지 말라"로 표현되는 도덕률과 더불어 "네 하나님 여호와께서 〔그 성읍을〕 네 손에 넘기시거든 너는 칼날로 그 안의 남자를 다 쳐 죽이고"[422]라는 구약 성경 구절에 명백히 언급된 남성들의 공격적 연합체의 도덕률을 모두 가지고 있다.

"누가 과연 자기 심장 한쪽을 기꺼이 잘라내려 하겠는가?"

결국 모든 동물의 생존은 두 가지로 귀결된다. 바로, 먹이와 짝짓기다. 진화론적 관점에서는, 동종 개체 간의 경쟁을 설명하기가 쉽다. 경쟁은 모든 개체가 생존하기에는 자원이 불충분한 환경에서 생존과 번식 성공에 작용하는 원동력이기 때문이다. 동종 개체 간의 경쟁이 웃는 얼굴로 가능할 리는 만무하다. 그러나 전쟁이나 그 사촌격인 노예제에서 볼 수 있는 악독하고 부조리한, 고의적인 가학성의 끔찍이 긴 목록은 단순한 경쟁이나 동물의 생각 없는 공격 차원을 넘어서는 의도적인 악행이다. 때문에 좀 더 포괄적이고 설득력 있는 설명을 위해서는 인간 자신의 진화를 먼저 이해해야 할 것이다.

지금까지 주장한 대로 전쟁의 기저에는 외집단의 구성원들을 죽이려는 일련의 유전적 기질이 있다. 생물학적 측면은 우리는 누구나 악의 씨앗을 품고 있음을 상기시킨다. 스탈린 치하 포로 수용소에서 11년의 세월을 보냈던 알렉산더 솔제니친은 『수용소 군도The Gulag Archipelago』에서 악에 대한 진화론적 관점을 매우 강렬하게 포착하고 있다.

> 교활한 악행이 일어나는 곳에 악인들만 있다면, 우리 안에서 그들을 솎아

내어 파멸시키기만 하면 됐을 것이다. 그러나 선과 악을 나누는 경계는 모든 인간의 심장을 가로지른다. 누가 과연 자신의 심장 한쪽을 기꺼이 잘라내려 하겠는가?[423]

진화의 눈먼 시계공(무작위적이고 우연적인 진화 과정을 설명하기 위해 리처드 도킨스가 만들어낸 절묘한 표현)은 침팬지와 인간을 뛰어난 기억력과 동족에 대한 상당한 이타심을 지녔지만 외집단의 개체에 대해서는 강한 적대감을 지닌, 매우 사회적이고 지적인 피조물로 빚어냈다. 이러한 상충되는 욕구 사이의 균형은 수컷과 암컷 간에 차이가 있으며, 수컷은 외집단에 속하는 것으로 인식된 개체를 최대한 악랄한 방법으로 죽이려는 소집단 차원의 집단공격 행위에 특히 쉽게 빠져든다. 이러한 성향이 발달할 수 있었던 것은 이로 인해 습격에 성공한 무리가 더 많은 자원을 손에 넣음으로써 궁극적으로 번식의 기회를 확대했기 때문이었다. 이와 같은 해석에 따르면 인간은 모두 타 집단의 일원을 비개체화하고 증오하는 유전적 기질을 물려받았으며, 이 기질은 너무도 쉽게 촉발될 수 있다. 우리 내면에는 브뤼헤 사람들과 미친기지로 "고문당하는 광경을 아무리 봐도 성에 차지 않는" 면이 분명히 자리하고 있다. 솔제니친의 표현대로, "선과 악을 나누는 경계는 모든 인간의 심장을 가로지른다".

스위프트가 주장했듯, 큰 뇌를 가진 말이 진화 과정에서 자아 인식 및 타 개체에 대한 이해 능력을 갖추게 되었다면, 인간보다 더 일관된 이타주의적 행동을 보였을지 모른다. 타 집단의 구성원을 살해하려는 기질을 물려받지 않은 사회적 동물이라면 다른 개체들을 '비마화非馬化' 하는 메커니즘을 발달시키지는 않았을 것이다. 상대의 눈알을 뽑는다든가 적을 꼬챙이로 찌르거나, 죄인을 십자가에 매달고, 이단자를 산 채로 불에 태우거나, 변절자를 거열형에 처하는 일은 없었을 것이다. 변절자라는 개념 자체도 애초에 존재할 수 없었을 것이다. 인간의 행동에 대한 진화론적 이해는 다음과 같은 씁

쓸한 결론에 도달한다. 결국, 인간과 침팬지만이 진정으로 악할 수 있다.

윤리학자들은 모든 인간 행동을 아우르는 최상의 철학 한 가지를 찾기 위해 수많은 개념과 가치를 들고 씨름해왔다. 그러나 인간은 내집단에 대한 공감과 호혜의 도덕, 그리고 외집단에 대한 냉혹한 집단공격이라는 두 가지 윤리와 행동의 세계에서 살 수밖에 없는 운명이다. 30년이 지나서 스탠포드 교도소 실험을 되짚어본 필립 짐바르도는 아무도 듣고 싶지 않은 다음과 같은 한 가지 진실로 결론지었다. "아무리 끔찍한 것이라 할지라도 과거에 누군가가 저지른 행동이라면 우리 중 어느 누구든지 할 수 있는 행동이다. 특정한 압력이 작용하는 상황에서라면 말이다." 그리고 그는 덧붙였다. "이러한 지식이 악에 대한 변명이 되는 것은 아니다. 그보다는 악을 민주화한다. 악마의 소행으로 치부하는 대신, 그 책임에 평범한 이들을 동참시키는 것이다."[424] 인간의 뇌는 상충하는, 타협이 불가능한, 반대되는 두 가지 행동을 모두 포용하도록 진화해왔으며, 어느 한쪽은 다른 한쪽을 비난하게 되어 있다. 우리는 타인들에게서 이를 관찰할 수 있다.

그러나 생물학적 유전이 선택 가능한 것은 아니지만, 그렇다고 해서 가학적인 삶이 운명으로 주어진 것도 아니다. 적어도 메소포타미아 평원에 최초의 도시가 생겨난 이래 인간은 조금씩 더 큰 내집단을 이루어 사는 법을 배워오고 있다. 이제 우리는 내집단 도덕을 국경 너머 모든 인류로 확장하는 길을 모색하고 있다. 그리고 인간의 집단공격 충동을 좀 더 긍정적인 방향으로 전환시키는 법을 고민 중이다. 최선의 경우에 문명은 석기시대 삶에 맞춰 적응한 마음가짐을 극복할 수 있으며, 실제로 극복한 경우도 많았다. 지금부터 이 부분을 좀 더 구체적으로 살펴보고자 한다.

12
전쟁의 미래

미지의 살상 방법에 대해서는 군사적으로 적절히 대응할 방법이 없으며, 이를 도입함에 있어 그 어떤 국가도 사실상 독점할 수가 없다.

— 해리 S. 트루먼, 클레멘트 애틀리, W. L. 맥켄지 킹, 1945[425]

오늘날 가장 참혹한 전쟁은 가장 원시적인 전쟁이기도 하다. 서아프리카에서는 마세테가 사용되고, 수단 다르푸르에서는 방화와 강간, 그리고 공포가 있으며, 이스라엘과 이라크 등지에서는 자살폭탄 공격과 급조폭발물이 사용된다. 그러나 아무리 참혹하다 해도 이들 지역의 분쟁은 하나의 종으로서의 인류 생존에 대한 최대의 위협은 아니다. 우리 인간은 위협적인 동물이다. 하나의 종으로 존재하는 내내 인간은 끊임없이 신기술을 개발하여 같은 인간을 죽이려는 해묵은 기질의 파괴력을 극대화해왔다. 손이나 이빨을 이용해 상대를 잡아 뜯는 싸움에서부터 곤봉, 활, 화살을 이용한 연합 습격이나 총력전, 장기화되는 포위 공격, 그리고 총포의 등장에 이르기까지 동종 살해의 충동은 한결같이 유지돼왔지만 무기의 효율성이 증대되면서 그 결과는 나날이 극단으로 치달아왔다.

역사적으로, 살상에 적용 가능한 진보된 기술이 활용되지 않은 채 방치되는 경우는 없었다. 과학 기술이 비약적인 발전을 거듭하고 있는 상황에서,

어떤 다른 가능성을 기대하는 것은 순진한 생각이다. 우리의 삶에서 전쟁의 역할에 맞설 이유가 어떤 것이라도 더 필요하다면, 대량살상무기의 범람과 잠재력을 마주하게 된 지금, 이제는 인류의 기나긴 전쟁 역사에 종지부를 찍을 때가 됐음을 깨달아야 할 것이다.

19세기는 염료에서부터 다이너마이트에 이르기까지 화학적 발견이 두드러진 시대였다. 물리학의 세기였던 20세기에는 아원자입자와 블랙홀이 발견됐고, 핵무기가 등장했다. 생물학적 지식에 큰 발전이 있었던 21세기에는 게놈과 줄기세포에 대한 이해가 진일보했으며, 유감스럽게도, 생물전이 한층 새롭게 발전된 양상을 띠게 됐다. 과거에는, 과학적 발견이 전쟁에 적용될 때마다 파괴력이 강화된, 더욱 무시무시한 무기가 등장했다. 제2차 세계대전 당시 독가스 금지 협약이 성공적이었던 것처럼 일시적으로 규제가 시행된 경우도 있지만, 같은 제2차 세계대전에서 일어났던 의도적인 민간인 폭격이 입증하듯 그러한 방벽은 허물어지기가 쉽다. 인간은 늘 새로운 아이디어를 나날이 더 강력한 무기를 만드는 데 활용해왔으며, 경쟁적이고 창의적인 충동이 그냥 저절로 사라질 리는 없다. 무기가 더욱 강력해질수록—그리고 생물학 무기가 등장하고 그 치명성이 증가할수록—어떤 살상 기술의 사용을 제한하는 것만으로는 부족하다. 전쟁으로 연결되는 조건 자체를 미리 막을 필요가 있다.

갈수록 복잡하고 상호 의존적인 사회에 살고 있다는 말은 이제 진부한 상투 어구가 됐다. 그러나 전쟁의 미래를 생각할 때 이는 중요한 핵심이다. 우리가 사는 도시는 본래 우리 조상들이 침입자들로부터 몸을 피하도록 벽으로 둘러싼 성소聖所이자 요새였다. 제2차 세계대전 당시 소이탄 폭격으로 도시의 취약성이 새로이 드러났으나, 이러한 불안도 오늘날의 상황에는 비할 바가 아니다. 현재 우리는 수도와 전기가 공급되고, 터널로는 기차가 다니고, 고가 도로로 자동차가 다니며, 인도 아래로는 광섬유 케이블이 지나가고, 창문이 열리지 않는 건물마다 공기 조화 장치가 되어 있는 거대한 도시에 살고 있다. 우리가 사는 신도시 중심부는 테러와 공격에 취약하다. 현대의 모든 도시는 단 한 명의 유나바머에게도 인질로 잡힐 수 있고, 19명의 극렬주의자에 의해서도 마비될 수 있으며, 악성 컴퓨터 프로그램에서부터 '더러운 폭탄'이라 불리는 방사성 물질 폭탄이나 감염성 세균에 이르기까지 각종 현대 과학 지식을 동원하는 소규모의 공격 집단에 의해 초토화될 수도 있다. 이들 대량살상무기가 초래할 위험한 미래를 제대로 이해하기 위해서 먼저 그들의 역사부터 간단히 살펴보자.

독 가 스

1915년 4월 22일, 벨기에의 이프르 인근에서 독일군이 역사상 최초의 독가스 공격을 개시했다. 훗날 질소비료 생산 연구로 노벨상을 수상하게 된 프리츠 하버는 염소 가스를 이용한 무기 개발에 밤낮으로 몰두했고 최초의 대인 살포를 감독하기도 했다. 당일 살포된 108톤의 가스는 호흡곤란과 질식을 유발하여 영국군 진선 6킬로미터 이상을 와해시켰다.(신무기 사용의 경우가 대부분 그러하듯, 당시 독일군 사령관들에게는 주어진 기회를 활용할 자원이 충분치 않았다.) 전쟁을 대하는 남성과 여성의 태도 차이를 극명하게 보여주는 일례로, 하버의 아내이자 화학자였던 클라라는 남편에게 독가스 연구를 그만둘 것을 간청했다. 관련 작전의 책임자로 하버가 임명된 것을 축하하는 연회가 끝난 뒤 그녀는 정원에서 권총으로 자살했다. 하버는 아내의 장례식 준비를 다른 이들에게 맡긴 채 동부 전선으로 가 러시아군을 상대로 한 첫 번째 가스 공격을 지휘했다.[426] 무방비 상태의 러시아군은 2만 5000명의 사상자를 냈다. 1933년 하버는 유대인이라는 이유로(훗날 그는 나치 독일을 탈출하게 된다) 베를린의 카이저빌헬름 연구소에서 해임됐으나, 정작 그가 발명한 자이클론 가스는 나치 수용소의 가스실에서 다른 유대인들을 죽이는 데 사용됐다. 타인에 대한 비인간화의 역사에서 더욱 가혹한 아이러니의 사례이다.

독가스전의 그 명백한 참상에도 불구하고, 영국군은 1916년 자체적으로 화학 무기 연구에 착수했다. 15만 가지의 화합물에 대한 실험이 이루어졌는데, 여기에는 치명성이 떨어진다는 이유로 폐기된 다이클로로에틸 황화물도 포함되어 있었다. 그러나 독일군의 생각은 달랐고, 이 화합물의 개발에 착수했다. 최초 사용시 희생자들은 기름이나 '겨자' 비슷한 냄새 말고는 별다른 것을 감지하지 못했기 때문에 처음 이 '겨자 가스'에 노출된 이들은 방독면조차 쓰지 않았다. 수 시간 동안 노출이 된 뒤에야 피부에 물집이 생기기 시작하고, 성대에 통증이 생기고, 폐에 물이 차 올랐다. 이 가스에 노출된 병사들은 죽거나 수개월간 건강 이상을 겪었고, 수년 혹은 수십 년간 폐질환을 앓게 되는 경우도 많았다. 영국군은 처음에는 이 가스의 사용에 격분했으나, 영국령 인도 북서변경주의 아프간 부족에 대항하기 위한 용도로 자국군에 이를 공급했다.[427]

1918년까지는 제1차 세계대전에서 사용되던 모든 포탄의 3분의 1에 독가스를 채웠다. 총 12만 5000명의 영국군과 7만 명의 미군이 독가스에 중독됐다. 종전 3주 전, 영국군은 바이에른 제16예비 보병대에 겨자 가스 공격을 가했다. 아돌프 히틀러라는 젊은 상병이 이 공격으로 실명했다. 그리고 나중에 그는 자신의 시력이 회복된 것은 자신이 정치가가 되어 '독일'을 구원해야 한다는 초자연적 계시였다고 주장하게 된다.

핵 무 기

열한 살부터 열일곱 살 무렵까지 나는 운 좋게도, 원자 물리학 초기 연구 대부분이 이루어진 캐번디시 연구소에서 불과 1.5킬로미터쯤 떨어진 곳에 있는 케임브리지 퍼스 스쿨에 다녔다. 현재는 핵물리학 초기 연구에서 중요한 장소였으며 원자폭탄을 최초 개발한 뉴멕시코 로스앨러모스 국립 연구소를 운영하고 있는 UC 버클리에서 학생들을 가르치고 있다. 명석한 인재들이

쾌적한 환경 속에서 역사상 가장 파괴적인 무기를 만들어내기 위한 지식을 발전시켰고, 석기시대식 인간 두뇌의 분석력은 극한까지 끌어올려졌다. 그 과정에서 인간의 뿌리 깊은 감정과 첨단 과학이 복잡한 방식으로 맞물렸다.

미국의 맨해튼 계획 이면의 주된 동인은 공포—나치 독일이 원자폭탄을 먼저 만들지 모른다는 공포—였다.[428] 1930년대, 런던에서 연구 생활을 하고 있던 헝가리 출신의 이론물리학자 레오 실라르드는 핵 연쇄 반응이 가능할 것으로 예측했고, 1938년 12월, 독일의 오토 한은 실라르드의 가설을 입증하는 중요한 실험을 수행했다. 젊은 독일군 장교였던 오토 한은 1915년 이프르에서 최초의 독가스 살포를 도왔지만, 핵무기의 도입 가능성이 대두되자 심한 거부감을 보이며 이렇게 말하기도 했다. "만일 내 연구가 핵무기 개발로 이어지면, 난 죽어버릴 것이다."(리제 마이트너는 핵 분열의 잠재력을 최초로 인식한 또 한 명의 물리학자였다. 그녀는 유대인이라는 이유로 독일에서 추방당하기 전까지 베를린에서 오토 한과 함께 연구 활동을 했으며, 미군의 폭탄 개발에 관련된 모든 제안을 거부했다.) 핵무기로의 발전 가능성을 알고 있었던 거의 모든 물리학자는 공포를 느끼며 주춤거렸지만, 무기로 활용될 수 있는 과학의 램프의 요정을 병 속에만 가두어놓기는 쉽지 않았으며, 전쟁 중에는 특히 불가능한 일이었다. 히틀러가 1939년 3월 체코슬로바키아를 침공할 당시에는 과학이 발전해 유럽과 미국의 유수 물리학자들은 모두 원자폭탄이 과학적으로 어떻게 가능할지 알고 있을 정도였다. 그리고 머지않아 많은 이들이 원자폭탄이 필요하다고 생각하게 된다.

독일은 폭탄 개발 작업에 착수했고, 이 작업의 수장은 양자물리학의 '불확정성 원리'로 유명한 베르너 하이젠베르크였다. 독일은 원자폭탄 개발에 완전히 실패했는데, 단언하기에는 논란의 여지가 있으나 하이젠베르크를 비롯한 독일의 여러 물리학자들이 고의적으로 연구를 지체시켰다는 몇몇 증거가 있다.[429] 이것이 사실인지는 크게 중요치 않다. 실라르드는 나치의 연구에 상당한 진전이 있는 상황이고, 이 핵 경쟁의 결승선에 나치보다 먼저 도

대량살상무기는 인류의 오랜 전쟁 행위를 더욱 위험한 것으로 만든다. 1945년 8월 6일, 원자폭탄 하나로 히로시마에서 6만 5000명이 넘는 사람들이 목숨을 잃었고, 이보다 많은 수의 사람들이 부상당했다. 다음 날 폭심지로부터 1킬로미터 거리에서 야스코 야마가타는 "아기를 품에 안고 달려가는 자세로 한쪽 다리를 든 채, 아기와 함께 완전히 까맣게 불타버린 여인의 시체"를 보았다. 이 모습은 그녀의 머릿속에 각인됐고 그녀는 29년 뒤 이를 그림으로 옮겼다.

달할 수 있는 것은 미국뿐이라고 확신했다. 그는 이러한 경고의 메시지를 담은 편지를 작성하여 알베르트 아인슈타인과 함께 루즈벨트 대통령에게 발송했다. 곧이어 맨해튼 계획이 시작됐다.

1945년 5월 7일 새벽 2시 41분, 미국은 뉴멕시코 사막에서 최초의 원자무기 실험을 감행했다. 이때는 연합군이 나치 독일의 무조건적 항복을 수용하기로 한 시기였다. 그러나 일본과의 전쟁은 맹렬한 기세로 지속됐고, 당시 새로 대통령직을 승계한 해리 트루먼은 이제 자신이 통제하게 된 강대한 힘을 놓고 갈등했다. "일본 놈들이 무자비하고 잔인하며 광적인 야만인들이라 해도, 세계를 이끌어가는 우리 미국이 (…) 오래된 수도〔교토〕에 이 끔찍한 폭탄을 떨어뜨릴 수는 없다"고 그는 일기장에 적었다. "순전히 군사 시설만

이 표적이 될 것이며 우리는 일본 놈들에게 항복하라는 경고 성명을 발표할 것이다". 사실, 일본은 항복 직전 단계에 와 있었고 천황에게 왕위 존속을 제안하기만 했다면 당연히 굴복했을 것이다.* 그러나 연합군은 무조건적 항복을 계속 요구했고 일본은 이를 거부했다. 8월 6일 오전 8시 16분, '리틀 보이Little Boy' 라는 우라늄-235 폭탄이 히로시마에 떨어졌다. 이틀 뒤 나가사키에는 플루토늄 폭탄인 '팻 맨'이 투하됐다. 1945년 9월 2일, 일본군은 항복을 공식 선언했다. 램프의 요정이 이제 램프 밖으로 나온 것이다.

종전 이후 몇 달이 채 지나지 않아, 미군의 폭탄 개발팀 소속의 헝가리 출신 학자 에드워드 텔러는 훨씬 강력한 무기인 수소 폭탄을 개발 중이었다. 소련에서는 이미 1942년에 스탈린이 원자폭탄 연구를 승인한 상태였고, 초기에 미국으로부터의 우라늄 등의 재료 대여와 좌익 성향의 물리학자 클라우스 푹스를 통해 빼낸 맨해튼 계획 관련 정보로부터 도움을 받았다. 그의 배신 행위가 소련의 연구를 18개월 정도 앞당겨놓았다는 평도 있으며, 전후 강제로 데려온 독일 과학자들을 통해 더욱 큰 추진력을 얻은 측면도 있다. 소련은 미국에 이어 4년 뒤 최초의 원자폭탄 실험을 성공시켰다. 영국은 1953년, 프랑스는 1960년, 중국은 1964년경 원자폭탄을 보유하게 됐다. 이스라엘은 공식 인정한 적은 없으나, 1970년대 말 핵 클럽에 가입한 것으로 추정된다.

세 균 전

네바다의 쇼쇼니 인디언 부족은 전투에 나서기 전에 양을 잡아 피를 빼

* 제2차 세계대전 말기, 미군의 잠수함 봉쇄는 완벽한 성공을 거두었고 미국은 제공권을 확보했다. 석유와 기타 필수 품목이 없는 일본은 군사적 위협이 될 수 없었다. 히로이토 일본 천황은 연합군 측과의 평화 교섭을 중재하도록 측근을 소련에 파견한 뒤였으나, 서방 세계에서는 이러한 예비 교섭에 대해 전혀 모르고 있었다. 트루먼과 처칠은 전후 일본 점령에 참여시켜줄 것을 요구하던 러시아를 위협 세력으로 보았다.

창자에 채워 넣은 뒤 땅에 묻어 발효시킨 다음 꺼내어 전투용 화살에 세균이 득실거리는 그 액체를 묻혔다. 이는 심각한 감염을 일으키는 효과가 있었고, 화살에 긁힌 가벼운 상처만으로도 죽게 만들 수 있었다. 오늘날 터키에서 발견된 3400년 전 점토판 문서에는 다음과 같은 흥미로운 문구가 설형 문자로 새겨져 있었다. "그것들을 찾아내는 나라는 이 끔찍한 역병을 얻게 되리라". 캐나다 온타리오 출신의 분자생물학자 시로 트레비사나토는 이 구절이 양, 당나귀, 토끼, 사람을 감염시키는 야토병이라는 질병을 언급한 것으로 여겨지며, 이는 역사 기록상 최초의 세균전 사례에 해당한다고 주장한다.[430] 야토병은 전염성이 강한 질병으로 고열, 피부 궤양, 폐렴 등으로 고통스럽게 죽게 되는 병이다. 오늘날 키프러스에서 이라크에 이르는 초기 문명에서 야토병은 심각한 전염병의 원인이었으며, 역사 기록을 보면 병을 옮기려는 목적으로 전염병에 걸린 양이나 당나귀를 적진으로 끌고 들어갔음을 알 수 있다. 프랑스-인디언 전쟁(1754~1763, 아메리카 대륙에서 영국과, 프랑스와 아메리카 인디언 연합군이 싸운 전쟁_옮긴이) 기간 동안 영국군은 천연두 균으로 오염된 담요를 적군인 인디언 부족에게 전달했으며, 이는 분명 앞의 사례들과 동일한 의도였다. 일단 상대방을 비인간화하게 되면, 어떤 방식으로 죽이는가는 별다른 문제가 되지 않는 것이다. 그러나 생물 무기는 대량살상무기 중에서도 특히 은밀하고 위험한 방식이다. 화학 무기처럼 즉각적으로 끔찍한 결과를 가져오거나 원자폭탄처럼 엄청난 파괴력을 가지고 있지는 않으나, 본질적으로 은밀한 특성이 있고 전세계적으로 치명적인 결과를 가져올 수 있으며, 전염성을 지닌 생물이 사용될 경우 사실상 제어가 불가능한 상황이 된다.

일본과 미국은 모두 제2차 세계대전 당시 생물 무기에 대한 연구를 진행했고, 일본군은 중국군을 대상으로 탄저병과 흑사병 균을 사용했다. 전후인 1969년 리처드 닉슨 대통령이 "치명적인 생물 작용제 및 생물 무기의 사용과 기타 모든 세균전 방식"을 폐기한다는 선언을 할 때까지 미국의 생물 무기 연구는 계속됐다. 미국이 비축해두었던 생물 무기를 일방적으로 폐기하기로 한 과감한 조처는 1972년 생물무기금지협약으로 이어졌다. 그러나 140개국에서 이 협약을 비준했음에도 불구하고 준수 여부에 대한 규제 능력은 없었으며, 1년도 채 지나기 전에 소련은 역사상 최대의 생물 무기 프로그램에 착수했다. 1994년 미국으로 망명한 블라디미르 파세크니크는 레닌그라드에서 진행된 연구 계획에 투입된 400명의 연구원과 탄저병 및 천연두균의 대량 제조에 관여하는 전국의 전문가 6000명을 총괄했다. 이라크 역시 1972년 협약을 무시했으며, 1990년 1차 걸프전 직전에는 바그다드 남부의 공장에서 보툴리눔 독소 5400리터를 제조했다. 연합군은 군인들을 보호할 만큼 충분한 백신이 없는 상태였고, 제임스 베이커 미 국무장관은 외교 채널을 동원하여 미군이 생물 무기 공격을 당할 경우 핵으로 대응하겠다는 의지를 사담 후세인에게 전달했다. 2차 걸프전 당시에는 후세인의 생물 무기 프로그램은 이미 해체된 상태였다.

의사로서 나는 특히 세균전이라면 몸서리가 쳐진다. 세균전의 강도는 다음 세 가지 수준으로 나눌 수 있다. 뒤로 갈수록 위험도가 높은 것이다. 첫째, 탄저병처럼 상당히 안정적인 세균을 특정 공동체에 살포할 수 있다. 이를 흡입한 사람에게는 모두 일반적인 고열과 피로감이 나타나며, 이는 인플루엔자 증상과 유사하지만 치료하지 않고 방치하면 치명적인 폐렴으로 발전할 수 있다. 그러나 탄저병은 사람들 서로 간에는 감염이 되지 않는다. 둘째, 천연두와 같은 전염성 병원체를 사용해 유행병을 발병시킬 수 있다. 셋째, 유전자 변형을 이용하여 신종 악성 질병을 만들어낼 수 있다. 이 경우, 감염에서 그치는 것이 아니라 질병의 발견도 어렵고 기존의 백신이나 항생제로도 치료가 불가능하다. 이 마지막 시나리오는 가장 무시무시한 단계다.

만일 현대 의학의 기적이라 할 만한 것을 꼽으라 한다면, 1960년대와 1970년대에 세계보건기구가 천연두를 근절시킬 수 있는 백신을 사용한 것을 들 수 있다. 수백만 명의 목숨을 앗아간 이 오랜 질병은 1977년 소말리아에서 확인된 것이 마지막 사례였다. 그러나 천연두에 대한 현대 의학의 승리 그 자체가 천연두를 특히 더 파괴적인 무기로 만든다. 천연두 바이러스는 전염성이 강하고, 고통스러운 중증 질병으로 치사율이 높으며, HIV와는 달리 상당히 강력하여 수개월 혹은 수년간 주변 환경에 남아 있을 수 있다. 대부분의 바이러스성 질병과는 달리, 바이러스에 노출된 후 백신 접종으로 천연두 감염을 막을 수 있다. 그러나 천연두 백신은 바이러스 노출 후 최초 48시간 이내에 반드시 접종이 이루어져야 하며, 대규모 백신 접종은 30년 전 중단됐다. 오늘날 천연두 공격이 이루어질 경우 대규모의 인명 피해가 발생할 수 있다. 신속히 발병을 억제할 수 있다 해도,[431] 한 나라 전체가 마비되고 극도의 공포와 고통이 유발될 것이다.

천연두 근절 이후 두 곳의 보관 분량을 제외한 모든 천연두 시료는 폐기됐다. 하나는 조지아 주 애틀란타의 미 질병통제 예방센터에, 다른 하나는 시베리아 노보시비르스크의 러시아 국립 바이러스학 및 생명공학 연구소에 보관되어 있다. 그러나 러시아, 이라크, 이스라엘 등 몇몇 국가에서 비밀리에 보관 중인 비축량이 있을 수 있으며, 9·11 직후 세계보건기구는 향후 생화학 테러 공격에 대한 대응과 관련된 과학적 정보를 제공하는 데 필요할 경우를 대비하여 러시아와 미국에 보관된 마지막 시료의 폐기 시점을 늦추기로 결정했다.[432]

기타 여러 가지 천연두 바이러스 및 자연적으로 존재하는 각종 전염성 병원체는 잠재적으로 무기로 활용될 수 있다. 그러나 훨씬 더한 공포는 아마도 프랑켄슈타인의 괴물 같은 새로운 세균의 생성일 것이다. 2000년 호주에서 유해 설치류 불임 실험이 잘못되어 발생한 경우처럼 우연한 조합으로 치명적인 바이러스가 생겨날 수도 있다. 백신을 접종했음에도 불구하고, 의도하지 않았던 이 치명적인 바이러스로 인해 모든 실험 동물이 죽었다.[433] 기존의 박테리아와 바이러스에 유전자 조작을 가하여 세균전의 효과를 증대시키려는 의도적인 작업은 이미 시작됐다. 생물 무기 프로그램 연구에 참여했던 러시아의 분자생물학자 세르게이 포포프는 다발성 경화증으로 사람을 서서히 죽게 만들 수 있는 미생물을 개발했다. 1992년 영국으로 망명한 뒤 그는 말했다. "우리는 옳은 일을 한다는 사실을 한 번도 의심한 적이 없었다. 우리는 우리나라를 지키고자 노력했다." 그의 말은 제2차 세계대전 후 베르너 하이젠베르크와 다른 독일 핵물리학자들이 했던 말과 거의 동일했다.

효과적인 테러 무기가 되기 위해 생물 병기가 꼭 대상을 죽일 필요는 없다. 설치류 퇴치의 경우, 감염된 암컷이 자신의 난자 외피를 공격하는 항체를 만들도록 조작된 바이러스를 사용하는 방법이 고안됐다. 이 전략이 사용되면 쥐 한 세대가 불임으로 태어날 것이다. 만일 이와 유사한 바이러스가 인간을 대상으로 개발된다면, 서서히 나타나는 불임의 확산이 의도적인 공격에 의한 것이라는 사실은 최소 수년이 지나야 파악될 것이다. 어느 과학자가 말했듯이, "슈퍼바이러스 탄생을 막을 수 있는 핵심 요소는 생물학자 개개인의 책임감이다". 박테리아와 바이러스 유전자 조작 기술을 지닌 과학자의 수가 점차 증가하면서, '개인의 책임'은 실은 거미줄 수준의 방어임이 드러날지도 모른다.

파멸을 제조하다

미국과 소련의 핵 군비 경쟁은 여러모로 20세기 중반의 핵심적인 사안이었다. 그러나 어떤 면에서 보면 인도 아대륙에서 벌어진 핵 대치는 훨씬 더 많은 것을 시사한다. 1948년, 인도의 자와할랄 네루 총리는 불가침 원칙을 지지하고 핵실험을 종식시킨 인물이면서도, 위험에 처해 있을 때 "비현실적인 발언으로는 상대국의 그러한 행동을 절대 막을 수 없다"고 인정했다. 네루의 말은 옳았다. 1974년 5월 11일, 인도는 히로시마에 투하됐던 것과 맞먹는 크기의 플루토늄 폭탄 실험을 감행했다. 인도의 위협이 증가하자, 당시 파키스탄 외무 장관이었던 줄피카르 알리 부토는 "설령 우리가 풀이나 나뭇잎을 먹거나 계속 굶주려야 한다 할지라도" 무슨 수를 써서라도 원자폭탄을 만들 것이라고 공표했다. 파키스탄이 결국 1998년 3월 일련의 핵실험을 감행하기까지 그나마 넉넉하지도 않은 자원을 무기 개발 계획에 쏟아붓게 되면서, 빈곤에 허덕이던 이 나라의 수많은 국민들은 실제로 계속 굶주릴 수밖에 없었다.

여기서 얻을 수 있는 심난한 교훈은 대량살상무기 보유의 기술적·경제적 장벽이 계속해서 낮아지고 있다는 사실이다. 맨해튼 계획에는 당시 기준으로 2조 달러가 투입됐고, 미국 자동차 산업 전체 규모만큼의 산업적인 개입이 이루어졌다. 파키스탄은 자원이 훨씬 부족하고 불안정한 제3세계 국가임에도 불구하고 동일한 위업을 달성해냈다. 만일 이란과 북한까지 근시일 내에 핵 클럽에 가입하게 된다면, 이는 일부분 파키스탄에서 폭탄의 '아버지'라 불리는 A. Q. 칸 박사로부터 사들인 핵 기밀 덕분일 것이다. 무엇보다도 가장 불안한 점은 고농축 핵물질 수백 킬로그램이 아직 구 소련에 냉전의 잔재로 남아 있다는 사실이다. 일부는 행방이 묘연하며, 나머지 대부분은 보안 상태가 허술하여 테러 단체가 얼마든지 구입하거나 강탈할 수 있는 상태다.

마찬가지로, 독일이 제1차 세계대전에서 사용한 화학 무기는 당시 세계에서 가장 발전된 화학 산업에 의해 생산됐다. 1995년 도쿄 지하철 안에서 옴진리교 교도들이 살포하여 7명의 사망자와 2000명의 부상자를 낸 사린 가스는 실력도 별로 없는 엔도 세이치라는 생화학자 한 명이 만들어낸 것이었다. 1995년에도 어느 미국인 생존주의자(전쟁 등의 재앙을 대비하는 사람들을 일컬음_옮긴이)가 공개 시장에서 미국 미생물보관센터ATCC: American Type Culture Collection로부터 단돈 300달러에 페스트균을 구입했다. 국가 차원에서 적군에게 사용되든 혹은 사상 최대의 공포를 유발하려는 소규모 테러 집단에 의해 사용되든 우리가 대량살상무기와 그것이 초래하는 결과를 막기 위해 할 수 있는 일은 거의 없다. 안보에 대한 우리의 최선의 희망은 통제를 강화하는 동시에, 무기가 사용될 수 있는 조건을 이해하고 그 싹을 애초에 자르려는 노력을 다하는 데 있다.

자원을 얻기 위한 전투

전투원이 의식적으로 인지하고 있지 않은 경우라 할지라도, 모든 집단공격, 습격, 전쟁은 궁극적으로 자원에 관한 문제라는 사실은 이미 수 차례 언급했다. 사실, 가장 근본으로 내려가면 모든 삶은 결국 자원을 두고 벌이는 경쟁이다. 수십억 년간 진화는 이러한 경쟁에 의해 움직여왔으며, 오늘날의 동물, 식물, 박테리아, 원생동물, 균류가 존재하는 것은 모두 이들이 과거에 라이벌과의 경쟁에서 이겼기 때문이다. 전쟁을 피해야 한다는 당위성은 현존하는 무기의 살상력을 통해 알 수 있으며, 만일 우리가 미래의 전쟁을 피하고자 한다면, 가장 기본적인 다음의 생물학적 문제부터 해결해야 한다. 어느 종이든 개체군이 증가하면 천연 자원에 대한 압박이 증가하고 경쟁은 더욱 치열해지기 마련이라는 것이다.

생명 활동은 동식물들의 수백만 가지 경쟁 방법을 탄생시켰다. 나무는 빛을 서로 더 받기 위해 키를 키우고, 초기의 포유류는 야간에만 활동하는 방식으로 공룡과 경쟁했으며, 인간과 침팬지—특히 수컷—는 먹이, 공간, 번식 기회를 두고 경쟁하느라 서로 싸운다. 인류의 전쟁은 종교 혹은 정치철학이라는 껍데기로 포장될 수 있지만, 그 바로 아래에는 늘 자원을 두고 벌이는 투쟁이 자리 잡고 있다. 교황 우르바노 2세는 유럽 귀족들에게 1차 십자군 원정에 동참할 것을 호소하면서 "농사짓는 이들에게 넉넉한 식량을 주지 못하는" 자기네 영토와 십자군이 이교도에게서 빼앗을 수 있는 팔레스타인 영토를 대비시켰다.[434] 제2차 세계대전 당시 영토와 자원에 대한 욕구는 히틀러의 레벤스라움lebensraum, 즉 '생활권'이라는 개념으로 표출됐다. "이번 전쟁에서 독일 국민의 노고와 희생은 독일 국민을 위한 동쪽 영토를 얻는 데 그 목적을 두어야 한다"고 그는 적었다. 일본군이 진주만을 공격했던 것은,

산업 경제에 필요한 인도네시아산 석유를 손에 넣으려면 미국 태평양 함대를 타도해야 한다는 사실을 알고 있었기 때문이다. 앞서 살펴보았듯이, 가자 지구 등 일부 환경에서 인구 급증과 대량 실업이 그 자체만으로 전쟁이나 테러 공격을 발생시키지는 않지만, 그러한 가능성을 고조시키는 것은 분명하다.

집단공격 기질이 침팬지와 인간의 고유한 기질일지 모르지만, 자원 확보 경쟁의 수준은 상황에 따라 달라진다. 예를 들어, 삼림 자원이 더 풍부한 콩고에서는 인간의 침입으로 동물들이 숲속의 좁은 구역 안으로 몰려 들어가게 된 탄자니아에 비해 침팬지 간의 집단공격 빈도가 낮다. 1만 5000여 년 전 베링 해협을 건너 아메리카 대륙으로 옮겨간 인간들은 사냥하기 쉬운 덩치 큰 포유류로 가득한 대륙을 발견했으며, 그곳에서 발견되는 인간 유골에서는 폭력의 흔적이 발견되지 않는다. 그러나 기원전 5000년경 인구가 늘고 경쟁이 심화되면서 북미 지역 수렵채집 사회에 살았던 몇몇 인간 유골에는 머리 가죽을 벗겨낸 흔적이나 화살촉이 박힌 흔적이 남아 있다.[435] 1000년 전, 미 대륙 남서부 지역에 있던 아나사지족과 프레몬트족은 옥수수를 키우기도 하는 약탈자들이었다. 일부는 정교한 절벽 주거지를 건축하기도 했다. 나무의 나이테를 분석해보면 이 지역에서 수십 년간 가뭄이 있었고 이 시기 동안 습격과 전쟁이 빈번했던 것으로 파악된다. 부족민들은 깊은 협곡의 가장자리 꼭대기로 피신했다.[436] 소량의 곡물을 접근하기 힘든 곳에 숨겨두고, 적군에게 굴러 떨어뜨릴 바위를 적절한 자리에 준비했다. 이 지역의 인간 유골에서는 영양실조와 참수의 흔적, 그리고 식인 풍습을 의미하는 장골의 절단 흔적이 발견된다.[437]

루소의 이론을 믿는 일부 인류학자들은 식인 풍습은 타 문화를 폄하하려는 인종차별적 욕구를 의미한다고 주장하지만,[438] 과학적 증거는 정반대를 가리킨다. 기원후 1150년으로 거슬러 올라가는 미 대륙 남서부의 아나사지 유적지 발굴 과정에서 채플힐 소재 노스캐롤라이나 대학의 브라이언 빌맨은

취사 도구와 함께 도살된 어른 4명과 청소년 1명의 잔해를 발견했다. 정밀 면역학적 검사를 통해 사람의 근육 단백질이 냄비 안에 들어 있었던 것으로 밝혀졌다. 그리고 더욱 확실한 증거로, 해당 검사를 통해 부지 내 배설물을 모아두었던 곳에서 인육의 흔적이 발견되었다.[439] 식량이 부족하면, 경쟁은 더 치열해지고 집단공격과 마찬가지로 식인 풍습도 생존을 돕는 수단이 되는 것이다.

반대론자들은 가뭄이 심한 지역의 폭력 성향에 대한 고고학적 증거는 상황에 따라 매우 산발적으로 나타나기 때문에 확실한 결론을 내리기 어렵다고 주장한다. 그러나 오늘날 아프리카 지역의 환경 및 전쟁에 관한 최근의 연구는 그러한 주장을 잠재우기에 충분하다. UC 버클리의 에드워드 미구엘과 뉴욕 대학의 샹커 사티아나스와 어니스트 세르겐티는 아프리카 대륙 전역에 걸친 강우량과 내란 사건을 비교한 결과 두 요소 사이에 통계적 정확성 95퍼센트의 반비례 관계를 확인할 수 있었다.[440] 흥미로운 사실은, 이러한 결과가 해당 국가의 통치 상황이나 문화적 차이와 무관하게 광범위하게 나타났다는 것이다.

자원 확보 경쟁은 모든 관찰 지역에서 폭력 사태로 이어졌다. 1300~1700년 전, 폴리네시아 항해자들이 이스터 섬에 도착했을 때, 그곳에는 날지 못하는 새들로 가득한 숲이 우거져 있었다. 약 500년 전, 나무들은 베어지고 동물들은 모두 먹이로 잡혀 사라졌으며, 지금까지도 섬 곳곳에 남아 있는 신비로운 석상으로 유명한 그 씨족 내부에 싸움이 벌어지기 시작했다. 18세기경 유럽인들이 이곳에 도착할 때까지 이곳의 인구는 약 2만 명에서 불과 2000명 수준으로 급감했다. 이곳에서도 섬의 원주민들 사이에 구전되어 내려오는 식인 풍습에 대한 고고학적 증거를 발견할 수 있다. 오늘날까지도 이스터 섬에서는 상대를 모욕할 때 현지 언어로 "네 어미의 살갗이 내 이빨 사이에 끼어 있다"라는 표현이 사용된다.[441]

인구 급증이 분쟁 증가의 원인이 될 수 있다는 생각은 새로울 것이 없으며, 토머스 맬서스는 1798년 저술한 『인구론Essay on the Principle of Population』에서 이러한 연관 관계를 분명히 인정했다. 그러나 인간의 행동을 해석하려는 수많은 노력이 그러하듯, 자원 고갈과 분쟁 간의 연관성은 극단적인 주장으로 인해 퇴색됐다. 당시 유엔 글로벌 거버넌스 위원회 및 록펠러 재단 소속이었던 시리다 람팔과 스티븐 신딩은 이렇게 적고 있다. "그동안 국가 간 대화가 사태를 오히려 악화시킨 경우가 많았으며, 과학적 견지에 반하는 정치적 이익에 부응하는 노력이 이루어져왔다."[442] 동일한 사실이라는 풍경을 서로 다른 렌즈로 바라보는 이들은 결국 통합된 결론을 찾는 대신 주먹다짐을 하게 된다. 버클리의 동료 연구원인 낸시 펠루소와 마이클 와츠[443]는 『혼란의 도래: 기근, 범죄, 인구 과잉, 질병은 얼마나 빠른 속도로 우리 지구의 사회 구조를 무너뜨리고 있는가The Coming Anarchy: How Scarcity, Crime, Overpopulation, and Disease Are Rapidly Destroying the Social Fabric of Our Planet』의 저자인 로버트 카플란 등이 자원 부족과 분쟁의 관계를 너무 직접적으로 도출했다고 비판한다.[444] 이들은 카를 마르크스(사실 그의 일부 견해는 옳다)를 인용하며 경제 시스템 역시 자원을 누가 손에 넣고 누가 지배할 것인가를 결정하는 요소임을 지적한다. 물론 좀 더 평등하게 자원을 분배함으로써 막을 수 있는 갈등도 있을 것이다. 또한, 사회적·경제적 평등 신장을 주장하는 동시에, 그러한 평등의 문제와는 별개로 제한된 지역 내 높은 출생률은 인구 부양 능력을 초과할 수 있음을 인식하는 것은 전혀 모순되지 않는다.

세계은행의 아프리카 담당 인구통계학자인 존 메이는 1994년 대학살 당시 르완다 내에서 높은 수준이었던 인구통계학적 압력에 주목한다. 1950년 르완다의 인구는 200만이었고, 여성 1인당 평균 8명의 자녀를 낳았다. 1994년경, 평균 가족 수는 6.2명으로 다소 감소했지만, 전체 인구는 4배 증가하여 800만에 육박한 상태였다. 그 결과 아프리카 최고 인구 밀도인 제곱킬로미터당 292명을 기록했다.[445] 런던 대학 아시아 아프리카학 대학원의 인류학 교수인 제임스 페어헤드는 이러한 분석에 경제학적 측면을 부연한다. 르완다 대학살이 있기 전, 대부분의 이들이 1년 동안 500달러 미만으로 살아가는 이 나라에서 농지 가격은 1만 제곱미터당 4000달러라는 천문학적 수치에 도달한 상황이었음을 지적한다. 그는 이렇게 요약한다. "땅은 싸워서 지켜낼 가치가 있는 대상이다."[446] 비극적이게도 1994년 발생한 이 싸움으로 적게는 50만 내지는 100만 명이 목숨을 잃었다. 이는 걷잡을 수 없는 종족 분쟁으로 번졌다. 그러나 일단 자원 확보 경쟁의 뿌리가 드러나고 나면, 외집단으로 인식된 상대에 대한 폭력 및 섬멸 행위는 집단공격이라는 매우 낯익은 논리를 따른다.

모든 갈등이 집단공격과 자원 확보 경쟁의 문제를 넘어 인구 증가라는 단일 요인으로 귀결될 수 있을까? 이는 그리 간단한 문제가 아니지만, 인구 증가의 역할을 좀 더 심층적으로 연구해보면 인구 증가율과 인구 통계가 습격, 전쟁, 그리고 심지어는 테러 공격에 대해서도 중요한 유발 원인으로 작용한다는 사실을 분명히 알 수 있다. 인간 세상에서 일어나는 이러한 폭력 사건의 심각성과 빈도를 줄이고자 한다면, 우리는 이 관계를 먼저 이해해야 한다. 코네티컷 대학의 피터 터친과 그의 동료인 러시아 출신의 안드레이 코로타예프는 인구 증가와 분쟁 간의 역학적 관계에 중요한 양적 통찰을 더하고 있다. 이들은 영국, 중국, 로마 역사에 대한 심층 연구를 통해 인구 밀도 증가와 전쟁 사이의 통계적 상관관계를 입증해 보였으며, 당연하게도 인구 증가의 영향은 즉각적인 것이 아니어서 본격적으로 전개되기까지는 어느 정도 시간이 소요되는 것으로 나타났다.[447] 갈등을 일으키는 것은 집에서 놀고 있는 아기가 아니라 20년 뒤 굶주리고 갈 곳 없어진 농부이기 때문이다. 터친과 코로타예프는 이를 비롯한 여러 변수(전쟁 자체가 인구 감소 요인이라는 사실 등)를 알맞게 조절하고, 영국 교회 기록에서 확인되는 인구 증가에 관한 세부 자료와 분쟁에 관한 각종 사료를 활용하여, 상대적 평화와 인구 급증의 기간 이후에는 분쟁과 인구 증가 속도의 감소 시기가 온다는 사실을 발견했다. 이들의 연구 결과를 보면, 전쟁 기간과 평화 기간 사이의 변화 중 절대적인 80~90퍼센트*는 인구 증가에 기인함을 알 수 있다. 인구의 영향이 그보다 훨씬 적다고 해도, 여전히 중요한 요소임은 틀림없다. 그러나 정말 중요한 것은, 인구 증가가 단순히 폭력 분쟁의 중요한 원인이라는 것이 아니라, 오늘날 세계에서 순수하게 자발적인 방식으로 억제할 수 있는 원인이라는 점이다.

지난 50년 동안 세계는 급증하는 인구를 상당히 잘 지탱해왔다. 그러나 석유 및 식량 가격의 상승에서 알 수 있듯 미래에도 그러하리라고 장담할 수는 없다. 산업혁명과 과학 기술의 결합으로 세계의 부는 엄청난 속도로 불어났다. 그러나 여러 면에서 볼 때 우리는 북아메리카 대륙으로 처음 건너갔던 이들이나 이스터 섬에 처음 상륙했던 폴리네시아 인들과 별반 다르지 않다. 선조들은 상상도 할 수 없었던 어마어마한 식량, 에너지, 건축 자재, 사치품이 주어진 세상에서 우리는 닥치는 대로 소비를 해왔으며, 1800년 10억에 불과했던 세계 인구는 2000년 60억으로 증가했다. 오늘날 우리는 글로벌화된 세계에 살고 있으며, 전세계 인구는 2030년까지 80억을 초과할 것으로 예상된다. 이러한 인구 증가의 흔적은 현재 환경오염, 지구온난화, 열대 우림의 파괴, 농지 침식 등 주변 곳곳에서 포착된다. 하나의 종으로서 우리는 인구 증가가 항상 자원 증대를 초월한다는 맬서스의 이론을 입증하고 있는 중이다.

자원의 급속 팽창 시대는 이제 끝난 것일까? 인구 증가만큼이나 인간의 독창성은 무제한적이며, 기존의 공급량에서 어떻게든 더 많은 식량, 물, 에너지를 얻어낼 수 있는 방법을 모색할 것이 분명하다. 그러나 효율이나 창조에는 자연적 제약이 있다. 토론토 대학의 평화분쟁연구소 토머스 호머-딕슨 소장[448]과 1987년 대기 중 오존층에 관한 몬트리올 의정서의 미국 측 협상

* 터친과 코로타예프는 인구 증가에 초점을 맞추고 있다. 만일 인구 구조, 특히, 젊은 남성 대비 노년층 남성의 비율과 같은 요인을 추가로 고려한다면, 전쟁과 평화의 차이를 전반적으로 설명할 수 있을 것이다.

대표였던 리처드 베네딕[449]은 자원 전쟁이 21세기 세계 곳곳에서 갈수록 빈번해질 것이라 주장한다.* 예를 들면, 물은 수많은 곳에서 삶의 질과 개발에 주된 제약 요소로 작용하고 있다. 공급 감소와 인구 급증으로 인해 중동 및 북아프리카 대부분의 지역에서는 현재 1인당 물 확보량이 1960년의 3분의 1 수준에 그치고 있는 실정이다. 이스라엘은 이미 자국에서 이용 가능한 수자원의 95퍼센트를 다 써버린 상황으로, 효율적으로 사용하고 있지만, 더 이상의 수도 공급은 없다. 가자 지구에서는 인구가 증가하면서 담수를 뽑아 올려 공급을 하다보니 해수가 지하 수자원을 오염시키고 있다.[450]

이집트는 수천 년간 관개, 식수 공급, 생활 폐수 처리 등을 나일 강에 의존해왔다. 그러나 그 거대한 유량도 이제 한계치에 다다르고 있다. 마사와 나는 에티오피아 바히르다르 근처 청靑나일 강의 폭포에서 수백만 리터의 맑은 물이 쏟아져 내리는 광경을 보았고, 우간다의 빅토리아 호수 연안 도시 진자에서 백白나일 강의 발원지 근처에 앉아 있기도 했다. 두 지류는 수단 사막 중앙의 하르툼에서 만나 태고 이래로 숲과 야생 생물, 그리고 인류를 부양해온 거대한 생명의 물줄기를 이룬다. 그러나 나일 강이 지중해에 도달할 때쯤에는 슬프게도 과거 모습을 잃어버린 흔적만이 남아 있다. 2000년 에티오피아, 수단, 이집트에는 1억 7000만 인구가 있었고, 이들은 모두 나일 강에 의존했다. 이들 국가에서는 가족계획이 절실히 요구되는 상황이었지만, 문화적·정치적 이유에서 그러한 요구는 외면당했다. 이들 세 국가의 인구는 급속도로 팽창하여 현재 1억 9000만에서 오는 2050년까지 3억 3700만 명에 달할 것으로 유엔은 추정하고 있다. 인구는 두 배로 늘겠지만 추가적인 물 공급은 없을 것이다. 이미 몸살을 앓고 있는 수자원에 3억 3700만 명이 기대게 된다는 뜻이다. 다양한 문화, 종교, 민족이 불안하게 뒤섞인 지

* 오슬로에 있는 세계평화연구소의 닐스 페터 글레디쉬 등 일부 전문가들은 인구 증가와 자원 확보 경쟁 간의 관계는 너무 복잡하기 때문에 분석하기 어려우나, 수량화하기 어렵다고 해서 그 중요성이 감소하는 것은 아니라고 주장한다. 또한, 그러한 분석을 시도하여 주목할 만한 성과를 이끌어내는 학자들도 있다.

전쟁은 궁극적으로 자원 확보 경쟁이다. 기후 변화와 인구 증가는 그러한 경쟁을 격화시킨다. 기후 변화 및 제한된 수자원의 사용 인구 증가로 인도 일부 지역에서는 10년 사이에 지하수 수준이 25미터 낮아졌다. 2003년 가뭄이 들자, 수 킬로미터 밖에서까지 인도 구자라트의 이 큰 우물로 많은 사람들이 모여들었다. 2025년경에는 전세계적으로 30억 인구가 직접적인 물 기근이나 물 부족 문제를 겪을 것으로 예상된다.

역에서 극심한 물 부족 사태의 악화는 집단공격 충동에 무시무시한 규모로 불을 붙이는 도화선이 될 수 있다.

그러나 인간의 소비는 계속 증가 추세다. 최근 수십 년 동안, 중국, 인도, 동남아시아, 브라질, 멕시코, 구 소련 블록 지역에서 10억 명 규모의 소비 세력이 등장했다. 이들 신흥 세력의 소득을 현지의 구매력을 고려하여 조정한다면, 더 나은 품질의 식품, 더 많은 소비재, 더 많은 자동차를 구매할 수 있는 이들의 잠재 소비력은 미국 소비자에 못지않은 수준이 될 것이다. 세계 각지의 생활 수준 향상과 빈곤 감소는 환영해 마땅하지만, 유한한 자원을 생각한다면 서구 세계나 신흥 부국들은 인구의 폭발적인 증가를 막기 위해 가능한 모든 노력을 기울여야 한다. 옥스퍼드 대학의 노먼 마이어스의 연구 결과를 보면, 만일 중국의 신흥 부유 계층이 일본의 1인당 비율로 생선을 소비할 경우 바다가 텅텅 비어버릴 것이고, 미국과 같은 비율로 자동차를 사용한다면 오늘날 세계 석유 산출량 전부를 중국 혼자서 소비해버릴 것이라는 사실을 확인할 수 있다.[451] 마사와 나는 자전거가 즐비하던 베이징과 상하이의 2차선 도로가 15년 사이에 자동차가 붐비는 6차선 고속도로로 바뀌는 것을 지켜봐왔다. 석유 수요 증가에 따라 전세계적으로 유가의 상승세가 지속되고 있으며, 앞으로도 불과 10~20년 전까지만 해도 미국인들이 사실상 자연권으로 여겼던 낮은 수준으로는 떨어질 것 같지 않다. 석유 및 기타 자원을 두고 벌어지는 경쟁이 심화되는 상황에서 각국은 서로 간의 분쟁을 외교를 통해서 해결할까? 아니면 전쟁으로?

낙관주의자들은 네덜란드와 같은 몇몇 국가들은 인구 밀도가 높음에도 불구하고 여전히 높은 생활 수준을 유지하고 있음을 지적한다. 훌륭한 정부와 최신 기술이 있으면 인구 증가로 인한 최악의 문제를 막을 수 있다는 것이다. 그러나 이러한 주장은 인간은 누구나 필요한 식량을 재배하고, 사용하는 물을 저장하고, 살면서 생기는 오염물을 흡수할 공간이 필요하다는 사실을 간과하고 있다. 실제로 계산해보면, 지도에서 네덜란드의 생태 발자국 ecological footprint(생활에 필요한 자원을 얻기 위해 필요한 토지 영역을 가리키는 용어 _옮긴이)은 국토 면적의 14배에 해당한다. 식량이나 가축 사료를 수입하고, 스위스 지역에 내리는 빗물을 이용해 식수를 사용하며, 발전소에서는 지구 대기 중으로 이산화탄소를 내뿜고 있기 때문이다.

수십억 년에 걸쳐 진화를 이끌어온 것은 경쟁이었다. 이는 통제가 없는 상태에서 모든 생명체는 환경의 부양 능력을 초과하는 속도로 번식할 수 있다는 단순한 사실에서 비롯된다. 오늘날 인류의 인구 증가는 기아, 질병, 포식자 등의 제약을 거의 받지 않으며, 인류의 수와 산업의 요구는 이미 환경이 지탱할 수 있는 수용 능력을 초과했을 가능성이 매우 높다. 캘리포니아의 마티스 웨커네이걸과 영국의 노먼 마이어스 등은 이미 1975년경에 지구의 수용 한계가 초과됐을 것으로 추정한다. 이러한 계산에 따르면 우리는 **이미** 현재보다 20퍼센트 더 큰 행성이 필요한 상태다. 그러한 측정은 어려운 작업이며 비판의 소지도 크다. 그러나 멀리 내다보면 현재 수준의 인구 증가와 경제적 팽창은 지속 불가능하다는 사실을 깨닫기 위해서 좀 더 열린 시야를 가질 필요가 있다. 자원 확보 경쟁은 앞으로 더욱 심각해질 것이다.[452]

교 훈

인간을 살아 숨 쉬게 하는 것은 호기심이다. 주변 환경을 깊이 들여다보려는 바로 이러한 충동 덕분에 인류의 조상은 경쟁이 극심한 혹독한 환경에 적응할 수 있었으며, 이는 오늘날 과학 산업의 원동력이기도 하다. 그러나 안타깝게도, 이 호기심에 위협에 대한 과잉 대처 성향과 내집단에 대한 절대적 복종이 더해지면서 오늘날 세계 속에서는 치명적인 결과가 빚어지고 있다. 우리는 감정이입의 범위를 훨씬 더 많은 사람들까지 포함하도록 확대할 수 있지만, 전쟁이 일어나거나 자신의 안전이 위협받는다고 판단될 때 이는 너무도 쉽게 허물어진다.

권력, 애국심, 호기심은 아주 지적이고 많이 아는 남성—거의 예외 없이 남성—조차도 새로운 과학적 발견을 대량살상무기로 탈바꿈시키도록 부추길 수 있다. 인간이 지닌, 공격에 대한 자기 방어 및 전투 기질은 매우 강력한 것이어서, 일단 자신이 생사가 걸린 싸움에 휘말렸다는 판단이 서기만 한다면, 아무리 무시무시한 성능을 가진 것이라 해도 언제든 신무기 연구 개발을 정당화하려 들 것이다. 얼마나 많은 노벨상 수상자들이 대량살상무기 개발에 직간접적으로 공헌했는지, 그리고 노벨평화상이 주어진 얼마나 많은 성과가 얼마 지나지 않아 허물어져버렸는지 상기해본다면 아찔한 기분이 들 것이다. 노벨물리학상이 그 성취를 기리는 것이라 한다면, 노벨평화상은 단지 노력에만 주어지는 것처럼 보이기도 한다. 그렇다고 해서 진정한 평화는 불가능한 것이라는 의미는 아니다. 우리가 전쟁의 생물학적 특성을 이해하기만 한다면 말이다.

오늘날 우리는 진화적으로 인류의 그 어느 조상 때와도 확연히 다른 시대에 살고 있다. 35억 년에 걸친 경쟁으로 지구에서의 삶은 이제 수용 한계에 도달했다. 이 시점 이후로 경쟁은 계속 줄어드는 자원을 서로 손에 넣으려는 더욱 치열한 싸움이 될 것임을 의미한다. 환경 위기와 지구온난화 문제를 해결하고 신종 질병과 전세계 빈곤을 퇴치할 방법을 모색하여 인류라는 종이 생존할 수 있으려면 경쟁보다는 협력 방안을 더 많이 찾아내어야 할 것이다. 그리고 특히 대량살상무기 덕택에, 인간이라는 종의 생존은 이제 전쟁을 끝내는 일에 달려 있음이 분명해졌다. 이제 집단공격의 역사를 버리고 떠날 때가 온 것이다.

이는 막막해 보이는 과제라 해도 과언이 아니다. 전지구적 차원에서 면밀하고 구체적인 다양한 프로그램이 시행되어야 함은 물론이고, 문자 그대로 수십억의 인류 동포들 개개인의 노력과 헌신이 필요할 것이다. 그러나 다른 무엇이라도 성공을 거두기 위해서는 개인적으로나 전세계적으로나 반드시 취해야 할 한 가지 조처가 있다. 인간의 내면 가장 깊은 곳에 자리 잡고 있는 진화 프로그래밍 일부에 정면으로 반하는 것이긴 하지만, 인간이라는 종이 살아남기 위해서는 인구 규모를 안정화시키거나 나아가서 감소시킬 필요가 있다는 것이다. 다음 장에서 살펴보겠지만, 남성의 선천적 성향이 그들의 배우자, 자녀, 그리고 미래 세대의 안녕에 도움이 되지 않는다는 것을 반드시 깨달아야 한다는 뜻이다. 남성이 유전적으로 물려받은 행동 중에 가장 공격적이고 폭력적인 측면들—집단공격 기질에 집약되어 나타나는 측면들—은 대개 여성의 가장 무해한 목표, 특히 아이의 생명과 건강을 유지시키는 일에 어두운 그림자를 드리운다. 다행인 것은, 여성의 충동과 목표 역시 뿌리 깊은 진화 프로그래밍에 그 기반을 두고 있다는 사실이다. 우리가 이제 해야 할 것은 그 충동과 목표가 발현될 수 있는 조건을 조성하는 일이다.

13
여성과 평화

| 마사 캠벨과 공저 |

[자녀 출산을 기피하는] 남자나 여자는 전쟁터에서 도망친 병사에게 쏟아지는 것과 동일한 비난을 받아 마땅하다.

— 시어도어 루즈벨트, 1905

아이를 낳을지 여부를 본인의 의지로 선택할 수 있기 전까지는 그 어떤 여성도 진정으로 자유롭다고 말할 수 없다.

— 마가렛 생어, 1920

1930년대 어느 날, 예멘의 한 문맹 농부가 일자리를 찾아 사우디아라비아로 건너갔다. 성공이 이어졌으며 오래지 않아 무하마드 빈 아와드 빈 라덴은 도로 건설 사업을 위해 노동자들을 고용하기 시작했고, 그 이후에는 왕궁 건축, 모스크 재건축(메카의 지성소 포함), 호텔 개발 등으로 사업을 확장했다. 사우디 빈라덴 그룹은 강력한 거래 기반을 갖춘 수십억 달러 규모의 기업으로 성장했다. 1990년대 이 그룹은 킹 압둘 아지즈 공군기지 건설을 도왔으며, 1차 걸프전 당시 미군은 이곳에서 작전을 수행했다. 사우디 빈라덴 그룹의 당시 비즈니스 파트너 중에는 조지 H. W. 부시와 영국의 존 메이저 전 총리가 고문으로 있는 것을 내세우던 칼라일 그룹도 있었다.

이 기업의 성공은 성실한 노력과 탁월한 비즈니스 감각, 막강한 거래 기반에서 기인했을 수도 있다. 그러나 그 모든 부는 석유에 대한 서구의 갈증에서 비롯됐고, 사용된 기술은 모두 수입된 것이었다. 그러나 무하마드 빈 아와드 빈 라덴의 사생활은 여전히 예멘의 평범한 가장의 모습이었다. 동시에 네 명 이상을 두지는 않았지만, 총 열한 명의 부인이 있었고, 마흔 다섯 명의 자식을 보았다. 1967년 비행기 사고로 죽지 않았다면 더 많은 자녀를 두었을지도 모른다. 일찍 세상을 떠나기는 했으나, 진화적으로 볼 때 빈 라덴의 삶은 대성공이었다. 거대한 부를 축적했고, 순종적인 배우자 여러 명과 자주 성관계를 가졌으며, 그 결과 엄청난 번식의 성과를 남겼다.

1957년에 무하마드 빈 아와드 빈 라덴의 열일곱째 아들이 태어났으며 이름은 오사마 빈 무하마드 빈 아와드 빈 라덴이었다.[453] 오사마를 포함한 아랍의 부유한 세대에게 시간은 세계 여행을 하는 시간과 자국의 문화가 침체되는 것을 지켜보는 시간, 두 부분으로 나뉘었다. 오사마를 제외한 나머지 모든 형제들은 서방 국가에서 학교를 다녔고, 몇몇은 서양 여성과 결혼했다. 이들 일가는 하버드, 터프츠, 옥스퍼드 대학 등에 기부했다. 그러나 그들이 사는 세계는 고통스러우리만치 대비가 뚜렷한 곳이었다. 석유 수출을 제외하면, 모든 중동 이슬람 국가의 해외 무역을 다 합해도 작은 나라인 핀란드 수준에도 못 미칠 것이다. 사우디아라비아는 다른 어느 나라보다 많은 석유를 보유하고 있지만, 가족계획이 제대로 되지 않아 인구 급증으로 개인 소득이 하락세를 보이고 있다. 제다 대학에서 토목 공학을 전공한 오사마는 자신의 나라가 다른 나라들을 따라잡지 못하고 있음을 간파할 수 있었을 것이고, 그는 전통적 가치를 단호하게 재천명하는 쪽을 택했다. 1979년, 근본주의 성직자들과 보수적 사상가들의 영향을 받은 그는 소련의 아프가니스탄 침공에 맞서는 지하드에 참전했다. 그는 자금과 건설 장비를 공급했고, 전쟁 후반에는 잠시 전선에서 싸우기도 했다. 그 이후로는 우리가 익히 알고 있듯 관심의 초점이 새로운 적에게로 옮겨가게 된다.

오사마의 진로가 가업에서 벗어났다고 한다면, 그의 개인적인 삶은 예멘의 전통에 훨씬 가까웠으며, 특히 성 역할 측면에서는 자신의 아버지보다도 더한 면이 있었다. 사우디아라비아에 있는 그의 집 안의 여성들과 해외에서 그와 동행하는 여성들은 모두 히잡으로 자신의 머리카락을 가렸다. 외출시에는 눈 부분만 망사로 되어 있고, 머리부터 발끝까지 나머지 부분은 완전히 덮는 부르카로 온몸을 감추고 다녔다. 집에서는 마루에 방석을 깔고 앉아 있는 남자 손님들에게 음식을 대접하되, 절대 함께 앉거나 대화에 끼어들지는 않았다. 남자들은 따로 앉아 이븐 타이미야 같은 중세의 종교 지도자에 대해 논하고, 꿈을 해석하고, 팔레스타인, 알제리, 체첸, 필리핀 등의 시사 현안을 이야기했다. 여성은 반려자라기보다는 성교와 접대를 위한 존재였다.

대부분의 서양 남성은 자녀 54명을 두고 싶지는 않겠지만, 많은 이들이 말 잘 듣는 아내 11명을 두는 것이나 그렇게 언제든 성교를 나누고 대접을 받을 수 있는 것에 대해서는 환상을 품고 있을지도 모른다. 그러나 서양 여성들 가운데는 아무리 돈이 많다 해도 나이가 많은 빈 라덴의 아내가 되고 싶어 하는 이들은 거의 없을 것이다. 그러나 여성의 삶에서 선택권이 제한되고 사실상 아무런 힘도 주어지지 않는 것은 비단 근본주의 이슬람 문화뿐만 아니라, 수많은 전통 사회가 모두 마찬가지다. 실제로, 미국에서조차 여성에게 투표권이 인정된 것은 불과 백 년 전의 일임을 잊고 있는 이들이 많다. 지난 150년간 근대 민주사회에서 여성들이 힘들게 싸워 손에 넣은 권리나 영향력이, 전통적인 사회에서는 아직도 여성에게 허락되지 않고 있다. 그들 대부분에게는, 그리고 실제로 우리의 증조모 세대 대부분에게도 늙은 빈 라덴이 가진 부에 의지하는 편이 그나마 최선의 선택처럼 보일 수 있을 것이다.

그러나 오사마 빈 라덴의 어머니를 포함해, 그 여성들에게 더 다양한 선택이 가능했다면 어떠했을까? 만일 그들이 자신이 좋아하는 사람과 결혼하기로 결심하거나 스스로 자녀를 가질지 그리고 몇 명을 낳을지 조절할 수 있었다면 어떠했을까? 혹은 사회의 온전한 구성원으로서 자신의 역할을 다할 수만 있었다면 어떠했을까? 오늘날 사회학적·인구통계학적 연구를 기반으로 하고, 세계 각국의 가족계획 및 공중보건 분야의 직접적 경험을 바탕으로 한, 인류 진화에 대한 지식에 비추어볼 때 전통 문화에서 여성에 대한 권한 부여의 영향은 결코 과장이 아님을 알 수 있다. 오사마 빈 라덴과 그 동료들이 휴대전화와 스팅어 미사일을 사용하게 된 것만큼 빠르게 알카에다 요원의 어머니나 아내가 현대식 가족계획을 수용할 수 있었더라면, 알카에다가 서구 세계에 대해 그토록 분노와 광기로 가득한 시각을 가지게 되지는 않았을 것이다.

여성을 통제하는 남성

6장에서 살펴보았듯이, 전시에, 그리고 전쟁 중인 사회에서, 대개 여성이 더 많은 고통을 겪는다. 그러나 여성이 상대적으로 가정 안에서나 정치적으로 더 큰 힘과 영향력을 가지고 있을 때 그 영향이 매우 긍정적일 수 있다는 것도 사실이다. 이는 단순한 페미니즘적인 선전이 아니다. 남성의 집단공격 기질을 제압하기 위한 한 가지 열쇠는 여성에게 자신의 삶에 대한 선택권을 보장해주는 것이라는 우리의 주장을 뒷받침하는 견고한 생물학적 근거와 주목할 만한 결과가 여러 가지 있다. 그러나 먼저 우리는 대부분의 인류 역사에서 여성에게 주어진 선택권이 얼마나 없었는지 이해할 필요가 있다. 전통 사회에서 여성의 역할 제한은 거의 대부분 성과 성욕의 통제와 연관되어 있으며, 이는 다시 종교적 맥락과 맞닿아 있는 경우가 많다. 이 모든 것은 기본적인 생물학과는 거리가 멀지만, 앞서 본 바와 같이, 여성의 성적 활동을 통제하려는 남성의 욕망은 자신의 혈통을 확인하려는 노력에서 기인한다고 볼 수 있다. 이러한 충동은 종교적 집착, 여성 혐오, 성적 억압 등 가장 극단적이거나 기이한 발현 방식 이면에 자리 잡고 있는 것이기도 하다.

9·11에 쌍둥이 빌딩을 무너뜨렸던 이들은 그들이 묵었던 모텔 방 벽에 걸린 여자 사진을 수건으로 가려놓았지만, 포르노를 대여하기도 했다. 19명의 테러리스트를 지휘했던 모하메드 아타는, 여성은 자신의 시신에 손을 댈 때 반드시 장갑을 착용해야 하며, 여성은 어느 누구도 성기에는 손을 댈 수 없다고 명시한 유언장을 남겼다. 이들의 이러한 행동이 괴이해 보일지 모르

지만, 여성을 비하하고 통제하는 9·11 테러리스트들의 태도는 사실 역사가 길다.[454]

인류 발달 단계 초기의 남성과 여성의 사회적 역할에 대해서는 알려진 바가 별로 없다. 그러나 수렵채집의 삶의 방식에서 정착 농경 생활로 변화하는 과정에서 여성의 입지가 약해졌다. 6장의 내용을 상기해보면, 여성과 남성은 성과 번식에 대해 진화적으로 상당히 다른 입장에 있다. 진화 논리를 매우 이기적인 어휘로만 표현한다면, 어떤 부모도 남의 자식에게 자기 자식처럼 시간과 정성을 들이고 싶어 하지 않는다. 아기를 낳은 여성은 자신이 그 아이의 엄마임을 늘 확실히 알 수 있지만, 남성은 온전히 확신할 수가 없다. 인류의 원인 조상이 자녀를 양육하게 되고 침팬지와는 달리 그들을 무조건적으로 수용하지는 않으면서 남성은 좀 더 번식상의 확실성을 필요로 하게 됐을 수 있다. 또한 특히 정착 농경과 도시 생활이 시작되고 부富가 한 세대에서 다음 세대로 전해지기 시작하면서, 여성에 대한 사회적 통제를 통해 부계를 확인하는 방향으로 새로운 사회적 메커니즘이 발달했다.[455] 외출시 몸은 물론이고 얼굴까지 가리는 풍습과 축첩, 매춘, 비인간적인 전족, 끔찍한 여성 할례가 처음 등장한 것은 모두 정착 농경 사회에서였다.

예나 지금이나 여성에 대한 압제는 종교에 그 뿌리를 깊이 내리고 있으며 문화에 의해 강화된다. 오늘날 아프리카에서 여성은 인구의 절반을 차지하지만, 전체 노동의 3분의 2를 담당하고, 총소득의 10분의 1을 받으며, 전체 부동산의 100분의 1을 소유하고 있다. 이런 아프리카 속담도 있다. "여자와 소는 남자 소유다." 케냐 일부 지역에는 여자가 남편과 사별하거나 어린 소녀의 가족 중 한 명이 죽으면 '마을 정화자淨化者'가 사별한 그 여성과 성관계를 가져야 한다는 전통이 남아 있다. 그러지 않으면 그녀 때문에 마을에 재앙이 찾아든다는 것이다. 그 남성은 즐거움을 얻을 것이 분명하지만, 여성에게는 명백히 모욕적일 뿐 아니라 에이즈 감염의 또 다른 통로가 된다.

집단공격과 마찬가지로, 여성 및 여성의 생식을 통제하려는 남성의 욕구

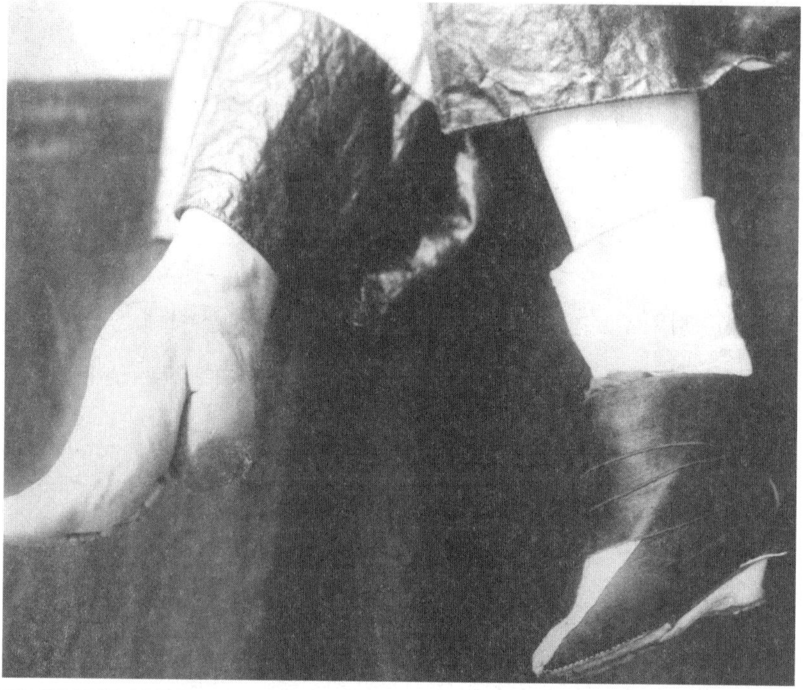

1000년 전, 중국 부유층들은 어린 딸에게 전족을 시켰다. 이는 여성을 통제하려는 남성의 끊임없는 충동을 보여준다.(이 사진은 1880년경 촬영된 것이다.) 전족은 발을 기형으로 만들어 여성이 남편에게서 도망칠 수 없게 만들었을 뿐만 아니라, 남성의 부의 상징이기도 했다. 다리를 저는 아내가 할 수 없는 일들을 거들어줄 하인을 고용해야 했기 때문이다. 여성의 작은 발은 남성들에게 관능적이라 여겨지기도 했으므로, 어린 시절에 이러한 목적으로 수년간의 고통을 감내한 소녀들은 자연히 남자를 기쁘게 하는 것이 여자가 사는 유일한 목적이라는 생각을 확신하게 됐다.

는 시대와 문화권을 막론하고 반복적으로 모습을 드러낸다. 유대-기독교 전통에서 이는 성경의 기원에 관한 이야기 속에 가장 그럴듯하게 표현되어 있다. 하나님은 아담의 동반자로 이브를 창조했고, 이브는 통제를 벗어난 탓에 아담과 자신 모두에게 대재앙을 가져왔다. 그 이후 성과 죄악은 늘 연관됐고, 여성은 통제가 필요한 요부로 낙인찍혔다. 그러한 연관성은 종종 기괴하고 매우 파괴적인 모습으로 표현돼왔다. 5세기경 성 아우구스티누스는 '원죄'의 개념을 성관계와 동일시했으며, 마치 일종의 영적인 에이즈 바이러스처럼 정액을 통해 전달된다고 생각했다.[456] 성욕이나 육욕을 결정적인 위험으로 생각했던 아우구스티누스는 성교의 유일하고 정당한 이유는 아이를 갖기 위한 것이라고 주장했다. 그는 "정욕 없이 행할 수 없는 것은 정욕을 위해 행하지 않는 방식으로 행해져야 한다"고 말했다. 분명, 피임은 그러한 세계관에 어긋났을 것이고, 아우구스티누스는 피임은 아내를 "남편의 매춘부"로 전락시키는 행동이라고 설파했다.*

중세시대 사람들의 마음속을 들여다볼 수는 없지만, 아우구스티누스 이후 수 세기 동안 존속돼온 대부분의 관습이나 훈시는 여성의 성생활, 특히 여성의 생식을 통제하려는 남성의 욕망의 증거로 볼 수 있다. 신학자들은 못생긴 여자보다 아름다운 여자를 탐하는 것이 더 큰 죄악이라고 진지하게 견해를 밝히기도 했다.[457] 만일 여성이 성일聖日에 성관계를 원하면, 중세 신학자들에 따르면 그 여성은 간질이 있는 아이나 선천적 기형아를 출산하게 될 것이기 때문에 "그러한 몰염치한 행동은 절식絶食과 매질로 [다스려야 한다]"고 했다. 중세의 고해 의식서에서는 구강성교에 대해 7년간 참회할 것을 명하고 있다. 기독교 역사의 상당 부분에서, 미신, 독실한 신앙, 여성 혐오는 사실 한데 얽혀 있는 경우가 많았다. 문화와 종교가 여성의 성욕을 강렬하고도 위험한 것으로, 그리고 억압해야 할 대상으로 봐온 사례를 우리는 끊임없이 발견하게 된다.

만일 우리가 남성의 여성 통제와 이에 대한 종교와의 관련성에 유난히 열중하는 것처럼 비춰진다면, 이는 우리가 지금까지 직접 목격해온 사실들 때문이다. 우리는 연구차 인도 비하르 주를 방문한 적이 있었는데, 그곳에서 생리 중인 여성은 불결하다고 여겨져 헛간으로 쫓겨난다. 그런가 하면 이른바 '명예 살인'이 일어나는 파키스탄과 같은 나라에도 가보았으며, 가톨릭

* 아우구스티누스는 자신의 저작(『고백록』)에서 젊은 시절의 수많은 성적 만남에 대해 기록하고 있다. 기독교에 귀의한 직후 그는 오랫동안 관계를 지속해온 정부情婦와 그 아들을 버렸다. 아우구스티누스는 자신의 아버지가 어머니를 학대할 때 어머니가 불평하지 않게 해달라고 기도하기도 했다.

추기경이 현대식 피임법의 보급을 비판하고 있는 탓에 위험한 낙태 시술을 받고 있는 필리핀 여성들도 보았다. 이들은 아우구스티누스가 젊은 시절 신학 대학에 다니면서 가졌던 곡해된 논리를 배우고 있었다. 여성, 특히 가난한 여성은 종교적 규칙에 따라 형편없는 대우를 받는 경우가 많다.

중세 기독교의 그 수많은 유해한 전통과 잘못된 생각에도 불구하고 신학자들은 일부다처제만큼은 법으로 금지시켰다. 그리고 이는 근본적이고도 긍정적인 영향을 미쳤다. 실제로, 일부일처제에 대한 기독교의 가르침이 없었다면, 서구 문명은 현재와 같은 모습을 띠지 않았을 수도 있다.* 실제로, 기독교 문화는 과학혁명, 산업혁명, 자유시장 제도를 촉발했으며, 이는 모두 전세계적으로 손해보다는 이득을 더 많이 안겨주었다고 볼 수 있다. 그러나 바로 이 기독교적 관점이 가족계획을 금지하고, 낙태를 비난하고, 피임에 관한 과학적 연구를 봉쇄했다. 모두 굉장히 해가 된다고 생각할 만한 조처들이다. 근대 초기 유럽 농가에서는 과도한 출산에 대한 궁여지책으로 결혼 시기를 계속 미루게 되어, 17세기 초반에는 여성의 초혼 평균 연령이 거의 30세에 달할 정도였다. 17세기와 18세기 유럽 대도시의 여성들은 키울 수 없는 아이들을 기아棄兒 보호소에 보냈다. 안전한 육아식도 제공되지 않는 이들 수용 시설은 사실상 사회적으로 용인된 아동 살해 시설로 변질됐다.[458] 1770년대에 런던의 기아 보호소로 보내어진 1만 4934명의 아기 가운데 1만 204명이 죽었다. 산업혁명 이후, 가족 규모를 제한하려는 사람들의 뚜렷한 욕구에도 불구하고 가족계획의 명백한 필요성은 종교적·법적·사회적 반대에 부

* 나이지리아나 아프가니스탄 등 일부다처제를 여전히 허용하고 있는 현대 국가들은 민주주의 사회로의 발전과도 가장 동떨어져 있다는 일반화도 충분히 가능하다. 반면, 태국은 민주화가 이루어지면서 일부다처제 풍습에서도 탈피했다. 서양 독자들에게는 뮤지컬 〈왕과 나〉를 통해 가장 널리 알려져 있는 라마 5세 출라롱콘 왕은 노예제를 폐지하고 태국의 근대화에 많은 공헌을 했지만, 정작 본인은 4명의 왕비와 수많은 첩을 두었고 자녀는 77명을 낳았다. 현재, 왕가는 일부일처제이고 그의 증손자인 푸미폰 왕은 라마 5세가 시작한 근대화 작업을 완수했다. 푸미폰 왕은 폭넓은 층에서 존경받고 있으며 역사가 길지 않은 태국의 민주주의를 정착시키는 데 기여했다. 이러한 변화는 왕가가 일부일처제로 변화하지 않았다면 가능하지 않았을지도 모른다.

덮혔다.

인간 성욕의 모든 면에 대한 제약은 19세기 들어 최고점에 달했다. 미국에서는 개신교의 존 토드 목사가 남성의 자위행위를 단죄하는 내용을 집중적으로 다룬 책을 썼다. 절묘하게 맞아떨어지는 『학생을 위한 지침서』라는 제목이었다. 빅토리아 시대에는 성 지식이 얼마나 제한되어 있었던지, 털 한 올 없는 매끈한 여성을 그린 수많은 나체화에 대한 비평을 썼던 영국의 예술비평가 존 러스킨은 결혼식 날 첫날밤을 치를 수 없었다. 아내의 몸에 음모가 나 있는 것을 발견하고 기겁했기 때문이었다. 훗날 영국에서 가족계획 운동의 선구자가 된 마리 스톱스는 수년이 지나서야 첫날밤부터 삐걱거렸던 러글스 게이츠와의 실패한 결혼에서 어떤 것이 빠져 있었는지 깨달았다. 간단히 말해, 그는 발기부전이었던 것이다.[459]

1870년대 앤서니 콤스톡은 미 의회를 설득하여 피임약을 외설물로 규정하는 법을 포함한 일련의 법안을 통과시켰다.(이 '콤스톡 법'에 대해서는 다음 절에서 다시 다룰 예정이다. 생식의 자유와 건강에 이들 법이 미친 영향은 오늘날까지도 남아 있다.) 19세기 동안 유럽 각국과 미국의 각 주는 낙태 금지법을 통과시켰다.[460] 이러한 법이 원치 않는 임신을 중단하려는 여성들의 시도를 막지는 못했지만, 그러한 노력을 더욱 위험하고 고통스러운 과정으로 만들어버렸으며, 여성을 경제적인, 심지어는 성적인 착취의 대상으로 전락시키는 결과를 가져왔다.* 19세기 유럽의 식민 지배는 세계 각지에 기본적인 공중보건 대책을 보급하기도 했지만, 모든 형태의 가족계획에 대한 뿌리 깊은 반감도 함께 수출한 셈이었다. 남반구의 유럽 식민지에서는 수질, 위생, 음식의 개선과 더불어 백신의 도입으로 영유아 사망률이 전례 없는 수준으로 떨어졌지만, 임신, 출산 여부나 그 시기를 결정할 수 있는 수단은 동반되지 않았

* 내가 가르치는 학생 중 한 명은 에티오피아에서 진행된 한 연구에서 여성 10퍼센트가 불법 낙태 시술을 받기 위해 돈을 주었을 뿐 아니라 강제적으로 성관계까지 가졌다고 보고한 사실을 발견했다.

다. 출생률이 계속 높은 수준으로 유지되면서, 유례없는 생존율은 인구 급증이라는 결과로 이어졌다.

생식의 자유를 위한 투쟁

아주 개략적으로 말한다면, 여성을 통제하고자 늘 안간힘을 쓰고, 이 목적을 달성한 데서 이득을 취하는 남성은 인류 역사 대부분을 관통하는 주제 중 하나다. 물론, 전체 그림은 그보다 훨씬 복잡하며, 공식적으로 여성의 역할에 대한 사회의 통제가 얼마나 엄격하든 상관없이 힘이나 권력을 가진 여성은 본인 개인의 삶이나 역사의 흐름에 영향력을 발휘할 길을 늘 모색해왔다. 그러나 100~200년 전쯤 유럽 문화권에서는 상당히 놀라운 움직임이 나타나기 시작했다. 계몽 사조의 영향으로, 사회의 온전한 구성원으로서 사적·공적인 삶에 참여할 권리를 주장하고 나서는 여성들의 움직임은 산업혁명 이후 사회 변화에 의해 더욱 가속도가 붙었다. 평등을 위한 이 투쟁은 오늘날에도 여전히 진행 중이지만, 개인에게나 전지구적으로나 여러 차원에서 극적인 성과가 있었다. 특히 현대 세계에서의 집단공격 및 전쟁의 속성과 발생 장소에 관련된 두 가지 측면을 좀 더 자세히 살펴보고자 한다.

첫째, 여성에게 권한이 주어지면 남성의 치열한 세력권 행동이나 집단공격 기질의 가장 폭력적이고 무질서한 측면에 대해 여성이 평행추 역할을 담당하게 된다는 것이 기본 사실이다. 그러한 폭력적 기질 자체는 주로 남성의 영역으로, 여성도 외집단에 대한 적대감을 느낄 수 있지만, 결과적으로 취하는 행동이나 결론은 남성과 여성의 경우가 사뭇 다르다. 둘째, 훨씬 본질적인 차원으로 들어가보면, 자녀 출산의 시기나 빈도를 제어할 수 있는 선택권이 주어졌을 때 여성은 소규모의 가족을 원하며, 좀 더 늦은 연령에 첫 출산을 하는 경향을 보인다. 그렇게 가족 규모가 작아지고 출산이 늦어지면 인구 규모가 안정되는 결과가 나타나고, 인구의 연령 구조나 규모에도 중요한 영향을 미치게 된다. 앞서 살펴보았듯이 충동적인 성향의 젊은 남성의 비율이 낮아짐에 따라 폭력, 기습, 전쟁 발발 가능성이 현저하게 감소할 수 있는 것이다. 후자의 경우에는 명시적으로 그리고 전자의 경우에는 암시적으로, 이처럼 여성에게 생식의 자유를 보장하는 것은 전쟁 종식에 반드시 필요한 핵심 전제 조건이다.

인류 생존 초기 20만 년 동안 그리고 19세기에 이르기까지, 거의 모든 곳에서 세계 인구 증가는 완만하게 일어났다. 늦은 사춘기(영양 부족의 결과), 모유 수유의 장기화(여성의 가임 능력 제한), 극도로 높은 유아 사망률 때문이었다. 이러한 자연적 제약이 사라진 것은 인류가 일구어낸 위대한 성과 중 하나였지만, 세상에 공짜는 없는 법이다. 인구 증가에 대한 자연적 억제가 사라지자 인위적인 기술 없이는 가족 규모를 제한하는 것이 불가능해졌다.* [461] 현대 가족계획의 역사는 아이를 가질 시기를 선택하고자 고군분투하는 여성들과 이러한 선택을 제재하려는 남성들이 주로 부과해놓은 법적·문화적 제약 간의 길고 처절한 싸움의 역사다. 피임 및 안전한 낙태와 이를 필요로 하는 여성들 사이를 가로막고 서 있는 울타리는 너무나 보편적인 나머지 인구통계학자들도 이를 간과할 때가 있다.[462] 아이를 낳는 것이 냉장고를 한 대 사는 것처럼 단순하고 합리적인 경제적 의사결정이 아니라는 사실을 여전히 이해하지 못하는 사람들이 있음은 물론이고, 수많은 경제학자들 역시 이를 간과할 때가 있는 듯하다. 차라리 이는 성관계를 임신, 출산과 분리하려는 모든 문화권에서 나타나는 끝없는 투쟁의 과정이라 할 수 있다. 가족 규모의 패턴을 설명해보려는 수많은 인구통계학자들은 이성애자 부부가 원하는 수만큼의 아이를 가지는 데 필요한 것보다 수백 내지 수천 배 높은 빈도로 성

* 가족계획에서 '자연적'이라는 단어를 사용하는 것은 흥미롭다. 오늘날 로마 교황청에서 '자연' 피임법으로 지칭하는 정기적인 금욕(주기 피임법)을 성 아우구스티누스는 당시에 명시적으로 비판했다. 이 방법은 결혼 생활에서 평등한 동반자 관계를 누리는 소수의 여성에게는 효과가 있지만, 성교를 거부하면 새 아내에게 자리를 빼앗기거나 구타를 당하는 세계 곳곳의 수많은 여성에게는 아무런 소용이 없는 방법이다.

관계를 한다는 사실을 모르고 있는 듯하다.

피임에 대해 세계 최초로 분명한 홍보가 이루어진 것은 19세기 초였다. 프랜시스 플레이스와 로버트 데일 오언 등 영국 및 미국의 유토피아적 이상주의자와 자유 사상가들이 그 흐름에 앞장섰다. 1870년대 영국에서는, 1832년 미국에서 찰스 놀턴이 쓴 가족계획에 관한 책을 재발행한 죄로 찰스 브래들로가 재판에 회부됐다. 이 재판은 언론에 대서특필되어 영국 내 가족계획에 대중의 관심을 환기시켰다. 원시적인 형태의 콘돔과 살정제 판매가 시작됐고 질외 사정법이 널리 이용되기 시작했으며 불법 낙태율이 증가했다. 1860년, 영국 여성 가운데 4분의 1은 8명 이상의 자녀를 두었는데, 이는 오늘날 아프가니스탄의 출산 패턴과 유사하다. 브래들로 재판이 언론의 조명을 받은 이후 가족 수는 감소하기 시작했으며, 1925년경 8명 이상의 자녀를 둔 부부는 15분의 1에 불과했다. 미국 평균 자녀 수는 1800년 7명에서 1900년 3.5명으로 감소했다.

20세기 초 영국에서 가족계획에 대한 가장 극렬한 반대가 나온 곳은 가장 가족 규모가 작은 집단—성직자 및 의료계 종사자—에서였다. 미미한 수준이기는 했지만 피임을 지지하고 나선 이들은 피임이 가장 필요한 여성들과 직접 접하는 사람들이었다. 간호사였던 미국의 마가렛 생어는 불법 낙태 시술을 받은 젊은 산모를 돌보면서 피임에 관한 조언을 구하는 산모의 부탁에 자신이 아무런 대답도 해줄 수 없다는 사실을 절감하고서, 그리고 그 후 어설픈 두 번째 시술로 환자가 목숨을 잃는 것을 지켜보면서 가족계획 운동에 평생을 바치게 됐다.[463] 1917년, 생어는 여동생과 함께 뉴욕 브루클린에 미국 최초의 가족계획 전문병원을 건립했다. 진찰을 받으려는 여성들이 장사진을 이루었으나, 피임을 금지하는 콤스톡 법을 이유로 경찰이 진입하여 병원을 폐쇄시켰다.[464]

마가렛 생어는 미국 가족계획협회의 초대 협회장이 됐으며, 1952년 국제가족계획연맹IPPF의 창설에 기여했다. 나는 1968년 IPPF 본부에 1대 의료

부장으로 합류했고, 40개국에서 온 열정적이고 독립적이며 강한 의지로 무장하고 나를 한시도 가만두지 않는, 지칠 줄 모르는 가족계획 분야의 개척자들과 함께 일하는 것은 내게 큰 자극이 됐다. 이들은 대부분 생어와 직접 함께 일한 적이 있는 이들이었다. 생어는 열정과 결단력이 대단한 여성이었으며, 1950년대 경구 피임약을 개발할 전문 연구 인력과 기금을 사실상 혼자 힘으로 모았다.[465] 1920년, 그녀는 독자들의 머릿속에 아직 생생하게 남아 있는 제1차 세계대전의 기억을 되살리며 이렇게 적었다.

> 군국주의 경향의 모든 국가에서 자꾸만 더 높은 출생률을 요구하는 반동주의자들을 볼 수 있다. 그들의 첫 번째 주장은 국가를 수호하기 위해서는 거대한 군대가 필요하다는 것이고, 둘째로는 세계 열강 사이에서 자국이 적절한 위치를 확보하려면 많은 인구가 필요하다는 것이다. (…) 이러한 나라가 인구 과잉 상태가 되고 나면 이들 반동주의자들은 즉시 영토 확장의 정당성을 소리 높여 주장한다. (…) 필요한 공간을 무력으로 취하자는 것이다.[466]

생어가 건립한 최초의 가족계획 전문병원이 폐쇄된 이후 수십 년이 지난 뒤 병원 운영을 지속하고 적어도 부유층 여성이 누리는 특권과 비슷한 수준으로 빈곤층 여성이 자신의 생식을 조절할 수 있게 하기 위한 다양한 방안의 모색이 이루어졌다. 미 대법원이 마침내 콤스톡 법을 완전히 무효화한 것은 1965년에 들어서였다. 생어가 향년 86세의 나이로 세상을 뜨기 바로 이전 해였다. 1973년 1월, 로우 대 웨이드 판결에서 대법원은 낙태를 금지하는 모든 주법을 폐기하기에 이른다.

물론, 임신, 출산 여부나 시기를 조절할 여성의 권리의 필수적이고도 중요한 부분으로서 안전한 낙태를 언급하는 것 자체에 심한 거부감을 느끼는 독자들도 있을 수 있다. 그러나 통계치를 보면, 전세계 모든 가임기 여성은 평균적으로 1회의 낙태를 경험하고 있다. 이 비율은 놀랍게도 개발도상국이나 선진국 간 차이가 거의 없다.(각각 연중 39/1000, 34/1000명.)[467] 안타까운 사실은 지난 반 세기 동안 피임법은 놀라운 수준으로 향상됐음에도 불구하고 부작용에 대한 잘못된 정보가 널리 퍼져 있으며(예를 들면, 경구 피임약은 암을 유발한다는 통설이 있는데, 이는 사실이 아니다), 접근이 제한된 경우도 많다는 것이다.(예를 들면, 경구 피임약은 아스피린 등 처방전 없이 살 수 있는 대부분의 약제보다 안전함에도 불구하고 여전히 처방전이 있어야 살 수 있는 품목이다.) 평균 자녀 수가 두 명 이하인 나라에서는 모두 안전한 낙태가 보편화되어 있는 반면, 출산율이 매우 높거나 혹은 약간 높은 국가 중에서는 한 곳도 없다. 후자에 속하는 나라들에서는 대부분 안전이 보장되지 않는 불법 낙태 시술이 횡행하는 경우가 많다. 낙태가 법으로 금지되어 있는 필리핀의 경우, 매년 50만 건 이상의 낙태 시술이 이루어지고 있다. 대다수의 시술이 안전하지 않은 상황에서 비전문가에 의해 이루어지기 때문에 임산부 사망률이 높다. 실제로, 안전한 낙태가 허용되지 않는 상황에서는 임산부 사망률을 낮추는 것이 불가능하다. 그렇기는 해도, 특히 낙태율이 늘 매우 높은 수준이었던 구 소련 일부 지역의 경우를 보면, 효과적인 피임법은 낙태의 필요성을 완전히 제거하지는 못한다 해도 크게 감소시킬 수는 있다는 것이 확실히 입증된다.

대부분의 서양인들은 낙태가 일정 제한 범위 내에서 허용되어야 한다고 생각한다. 이 스펙트럼의 양극단에는 모든 여성은 제한 없는 낙태의 권리를 가지고 있다는 이들과, 아무리 티끌보다 작은 존재일지라도 태아에게는 절대적인 생명권이 있다는 이들이 각각 자리 잡고 있다. 우리가 생각하기에 기본적인 문제는, 낙태가 살인이라는 주장에 동의하느냐 동의하지 않느냐가 아니라, 복잡한 사안에 대해 진지하게 제기된 다양한 주장을 존중하며 수용하는 데 있는 것 같다. 생명의 시작점에 대한 종교적 주장은 죽음 이후의 삶에 대한 견해와 철학적으로 상당히 유사하다. 서로 다른 집단들이 이 두 가지 점에 대해 각자의 주장을 하지만, 이들은 과학의 영역을 벗어나 있기 때문에 입증이나 반증을 하기 힘들다. 유럽 및 북미 지역의 모든 대도시에는 다양한 기독교 교파의 교회들과 유대교 예배당, 이슬람 사원, 힌두 사원 등이 있다. 이들은 저마다 죽음 이후의 삶을 다르게 해석하여 가르친다. 낙태에 관련된 갈등은 출생 **이전의** 삶과 그 생명의 가치를 어떻게 해석하느냐에 달려 있으므로, 영원한 삶에 대한 해석과 가르침이 서로 다른 불교와 침례교가 공존하듯이, 수많은 이들이 임신 중절에 적극 반대하는 도시에 낙태 전문 병원이 있는 것은 더 이상 논란이 될 일이 아니다. 종교적 관용에 대한 논의는 낙태 결정을 바라보는 적합한 방식이며, 태아의 '권리'와 산모의 '권리'를 대치시켜 논쟁을 벌이는 것은 모든 이성적인 토론을 원천 봉쇄하는 극단적인 주장이다. 정교 분리가 되어 있는 민주적·다원적 서구 사회라면, 안전한 낙태를 받을 권리에 대한 합의를 조성할 수 있어야 한다.

서방 국가들에서는 생식의 자유 면에서 상당한 진전이 있었다. 콘돔과 살정제는 이제 처방전 없이 구입이 가능해졌고, 미혼 여성도 경구 피임약을 살 수 있게 됐다. 불과 1970년대까지만 해도 성생활이 활발한 여성 대다수가 다음 생리 주기를 초조하게 기다렸지만 이제 그런 모습은 찾아보기 힘들어졌다. 그러나 논란은 여전히 현재 진행형이다. 미국에서 안전한 낙태는 여전히 뜨거운 감자다. 케냐에서는 가톨릭 주교들이 콘돔을 모아 태우는 화형식을 하기도 했다. 케냐는 매년 500~700명이 에이즈로 사망하는 국가다. 교황 바오로 6세가 회칙 「인간 생명」을 발행하여 인위적인 산아 제한에 대한 기존의 금지 정책을 지지했던 1968년, 가톨릭 신자인 친구들이 충격을 받고 눈물을 흘리던 모습을 마사와 나는 지금도 기억한다. 그 과정에서 로마 교황은 일부 현대적 피임법을 수용하는 데 찬성 입장을 표명한 주교 위원회 및 일부 주교의 권고를 반려했다. 어느 보수주의 신학자는 이렇게 설명했다. "교회가 그 모든 영혼을 지옥으로 보낸다면, 그곳이 바로 그들이 계속 있는 곳이 될 것이다."[468]

핵심 질문

생식에 관한 결정은 각 개인이 개별적으로 내리는 것이다. 그러나 그러한 결정들이 한데 모이면 그 영향은 엄청날 수 있다. 국제적인 발전 국가들에 오래 존속돼온 주요 정책 부서는 이를 완벽하게 입증한다. 지난 몇 세대에 걸친 폭발적 인구 증가는 환경 보호와 인류 번영 및 보건에 실질적인 문제이자 위협이라는 데는 별다른 이견이 없다. 그러나 가족 규모와 빈곤 간의 관계는 어떠한가? 많은 이들이 가족 규모는 사회경제 발전이 이루어지면 자동으로 감소할 것이라는 주장을 펼쳐왔다. 부유하고 더 많은 것을 누리는 가정일수록 자녀 수가 적다는 것은 사실이지만, 이러한 주장은 본말이 전도된 것이다. 극빈층 가정일수록 피임을 절실히 필요로 하지만 이러한 필요가 충족되지 않고 있음이 여러 연구를 통해 밝혀졌다. 태국처럼 가족계획을 손쉽게 할 수 있는 곳에서는 부유층과 빈곤층, 저학력 계층과 고학력 계층 사이에 가족 규모의 차이가 거의 없다. 그러나 가족계획이 쉽지 않은 곳이나 특히 관심의 초점이 가족계획에서 벗어나 있던 과거 10~15년 동안에는 부유층과 빈곤층, 저학력 계층과 고학력 계층 간에 가족 규모의 격차가 존재했으며, 그 간극은 계속 벌어지고 있다.[469]

많은 이들이 가족계획에 대해 이해하지 못하고 있는 부분이 이것이다. 가족 규모의 감소는 단순히 개발의 긍정적인 부차적 효과가 아니며, 오히려 가족계획이 개발의 원동력이 될 수가 있다. 사실, 인구 증가는 여성에게 선택권을 부여하는 것만으로 얼마든지 달라질 수 있는 변수다. 그리고 자신의 가족 규모를 제한하기로 한 여성의 선택은 빈곤과 무기력에서 빠져나와 더 나은 경제 조건으로 좀 더 신속히 이동할 수 있게 하는 실질적인 원동력이 된다. 소수의 석유 부국을 제외하면, 높은 출생률이 유지되고 있는 상태에서 빈곤을 벗어난 국가는 한 곳도 없다.[470] 부와 교육이 가족 규모 감소에 필요한 선행 조건이라는 흔한 주장이 사실이라면, 빈곤이 심화되고 있는 아프리카 각지의 여성들은 언제까지고 많은 자녀를 낳을 수밖에 없는 신세일 것이다. 그러나 자신의 생식을 조절할 수 있는 여성의 권리 보장이 빈곤 탈피에 실질적인 도움이 된다면, 현실적으로 가족계획을 가능하게 만드는 것이 윈-윈 정책이 될 것이다. 이는 아이를 더 건강하게 낳아 더 좋은 교육을 시키고 싶어 하는 개발도상국의 수많은 여성(그리고 대부분의 남성)의 욕구를 충족시킬 수 있을 것이고, 그들이 빈곤에서 벗어나 자립하도록 도울 것이며, 전쟁과 테러 발발 가능성을 낮춤으로써 우리 모두뿐 아니라 그들 공동체의 이익에도 부합할 것이다.

1967년, 유명한 인구통계학자였던 UC 버클리의 킹슬리 데이비스 교수는 여성의 교육 및 소득 수준이 향상되어야 가족 규모가 감소할 것이라 주장했다. 그는 빈곤 국가에 가족계획을 보급하자는 견해를 "희망 사항"에 불과한 "엉터리"로 치부했다.[471] 경험적으로 그의 의견은 틀린 것으로 입증됐지만, 부모는 농장 일에 도움이 될 많은 자녀가 필요하다거나, 사회보장 제도가 없기 때문에 노년에 자신을 돌볼 자녀가 여럿 필요하다고 말하는 사람들을 지금도 종종 볼 수 있다. 그리고 이들은 빈곤한 여성이 교육을 받고 소득이 향상되기 전까지는 피임법을 쓰지 않을 것이라 주장한다. 만일 이 주장이 사실이라면, 세계는 정말 우울한 선택에 직면하게 될 것이다. 만일 여성들은 부자가 될 때까지 가족 규모를 줄이지 않으려 하고, 가족 규모가 감소할 때까지 그들은 부자가 될 수 없다면, 정책 입안자들은 한발 물러서서 빈곤층의 고통을 방관하거나 자녀 수를 줄이게 만들 강제적인 방안을 모색하거나, 둘 중 어느 한쪽을 선택해야 할 것이다. 바로 이것이 1970년대에 킹슬리 데이비스가 봉착한 난관이었다. 그는 인도의 인디라 간디 총리의 강제적인 가족계획 정책을 지지하며, "중간 정도의 교육을 받은, 그러나 철저히 세뇌되어 (…) 주어지는 것을 수동적으로 받아들이는 유순한 대중을 통제"할 "전제주의적 정부"의 필요성에 동의했다.[472] 인도의 정책은 오늘날 보편적인 비난의 대상이 되고 있지만, 교육과 부가 가족 규모 감소의 전제 조건이라는 이 주장은 기이하게도 오늘날까지 존속돼오고 있다.

아르헨티나에서 짐바브웨에 이르기까지 빈곤 국가에서 수행된 각종 조사를 보면 교육 혜택이 주어지지 않은 여성일수록 자신이 희망하는 수준 이상으로 많은 자녀를 낳고 있음이 거듭 드러난다. 현실적인 가족계획 정보와 선택권이 여성에게 주어진 모든 곳에서는 아무리 가난해도 가족 규모가 감소해왔다. 현대적 피임법이 통용되고 안전한 낙태가 가능해진 한국의 경우, 평균 자녀 수는 1960년 6명에서 1990년대 들어 1.8명으로 감소했다. 태국에서는 인구 및 지역 개발협회PDA[473]가 상점 주인, 교사, 마을 대표 등을 피임약 박리 판매에 참여시킴으로써 전국적인 시범 사업을 벌였다. 이들은 불임 시술, 특히 정관 절제술*을 지원하고, 안전한 조기 낙태를 허용하는 방향으로 낙태 관련법을 폭넓게 해석했다. 30년 사이에 자녀의 수도 6.0명에서 2.0명으로 감소했다.** 멕시코, 브라질, 콜롬비아 등도 상황은 거의 비슷하며, 앞서 언급했듯이 방글라데시 일부 지역에서는 극적인 변화가 있었다. 놀랍게도, 자프룰라 초두리 박사가 지역 사회 내 다양한 보건 혜택과 효과적인 가족계획을 보급하려는 노력을 기울여온 방글라데시의 어느 시골 지역에서는, 출산율이 인구 보충 수준인 가정당 자녀 2명으로까지 떨어졌다.***[474] 방글라데시와 파키스탄 두 나라 모두 여성의 평균 출산율이 6명 이상이던 1970년에 방글라데시 전국 각지의 여성이 2000년경에는 자녀를 2명 정도만 두게 될 것이라고 감히 말하는 사람이 있었다면 인구통계학자들과 사회과학자들은 엄청나게 비웃었을 것이다. 반면, 가족계획이 아직 보편화되지 않은 파

* 1970년대에 PDA는 왕의 생일—태국의 공휴일—에 엄청난 수의 정관 절제술을 시행했고, 기네스북에 등재를 요청했다. 안타깝게도 세계 기록의 이 비공식적 후견인은 성적인 모든 사안에 관해 매우 서구적인 소심성을 드러내어 응답을 하지 않았다.

** 미국에서 그와 유사한 가족의 소규모화가 이루어졌을 때, 피임과 낙태는 불법이었다. 여기에 변화가 있기까지는 다섯 배의 시간이 소요됐다.

*** 생식 가능 연령이 되기 전에 죽는 사람도 있고, 자녀를 낳지 않기로 선택한 사람도 있고, 불임인 경우도 있음을 감안하면, 사망률이 낮은, 산업화된 국가의 경우 실제 인구 보충 수준의 출산율은 약 2.1명이다.

키스탄에서는 가족 규모 감소가 여전히 정체 상태라는 사실은 시사하는 바가 크다. 2007년, 파키스탄 여성의 평균 출산율은 4.1명이다. 평균 가족 규모에서 자녀 1~2명의 차이는 미미한 것으로 보일지 모르지만, 시간이 흐르면 이는 한 국가의 인구 규모에 엄청난 차이를 가져오게 된다.*

이란은 가족 규모를 줄이는 데 가족계획의 영향이 얼마나 막강한지 굉장히 직접적으로, 설득력 있게 보여 주는 대표적인 사례로 꼽힌다. 1980~1988년 이란-이라크 전쟁 말미에 인구 조사가 이루어졌을 당시, 다양한 정보를 검토한 이란 내 정책 입안가들은 폭발적인 인구 증가가 GDP 증가 속도를 앞지르고 있다는 사실을 확인했다. 빈곤으로 가는 지름길이었다. 또한 인구 증가가 천연자원의 한계치를 넘어설 경우 불가피하게 발생되는 환경보호 문제에 대한 우려의 목소리도 있었다.** 종교계 지도층은 건강상의 이유로 가족계획을 지지했으며, 가족계획 최고 위원회가 설립됐다. 보건부에서는 피임약 보급에 예산을 할당했다. 이란은 자체적으로 경구 피임약과 콘돔 생산에 돌입했다. 정관 절제술 및 여성 불임 시술 모두 무료로 받을 수 있게 됐고, 오늘날 이는 상당히 보편적이다. 결혼을 앞둔 예비 부부는 가족계획 교육을 반드시 받도록 하고 있다. 1986년부터 1995년 사이의 십여 년 동안 평균 자녀 수는 5.6명에서 3.3명까지 감소했고, 현재 많은 지방에서는 인구 보충 수준을 밑도는 2.0명 수준에 머물고 있다.[475] 일부 기독교 전통에 비하면 코란과 이슬람 사상이 다소 관대할는지도 모른다. 그러나 이란의 사례에서 분명히 볼 수 있듯, 인구 증가를 반드시 중국의 한 자녀 정책처럼 강압적인 상의

* 1950년 필리핀과 태국의 인구 규모는 동일했다(1900만 명). 2000년 필리핀 가정의 평균 자녀 수는 3.2명이고, 국가의 전체 인구는 7500만인 반면, 태국 가정의 평균 자녀 수는 2.0명이고, 전체 인구는 6100만이다. 그러나 큰 차이는 향후 50년 내에 발생하게 될 것이다. 해당 시기가 되면 필리핀의 인구는 1억 600만~1억 5000만 명 선이 될 것으로 예상되는 반면, 태국의 인구는 6200만~8000만 명 선에 머물 것으로 예상된다.

** 인구 증가가 환경에 미치는 영향은 분명하지만 매우 복합적인 문제다. 부국은 상대적으로 훨씬 많은 세계 각지의 목재와 원자재를 소모한다. 개발도상국의 급격한 성장은 삼림지에서의 화전 농법과 사막 변두리에서의 과잉 방목으로 이어지고 있다. 르완다에서는 빈곤에 찌든 사람들이 고기를 얻기 위해 고릴라 등의 동물 사냥에 나서고 있다.

하달식으로 억제할 필요는 없다. 대부분의 경우, 자녀 수를 조절할 수 있는 수단과 함께 정확한 관련 정보를 제공하기만 하면, 여성은 물론이고 대다수의 남성 역시 기꺼이 그러한 방법을 활용하기 때문이다.

이란 이슬람공화국에 대하여 듣게 되는 그 모든 선동적 수사를 떠올려보면, 호전적인 사회라는 생각이 들기 쉽다. 그러나 실상은 그보다도 훨씬 흥미진진하다. 앞서 4장에서 살펴보았듯, 1979년 테란 소재 미국 대사관을 점거했던 젊은 근본주의자들은 이제 진보적 민주주의 세력으로 성숙했다. 더욱 중요한 사실은, 이란의 젊은 신세대는 테러를 전적으로 반대하고 있다는 점이다. 가족 규모가 크고 여성의 역할이 제한되어 있던 1970년대의 이란과 4인 가족이 평균적인 21세기 초의 이란 사이의 뚜렷한 대조는 인상적이다. 1970년대의 이란은 세계 역사상 가장 많은 자살 공격을 감행한 국가로, 수만 명의 소년과 청년들이 이라크군 진지를 공격하며 죽거나, 자신의 몸으로 지뢰를 폭파시키기 위해 뛰어들어 목숨을 잃었다. 5장에서 언급했듯, 이들 중에는 불과 열 살밖에 되지 않은 소년도 섞여 있었다. 그들은 순교자다운 죽음을 추구하도록 세뇌당한 부분도 있었지만, 그렇다 하더라도 젊은 급진주의자들이 어느 정도 자원하지 않았더라면 그 끔찍한 에피소드가 제대로 전개되지는 못했을 것이다. 21세기 이란의 국민들은 더 이상 자살 폭탄 공격에 자원하지 않지만, 여성은 과다한 출산의 부담을 안고 있고 젊은 남성은 일자리를 찾을 수 없는, 이란 주변의 여러 무슬림 사회에서는 여전히 순교를 꿈꾸는 극단적인 전사들이 양산되고 있다. 파키스탄과 마찬가지로, 이란 역시 핵 무기를 손에 넣을 수도 있다. 우리는 여하한 핵 확산에 대해 매우 유감스럽게 생각하겠지만, 사실 핵을 보유한 이란은 핵을 보유한 파키스탄보다는 덜 우려스러운 존재일지 모른다. 물론, 이란의 마무드 아마디네자드 대통령은 그간 집단공격이 연상될 법한 위험천만한 위협적 발언과 호전적 성향, 증오심을 공공연히 드러내왔으며, 실제로 이라크 내 무장 세력을 지원했다는 비판에서도 자유로울 수 없다. 그러나 현실적으로 이란 내에서 그의 영향력은 상당히 제한적이며, 인구통계학적 변화를 보면 미래에는 그와 같은 선동 정치가가 이란에 다시 등장하기는 힘들 것이다. 이제 자녀가 2명인 가정이 성숙 단계에 접어든 이 세대를 지나면서, 이란은 본질적으로 파키스탄보다 더 안정되고 평화로운 국가가 될 것이다. 시민 사회에서 여성은 좀 더 평등한 역할을 감당할 것이며, 결혼 기회나 일자리를 잡지 못해 분노로 가득 찬 젊은 남성의 비율은 계속 줄어들 것이다. 반면, 파키스탄의 도시들은 20년 뒤쯤에는 그러한 분노한 무리들로 가득할 것이다.

9·11 사건이 발생했을 때, 일부 이슬람 국가들은 공개적으로 동조했지만, 이란은 미국 측에 애도의 뜻을 표한 몇 안 되는 나라 중 하나였으며, 희생된 미국인들을 기리는 장례 행렬 의식을 거행하기도 했다. 종교계 지도자들은 여전히 영향력이 있으며, 위성 TV 수신기 허용 여부에 대한 진지한 토론을 벌이기도 한다. 우리는 9·11 이후 이란이 미국 측에 보인 존중과 공감, 그리고 빈곤을 해결하고 환경을 보호하며 국민건강을 유지하기 위해 가족 규모를 감소시키려 했던 이란의 노력이 이끌어낸 놀라운 성과를 기억할 필요가 있다. 이란은 비슷한 문제에 직면한 많은 국가들 가운데 한발 앞서 있는 것이다.

그 혜택을 아직 받지 못한 수억 명이 가족계획을 원하고 있다. 군비 지출은 물론이고 여타 보건 및 개발 문제보다 가족계획은 도입이 비교적 쉬운 편이며, 비용도 훨씬 적게 드는 사안이다. 그럼에도 불구하고 가족계획에 대한 대외 원조 투자는 그 필요에 비해 턱없이 부족하게 이루어지고 있다. 미국 정부가 세계 각국의 가족계획 지원에 지출하는 비용은 미국인들이 할로윈데이에 어린아이들에게 사탕이나 특별 의상을 사주는 데 사용하는 돈보다 적은 실정이다. 2003년 이후 미국이 이라크 치안 유지를 돕기 위해 폴란드군 한 사단을 주둔시키는 데 투입하는 비용은, 필요로 하는 개발도상국의 부부들에게 피임약과 콘돔을 제공하는 데 사용하는 비용보다 많다. 가족계획 및 생식 관련 건강에 관한 영국 정부의 예산은 세계 기준에서 보면 상당히 양호한 편으로, 매년 모든 국민에게 맥주 반 파인트(약 0.57리터_옮긴이)씩 주는 비용에 맞먹는다.

안타깝게도 가족계획에 대한 장애물은 허무는 데 오랜 시간이 걸린다. 국제적으로 가족계획에 대한 투자 부족은 고질적인 문제인 반면, 불필요한 과잉 진료는 만연해 있다. 우간다에서 경구 피임약은 아직도 처방전이 필요한 약제로, 이는 돈이 있는 사람은 어느 약국에서든 구입할 수 있지만(해외 여행을 다녀본 사람은 알지 모르지만, 대부분의 개발도상국에서는 처방전 약 관련 법 시행이 엄격히 이루어지지 않는다), 가난한 이들은 돈이 없어 피임약을 살 수 없다는 뜻이다. 에티오피아에서는 규정상 주사용 피임약은 의사와 간호사만 사용할 수 있도록 제한하고 있는데, 시골 지역의 경우 의사나 간호사가 극히 드물거나 아예 없는 경우도 있다. 사실, 마을 보건소 직원들에게 완벽히 안전하게 주사하는 방법을 교육시킬 수 있다. 끝없이 이어지는 출산을 중단하기 위해 여성에게 필요한 약제, 기구, 관련 지식을 제공하는 것을 끝내 허락하지 않는 식으로, 피임과 안전한 낙태라는 영역에서는 여전히 양성兩性 간의 싸움이 전개되고 있다. 경제 및 사회 면에서 고도화된 일본조차도 경구 피임약의 판매가 승인되기까지는 40년이 걸렸지만, 비아그라는 단 6개월 만에 승인됐다. 오늘날, 빈곤 국가—테러 공격을 주도 혹은 지원하는 국가들 포함—의 1억 2000만 가정이 원하는 피임약과 안전한 낙태의 기회를 얻지 못하고 있다. 사하라 사막 이남의 아프리카에서는 95퍼센트의 가정이 피임약을 사지 못하며, 그 결과 출생률은 계속 증가하고 있다. 이는 가정마다 더 많은 아이를 원해서가 아니라, 단지 현실적으로 대안이 없기 때문이다.

가족계획, 폭력, 국가 안보

케냐는 원치 않는 임신이 너무 많이 일어날 때 어떤 결과가 생기는지를 보여주는 극명한 사례다. 1970년에는 저녁 무렵 나이로비 근처를 아무 걱정

없이 산책할 수 있었다. 오늘날 호텔에서는 투숙객들에게 외출시 주의를 당부하며, 상점은 해질 무렵 문을 닫는다. 거의 모든 부유층 주택마다 철조망을 둘러놓고 경비원을 배치하고 있다. 정직한 방식으로는 생계를 이어나갈 길이 막막한 실업자들의 강도와 폭력으로부터 가족들을 보호하기 위한 것이다. 케냐의 인구는 1950년 600만에서 현재 3500만으로 증가했다. 우리의 생각에 이 같은 급속한 증가로 인한 인구 구조의 변화—노년층 남성 대비 청년층 남성의 비율 증가—가 2007년 12월에 있었던 대통령 선거 후 분노와 폭력 분출에 불을 붙였음은 의심의 여지가 없다.

20세기 초, 군 지도자들은 대개 "계속적인 출생률 증가"를 필요로 한다는 마가렛 생어의 지적은 옳았다. 이오시프 스탈린, 아돌프 히틀러, 니콜라에 차우셰스쿠, 이디 아민은 20세기의 가장 악독하고 잔인한 독재자들이었고, 이들 각각은 가족계획과 안전한 낙태의 기회를 제한하기 위해 나름의 방법을 동원했다. 1929년 집권과 동시에 스탈린은 진보적이었던 본래의 낙태법을 파기하기 시작했고, 그가 사망한 1955년까지 낙태는 불법이었다. 1933년 아돌프 히틀러가 독일 총통이 됐을 때, 체코슬로바키아나 폴란드 침공에 앞서 그는 가족계획 전문병원들을 폐쇄함으로써 독일인들의 침실부터 침공하기 시작했다. 그는 피임약은 "자연 질서의 위배"라고 주장했고, 낙태는 "완력으로 근절"시켜야 한다고 생각했다. 양성 반응이 나온 임신 테스트 결과는 등록하여 해당 지역 시장의 승인을 받아야 했다. 1940년 프랑스 점령 후 수 개월 내에 마샬 페탱과 나치가 지배하는 비시 정부는 낙태를 반역 및 사보타주 행위와 마찬가지로 평생 강제 노동 또는 독방 감금의 형벌에 처할 수 있게 했다. 1943년, 27차례의 낙태 시술로 유죄 선고를 받은 프랑스의 세탁부 마리 루이즈 지로는 낙태 시술을 했다는 이유로 처형된 역사상 마지막 인물이 됐다. 그녀는 전쟁과 나치의 점령이라는 혹독한 환경 속에서 살아남으려 애쓰는 가난한 여인들을 도와준 죄로 단두대에서 처형당했다.[476]

이디 아민이 1971년 우간다에서 집권하고서 가장 먼저 한 일은 미니스커트 착용을 금지하고, 한층 엄격해진 가족계획 및 낙태 금지법을 시행한 것이었다. 1966년 루마니아의 독재자 차우셰스쿠는 기존의 진보적인 낙태법을 파기했고, 피임약과 정관 절제술은 불법이 됐다. 9개월 뒤 출생률은 두 배가 됐지만, 불법 낙태 시술소가 들어서면서 차츰 하락세로 돌아섰다. 얼마 지나지 않아 낙태 관련 사망 사고로 인해 루마니아의 임산부 사망률은 유럽 내 최고치에 달하게 됐다. 자녀가 없는 부부에게는 세금이 부과됐고, 의사들은 그들이 감독하는 공장 내 여성 노동자들이 높은 수준의 신생아 출생 할당량을 채우는 경우에만 급료를 받을 수 있었다. 1989년 차우셰스쿠가 처형된 다음날, 민주 성향의 새 정부가 가장 처음 한 일은 바로 가족계획과 낙태에 대한 제약을 없앤 것이었다. 출생률은 비슷한 수준으로 유지됐지만, 임산부 사망률은 급감했다.

반 세기 동안, 군사 전문가들은 특정 일부 국가의 인구 급증이 세계 안보를 위협하고 있다고 지적해왔다. 이들의 논리는 인도주의적 희망에서 출발한 국제적 가족계획 운동과는 완전히 동떨어진 것으로, 환경이나 경제 성장에 미치는 인구 증가의 영향에 대한 고민과도 무관하다. 이들의 논리를 알게 된다면 분명한 시너지 효과가 있겠지만, 국제 가족계획 분야의 종사자들은 대부분 군사 분야의 논리를 잘 모르고 있거나 그러한 논리를 강압적인 것으로 여겨왔다. 군사적인 입장에 따르자면, 부유한 국가는 잠재적인 적군의 예비 병력이 늘어나는 것을 원하지 않기에 가난한 국가의 가족 규모가 커지는 것을 막고자 한다. 군사 전문가들의 관점은 빠른 인구 증가가 순전히 자발적인 수단만으로 얼마든지 변화가 가능한 요인이라는 점을 이해하지 못하고 있는 것이다. 그러나 여기에는 상당한 상호 이익과 협력의 가능성이 있다. 피임약을 사용하고 필요한 경우 안전한 낙태 시술을 하는 것은 여성 자율성의 근간이며, 여성과 자녀의 건강에 기여한다. 또한, 교육 기회를 증대시키고 경제 발전을 촉진할 것이며, 우리가 주장하고 있듯, 사회를 덜 폭력적인 곳으로 만들고 세계를 더 평화로운 공간으로 만드는 데 일조할 것이다. 가족계획은 더 나은 건강, 복지, 안보로 가는 첫 관문을 여는 열쇠다.

드와이트 아이젠하워, 알 헤이그, 콜린 파월 등 미군 장성들과 지명도는 다소 낮지만 상당한 영향력을 지닌 윌리엄 드레이퍼 전 육군차관은 모두 국제 가족계획 지원의 필요성을 알고 있었다. 1957년, 당시 대통령이었던 아이젠하워는 드레이퍼 장군에게 미국의 국제 군사원조위원회를 이끌어줄 것을 요청했고, 드레이퍼는 곧 인구 증가 속도 완화의 중요성에 대해 확신하게 됐다.[477] 그는 경제 전문가였고, 제2차 세계대전 이후 독일과 일본의 전후 복구에 핵심적인 역할을 담당했다. 워싱턴 소재의 인구위기위원회의 회장으로서 그는 1965년부터 세상을 떠나던 1974년까지, 1인당 소득 수준이 개선되지 않는 데서 주로 기인하는 경제 발전 불능 상황과 인구 급증 사이의 관계에 대한 명확한 이해 속에 인간의 고통을 덜어주고자 하는 매우 인도주의적인 열정을 녹여냈다. 드레이퍼는 미 의회가 국제 가족계획연맹의 활동을 지원하도록 로비 활동을 벌였고, 유엔 인구기금UNFPA의 발족에 기여했다.* 흥미로운 사실은, 인구 증가 속도를 자발적인 방식으로 늦추는 것이 중요하므로 '인구 억제'라는 말은 부적절한 용어라는 지적을 1972년에 드레이퍼가 최초로 했다는 점이다.

전쟁이나 테러에 관한 모든 것이 그러하듯, 단 하나의 설명이나 단 한 번에 모든 것을 해결하는 해법이란 존재하지 않는다. 단지 서로 영향을 주고받는 다양한 변수들이 시시각각 변하는 강도로 맺는 관련성만이 존재한다. 출생률이 낮은 세계 최고의 부국들 역시 테러 분자들을 양산해왔다. 광적인 사람들 그리고 그들이 이끄는 분파들이 계속 생겨날 것임은 분명하다. 그러나 그보다도 가장 극렬하고 빈번한 공격은 서구 사회 외부의 극단주의자들에

* 드레이퍼의 업적 가운데 하나는 제2차 세계대전 후 구 소련의 베를린 봉쇄를 무력화시킨 베를린 공수작전을 구상해낸 것이다. 내가 드레이퍼와 함께 일했던 당시 그는 70대 중반이었는데, 당시 서른다섯 살이었던 나는 그에게 뒤쳐지지 않으려 애를 먹었다.

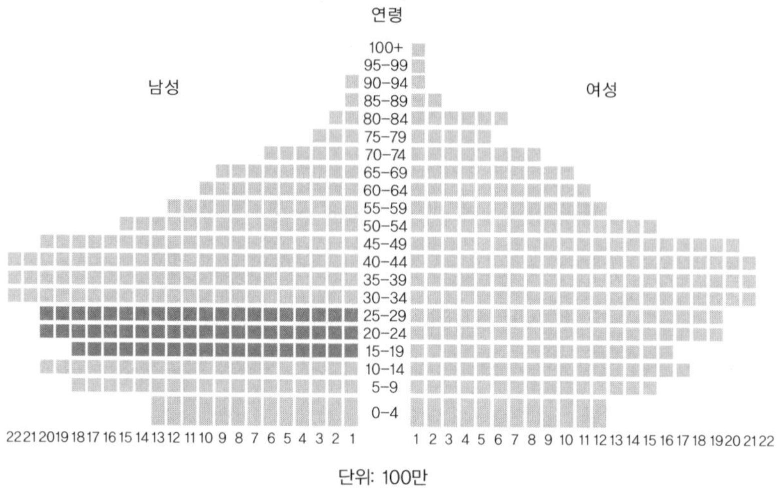

한국(2005)

위 인구 피라미드를 통해 지난 30년 동안 한국의 가족 규모가 빠르게 감소했음을 확인할 수 있다. 현재 한국은 상대적으로 소수인 아동층(현재 평균 자녀 수는 1.5명)을 부양하는 대규모 노동 인구가 경제 성장을 이끌고 있다. 노년층 남성 및 여성 대비 15~29세 남성의 비율이 낮아 정치적 안정을 이루고 있다. 현재 65세 이상 인구는 10퍼센트 미만이지만, 오는 2050년까지 이 비율은 3분의 1 수준까지 증가할 것으로 예상된다.

의해서 일어날 공산이 크다. 이들의 지역사회에서는 가족계획에 관한 여성의 선택권이 없고, 출생률은 높으며, 실업은 여전히 증가하고 있다.

많은 정치 지도자들이 여성에게 가족계획 권한을 부여하는 것의 중요성을 깨닫고 있다. 조지 W. 부시 대통령의 조부인 프레스콧 부시는 1947년 미국 가족계획협회의 재무 담당자였고, 1950년에 처음 출마한 미 상원의원 선거에서 낙선한 이유가 바로 이러한 경력 때문이라는 해석도 있다. 프레스콧의 아들인 조지 H. W. 부시는 유엔 미국 대사로서 가족계획은 "전세계가 직면하고 있는 평화, 번영, 개인의 권리에 관한 중대한 사안들"을 해결할 것이라 생각했다. 그는 1980년 로널드 레이건의 부통령 지명자로 나서기 위해서 그러한 기존 입장을 철회할 수밖에 없었으며, 1986년 미국 정부 최초의 대

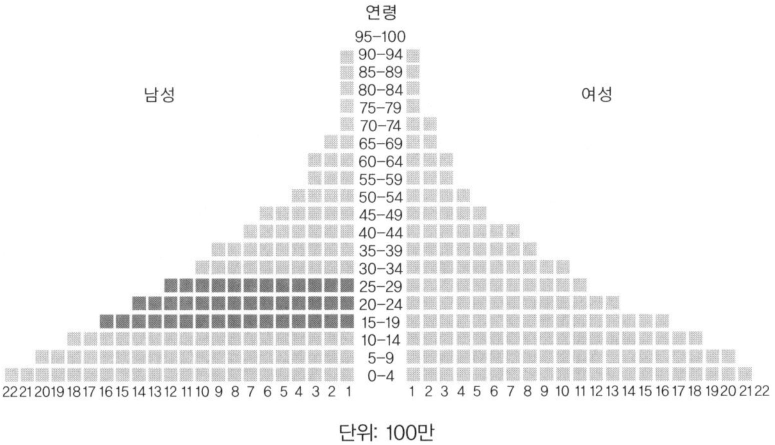

이라크(2005)

이라크의 인구는 계속해서 빠르게 증가하고 있고 여성은 평균적으로 4.6명의 자녀를 출산한다. 성인 노동 인구는 40퍼센트에 육박하는 14세 이하 인구를 부양해야 한다. 노년층(대부분 실업 혹은 불완전 고용 상태) 대비 15~29세 남성의 비율이 높아 정치 불안의 요소로 작용하고 있다.

테러 전담팀의 수장을 맡았을 때 그러한 그의 기존 견해가 얼핏 다시 드러나기는 했다. 그는 이렇게 지적했다. "제3세계 인구 60퍼센트 이상이 일촉즉발의 젊은 혈기를 뿜어내는 20세 미만의 청년들이며, 정치경제적 좌절이 더해질 경우 엄청난 수의 테러 분자가 양산되는 원천이 될 것이다." 그로부터 16년 뒤 미국 정책 입안자들을 대상으로 비당파적인 연구 자문을 제공하는 미국 학술원에서는 「테러의 저지: 9·11 사건의 몇 가지 시사점」이라는 보고서를 내놓았다. 이 보고서의 저자들은 부시의 아들인 조지 W. 부시 대통령에게 테러와 인구 간의 관계를 설명하면서 동일한 표현을 사용했다. "경제 및 사회 조건 면에서, 테러를 조장하는 사회는 대부분 인구 증가율이 높고 불우한 여건의 청년이 많으며, 빈곤과 불평등이 극심한 것이 특징이다."[478]

대테러 전담팀이나 「테러의 저지」가 국제 가족계획에 대한 투자를 특별히 권고한 것은 아니었다. 그러나 1974년 국가 안전보장 회의의 기밀문서(국가

안보연구 비망록NSSM 200)에서 이미 그 중요한 연관성이 언급됐다. 이 문서에서는 빠른 인구 증가가 "불안정한 정부를 더욱 약화시킬 것이며, 좋은 시절에만 미미한 효과가 있을 뿐, 극단주의적 정권의 등장을 돕고 세계 경제, 정치, 생태 체계에 심각한 피해를 입힐 뿐 아니라, 이들 체제가 무너지기 시작하면 결국 인류의 인도주의적 가치까지 흔들리게 될 것이다"고 분석하고 있다. 이 기밀문서에서는 높은 출생률이 '출산 억제 수단'의 부재에 기인함을 지적하며 국제 가족계획 및 여성을 위한 교육기회 개선 및 일자리 창출을 비롯한 포괄적인 노력을 기울일 것을 권고했다. NSSM 200에 닉슨 대통령이 요청하여, 헨리 키신저가 서명했으며, 결론에 대해서는 포드 대통령이 승인했다.* 로마 가톨릭은 해당 문서의 시행을 막기 위해 영향력을 행사했고, 이 문서는 1989년까지도 기밀로 유지되어 일반에 공개되지 않았다.[479] 권고 사항들은 전혀 시행되지 못했다. 만일 시행됐더라면, 오사마 빈 라덴의 폭력 선동에 분노로 화답하는 청년 집단의 규모는 더 작았을 것이고 오늘날 세계는 완전히 다른 곳이 됐을지도 모른다.

「9·11 위원회 보고서」 역시 인구와 테러 사이의 관계를 다음과 같이 명확히 밝히고 있다.

> 1990년대까지 높은 출생률과, 감소세에 접어든 영아 사망률로 인해 무슬림 세계 전역에는 한 가지 공통된 문제가 발생했다. 다름 아닌 적절한 고용 안정에 대한 합리적인 전망이 불가능한 젊은 남성 인구의 꾸준한 증가였다. 분명히 이는 사회 격변으로 가는 지름길이었다. 종교 학교에서만 교육을 받은 다수의 젊은 남성들은 사회에서 필요로 하는 기술을 갖추고 있지 않다. 이보다 훨씬 많은 이들은 유용한 기술을 습득했지만, 만족스러운

* 포드 대통령은 1993년 다음과 같이 적었다. "아내와 나는 낙태 찬성 입장을 일관되게 고수해왔으며, 앞으로도 변함없을 것이다. 본 사안에 대한 1992년 공화당의 공식 입장은 매우 실망스러웠다."

> 일자리를 만들어내지 못하는 침체된 경제 속에 살고 있는 것은 마찬가지였다. (…) 남부럽지 않은 삶에 대한 꿈이 좌절되고, 대개 가족의 엄청난 희생을 대가로 받은 교육에서 별다른 혜택도 얻지 못한 채, 자신의 가정을 꾸릴 기회를 차단당한 이 청년들은 급진화시키기에 손쉬운 표적이었다.[480]

그러나 여전히 성과 가족계획에 관해서 우리는 필요한 만큼 충분히 혹은 솔직히 논하지 않고 있다. 이는 청교도 전통 및 빅토리아 시대의 잔재인 일종의 문화적 소극성이기도 하다. 피임과 낙태, 가족 규모 조절 지원에 관련된 정치적 유동성도 9·11 위원회, CIA, 기타 기관 및 정책 입안가들이 합당한 다음 조치를 취하지 못하도록 막는 요인이다. 서방 국가들은 빈곤을 퇴치하고 환경을 보호하며 폭력 분쟁의 위험을 낮출 수 있는 절호의 기회를 맞았다. 여기에 드는 비용은 상대적으로 낮다. 출생률이 높은 나라의 여성들이 되풀이되는 출산의 부담에서 벗어날 수 있도록 돕기만 하면 된다. 그러나 이에 대처하지 못한다면, 우리 세대와 자녀 세대는 값비싼 대가를 치러야 할 것이다.

교회와 국가

2003년, 버클리의 골드먼 공공정책학부 교수인 잭 글레이저와 프랭크 설로웨이는 메릴랜드 대학 및 스탠포드 대학 출신 저자들과 함께 2만 3000여 명의 연설 및 인터뷰 내용을 분석했다. 보수적 성향의 정치적 발언과 행동 속에서 공통된 주제를 찾아내는 것이 목적이었다. 연구팀은 보수파 지도자들은 현상을 지지하는 성향뿐 아니라 불평등을 용인하는 경향이 있으며, 대체적으로 모호함과 불확실성을 못 견뎌 하거나 부시 대통령의 표현대로 "나는 내가 무엇을 믿고 있는지 잘 알고 있으며, 내가 믿는 것은 옳다"는 태도를 견지함을 발견했다. 안타깝게도, 그러한 신념 체계 속에는 여성, 빈곤, 세계 평화와 관련해서 여성은 자신의 생식에 대한 조절권을 가져서는 안 된다는 생각도 포함되어 있는 듯하다.

글레이저와 설로웨이의 분석을 보면, 보수적 성향을 지닌 남성은 세력권에 집착하고, 걸핏하면 폭력을 사용하며, 불우한 이들에 대한 감정이입이 없고, 여성을 통제하려 드는 경향이 있다. 즉 이는 집단공격의 자세이며, 미국에서나 아프가니스탄에서나 마찬가지다. 2001년 탈레반 정권 붕괴 직후, 영부인 로라 부시는 이렇게 말했다. "테러와의 싸움은 여성의 존엄과 권리를 찾기 위한 싸움이기도 하다." 안타깝게도 1970년대 NSSM 200의 경우와 마찬가지로 그녀의 말을 실행에 옮기기 위한 조치는 거의 없었다. 대체적으로, 군 강경파들은 가족계획에 반대하는 입장을 고수해오고 있으며, 여러 사안에 대해 신학적으로 상당히 다른 입장을 취해온 근본주의 기독교와 보수적인 로마 가톨릭이 연합하여 국제 가족계획 프로그램을 반대하고 있다. 바티칸 시국은 유엔 참관국 자격을 이용하여 대외 원조에 가족계획을 포함시키지 않도록 각국 정부, 특히 미국 정부에 압력을 가해왔다. 2002년, 마사는 태국 방콕에서 열린 유엔 아시아 태평양 지역 인구회의에 참석했다. 30개 참가국 가운데 미국 정부만이—괌 소유국 자격으로 참석—세계 인구의 66퍼센트가 살고 있는 아시아 태평양 지역 국가들에 대한 가족계획 지원에 제약을 가하고자 했다. 유엔은 합의를 추구하는 방식을 택하고 있기 때문에 표결에 붙이는 경우가 거의 없지만, 이 경우에는 각국 대표단이 모두 미국의 입장에 반대를 표하여 미국의 시도는 무산됐다.

인구와 가족계획이 정치 의제 밖으로 밀려난 것은 단지 종교의 영향력뿐 아니라 기타 복잡한 압력 때문이었다. 지구 정상회의Earth Summit로도 알려져 있는, 1992년 리우데자네이루에서 열린 유엔 환경개발회의에서는, 각국 간 경제력의 불평등을 우려한 개발도상국 대표들이 영향력을 행사하여 인구 증가에 대한 관심을 의도적으로 약화시켰다. 오늘날에는, 특히 미국의 경우, 일부 여성 단체의 목소리가 훨씬 강해졌다. 1994년, 카이로에서 개최된 유엔 국제 인구개발회의에서 여성 단체들은 시야에서 벗어나 있는 세계 인구 절반의 여러 가지 절박한 필요에 대한 관심을 이끌어내는 데 성공했다. 그러나 그 과정에서 이들은 인구 증가에 대한 논의 자체를 정치적으로 정당하지 못한 것으로 만들어버리는 오류를 범했다. 인구에 대한 논의는 강압적인 정책으로 이어질 수 있기 때문에 본질적으로 여성에게 해로울 수 있다는 안타깝게도 잘못된 추론에 기반해, 인구 증가 문제는 십여 년간 국제적 의제 밖으로 밀려나 있었다. 여성의 요구에 관심을 집중시킨 것은 대단한 성취였지만, 인구 및 가족계획을 관심에서 멀게 한 전략으로 인해 여성에게 본인의 출산에 관련된 더욱 다양한 현실적인 선택권을 부여하려는 노력이 제자리걸음을 하게 된 것은 참으로 안타까운 아이러니다.[481]

자유시장 경제학자들은 시장의 확대는 호황을 가져오기 때문에 인구 증가가 바람직하다는 주장을 펼치며 우파 측에서 또 하나의 중요한 지지 세력을 형성하고 있다. 이들은 젊은이들이 취업 연령에 도달하게 되면 지속적으로 경제에 기여하게 된다고 본다. 그러나 이미 확인됐듯이, 현실적으로 인구 증가 속도가 빠른 나라에서 젊은이들은 그저 실업자 대열에 합류할 뿐이다. 수많은 경제학자들은 부족한 천연 자원은 기술과 가격 조정으로 상쇄할 수 있다고 주장하고 있고, 이들 역시 국제 가족계획 지원에 대한 미국 정계의 관심을 희석시키는 데 일조하고 있다.

1994년 카이로 회의 이후 십여 년 사이 개발 공동체의 관심의 초점이 가족계획에서 멀어짐에 따라, 국제 투자는 사실상 자취를 감춰버렸다.[482] 세계 각지에서 부유층 여성들은 자녀 수를 줄일 수 있는 길을 찾았다. 그러나 방글라데시, 인도 북부, 사하라 사막 이남의 아프리카 일부 지역 등에서 감소세를 보였던 극빈층 여성의 평균 자녀 수가 정체 상태이거나 사실상 다시 상승하고 있다. 최근 인구 요인에 대한 관심이 서서히 다시 늘고 있으며, 실제로 2006년 영국 의회가 주최한 전문가 공청회에서는 자발적인 가족계획에 대한 접근을 개선하여 인구 증가 속도를 늦추지 않는다면 빈곤 해소 및 교육

증대 등의 사안에 관한 새천년 개발목표 8개 항목 중 6개는 달성이 불가능하다는 결론을 내렸다. 인구가 급증하는 개발도상국들에서 학급 규모를 같은 수준으로 유지하기 위해서는 매년 20만 명의 교사를 새로 양성하여 배치해야 한다.[483]

평화를 추구하는 여성들

여성, 생식 선택권, 사회 안정이 서로 어떻게 연관되어 있는지 이해하지 못하는 일부 전략가들은 오랜 기간에 걸친 '테러와의 전쟁'에서 매우 중요한 일면을 간과해왔다. 여성에게 자신의 삶에 대한 권한을 부여하는 일은, 다음 세대의 테러를 중단시키기 위한 모든 포괄적인 종합 계획의 중심에 놓여야 한다.

우리는 지금까지 유전된 집단공격 기질이 남성과 여성의 경우 얼마나 다르게 나타나며 그 이유가 무엇인지 설명했다. 단순한 관찰 결과지만, 이는 여성에게 더 많은 권한을 부여하는 것을 바탕으로, 분쟁을 줄이기 위해 긴밀히 연계된 가능성 있는 전략을 시행하는 출발점이 될 수 있을 것이다. 단도직입적으로 다음의 두 가지 노력이 필요하다.

- 시민 사회에서 여성이 남성과 동등한 역할을 수행할 수 있고, 법, 경제, 정치, 사회 면에서 평등을 누릴 수 있도록 가능한 모든 조처를 취해야 한다. 여성들이 폭력적인 경쟁 성향이 덜한 자신의 생물학적 행동 지침을 좀 더 직접적으로 표현하게 될수록, 다음 세대는 더 나은 상황에서 안보 위협에 대해 객관적인 판단을 내릴 수 있게 될 것이다. 예외는 항상 존재하기 마련이지만, 여성 정치가, 지도자, 유권자는 평균적으로 남성에 비해 호전적 성향이 덜하다.

- 피임과 안전한 낙태를 통해 여성이 출산 여부와 시기를 조절할 수 있어야 한다. 임신 여부 및 시기에 대한 결정권이 없는 한, 여성은 자유로울 수 없으며 교육이나 고용의 기회를 얻을 수 없고 시민 사회에서 주도적인 역할을 담당할 수 없다.

인구 통계 자료와 안보 간의 연관성을 살펴보면, 오늘날 출산율이 높은 모든 국가에서 평균 자녀 수가 감소하면 다음 세 가지 현상이 발생한다.

- 실업률이 감소하고 경제 성장에 가속도가 붙을 가능성이 생긴다. 자원 확보 경쟁이 사라지지는 않겠지만, 정치적으로 안정된 국가일수록 갈등 없이 경쟁에 대처할 여력이 크다.
- 인구 가운데 노년층 대비 청년층 비율이 감소하고 충동적인 성향의 젊은 남성의 숫자와 영향력이 감소한다.
- 인구 증가율이 낮아지면서 교육 기회, 특히 여학생을 위한 교육 기회가 확대된다.

이러한 모든 변화는 서로 맞물리는 선순환을 낳아 점차 전쟁과 테러의 위험을 낮추는 방향으로 나아가게 된다. 수많은 포유류 수컷의 행동 속에서 성과 폭력이 한데 맞물려 있듯, 인간의 경우에도 여성의 권한 강화와 테러 없는 세상과 평화의 가능성은 함께 묶인 문제다. 안타깝게도 군사 업무를 가장 가까이서 다뤄온 정치 지도자들은 대개 빈곤 국가의 여성의 지위에 가장 무관심한 집단이기도 하며, 바로 이 남성 집단이 가족계획과 안전한 낙태의 필요성에 적대적 태도를 취하는 경우도 많다. 이들은 그러한 입장을 취함으로 인해 장기적으로 세계 안보 문제가 오히려 더 악화되고 있음을 아직 깨닫지 못하고 있다.

호전적 기질은 인간 행동에서 선천적인 부분이지만, 평화에 대한 갈망 역시 선천적이다. 20세기 들어 여성의 정치적 활동이 활발해지면서, 이들은 남성적 군국주의에 반대하는 비폭력 시위를 조직하기도 했다. 1982년, 1만 명이 영국 그린햄 커먼의 미 공군 기지 주변에 손을 맞잡고 둘러서서 크루즈 미사일 96대를 배치한 것에 항의하는 집회를 가졌다.

피임약은 칼보다 강하다

수백만 년 전, 진화는 인류의 여성 조상에게 파우스트식의 거래를 떠안겼다. 수태 과정에서 남성이 얻는 짧은 쾌감과 그에 비해 훨씬 오래 지속되는 임신, 출산, 모유 수유, 육아 등 여성이 감당해야 하는 부담 사이의 엄청난 불균형에 대처하기 위해, 진화는 일련의 눈먼 돌연변이 과정을 통해 성교의 빈도와 남성의 육아 참여 간의 관계를 조정했다. 눈에 띌 정도로 외음부가 부풀어 오르는 다른 유인원들의 경우와는 달리, 인간 여성의 배란기는 겉으로 드러나지 않는 한편, 월경 주기 중에라도 언제든 남성의 성적 접근을 유도하고 수용할 수 있게 됐다. 대개 임신으로 연결되지는 않는 잦은 성교를 통해 성적 파트너 간에 사랑 혹은 필요에 의한 유대감이 형성됐으며, 이는 자손의 생존 확률을 높이는 데 도움이 됐다. 이렇게 유대가 이루어진 남성은 자원과 주거지를 제공하고 다른 남성의 공격으로부터 여성을 보호할 가능성이 더 높았다.

인류가 수렵채집 생활에서 정착 생활로 옮겨갈 때까지 이 과정은 지속됐고, 결과적으로 여성을 훨씬 더 종속된 조건에 놓이게 만드는 경우가 많았다. 다른 남성의 공격으로부터의 보호는 대개 여성을 통제하고 격리시키는 형태를 띠었다. 일부 농경사회에서 여성은 사회의 다른 부분으로부터 차단된 채 집 안에만 머물러야 했다. 다른 지역에서도 여성은 수 차례의 임신, 수유, 평생에 걸친 자녀 양육으로 구속당했다. 남성의 집단공격이 강화될수록 여성이 감당해야 할 고통도 커졌다. 수천 년 동안, 남성이 벌이는 전투의 조류와 흐름에 이리저리 휩쓸리는 여성에게는 안전이나 자원 이용 면에서 아무런 이득도 없었다.

지난 두 세기에 걸쳐 여성의 법적 평등의 개념에 상당한 진보가 있었다. 그러나 여성이 진정한 자율권을 확립하고 자신의 생식을 실질적으로 조절할 수 있게 된 것은 불과 반 세기 전의 일이다. 세계에는 아직도 이러한 생물학적·정치적 혁신의 영향이 미치지 않은 곳이 많다. 1960년부터 1990년까지는, 여성의 자율권을 신장시키는 분위기와 법을 확산하려는 선진국의 노력이 조용하게 이루어졌으며, 빈곤 국가의 여성들에게 출산 여부와 시기, 자녀의 수 등을 조절하는 데 필요한 정보와 기술 제공이 시작됐다. 이러한 진전은 주로 미국 내 보수주의 기독교 단체들의 압력으로 인해 정체되거나 심지어는 오히려 퇴보하기도 했다. 종교적 신념이 좀 더 미묘한 다양성을 내포하고 있거나 종교의 영향력이 상대적으로 약한 유럽은 미국과는 다소 다른 길을 걸었지만, 미국의 정책 변환은 전세계에 찬물을 끼얹는 결과를 가져왔다.

그 수많은 정치적·문화적·종교적 층위에도 불구하고, 여성에게 권한을 부여하고 가족계획을 허용하는 것을 반대하는 것은 항상 생식에 관한 남성과 여성의 근본적 관심사 사이의 갈등에서 비롯된다. 진화심리학의 관점은 남성의 폭력적 기질과 외집단에 대한 비인간화 능력이 얼마나 뿌리 깊은 것인지 상기시켜준다. 이를 이해하면 자원은 감소하고 인구는 폭증하고 있는 이 세계에 도사리고 있는 핵전쟁과 생물전의 위험을 깨달을 수 있다. 그러나 진화심리학은 평화 유지에 대해서도 새로운 관점을 제시한다. 전세계적으로 여성의 자율권을 확립하고 가족계획의 선택권을 부여하려는 노력만으로 세상이 저절로 평화로워질 것이라 말한다면 그것은 과장일 것이다. 그러나 여성이 좀 더 평등해지고 자녀 출산을 조절할 권한을 지니게 되지 않는 한, 분쟁과 테러의 다른 많은 원인을 해결하려는 노력은 성공하기 힘들 것이다.

14
21세기의 석기시대 행동

> 이라크 정권 교체는 이라크 지역에 수많은 혜택을 가져다줄 것이다. 이라크 내 과격파는 지하드 전략을 재고해야 할 것이다. 이라크 전역의 온건파는 힘을 얻을 것이며, 이스라엘과 팔레스타인 평화 협상을 진행하는 우리의 능력도 향상될 것으로 기대한다.
>
> — 이라크 침공에 앞서, 딕 체니 미 부통령[484]

국가들은 왜 전쟁을 할까? 똑똑한 지도자들이 왜 자원을 거의 무제한으로 쏟아부으면서 위의 인용구에서 나타나는 것과 같은 어리석은 판단 실수를 범하는 것일까? 본전은 건질 것이라 기대한 전쟁은 미국 역사상 최악의 외교 재앙이 돼버렸다. 어떻게 그 이유를 묻지 않을 수 있겠는가? 인류 역사에서 초기 인류 진화의 흔적을 찾아내기는 매우 쉽다. 그렇다면 현재는? 안타깝게도, 전쟁과 테러 행위의 최근 사례를 볼 때 우리는 여전히 인류의 생물학적 과거를 발견할 수 있다. 이들 사례에서 나타나는 인류의 진화적 유산들을 '석기시대 행동'이라 부르는 것은, 과거에는 적응적이었지만 현대 세계에서는 대부분 파괴적인 결과를 가져오는 인간 남성의 여러 가지 기질들을 하나로 간편하게 뭉뚱그려서 표현하는 것이다. 초자연적 신앙으로 더욱 강화된 외집단에 대한 무분별한 증오, 젊은 남성들 무리 사이에 있는 충성심, 위험에 대한 과잉 반응, 전쟁 중에 보이는 과도한 자신감, 내집단 구성원 간의 소소하지만 뿌리 깊은 대립과 경쟁 등의 흔적이 여전히 거기에 고

스란히 남아 있다. 그러나 '석기시대 행동' 이라는 용어는 흔히 생각하는 것만큼 비난의 의미는 아님을 기억할 필요가 있다. 이 책에서 반복적으로 말하고자 하는 주제는 **모든** 남성은 석기시대 행동을 하기 마련이며, 이것이 모두 나쁜 것만은 아니라는 것이다. 남성과 여성이 자신의 성적 상대자를 선택하거나, 급박하게 아이를 보호해야 하거나, 형제자매끼리 부모의 관심을 더 받기 위해 싸울 때 이러한 진화적 잔재는 행동의 준거가 된다. 엄밀히 말하자면, 간단히 '인간 행동' 이라고도 할 수 있을 것이다. 다행히 남성의 타고난 공격성과 세력권 다툼은 단지 인간 행동의 일부분에 지나지 않는다. 그러나 그러한 행동이 오늘날 우리의 삶 속에 얼마나 깊이 그리고 변함없이 그대로 남아 있는지 깨닫는 것은 그러한 행동이 인류의 미래에 미칠 영향을 제한하기 위해 중요한 부분이다.

역사를 읽는 방식은 다양하다. 한 가지는 역사를 서로 다른 씨족, 공동체, 종교, 정치 체제 간의 폭력적이고 때로는 지나치게 극렬한 갈등의 방대한 목록으로 보는 것이다. 이러한 관점에서 보면 석촉과 청동검, 나무로 만든 노포와 쇠로 된 대포, 참나무로 만든 군함과 강철로 만든 전함, 캔버스 천을 사용한 복엽기와 초음속 폭격기, 그리고 앞으로 사용될지 모르는 핵무기와 대륙간 탄도 미사일에 이르기까지 수많은 병기를 이용해 끊임없이 자행돼온 강간 및 살육이 곧 눈에 들어올 것이다. 21세기에 살고 있는 우리는 핵폭탄이나 기타 대량살상무기까지 동원된 대재앙적인 전쟁을 한 차례 이상 겪게 될 가능성도 얼마든지 있다. 그러나 중증의 암 진단을 받은 환자의 경우에서처럼, 새로운 통찰이 큰 파국을 회피하게 할 수 있다는 희망을 가지고 살 수 있는 것이다. 인간이 싸우는 이유는 무엇이며 그 결과는 어떠했는지 이해하기 시작했으므로, 이제 우리 자신의 석기시대 행동을 억제하기 위해 진중하고 현명한 조처를 취할 동기가 생긴 셈이다.

과학은 수많은 대량살상무기를 양산해왔지만, 인류의 진화를 면밀히 검토하고 인간의 행동, 특히 남성의 행동의 어두운 면에 맞설 수 있게 한 것 역시 과학이다. 60여 년간, 산업화된 국가들 사이에서는 평화가 있었지만, 호전적 기질은 여전히 또 다른 형태로 고개를 들고 있다. 2000년 이후 발생한 레바논, 소말리아, 콩고 등의 내전 및 수단의 대량 학살은 모두 인류의 외집단에 대한 증오 성향을 명백히 보여주는 사례였다. 대량살상무기의 가격은 계속 하락하고 있고, 갈수록 많은 국가들이 핵무기로 무장하고 장거리 로켓을 개발하려는 추세다. 북미, 유럽, 호주 지역에서는 21세기 들어 테러가 전쟁의 새로운 양상으로 나타나고 있다. 9·11과 마드리드와 런던의 폭탄 테러 사례는 인간 남성이 언제나 집단공격을 표출할 새로운 방법을 찾아낼 수 있음을 보여주었다. 전쟁 및 전사자 수는 전반적으로 감소했지만, 세계는 오히려 더 위험한 곳으로 변한 듯 보인다. 실제로도 더 위험해졌을 것이다.

진화적 관점은 지나치게 결정론적이라고 폄하당하는 경우가 많다. 이 경우에 진화적 관점은 전쟁이 '인간의 유전자 속'에 있으므로 인간은 계속 전쟁을 할 운명이라고 바라본다는 식이다. 또는 19세기 사회진화론 중에서도 최악의 종류와 이어질 수도 있다는 평을 받기도 한다. 가장 강한 것이 승리하게 두어야 하며, 그것이야말로 진화가 '원하는 것'이라는 주장 말이다.* [485] 그러나 인간이 유전을 통해 물려받은 기질은 숙명이 아니며, 인류의 진화적 과거는 미래에 대한 전략적 계획이나 도덕적 잣대 중 어떤 것도 되지 못한다. 이미 강조했듯이, 모든 진화생물학자들은 2장에서 인용했던 "전쟁은 생물학적으로 가능하지만, 피할 수 없는 것은 아니다"라는 세비야 선언의 주장을 받아들일 것이다. 수컷 침팬지와 인간에게 흔히 관찰되는 집단 습격에서 전쟁의 근원을 찾는 것은 비관적 인식이 아니라 현실적 인식이다. 평화를 지키기 위해서 우리는 전쟁의 본질을 이해해야 하며, 필요하다면 기존의 신념이나 신성시해온 종교 신앙에 대해서도 질문을 던져야 한다. 최상의 문명

* 나치가 사회진화론에 입각해 움직였다고 보는 이들도 있다. 사실, 나치 신화는 인종을 강조했지만 진화는 거부했다. 나치 친위대의 수장이었던 하인리히 힘러는 다른 인종은 원숭이의 후손이지만 비유대계 백인은 천상에서 직접 내려와 세상이 시작될 때까지 얼음 속에 보존되어 있었다고 믿었다.

은 인간의 석기시대 행동을 길들일 수 있으며, 1장에서 인용된 〈아프리카의 여왕〉 속 캐서린 햅번의 대사처럼, 인간은 본성을 극복하는 데서 자부심을 느낄 수 있을 것이다.

9·11

2001년 9월 11일 테러 공격은 미국 정부의 1000억 달러 흑자를 1조 달러 적자로 돌려놓았다. 이는 매년 420억 달러를 지출하는 새로운 정부 관료 조직—국토안보부—을 탄생시켰다. 항공 산업은 마비됐고, 유럽 항공사 두 곳은 파산했다.[486] 또한, 미국의 아프가니스탄 일부 지역 침공 및 이라크 정권 타도, 그리고 양국의 혼란 심화로 이어졌다. 이 책의 집필 시점에 유가는 세 배로 뛴 상태이고, 미국은 경제 위기의 벼랑 끝으로 내몰렸다. 이러한 결과 중 어느 것도 3000명 가까이 목숨을 잃고 어느 분주한 도시의 수많은 건물 중에 특히 눈길을 끄는 대규모 빌딩 두 개가 무너져내렸기 때문에 일어난 것이 아니다. 이는 위대한 민주주의 국가와 그 지도자들이 이성적인 분석 대신 석기시대 행동에 휘둘려 대응했기 때문에 빚어진 결과이다.

9·11에서 행운은 알카에다의 편에 섰고, 오사마 빈 라덴의 입장에서 이 테러 공격은 대성공이었다.* 그러나 세계무역센터의 잔해는 제거된 지 오래이고, 미국에서 그와 같은 규모의 추가 공격은 없었다. 여객기 조종실 출입문을 강화하는 간단한 대책으로 여객기를 무기로 활용할 가능성은 사실상 제거됐다.[487] 2006년 영국 경찰은 대서양 항공에서 여객기 10대를 폭파하려는 대담한 테러 계획을 저지시켰고, 집단 내 경쟁의식 때문에 CIA가 FBI와 여객기 납치 테러리스트 2명에 관한 정보를 공유하지 않은 사태만 벌어지지

* 2007년 파키스탄에서 실시된 여론 조사에서는 46퍼센트의 지지율을 보인 오사마 빈 라덴이 38퍼센트 지지율의 무샤라프 대통령보다 인기가 높았다. 또한 이들 두 명 모두 단 7퍼센트의 지지율을 얻은 부시 대통령보다 인기가 높았다.

않았더라면 9·11 역시 막을 수 있었을지 모른다.* [488] 전자 감시는 자금의 흐름이나 기타 형태의 전자 통신을 추적하는 데 성공적으로 활용되고 있다. 오사마 빈 라덴의 핵심 참모였던 아이만 알 자와히리와 이라크 내 알카에다 지도자 아부 무사브 알 자르카위는 모두 사살됐다. 이 같은 효과적인 개입에 군사적 침공은 불필요했다는 사실을 상기할 필요가 있다.

앞서 살펴본 대로, 인간은 위협을 당했을 때 물리적·공격적인 자기 방어 성향이 유난히 강력하다. 6장에서 언급했듯이, 서로 기습하는 일이 잦았던 작은 씨족 단위의 생활에서는 자기 집단의 구성원 한두 명이 살해되면 즉각 반격하려는 강렬한 정서적 욕구가 생존 여부를 결정했을지도 모른다. 기원전 5세기, 『손자병법』에서 손자는 "한 명을 죽여, 만 명을 두려워하게 만들라"라고 썼다. 모든 분쟁에서 최초의 살해는 계속해서 충분하게 보도되고 전해지지만, 그 후 목숨을 잃는 수천 혹은 수백만 명에는 훨씬 적은 관심만을 갖는다. 9·11이 준 충격은 일반 대중 대다수가 전혀 상상도 못했던 일이었다는 데서도 기인했으며, 9·11 이후 뉴욕 시민의 6퍼센트가 외상 후 스트레스 장애 증상을 겪는다는 보고 역시 이러한 측면에서 설명이 가능할 것이다.[489] 1995년 옴진리교 사건 당시 사린 가스에 실제로 노출됐던 도쿄 시민의 50배에 달하는 사람들이 오염 여부를 걱정했다.

화창한 9월 어느 날 백주 대낮에 벌어진 예기치 못했던 공격 상황은 수천만 명의 미국인들에게 전쟁의 시작처럼 보였다. 9·11 5주기에 맞춰 실시된 여론조사에서는 미국 국민 가운데 당시 테러 공격이 1941년 진주만 공습만큼 "심각한 것은 아니라"고 생각했던 사람은 단 14퍼센트에 불과한 것으로 나타났다.** 실제로 9·11은 끔찍한 사건이기는 했지만, 태평양 함대 전부

* 미니애폴리스의 어느 FBI 요원은 이슬람 극단주의자들이 미국 내에서 비행 훈련을 받고 있다는 사실을 우려하고 있다고 해서 질책을 받았다. 그는 단지 "누군가가 항공기를 몰아 세계무역센터로 돌진하는 사태를 막고자 하는" 것뿐이라고 보고했다. 9·11 한 달 전의 일이었다.

** 흥미로운 사실은 9·11을 많은 이들이 '전쟁'으로 인식했지만, 재산 피해에 대한 보험 처리에는 전쟁 위험을 제외하는 약관이 적용되지 않았다는 사실이다.

를 격파하기 위한 막강한 국가 차원의 총력전이나 전면전의 서막이 아닌, 급진주의 집단의 분산된 단독 공격이었다. 그러나 이들 두 공격 사이에는 중요한 유사점이 있다. 1941년 12월, 일본군의 공격이 있기 불과 며칠 전 미국이 독일과 일본에게 선전포고를 해야 하는지를 묻는 질문에 무려 88퍼센트의 미국인이 '아니오'라고 답했다.[490] 진주만 공습 이후에는 미군의 참전을 재고해야 한다는 의견은 거의 없었다.

이라크와 아프가니스탄에서 수행 중인 미군의 전쟁을 포함해서, 여하한 형태의 집단공격으로 목숨을 잃는 사람의 수는 현재 인구 기준으로 볼 때 과거보다 적어지고 있다. 5년에 걸친 남북전쟁 중 전체 인구 가운데 50분의 1이 목숨을 잃었다. 피비린내 나던 제1차 세계대전 5년의 기간 동안 영국 인구 50분의 1 이상이 희생됐고 독일의 경우 25분의 1이 목숨을 잃었다. 오늘날, 개발업자들은 남북전쟁 당시 전쟁터에 주택을 건축하기 위해 경쟁을 벌이고 있고, 전사자 묘지를 찾는 참배객 중 안장되어 있는 전사자를 직접 아는 사람의 수는 계속 줄고 있다. 무너져내린 도시는 재건됐고, 나무가 다시 자라고, 참호는 메워졌다. 제2차 세계대전 당시, 런던, 코벤트리, 함부르크, 드레스덴, 히로시마, 나가사키는 모두 폭격으로 파괴되거나 심각한 피해를 입었다. 대량살상무기와 석기시대 행동이 넘쳐나는 세계에서 그 같은 대학살이 다시 없으리라고는 장담할 수 없다. 그러나 그토록 끔찍한 일이 지난 60여 년간 한 번도 재발하지 않았다는 사실을 상기하는 것 역시 중요하다.

아 프 가 니 스 탄

9·11 이후, 아프가니스탄 내 탈레반은 보복과 반격의 완벽한 표적이 됐다. 그전부터 탈레반을 좋아하는 사람은 아무도 없었는데, 사실상 아프간 사회에서 이전부터 그래왔던 것과 크게 다를 바가 없었지만, 특히 여성을 부당하게 대우했기 때문이었다. 그러나 오사마 빈 라덴의 경우 사람들은 기다렸

다는 듯 그를 악당으로 만들어버렸다. 미국의 아프가니스탄 폭격을 '테러와의 전쟁'의 일환으로 포장하려는 정치적 결정은 언론과 대중의 엄청난 지지 속에 더욱 공고해졌다. 그러나 알카에다 요원 및 여타 전투원들이 생포되자, 미국은 이들에게 제네바 협약에 따른 전쟁 포로의 지위를 부여하지 않으려 했다. 이들을 심문하는 데 걸림돌이 될 것이기 때문이었다. 이들 수감자에 대한 학대는 절실히 필요한 무슬림 온건파들의 서방에 대한 지지에 찬물을 끼얹었다.

아프가니스탄에서의 군사 행동은 전쟁 수준은 아니었지만, 1996년 이래 탈레반과 대립해왔던 기존의 북부동맹 아프간 부족 출신의 용병들이 주로 싸우는 일련의 소규모 접전 형태였고, 미군은 이를 지원했다. 미군의 강도 높은 공중 폭격으로 수백 혹은 수천의 탈레반 군이 목숨을 잃었다. 이처럼 소수의 사상자가 발생하는 전투는 솜므 전투나 스탈린그라드 전투에서라면 기록조차 되지 않을 사소한 충돌에 불과했을 것이다. 임신, 출산, 안전하지 못한 낙태 시술 등으로 매년 사망하는 아프간 여성의 수—1만 6000명—가 2001년 미국의 테러와의 전쟁에서 사실된 아프간 남성의 수보다 많다는 사실을 들으면 많은 이들이 놀라워한다.

아프가니스탄을 본거지로 삼았던 알카에다 지도자 일부는 파키스탄 국경의 산간 지역으로 쫓겨 들어갔고, 빈 라덴은 자신을 비롯한 300여 명의 알카에다 동맹 세력이 2제곱킬로미터에 달하는 참호 속에 있다고 주장했다. 그러나 미국이 빈 라덴을 생포 또는 사살하지 못한 것은 몇 가지 기본적인 실수 때문이었다. 첫째, 럼스펠드 미 국방장관은 아프가니스탄 내 주둔 병력 증강 요구를 다각도로 면밀히 검토했으나, 충분한 지상군 병력의 필요성을 제대로 이해하지 못한 탓에 어느 사령관의 표현에 따르면 부대별로 요청할 때마다 "찔끔찔끔" 지원했다.[491] 둘째, 하이테크 전쟁을 지나치게 강조했다. 지극히 중요한 아프간 공습을 사우디아라비아에 있는 기지에서 통제했는데, 이곳 연합 항공작전 본부에서는 직원들이 90일씩 교대 근무를 하고 있었다.

이는 침팬지조차도 신뢰 관계 구축이 불가능한 짧은 기간이다. 셋째, 마치 우두머리 수컷의 자리를 두고 경쟁을 벌이는 침팬지 두 마리처럼 아나콘다 작전의 핵심 지휘관 두 명—공군을 지휘한 공군 중장 마이클 모슬리와 육군을 통솔한 육군 중장 폴 미콜라셰크—의 관계는 냉랭했다. 마지막으로, 미군 장성들은 알카에다의 전투력과 의지를 과소평가했다. 빈 라덴은 도피했고, 『아미 타임스』의 노련한 기자 션 네일러는 이렇게 적었다. "전투가 늘 그렇듯, 사령관들의 실책으로 인한 결과를 감당하는 것은 대위와 하사관들의 몫이었다."[492]

아프가니스탄 침공 이후, 아프가니스탄에서는 선거가 실시되었고 잠시나마 민주주의와 양성 평등의 기본 요소가 자리를 잡을 수 있는 기회가 있었다. 그러나 미국이 이라크에 군 병력을 재배치하느라 아프가니스탄에서 탈레반 세력이 재등장하는 것을 막고 치안을 유지해야 할 지상군 병력 규모가 줄어들게 되면서 그러한 희망은 물거품이 됐다. 1990년대에 나토는 코소보와 보스니아에 각국 인구 1000명당 20명에 해당하는 규모의 평화유지군을 주둔시켰다. 2007년 아프가니스탄 주둔 병력은 아프가니스탄 인구 1000명당 1명에 불과한 규모였고, 탈레반은 아프가니스탄 일부 지역을 다시 장악할 수 있었다. 이들은 약 2000제곱킬로미터의 땅에 양귀비를 재배하여 국제 마약 거래에 공급함으로써 재기할 자금을 마련했다.[493] 같은 해, 미국은 이라크에서 매월 70억 달러를 쏟아부었다. 이 엄청난 금액 중 일부만이라도 아프가니스탄에 투입됐더라면 아프가니스탄이 모든 국민에게 경제적 기회를 부여하고 정당한 권리를 보장할 수 있는, 성장 가능한 국가가 되는 데 도움을 줄 수 있었을 것이다. 그러나 그 대신 보복과 지나친 자신감이라는 석기시대 행동이 우리에게 가져다준 것은 국가의 파탄, 기세 등등한 적, 과도한 적개심뿐이다.

아프가니스탄의 지역 상당수는 경쟁 관계의 군벌들이 지배하는 봉건 사회다. 여성은 사회적으로 소외되어 가사, 성관계, 출산 이외에는 별다른 역할이 주어지지 않는다. 이 여성은 남편에게 허락을 받은 다음, 온 몸을 가리는 부르카를 착용하고서야 비로소 외출이 가능했을 것이다.
이 사진은 여성 뒤편에 보이는 북부동맹 전사들이 2001년 9월 탈레반 타도에 나서기 직전 촬영된 것이다. 이와 같은 병력수송 장갑차APC는 100만 달러 이상이지만, 2만 달러 정도면 아프가니스탄에 학교 한 곳을 세울 수 있다. 교육—특히 소녀 및 성인 여성 대상의 교육—투자를 늘린다면, 한 세대가 가기 전에 APC로 거리를 순찰할 필요가 줄어들 수 있을 것이다.

이 라 크

2003년 3월 이라크 침공은 단지 실행 단계에서 실패한 괜찮은 계획이 아니었다. 아이디어 자체가 끔찍했던 데다, 최악의 방식으로 실행된 것이었다. 미국과 영국의 초기 침공은 (나중에 약간의 실책이 있기는 했으나) 용맹하고 절도 있게 움직이는, 철저히 훈련되고 무장된 전문가들이 명민하게 이끌었다. 그러나 형제애로 맺어진 무리들이 사담 후세인의 기존 무기고에서 무기를 꺼내 들고 자발적으로 연대하여 종교적·민족적 계통을 따라 싸우게 되면서, 이라크 점령은 곧 혼란스러운 상황으로 변해갔다. 아무리 합리적으로 따져보려 해도, 미국의 침공 이후 이라크에서 사람들이 겪는 고통의 총량은 사디스트적인 독재자가 통치했던 과거보다도 오히려 더 증가했다. 미국 군인들은 결과적으로 제2차 세계대전이나 남북전쟁 당시보다 더 오랫동안 전투에 임하게 됐다. 전선의 좀 더 젊은 장교들은 환경에 적응하며 살아남았지만, 군을 끝없는 게릴라전으로 몰아넣은 장군들에 대한 반감은 커져갔다.[494]

이라크 침공의 배경이 된 정책을 개발한 것은 우두머리가 되려는 남성들의 소집단이었다. 1991~1992년의 1차 걸프전으로 쿠웨이트를 침공한 사담 후세인의 군대를 몰아내기는 했으나, 후세인이 대량살상무기를 개발할 가능성을 낮추지 못했다. 1992년, 폴 울포위츠와 루이스 리비는 국방계획지침에서 미국은 이라크 등 대량살상무기를 개발하고 있을 가능성이 있는 모든 국가에 선제 타격을 할 수 있으며, 해야 한다고 주장했다. 부시 대통령의 첫 번째 임기 당시 제임스 베이커 국무 장관 등 좀 더 현명한 이들은 그러한 의견에 반대했다. 그러나 체니와 럼스펠드 등은 세를 불려가던 신보수주의 강경파, 즉 네오콘 세력과 함께 1997년 '새로운 미국의 세기를 위한 프로젝트 PNAC: Project for the New American Century'를 창설했다.[495] PNAC의 목표 중에는 '미국의 헤게모니'와 그들이 '전방위 지배'라 지칭하는 지상, 해상, 상공, 우주의 군사력 통합이 포함되어 있었다. 일부 네오콘은 이스라엘 내 강경파와 긴밀한 관계를 맺고 있었다. PNAC은 그 어떤 국가도 미국의 군사력에 도전할 수 없는 '단극' 세계를 상상했으며 '불량' 국가, 특히 이라크에 대한 강경 대처를 지지했다. 전형적인 영장류답게 이 우두머리 남성들은 10년 뒤에는 자신들의 '전방위 지배'가 전복될 수도 있고, 중세 신학을 신봉하고 도랑에 급조 폭발물을 심으며 성전을 벌이는 전사들에게 굴욕을 입을 수 있다는 사실을 예상하지 못했다.

진화심리학의 렌즈로 들여다보면, 이라크 전쟁은 남성의 지나친 자신감을 단적으로 보여주는 사례다. 프린스턴 대학의 도미니크 존슨은 200명의 남성과 여성을 컴퓨터 게임을 시키는 실험을 통해 이러한 유형의 석기시대 행동을 연구했다. 자원하는 이들에게 다이아몬드 산지를 두고 국경 분쟁이 일어나고 있는 가상의 국가를 책임지게 했다. 각자에게 1억 달러의 군자금을 지급했고 협상, 위협, 전투, 방관 등의 대응을 선택하게 했다. 남성의 경우 정당한 이유가 없는 공격을 개시하는 비율이 여성의 다섯 배에 달했다. 스스로 자신감이 높다고 답한 이들일수록 전투를 택할 확률과 이 컴퓨터 전쟁 게임에서 질 확률이 모두 높았다.[496] 이라크의 경우 이 같은 과잉 자신감 게임이 컴퓨터 화면에서가 아니라 실제 탱크, 박격포, 인간의 생명을 가지고 수행된 셈이었다. 부시 행정부는 이라크의 위협의 규모와 긴박성을 전반적으로 과대평가했던 반면, 사담 후세인은 미국의 무력 사용 의지를 과소평가하는 우를 범했다. 부시와 후세인 모두에게, 인류 남성 조상의 석기시대 습격 및 방어의 원동력이 됐던 바로 그 지나친 자신감이 역효과를 낸 것이다.

사담 후세인은 자신이 대량살상무기를 보유하고 있지 않다는 사실을 너무도 확실히 알고 있었지만, 상대의 착각을 계속 유지시켰다. 이스라엘이 진실을 알게 되면 공격해올지도 모른다는 생각 때문이기도 했다. 2002년 말, 그는 "부시 대통령에게 전쟁을 개시할 어떠한 빌미도 제공하지 않기 위해" 유엔의 무기사찰을 전면 수용했지만, 이미 늦은 조처였고 그의 그러한 결정은 속임수로 받아들여졌다. 히틀러와 마찬가지로, 사담은 자신이 '특별한 능력'을 가지고 있다고 믿었다. 앞서 그는 이라크 국가정보기관이 미국 측 태도를 분석하는 것을 막았다. "그 일은 내 전공"이기 때문이라는 이유였다.[497] 2003년, 그는 미국이 공격하지 않으리라고 확신했고, 전투가 실제로 개시되고 나서는 미국이 절대 바그다드까지는 접근하지 않을 것이라고 철석같이 믿었다. 그는 자신의 최정예 항공기를 말 그대로 모래 속에 묻도록 시켰다. 미국을 물리친 다음 지역의 세력 균형을 유지하는 데 그 항공기들을 사용하려는 심산이었다. 제1차 세계대전 당시 프랑스 군 사령관들과 마찬가지로, 그는 자신이 이끄는 군대의 투지와 '엘랑'이 현대식 병기를 능가할 것으로 믿었다. 한편, 사담은 정예 부대인 공화국 수비대를 자신의 권력을 위협하는 요인으로 인식했다. 모든 공화국 수비대 사령관은 감시를 당했고 "승인 없이는 탱크를 출발시키는 것조차" 할 수 없었다. 물론, 사담이 자신의 패배 뒤에 반군 활동이 일어나도록 계획했을 리 없지만, 자신도 모르는 사이에 그러한 상황을 만들었다. 그는 나중에 정권에 대항하는 반란 세력이 일어났을 때 진압할 목적으로 무기를 나라 곳곳에 분산시켜놓았는데, 이 무기들은 현재 시아파와 수니파 저항 세력들이 사용하고 있다.

어느 정도의 과잉 자신감은 적응적일 수 있겠지만, 지도자가 집단 구성원들의 인정을 받고도 지속적으로 지지를 받아야 하는 수렵채집 씨족 집단에서라면 사담 후세인처럼 극단적인 방식은 통하지 않았을 것이다. 오늘날의 세계에서 히틀러, 스탈린, 후세인이 집권할 수 있었던 것은 자신에게 도전하는 사람은 누구든 제거해버릴 수 있는 총기와 인력을 장악했기 때문이다. 부시 대통령의 권력은 일반 대중의 지지에 달려 있었고, 많은 미국 국민들은 부시 대통령의 자신감 넘치는 허풍에 마음을 놓았다. 석기시대 족장이 석기시대의 공포를 잠재우듯이 말이다. 미국 대통령의 과도한 자신감은 자신이 하나님이 인도하는 올바른 길을 가고 있다는 거듭난 기독교인의 확신에 일부분 기반을 둔 것이었다. 2004년 공화당 전당대회 후보 수락 연설에서 부시는 "자유는 미국이 전세계에 주는 선물이라고 믿는다. 자유는 모든 남자와 여자에게 주신 전능하신 하나님의 선물이다"라고 말했다.*[498] 후세인과 마찬가지로 그는 첩보를 무시한 채 "전후 이라크 안정에 방해가 되는 주요 문화적·정치적 요인을 경고한 CIA의 전쟁 전 평가 내용에 거의 주의를 기울이지 않았다".[499] 사담 후세인이 미국은 이라크를 침공하지 않을 것이라 확신했던 것과 똑같이, 부시는 미군이 해방군으로서 환영받을 것이고, 제2차 세계대전 종전 후 독일과 일본이 그러했듯이 이라크에서도 전후 민주주의가 정착될 것이며, 미국은 단기 점령 후 승자의 모습으로 철수하게 되리라

* 부시는 연설 중에 "믿는다"는 표현을 스무 차례 썼으며, 근본주의 기독교인들은 분명히 이해할 법한 구약과 요한계시록을 간접적으로 인용한 표현도 수 차례 언급했다.

확신했다.

이라크 전쟁은 제2차 세계대전보다 길어졌지만 2007년까지 실제로 복무한 미국 국민은 170명 중에 1명 정도에 불과했다. 전체 인구 대비 비율로 보면, 남북전쟁에서 **전사한** 남성의 절반에 해당하는 인원이 이라크에서 복무한 셈이다. 또한 전원이 자원 입대자이고, 미국의 빈부 격차가 심해지고 있어서 빈곤층과 소수 민족 출신이 군의 대부분을 구성하고 있다. 그럼에도, 미군의 훈련 및 준비 수준은 최고였고 임무도 훌륭히 수행했다. 그러나 석기시대 사고방식으로 인해 승리는 사실상 불가능한 상황이 돼버렸다.

석기시대 인류 조상이나 침팬지 무리의 진화된 기질은 모든 개체를 두 집단—내집단 또는 적—으로 구분한다. 모스크바 주재 미 외교관이었던 조지 케넌은 제2차 세계대전 후 공산주의에 맞선 싸움에서 적 내부의 균열을 이용하는 것이 좋겠다고 생각했다. 유고슬라비아의 마셜 티토가 스탈린에 반대하고 나섰을 때 미국이 티토와 연계했던 것도 바로 이러한 이유에서였다. 반면, '우리 편 아니면 적' 이라는 부시의 전략은 미국의 적들이 연합 전선을 구축하게 만들고 세계무역센터에 대한 테러 공격 이후 진심 어린 애도의 뜻을 표했던 수많은 온건파 무슬림들을 소외시키는 결과를 낳았다. 사담 후세인이 대량살상무기를 가지고 있지 않다거나, 이라크와 9·11은 아무런 관계가 없다거나, 이라크 침공 이후 한참이 지나도 알카에다는 나타나지 않았다거나 하는 사실들은 사실상 중요치 않다. 석기시대 행동 때문에 9·11 테러 이후 주먹이 근질거리는 미국인들이 많았고, 부시는 그 가려운 곳을 긁어주려 했던 것이며, 현실 따위는 중요치 않았던 것이다.

부시가 이라크 정권 교체 계획을 세운 시점으로부터 정확히 500년 전, 니콜로 마키아벨리는 『군주론』을 집필 중이었다. 르네상스 시대의 정치이론가였던 그는 진화에 대해서는 전혀 알지 못했지만, 아래 글에서도 알 수 있듯 인간 행동과 공격에 대한 이해도는 부시 정권의 그 어떤 인물보다도 나았다.

새로운 지배 질서를 확립하는 것보다 계획하기 어렵고, 성공이 불확실하고, 실행하기 위험한 일은 아무것도 없음을 알아야 한다. 새 질서를 처음 도입하는 사람은 기존 질서에서 혜택을 얻던 모든 이들을 적으로 만들게 되지만, 새로운 질서에서 이익을 보려는 무리에는 미적지근한 옹호자들만 넘쳐나기 때문이다.[500]

이스라엘과 레바논

1967년 6일 전쟁에서 이스라엘은 이집트, 시리아, 요르단을 상대로 압도적인 승리를 거두었다. 이스라엘군은 가자 지구, 서안 지구, 그리고 기존에 자국 영토가 아니었던 예루살렘 나머지 지역을 점령했다. 100만 명의 팔레스타인 사람들이 레바논과 요르단 등 다른 나라의 난민 수용소로 쫓겨가거나 새롭게 점령된 지역에 남아 살아가게 됐다. 5.5에서 7명이 넘는 총출산율로 인해 점령 지역에 거주하는 팔레스타인 인구는 400만 명까지 급증했고, 주변 국가로 간 난민의 수는 700만 명이 늘었다. 4분의 1이 14세 미만이고, 5분의 1은 15~23세이며, 후자는 대부분 안정된 일자리가 없는 이들이다. 레바논 내 팔레스타인 사람들은 재산을 소유하는 것이 허용되지 않으며, 일자리를 두고 레바논 사람들과 경쟁을 할 수도 없다. 레바논군이 난민 수용소 입소를 통제하지만, 근본주의 세력은 수용소 내부에서 자유롭게 활동하고 있다. 베이루트에서 트리폴리에 이르기까지, 살던 곳을 빼앗기고 쫓겨난 팔레스타인 사람들이 모인 공동체는 분노와 급진적 성향을 키워내기에 완벽한 조건이다. 향후 20년 내에 팔레스타인 인구가 다시 두 배로 증가하게 되면 상황은 악화일로를 걸을 수밖에 없다.

1982년, 이스라엘은 팔레스타인 해방기구PLO를 소탕하기 위해 막강한 지상군과 공군을 동원해 레바논을 침공했다. 이로 인해 PLO는 튀니지로 축출됐지만, 이스라엘에 대한 적대감을 키우는 결과를 낳았다. 레바논 침공 직후 팔레스타인 내에서 하마스가 급부상했고(이스라엘이 종교/사회 단체로 인정한 것에 힘입은 면도 있다) 레바논에서는 헤즈볼라가 급진 세력으로 등장했다. 2006년 6월, 하마스가 이스라엘 군인 2명을 사살하고 1명을 인질로 잡았으며, 헤즈볼라가 레바논에서 이스라엘의 도시 하이파로 로켓포를 쏘았다. 이에 대한 보복으로 이스라엘은 레바논에 수백 차례의 공중 폭격을 퍼부었다. 그러나 어떠한 첨단 스마트 폭탄이라 해도 소규모 전투원들이 자전거만 한 철제 프레임에서 발사하는 1.8미터 남짓의 로켓포를 처리하는 데는 무용지물이다. 레바논의 340만 명 인구 가운데 헤즈볼라 전투원은 1000명 중 1명 미만이므로, 당연히 이스라엘의 공중 폭격 희생자는 대부분 민간인이었다. 레바논을 상대로 이스라엘이 30일간 벌인 지상전과 공중전은 이스라엘(그리고 미국)의 적대 세력을 결합시키고 동맹 세력은 분열시키는 결과를 낳았다. 이 역시 석기시대 행동이 역사적 교훈들을 압도해버린 또 하나의 사례였다.

2006년 이스라엘의 공중전은 전술상으로 실패작이 될 것이고 정치적으로도 부작용이 있을 것이라는 증거는 많이 있었다. 이스라엘군은 "레바논 사람들과 헤즈볼라를 갈라놓으려는" 목적으로 미국산 전투기와 폭탄을 사용하며 불과 2~3일 사이에 1000차례 이상의 출격을 감행했다.[501] 예상했겠지만, 실제로 이들 양측은 오히려 더 긴밀히 연합했다. 정치적으로 불안한 상태에 있던 영국이 런던 등 여러 도시를 대상으로 한 독일의 폭격으로 인해 단결됐던 것과 같은 이치였다. 부시 행정부는 폭격이 계속되면 "일시적 해결"이 아닌 "항구적 평화"가 실현될 것이라는 착각에 빠진 채, 정전 교섭을 노골적으로 지연시켰다.

인간은 일단 상대를 비인간화하기 시작하면, 상대가 자신처럼 행동하지 않을 것이라 생각한다. 용감한 우리는 폭격을 당하면 단결하지만, 비겁한 그들은 폭격을 당하면 물러서고 말 것이라고 생각하는 것이다. 그러나 내집단을 향한 충성심과 외집단에 대한 증오심은 우리에게 그렇듯 적의 경우에도 강렬한 감정이다. 헤즈볼라처럼 어느 사회 내부에서 대대적인 지지를 얻고 있는 무장 단체를 소탕하기 위해 대규모 공군력을 동원하는 것은 실패하게 돼 있다. 공격당하는 이들의 흥분된 감정을 더욱 격앙시키기만 할 뿐이다. 어느 여론 조사에 따르면 가자 지구 주민의 4분의 3이 이스라엘 군인의 납치에 찬성했으며, 그들 중 절반 정도는 이스라엘군의 보복에 시달릴 것을 알고 있었으면서도 그렇게 답했다.[502] 이 모든 것이 지극히 자명하게 보일지라도, 인간의 석기시대 행동은 너무도 뿌리 깊은 탓에 우리는 각종 정책이나 전술에서 상대편은 근본적으로 우리와 다르다고 생각하는 경우가 많다. 우리는 계속 싸우겠지만 그들은 나가떨어져 죽은 듯이 잠자코 있으리라 예상하는 것이다. 그러나 현실은 그렇지 않다.

다 르 푸 르

TV 카메라는 중동의 분쟁은 보도하지만, 2004년 이래 수단 서부 다르푸르에서 계속되고 있는 구약 성경식의 혹독한 전쟁은 사실상 관심 밖에 있다. 말을 타고 다니며 총을 난사하는 아랍계 수단인으로 이루어진 잔자위드 민병대의 목적은 비아랍계 사람들을 제거하는 것이다. 2006년 말까지 30만 명에 육박하는 이들이 총이나 도끼에 맞아 죽거나 굶어 죽었다.[503] 수천 명의 여성이 강간을 당했다. 간단한 휴대용 무기—경우에 따라서는 마체테를 사용하기도 한다—를 든 소규모의 남성 집단에 의해 이루어지는 다르푸르의 습격은 절대적인 숫자로 보나 전체 인구 중 차지하는 비율로 보나 현대의 컴퓨터 유도식 무기 체계나 파편 폭탄을 투하하는 초음속 전투기보다도 더 많은 인명을 살상하고 있다.

수단 서부에 싸움을 불러오는 것은, 바로 모든 집단공격의 두 가지 기본 원칙인 자원 확보 경쟁과 인구 급증이다. 다르푸르 지역은 영국보다도 넓다. 잔자위드 민병대는 정착 농경 생활을 하는 아프리카계 흑인들을 오랜 기간 동안 배척해온 아랍계 유목 부족이다. 가뭄이 극심한 반사막 지대에서 가장 경쟁이 심한 최고의 땅은 2만여 제곱킬로미터에 달하는 제벨 마라 지역으로, 물이 풍부하고 비옥한 화산토가 있는 이 땅에서 아프리카계 흑인 부족이 농사를 지었다. 아랍계 잔자위드 부족의 수장인 무사 힐랄은 이렇게 말하고 있다. "아프리카인들은 땅과 물에 대한 불만 때문에 수년간 아랍인들을 죽여왔다."[504] 앞서 살펴보았듯이, 살인을 자행하는 이들이 스스로를 피해자로 인식하는 것은 집단공격의 전형적인 특징이다.

이 끔찍한 살육 현장에는 자원을 두고 벌어지는 또 다른 갈등이 있다. 이 지역은 석유 매장지로, 이곳의 석유 개발을 돕고 있는 중국은 현실적인 규모의 평화유지군 파병 조치를 막음으로써 유엔에서 수단을 지지했다. 10장의 결론 부분에서 보았듯이, 최악의 전쟁 참사를 막기 위한 미미한 노력이 있기는 했으나, 여전히 갈 길은 멀다. 부유한 국가들 간의 석유 확보 경쟁을 비롯하여 점차 많은 지역에서 벌어지고 있는 영토와 물 확보 경쟁은 인간의 공감 능력을 얼마든지 마비시킬 수 있다.

근원적 전략

테러 공격에 대한 성급하고 감정적인 석기시대 반응이 어떠한 것인지 지금까지 분명히 확인할 수 있었다. 좀 더 신중하고 효과적인 접근법은 어떤 차이가 있을까? 그 첫 단계는 상대를 관찰할 때 감정을 배제하고, 실질적인 위험의 근원을 확인하는 것이다.

알카에다 규모에 대해서는 2000~3000에서부터 1만 8000까지 추측이 분분하다. 후자는 러시아군에 대항하여 아프가니스탄에서 훈련받은 것으로 생각되는 약 2만 명의 지하드 전사 규모를 바탕으로 추산한 수치다.[505] 그러나 아프가니스탄 진영에서 훈련받은 대부분의 병사는 오사마 빈 라덴과는 아무런 관련이 없었다. 알카에다에서 모집한 규모는 약 4000명이었을 것으로 생각되고, 빈 라덴에게 충성을 서약한 이들은 몇백 명 규모에 불과했을 것이며, 이 가운데 일부는 이미 생포 또는 사살됐다. 이라크 전쟁에 1조 달러 이상 소요될 것으로 추산한다면, 미국은 '테러와의 전쟁'에서 결과적으로 알카에다 요원 1명당 1억에서 2억 5000만 달러를 들이게 되는 셈이다. 인류 역사를 통틀어 그토록 소수를 상대로 한 전투에 이토록 많은 비용을 들인 경우는 전무후무하다.

9·11에 대한 과잉 반응에 적을 악의 화신으로 규정하려는 석기시대 성향이 더해져 실제보다 어마어마하게 부풀려진 빈 라덴 신화가 탄생했다. 서구 세계를 경멸하고 증오하는, 분노로 가득 찬 젊은 무슬림 집단이 훨씬 심각한 위협임을 보지 못하게 우리의 눈을 가리는 것은 바로 편견이다. 레바논에 대한 이스라엘의 과잉반응과 이라크 침공은 이러한 세력을 몇 배로 증가시켰고, 이들 가운데 일부는 자살 공격에 기꺼이 자신의 목숨을 바치겠다고 생각한다. 가슴 아픈 사실은, 유럽 내—어쩌면 미국도 포함—이민 2세대도 이 집단에 소속돼 있다는 것이다.

테러 공격, 그리고 대량살상무기가 사용되는 훨씬 심각한 전쟁의 위협에 대한 좀 더 합리적인 대응은 미래의 전쟁 및 테러 공격 위험을 낮추기 위해 실현 가능한 대책이 무엇인지 질문을 던지는 것이다. 공중보건 분야의 종사자들은 단순히 증상만 치료하는 것이 아니라 문제의 원인을 예방하고자 하는 근원적 처방에 대해서도 이야기한다. 예를 들면, 폐암 치료보다는 흡연을 막고자 하는 것이다. 우리는 테러와 전쟁을 막을 수 있는 근원적 가능성을 모색해봐야 한다. 부유한 국가들이 제조해 판매하는 무기를 통제하는 분별력을 기르고, 정치적 영향력을 발휘할 수 있는 외교 정책을 수립하며, 언론 자유를 확립하고, 여성의 자율권을 보장하며, 젊은 남성 집단의 집단공격을 유발하는 조건을 줄일 수 있다면, 전쟁 및 테러 공격의 발생 위험 역시 우리 세대에서 낮출 수 있을 것이다.

"우리 자신을 파멸시킬 수단"

그리스의 우화 작가 이솝은 이렇게 썼다. "화살대에 우리 독수리 중 누군가의 깃털이 달려 있었군. 우리는 우리 자신을 파멸시킬 수단을 적에게 주는구나." 2500년이 지난 지금, 슬프게도 그의 통찰은 여전히 유효하다.

2001년 탈레반이 패퇴한 직후, 내 동료 한 명이 유엔 지부 사무소를 임대하기 위해 카불로 건너갔다. 그가 고른 집에는 방마다 소련제, 미국제 불발탄이 있었다. 오늘날의 세계는 극렬 테러 분자들이 사용해주길 기다리고 있는, 상상도 못할 만큼 많은 폭발물로 가득 차 있다. 매년 수십만 톤의 폭발물이 광업 및 군수산업 용도로 새로 제조되고 있다. 우크라이나 한 곳에만 기뢰 600만 개와 수많은 견착식 미사일을 포함한 250만 톤의 군수품이 냉전의 유산으로 남아 있다. 수백 톤의 무기가 구 소련으로부터 자원 전쟁이 벌어지고 있는 아프리카로 이동해왔다. 고성능 폭발물을 안전하게 파기하는 것이 가능하기는 하나, 비용이 들고 현재와 같은 속도라면 구 소련에서 보유하고 있는 재고를 폐기하는 데만 50년이 걸릴 것이다. 무기 매매나 은닉에 수많은 이들이 달려들고도 남을 만한 기간이다. 국토안보부 예산 420억 달러 가운데 일부를 러시아 및 우크라이나 지역의 무기 폐기 작업 지원에 사용하는 것은 미래의 테러 공격이 발생할 위험을 근원적으로 차단할 수 있는 바람직한 방법일 수 있다.

우두머리 침팬지와 마찬가지로 정치 지도자들은 힘을 과시해야 한다는 강박을 느끼는 경우가 많다. 서방 국가들은 자국의 기술적 헤게모니를 지속시키고 최상의 전투기와 최고로 정교한 무인 로봇, 정확도 최고 수준의 로켓과 최신, 최강의 대량살상무기 개발을 계속해나가려는 심산인 듯 보인다. 반대로, 이슬람 근본주의자들을 비롯한 각종 급진주의 집단은 그들의 사고방식의 특성상 독창적인 과학자 집단이 될 가능성은 없어 보인다.

만일 우리가 홉스주의적 세계관을 받아들인다면, 모든 발명은 언젠가는 무기로 변할 수 있고, 변하게 될 것이라 예상해야 할 것이다. 정부에서는 일상의 수많은 물자 통제에 더욱 만전을 기해야 함을 의미한다. 1993년 세계무역센터를 처음 공격할 때 사용된 폭탄을 제조한 람지 유세프는 필요한 화학 요소尿素 700킬로그램과 질산 500리터를 뉴저지 주 저지 시티의 시티 케미컬스에서 구입했다. 그는 알루미늄 분말 45킬로그램을 추가한 뒤 쓰레기통에 모두 넣고 혼합했다. 12장에서 언급했던 대로, 생물학 무기 역시 비교적 제조가 쉽다. 19세기 후반 생물학 무기 실험을 위해 미 국방위험감소국에서는 발효 통, 페트리 접시 등 미국 및 세계 각국에서 자유롭게 구매할 수 있는 수많은 장비로 채워 넣은 실험 공장을 세웠다. 이 간단한 기술적 노력으로 일련의 무기를 모두 채울 만큼 충분한 탄저균을 만들어낼 수 있다는 사실에 그들은 놀랐다. 인도, 파키스탄, 북한은 민간 발전소에서 핵 연료를 재처리하여 핵폭탄을 제조하는 것이 가능하다는 사실을 잘 알고 있다. 역사를 통해 얻을 수 있는 교훈은 그러한 연료는 무기로 **만들어질 수도 있다**는 것이 아니라, 무기로 **만들어진다**는 것이다.

제트 전투기에서 권총에 이르는 실제 병기의 판매에 좀 더 신중을 기하는 것뿐만 아니라, 서구 상업 기술의 수출을 좀 더 면밀히, 적극적으로 규제함으로써 대량살상무기의 확산을 억제할 수 있을 것이다. 불행히도, 서구의 민주주의 사회는 군수 물자임이 분명치 않은 물품들에 대한 통제는 말할 것도 없고, 상대적으로 불안정한 나라들에 무기를 수출하는 일조차 그만둘 수 있을 것처럼 보이지가 않는다. 테러와의 '전쟁'은 너무도 자주 단기적 상업 이익 때문에 기반이 흔들리고 있다. 프랑스, 러시아, 영국, 미국은 몇 년 뒤 자신들을 공격하는 데 사용될 무기를 판매하기 위해 서로 경쟁한다. 1989년부터 1996년까지 미국이 판매한 무기는 1170억 달러 어치에 달한다.[506] 무기급 플루토늄을 생산하는 데 필요한 기계류를 파키스탄에 공급한 서양의 기업들을 언급하면서 A. Q. 칸은 이렇게 말했다. "그들은 말 그대로 우리에게 장비를 사달라고 매달렸다."[507] 이란-이라크 전쟁 첫 해에 이스라엘은 5000

만 달러에서 1억 달러 어치의 무기를 이란으로 실어 보냈다. 이란의 지도자들은 공식적으로는 이스라엘을 '리틀 사탄' 이라고 불렀지만, 유대계 제조업체 종사자 다섯 명 중 한 명은 이란에 공급할 무기를 만드는 일을 하고 있었다.[508]

생물전에 사용되는 기술이 어디에나 있는 것이라 해도, 상식 수준의 경계를 포기할 이유는 전혀 없다. 독일인들이 사담 후세인에게 살충제 공장 건립에 필요한 장비를 팔았다면 그 장비가 화학 무기 제조에 사용될 수도 있음을 깨달았어야 했다. 세균 및 기타 생물 세포를 보관하고 있는 비영리 연구단체인 미국 미생물보존센터가 치명적인 박테리아 균주를 이라크 고등교육부에 보낼 때는 그 미생물들이 무기 제조업체로 전달될 수도 있다는 사실을 염두에 두었어야 한다. 무기 개발에 관련된 핵심 기술을 통제하기 위한 좀 더 근원적이고 집중적인 노력이 필요하다. 모든 부국이 수긍하고 받아들여야 할 책임이며, 예외인 나라는 없다. 프랑스가 특히 성적이 초라하지만, 미국과 영국도 큰 차이는 없다.

외 교

언어를 쓰게 되면서 경쟁 집단 간 외교와 조약이 생겨났고, 글이 만들어짐에 따라 이는 크게 강화됐다. 침팬지 집단에서는 찾아볼 수 없는 행위들이다. 외교는 잠재적 적대 관계인 외집단에 내집단 규칙을 적용하며, 본래 경쟁 집단들을 떼어놓기 위해 진화된 울타리도 넘어갈 수 있다. 3장에서 살펴본 인류의 결투 예법은 매우 강력한 힘을 발휘할 수 있는 것이어서, 각국 지도자들은 어떤 조약을 준수하기 위해 엄청난 대가를 치르기도 한다. 폴란드와 조약이 체결되어 있던 영국은 1939년 전쟁에 나섰다. 일본이 진주만을 공격하고 미국에 선전포고를 했을 때, 히틀러는 일본과의 조약을 지키며 함께 미국에 선전포고를 했다. 사실, 그러한 결정이 독일군의 패전 가능성을 더 높일 수 있음을 인식했어야 했다.

쿠바 미사일 위기는 대기권 내 핵실험 금지 및 1968년 핵확산 금지조약 NPT으로 이어졌다. 현재 주권 국가 200개국이 회원국이지만, 인도, 파키스탄, 이스라엘은 비준을 거부해왔고, 북한은 탈퇴했다. NPT 제4조에서는 모든 조약 당사국은 "평화적 목적의 원자력 연구, 개발, 생산, 사용을 할 수 있는 불가양의 권리"를 가진다고 명시하고 있다. 문제는 평화적인 원자력 발전과 핵폭탄 제조 과정이 일부 중첩된다는 데 있다. 또한, 2005년 와이오밍의 워렌 공군기지에서는 핵탄두 10개를 장착한 마지막 MX 미사일이 해체됐다.[509] 이 강력한 미사일은 카터 대통령의 명령으로 개발돼 1980년대에 레이건 대통령이 배치하면서 많은 논란을 야기했다. 냉전 종식 당시 미국은 9680개의 핵폭탄을 보유하고 있었으며, 현재는 5235개를 보유하고 있다.[510] 이 숫자가 1000 미만으로 감소하지 않는 이유는 미사일 경쟁이라는 단 한 가지뿐이며, 국가 안보상의 이유는 전혀 없다. 지난 40여 년간, NPT는 "엄격하고 효과적인 국제적 통제하의 포괄적이고 완전한 군축"에 관한 성실한 교섭을 요구해왔으나, 복잡다단한 위장 방식을 진화시켜온 인간이라는 종에게서 더 이상의 확산을 막을 수 있다고 기대하는 것 자체가 헛된 소망인지도 모른다.*

언론 매체

2002년 아프가니스탄의 어느 지방 도시에 있을 때, 식수는 대로변의 개방형 우물에서 가죽 들통으로 길어 올려서 구했다. 하수도나 공공 전기 공급도 없었지만, 우리 몇몇이 지역 TV 뉴스에 얼굴을 비춘 다음 날, 어떤 낯선 이

* 기존에 핵무기를 개발해왔으나 보유하고 있던 핵탄두를 완전히 폐기한 유일한 국가는 남아프리카공화국이다. 남아프리카공화국은 핵무기 폐기 후 1991년 NPT에 가입했다.

가 반가워하며 "어젯밤에 텔레비전에서 봤어요"라며 페르시아어로 말을 걸기도 했다.

이제 갈수록 많은 사람들이 이웃, 학교, 교회 대신 방송 매체와 인터넷을 통해 정보를 습득하고 있다. 오늘날의 세계에서는 전쟁 보도 방식이 그 결과를 좌우할 수 있다. 아부그라이브에서 미군이 직접 촬영한 흐릿한 포로 학대 사진이 공개되면서 이라크 전쟁에 대한 미국 및 이슬람권 내 여론은 전환점을 맞았다. 자유로운 언론 매체가 전쟁과 테러에 대해 좀 더 깊은 성찰을 유도하는 것이 이상적이겠지만, 현실적으로 항상 그렇지만은 않다. 제1차 세계대전이 극에 달했을 당시, 하이럼 잭슨 미국 상원의원은 이렇게 말했다. "전쟁이 나면 가장 먼저 희생되는 것은 진실이다." 서부 전선에서 사용되는 총포 소리는 영국 해협 건너편에서도 들렸지만, 사람들이 집에서 전쟁을 계속 지지하게 만들려는 노력으로 참호 속 삶의 공포는 일반 대중으로부터 저만치 떨어져 있었다. 제2차 세계대전 당시, 독일과 러시아는 거대한 선전 기구를 가동했다. 일본 정부는 코쿠타이國體, 즉 '국가의 체제'에 도전하는 사람은 누구나 투옥시켰다.* 영국에서는, 제2차 세계대전이 발발하자 비상 권한(방위)법이 통과되어 정부 검열관들에게 사실상 무제한적인 권한이 주어졌다.** [511] 1942년 6월, 미국이 미드웨이 해전에서 자국은 항공모함 한 대만 손실을 입으며 일본 항공모함 4대를 침몰시키는 뜻밖의 대승을 거두었을 때, 어찌된 영문인지 이 승전 소식조차 비밀에 부쳐졌다.

그러나 특히 서구 사회에서는 광범위한 검열이 사실상 불가능해졌다. 베트남 전쟁 중 미군은 전선으로 기자들을 보내야 했고, 처음으로 전쟁의 모습이 바로 TV 화면에 비춰지기 시작했다. 물론, 죽어가는 이들의 모습은 불과

* 정부를 비판하다 수천 명이 목숨을 잃었던 나치 독일의 경우와는 달리, 일본 당국은 비판 세력을 협조적인 시민으로 바꿀 수 있다고 믿었기에, 단 한 명만을 처형했다.

** 예를 들면, 1940년 독일군에 패퇴하여 30만 명의 영국군이 됭케르크로부터 철수하는 중대한 상황에서 이 철수작전을 보도할 영국 측 종군 기자는 한 명도 없었다. 기자들은 영국으로 돌아오는 진흙투성이의 수척한 군인들을 통해 들은 이야기를 그저 조각조각 이어 붙이는 것이 전부였다.

몇 센티미터 크기의 영상으로 등장했고, 중간 중간 비누와 담배 광고가 끼어 들었다. 그러나 저녁 뉴스의 연이은 특종 보도로 미국 군인들이 죽어가고 원뿔 모양 밀짚모자를 쓴 베트남 농부들이 네이팜탄에 맞아 불타고 있음을 모든 사람이 알게 됐다. 언론 매체가 베트남의 지상전을 보도했기에 닉슨 대통령은 공중 공격으로 돌아섰다. 공습은 특히 폭탄 투하를 보도할 TV 기자가 없는 캄보디아에서 집중적으로 이루어졌다.*

1991년 1차 걸프전에서 미군 147명, 이라크군 1~2만 명이 전사했다. 쿠웨이트에서 철수하던 이라크인들을 연합군 공군이 사살한 '죽음의 고속도로' 모습을 담은 TV 보도는 전쟁 개시 단 100시간 만에 이루어진 당시 부시 대통령의 휴전 선언을 포함해, 정책에 직접적인 영향을 미쳤다. 2003년 이라크 침공은 종군 기자들이 전방 부대를 '동참 취재'하는 등, 훨씬 더 집중적인 언론 보도가 이루어졌다. 비디오 카메라가 전투의 작은 파편들까지 컬러 화면으로 잡아냈고, TV 시청자들은 전쟁의 목표나 추이에 대한 진지한 논평 대신, 먼지 구름을 일으키며 죽은 낙타 옆을 지나쳐 달리는 전투 차량의 모습을 실시간으로 지켜보며 즐거워했다. TV 카메라는 사지가 찢긴 피투성이 시체의 모습을 클로즈업하지 않았고, 전쟁에서 늘 그러하듯, 살상 행위는 병력 '소모' 혹은 '저하' 같은 완곡한 말로 대체됐다.

앞으로 전쟁 보도는 더욱 실시간으로 이루어지고 각국 정부가 검열하기가 힘들어질 것으로 예상된다. 통제되지 않은, 진실에 입각한 보도를 요구하는 여론이 확산되고 있을 뿐 아니라, 통신 기술로 인해 누구나 기자 역할을 할 수 있게 됐기 때문이다. 골프공만큼 작은 비디오 카메라가 실시간으로 영상을 전송하고, 아마추어 블로그를 통해 이러한 내용이 수백만 명에게 전달될 수 있다. 최신 휴대전화, PDA, 위성전화는 사실상 어느 곳에서든 정보와

* 미국은 캄보디아의 중립성을 알고 있다고 공언했으면서도 100만 톤의 폭탄을 캄보디아에 투하했다. 비교를 위해 말하자면, 제2차 세계대전 당시 독일군이 영국에 떨어뜨린 폭탄은 8만 톤이었다.

사진을 송수신할 수 있다. 2001년 아프가니스탄의 어느 TV 방송국 직원은 미 해병대원이 전화로 아내에게 자기 부대가 TV에 나올 것이니 당일 TV 뉴스를 녹화해달라고 부탁하는 것을 들었다. 이라크 내란 사태 당시 급성장한 사업 분야 하나는 휴대전화 판매였다. 아무리 대대적인 보도가 이루어진다 해도 언론 매체는 석기시대에 진화한 두뇌에서 계속 해석될 수밖에 없다는 한계가 있다. 예를 들면, 부시 대통령이 '테러와의 전쟁'과 '21세기의 가장 중요한 이데올로기 투쟁'을 이야기하거나 테러 분자들을 '파시스트, 나치, 공산주의자, 그 밖에 20세기 전체주의자들의 후예'라고 부를 때 그는 진심으로 그렇게 믿는 것이다.[512] 그러한 표현이 지지를 얻는 이유는 그것이 2000년 이후 세계를 타당하게 분석해서가 아니라, 몇백 명 규모의 씨족 단위로 생활하며 집단 습격이 횡행하던 시절에 진화된 뇌를 가지고 공격을 바라보는 청중들에게 그러한 수사가 먹혀들기 때문이다. 그러나 앞서 몇몇 사례들에서 살펴보았듯이, 대중을 기만하려는 의도에서 비롯된 것이든 인류 진화의 산물에 불과한 것이든 이러한 부적응적 판단에 필요한 해독제는 여전히 어느 한쪽으로 치우치지 않은 정확한 정보다.

교 육

자유로운 언론 매체는 인간의 폭력적 기질을 억제하는 데 도움이 돼야 하겠지만, 적절한 교육을 받은 시청자, 청취자, 문자 메시지 사용자 집단이라는 전제가 있는 한에서만 그럴 수 있다. 인간의 행동은 천성과 교육의 혼합물이다. 지금까지는 그 공식 가운데, 수천 년에 걸친 경쟁적 진화를 통해 연마된 유전적 기질, 즉 '본성'에 주로 초점을 맞춰왔다. 그러나 이러한 충동은 각 세대를 거쳐 전해 내려오는 일련의 가변적 문화 기준과 끊임없이 영향을 주고받는다. 아프리카 각 지역 침팬지들은 원시적인 수준의 '문화적' 차이를 보여주지만, 인간만은 시간이 흐르면서 축적된 문화적 정보를 지속·

확장함으로써 각 세대의 유한성을 극복해왔다. 유성 생식에서, 인간은 자신의 DNA를 다른 사람 한 명과 나눈다. 그러나 우리가 과거에서 미래로 전달할 수 있는 신념과 지식의 실타래는 인간이라는 종의 모든 구성원들이 함께 엮어내는 것이다.

인간의 삶에서 가장 중요한 문화적 영향은 어쩌면 부모, 특히 어머니가 자녀의 성장기에 쏟는 정서적 투자의 수준인지도 모른다. 아이 각각에 대한 이 투자는 대가족의 경우 소가족만큼 크지 않은 경우가 많다. 어렸을 때 엄마의 무릎에서, 학교에서, 그리고 일상생활 속에서 배우는 것이 그 아이의 폭력적인 기질이나 폭력에 대한 용인도를 결정할 수 있으며, 어린 시절의 부정적인 경험은 평생 지속적으로 영향을 미칠 수 있다. 정복왕 윌리엄은 사생아로 태어나 여덟 살에 고아가 됐고, 열 살 때 자신의 침실에서 후견인 한 명이 살해되는 것을 목격했다. 이것이 바로 그가 영국 북부를 초토화시키고 농기구까지 파괴하여 학살당하지 않은 이들은 결국 굶어죽게 만들었던 원인 중 하나는 아닐까? 히틀러가 희생자들에게 감정이입을 하지 못했던 것은 어린 시절 아버지에게 무자비한 구타를 당했기 때문이었을까?

유럽의 보편적 무상 의무교육 1세대는 1914~1918년 목숨을 바쳐 싸운 애국 청년을 양산했다. 오늘날 서구 사회의 젊은이들은 국제 분쟁 해결에 병력을 동원하는 것에 의문을 제기할 가능성이 더 크다. 1990년대에 텍사스 대학 연구팀은 미국, 러시아, 핀란드, 에스토니아, 루마니아의 청소년 수백 명에게 자체 작성한 설문지를 발송했다. 이 설문 조사에서 미국 학생들이 유럽 학생들에 비해 "양국 간 차이를 조정하기 위해 전쟁이 필요하다" 혹은 "사람은 자신의 소유물을 지키기 위해 상대를 죽일 권리가 있다"와 같은 문장에 동의한 비율이 두 배 높았다. 미국의 청소년들은 유럽의 청소년들과는 달리 자국 땅에서 부모나 조부모 세대가 전쟁을 경험하지 않았기 때문에 더 호전적인 것일까? 이 조사에서 여학생들의 의견은 남학생들의 의견과 동일한 방향이기는 했으나, 응답 내용의 폭력성은 남학생보다 일관되게 낮게 나타났으며 그 차이가 큰 경우도 있었다. 유럽 지역 여학생의 경우 소유물을 지키기 위해 상대를 죽이는 것이 옳다고 응답한 비율이 10퍼센트에 불과했다. 전쟁 위험을 낮출 수 있는 교육적 전략을 개발하고자 한다면, 우리는 어느 정도 확신을 가지고 성적 차이점을 근거로 여성의 정치적 목소리를 키우는 것이 군국주의적인 행동을 억지하는 데 도움이 될 것이라고 기대할 수 있을 것이다.

좀 더 차분하고 인도주의적인 세상에서 성장한 어린이는 덜 호전적인 어른으로 자라날 수도 있겠지만, 만약 그 국가가 전쟁을 미화하는 사회로부터 위협을 받게 되면 어떤 일이 일어날까? 아즈텍 종족이 그토록 용감무쌍한 전사들을 배출할 수 있었던 한 가지 이유는 고통을 인내하고 폭력을 지지하도록 소년들을 교육시켰기 때문이었다. 아이들을 가시가 달린 회초리로 때리기도 했다. 반항하는 아이들은 고춧가루 태우는 연기를 쐬어 겁을 주거나 말뚝에 알몸으로 묶어놓기도 했다. 10대 학생들은 용설란 가시로 자신의 다리나 귀를 베어 스스로 심한 상처를 내야 했다. 이처럼 극단적이지는 않더라도, 파키스탄에는 종교 학교인 마드라사가 1000개 있으며 여기서 엄격한 근본주의 교육이 이루어진다. 수년간 코란만 암송하게 하면서 어린 소년의 여타 학습 능력을 제거하고 있다.* 또한, 마드라사는 극단주의자들에게 신병 공급처 역할을 톡톡히 하고 있다. 공립학교가 급증하는 인구를 따라잡지 못하는 탓에, 이슬람권 석유 부국들의 재정 지원을 받는 마드라사가 몇몇 이슬람 국가의 빈곤층을 대상으로 대체 교육을 실시하고 있다. 이 세계를 좀 더 안전한 곳으로 만들 수 있는 근원적 개입의 구체적인 예를 한 가지 제시한다면, 서방 국가들이 파키스탄 등의 초등 교육을 재정적으로 지원하는 방법을 들 수 있을 것이다. 국방 예산의 극히 일부에 해당하는 금액만으로도 가능할

* 코란의 진정한 메시지는 아랍어로만 이해할 수 있다는 주장 때문에, 방글라데시와 같은 나라에서 아이는 자신이 이해하지도 못하는, 그저 낯선 소음에 불과한 것을 암기한다.

것이며, 이를 통해 향후 10년 내지 15년 내에 테러 공격의 위험을 줄일 수 있을 것이다. 선택권만 주어진다면 아들을 종교 학교에 보내지 않는 쪽을 선택하는 부모들이 많을 것이며, 더욱 중요한 사실은, 소녀들도 교육 혜택을 받을 수 있을 것이고 이들이 어른이 됐을 때 사회에 좀 더 제대로 참여할 수 있게 될 것이라는 점이다.

가진 자와 못 가진 자

세계는 '가진 자'와 '못 가진 자'로 극명하게 구분된다. 약 10억 인구는 하루 1달러 미만으로 생활하는 반면, 전세계 인구 중 가장 부유한 상위 20퍼센트의 사람들은 전세계 소득의 4분의 3을 벌어들이고 있다.[513] 2007년, 세계 최고의 부자 2명의 개인이 보유한 돈은 45개 빈국의 GDP를 합한 것보다도 많았다.[514] 테러 분자들이 지금까지 서구 사회를 공격해오고, 틀림없이 언제고 다시 공격할 수밖에 없는 것은 그들이 꿈이 좌초된 세상에 살고 있기 때문이다. 급진적 정치철학과 근본주의적 종교 신념이 이들에게 희망이라는 환상을 주고 있는 것이다. 만일 우리가 동일한 환경에 처한다면 누구든 그러한 관점에 매료될 수 있을 것이다.

연간 인구 증가율이 2~3퍼센트 수준일 때 국가가 국민을 가난에서 구제하기는 힘들다. 어쩌면 불가능한 일일 수도 있다. 1994년 르완다 대학살이 있기 전, 여성의 평균 자녀 출산 수는 8명이었고 인구는 40년 만에 200만 명에서 700만 명으로 불어난 상황이었다. 르완다는 아프리카에서 인구 밀도가 가장 높은 나라로, 제곱킬로미터당 300명을 훨씬 웃돌았다.* 필립 구레비치는 르완다 대학살을 다룬 인상적인 저서에서 살해자들은 "먹고 마실 수 있고, 상대를 죽여 자신이 살고, 기존에 익숙해져 있던 것보다 더 나은 생활 수

* 르완다에서는 여전히 가족계획이 실질적으로 강조되고 있지 않다. 2050년에는 인구가 1800~2100만 명에 달할 것으로 예상된다.

준을 향유할 수 있을 것이라는 기회에서 동기를 부여받은" 청년들이었다고 적고 있다.[515]

출산율이 높은 아프리카, 파키스탄, 인도 북부, 필리핀, 아프가니스탄, 방글라데시, 중동 일부 지역에서 가장 끔찍한 사실은 인간의 잠재력이 낭비되고 있다는 것이다. 진취성, 근면성, 심지어는 천재성마저도 성공으로 보상되는 경우가 드물고, 시간이 흐를수록 자녀 교육은 힘들어지고, 삶은 나락으로 추락해갈 뿐이다. 세계무역센터 공격을 주도한 모하메드 아타는 이집트의 인구 과잉, 실업, 무능력한 정부 때문에 자기 가족의 삶이 악화일로인 것을 지켜보았다. 이집트나 중동 전역에서는 일자리가 없거나 불완전한 고용 상태인 남성들—'벽에 기대어 선 남자들'—이 절대다수다. 가자 지구에서 정규 고용 상태인 보통의 남성에게는 18명의 가족이 있고, 이들은 모두 그의 벌이에 의존한다. 좌절, 극단주의, 폭력을 낳을 수밖에 없는 상황이다.

아마도 우리 '가진 자'들끼리 또다시 서로 싸울 일이 생기겠지만, 현대식 무기의 사용은 자멸에 이를 수 있음을 우리는 알고 있다. 어떤 관점에서 보면, 다 잃을 위험을 기꺼이 감수하고 석기시대 싸움에 뛰어들기에 우리는 너무 많은 것을 '가지고' 있는 것이다. 반면, 가난한 이들은 상대적으로 잃을 것이 적으므로, 조금이라도 더 가지기 위해 또 다른 '못 가진 자'를 상대로 절망적인 투쟁을 계속해나갈 가능성이 크다. 못 가진 자들로 구성된 영향력 있는 집단은 이미 가진 자들을 증오하고 있으며, 부자들을 신에게나 인간에게나 벌을 받아 마땅한 사악한 쾌락주의자로 규정함으로써 자신들의 계획을 정당화하고 있다. 공정 무역을 실현하고, 지속 가능한 지역 개발을 도모하며, 여성이 원하고 필요로 하는 가족계획이 가능하도록 돕는 것은 빈부 격차를 줄여 그러한 분노를 잠재우는 데 도움이 될 수 있을 것이다.

한 도시에 몇 명이나 살고 있을까? 그 경계를 어디에 둘 것인가, 그리고 모든 인구통계가 정확한가에 달린 문제다. 나이지리아 라고스에는 1000만~1500만 명 정도가 살고 있는 것으로 추정된다. 이곳의 인파와 교통 체증은 악명 높고, 이 도시에서 가장 인구 밀도가 높은 지역의 경우 제곱킬로미터당 5만 명이 넘는 인구가 살고 있다. 도시는 매년 60만 명씩 늘고 있으며, 오는 2015년까지 세계에서 가장 인구가 많은 도심지 가운데 하나가 될 것으로 예상된다.

규모에 대한 감각

인간의 석기시대 두뇌는 오늘날 우리를 둘러싼 수많은 위험의 진짜 규모를 파악할 수 있도록 진화되지 않았다. 영장류는 4000만 년 동안 소규모의 사회 집단을 이루어 살았다. 인간은 긴밀히 맺어진 소집단 속에서 진화했고, 여전히 인간의 내밀한 이야기에 깊은 관심을 보이는 반면 수천만 혹은 수억 명 단위의 규모로 전개되는 국제적인 사건에 대해서는 판단을 내리기 힘들어 한다. 공격을 당할 경우 스스로 방어해야 하겠지만, 위험을 평가하고 적절한 투자를 함으로써 우리 자신의 미래 안전을 확보할 수도 있어야 한다. 인간은 평화적인 원자력에너지 발전처럼 쉽게 이해하지 못하는 위험은 과대평가하는 경향이 있는 반면, 자동차 운전 등 통제 가능한 일에 관련된 위험은 과소평가한다.

현대의 언론 매체는 다른 개체에 대해 알고 싶어 하는 영장류의 욕구를 충족시켜주지만, 규모에 대한 감각은 상실하고 있다. 예를 들어, 텔레비전 뉴스와 신문은 개인적으로 관련된 사람이 아니라면 별로 중요하지 않을 법정 드라마는 일일이 대서특필하면서도 우리 삶에 영향을 미칠 가능성이 더 높은 다른 이야기들은 외면함으로써 석기시대식 시각을 만족시키고 있다. 2001년 이후, 세계 전역에서 테러 공격으로 목숨을 잃은 사람의 수[516]는 전세계 모든 사망자 수를 기준으로 보면 눈에 띄지도 않을 만큼 작은 부분에 불과했다. 랜드 연구소에 따르면, 9·11부터 2006년 사이에, 테러 공격으로 전세계에서 1만 6075명이 죽었고, 이들 중에서 가장 많은 희생자(5408명)는 이라크에서 나왔다. 반면, 미국에서만 매일 1000명 이상이 흡연으로 인해 사망하고 있다.[517]

우리는 수십 년에 걸쳐 일어나는 커다란 변화보다 동시에 몇 명이 한꺼번에 살해된 사건을 더 중요하게 인식한다. 예를 들면, 갑작스런 20명의 죽음은 신문 헤드라인에 실리겠지만, 사실 전세계 인구는 매일 사망자 수보다 20

만 명이 더 태어나는 엄청난 증가세에 있다. 이러한 사실, 그리고 환경 파괴에서부터 2007년 케냐의 선거 폭력에 이르기까지 모든 현상에 대해 인구 증가가 미치는 근본적인 영향은 아예 신문에 실리지조차 않는다. 전쟁과 테러의 경우, 이러한 규모에 대한 감각의 부재는 인지된 위협에 대한 과잉 반응과 모든 적을 보편적인 악으로 규정하려는 경향과 호응을 이룬다. TV 보도는 소규모 접전을 심각한 전투처럼 보이게 만들 수도 있다. 2001년 아프가니스탄 전투 당시, 유엔은 800명의 기자를 카불로 파견했다. 10여 국가에서 온 TV 방송국 카메라들이 같은 탱크 한 대의 영상을 계속해서 전송하여 당시 사태의 규모를 크게 과장하여 보여주었다. 그곳에 있었던 기자 수는 알카에다 요원 수와 거의 맞먹었을 것이다. 아프간 침공은 실전을 방불케 하는 듯 보였지만, 실상은 그렇지 않았다.

스스로 위험에 처했다고 인식했을 때 규모에 대한 감각을 상실한 채 과도한 투자를 하려는 인간의 성향은 매우 강력한 탓에, '방어'에 대한 미국의 우려가 전세계를 어떻게 대혼란 속으로 몰아넣고 있는지 우리는 제대로 보지 못하고 있다. 대규모 전쟁의 엄청난 공포를 잘 알고 있었던 드와이트 아이젠하워는 1961년 대통령 임기를 마치면서 군산복합체에 대해 "그 중차대한 영향을 간과해서는 안 된다"고 경고했다. 군비 지출은 냉철한 고민보다는 석기시대식 분석에 좌우되는 경우가 훨씬 많다. 아이젠하워는 임기 말에 대통령 집무실에서 이렇게 탄식했다고 한다. "나보다 못한 군 지식을 가지고 있는 인물이 이 자리에 앉게 된다면, 하나님이 부디 이 나라를 구해주소서." * 518

* 럼스펠드 국방장관은 1954년부터 1957년까지 해군 항공대 조종사로 복무했고, 부시 대통령은 잠깐 미국 주州 공군에서 복무했다. 체니 부통령은 베트남전에 참전 가능한 연령이었지만, 학생 신분을 이용해 여러 차례 징병을 유예했고, 결혼한 뒤 징집 대상이 자녀 없는 기혼 남성으로 확대되자 정확히 9개월 뒤 자녀를 낳았다. 이에 대해 본인은 이렇게 말했다. "60년대에는 내게 군복무보다 더 중요한 우선순위가 몇 가지 있었다."

"나의 신은 그의 신보다 위대하다"

2기 부시 정권에서 국방부 정보담당 부차관을 지냈던 윌리엄 보이킨 중장은 복음주의 기독교인이다. 그는 1980년 이란에 억류되어 있던 미 대사관 인질을 구출하려다 실패했던 작전에 참가했고, 1993년 실패로 돌아간 미국의 소말리아 군벌 공격을 지휘했으며, 2002년에는 오사마 빈 라덴 검거 작전을 담당했으나 이 역시 실패로 돌아갔고, 아부그라이브 포로수용소 사건에도 한몫을 했다. 소말리아 전투를 회상하며, 보이킨은 교인들 앞에서 이렇게 말하기도 했다. "나의 하나님이 그의 신보다 위대하다는 것을 나는 알았다. 내 하나님은 살아계신 하나님이고 그의 신은 우상에 불과함을 나는 알고 있었다."[519]

알코올 중독을 성공적으로 극복해내고, 미국 복음 전도자 빌리 그레이엄의 도움을 받은 조지 W. 부시는 본인의 표현대로 "최우선순위가 신앙"[520]인 "다시 태어난" 기독교인이 됐다. 이 아들 부시는 1988년 대선에서 종교적 우파 세력을 결집시킴으로써 아버지 조시 H. W. 부시의 승리에 일조했으며, 2002년에는 "하나님이 그의 대선 출마를 원하셨다"고 믿었다는 발언을 하기도 했다. 부시는 종교계 인사들에게 "나는 하나님이 나를 통해 이야기하신다고 믿는다"는 말을 종종 했다고 한다. 각종 사안에 대해 아버지와 상의해보았는지 물은 질문에 아들 부시는 "능력 면에서 그 아버지에게 부탁하는 것은 잘못이지요. 내 부탁을 들어주실 더 높으신 아버지가 계십니다"라고 대답했다. 2차 걸프전 중에는 "모든 사건은 맹목적인 변화나 우연에 의해 움직이는 것이 아니라 정의롭고 신실하신 하나님의 손에 의해 좌우된다"는 믿음을 표하기도 했다.* 9·11 이후, 부시는 테러와의 전쟁을 "십자군 전쟁"

* 이스라엘 일간지 『하레츠』는, 부시가 팔레스타인 자치정부 수반인 마무드 아바스에게 아프가니스탄과 이라크에서의 전쟁은 하나님이 자신에 명한 것이라고 말했다고 보도했다. 나중에 백악관에서는 이를 부인했다.

이라고 표현했다. 그는 이라크에서 전사한 병사의 부모를 위로하며 이렇게 말했다. "진정으로 성경을 믿으신다면, 아드님을 다시 만나게 되실 겁니다."[521]

최근 들어 정치 사안에 종교가 점차 큰 영향을 미치고 있다는 사실은 과학적 합리주의를 압도한 석기시대 행동의 승리를 상징적으로 보여주는 단적인 사례다. 앞서 언급했던 대로 나는 매일의 일과를 기독교식 예배로 시작하는 영국 공립학교에 다녔다. 학교에는 유대교도인 학생이 몇 명 있었는데, 이들은 각자 숙제를 하다가 예배 후에 다시 우리에게 합류했다. 지금도 나는 영국 성공회 교회의 예배 의식과 그 신앙의 유연성에 감사하는 마음을 가지고 있다. 내가 경험한 바로는, 그 같은 유연한 신앙은 자신의 뇌를 교회 문 앞에 두고 올 필요가 없음을 의미하는 것이었다. 나는 유대교도, 불교도, 파시교도, 불가지론자, 힌두교도, 이슬람교도 등 모든 친구를 존중한다. 9·11 테러가 발생했을 때 나는 전세계 각국의 무슬림 친구들과 지인들이 보낸 슬픔과 애도를 표하는 이메일에 감동했다. 나는 복음주의 단체들의 호소와 그 조직에 대해 충분히 이해하며, 성경은 한 단어도 빠짐없이 읽어보았다—사실, 두 번 읽었다. 수많은 모순점이 눈에 띄는 것은 어쩔 수 없었다. 예를 들면, 생물학적인 혹은 기적적인 예수의 잉태에 관한 내용이 그중 하나다.* 또한, 성경을 문자 그대로 해석하는 것은 잘못됐을 뿐 아니라, 실질적·직접적으로 위험한 일이라고 나는 확신한다.

나는 이 책을 통해 구약 성경 내용의 가혹성에 대해 이미 수 차례 언급했고, 한 차례 더 덧붙이고자 한다. 검은 것을 희다고 억지 부릴 생각만 아니라면, 구약 성경에서는 분명히 이스라엘 사람들에게 학살을 자행하라고 명령한다.

* 두 복음서에서 동정녀로부터의 예수 탄생에 대해 다루고 있지만, 킹 제임스 성경에 적힌 유려한 표현에 따르면 사도 바울은 예수가 "육신으로는 다윗의 씨에서 나셨다"고 분명히 말하고 있다.(로마서 1장 3절)

> 오직 네 하나님 여호와께서 네게 기업으로 주시는 이 민족들의 성읍에서는 호흡 있는 자를 하나도 살리지 말지니, 곧 헷 족속과 아모리 족속과 가나안 족속과 브리스 족속과 히위 족속과 여부스 족속을 네가 진멸하되 네 하나님 여호와께서 네게 명령하신 대로 하라.[522]

이는 실로 호전적인 신의 명령이며, 초기 이스라엘인들이 이웃 족속을 정복하는 데 분명 도움이 됐을 것이다.

정도의 차이는 있겠지만, 모든 주요 종교는 가부장적이며, 모두 공격, 전쟁, 테러를 선동해왔다. 각 경전을 집필한 것은 결국 남성들이었다. 극단적인 경우, 종교는 신앙을 달리 해석하는 자들에 대한 고문과 처형을 묵과하기도 하고, 열렬한 신자에게 가해지는 위협에 맞서는 순교를 부추기기도 한다. 물론, 폭력은 늘 진리를 본 자들의 불멸의 영혼을 보호하기 위해 이루어지는 것이다. 문제는 어느 쪽의 '진리'가 승리할지 결정할 수 있는 객관적인 방법은 전무하다는 데 있다.*

종교적 근본주의에 대한 해법은 종교적 관용이다. 16세기 유럽은 구원에 이르는 길에 대한 개신교와 가톨릭의 견해차에서 빚어진 갈등으로 갈기갈기 찢겼다. 1648년 마침내 베스트팔렌 조약이 체결되면서 한 나라는 다른 나라에 자국의 신앙을 무력으로 강요할 수 없음을 인정함으로써 30년 전쟁의 공포와 종교적 전제주의가 종식됐다. 이로써 근대적 정교 분리와 다양한 신념에 대한 관용의 시대가 열렸다. 신정 정치 성향이 가장 약한 나라들에서 근대 과학과 기술이 가장 화려한 꽃을 피웠으며, 이들 국가에서는 의회 민주주의, 보통 교육, 표현의 자유, 여성에 대한 기회 평등, 가족계획 등도 먼저 뿌

* 심지어 아리아인 국가Aryan Nation(백인 우월주의 종교 단체_옮긴이)에서 운영하는 예수 그리스도-그리스도인 교회도 "신의 명령을 받았다"고 주장하며, 인종 증오를 설파하고 히틀러를 구약 성경의 예언자로 받아들여야 한다고 주장하면서도 단체의 일원인 자신들은 사랑이 넘치는 한가족이라고 생각한다.

리를 내릴 수 있었다.

19세기의 일부 영국 사상가들은 이 세계를 야만에서부터 빅토리아 시대의 청렴과 고도 문명으로 한 걸음씩 올라가는, 점차 진보해나가는 문화의 사다리로 보았다. 20세기 들어서는 인류학자들이 이 사다리를 해체하고 각 단계마다 나름의 가치가 있다고 주장하기 시작했다. 분명, 19세기 유럽의 제국주의는 자신들을 지나치게 대단하게 생각했고, 제국주의의 이름으로 행해진 수많은 악랄한 잔혹 행위는 역사상 매우 끔찍한 것 중 하나였다. 그러나 종교적 관용과 과학적 정직의 토대 위에 세워진 사회는 물질적인 측면은 물론이고 '행복의 추구' 라는 면에서도 다른 사회보다 분명히 더 낫다고 주장할 수 있다. 오늘날의 세속적인 사회는 전례 없이 많은 사람들에게 만족감을 선사한다는 측면에서 볼 때, 지금까지의 그 어떤 문명보다도 성공적이었음은 분명하다. 본질적으로 정직하고 현실 세계의 사건에 대한 초자연적인 대답을 거부하는 과학은, 문화와 인종을 초월하여 모든 남성과 여성을 현실 세계에 대한 공통된 이해로 연결시킬 수 있는 유일한 매개체임이 입증됐다.

대체적으로, 세계는 몇몇 주요 종교 단체로 구획돼왔다. 1900년, 전세계 25억 인구 중 절반은 기독교, 이슬람교, 힌두교 중 하나였다. 인구 증가 속도의 차이, 종교 전도, 문화 동화로 인해 20세기 말까지 60억 인구의 64퍼센트가 이들 세 종교 집단 중 하나에 소속됐다.[523] 2025년에 이르러서는 80억 추정 인구 중 70퍼센트에 달할 것으로 예상된다. 이는 물론 불교도, 유교도, 유대교도, 파시교도, 기타 수많은 신앙인은 포함되지 않은 숫자다. 중요한 것은 종교는 유난히 내집단과 외집단을 뚜렷이 나누는 구분선으로 작용하며 그 구분이 갈수록 더 심해지는 추세에 있다는 사실이다. 『포린 폴리시』에 티모시 샤와 모니카 토프트가 기고했듯, "사람들에게 종교적인 것과 세속적인 것 중 택일할 선택권을 주면, 신앙을 택하는 쪽이 훨씬 많은 것으로 나타난다". 8장에서 주장했듯이, 종교가 발생하여 존속돼온 것은 종교가 많은 이들을 하나의 집단으로 결속시키며, 싸움이 일어나면 대개 사람 수가 많은 집단이 이기기 때문인지도 모른다.

모든 종교가 동의하는 한 가지는, 바로 종교적 진리를 명확히 이해할 수 있는 객관적인 방법 같은 것은 존재하지 않는다는 사실이다. 진정한 신도에게는 믿음이 곧 미덕이다. 세계에서 가장 신도 수가 많은 종교를 예로 들자면, 지구는 평평하고, 질병은 죄에 대한 형벌이며, 천사가 하늘을 날 수 있다고 믿던 시절 이래로, 신도들은 이성을 버리고 무비판적으로 종교적 설화까지 받아들여야 했다.* 샘 해리스는 『종교의 종말The End of Faith』에서 이렇게 적고 있다. "우리의 수백만 후손들이 스타워즈나 윈도우 98에 대한 대립되는 견해 때문에 서로를 죽이는 일이 벌어지는 미래를 상상해보라. 과연 이보다 우스꽝스러운 일이 어디 있겠는가? 그러나 이보다 우스꽝스러운 것이 있다면 바로 지금 우리가 살고 있는 세계일 것이다."[524] 생물학적 진화보다 지구를 찾는 외계 생명체의 존재를 믿는 미국인이 더 많다는 사실을 생각해보면, 그의 주장에 동의하지 않을 수가 없다.

세계의 대형 종교들은 모두 이웃 사랑을 가르치지만, 천국으로 가는 각기 다른 길을 설파하며, 선택받은 자들을 불신자들보다 높이 치하한다. 2000년 이후 각국에서 일어난 치명적인 분쟁의 43퍼센트는 종교 때문에 촉발되거나 격화된 것이었다.[525] 끝없이 이어지는 이 목록을 보면 참담하기 그지없다. 근동 지역에서는 유대교도와 이슬람교도가 서로를 향해 로켓포를 발사하고 있다. 아제르바이잔의 이슬람교도와 아르메니아의 기독교도는 서로에게 총을 쏜다. 러시아의 동방정교회교도와 체첸의 이슬람교도는 도시 전역에 폭격을 감행한다. 에티오피아와 에리트레아의 이슬람교도와 기독교도는 수년에 걸쳐 참호전을 벌였다. 카슈미르 지방의 힌두교도와 이슬람교도는 1949년 이래 분쟁을 계속해오고 있다. 구 유고슬라비아에서는 1992년부터

* 개신교도였던 덴마크의 철학자 쇠렌 키에르케고르(1813~1855)는 진정한 신앙은 부조리한 것을 믿음으로써 강해진다고 주장했다.

1995년까지 동방정교회 기독교도와 가톨릭교도 간에 대량 학살이 벌어졌다. 2006년 이라크에서는 수니파와 시아파 이슬람교도 간 충돌로 1주일 동안 1000명이 목숨을 잃었다.

그러나 희망은 있다. 30년 전 E. O. 윌슨이 예견했듯이, 진화심리학은 윤리와 종교에 중요한 새로운 통찰을 제공하기 시작했다.[526] 인간 도덕률을 형성하는 기본 단위는 인지만이 아니며 감정이기도 하다는 과학적 인식이 증가하고 있다. 인간은 공정함과 타인을 해치지 않는 것에 대한 도덕적 직관을 가지고 태어난다. 이는 즉각적이고 자동적인 본능적 반응이며, 인간이 다른 영장류와 공유하는 부분인 것으로 여겨진다. 인간은 그러한 직관적 반응을 보강해주는 증거는 찾지 않으면서, 이미 진실이라고 믿고 있던 것을 뒷받침할 자료는 무엇이든 찾으려 한다. "도덕적 추론이란 비밀스런 행정 조직의 언론 담당 비서와 같다. 진짜 동기와 목적을 알 수 없는 정책들을 위해 동원할 수 있는 최대한 그럴싸한 주장들을 끊임없이 양산하는 것이다."[527] 한층 더 신중한 인지적 반응이 이러한 내밀한 직관적 반응을 극복하기 어려울 때가 많다.

그러나 전쟁의 근원과 직접 관련된 최근의 새로운 통찰이 있다. 지금까지 살펴본 대로, 대개 종교적 신앙을 통해 강화되는 집단적 연대감은 전쟁터에서 승리에 일조해왔다. 인간의 도덕(그리고 침팬지 수컷의 행동)은 집단 내 협력을 강화하고 사회 규범을 위반하는 구성원을 처벌하는 공통의 행동 규범을 포함하고 있다. 이는 상호 이타성의 연장선상에 있는 행동이다. 각 개인이 상대방의 평판을 파악하여 이에 반응한다는 의미에서 '간접 상호성'이라고도 한다.[528] 공짜 이득만 좇는 얌체는 기피 대상이 되는 반면, 믿을 만한 사람은 공동의 노력에 동참시켜줌으로써 보상을 받는다. 협력을 유도하는 문화적 관습과 간접 상호성을 촉진하는 유전 형질은 공진화共進化할 수 있다. 버지니아 대학의 심리학 교수 조너선 하이트는 다음과 같이 적었다. "농경 이전의 인류 집단은 집단 선택이 문화적 관습뿐만 아니라 유전자 빈도를 바꾸어놓을 만큼 자주 전쟁에 참여했을 것이다. 극단적인 집단 연대에 맞춰 변형된 유전자는 전쟁에서 승리를 가져올 확률이 높은 문화 관습과 맞물려 진화해왔을 것이다."[529] 11장에서 언급했듯이, 이타성과 적대감에 관하여 최정규와 보울스가 고안한 컴퓨터 시뮬레이션은 그러한 행동이 어떻게 진화할 수 있는지 보여준다.

폭력과 공격, 공감과 사랑은 모두 인간 두뇌의 산물이다. 실제로, 버클리에 있는 헬렌 윌스 신경과학 연구소의 내 동료들은 기능적 자기공명영상이라는 신기술을 이용하여 어떤 사람에게 질문을 던지거나 어떤 사진을 보여준 뒤 연구 대상자가 어떤 생각을 할 때 뇌의 어느 부위에서 혈류가 증가하는지 확인할 수 있다. 가령, 사람들이 '공정함'에 대해 생각할 때에는, 영상에서 뇌의 특정 앞부분이 밝게 나타난다.[530] 그러나 여전히 사람들은 대부분 도덕적 정서나 종교적 신념을 우리 몸 밖에서 오는 초월적인 것으로 생각한다. 어떤 초자연적인 힘에서 비롯되는 모종의 영원한 진리를 나타내는 것이거나, 우리가 얼마나 타인에게 감정이입을 하는지 혹은 공격성을 억누르는지에 따라 우리에게 상 또는 벌을 내리는 창조주 하나님으로부터의 명령이라는 식이다. 역사적으로 도덕에 대한 이 같은 이해는 전쟁을 종식시키는 수단으로서는 아무런 힘을 발휘하지 못했다. 차라리 생물학적 관점이 훨씬 큰 도움이 될 것이다. 하나의 종으로서 인간의 생존은 신의 개입에 달린 것이 아니라 우리 자신의 석기시대 행동을 얼마나 이해하는가에 달려 있다. 그러고 나면, 우리의 행동을 제어하는 것이 성취 가능한 목표가 될 것이다.

결론을 유추해보다

새천년 벽두에 상처를 남긴 테러 공격, 전쟁, 폭력은 한편으로 슬픔과 환멸을 느끼게 하지만, 또 달리 생각해보면, 이는 역사적으로 당연한 일이기도 하다. 그리고 역사상 그 어느 때보다도 오늘날 세계의 더 많은 부분이 평화를 누리고 있다는 사실을 잊기 쉽다. 그 어느 때보다도 수십억 사람들이 폭력으로 목숨을 잃을 가능성이 낮아졌고, 그 어느 때보다도 많은 아이들이 중등 교육을 받을 수 있게 됐으며, 세계 부의 유례없는 증대로 수백만 명이 빈곤에서 벗어나고 있다.* 531

안타깝게도, 인간의 수많은 오랜 석기시대 행동들이 좀 더 안전하고, 안정적이며, 평등한 세계를 구축하는 것을 어렵게 만들고 있다. 미국의 경우, 언론 매체는 규모에 대한 감각을 잃은 채 뉴스를 일련의 '휴먼 스토리'로 묘사하는 직관적 능력을 과시하고 있고, 정부 당국 내에는 자신감이 지나친 우두머리 남성의 비율이 유난히 높다. 여기에다 분쟁이 있을 때마다 최초 인명 희생에 과잉 대응하는 성향과 정책적 실수까지 더해졌으니 상황은 더 심각하다. (공격자의 관점에서 볼 때) 운이 따랐던 소규모 테러 집단의 공격에 대한 대응을 '테러와의 전쟁'으로 규정한 결정은 중대한 실수이자 큰 대가를 불러왔다. 청년들로 구성된 무장 세력이 서구 세계를 증오하지 않게 할 수 있는 근원적 해결책에 초점을 맞추는 대신, 이라크를 침공하기로 결정함으로써 새로운 테러 집단을 대규모로 양성해낼 발판을 마련한 셈이 됐다. 절실히 필요한 온건한 무슬림과 세계 각국의 동맹 세력의 지원을 약화시켰고, 미국의 전략적 능력의 한계를 세계의 적에게 명백히 드러내고 말았다. 이라크 침공으로 인해 핵무기 개발 의지가 확고한 이란의 중동 내 영향력이 크게 강화됐고, 미국은 이제 어떤 기준에서도 추악한 독재 국가인 북한 문제에 집중할 수도, 확실한 압박을 가하지도 못하게 됐다.

위험이 고조되고 있는 이 세계에서 우리는 최상의 증거를 활용하여 미래의 시나리오들을 최대한 객관적으로 분석할 필요가 있음에도 불구하고 오히려 더욱 종교적 성향이 짙어지고 있다. 민주주의 사회에서는 종교적 근본주

* 1990년부터 2005년까지 태국은 1인당 GDP가 2배, 베트남은 3배, 중국은 5배 증가한 한편, 하루 1달러 미만으로 생활하는 사람의 비율은 급감했다. 중등학교 등록률 역시 1991년 30~50퍼센트 수준에서 오늘날 70~90퍼센트까지 상승했다.

의자들이 정책에 영향력을 발휘하고 있고, 이슬람권에서는 교육의 부족한 부분을 근본주의자들이 메우고 있는 실정이다. 기독교든 이슬람교든 혹은 어떤 다른 종교든 간에 종교적 근본주의의 가르침은 결국 여성을 제한하고 통제하기 마련이며, 이는 다시 전쟁과 테러 가능성을 높이는 효과를 가져오게 된다. 21세기는 문명의 충돌을 목도하고 있지만 이 충돌은 이슬람교와 기독교 사이의 충돌이 아니다. 바로, 근본주의와 이성의 충돌이다. 이성의 후예인 과학은 새로운 살상 무기를 우리 손에 쥐어주게 될지도 모르지만, 그와 동시에 인간의 극단적인 공격 성향을 억제하도록 가르칠 것이다.

15
최상의 문명

이제는 평화를 준비할 때입니다.

— 제인 구달[532]

제인 구달은 탄자니아에서 경비행기 사고로 목숨을 잃을 뻔한 일이 있었고, 콩고에서 테러 분자들에게 그녀의 학생들이 납치당해 몸값을 주고 간신히 구출해왔던 일로 트라우마를 겪었으며, 9·11 당시에 뉴욕에 있었다. 그녀는 침팬지의 집단공격 본성을 목격하고 연구했던 최초의 과학자이기도 했으며, 그녀는 이를 처음 발견했던 시기에 대해 "내 인생에서 지적으로나 정서적으로나 가장 큰 도전을 받았던 시기"라고 표현하기도 했다. 침팬지가 "인간보다 훨씬 점잖다"는 구달의 초창기 생각은 "그들도 인간과 마찬가지로 천성적으로 어두운 면이 있다"는 깨달음으로 바뀌었다.[533] 그 깨달음을 보면, 2002년 그녀가 유엔 평화대사로 임명된 것은 더없이 적절한 결정인 듯하다.

우리가 신 혹은 어떤 영적 존재를 믿든지, 또는 불가지론자거나 철저한 무신론자거나 상관없이, 인간은 누구나 평화의 길을 걷는 법을 알고 있다. 전투와 분쟁을 종식시키고자 하는 욕구가 특히 강해지는 것은 치열한 교전이 벌어지고 있을 때였다. 제1차 세계대전은 "모든 전쟁을 종식시키는 전쟁"이 될 것으로 여겨졌고, 1940년, 영국의 패배 가능성에 직면했을 때 처칠은 미래에 "세계의 삶은 햇살이 비치는 드넓은 언덕으로 나아갈 수 있을 것"이라고 시적으로 연설했다.[534] 불행히도 언덕 마루에 오르면 대개 또 다른 파괴의 골짜기가 나타난다.

지금까지 살펴보았듯이, 문제는 전쟁을 어떻게 끝낼지 혹은 햇살이 비치는 드넓은 언덕 같은 평화로운 세상을 어떻게 만들지 우리가 알지 못한다는 데 있다. 이는—군사적 비유를 쓰자면—창의 자루만큼이나 분명한(매우 명백하다는 의미의 영어 관용 표현_옮긴이) 사실이다. 2000년 이후 세계는 매년 8000억 달러를 군비로 지출하고 있고 다음 세대를 위한 교육에는 800억 달러를 쓰고 있다. 이러한 지출을 반대로 한다면, 틀림없이 평화의 길로 가는 중요한 첫 걸음이 될 것이다. 문제는 그러한 정책이 세계를 더 평화롭게 만들 것인가의 여부가 아니라, 왜 우리는 그렇게 하지 않는가 하는 것이다. 그토록 전세계가 평화를 염원하는데, 평화를 얻기가 왜 그토록 고통스러우리만치 힘든 것인가?

앞서 언급한 주장들이 유효하다면, 남성의 집단공격 기질은 500~700백만 년에 걸친 인류 진화 기간 동안 늘 존재해온 셈이다. 집단공격은 인류의 석기시대 행동의 핵심이며, 수긍할 만한 여러 근거로 볼 때 단지 바란다고 해서 집단공격이 불식될 것 같지는 않다. 집단공격이나 외집단 일원의 살해는 그러한 행동을 진화시킨 남성이 영토나 자원에 대한 접근 권한을 확장할 수 있는, 비교적 위험도가 낮은 방식이었으며, 이러한 행동을 보인 이들은 그렇지 않은 이들보다 자신의 유전자를 후세대에 전달할 가능성이 높았다. 이는 아마도 최초의 복합 문명과 도시국가가 발생하는 데 반드시 필요한 행동이었는지도 모른다. 그러나 세계는 완전히 달라졌고, 전쟁과 테러는 그 어떤 합당한 이득도 가져다주지 못하고 엄청난 대가만을 치르게 한다.

영토 분쟁은 선사시대 이래로 인간 행동의 결정적인 특징이 됐고, 집단공격을 통해 권력과 영토를 확장하려는 근본적인 충동은 인구가 증가하고 분업이 확산된 지난 5000년 동안 줄어들지 않았다. 사실, 지난 두 세기 동안 있었던 과학, 기술, 통신의 엄청난 발전으로 인해 오늘날 국가 권력은 소수의 우두머리 남성의 손에 집중돼왔다.

특정 환경에서 남성은 대부분 상대방을 공격할 수 있고, 일부 여성은 자신이 적으로 인식한 이들을 남성이 제거하도록 유도하기도 하는 것 같다. 스탠포드 대학의 감옥 실험에 참여한 대학생들이나, 희생자들을 나치 가스실로 보낸 평범한 모범 가장들처럼 대부분의 남성은 외집단으로 인식한 대상에게 끔찍한 일을 자행할 수 있는 잠재적인 능력을 지니고 있는 것 같다. 1964년부터 1992년까지 30년에 가까운 전쟁으로 나라가 엄청난 혼란에 빠진 모잠비크에서 그 기간 중에 성장한 504명의 어린이를 대상으로 조사를 실시한 적이 있다. 이들 중 4분의 3이 살해 현장을 목격했고, 80퍼센트가 구타나 고문을 목격했으며, 63퍼센트는 강간이나 성적 학대를 목격했다.[535] 어떤 면에서 보면 인간은 유난히 폭력적인 동물이다. 또 다른 한편으로는 오래전에 진화한 행동들조차도 다양한 영향에 따라 얼마든지 변할 수 있다. DNA 암호를 일상의 행동으로 옮기는 메커니즘이 무엇이든, 진화가 인간에게 남긴 기본적인 정신 구조는 유동적인 안내 지침일 뿐, 엄격한 규칙이 아니다. 사실, 2장에서 보았듯이, 유전자 발현 자체는 성장기 환경에 의해 변화될 수 있다. 뇌가 큰 동물은 모두 새로운 환경에 적응하기에 유리하게 진화됐고, 호모 사피엔스는 그중에서도 적응력이 가장 뛰어난 경우다. 인간의 경우 끊임없이 변화하는 복잡한 상황에 처했을 때 수많은 감정과 충동을 극복하고 결정을 내릴 수 있는 큰 두뇌를 가지는 방향으로 유전자 선택이 이루어진 것이다. 최상의 상태에서 문명은 전쟁의 고통과 참상으로부터 벗어날 수 있을 것이다.

"당신이 평화를 원한다면"

의료 분야와 마찬가지로, 전쟁에서도 가장 중요한 것은 바로 정확한 진단이다. 영국 성공회 목사의 아들이었던 바실 리델 하트는 제1차 세계대전 당시 서부 전선의 중대장으로 복무했다. 후일 저명한 군사 이론가가 된 그는 이런 경구를 남겼다. "당신이 평화를 원한다면, 전쟁을 이해하라."[536] 전쟁을 일으키는 본성을 제대로 이해할수록, 그 본성을 초월해낼 가능성은 더 커진다. 진화라는 여과 장치는 선혈이 낭자한 생물학적 경쟁의 장면도 내보내지만, 그와 동시에 우리 행동에 영향을 미치는 무지갯빛 문화를 받아들일 수 있는 능력도 함께 내보낸다. 우리 행동의 생물학적 뿌리를 이해하고 나면, 전쟁과 테러를 막을 방법에 관한 일련의 새로운 질문을 던질 수 있게 될 것이다.

전쟁과 평화에 관한 기존 담론 대부분을 지배하고 있는 표준 사회과학 모형의 기본 가정은 문화와 환경이 공격 여부를 결정하고 갈등을 조장한다는 것이다. 어린아이는 문화의 메시지가 입력되기를 기다리고 있는 백지와 같은 상태로 태어난다는 마가렛 미드의 잘못된 견해는 서구의 지성을 오염시켰다.[537] 그리고 이러한 믿음에 대한 전폭적인 지지가 반 세기 동안 지속됐다. 우리가 "전쟁이나 여타 폭력적 행위가 유전자에 프로그래밍되어 있다고 말하는 것은 과학적으로 옳지 않다"[538]고 한 1986년 세비야 선언의 주장을 믿는 한, 전쟁과 테러의 기원에 대한 우리의 사고는 진전되지 않을 것이다. 대략 간단하게 요약한다면, 이 표준 모형은 만일 우리가 장난감 총을 남자아이들에게 주지만 않는다면 나중에 이들이 자라서 군인이 되는 일은 없을 것이라고 주장한다. 그러나 이러한 순진한 희망은 계속해서 산산조각이 나곤 했다.

평화를 실현시키는 방법

- 여성에게 교육과 다양한 기회를 통해 권한을 부여한다.
- 의회 및 각종 입법 기관 내 여성의 수를 늘린다.
- 자녀 출산 여부와 시기를 조절할 수 있는 수단을 여성에게 부여한다.
- 사람들이 의도하지 않은 임신을 하지 않도록 도움으로써 인구 증가 속도를 늦춘다.
  - 충동적인 성향의 15~30세 남성(노년층 대비 비율) 감소 효과
  - 자원 확보 경쟁 감소 효과
- 종교와 분리된 보편적·과학적 교육을 실시한다.
- 역사 지식 및 다른 동물의 사례를 참조하여 인류 진화에 대한 이해를 도모한다.
- 자유로운 언론 매체를 발달·존속시킨다.
- 잠재적인 적에게 무기를 공급하지 않는다.

우리는 누구나 전쟁과 테러가 없는 세상에서 살기를 원한다. 그러나 현실을 무시하는 것은 그러한 목적에 다가서는 데 하등 도움이 되지 않을 것이다. 만일 우리가 진정으로 평화를 얻고자 한다면, 전쟁을 구성하는 기본적 행동 요소가 인간 본성에 실제로 자리 삼고 있다는 사실을 먼지 인정해야 한다. 앞서 제시한 증거를 보면, 징병 및 신병 훈련의 역사에서 보듯 젊은 남성이라면 누구나 전투원이 될 가능성이 있음을 알 수 있다. 특정한 환경에 처한다면, 남성은 대부분 테러 분자가 될 수도 있는 것이다. "선과 악을 나누는 경계는 모든 인간의 심장을 가로지른다"는 솔제니친의 성찰은 세비야 선언의 그 어느 문구보다도 인간의 본성을 훨씬 더 제대로 포착해내고 있다. 습격과 전쟁은 비정상적인 일탈 행위가 아니다. 뿌리 깊은 행동 기질이 필연적으로 발현된 것일 뿐이다. 전쟁의 토대를 이루는 다양한 충동은 보편적이지만, 다행스럽게도 그러한 충동이 반드시 보편적으로 표현되는 것은 아니다.

노 예 제

동아프리카 지역의 성공회 대성당은 예전에 노예 시장이 있던 곳에 자리 잡고 있다. 지하실에는 한때 노예를 가두어두던 밀실들이 있었고, 제단이 놓여 있는 곳은 예전에 노예들이 채찍질을 당하던 곳이었다. 8장에서 언급했듯이 만일 이러한 노예제가 초창기 전쟁의 부산물로 생겨난 것이며 다른 집단의 일원들을 비인간화하는 선천적 능력에 기인하는 것이라면, 노예제에 대한 사회적 태도가 그토록 철저하고 폭넓게 변화했다는 사실은 매우 놀랍다. 로마 시대의 시민은 노예가 없는 문화생활을 상상조차 할 수 없었을 것이다. 노예제는 남부 주에서 법 제도화되기 전에 이미 북아메리카 식민지에서 법령으로 받아들여졌다.[539] 제퍼슨을 비롯한 미국 건국의 아버지들은 노예제의 부당함을 놓고 고민했지만 그 보편성을 받아들였다. 오늘날 우리가 외교 전략의 연장선상에서 보편적인 군사력 활용을 계속 수용하고 있는 것과도 같은 맥락이다.

19세기 말, 타인을 비인간화하는 인간 성향의 끔찍한 한 부분은 거의 폐지되기에 이르렀다. 사람들은 여전히 다른 집단을 비하하며, 이는 틀림없이 앞으로도 달라지지 않을 것이다. 그리고 여전히 여성, 어린이, 그리고 남성을 사고 팔고 착취하며, 사실상 아무런 자유나 대가도 주지 않은 채 강제 노동을 시키고 이들에게 폭력을 행사하는 일이 벌어지고 있는 것도 분명 사실이다. 그러나 오늘날 모든 국가는 적어도 공표하는 내용에서만큼은 노예제를 명백히 비판한다. 펜과 활자가 노예를 다루던 채찍과 쇠고랑을 이긴 것이다. 노예제에 대한 지적으로 합당하고 정치적으로 현실적인 반대는 역사적으로 최근의 일이지만, 이는 대단한 효력을 발휘했다. 18세기 중반 감리교의 창시자 존 웨슬리와 조지 휘트필드는 노예제에 정면으로 맞섰다. 퀘이커교도였던 존 울먼은 두 편으로 된 『흑인 노예 소유에 대한 고찰Considerations on the Keeping of Negroes』[540](1754, 1762)에서 노예제는 아픈 자를 낫게 하고,

헐벗은 자를 집안으로 들이며, 굶주린 자에게 먹을 것을 주라는 그리스도의 가르침에 어긋나는 것이라고 지적했다. 잔지바르 대성당 제단의 십자가상은 평생 열정적으로 노예제 반대에 헌신했던 데이비드 리빙스턴이 그 아래서 숨을 거두었던 나무로 만들어진 것이다. 점점 더 문명화돼가는 세상에서 종교 지도자, 소설가, 노예제 폐지론자 등이 마침내 외집단을 향한 노예제라는 이름의 공격을 인류 공동의 유대감으로 바꾸어낸 것이다. 21세기에는 노예를 조직적으로 거래하는 나라는 경제 제재와 강제적인 개입을 당하게 될 것이다.

여 성

평화를 존속시키는 데는 강력한 동맹이 필요하며, 줄곧 간과돼온 그 동맹의 대상은 인류의 절반 이상을 구성하고 있는 존재, 바로 여성이다. 이 책의 이전 장들에서 전쟁을 야기하는 남성의 기질과 역할에 초점을 맞추었다고 해도, 평화를 이루는 데 있어 여성의 핵심적 역할이 간과되지 않았기를 바란다. 이슬람권에서 아이를 낳다 죽은 여성에게는 전사자와 같은 명예가 주어졌다.* '생명을 가져가는 남자' 와 '생명을 주는 여자' 를 같이 기리는 것에는 중요한 진실이 담겨 있다.

20세기 사회학의 흐름은 남성과 여성의 행동적 차이를 줄이거나 모호하게 하는 것이었다. 베티 리어든은 『여성과 평화: 글로벌 안보에 대한 여성주의적 시각Women and Peace: Feministic Vision of Global Security』에서 "전반적인 성 역할, 특히 공격적이고 폭력적인 행동은 생물학적 속성이 아닌 학습에 의해 결정된다"고 적었다.[541] 이러한 주장은 세계 안보의 전망을 개선하기보다는 오

* 인도 아그라 타지마할은 무굴 제국의 황제 샤 자한의 아내 중 한 명으로 1630년 출산 도중 사망한 뭄타즈를 기리기 위한 건축물이다.

히려 여성을 평화의 동맹군으로 만들 수 있는 가능성을 무시함으로써 상황을 악화시킨다. 진화심리학은 남성과 여성이 왜 행동 면에서 늘 상호 적대적인 성적 차이를 드러내왔는지 설명하고 확인시켜준다.[542] 남성은 세력권 행동과 경쟁을 하고, 집단공격을 감행하는 방향으로 진화했다. 여성은 대개 남성이 획득한 영토 안에서 생활했으며, 외집단에 대한 적대감이나 공격보다는 내집단 간 협력과 사회적 안정을 통해 혜택을 얻었다. 진화는 전쟁이라는 독의 뿌리를 제공했지만, 중요한 해독제 역시 공급해왔다. 우리는 우리가 처한 공동의 위험 앞에서 여성이 지닌 막강한 진화적 유산을 도외시하고 있다.

기원전 5세기 남편들에게 성교에 응해주지 않음으로써 평화를 가져오는 그리스 여성들의 이야기가 담긴 아리스토파네스의 희극 〈리시스트라타〉에서부터 1982년 미군 핵 미사일의 영국 배치에 대해 여성들이 항의 시위를 벌였던 그린햄 커먼 캠프에 이르기까지 여성은 대체적으로 남성에 비해 일관되게 평화적 성향을 보여왔다. 여성은 대개 무기의 위력에 쉽게 매료되지 않으며, 옳은 일이든 그렇지 않든 간에 자국에 맹목적으로 충성하는 경향도 덜하다. 여성이 남성보다 더 자주 교회에 가지만, 종교의 엄격한 규칙을 그대로 받아들이는 경우는 상대적으로 적으며, 외집단에 더 관용적인 태도를 취하는 것으로 보인다.* 한 나라의 수반이 남성인지 여성인지는 국가 정책 면에서 덜 중요하다. 오히려 정부 및 사회 전반에서 정치적 영향력을 지닌 여성의 비율이 더 중요한 부분이다. 선거로 구성된 입법기관에서 여성 비율이 높은 나라일수록 평화로운 경향이 있다. 스웨덴은 의회 의석의 45퍼센트를 여성이 차지하고 있는 반면, 나이지리아의 경우 여성의 비율은 3퍼센트를 약간 웃도는 수준이다. 1994년 르완다 대학살 이후 지역 대표로 선출된

* 43개국에서 이루어진 조사에서는, 남성 26퍼센트와 여성 36퍼센트가 자신의 종교적 신념이 "매우 중요하다"고 답했다. 미국(남성 59퍼센트, 여성 61퍼센트)의 경우 영국(남성 21퍼센트, 여성 42퍼센트)에 비해 수치가 훨씬 높게 나타났지만, 양성 간 비율은 일정했다. 이들 43개국을 통틀어 남성 51퍼센트와 여성 46퍼센트가 이웃에 동성애자가 살지 않았으면 좋겠다고 답했다(미국 남성 45퍼센트, 여성 32퍼센트, 영국 남성 36퍼센트, 여성 26퍼센트).

여성의 수가 26퍼센트까지 증가한 것은 상당히 희망적이다.

여성은 남성보다 합의를 하려는 경향이 강하기 때문에, 전쟁으로 이어질 수 있는 긴장 상황을 완화시키는 데 더 뛰어나다는 것이 밝혀질 수 있다. 1966년 북아일랜드의 가톨릭과 개신교 사이의 분쟁 당시, 이 분쟁에서 아들을 잃은 이들을 포함해 양측 여성으로 구성된 소규모 집단이 북아일랜드 여성연대NIWC를 창설했다. NIWC 소속 여성들은 남성보다 더 수월하게 가톨릭교와 개신교 간 분열을 봉합할 수 있었고, NIWC는 평화를 추구하는 주요 정치 세력으로 급부상했다.[543] 1990년대 시에라리온 내전 당시, 남성들이 서로 싸움을 계속하는 동안, 장사하는 여성들은 영리하게도 양측에 음료수를 팔았다. 1999년 워싱턴 D.C.에서 창설된 '평화를 추구하는 여성들' 이라는 꼭 맞는 이름을 가진 비영리 단체는 해결이 어려워 보이는 각종 분쟁에 대한 해법을 모색하고 있다.[544]

생식적 자율권

지금까지 살펴본 것처럼, 일부 분석가들과 전략가들은 빠른 인구 증가와 그로 인한 분노로 가득 찬 청년 실업자 수의 증가가 갈등과 테러의 위험을 높이고 있음을 깨달았다. 앞서 언급했듯이 초당파적인 9·11 위원회는 급증하는 인구를 "사회 격변으로 가는 확실한 지름길"이라고 표현하기도 했다.

불행히도 정책 입안가들과 사회 평론가들은 단편적인 사실들을 한데 이어 결론을 도출하지 못하고 있으며, 때문에 인구 증가의 중요성을 간과하는 경우가 많다. 인구 증가율이 변화의 소지가 큰 변수임을 알지 못하는 경우가 대부분이다. 2002년, 나는 탈레반 붕괴 이후 아프가니스탄 재건을 도우려는 대외원조 기부국들에 제출할 예산안 준비 작업을 도왔다. 내 역할은 임산부 건강과 가족계획 분야에 초점을 맞춘 것이었고, 동료들은 보건 인력의 급여 지불, 의약품 구매, 그 밖에 20여 년간의 전투로 황폐화된 의료 체계를 다시 일으켜 세우는 데 필요한 모든 작업을 담당했다. 우리에게 내려진 지침은 3년치 세부 예산안을 작성하고 앞으로 5~10년간의 지출을 추산하라는 것이었다. 팀장이 노트북을 닫길래 내가 말했다. "10년 내에 아프가니스탄에는 인구가 50퍼센트 늘어나 있을 거라는 사실을 아셔야 합니다." 그는 욕을 한마디 내뱉고는 키보드 키를 몇 개 두들겼고 예산은 몇십억 달러가 늘어났다. 인도주의자, 개발 전문가, 국제 금융가, 군사 전략가, 그리고 일반 대중 등 모든 사람들은 빠른 인구 증가가 시사하는 바를 잘 이해하지 못하는 것 같다.

13장에서 자세히 설명했듯이 빠른 인구 증가는 대개 필수적인 가족계획에 관한 선택권을 여성에게 부여하지 않은 데서 기인한 결과다. 여성이 자녀 출산 시기를 스스로 선택할 수 없는 상황은 '가진 자'와 '못 가진 자'의 간극도 더 심화시킨다. 건전한 경제 정책이 있고 부정부패 문제가 거의 없는 경우라 하더라도 출산율이 높으면 경제 발전의 기반이 약화된다. 갈등 문제를 연구하는 사회과학자들은 1인당 소득과 내전—갈등 중에서도 가장 파괴적인 유형—발발 가능성 사이에 밀접한 관계가 있음을 발견하고 있다.[545] 1인당 국민소득이 250달러이고 여성 1명당 평균 자녀 수가 6명 이상인 말라위 같은 나라는 향후 5년 내에 내전을 겪을 확률이 15퍼센트가량 되는 반면, 1인당 소득이 5000달러인 멕시코 같은 나라는 그 확률이 불과 1퍼센트 수준으로 떨어지게 된다. 흥미롭게도 소득과 내전은 밀접한 관계에 있지만, 유사한 분석에서 정치적 탄압과 갈등의 관계는 밝혀지지 않았다. 사람들이 자신들이 자원 확보 경쟁을 하고 있다는 사실까지 자각하게 되면, 불의에 대항한 투쟁은 폭력적으로 변할 가능성이 가장 높아지는 듯하다. 2008년 부정 선거 이후 케냐에서 벌어진 종족 분쟁이 그 예다.

임신, 출산을 조절할 수단이 여성 자신에게 주어지면서 가족 규모는 감소하기 시작한다. 그 뒤 이른바 '인구통계학적 배당' 효과가 나타나기 시작한다. 다음 세대를 교육하고 양육할 비용이 줄어들게 되면서 저축이 늘고, 여성들이 정규 노동력에 더 많이 기여할 수 있게 되면서 사회적·법적 평등을 달성하게 된다. 1990년대 아시아의 '호랑이' 경제는 모두 1960년대 국가 차원의 가족계획 프로그램이 크게 성공을 거둔 것에 기초한 것이다. 근면·성실한 노동, 영리한 계획, 시장 개방 등이 모두 경제 호황에 기여했겠지만, 가족계획은 빈곤 탈출에 있어 필수불가결한 요소였다.[546] 뿐만 아니라, 이들 국가에서는 모두 법적으로나 실질적으로나 안전한 낙태가 가능했다. 반면, 테러를 저지르거나 지원한 국가들의 경우 대부분 자녀를 적게 낳기가 매우 어렵게 되어 있다. 자녀 출산 여부와 시기를 스스로 조절할 수 있게 함으로써 삶의 주도권을 여성 자신에게 주려는 노력은 다음 세대의 테러 분자의 수를 줄이고 국가 간 충돌의 가능성을 낮출 수 있는 실질적인 종합 계획이다. 한 세대가 가기 전에 이란은 핵무기를 보유하게 될 것으로 생각되지만, 현재 가족계획이 가능해진 상태이고 여성의 평균 자녀 수는 2명이며 남녀 평등이 확대되고 있으므로, 가족 규모가 2배이고 실업률이 높은 파키스탄에 비해 핵폭탄을 사용할 가능성이 훨씬 낮을 것이다.

1969년 내가 처음 아프가니스탄을 방문했을 때, 아프가니스탄 인구는 1250만이었다. 2002년 예산 작성을 돕던 당시 인구는 3000만 명에 육박했다. 2050년까지 대부분이 사막인, 이 척박하고 건조한 땅의 인구는 9000만에서 1억 1000만까지 폭증할 것으로 예상된다. 이와 같은 엄청난 숫자는 아프가니스탄 사람들의 생활 수준, 사회 구조, 지역 평화, 세계의 테러 가능성 등에 커다란 영향을 끼칠 것이다. 2050년경 15~29세 남성 인구는 1971년의 모든 연령대의 남녀 인구를 합한 수를 초과할 것으로 예상된다. 이 책에서 우리가 주장하는 바가 정확하다면, 이러한 식의 인구 폭증은 내부 갈등과 지역 불안정으로 가는 확실한 지름길이다. 아프가니스탄은 사용이 간편하고 파괴력이 강한 무기를 총동원하여 기꺼이 목숨을 걸고 미국이나 유럽에서 싸우려 하는 지하드 전사 청년들을 사실상 무한정 양산해내는 온상이 될 것이다. 알카에다의 주요 전략가로 추정되는 아부 바크르 나지는 「야만의 관리: 움마가 거쳐가게 될 가장 중요한 단계」라는 적절한 제목의 문서에서 그

집단의 방식을 정리하고 있다. 그에 따르면 움마란 '신앙 공동체'를 지칭하며, 알카에다는 신병을 모집하고 혼돈을 유발할 목적으로 "인구 과잉인 곳〔국가〕"을 집중 공략한다.[547]

정 책

여성의 생식을 조절하고자 하는 남성의 진화된 욕구만 아니라면 여성에게 가족계획의 선택권을 부여하는 것은 비교적 간단한 일일 것이다. 전세계 어느 곳을 가보더라도 대가족 규모가 유지되는 이유는 가족계획이 불필요하기 때문이 아니라 가족계획을 막는 장벽이 있기 때문임을 우리 부부는 발견한다.[548] 또한 어떤 여성들에게는 생식에 관한 남성의 지침에 도전하지 않고 순응하는 쪽이 더 편하다는 사실도 잘 알고 있다. 그러나 전반적으로 볼 때 가족계획을 막는 장벽을 쌓고 존속시키는 것은 늘 남성 신학자, 남성 입법가, 보수적인 남성 의사였다.

1969년 아프가니스탄에서 내가 겪었던 일은 바로 이 사실을 입증해주는 것으로, 지금도 내 머릿속에 뚜렷이 각인되어 있다. 때는 12월이었고 나는 카불 외곽의 굉장히 추운 작은 진료소에 있었다. 젊은 아프가니스탄 출신 의사 어리둥절한 표정으로 내게 학생용 연습장 같은 것을 내밀었다. 어느 미국인 '전문가'가 자궁 내 피임기구IUD를 삽입한 모든 여성에 대해 기입하게 한 진료 내용 및 인구통계학적 정보가 담긴 15페이지가량의 종이 묶음이라고 했다. 내용을 훑어본 나는 너무나 화가 난 나머지 자료를 찢어 바닥에 내던졌다. 10대 초반 소녀들의 결혼이 흔하고, 아내는 남편의 허락 없이(허락을 받은 뒤에는 발목까지 오는 부르카로 온몸을 가리지 않으면) 외출할 수 없으며, 남성에게 아내의 이름을 묻는 것이 모욕으로 받아들여질 수 있는 나라에서, 여성의 생리 주기, 여성의 가족사, 성교 빈도 등을 묻고 적어놓는 것은 있을 수 없는 일이었다. 여성에게 필요하고, 여성에게 주어져야 마땅한 선택권이 여성에게 가지 못하게 막는 것은 바로 이러한 형태의 부적절하고 문화적으로 몰지각한, 무의미한 가족계획 진료다. 명백히 아프가니스탄의 가족계획에 대한 필요는 충족되지 않고 있었지만, 진료소를 찾을 생각을 할 수 있는 이들은 교육 혜택을 입고 어느 정도 자유로운 소수의 여성들뿐이었고, 그마저도 진료소에서는 불필요하고 난처한 질문만 잔뜩 하고 있었다. 그 결과는 충분히 예상 가능했다. 1969년, 아프가니스탄 여성의 평균 자녀 수는 7~8명이었다. 오늘날, 그 수치는 조금도 달라지지 않았다.

달라질 수도 있었을까? 물론, 아프가니스탄은 여성으로 살아가기에 여러모로 끔찍한 곳이다. 아프가니스탄에는 "엄마와 누이는 역겨운 존재다"라든가 "여자가 있을 곳은 집 아니면 무덤이다" 같은 속담도 있다.[549] 그러나 이러한 환경에서도 가족계획이 불가능한 것만은 아니다. 여성은 퍼다(이슬람권에서 여자들이 남자의 눈에 띄지 않게 숨어 지내게 한 별도의 공간_옮긴이)에서 생활해야 하고 외출이 금지되어 있는 또 하나의 보수적인 이슬람 문화권인 방글라데시의 경우, 1960년대 7명에 육박하던 평균 자녀 수는 오늘날 2.7명까지 감소했다. 원하는 사내의 수를 묻는 조사를 실시하면, 대부분의 젊은 부부들은 2명이라고 답한다. 중요한 점은, 아내들뿐 아니라 대부분의 젊은 남성들도 같은 대답을 한다는 것이다. 그렇다면 방글라데시에서의 이러한 가족계획 성공 요인은 무엇이었을까? 다양한 피임법이 보급됐고, 대부분 문자 그대로 집 문 앞까지 여성들에게 전달됐다. 기입해야 할 15페이지짜리 양식 따위도 없었다. 피임이 성공을 거둔 이유는 단순했다. 피임법이 보급됐기 때문이다. 이와 같은 전략은 1970년대 아프가니스탄에서도 효과를 발휘했겠지만, 시도되지 않았다. 합리적인 세계였다면 2002년 탈레반 붕괴 이후 카불로 향하는 2차 연합군 전투기에는 원하는 여성들에게 나누어줄 피임약과 IUD를 대량으로 실었을 것이다. 생사가 걸린 기회를 놓친 것이다. 그리고 지금도 계속 놓치고 있다.

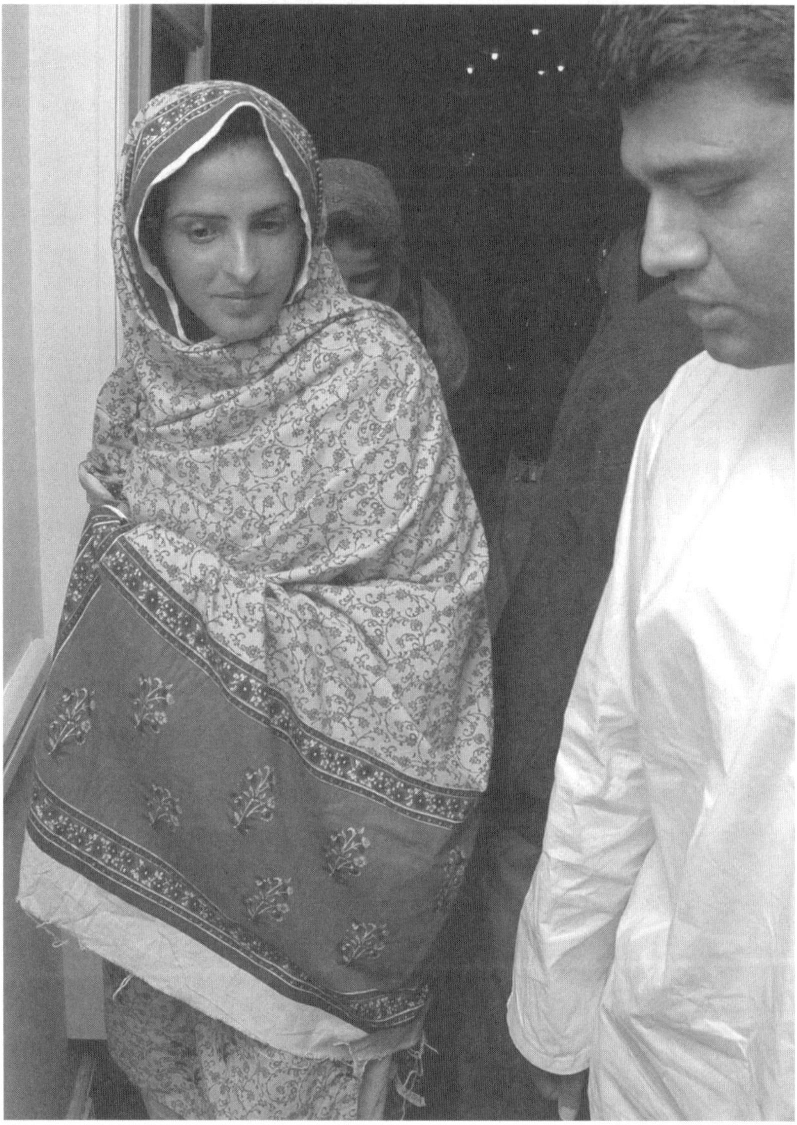

여성에게 권리가 거의 주어지지 않는 사회에서는 강간이 관습화된 경우가 많다. 무크타르 마이는 서른 살이었을 때 윤간을 당했다. 그녀의 남동생이 적대 관계에 있는 부족 출신의 소녀와 교제를 하고 있다는 이유로 파키스탄의 부족 원로들이 지시한 것이었다. 통상적으로 이러한 '명예' 처벌은 신고되지 않으며, 강간당한 여성은 자살을 하거나 자신의 가족의 손에 살해되기도 한다. 무크타르 마이는 2002년 이 사건에 대한 재판을 청구하는 놀라운 용기를 발휘했다. 범인들은 징역형에 처해졌지만, 일부는 그 뒤 방면됐고 그녀는 생명의 위협을 받고 있다.

칼 날

석기시대 기질과 행동을 가득 지닌 역사상 가장 위험한 세기로 우리는 들어섰다. 어느새 우리는 칼날 위에서 아슬아슬하게 중심을 잡고 서 있다. 인류는 어느 한쪽으로 발을 내디뎌 "햇살이 비치는 드넓은 평화의 언덕"으로 갈 수도 있고, 아니면 오늘날 미국의 기독교 근본주의자들이 말하는 동화 같은 아마겟돈의 이미지보다도 훨씬 끔찍한, 진짜 대재앙을 만나게 될 수도 있다.

외집단을 집단공격하려는 인간의 유전적 기질과 남성의 공격성, 그리고 내집단 내부의 경쟁에 대해 오늘날 우리가 알고 있는 사실, 그리고 기술과 전쟁의 역사를 종합해보면 현재 우리가 직면해 있는 선택들은 매우 충격적이고 절망적이다. 인간의 어쩔 수 없는 결점과 거짓으로 인해 나날이 커져만 가는 파괴력은 우울한 전망을 보여준다. 이 책을 집필하기 시작한 것은 9·11 이전이었고, 그 이후 연이은 테러 공격, 외교 정책의 대실패, 미국과 영국의 군사력 남용, 아프리카 지역 자원 전쟁의 잔혹한 참상 등은 현대 세계에 석기시대 행동이 존재함을 다시금 확인시켜주는 절망적인 증거였다. 최근의 역사가 이 책의 주요 논지를 뒷받침해주지 않았더라면 오히려 나는 훨씬 행복했을 테지만, 역사는 너무도 명백히 이를 입증해주었다.

윈스턴 처칠은 책을 쓴다는 것은 모험이라고 말한 적이 있다.* 생각했던 것보다 항상 더 많은 노력이 필요한 일이지만, 그에 대한 보답으로 생각치도 못했던 길로 안내하기도 한다. 나는 생물학자이자 의사로서 전쟁사 과목을 공동으로 가르쳐봤기에 이 책을 쓰게 됐다. 나는 침팬지의 습격에서부터 인간의 습격과 전쟁에 이르는 과정을 좀 더 상세히 추적해서 밝혀내고 싶었다. 그러면서 나는 남성과 여성은 공격과 관련하여 서로 매우 다른 역할을 수행

* 그다음에 이어 그가 지적한 내용은 상당히 일리가 있다. "처음에는 장난감이자 놀이와 같다가 어느 순간 여자 주인이 되더니, 다음에는 남자 주인이 되고, 나중에는 폭군이 된다. 마지막 단계는 자신이 노예가 된 것을 체념하고 받아들이려는 순간, 그 괴물을 죽여 사람들 앞에 내던지는 것이다."

한다는 사실을 더욱 명확히 알게 됐다. 또한 집단공격은 명백한 전쟁 이외에도 미식축구나 축구, 등산이나 기타 위험한 스포츠, 길거리 갱단 등 수많은 방식으로도 표현된다는 사실을 발견할 수 있었다. 원인原人 조상들이 시신을 발견하는 등 공격의 징후를 발견했을 경우 강하게 반응했던 것이 얼마나 적응에 도움이 됐을지 알 수 있었다. 그리고 아주 오래전 진화된 기질들이 오늘날 우리의 행동에 여전히 영향을 미치고 있다는 사실을 더욱 확신하게 됐다.

이 책의 결론부에 들어서면서, 오늘날 인간사에서 남성의 경쟁 및 집단공격 기질이 얼마나 깊고 넓게 퍼져 있는지 전달하기가 만만치 않음을 깨닫게 된다. 문자 그대로 수백만 년 동안 인류의 조상 남성은 이웃을 살해하기 위해 무리를 지어 나섰다. 수십만 세대에 걸쳐 어머니들에게는 집단공격이라는 남성들의 지침에 따르는 것이 대개 가장 손실이 적은 전략이었다. 이 기질로 인해 오늘날 이 세계는 군사 분야에 매일 33억 달러를 지출하고 있지만,[550] 약 30억 인구는 하루 2달러 이하로 생활하고 있다. 이 정도 수준의 군비 지출은 위험한 세계에 합당한 투자라 생각하는 이들이 많을지도 모른다. 그러나 이 세계가 그렇게 위험해지지 않을 수도 있다는 것을 깨닫는다면, 그렇지 않을 것이다.

11장에서 다뤘던 아이디어로 돌아가서, 큰 두뇌와 기술적인 능력을 갖추고 세상을 지배하게 된 포유류가, 유인원이 아닌 말할 줄 아는 말이었다면 어떻게 됐을까? 집단공격의 진화적 역사가 없는 종은 경쟁 상대를 비개체화하거나 '비마화非馬化' 해, 다르거나 열등한 개체로 치부하는 대신 상대를 객관적으로 평가했을 것이다. 영토 분쟁을 벌이는 영장류와는 달리 말의 사회에는 폭력은 있어도 애국심이나 반역이라는 개념은 아예 존재하지 않을 것이다. 9·11 테러 공격이나 위험에 대한 과잉 반응도 없을 것이다. 과도한 자신감으로 엄청난 군사적 실책을 저지르는 지도자도 없을 것이다. 횡사한 다른 말의 사체를 보면 똑똑한 말은 멀리 달아나겠지만, 대규모 공격이 임박했다고 생각한다거나 가진 것 모두를 대규모 군대에 쏟아부어야겠다는 생각을 하지는 않을 것이다. 영리한 종마種馬는 어떻게든 암말의 자유를 제한할 법안을 통과시키려들지 모르지만, 말 아인슈타인이 핵분열 방법을 발견하면 세상의 말들을 전부 날려버릴 무기를 만드는 대신, 마구간을 따뜻하게 할 발전소를 세울 것이다. 그러나 불쌍한 우리 야후, 즉 조너선 스위프트가 고상한 말들의 사회 옆에 사는 것으로 상상했던 타락한 인간들은, 그 생물학적 역사와 대량살상무기의 영향 아래 살기로 한 오늘날 우리 자신의 선택으로 인해 저주를 받고 있다.

12장에서 강조했듯이, 우리는 엄청난 파괴력을 지닌 무기 3개와 함께 살고 있다. 30대가 넘는 미군 포세이돈 잠수함은 1대당 러시아 정도 크기 국가에 있는 인구 15만 이상의 모든 도시를 파괴할 수 있을 만큼의 핵탄두를 탑재할 수 있다. 핵무기, 생물 무기, 화학 무기에 대한 접근은 나날이 손쉬워지고 있으며, 9·11 정도는 인류라는 종種의 역사 마지막 페이지에 달린 시시한 각주로 만들어버릴 법한 테러 공격이나 전쟁이 실제로 일어날 가능성이 존재한다. 우리는 정말 칼날 위에서 살아가고 있는 것이다. 만일 당신이 젊다면, 혹은 아이가 있다면—또는 나처럼 손자손녀가 있다면—오늘날 젊은 이들이 평생 동안 어떤 일을 겪을 수 있을지 가늠해보라. 통계적으로 볼 때, 오늘 태어난 아이는 22세기까지 살아 있을 가능성이 높다. 하지만 우리의 어그러진 행동들이 과연 그렇게 내버려둘까? 오늘 태어난 아이들은 더욱 건강하고 풍요로운 세상에서 살게 될 수도 있고, 혹은 서로 일면식도 없는 누군가의 손에 잔인하게 죽임을 당할 수도 있다. 미래는 엄청난 위험으로 가득 차 있고, 집단공격 기질은 언제나 우리를 따라다닐 것이다. 한편, 일부 유형의 전쟁을 제한하는 상당한 진전이 이루어지고 있다. 1939년까지만 해도 유럽 국가 간 대규모 전쟁을 근절시키는 것은 생각조차 할 수 없는 불가능한 일이었지만, 오늘날 프랑스와 독일 혹은 미국과 일본 간의 전쟁은 사실 상상도 할 수 없다. 우리는 서로에게 내집단인 관계가 된 것이다. 이제 우리는 이러한 국경을 초월한 친구들과 너무도 긴밀히 연결되어 있다. 그러나 국경 따위에는 별다른 의미를 두지 않게 된 테러 집단의 위협은 오히려 더 커졌다. 가장 당면한 위험은 그들이 여객기 내 화장실에서 폭발성 액체를 혼합 제조할 가능성이 아니라, 핵무기를 탈취하거나 생물전에 뛰어들 가능성이다.

만일 새천년의 시작에 바로 그러했던 것처럼 정치 지도자나 군 지도자들이 과거 경험의 교훈을 무시한다면, 인류의 미래는 어둠과 대재앙의 가운데 어디쯤이 될 것이다. 종교적 광신이 존속되거나 영향력을 키워간다면, 빈부격차가 확대된다면, 세계의 불안정한 저개발 지역에서 인구 폭증이 제어되지 않는다면, 대량살상무기가 걷잡을 수 없이 확산된다면, 오늘 태어나는 아기는 핵폭발이나 생물전 공격에 목숨을 잃을 가능성이 엄청나게 높을 것이다.

지난 반 세기 동안, 인도와 파키스탄은 재래식 무기로 네 차례의 전쟁을 치렀다. 이제 이들 양국은 모두 핵무기를 보유하고 있다. 이를 사용하지 않고 앞으로 50년을 보낼 것인가? 이스라엘은 핵무기를 보유하고 있고,* [551] 이란도 핵무기를 보유하려들 것이 분명하다. 핵무기는 사용될 것인가? 만일 중국, 인도, 그 밖에 신흥 경제국들이 지난 10여 년간 보여온 것과 같은 성장을 이어간다면, 석유 및 기타 주요 자원을 확보하기 위한 글로벌 경쟁은 한 세대 안에 비등점에 도달할 것이다. 그 밖에도 대만의 상황, 북한과 다르푸르에 관한 정치적 공방 등 전쟁을 촉발할 수 있는 요인은 수없이 많다. 중국은 수백 개의 핵탄두를 보유하고 있을 것이며, 유라시아 대륙 전역에 도달할 수 있는 액체 연료 로켓을 보유하고 있고, 탄도 미사일 탑재가 가능한 핵잠수함도 갖추고 있다. 정치적으로 볼 때 미국은 중국에 대해 그럴 수 있을지 모르지만, 중국이 정당한 이유 없이 핵 공격을 개시할 가능성은 희박하

* 이스라엘은 실험 없이 원자폭탄을 개발했다는 것이 전문가들의 공통된 의견이다. 핵탄두의 수는 확실하지 않지만, 해고된 이스라엘 핵 기술자 모르데차이 바누누는 1980년대에 100개 이상을 보유하고 있을 것이라고 주장했고, 카터 전 대통령은 2008년 기준으로 150개 핵탄두를 보유하고 있다고 말했다.

다. 그러나 인간이 실수할 확률이나 어떤 정신병자가 핵 기폭장치를 손에 넣으려 할 가능성을 무시할 수는 없다. 핵 클럽에 새로운 일원이 가입할 때마다 핵무기의 의도적인 사용과 의도적이지 않은 사용 위험 모두 몇 배로 증가한다.*

생물 무기의 위협이 당장 직면한 문제는 아니라 하더라도 위협적인 것은 사실이다. 다음과 같은 시나리오를 상상해보자. 현재 1400만인 니제르 인구가 21세기 후반에 5000~8000만으로 폭발적으로 증가하여, 굶주리고 분노와 좌절로 가득 찬 이 나라의 무슬림 집단이 나이지리아 북부의 형제들과 손잡고 남쪽의 기독교 집단을 공격한다면 어떻게 되겠는가? 그렇게 되면 이 지역의 몇몇 군사 독재자들은 석유로 벌어들인 부를 이용해 생물 무기를 사용할 수도 있지 않겠는가? 소규모 테러 집단이 샌프란시스코에 '더러운 폭탄'을 터뜨리고 근본주의 기독교인인 미 대통령이 여기에 과잉 대응을 하여 표적으로 삼을 만한 모든 대상에게 벙커 파괴용 원자폭탄을 조준한다면 어떻게 될까? 너무도 많은 정치인들이 과학에 무지하기 때문에, 그러한 대통령은 최근 수 조 달러를 들여 설치한 미사일방어시스템이 실제로 작동한다는 모든 사실을 무시하고, 오류가 있는 컴퓨터 코드만을 발견하고서 전면 핵전쟁이 촉발됐다고 확신하게 될 것이다.

만일 우리가 석기시대 행동을 길들이는 데 실패한다면, 기술적으로나 인간적으로나 충분히 가능한 이러한 시나리오는 현실이 될 수도 있다. 대량살상무기가 동원된 전쟁에서 운 좋게 살아남은 사람들은 그제서야 정신을 차리고 인간의 석기시대 행동을 통제하기 위한 조처를 취하려 할지도 모른다. 그러나 많은 이들이 오히려 더 과격해져서 걷잡을 수 없는 파멸로 빠져드는 싸움을 지속해나갈 가능성이 훨씬 크다.

* 미사일 발사에 반드시 두 사람이 필요하도록 정교하게 설계된 시스템을 로켓 격납고의 미국인 담당자 한 명이 실 한 올과 숟가락 하나로 차단시킬 수 있음을 시연한 적이 있다는 보고도 있다.

인위적 정직

인간은 사회적 동물이지만, 동시에 경쟁적이고 속임수를 쓰는 동물이기도 하다. 서로 속내를 숨기고 조종하며 지략으로 상대를 제압한다. 그리고 누구나 선의의 거짓말을 하며, 정보를 자신만 알고 있으려는 속셈으로 비밀에 부치기도 한다. 우리가 진실의 가치를 중시하고 지나친 거짓을 비판하는 것에는 서로를 속이려는 끈질긴 무임승차 유혹에 대처하기 위한 의도가 담겨 있다. 심층적인 의미에서 보면, 이 과학적 과정은 '인위적'인 것이다. 집단 상호 간에 최대한 투명한 방식으로 정보를 공유하려는 전략이기 때문이다. 궁극적으로, 진정한 과학적 진보는 그 어떤 비판 세력이라도 반복적인 실험으로 결론을 확인 또는 반박할 수 있을 만큼 충분한 정보를 제공하는 개인이나 집단에 달려 있다.

과학은 유례없는 수준의 식량, 에너지, 글로벌 통신, 양호한 보건 상태 등을 제공해온 성공적인 특별한 사고방식이다. 과학적 방법을 이용해 우주에 대한 우리의 이해가 상상의 한계 너머로 확장됐지만, 동시에 상상을 초월하는 파괴력을 지닌 무기를 제조할 수 있는 지식도 생겨났다. 대량살상무기는 현대 과학이 낳은 기형아다.

만일 우리가 외집단의 일원을 살해하려는 성향을 유전적으로 물려받은 것이 사실이라면, 우리는 반목의 세계에 살아야 할 운명이다. 인간의 내집단 행동은 우정, 악수나 입맞춤으로 표현되는 신뢰, 순수한 웃음, 평온한 단잠 등을 바탕으로 한다. 인간의 외집단 행동은 마땅한 동기 없이도 같은 종의 다른 개체를 살해하고 이유 없이 증오하는 것, 우리와 똑같은 이들을 비인간화하고 얼마든지 친구가 될 수 있는 이들을 비개체화하는 것이다. 적을 비인간화·비개체화하는 인간의 유전적 능력은 윈스턴 처칠이 "어리석은 마음의 관습"이라 한 것을 능가한다.

이 책에서 주장했듯이, 과학 지식의 확장에 힘입어 인간은 신무기를 계속 만들 것이고, 적대적인 집단들은 우리 사회의 내재적 취약성을 이용하려들 것이 분명하다. 표준 사회과학 모형은 전쟁의 원인을 탐구하지만, 진화 모형은 언제나 최악의 경우를 예상하면서도 평화를 구현할 길을 모색한다.

19세기까지는 요소처럼 생명체에서 발견되는 화학 물질은 일종의 "생명의 정수essence"가 있는 상태에서만 만들어질 수 있다고 생각했다. 1828년, 독일의 화학자 프리드리히 뵐러가 시험관에서 요소를 합성해내자 그러한 생기론은 폐기처분됐다. 최근에는 하버드 대학 연구소의 조지 처치와 샤오리엔 가오가 DNA 서열을 인공적으로 합성하는 데 성공함으로써 언젠가는 신의 손이 없이도 생물 유기체를 만들어낼 수 있음을 입증했다.[552] 과학은 한때 상상 속 신들만이 가진 것이라 여겼던 창조자의 힘과 파괴자의 힘, 두 가지 모두를 우리 인간에게 주었다. 만일 우리가 창조자를 파괴자로부터 분리해내고자 한다면, 먼저 우리의 진화적 유전을 이해하고 석기시대 감정과 사고방식을 극복해내야 할 것이다.

완전한 투명성과 정직과 더불어, 과학의 핵심은 정당한 질문들을 던지고 모든 것에 의문을 제기하는 데 있다. 만일 우리가 집단공격을 통제할 방법을 찾으려 한다면, 인간 경험의 정수에 다가서는 질문을 던져야 한다. 많은 이들이 사랑, 이타주의, 자기 희생, 정직, 연민과 관련된 인간의 가장 고결한 충동은 신의 은총으로 주어져 우리 밖에서부터 오는 것으로, 한낱 인간의 허튼 감정과는 다르다고 믿고 있다. 도덕적 진리는 시험해볼 필요 없이 받아들여야 할 절대적인 것으로 여기며, 특히 카리스마적인 인물이 진지하게 주장하면 더욱 그렇게 받아들인다. 그런가 하면, 이 책의 주장처럼, 윤리도 악과 마찬가지로 진화의 유산이라고 보는 입장도 있다. 어떤 이들이 초월적인 기원이 있다고 믿는 바로 그 도덕적 지침 대부분에는 우리도 깊이 공감한다. 단지 우리는 그러한 기준은 대체 어디서 온 것이지 질문을 던지려는 것이다.

만일 우리가 한걸음 물러서서 서로를 솔직하게 들여다본다면, 인문주의자든 종교 구도자든, 결국 모두 자연 세계에 관해 똑같은 질문을 던지며, 인간의 마음이 흔히 '진리'로 믿는 윤리 원칙을 어떻게 받아들이고, 변경하며, 약화시키는지, 동일하게 묻는 것을 발견할 수 있을 것이다. 불교나 유교 신자들은 하나님이 모세에게 계명이 새겨진 돌판을 주었다는 것을 믿지 않을 것이다. 그러나 그들 역시 거기에 새겨진 것과 동일한 도덕률을 따른다. 우리는 이것이 바로 인간이 사회적 영장류라는 증거라고 생각한다. 이처럼 우리는 도덕적이라고 할 만한 행동을 하는 방향으로 진화해왔고, 이러한 행동을 강화시킬 사회적·심리적 메커니즘을 진화시켜왔다. 진화론적 설명 혹은 하나님의 말씀이라는 주장이 그러한 계율을 얼마나 더 심오하게 혹은 더 보편적으로 만들지는 각 개인이 결정할 문제다.

E. O. 윌슨은 이렇게 적었다. "인간의 정신적 딜레마의 본질은 어떤 진실을 수용하도록 유전자적으로 진화하고서 또 다른 진실을 발견했다는 데 있다."[553] 우리의 유전된 기질을 감안할 때, 탈산업화 사회에서도 여전히 대다수의 사람들은 자신의 믿음에서 벗어나 검증 가능한 생각과 관찰에 입각한 세계관으로 옮겨가기를 머뭇거릴 수 있다. 많은 이들은 계속 자기가 믿는 신에게 평화를 염원하는 기도를 올리면서 타인의 종교가 전쟁을 부추긴다고 열을 올릴 것이다. 에이브러햄 링컨은 암살되기 직전 미국 남북전쟁의 양면에 대해 이렇게 적었다. "양쪽 모두 같은 성경을 읽고, 같은 신에게 기도하면서, 상대방을 대적해달라며 신의 도움을 간구한다."[554]

우리가 아는 문명의 역사는 몇천 년에 불과하다. 인간이 지닌 파괴력을 생각해보면, 문명이 앞으로 몇천 년 동안 더 존속되리라 기대할 수 있을까? 스탈린 같은 사람—이번에도 남성일 확률이 높다—이 다시 나타나서 다량의 핵무기를 장악하여 사용하거나, 생명공학으로 만들어낸 치명적인 불치병을 퍼뜨리지 않으리라는 보장이 있을까? 제2차 세계대전이 있기 7년 전, 아돌프 히틀러는 이렇게 말했다. "우리는 절대 항복하지 않을 것이다. 절대로, 그런 일은 없을 것이다. 우리가 파멸할 수도 있다. 그러나 만일 그렇게 된다면, 우리는 세계를 우리와 함께 끌고 들어가야 한다. 불길 속으로." 제2차 세계대전의 마지막 수 개월 동안, 그는 이 예언을 거의 성취할 뻔했다. 만일 베르너 하이젠베르크가 히틀러에게 원자폭탄을 만들어주었더라면, 그는 그 목표에 훨씬 가까이 갈 수 있었을 것이다.

인류의 독창성, 회복력, 감정이입, 사랑의 기록을 살펴보면, 상당한 희망을 발견할 수 있으며, 대재앙을 아슬아슬하게 모면한 적이 여러 차례 있었음을 알 수 있다. 파멸에 대한 대안은 각 나라가 좀 더 이성적으로, 분별 있게 대처하고, 여성이 사회에서 동등한 역할을 수행하며, 가족 규모를 감소시키고, 각국의 분쟁을 외교적으로 해결하는 것이다. 꿈 같은 이야기가 아니다. 캐나다와 미국, 프랑스와 독일 사이의 관계에서 실제로 있었던 진전이다. 물론, 해결해야 할 과제는 여전히 산적해 있으며, 특히 고질적인 갈등은 안정된 다른 나라로까지 번져나갈 가능성이 높은 것도 사실이다. 오늘날, 지구상에서 가장 위험한 지역은 아프리카, 파키스탄, 중동이다. 시기, 완만해진 인구 증가, 확대된 여성의 자율권 등을 고려해볼 때, 이란, 터키, 시리아, 요르단, 이집트, 그 밖에 이슬람 국가들은 덜 극단적이고, 더 안정적인 사회로 변화할 수도 있다. 사하라 사막 이남의 아프리카 지역에는 지도층의 스위스 은행 계좌로 흘러 들어가지 않고 하루 1~2달러로 생활하는 이들에게 실제로 전달될 수 있는 방식의 다양한 원조가 필요하다. 사하라 사막 이남의 아프리카가 빈곤을 탈피하고, 아이들을 교육하고, 폭력의 악순환을 끊어내기 위해서는 당장 인구 증가 속도부터 늦춰야 한다. 다행히도, 13장에서 살펴보았듯이 가족계획과 안전한 낙태에 대한 엄청난 수요는 아직 덜 채워진 상태이며, 그 필요를 충족시키는 것이 우리의 최우선순위가 돼야 할 것이다.

일단 우리가 전쟁으로 서로를 파멸시키지만 않는다면, 아무리 심각한 문제라도 과학 지식을 분별 있게 적용하여 대부분 해결할 수 있을 것이다. 지난 수십 년의 시간 동안 과학 및 기술의 진보로 지구온난화를 야기하지 않는 지속 가능한 에너지원이 개발될 수 있었다. 의학 발전으로 건강이 증진되고 수명이 늘어났다. 아마도 지속 가능한 농업의 돌파구를 열어 세계는 안정된 인구 규모에 식량을 무한정 공급할 수 있게 될 것이다. 양호하게 관리가 이루어진다면, 바다도 언젠가는 오늘날의 남획에서 벗어나 회복될 수 있을 것이다. 벌채되고 황폐해진 아시아, 아프리카, 남미 지역의 삼림이 복구되려면 수 세기가 걸리겠지만, 과학에 근거한 현명한 토지 관리를 통해 몇몇 열대 삼림 지역은 다시 무성해질 수 있을 것이다.

먼 미래에 아마도 아프리카 지역 삼림 두세 곳에서는 얼마 남지 않은 침팬지가 멸종을 피할 수 있을 것이다. 암컷들은 계속 자식들을 키울 것이고, 수컷들은 지위를 두고 경쟁하며 이따금씩 출격해 이웃을 죽일 것이다. 그들은 우리 후손들에게, 그 마지막 순간에 석기시대 행동에 대한 이해와 억제가 없었더라면, 바로 그 똑같은 충동으로 인해 인류가 얼마나 자멸에 가까이 다가섰는지 경각심을 일깨우는 놀라운 메시지를 전해줄 것이다.

참고문헌

1 Davis, G. *Interception of Pregnancy: Post-Conceptive Fertility Control.* Sydney: Angus and Robertson. 1974.

2 Eder, J. R. *Let's Go Where the Action Is! The Wartime Experiences of Douglas Campbell.* Knightstown, IN: JaaRE Publishing Inc. 1984.

3 Thornhill, N. W., Thornhill, R. An Evolutionary Analysis of Psychological Pain Following Rape. *Ethology and Sociobiology* 11:155-176, 177-193. 1990.

4 Zerjal, T., Xue, Y., Bertorelle, G. The Genetic Legacy of the Mongols. *Annals of Human Genetics* 72:717-721. 2003.

5 Moore, L. T., McEvoy, B., Cape, E., Simms, K., Bradley, G. D. A Y-chromosome signature of hegemony in Gaelic Ireland. *American Journal of Human Genetics* 78:334-338. 2006.

6 Betzig, L. L. *Despotism and Differential Reproduction: A Darwinian View of History.* New York: Aldine Publishing Company. 1986.

7 Potts, D. M., Potts, W. T. W. *Queen Victoria's Gene: Haemophilia and the Royal Family.* Stroud, Gloucestershire: Alan Sutton Publishing Limited. 1995.

8 Hagood, W. O. *Presidential Sex: From the Founding Fathers to Bill Clinton.* New Jersey: Citadel Publishing Group. 1996.

9 Alexander, G., Hines, M. Sex differences in response to children's toys in nonhuman primates. *Evolution & Human Behavior* 23:467-479. 2002.

10 Stillwell, Cinnamon. Honor killings: When the ancient and the modern collide. *San Francisco Chronicle.* January 23, 2008.

11 Rhodes, Richard H. *The Making of the Atomic Bomb.* New York: Simon & Schuster. 1986.

12 Rousseau, Jean Jacques. *Discours sur l'Origine et le Fondement de l'Inegalite*

parmi les Hommes. 1754.

13 Montagu, Ashley. *Culture and the Evolution of Man*. New York: Oxford University Press. 1962.

14 Huizinga, J. (1938) *Homo Ludens: A Study of the Play Element in Culture*. Boston: Beacon Press. 1972.

15 Chapman, J. The Origins of Warfare in the Prehistory of Central and Eastern Europe. In *Ancient Warfare: Archaeological Perspectives*. Ed. Anthony Harding. Stroud, Gloucestershire: Sutton Publishing. 1999.

Kokkinidou, Dimitra, and Nikolaidou, Marianna. Neolithic Enclosures in Greek Macedonia: Violent and Non-violent Aspects of Territorial Demarcation. In *Ancient Warfare: Archaeological Perspectives*. Ed. Anthony Harding. Stroud, Gloucestershire: Sutton Publishing. 1999.

Whittle, A. *Neolithic Europe*. Cambridge: Cambridge University Press. 1985.

16 Keeley, L. H. *War Before Civilization: The Myth of the Peaceful Savage*. Oxford: Oxford University Press. 1996.

17 Rousseau, Jean Jacques. *Discourse on the Moral Effects of the Arts and Sciences*. 1750.

18 Wilson, E. O. *Consilience: The Unity of Knowledge*. New York: Alfred A. Knopf. 1998.

19 Trotter, Wilfred. *Instincts of the Herd in Peace and War*. London: T. Fisher Unwin Ltd. 1916.

20 Ardrey, Robert. *The Territorial Imperative: A Personal Inquiry into the Animal Origins of Property and Nations*. New York: Atheneum Publishers. 1966.

21 Lorenz, Konrad. *On Aggression*. New York: Harcourt, Brace & World. 1966.

22 Wrangham, Richard W. Evolution of Coalitionary Killing. *Yearbook of Physical Anthropology* 42:1-30. 1996.

23 Wrangham, Richard, and Peterson, Dale. *Demonic Males: Apes and Origin of Human Violence*. Boston: Houghton Mifflin. 1996.

24 Grant, P. R. *Ecology and Evolution of Darwin's Finches*. Princeton: Princeton University Press. 1986.

Weiner, Jonathan. *The Beak of the Finch*. New York: Vintage Books. 1994.

25 Bodmer, Walter, and McKie, Robin. *The Book of Man: The Human Genome Project and the Quest to Discover Our Genetic Heritage*. Oxford: Oxford University Press. 1997. In *Talking Science*. 1994.

Ridley, Matt. *Genome: An Autobiography of a Species in 23 Chapters*. London: Fourth Estate. 1999.

26 Watson, J. D., Crick, F. H. C. Molecular structure of nucleic acids: A structure for deoxyribose nucleic acid. *Nature* 171:737–738. 1953.

27 Balter, M. Speech gene tied to modern humans. *Science* 297:1105–1106. 2002.

28 Goodall, Jane. *Chimpanzees of Gombe: Patterns of Behavior.* Cambridge, MA, The Belknap Press of Harvard University.

Goodall, Jane. *In the Shadow of Man.* Boston: Houghton Mifflin. 1988.

29 Sulloway, F. H. *Born to Rebel: Birth Order, Family Dynamics and Creative Lives.* New York: Vintage Books. 1997.

See also Townsend, F. Birth order and rebelliousness; reconstructing the research. In *Born to Rebel. Politics and the Life Sciences* 19:135–244. 2000.

30 Huebner, D. K., Lentz, J. L, Wooley, M. J., King, J. E. 1979. Responses to snakes by surrogate and mother-reared squirrel monkeys. *Bulletin of the Psychonomic Society* 14:33–36. 1979.

31 Fossey, Dian. *Gorillas in the Mist.* Boston: Houghton Mifflin. 1983. (다이앤 포시는 고릴라 보호 구역 안에서 살해당했다. 밀렵꾼들로부터 동물들을 보호하려는 그녀의 열정적인 노력과 그녀의 활동으로 인해 여행 산업이 타격받은 것이 원인인 것으로 추정된다.)

32 Goodall, Jane. *In the Shadow of Man.* Boston: Houghton Mifflin. 1988. Page 270.

33 Archer, J. Testosterone and Aggression. *Journal of Offender Rehabilitation* 21, 3–4:3–39.

Archer, John. The Influence of Testosterone on Human Aggression. *British Journal of Psychology* 82:1–28. 1991.

34 Udry, Richard J., and Talbert, Luther M. Sex hormone effects on personality at puberty. *Journal of Personality and Social Psychology* 54:291–295. 1988.

35 Sapolsky, Robert. *The Trouble with Testosterone: And Other Essays on the Biology of the Human Predicament.* New York: Scribner. Pages 149–152.

Menaghan, Edward O., and Glickman, Stephen E. Hormones and aggressive behavior. In *Behavioral Endocrinology.* Jill B. Becker, Marie Breedlove, and David Crews, Eds. Cambridge, MA: MIT Press. 1992. Pages 261–286.

Archer, John. *Male Violence.* New York: Routledge. 1994.

36 Brooks, J. H., and Reddan, J. R. Serum testosterone in violent and nonviolent offenders. *Journal of Clinical Psychology* 52:475–483. 1996.

Mazur, Allan, and Michalek, J. Marriage, divorce and male testosterone. *Social Focus* 77:315–330. 1998.

37 Mazur, Allan, Booth, L., Dabbs, James M. Testosterone and chess competition. *Social Psychology Quarterly* 55:70–77. 1992.

38 Schultheiss, O., Campbell, K., McMelland, D. Implicit power motivation

moderates men's testosterone: Response to imagined and real dominance success. *Hormones and Behavior* 36:234-241. 1999.

39 Goldstein, J. S. *War and Gender: How Gender Shapes the War System and Vice Versa*. Cambridge: Cambridge University Press. 2001.

40 Dabbs, James M. Testy fellows. *Science*. April 26, 1991. Page 513.

41 Sapolsky, Robert M. Neuroendocrinology of the stress response. In *Behavioral Endocrinology*. Jill B. Becker, Marie Breedlove, and David Crews, Eds. Cambridge, MA: MIT Press. 1992. Pages 287-324.

42 Allman, J. A. *Evolving Brains*. New York: Scientific American Library. 1999. (Prozac, the widely prescribed anti-depressant, is a serotonin uptake inhibitor.)

43 Gesch, C. B. et al., Influence of supplementary vitamins, minerals and essential fatty acids on the antisocial behaviour of young adult prisoners. Randomised, placebo-controlled trial. *British Journal of Psychiatry* 181:22-28. 2002.

44 Knaden, Markus and Wehner, Rudiger. Path Integration in Desert Ants Controls Aggressiveness. *Science* 305:60. 2004.

45 Caspi, A. et al. Role of genotype in the cycle of violence in maltreated children. *Science* 297:851-854. 2002.

Lewis, D.O., et al. Violent juvenile delinquents: psychiatric, neurological, psychological and abuse factors. *Journal of American Academy Child Adolescent Psychiatry* 18:307-319. 1979.

46 Teicher, M. The neurobiology of child abuse: Maltreatment at an early age can have enduring negative effects on a child's brain development and function. *Scientific American*. March 2, 2002. Pages 68-75.

Teicher, M. Wounds that time won't heal: the neurobiology of child abuse. *Cerebrum* 2:50-67. 2000.

47 de Waal, Frans. *Peacemaking Among Primates*. Cambridge, MA: Harvard University Press. 1989. Page 65.

48 Zuckerman, Solly. *The Social Life of Monkeys and Apes*. New York: Harcourt, Brace. 1932.

49 Kummer, H. From laboratory to desert and back: Social Systems in Hamadryas Baboons. *Animal Behavior* 32:965-971. 1984.

50 de Waal, F. B. M., and Johanowicz, D. L. Modification of reconciliation behavior through social experience: an experiment with two macaque species. *Child Development* 64: 897-908. 1979.

51 Francis, D. D., Diorio, J., Liu, D., and Meaney, M. J. Variations in maternal care form the basis for a non-genomic mechanism of inter-generational transmission

of individual differences in behavioral and endocrine responses to stress. *Science* 286:1155-1158. 1999.

Francis, D. D., Szegda, K., Campbell, G., Martin, W. D., and Insel, T. R. Epigenetic sources of behavioral differences in mice. *Nature Neuroscience* 6:445-446. 2003.

52 Adam, D. War Is Not in Our Biology: A Decade of the Seville Statement. In *Violence: From Biology to Society*. James S. Grisolia, et al. Eds. Amsterdam, New York: Elsevier Science BV. 1997.(1699 of the postal ballots sent out by the American Anthropological Association supported the Declaration and 230 opposed it — Benthall in *Anthropology Today*, 1989.)

53 Wilson, E. O. *Consilience: The Unity of Knowledge*. New York: Alfred A. Knopf. 1998.

54 구달의 침팬지 행동 연구의 결정판은 *Chimpanzees of Gombe: Patterns of Behavior*. Cambridge, MA: The Belknap Press of Harvard University. 1986이다. 구달은 〈내 친구 야생 침팬지(1967)〉처럼 일반 대중을 위한 책도 여러 권 저술했으며, 『내셔널 지오그래픽』에 실린 사진들과 곰베 유역 침팬지들의 행동을 보여주는 TV 프로그램을 통해서도 널리 얼굴을 알렸다. 랭엄이나 퓨지와 같은 유수 영장류학자들이 곰베 유역에서 연구를 진행해오고 있고, 제인 구달이 곰베 강 국립공원에 처음 발을 내디딘 이래 40년 넘도록 탄자니아 지역의 관찰팀이 침팬지 행동을 매일같이 기록하고 있다. 그 밖에 야생 침팬지 및 포획된 침팬지의 사회에 관한 책으로는 de Waal, Frans. *Chimpanzee Politics*. Cambridge, MA: Harvard University Press. 1982. de Waal, Frans. *Peacemaking Among Primates*. Cambridge, MA: Harvard University Press. 1989가 있다.

55 Wrangham, Richard W., McGrewe, W.C., de Waal, F. H., Heltne, P.G. (Eds) *Chimpanzee Cultures*. Cambridge, MA: Harvard University Press. 1994.

Boesch, C. and Boesch-Achermann, H. *The Chimpanzees of the Tai Forest: Behavioral Ecology and Evolution*. Oxford: Oxford University Press. 2000.

56 오랑우탄의 경우도 문화적 차이가 존재하며, 수아그 늪지대에 사는 오랑우탄들은 다양한 도구를 사용할 줄 안다. Carel von Schaik. *Among orangutans: Red Apes and the Rise of Human Culture*. Cambridge, MA: The Belknap Press of Harvard University. 2004.

Goodall, Jane. *Chimpanzees of Gombe: Patterns of Behavior*. Cambridge, MA: The Belknap Press of Harvard University. 1986.

57 Gagneux, P., Woodruff, D., Boesch, C. Furtive mating in female chimpanzees. *Nature* 387:358-359. 1997.

58 de Waal, Frans. *Peacemaking Among Primates*. Cambridge, MA: Harvard University Press. 1989.

59 Goodall, J. *Chimpanzees of Gombe: Patterns of Behavior.* Cambridge, MA: The Belknap Press of Harvard University. 1986. Page 241.

60 Boesch, C. and Boesch-Achermann, H. *The Chimpanzees of Tai Forest: Behavioral Ecology and Evolution.* New York: Oxford University Press. 2000. Page 137.

Boesch, C. Hunting strategies among Gombe and Tai chimpanzees. In *Chimpanzee Cultures.* R. W. Wrangham, W. C. McGrewe, Frans de Waal, and P. G. Heltne, Eds. Cambridge, MA: Harvard University Press. 1994.

61 Boesch, C. Cooperative hunting roles among Tai chimpanzees. *Human Nature* 13:27-46. 2002.

62 Goodall, J. *Chimpanzees of Gombe: Patterns of Behavior.* Cambridge, MA: The Belknap Press of Harvard University. 1986. Page 513.

63 Homeland defense in the wild. *Science* 295:957-958. 2002.

64 Hamilton, W. D. The Genetical Evolution of Social Behavior. *Journal of Theoretical Biology* 7:1-52. 1964.

65 서로 다른 혈통의 야생 쥐를 실험실 우리에 가두어 놓는 경우 등 인위적인 조건에서는, 동종의 낯선 개체에 대한 적대감은 상대를 죽이는 행동으로까지 이어질 수 있다.

Hall, K. R. L. Aggression in monkey and ape societies. In *The Natural History of Aggression.* J. D. Carthy and F. J. Ebling, Eds. New York: The Academic Press. 1964.

Southwick, C. H. Peromyscus leucopus: and interesting subjects for studies of socially induced stress. *Science* 143:55-56. 1964.

Huntingford, F. and Turner, A. *Animal Conflict.* London: Chapman & Hall. 1987.

66 Mech, L. D. Buffer Zones of Territories of gray wolves as regions of interspecific strife. *Journal Mammal* 58:559-574. 1994.

67 다른 유인원들과 마찬가지로 오랑우탄 역시 최적의 서식지에서 밀려나와 사회적 접촉이 흔치 않은 저밀도의 환경에서 생활하고 있다—Connie Rogers. Revealing behavior in orangutan heaven and human hell. *The New York Times.* November 15, 2005.

68 Pryor, K. and Norris, K. S. *Dolphin Societies: Discoveries and Puzzles.* Berkeley: University of California Press. 1991.

Reynolds, J. E., Wells, R. S., et al. *The Bottlenose Dolphin: Biology and Conservation.* Gainsville: University of Florida Press. 2000.

69 Sumner, W. G. *Folkways: a study of the sociological importance of usages, manners, customs, mores and morals.* Boston: Ginn Publishing. 1906.

70 Quoted in Sanderson, S. K. (2001). *The Evolution of Human Sociality: A Darwinian Conflict Perspective.* Lanham, MD: Rowman and Littlefield Publishers.

2001. Page 324.
71 *Morning Post,* June 22, 1915 as quoted in Knightley, P. *The First Casualty: From the Crimea to the Falklands: The War Correspondent as Hero, Propagandist and Myth Maker.* London: Pan Books. 1989. Page 84.
72 Sherif, M., Harvey, O. J., et al. *Intergroup Conflict and Cooperation: The Robber's Cave Experiment.* Norman: University Oklahoma Press. 1961.
73 Zimbardo, P. Pathology of imprisonment. *Trans-Action* 9:4–8. 1972. Haney, C., Banks, C., Zimbardo, P. Interpersonal dynamics in a simulated prison. *International Journal of Criminology and Penology* 69. 1973.
Meeus, W. H. J., Quinten, A. W., et al. Administrative obedience: carrying out orders to use psychological-administrative violence. *European Journal Social Psychology* 311. 1986.
74 Zimbardo, P. G. The SPE: What it was, where it came from, and what came out of it. *Obedience to Authority: Current Perspectives on the Milgram Paradigm.* Ed. T Bliss. Mahwah, NJ: Lawrence Erlbaum Associates. 2000. Pages 198–210.
75 Asch, S. E. Effects of group pressure upon the modification of distortions of judgment. *Groups, Leadership and Men. Research in Human Relations* 177. 1951.
76 Milgram, S. Behavioral study of obedience. *Journal of Abnormal and Social Psychology* 67:371–378. 1963.
Milgram, S. Obedience to Authority: An Experimental View. Pinter & Martin. 1977.
77 Bandura, A., Underwood, B., et al. Disinhibition of aggression through diffusion of responsibility and dehumanization of victims. *Journal of Research in Personality* 9:253–269. 1975.
78 Boesch, C., and Boesch-Achermann, H. *The Chimpanzees of the Tai Forest: Behavioral Ecology and Evolution.* Oxford: Oxford University Press. 2000.
79 Goodall, Jane. *Chimpanzees of Gombe: Patterns of Behavior.* Cambridge, MA: The Belknap Press of Harvard University. 1986. Page 200.
80 Boesch, C. Hunting strategies of Gombe and Tai Chimpanzees. In *Chimpanzee Cultures.* R. W. Wrangham, W. C. McGrewe, Frans de Waal, and P. G. Heltne, Eds. Cambridge, MA: Harvard University Press. 1994. Pages 77–92.
81 Boesch, C. Cooperative hunting roles among Tai chimpanzees. *Human Nature* 13:27–46. 2002.
82 Campbell, A. *A Mind of Her Own: The Evolutionary Psychology of Women.* Oxford: Oxford University Press. 2002.
83 Daly, Martin and Wilson, Margo. *Homicide.* New York: Aldine de Gruyter. 1988.

84 Smuts, B. Male Aggression Against Women. *Human Nature* 3:1–44. 1992.

85 Daly, Martin and Wilson, Margo. *Homicide*. New York: Aldine de Gruyter. 1988. Page 210.

86 Tinbergen, N. *The Herring Gull's World*. London: Collins. 1953.
Clutton-Brock, T. H., Guiness, F. E., et al. *Red Deer: Behavior and Ecology of the Two Sexes*. Chicago: University of Chicago Press. 1982.

87 Meijering, P. H. *Signed With Their Honor: Air Chivalry During the Two World Wars*. New York: Paragon House. 1988. Page 43, quoting Udet, E. (1935). Mein Fliegerleben.
Berry, H. *Make the Kaiser Dance: Living memories of a forgotten war. The American experience in World War* I. New York: Doubleday. 1987.

88 Gray, G. The *Warriors: Reflections on Men in Battle*. Lincoln, NE; London: University of Nebraska Press. 1959. Page.144.

89 Perkins, I. Interview. M. Potts. Berkeley, CA.

90 다윈은 "여기서 우리의 관심사는 희망이나 절망이 아니라, 오직 진리다. 이성의 허락 하에 진리를 발견할 수만 있다면 말이다." (Darwin, C. *The Descent of Man, and Selection in Relation to Sex*. Princeton University Press. 1981. Vol. 2, Page 405.) 라고 썼다. 이 문구는 브래들리 세이어가 A. *Darwin and International Relations: On the Evolutionary Origins of War and Ethnic Conflict*. Lexington: The University of Kentucky Press. 2004. Page 102.에서 인용하기도 했다.

91 형제 집단이라는 말은 여러 저서의 제목에 사용돼왔다. Stephen Ambrose' s (1992) account of the 101st Airborne Division in WWII, Squadron Leader William Grierson' s (1997) account of the bombing campaign over Europe, and a 2001 TV miniseries in the USA.

92 Flick, Nathaniel. *One Bullet Away: The Making of a Marine Officer*. Boston: Houghton Mifflin Company. 2005.

93 Crutchfield, James A. *George Washington: First in War, First in Peace*. New York: Macmillan. 2005. Page 40.

94 Churchill ,Winston. Malakind Field Force. 1898. quoted Bartlett J. *Familiar Quotations*. Boston: Little, Brown & Company. 1968.

95 PBS *Our Century*.

96 Bourke, Joanna. *An Intimate History of Killing: Face-to-Face Killing in the Twentieth Century*. London:
Granta Books. 1999. Page 57.

97 Gray, G. *The Warriors: Reflections on Men in Battle*. Lincoln, NE; London: University of Nebraska Press. 1959. Page 31.

98 Bourke, Joanna. *An Intimate History of Killing: Face-to-Face Killing in the Twentieth Century*. London: Granta Books. 1999. Page 32.

99 Ibid. Page 31, quoting de Mann, Henry. *The Remaking of a Mind: A Soldier's Thoughts on War and Reconstruction*. London. 1920.

100 de Hartog, Leo. *Genghis Khan: Conqueror of the World*. New York: Barnes & Noble. 1989.

101 Montague, C.E. *Disenchantment*. London: Chatto and Windus. 1922.

102 Gray, G. *The Warriors: Reflections on Men in Battle*. Lincoln, NE; London: University of Nebraska Press. 1959.

103 Manchester, William. *Goodbye Darkness: A Memoir of the Pacific War*. Boston: Little, Brown. 1980. Page 391.

104 Grossman, Dave. *On Killing: The Psychological Cost of Learning to Kill in War and Society*. Boston: Little, Brown. 1995.

105 Marshall, S. L. A. *Men Against Fire*. Gloucester, MA: Peter Smith. 1978.

106 Gabriel, R. A. *Military Psychiatry: A Comparative Perspective*. New York: Greenport Press. 1986.

107 Weintraub. Stanley. *Silent Night: the Remarkable 1914 Christmas Truce*. New York: Free Press. 2001.

108 Lord, F. A. *Civil War Collector's Encyclopedia*. Harrisburg, PA: The Stackpole Co. 1976.

109 MacDonald Fraser, George. *Steel Bonnets: The Story of the Anglo-Scottish Border Reivers*. London: Barrie & Jackson. 1999.

110 Hanson, Victor Davis. *The Western Way of War: Infantry Battle in Classical Greece*. Oxford: Oxford University Press. 1989. Page 26.

111 Ibid. Page 9.

112 Hanson, Victor Davis. *Carnage and Culture: Landmark Battles in the Rise of Western Power*. New York: Doubleday. 2001.

113 Hanson, Victor Davis. *The Western Way of War: Infantry Battle in Classical Greece*. Oxford: Oxford University Press. 1989. Page 46.

114 Ibid. Page 181.

115 Krentz. Peter. Casualties in hoplite battles. *Greek, Roman and Byzantine Studies* 26:13–20. 1985.

116 Hanson, Victor Davis. *The Western Way of War: Infantry Battle in Classical Greece*. Oxford: Oxford University Press. 1989. Page 203.

117 Newby, P. H. *Warrior Pharaohs: The Rise and Fall of the Egyptian Empire*. London: Faber & Faber. 1980. Page 27.

118 Riley-Smith, J. *The Oxford History of the Crusades*. Oxford: Oxford University Press. 1999. Page 240.

119 Plutarch. *Lak Apophthemata*. Page 56.

120 *Plutarch on Sparta*. Trans Richard Talbott. London: Penguin. 1988.

121 Hodkinson, Stephen. Inheritance, marriage, and demography: perspectives upon the success and decline of classical Sparta. In *Sparta; New Perspectives*. S. Hodkinson, A Powell, Eds. London: Duckworth. 1999.

122 Manchester, William. *Goodbye Darkness: A Memoir of the Pacific War*. Boston: Little, Brown. 1980.

123 Ricks, Tomas E. *Making the Corps*. New York: Simon & Schuster. 1997. Page 88.

124 Shepher, Joseph. Mate selection among second generation kibbutz adolescents and adults: incest avoidance and negative imprinting. *Archives of Sexual Behavior* 1:293–307. 1971.

125 Blake, Joseph. A. Death by hand grenade: altruistic suicide in combat. *Suicide and Life-Threatening Behavior* 8:46–59. 1978.

126 Gray, G. *The Warriors: Reflections on Men in Battle. Lincoln,* NE; London: University of Nebraska Press. 1959.

127 Mason, Philip. *A Matter of Honour: An Account of the Indian Army, its Officers and Men*. London: Jonathan Cape. 1974.

128 Robertson, Dudley. *George Mallory*. London: Faber and Faber. 2000.

129 Keegan, John. *The Face of War: A Study of Agincourt, Waterloos and the Somme*. London: Jonathan Cape. 1976. Page 307.

130 Clinch, Nicolas. *A Walk in the Sky: Climbing Hidden Peak*. New York: The American Alpine Club Inc. 1982.

131 de Wall, Frans. *Our Inner Ape. A Leading Primatologist Explains Why We Are Who We Are*. New York: Riverside Books. 2005.

132 Fick, N. *One Bullet Away: The Making of a Marine Officer*. Boston: Houghton Mifflin Company. 2005. Page 106.

133 Parker, John. *The Gurkhas: The Inside Story of the World' s Most Feared Soldiers*. London: Headline Book Publishing. 1999. Page 147.

134 Leckie, Robert. *Challenge for the Pacific; The Bloody Six Month Battle for Guadalcanal*. New York: Doubleday. 1968.

135 Ambrose, Stephen E. *Band of Brothers: E Company, 506th Regiment, 101st Airborne from Normandy to Hitler' s Eagle' s Nest*. New York: Simon & Schuster. 1992. Page 76.

136 Finkel, M. Playing War. *The New York Times Magazine*. December 24, 2000.

Pages 30-50.
137 Beah, Ishmael. *A Long Way Gone: memoirs of a boy soldier by Ishmael Beah*. New York: Farrar, Straus & Giroux. 2007.
138 PBS *Hitler Youth*. October 26, 2000.
139 Fuller, G. The Demographic Backdrop of Ethnic Conflict: The Challenge of Ethnic Conflict to National and International Order in the 1990s. *Geographic Perspectives*. 151-156. 1995.
140 Mesquida, Christian.G., and Wiener, Neil I. Male age composition and the severity of conflicts. *Politics and the Life Sciences* 18:181-189. 1999.
141 Urdal, H. Population Pressure and Domestic Conflict: Assessing the Role of "Youth Bulges" in the Onset of Conflict. Fourth European International Relations Conference. University of Kent. 2001.
142 Warrick, J. CIA chief sees unrest growing with population growth. *Washington Post*. May 1, 2008.
143 Cincotta, Richard P., Engelman, Robert, Anastasion, Daniele. *The Security Demographic: Population and Civil Conflict After the Cold War*. Washington: Population Action International. 2003.
144 Watson, J. L. Self Defense Corps: Violence and Bachelor Subcultures in South China: Two Case Studies. *Proceedings of the Second Conference on Sinology, Academia Sinica*. Taipei: Academia Sinica. 1989.
145 Hudson, V. M., and den Boer, A. A Surplus of Men, A Deficit of Peace: Security and Sex Ratios in Asia' s Largest States. *International Security*. 26:5-38. 2002.
146 Hudson, Valerie M., and den Boer, Andrea M. *Bare Branches: Security Implications of Asia' s Surplus Women*. Cambridge, MA: MIT Press. 2004.
147 Worsnop, J. A Reevaluation of the "Problem" of Surplus Women in Nineteenth Century England. *Womens' International Studies Forum* 13:21-31. 1990.
148 Hudson, Valerie M., and den Boer, Andrea M. *Bare Branches: Security Implications of Asia' s Surplus Women*. Cambridge, MA: MIT Press. 2004.
149 Donohue, J. L., and Levitt, S. D. The Impact of Legalized Abortion on Crime. *The Berkeley Law and Economics Working Papers*. 2001. http://www.bepress.com/blewp/default/vol2000/iss2/art7
Donohue, John J. and Levitt, Steven D. The Impact of Legalized Abortion on Crime. *Quarterly Journal of Economics*. 379-420. 2000.
Levitt, Steven, and Dubner, Stephen J. (2005). Freakonomics: A Rogue *Economist Explores the Hidden Side of Everything*. New York: HarperCollins. 2005.

150 Tietze, C. Two years' experience with a liberal abortion law: its impact on fertility trends in New York City. *Family Planning Perspectives* 5:36. 1973.

151 David, Henry.P., Dytrych, Z., Matejcek, Z., Schuller, V. *Born Unwanted: Developmental Effects of Denied Abortion*. Prague: Avicenum Czechoslovak Medical Press. 1988.

152 Slotow, R., van Dyke, G., Poole, J., Page, B., Klocke, A. Older bull elephants control young males. *Nature* 408:425-426. 2000.

153 Haddock, Vicki. Murderous otters prey on seal pups: serial killers elude marine experts. *San Francisco Chronicle*. December 10, 2000. Page 19.

154 Sapolsky, R. M., and Share, L. J. A pacific culture among wild baboons: its emergence and transmission. PloS 2 (4): e106.

155 Lewis Bernard. *The Assassins: A Radical Sect of Islam*. London: Phoenix. 2003. Page 130

156 Potts, D. Malcolm, and Potts, William T. W. *Queen Victoria's Gene: Haemophilia and the Royal Family*. Stroud, Gloucester: Alan Sutton Publishing. 1995. Page 77.

157 U.S. Congressional Budget Office. August 2007.

158 Sheftall, M. G. *Blossoms in the Wind: Human Legacies of the Kamikaze*. New York: Penguin. 2006. Page 214.

159 Ohnuki-Tieney, Emiko. *Kamikaze Diaries: Reflections of Japanese Student Soldiers*. Chicago: University of Chicago Press. 2006.

160 Sheftall, M. G. *Blossoms in the Wind: Human Legacies of the Kamikaze*. New York: Penguin. 2006. Page 221.

161 Shakur, Sanyika aka Monster Kody Scott. *Monster: The Autobiography of an L.A. Gang Member*. New York: Penguin Books. 1993. Page 11.

162 Alonso, Alex. *Steetgangs.Com. Magazine*. Update December 22, 2002.

163 Shakur, Sanyika. aka Monster Kody Scott. *Monster: The Autobiography of an L.A. Gang Member*. New York: Penguin Books. 1993. Page 11.

164 Terraine, John. *Right of the Line: The Royal Airforce in the European War 1939-1945*. London: Hodder & Stoughton Ltd. 1985. Page 208.

165 http://en.wikipedia.org/wiki/World_II_casualties. Accessed March 21, 2008.

166 Perlman, D. The next big one: worse than '06? *San Francisco Chronicle*. March 21, 2008. Page 1.

167 Gulf of Tonkin measure voted in haste and confusion in 1964. *The New York Times*. June 25, 1970.

168 Jenkins inflamed public opinion by displaying his ear—uitably pickled—n the

House of Commons, London. Britain invaded Florida and the "War of Jenkins' Ear" lasted until 1743.

169 Shakur, Sanyika aka Monster Kody Scott. *Monster: The Autobiography of an L.A. Gang Member*. New York: Penguin Books. 1993. Page 79.

170 Hrdy, Sarah. B. *Mother Nature: A History of Mothers, Infants, and Natural Selection*. New York: Pantheon Books. 1999.

171 Hoffman, B. All you need is love: How the terrorists stopped terrorism. *The Atlantic* 288:34-37. 2001.

172 Washington, Ebonya, and Leonhardy, David. Children, the littlest politicians. *New York Times*. February 19, 2006.

Washington, Ebonya. Female socialization: how daughters affect their legislator fathers' voting on women' s issues. *The American Economic Review* 98:311-332. 2008.

173 Garcia-Moreno, Claude, Heise, L., Jensen, H.A.F.M., Ellsberg, M., Watts, C. Violence against women. Science 310:1282-1283. 2005.

174 Hrdy, Sarah. B. *Mother Nature: A History of Mothers, Infants, and Natural Selection*. New York: Pantheon Books. 1999. Page 37.

Hrdy, Sarah B. *The Langurs of Abu: Female and Male Strategies of Reproduction*. Cambridge, MA: Harvard University Press. 1977.

175 Gowaty, Patricia A. *Feminism and Evolutionary Biology: Boundaries, Intersections and Frontiers*. New York: Chapman and Hall. 1997.

Gowaty, Patricia A. Birds face sexual discrimination. *Nature* 385:486-487. 1997.

Pusey, Anne, and Goodall, Jane. The Influence of Dominance Rank on the Reproductive Success of Female Chimpanzees. *Science* 211:1171-1193. 1997.

176 Tutin, Caroline E. G. Mating patterns and reproductive strategies in a community of chimpanzees. *Behavioral Ecology and Sociobiology* 6:29-38. 1979.

177 Potts, Malcolm, and Short, Roger. *Ever Since Adam and Eve: The Evolution of Human Sexuality*. Cambridge, Cambridge University Press. 1999.

178 이 *Demographic and Health Surveys*는 가정폭력이 일상화된 국가를 포함해 매우 많은 나라에서 수행되었다. 라틴아메리카에서부터 아프리카(e.g. 2003 Kenyan DHS)에서 아시아(e.g. data from India)에 이르기까지 거의 모든 문화권을 아우르고 있다. http://www.measuredhs/aboutdhs.

179 Susman, R. L. *The Pygmy Chimpanzee*. New York: Plenum Press. 1984.

Kano, T. *The Last Ape: Pygmy Chimpanzee Behavior and Ecology*. Stanford, CA: Stanford University Press. 1992.

De Waal, Frans, and Lanting, F. *Bonobos: The Forgotten Ape*. Berkeley:

University of California Press. 1997.

180 DeBartolo, Anthony. "Newest" apes are teaching us about ourselves. *Chicago Tribune*. June 11, 1998.

181 Hrdy, S. B. *Mother Nature: A History of Mothers, Infants, and Natural Selection*. New York: Pantheon Books. 1999.

182 Whyte, Martin K. *The Status of Women in Preindustrial Society*. Princeton: Princeton University Press. 1978.

183 Shepard, D. J. The Elusive Warrior Maiden Tradition: Bearing Weapons in Anglo-Saxon Society. In *Ancient War*. Ed. A. Harding. Trowbridge, Wiltshire: Sutton Publishing. 1999. Pages 219–243.

184 Costello, John. *Love, Sex and War: Changing Values 1939-45*. London: Collins. 1985. Page 54.

185 Ibid. Page 47.

186 Regan, T. Some women soldiers say they carry knives to protect themselves from other US soldiers. *Christian Science Monitor*. March 19, 2007.

187 Fisher I. Like mother, like daughter, Eritrean women wage war. *The New York Times*. August 26, 1999. Pages A1, A8.

188 Takeste, Assefaw. Personal communication. 2007.

189 Gray, G. (1959). *The Warriors: Reflections on Men in Battle*. Lincoln, NE and London: University of Nebraska Press. 1959. Page 61.

190 Fagan, Brian. Battles at the bottom of the world. In *The Archaeology of War*. Intro. Mark Rose. New York: Hatherleigh Press. 2005.

191 Vayda, A. P. *Maori Warfare*. Wellington: The Polynesian Society Incorporated. 1960.

192 Sheftall, M. G. *Blossoms in the Wind: Human Legacies of the Kamikaze*. New York: Penguin. 2006.
위락 협회에는 미국인들만 입장이 허락되었으며, 입장료 8센트를 내면 맥주 1병이 기본으로 제공되었다.

193 Richie, A. *Faust's Metropolis: A History of Berlin*. New York: Carroll & Graf. 1998.

194 Edgerton, Robert B. *Warrior Women: The Amazons of Dahomey and the Nature of War*. Bolder, CO: Westview Press. 2000.
Alpern, Stanley B. *The Amazons of Black Sparta: The Women Warriors of Dahomey*. New York: New York University Press.1998.

195 See Campbell, Kenneth, and Wood, Jim. Fertility in Traditional Societies. In *Natural Human Fertillity*. M. Potts, P. Diggory, S. Teper, Eds. London:

Macmillan Press. 1988. Pages 39–69.

196 National Institute of Population Research and Training and ORC Macro 2007. *Bangladesh Demographic and Health Survey 2007 Preliminary Report*. Dhaka, Bangladesh and Calverton, MD: National Institute of Population Research and ORC Macro. 2007.

197 Huxley, Thomas Henry. *Evolution and Ethics and Other Essays*. 1894. Page 111.

198 Friend, T. "Iceman" was murdered, science sleuths say. *USA Today*. 2003. See same story at www.sciscoop.com/story/2003/8/12/7419/29586.

199 Benenson, A. Murder or War? In *The Archaeology of War*. Intro. Mark Rose. New York: Hatherleigh Press. 2005. Page 7.

200 Keith, A. *A New Theory of Human Evolution*. London: Watts. 1948.

201 Wright, Quincy. *A Study of War*. Vol 1. Chicago: University of Chicago Press. 1942. (Abridged edition published 1964).

Turney-High, H. H. *Primitive War: Its Practice and Concepts*. Colombia: University of South Carolina Press. 1971.

202 다트가 발견한 최초의 오스트랄로피테쿠스 두개골인 타웅 어린이는 큰 독수리의 공격을 받았다고 보는 견해가 현재는 우세하다. Berger, L., and Clark, R. Eagle involvement in the accumulation of the Taung child launs. *Ethology and Sociobioloogy* 12:315–333. 1995.

203 Dart, R. The predatory transition from ape to man. *International Anthropological and Linguistic Review* 1:201–217. 1953.

204 Roper, M. K. A Survey of Evidence for Intra-Human Killing in the Pleistocene. *Current Anthropology* 10: 427–459. 1969.

205 Pennisi, E. Was Lucy' s a fighting family? Look at her legs. *Science* 311:330. 2006.

206 Weidenreich, F. The Skull of Sindathropus Pekinensis. *Palaeotologica Sinica NS*. 10. 1943.

207 Boaz, N., Chiochon, Q. Xu, and Liu, J. Large mammalian carnivores as a taphonomic factor in the bone accumulations at Zhoukoudian. *Acta Anthroplogica Sinica* (Suppl) 19:224–234. 2000.

208 Hart, Donna, and Sussman, Robert.W. *Man the Hunted: Primates, Predators and Human Evolution*. New York: Westview. 2005.

209 Tutin, Caroline, McGrew, W., and Baldwin, P. Social organization of savana dwelling chimpanzees, *Pan troglodytes verus, at Mt. Assirik, Senegal. Journal of Medical Primatology* 20:357–360. 1983.

210 Arsuaga, J. L. *The Neanderthal' s Necklace: In Search of the First Thinkers*. New York: Four Walls, Eight Windows. 2002.

211 White, T. D. Cut-Marks on the Bodo Eranium: A Case of Prehistoric Defleshing. *American Journal of Physical Anthropology* 69:503–511. 1968.

White, T. D. Once We Were Cannibals. Scientific American 265:58–65. 2001.

212 LeBlanc, Steven. A. *Prehistoric Warfare in the American Southwest.* Salt Lake City: University of Utah Press. 1999.

LeBlanc, Steven A. and Register, K. E. *Constant Battles: The Myth of the Peaceful* Noble Savage. ew York: St. Martin' s Press. 2003.

213 Weiss, Elizabeth. Kennewicks Man' s Funeral; The Burying of Scientific Evidence. *Politics and the Life Sciences* 20 (1):13–18. 2001.

Holdren, C. Court battle ends: bones still off limits. Science 305:591. 2004.

214 Bachechi, L., Fabbri, P .E., Mallegni, F. An Arrow-Caused Lesion in a Late Upper Paleolithic Human Pelvis. *Current Anthropology* 38:135–140. 1997.

215 Wendorf, F. Site 117: A Nubian final Paleolithic graveyard near Jebal Sahaba, Sudan. In *The Prehistory of Nubia*. Ed. F. Wendorf. Vol. 2: 954–955. 1968.

216 Frayer, David. Ofnet: evidence for a Mesolithic massacre. In *Troubled Times: Violence and Warfare in the Past.* Martin, Debra, and Frayer, David W., Eds. Amsterdam: Gordon and Breach. Pages 181–215. 1998.

217 Teschler-Nicola, M., Gerold, F., et al. Evidence of Genocide 7000 BP — eolithic Paradigm and Geo-climate Reality. *Coll. Anthropology*. 23:437–450. 1999.

218 Latkoczy, C., Prohaska, T., et al. Investigation of Sr Isotope Ratios in Prehistoric Human Bones and Teeth Using Laser Ablation ICP-MS and ICP-MS after Rb/Sr Separation. *Journal of Analytical Atomic Spectroscopy* 17:887–891. 2002.

219 Lawler, A. Murder in Mesopotamia? *Science.* 317:1164–1165. 2007.

220 Wilford, John N. A 1,200-year-old murder mystery in Guatemala. *New York Times.* November 17, 2005.

221 Blick, J. Genocidal warfare in tribal societies as a result of European-induced culture conflict. *Man,* New Series. 23:654–670. 1988.

222 LeBlanc, S. A. *Prehistoric Warfare in the American Southwest.* Salt Lake City: University of Utah Press. 1999.

223 Zimmerman, L. J., Whitten, R. G. Prehistoric Bones Tell a Grim Tale of Indian V Indian + Possible South-Dakota Massacre Site. *Smithsonian* 11:100–108. 1980.

Zimmerman, Larry J. The Crow Creek massacre. www.usd/anth/crow/crow1.html.

Willey, P. *Prehistoric Warfare on the Great Plains: skeletal analysis of the Crow Creek massacre victims.* New York: Garland. 1990.

224 Benenson, Alexander. Unearthing a violent past. In *The Archaeology of War.* Intro. Mark Rose. New York: Hatherleigh Press. 2005. Pages 11–13.

225 Owsley, D. H., Berryman, D., et al. Demographic and osteological evidence of warfare at the Larsen site, South Dakota. Plains Anthropology Memoirs. 13:119-131. 1977.

226 Krober, C. B., Fontana, B. L. *Massacre at Gila: An Account of the Last Major Battle Between American Indians, with Reflections on the Origins of War.* Tucson: University of Arizona Press. 1986.

227 Sandin, Benedict. *The Sea-Dayaks of Borneo before White Rajah Rule.* London: Macmillan. 1967.

228 Caesar(100 bc-44 bc). *The Conquest of Gaul.* London: Penguin Books. 1982.

229 Strabo(64 bc-ad 24) *Geography.* Cambridge, MA, Horace White: Harvard University Press. 1932.

230 Brunaux, J.-L.(1996). *Les religions Galoises.* Paris: Editions France. 1996.

Brunaux, J.-L. Pleasing the Gods; Terrifying the Enemy: Gallic Blood Rites. *Archaeology* 54:57. 2001.

231 Morgan, J. *The Life and Adventures on William Buckley: Thirty-two Years a Wanderer Amongst the Aborigines of the Unexplored Country Round Port Philip.* Canberra: Australian National University. 1852(Republished 1979).

232 Darwin, Charles. *Voyage of the Beagle.* London: Henry Colburn. 1839. Penguin Books edition, 1989. Page 178.

233 Read, K. Morality and the Concept of the Person Among the Gahuku-Gama, Eastern Highlands, New Guinea. *Oceania* 25:233-282. 1955.

Read, Kenneth. *The High Valley.* New York: Charles Scribner' s Sons. 1965.

Diamond, Jared. *Guns, Germs, and Steel.* New York: W.W. Norton and Company. 1997.

234 Feil, D. K. *The Evolution of Highland Papua New Guinea Societies.* Cambridge: Cambridge University Press. 1987.

235 Langness, Lewis. *The Life History in Anthropological Science.* New York: Holt Rinehart & Winston. 1965.

236 Chagnon, Napoleon A. Yanomamo social organization and warfare. In *The Anthropology of Armed Conflict and Aggression.* Fried, M., Harris, M., Murphy, R. New York: Natural History Press. 1968.

Chagnon, Napoleon A. *Yanomamo: The Fierce People.* New York: Holt, Rinehart & Winston. 1968.

Biocca, E. *Yanomama: The Story of Helena Valero, a Girl Kidnapped by Amazonian Indians as told to Ettore Biocca.* New York: Kondasha America, Inc. 1996.

237 Chagnon, Napoleon A. Life histories, blood revenge, and warfare in a tribal population. Science 239:985–992. 1988.

238 Goodall, Jane. *Chimpanzees of Gombe: Patterns of Behavior.* Cambridge, MA: The Belknap Press of Harvard University. 1986. Page 330.

239 Bowden, M. *Black Hawk Down: A Story of Modern War.* New York: Atlantic Monthly Press. 1994.

240 Schlenger, W. E., Caddell, J. M, Ebert, L., Jordan, B. K., Rouke, K. K., Wilson, D. Psychological reactions to terrorist attacks: Findings from a National Study of American' s Reactions to September 11. *Journal of the American Medical Association* 5:581–588. 2002.

241 Catalano, Ralph, Kesssell, E., McConnell, W., Pirkle, E. Psychiatric emergencies following the attacks of Spetember 11, 2001. *Psychiatric Services* 55:163–166. 2004.

242 Holman, Alison, Cohen Silver, Roxane, Poulin, Michael, Andersen, Judith, Gil-Rivers, Virginia., McIntosh, Daniel N. Acute stress and cardiovascular health: a 3-year study following the September 11th attacks. *Archives of General Psychiatry* 65:73–80. 2008.

Tierney J. Living in fear and paying a high cost in heart risk. *New York Times.* January 15, 2008. Page D1.

243 Rosenthal, A. M. *Thirty-eight Witnesses: The Kitty Genovese Case.* Berkeley: University of California Press. 1999.

244 McNamara, R. S., and VanDeMark, B. (1995). *In retrospect: the tragedy and lessons of Vietnam.* New York: Times Books. 1995. Page 414.

245 Morton, Tom. ABC Radio National: *Torn Curtain—he Secret History of the Cold War.* June 11, 2006.

246 Builder, Carl H. *The Masks of War: American Military Styles in Strategy and Analysis.* Baltimore: Johns Hopkins Press. 1989.

247 Stewart, K. Mohave Warfare. In *The Californian Indians: A Source Book.* Ed. M. A. Whipple. Berkeley, University of California Press. 1962.

248 Eckhart, W., Wilkinson, D. *Civilization, Empires and Wars: A Quantitative History of War.* Jefferson, North Carolina: McFarland & Company. 1992.

249 Heider, K. G. *Grand Valley Dani: Peaceful Warriors.* New York: Holt Rinehart and Winston, 1979. Page 106.

250 기원전 480년 9월의 어느 날 벌어진 살라미스 해전에서는 8시간 만에 4만 명의 선원과 병사들이 푸른 에게 해에 수몰되었으나, 이는 페르시아 제국 전체 인구를 기준으로 볼 때 10만 명당 70명 미만 정도에 해당했던 것으로 추정된다.

251 Badsey, S. (Ed). 2000. *Atlas of World War II Battle Plans: Before and After*. Oxford: Helicon. Operation Barbarossa opened on a 1,000-mile front on June 22, 1940 with 3,360,000 men, 3,600 guns, and 2,500 aircraft.

252 Wright, Quincy. *A Study of War*. Chicago: Chicago University Press. 1942. (2nd edition 1965).

253 Talbott, Strobe (trans). *Khrushchev Remembers; The Last Testament*. New York: Little Brown. 1974. McNamara, Robert S. *Blundering into Disaster: Surviving in the First Century of the Nuclear Age*. New York: Pantheon Books, 1986.
McNamara, Robert S. (with Brian Van-DeMark.). *In Retrosepct: The Tragedy and Lessons of Vietnam*. New York: Times Books. 1995.

254 Rees, Sir Martin. *Our Final Hour: A Scientist's Warning: How terror, error, and environmental disaster threaten humankind's future in this century—n earth and beyond*. New York: Basic Books. 2003. Page 26.

255 Schlesinger, A. H. Jr. *New York Times*. October 1, 2002.

256 Chagnon, Napoleon. *Yanomamo: The Fierce People*. Fort Worth: Harcourt Brace Jovanovich. 1992.

257 Faulkner, R. O. Egyptian Military Organisation. *Journal of Egyptian Archaeology* 39:32-47. 1953.

258 Lloyd, A. B. (Ed.) *Battle in Antiquity*. London: Dickerson. 1966. Page 233.

259 Vayda, A. P. *Maori Warfare*. Wellington: The Polynesia Society Incorporated. Clarke, George. *Notes on Early Life in New Zealand*. Hobart: Watch. 1903. Page 10.

260 Dunnigan, James F. *A Comprehensive Guide to Modern Warfare*. New York: William Morrow. 1982. Page 331.
van Creveld, Martin, *Technology and War: From 2000 BC to the Present*. Toronto: Maxwell Macmillian Canada. 1991.

261 George Roux, George. *Ancient Iraq*. New York: Penguin. 1986.

262 Newby, P. H. *Warrior Pharaohs: The Rise and Fall of the Egyptian Empire*. London: Faber and Faber. 1980.

263 Dupuy, R. Ernest, and Dupuy, Trevor. *Encyclopedia of Military History from 3500 BC to Present*. New York: Harper and Row. 1970. Page 286.

264 Dunnigan, James F. *A Comprehensive Guide to Modern Warfare*. New York: William Morrow. 1982. Page 215.

265 Boehm, Christopher. *Hierarchy in the Forest: The Evolution of Egalitarian Behavior*. Cambridge, MA: Harvard University Press. 1999. Page 61.

266 Gabriel, Richard & Karen Metz. *Sumer to Rome: The Military Capabilities of Ancient Armies*. New York: Greenwood Press. 1991.

267 Boehm, Christopher. *Hierarchy in the Forest: The Evolution of Egalitarian Behavior*. Cambridge, MA: Harvard University Press. 1999. Page 18.

268 Wrangham, Richard. Is military incompetence adaptive? *Evolution and Human Behavior* 20:3–17. 1999.

269 Johnson, Dominic, Wrangham, Richard, Rosen, Stephen P. Is military incompetence adaptive? An empirical test of risk-taking behavior in modern warfare. *Evolution and Human Behavior* 23:245–264. 2002.

270 Regan, Geoffrey. *Someone Had Blundered: A Historical Survey of Military Incompetence*. London: Batsford. 1987. Page 232.

271 Ibid. Page 263.

272 Lukas, John. *Five Days In London, May 1940*. New Haven: Yale University Press. 1999.

273 Caesar, Julius. *The Conquest of Gaul* IV.1 (Trans. S. A. Handforth). London: Penguin Books. Page 88.

274 Hanson, Victor Davis. *Carnage and Culture: Landmark Battles in the Rise of Western Power*. New York: Doubleday. 2001.

275 Holmes, Richard. Battle: The Experience of Modern Combat. In *The Oxford History of Modern War*. Ed. Charles Townshend. Oxford: Oxford University Press. 2000. Page 198.

Holmes, Clive. *The Gentry in England and Wales, 1500–1700*. Stanford: Stanford University Press. 1994.

276 Madden, David. *Beyond the Battlefield: The Ordinary Life and Extraordinary Times of the Civil War Soldier*. New York: Touchstone. 2000.

277 Beevor, Antony. *Stalingrad: The Fateful Siege: 1942-1943*. London: Viking. 1998. Page 170.

278 Holper, J. J. Kin term usage in the Federalist: Evolutionary foundations of public rhetoric. *Politics and the Life Sciences* 15:265–272. 1996.

279 Ellis, John. *Eye-Deep in Hell: Trench Warfare in World War I*. Baltimore: Johns Hopkins Press. 1989. Page 84.

280 Miles, Maria. *Patriarchy and Accumulation on a World Scale: Women in the International Division of Labour*. London: Zen Books. 1986.

281 Gabriel, R. A., Metz, K. S. *From Sumer to Rome: The Military Capabilities of Ancient Armies*. Westport, NY: Greenwood Press. 1991. Page 87.

282 Ephesians 6:5.

283 Jopling, Carol. *The Coppers of the Northwest Coast Indians: Their Origin, Development and Possible Antecedents*. Philadelphia: American Philosophical

Society. 1989.

284 Meillassoux, C. *L' esclavage en Afrique precoloniale*. Paris: Maspero. 1975.

285 *Exodus*. 21:2-6

286 Levy, Barry S., and Sidel, Victor W. (Eds.) *War and Public Health*. Washington: American Public Health Association. 2000.

287 Adams, Gordon. Iraq' s sticker shock. *Foreign Policy* March/April 2007. Page 34.

288 Survey of the defence industry. *The Economist*. July, 20, 2002.

289 United Nations Development Program. *Human Development Report*. New York: Oxford University Press. 1994.

290 Finn, Mark V., Geary, David C., Ward, Carol V. Ecological dominance, social competition, and coalitionary arms races: Why human evolved extraordinary intelligence. *Evolution and Human Behavior* 26:10-46. 2005.

291 Carneiro, Robert. A theory of the origin of the state. *Science*. August 21, 1970. Pages 734-731.

292 Samuel. 17:45

293 Newby, P. H. *Warrior Pharaohs: The Rise and Fall of the Egyptian Empire*. London: Faber and Faber. 1980. Page 65.

294 Ekelund, R. B., Hebert, R. F., Tollison R. D., Anderson, G. M., Davidson, A. M. Sacred Trust: The Medieval Church as an Economic Firm. New York: Oxford University Press. 1996.

295 Woodward, Bob. *Plan of Attack*. New York: Simon and Schuster. 2004. Page 282.

296 *New York Times*. March 11, 2003. Page A28.

297 Charles Darwin. 1871. *The Descent of Man and Selection in Relation to Sex*. New York: The Modern Library. Page 470.

298 Donald Brown. *Human Universals*. New York: McGraw Hill. 1991.

299 Hardy, Sir Alister. *The Divine Flame*. London: Collins. 1966. Page 174.

300 Lee A. Kilpatrick. *Attachment, Evolution, and the Psychology of Religion*. New York: The Guildford Press. 2005.

301 Wilson, Edward O. *Consilience: The Unity of Knowledge*. New York: Alfred Knopf. 1998.

302 Wilson, David Sloan. *Darwin' s Cathedral: Evolution, Religion and the Nature of Society*. Chicago: University of Chicago Press. 2002.

303 Media & Society Research Group. Restrictions on Civil Liberties, Views of Islam, and Muslim Americans. Quoted in *The Atlantic Monthly*. April 2005. Page 44.

304 Plante, Thomas G. and Thoresen, Carl T. *Spirit, Science, and Health: How the*

Spiritual Mind Fuels Physical Wellness. Westport, CT: Prager. 2007.

Steffen, P. R., Hinderliter, A. L., Blumenthal, J. A., Sherwood, A. Religious coping, ethnicity, and ambulatory blood pressure. *Psychosomatic Medicine* 63: 523-530. 2001.

Oman, D., Kurata, J. H., Strawbridge, W. J., Cohen, R. D. Religious attendance and cause of death over 31 years. *International Journal of Psychiatry in Medicine* 32:69-89. 2002.

305 Hummer, R. A., Rogers, R. G., Nam, C. B., Ellison, C. G. Religious involvement and {U.S.} adult mortality. *Demography* 36, 273-285. 1999.

306 Yagoub, Yousif Al-Kandari. Religiosity and its relation to blood pressure among selected Kuwaitis. *Journal of Biosocial Science* 35:463-473. 2003.

307 Waller, N., Kojetin, B., Bouchard,, T., Lykken, D., Tellegen, A. Genetic and environmental influences on religious interests, attitudes, and values: A study of twins reared apart and together. *Psychological Science* 1: 138-142. 1990.

308 Rodinson, Maxime (Trans. Anne Carter). *Mohammed.* London: Penguin Books. 1971. Page 167.

309 Dupuy, R. Ernest and Dupuy, Trevor. *Encyclopedia of Military History from 3500 BC to Present.* New York: Harper and Row. 1970. Page 848.

310 Carrasco, David. *City of Sacrifice: The Aztec Empire and the Role Of Violence in Civilization.* Boston: Beacon Press. 1999.

311 Duran, Diego. *The History of the Indies of New Spain,* c. 1581 (Trans. Doris Heyden). Oklahoma City: University of Oklahoma Press. 1994.

312 Soisson, Pierrs & Janine Soisson. *Life of the Aztecs in Ancient Mexico.* Geneva: Editions Minerva SA. 1978.

313 Hassig, Ross, *Aztec Warfare: Imperial Expansion and Political Control.* Norman: University of Oklahoma Press. 1989. Page 124.

314 Soisson, Pierre. *Life of the Aztecs in Ancient Mexico.* Geneva: Editions Minerva SA. 1978.

315 Benjamin, Daniel, and Simon, Steven. *The Age of Sacred Terror.* New York: Random House. 2002.

316 Lewis, C. S. *The Screwtape Letters.* London: Collins. 1942.

317 Lewis, C. S. *A Grief Observed.* London: Collins. 1961.

318 Potts, Malcolm. Grief has to be. *The Lancet.* 343:279. 1994.

319 Rhodes, Richard. *The Making of the Atomic Bomb.* New York: Simon and Schuster. 1986. Page 704.

320 de Waal, Frans. *Peacekeeping among Primates.* Boston, MA: Harvard 1989. Page

10.

321 Goodall, Jane. *Chimpanzees of Gombe: Patterns of Behavior.* Cambridge, MA: The Belknap Press of Harvard University. 1986. Page 556. Quoting A. Krotlandt.

322 Gabriel, R. A., Metz, K. S. *From Sumer to Rome: The Military Capabilities of Ancient Armies.* Westport, NY: Greenwood Press. 1991.

323 Edward Mewan, E., Miller, R., Bergson, C. Early bow design and construction. *Scientific American* June.1991.

324 Buchan, J. *Montrose.* London: Nelson 1928.

325 Chapman, John. The Origins of Warfare in the Prehistory of Central and Eastern Europe. In *Ancient Warfare.* John Carman and Anthony Harding (Eds). Stroud, Gloucestershire: Sutton. Pages 101–142. 1999.

326 Ritchie, W. F., and Ritchie, J. N. G. *Celtic Warriors.* Princess Risborough: Shire Archaeology. 1997.

327 Frolich H. *Die Militarmedicin Homers.* Stuggart 1879. Gabriel, R.A., Metz, K.S. *From Sumer to Rome: The Military Capabilities of Ancient Armies.* Westport, NY: Greenwood Press. 1991 Quoted Page 9.

328 Richie, W. F. & J. N. G. Ritchie. 1997. *Celtic Warriors.* Princess Risborough: Shire Archaeology. 1997.

329 Postgate, J. N. *Taxation and Conscription in the Assyrian Empire.* Rome: Biblical Institute Press. 1974.

330 Brocon, G. I. *The Big Bang: A History of Explosives.* Stroud, Gloucestershire: Sutton. 1998.

331 Davis, Victor Hanson. *Carnage and Culture: Landmark Battles in the Rise of Western Power.* New York: Random House. 2001.Page 64.

332 Fornander, Abraham. *An Account of The Polynesian Race Its Origins and Migrations and the Ancient History of the Hawaiian People to the Times of Kamehameha 1.* London: Turner & Co, 1880.

333 van Creveld, M. *Technology and War: from 2000 BC to the Present.* London: Collier Macmillan. 1981.

334 Ibid. Page 38.

335 McCallum, H. D., McCallum F.T. *The Wire That Fenced the West.* Norman: University of Oklahoma Press. 1965.

336 Cross, Wilbur. 1991. *Zeppelins of Word War I.* London: Paragon House. Page 19.

337 *Kolnische Zeitung,* January 21, 1915.

338 Wyatt, R. J. *Death From the Skies: The Zeppelin Raids over Norfolk, 19 January, 1915.* Norwich: Gliddon Books. 1990.

339 Jones, H. A. *The Air War*. Oxford: Oxford University Press. 1937. Appendix.

340 Hastings, Max. *Bomber Command,* London: Michael Joseph. 1979. Page 19.

341 Blair, Clay. *Hitler's U-Boat War: The Hunters,* 1939-1942. New York: Random House. 1996.

342 Hastings, Max. *Bomber Command*. London: Michael Joseph. 1979. Page 106.

343 Ibid. Page 94.

344 Lee, Raymond. *The London Observer*. London: Hutchinson. 1972. Page 372.

345 Taylor, A. J.P. *The Second World War*. London: Hamish Hamilton. 1975. Page 129.

346 벨 주교는 다음과 같이 말했다. "적진의 도시에 지금과 같은 규모로 폭격을 지시하는 정책과 관련하여 정부에 이의를 제기하고자 한다. (…) 유럽의 해방자인 우리가 항상 전쟁을 제어하면서 힘을 사용해야 사실은 매우 중요하다."

347 Terraine, John. *Right of the Line; The Royal Air Force in the European War 1939-1945*. London: Hodder & Stoughton.1985. 4만 5천 명이 집을 잃었고, 4백 여 명이 목숨을 잃었다. RAF는 공군력의 4퍼센트 미만의 손실을 입었으며, 이는 대부분의 소규모 습격의 경우보다도 낮은 비율에 해당했다.(425쪽)

348 Caidin, Martin. *The Night Hamburg Died: Allied Bombs Burned a City to Death*. New York: Ballantine Books. 1960.

349 Sir Arthur Harris. *Bomber Offensive*. London: Collins. 1947. Page 267.

350 Terraine, John. *Right of the Line; The Royal Air Force in the European War 1939-945*. London: Hodder & Stoughton.1985. Page 682.

351 Fourth Supplement of *The London Gazette* No. 36235 of Friday, November 5, 1943.

352 Hinchcliffe, Peter. *The Other Battle: Luftwaffe Night Aces versus Bomber Command*. London: Zenith Press. 1996.

353 Hilling, John. *Strike Hard: A Bomber Airfield at War—AF Downham Market and its Squadrons, 1942-1946*. Stroud, Gloucestershire: Alan Sutton Publishing Limited. 1996. Page 89.

354 Sherry, Michael S. *The Rise of American Air Power: The Creation of Armageddon*. New Haven: Yale University Press. 1987. Page 406.

355 Ohnuki-Tierney, Emiko. *Kamikaze Diaries: Reflections of Japanese Student Soldiers*. Chicago: University of Chicago Press. 2006.

356 Davis, Victor Hanson. *Carnage and Culture: Landmark Battles in the Rise of Western Power*. New York: Random House. 2001. Page 84.

357 Ibid. Page 104.

358 Rossabi, M. All the Khan's horses. *Natural History* October 1994. Pages 49-56.

359 Nicolle, D, Shpakovsky V. *Kalka River 1223: Genghiz Khan' s Mongols invade Russia*. Wellingborough Northants: Osprey Books. 2001.

360 Norwich University. Master of Arts in Military History on Line. http://www.historyguy.com/Gulf-War.html (accessed March 16, 2008).

361 Fornander, Abraham. *Ancient History of the Hawaiian People to the Times of Kamehameha 1*. Honolulu:Mutual Publishing. 1996 (Reissue).

362 Vayda, A. P. *Maori Warfare*. Wellington: The Polynesian Society Incorporated. 1960.

363 Reuter, Christopher and Ragg-Kirby. Helene. *My Life as a Weapon: Modern History of Suicide Bombing*. Princeton: Princeton University Press. 2004. Page 86.

364 Rhodes, Richard. *The Making of the Atomic Bomb*. New York: Simon and Schuster. 1986. Page 725.

365 Broad, W. J. From the start, the space race was an arms race. *New York Times*. September 25, 2007. Page D10.

366 Sobel, Dava. *Galileo' s Daughter: A Historical Memoir of Science, Faith and Love*. New York: Walker Publishing. 1999.

367 Johnson, David. *V-1 V-2 Hitler' s Vengeance on London*. Chelsea: Scarborough House. 1981.

368 Ellis, John. *The Social History of the Machine Gun*. Manchester: Ayer Publishing. 1981. Page 56.

369 Howard, Martin. *Wellington' s Doctors: the British Army Medical Services in the Napoleonic Wars*. Staplehurst: UK Spellmount. 2002.

370 Isaiah 37:36.

371 McNeil, William. *Plagues and People*. London: Doubleday. 1977. Page 94.

372 Lobell, J. A. Digging Napoleon' s dead. In *The Archaeology of War*. Intro. Mark Rose. New York: Hatherleigh Press. 2005. Pages 114-117.

373 Mann, Charles C. *1491: Discovering what Americas were like before Columbus*. New York: Knopf. 2005.

374 Caesar. *The Conquest of Gaul*. Trans S.A. Handford. London: Penguin Books. 1951. VI. 43.

375 Deuteronomy 20:13-14.

376 Exodus 21:24-25.

377 Luke 6:29.

378 Tertullian. *On Ideology*. Trans S. Thewall. 27.

379 Aristotle. *Politics* 1,7,12552, 3,12555b.

380 St. Ambrose. *On the Christian Faith* Bk II, XVI, 136, 142, pages 241-242.
381 Christopher, P. *The Ethics of War and Peace: An Introduction to Legal and Moral Issues*. New Jersey: Prentice Hall. 1999. Page 48.
382 Russell, F. H. *The Just War in the Middle Ages*. Cambridge: Cambridge University Press. 1975. Page 308.
383 Nef, John U. *War and Human Progress on the Rise of Industrial Civilization*, Cambridge, MA: Harvard University Press. 1952.
384 Wedgewod, C.V. *The Thirty years War*. New Haven: Princeton. 1939. Pages 512-513.
385 Grotius, Hugo. *The Law of War and Peace*. New York: Boobs-Merrill Co. 1962.
386 *Encyclopedia American* 17: 143-144.
387 Massie, Robert K. *Dreadnought: Britain, Germany, and the Coming of the Great War*. New York: Random House. 1991. Page 431.
388 Krugman, Paul. King of pain. *The New York Times* September 18, 2006. Page A29.
389 Friedman, Leon (Ed.). *The Law of War: A Documentary History*. New York: Random House. 1972. Vol. 1. Page 3.
390 Cicero. *De Officiis* Bk 1. XI. Page 35.
391 Hartigan, Richard Shelly. *The Forgotten Victim: A History of the Civilian*. Chicago: Precedent. 1982. Pages 651-666.
392 Jehl, Douglas, and Schmitt, Eric. In Abuse, a Portrayal of Ill-Prepared, Overwhelmed GI.' s *The New York Times*. May 9, 2004. Page 1.
393 Goldhagen, Daniel J. *Hitler' s Willing Executioners: Ordinary Germans and the Holocaust*. New York: Knopf. 1996.
394 Argell, N. *The Public Mind*. London: Noel Douglas. 1926. Page 75.
395 Kiernan, Ben, *The Pol Pot Regime: Race, Power, and Genocide in Cambodia under the Khmer Rouge. 1975-1979*. New Haven: Yale University Press. 1996.
396 Slack, Jack. *Lieutenant Calley: His Own Story*. New York City: The Viking Press. 1970. Pages 108-109.
397 *New York Times Magazine*. April 26, 2001. Pages 50-133.
398 Vistica, Gregory L. One Awful Night in Thanh Phong. *The New York Times Magazine*. April 25, 2001.
399 *Basic Facts About the United Nations*. New York: UN. 1989.
400 Http://www.endevil.com/guncontrol.html.
401 Koestler, Arthur, *The Ghost in the Machine*. London: Penguin. 1967.
402 van Lawick, Hugo, and Goodall, Jane. *Innocent Killers*. London: Collins. 1970.

403 Augustine (trans. George G. Leckie). *Concerning the Teacher.* 1938. Appleton-Century-Crofts. Inc. Quoted in Freemantle, Anne. *The Age of Belief: The Mediaeval Philosophers.* Boston: Houghton Mifflin. 1954. Page 41.

404 Mian, Mohammad Sharif. *A History of Muslim Philosophy.* Vol. 1. Wiesbaden: Harrassowitz. 1963.

405 Choi, J-Y, and Bowles, S. The coevolution of parochial altruism and war. Science 316:636–640. 2007.

Arrow, H. The sharp end of altruism. *Science* 318:581–582. 2007.

406 Mavany. *I Live Across a Danger.* Bangkok: SVITA. 1980.

407 Burford, Bill. *Among the Thugs.* New York: W.W. Norton & Company. 1991. Page 239.

408 Burdor, S. (Ed) *Complete Josephus.* London: Hurst. Book V, Chapter 13.

409 Talbot Rice, T. The Crucible of Peoples: Eastern Europe and the Rise of the Slavs. In *The Dawn of European Civilization: The Dark Ages.* New York: McGraw Hill Book Co. Inc. 1965. Page 143.

410 Bray, B. *Montaillou: The Promised Land of Error* (Trans. LeRoy Ladurie). New York: Vintage Books. 1975.

411 Kirkpatrick, S. *The Conquest of Paradise: Christopher Columbus and Columbian Legacy.* New York: Alfred Knopf. 1991. Page 32.

412 Ibid. Page 157.

413 Mason, Capt. John. *A Brief History of the Pequot War: Especially of the Memorable taking of their Fort at Mistick in Connecticut in 1637.* Boston: S. Kneeland & T. Green. 1736. Page 30.

414 Chang, Iris. *The Rape of Nanking: The Forgotten Holocaust of World War II.* New York: Basic Books. 1997. Page 85.

415 Fornander, Abraham. *An Account of The Polynesian Race Its Origins and Migrations and the Ancient History of the Hawaiian People to the Times of Kamehameha 1.* London: Turner & Co, 1880. Page 123.

416 White, John. *The Ancient History of the Maori.* Wellington: Government Printer. Vol. IV. 1889. Vayda, A. P. Maori Warfare. Wellington: The Polynesian Society Incorporated. 1960. Page 93.

417 Bullock, Alan. *Hitler and Stalin: Parallel Lives.* London: Harper Collins. 1991. Page 551.

418 Conquest, Robert. *The Great Terror: A Reassessment.* Oxford: Oxford University Press. 1990. Page 223.

419 Goldhagen, Daniel Jonah. *Hitler' s Willing Executioners: Ordinary Germans and*

the Holocaust. New York: Alfred Knopf. 1994. Page 5.

420 Luther, Martin. *Von den Jueden und iren Lugen*. 1543. Quoted by Roul Hiberg in *The Destruction of the European Jews*. New York: New Viewpoints. 1973. Page 9.

421 http://en.wikipedia.org/wiki/Animal rights in_Germany (accessed March 25, 2008).

422 Deuteronomy 20:13.

423 Solzhenitsyn, Alexander S. *The Gulag Archipelago 1918-1956* (Trans. T. P. Whitney). New York: Harper and Row. 1973.

424 Zimbardo, P. G. The SPE: What it was, where it came from, and what came out of it. In *Obedience to Authority: Current Perspectives on the Milgram Paradigm*. T. Bliss, Ed. Mahwah, NJ: Lawrence Erlbaum Associates. 2000. Pages 198–210.

425 Declaration on Atomic Bomb by President Truman and Prime Ministers Attlee [Great Britain] and King [Canada]. The White House, Washington.

426 Harris, Robert, Paxman, Jeremy. *A Higher Form of Killing: The Secret Story of Chemical and Biological Warfare*. New York: Hill & Wang. 1982. Page 10.

427 Ibid. Page 43.

428 Rhodes, Richard H. *The Making of the Atomic Bomb*. New York: Simon & Schuster. 1986.

429 Powers, Thomas. *Heisenberg's War: The Secret History of the German Bomb*. New York: Alfred Knopf. 1993.

430 Trevisanato, Siro. The 'Hittite plague', an epidemic of tularemia and the first record of biological warfare. *Journal of Medical Hypotheses* 69:1371–1374. 2005.

431 Enserink, M. How devastating would a smallpox attack really be? *Science* 296:1592–1595. 2003.

432 Stone R. Smallpox: WHO puts off destruction of U.S., Russian caches. Science 295:598–599. 2002.

433 Finkel, E. Engineered mouse virus spurs bioweapon fears. *Science* 291:585. 2001.

434 Hutchinson, S. J. *Population and Food Supply*. Cambridge: Cambridge University Press.1969.

435 Smith, M. O. Scalping in the Archaic Period: Evidence from the Western Tennessee Valley. *Southeastern Archaeology* 14. 1995.

436 LeBlanc, Steven A. *Prehistoric Warfare in the American Southwest*. Salt Lake City: University of Utah Press. 1999.

437 Turner, A. K. Genetic and hormonal influences on male violence. In *Male*

Violence. J. Archer(Ed.). New York: Routledge. 1995. 233–252.

438 Arens, William. *The Man-Eating Myth: Anthropology and Anthropophagy*. New York: Oxford University Press. 1979.

439 Martar, R. A., Leonard, B. L., Billman, B. R., Lambert, P. M., Martar, J. E. Biochemical evidence of cannibalism at a prehistoric Puebloan site in southwestern Colorado. *Nature* 407:74–78. 2000.

440 Miguel, E., Satyanath, S., Sergenti, E. Economic shocks and civil conflict: An instrumental variables approach. *Journal of Political Economy* 112:725–753. 2004.

Miguel, E. Poverty and violence: an overview of recent research and implications for foreign aid. In *Too Poor for Peace? Global Poverty, Conflict, and Security in the 21st Century*. L. Brainard, D. Chollet (Eds). Washington. DC: Brookings Institution Press. 2007. Pages 50–59.

441 Diamond, Jared. Easter Island' s End. *Discover Magazine*. 1995.

442 Ramphal, S., Sinding, S. W. (Eds). *Population Growth and Environmental Issues*. Westport, CT: Praeger. 1996.

443 Peluso, N. L., Watts, M. *Violent Environments*. Ithaca: Cornell University Press. 2001

444 Kaplan, R. D. The coming anarchy: how scarcity, crime, overpopulation, and disease are rapidly destroying the social fabric of our planet. *Atlantic Monthly* February 1994. Pages 44–76.

Kaplan, R. D. *The Ends of the Earth: A Journey at the Dawn of the 21st Century*. New York: Random House. 1996.

445 May, John. Demographic pressure and population policies in Rwanda, 1962–1994. *Population and Societies* 319. 1996.

446 Fairhead, J. International dimensions of conflict over natural and environmental resources. In *Violent Environments*. N. L. Peluso and M. Watts (Eds). Ithaca: Cornell University Press. 2001.

447 Turchin, P., and Korotayev, A. *Population Dynamics and Internal Warfare: a Reconstruction*. In press.

448 Homer-Dixon, Thomas. *Environment, Scarcity, and Violence*. Princeton; Princeton University Press. 1999.

449 Benedick, Richard. Human Population and Environment Stress in the Twenty-first Century. *Environmental Change and Security Project Report*. 6:5–18. 2000.

450 Renner, M. The Anatomy of Resource Wars. *State of the World Library*. Washington, DC. Worldwatch Paper. 2002.

Gleditsch, N. P. Armed Conflict and the Environment: A Critique of the Literature. *Journal of Peace Research* 35:381–400. 1998.

451 Myers, N., and Kent, J. New consumers: The influence of affluence on the environment. *Proceedings of the National Academy of Sciences U.S.* 100: 4963–4968. 2003.

452 Cincotta, Richard P., Engelman, Robert, Anastasion, Daniele. *The Security Demographic: Population and Civil Conflict After the Cold War*. Washington: Population Action International. 2003.

453 Benjamin, Daniel, and Simon, Steven. *The Age of Sacred Terror*. New York: Random House. 2002.

454 Reuter, Christopher. *My Life is a Weapon*. Princeton and Oxford: Princeton University Press. 2004. Page 8.

455 Noonan, John. *Contraception: A History of Its Treatment by the Catholic Theologians and Canonists*. Cambridge, MA: Harvard University Press. 1968.

Pagels, Elaine. *Adam, Eve, and the Serpent*. New York: Random House. 1988. Page 99.

Haskins, Susan. *Mary Magdalen: Myth and Metaphor*. New York: Harper Collins. 1994. Pages 72–74.

456 Ranke-Heinemann, Uta. *Eunuchs for Heaven: The Catholic Church and Sexuality* (Trans. John Brownjohn). London: Andre Deutsch. 1990. Page 138.

457 Noonan, John. *Contraception: A History of Its Treatment by the Catholic Theologians and Canonists*. Cambridge, MA: Harvard University Press. 1968.

458 Fildes, Valerie. *Breasts, Bottles and Babies: A History of Infant Feeding*. Edinburgh: Edinburgh University Press. 1986. Page 175.

459 Stopes-Roe, Harry V., and Scott, Ian. *Marie Stopes and Birth Control*. London: Priory Press. 1974.

Soloway, Richard A, *Birth Control and the Population Question in England, 1877-1930*. Chapel Hill: University of North Carolina Press. 1982.

460 Mohr, James C. *Abortion in America: The Origins and Evolution of National Policy*. New York: Oxford University Press. 1978.

461 Potts, Malcolm. Sex and the Birth Rate. *Population and Development Review* 23:1–40. 1997.

462 Campbell, Martha M., Salin-Hodoglugil, Nuriye S., Potts, Malcolm. Barriers to Fertility Regulation. *Studies in Family Planning* 37:87–98. 2006.

463 Sanger, Margaret. *Margaret Sanger: Pioneering Advocate for Birth Control*. New York: Cooper Press. 1999. Facsimile of 1938 edition.

464 Gray, Madeline. *Margaret Sanger: A Biography of the Champion of Birth Control.* New York: Richard Marek Publishers. 1979.

465 Asbell, Bernard. *The Pill: A Biography of the Drug that Changed the World.* New York: Random House. 1995.

466 Temkin, Elizabeth. Nurses and the prevention of war: public health nurses and the peace movement in World I. In *War and Public Health.* Barry S. Levy and Victor Sidel, Eds. Washington: American Public Health Association. 2000. Pages 350–359.

467 The Alan Guttmacher Institute. *Sharing Responsibility: Women, Society and Abortion Worldwide.* New York: The Alan Guttmacher Instutute. 1999.

468 Wills, Garry. *Papal Sin: Structures of Deceit.* New York: Doubleday. 2000. Page 94.

469 All Party Group on Population, Development and Reproductive Health. *Return of the Population Growth Factor: Its Impact on the Millennium Development Goals.* London: Portcullis House, House of Commons. 2006. Page 16.

470 Ibid. Page 20.

471 Davis, Kinsley. Population policies: Will current program succeed? *Science* 158:730–739. 1967

472 Connelly, Matthew. *Fatal Misconceptions: The Struggle to Control World Population.* Cambridge, MA: The Belknap Press of Harvard University Press. 2008. Page 320.

473 Thomas D' Agnes. *From Condoms to Cabbages: An Authorized Biography of Mechai Viravaidya.* Bangkok: Post Books. 2001.

474 Anon. *From Battlefront to Community: The Story of Gonoshasthaya Kendra.* Dhaka, Bangladesh: Gonoshasthaya Kendra. 2006.

475 Vahidnia, Farnaz. Case study: fertility decline in Iran. *Population and Environment* 28:259–266. 2007.

476 Sissmann, Sarah, and Barbier, Christophe. L' effect Soleilland: Une affaire de femmes. *L' Express.* August 30, 2004.
Corliss, Richard. Shades of Gray. *Time.* January 15, 1990.

477 Harry S. Truman Library Oral History. http://www.trumanlibrary.org/oralhist/draperw.htm (accessed March 26, 2008).

478 Smelser, Neil J., and Mitchell, Faith (Eds). *Discouraging Terrorism: Some Implications of 9 · 11.* Washington: National Academies Press. 2002.

479 Mumford, Stephen D. *The Life and Death of NSSM 200: How the Destruction of Political Will Doomed a US Population Policy.* Research Triangle Park, North

Carolina: Center for research on Population and Security. 1996.

480 *The 9·11 Commission Report: Final Report of the national Commission on Terrorist Attacks upon the United States*. New York: W.W Norton & Co. 2004. Page 54.

481 Campbell, Martha M. Schools of thought: An analysis of interest groups influential in international population policy. *Population and the Environment* 19: 487–512. 1998.

Campbell, Martha. Why the silence on population? *Population and the Environment* 29:237–246. 2007.

Potts, Malcolm, and Campbell, Martha. Reverse gear: Cairo' s dependence on a disappearing paradigm. *Journal of Reproduction and Contraception* 16:179–186. 2005.

482 Speidel, J. Joseph, Weiss, Deborah, Ethgelston, Sally A., Gilbert, Sarah M. Family planning and reproductive health: the link to environmental preservation. *Population and Environment* 28: 247–258. 2007. See also: The donor landscape http://www.packard.org/assets/files/population/programs%20review/pop_rev_speidel_030606.pdf (Accessed July 2006).

483 *The Return of the Population Factor: Impact on the Millennium Development Goals*. Report of hearings in U.K. Parliament, report November 2006. Page 29.

484 Krugman, Paul. March of Folly. *International Herald Tribune*. July 18, 2006.

485 Harris, Sam. *The End of Faith: Religion, Terror and the Future of Reason*. New York: Norton & Co. 2004. Page 100.

486. Belgium SABENA and Swiss.

487. 이 간단한 조치가 취해진 이후로 단 한 대의 민간 항공기도 납치되지 않았다.

488. Wright, Lawrence. *The Looming Tower: Al Qaeda and the Road to 9·11*. New York: Alfred A. Knopf. 2006.

489 Alexander, D. A., and Klein, S. The psychological aspects of terrorism from denial to hyperbole. *Journal of the Royal Society of Medicine*. 98:557–562. 2005. 490. http://teaching.arts.usyd.edu.au/history/hsty3080/3rdYr3080/Callous%20Bystanders/isolationism.html

491 Naylor, S. *Not a Good Day to Die: The Untold Story of Operation Anaconda*. New York: Berkeley Caliber Books. 2005. Page 56.

492 Ibid. Page 272.

493 Godges, J. Afghanistan on the edge. *Rand Review*. Summer 2007. Pages 14–22.

494 Yingling, P. A Failure in Generalship. *Armed Forces Journal*. April 27, 2007.

495 Webb, M. *Illusions of Security: Global Surveillance and Democracy in the Post*

9·11 World. San Francisco: City Lights. 2006.

496 Johnson, Dominic, McDermott, Rose E., Barrett, Emily S., Cowden, Jonathan, Wrangham, Richard, McIntyre, Matthew H., Rosen, S. P. Overconfidence in wargames: experimental evidence on expectations, aggression, gender and testosterone. *Proceedings of the Royal Society B: Biological Sciences* 273:2513-2520. 2006.

497 Woods, Kevin, Lacey, James, Murray, William. Saddam' s Delusions: The View From the Inside. *Foreign Affairs*. May/June 2006. Pages 2-26.

498 Phillips, Kevin. *American Theocracy: Perils and Politics of Radical Religion, Oil, and Borrowed Money in the 21st Century*. New York: Viking. 2006.

499 Quotation from Richard Kerr, Deputy Director CIA under George H. W. Bush. In Joseph S. Nye, Jr. Transformational Leadership and U.S. Grand Strategy. *Foreign Affairs*. July/August 2006. Pages 139-148.

500 Machiavelli, Niccolo (Trans. Daniel Donno). *The Prince*. 1531. New York: Bantam Classic. Page 31.

501 Phillip Gordon. Air Power Won' t Do It. *Washington Post*. July 25, 2006. Page A15.

502 Poll by the Jerusalem Media and Communications Center, quoted in *The Economist,* July 22, 2006. Page 31.

503 Sudan: catastrophe looms. *The Economist*. September 9, 2006. Page 13.

504 Bridgland F. Riding with the Janjaweed. *Sunday Herald* (Scotland). July 8, 2004. http://www.sundayherald.com/43939

505 *Strategic Survey 2003/4: An Evaluation and Forecast of World Affairs*. International Institute of Strategic Studies. May 2004.

506 U.S. State Department and U.S. Department of Defense, Foreign Military Assistance Act. *Report to Congress*. http://www.fas.org/asmp/profiles/index.html.

507 Langewiesche, Lawrence. The Wrath of Khan. *The Atlantic*. November 2005.

508 Sobhani, S. *The Pragmatic Entente*. New York: Prager. 1989. Page 146.
Hiro, D. *The Longest war: the Iran-Iraq Military Conflict*. New York: Routledge. 1991. Page 118.

509 Kaplan, F. All it touched off was a debate. *New York Times*. September 18, 2005. Page 5.

510 The long, long half-life. *The Economist*. June 8, 2006. Pages 21-23.

511 Knightley, Phillip. *The First Casualty. From the Crimea to the Falklands: The War Correspondent as Hero, Propagandist and Myth Maker*. London: Pan Books. 1989.

512 Kronblut, A., and Stolberg, S. G. In speech, Bush warns of risks in quitting Iraq. *New York Times*. September 1, 2006.

Rich, Frank., Rumsfeld, Donald. Dance with the Nazis (Op-ed). *New York Times*. September 3, 2006.

513 Human Development Report 2007/2008. United Nations Development Program. New York: Palgrave Macmillan, 2007. Page 25.

514 *EarthPulse: The Essential Visual Report on Global Trends*. Washington, DC: National Geographic Society. 2008.

515 Gourevitch, Philip. *We Wish to Inform You That Tomorrow We Will Be Killed With Our Families: Stories From Rwanda*. New York: Farrar Straus and Giroux. 1998.

516 Crigin, K., and Curiel, A. Prime Numbers. *Foreign Affairs*. September/October 2006. Pages 34–35.

517 Thun, M. J., Apicella, L. F., Henley, S. J. Smoking vs other risk factors as causes of smoking-attributable deaths. *Journal of the American Medical Association*. 284:706–712. 2000.

518 Herbert, B. Ike saw it coming. *New York Times*. February 27, 2002. Page A23.

519 Nichols, John. *The Nation Magazine*. May 17, 2004. Speech in Greenboro, North Carolina, Oct 10, 2000.

Blumenthal, Sidney. The religious warrior of Abu Ghraib: an evangelical U.S. general played a pivotal role in Iraqi Prison reform. *The Guardian* (London). May 20, 2004.

Cooper, Richard T. General casts war in religious terms: The top soldier assigned to track down Bin Laden and Hussein is an evangelical Christian who speaks publicly of "the army of God." *Los Angeles Times*. October 16, 2003.

521 President Bush and some relatives of the fallen lean on each other. *The New York Times*. November 10, 2007.

522 Deuteronomy 20:16–17.

523 Barrett, David, Kurian, George, Johnson, Todd (Eds). *World Christian Encyclopedia* (2nd edition). New York: Oxford University Press. 2001. 2 vols.

524 Harris, Sam. *The End of Faith: Religion, Terror, and the Future of Reason*. New York: W. W. Norton. 2004. Page 35.

525 Shah, Timothy, and Toft, Monica. Why God is winning. *Foreign Policy* July/August 2006. Pages 39–43.

526 Wilson, Edward O. *Sociobiology*. Cambridge, MA: Harvard University Press. 1975.

527 Haidt, J. The new synthesis in moral psychology. *Science* 316: 998–1001. 2007.

528 Nowak, M. A., and Sigmund, K. Evolution of indirect reciprocity. *Nature* 437: 499–502. 2005.

529 Haidt, J. The new synthesis in moral psychology. *Science* 316: 998–1001. 2007. Also: Bowles, Samuel. Group Competition, Reproductive Leveling, and the Evolution of Human Altruism. *Science* 314:1569–1572. 2006.

530 Greene, Joshua D., Sommerville, R. Brian, Nystrom, Leigh E., Darley, John M., Cohen, Jonathan D. An fMRI Investigation of Emotional Engagement in Moral Judgment. *Science* 293:2105–2108. 2001.

531 Market forces. *The Economist*. August 5, 2006. Page 37.

532 Goodall, Jane. *Reason for Hope: A Spiritual Journey*. New York: Warner Books. 1999. Page 293.

533 Ibid. Page 117.

534 Churchill, Winston. Speech, September 11, 1940.

535 Boothby, J. C., and Halperin, J. Mozambique child soldier life outcome study: lessons learned in rehabilitation and reintegration efforts. *Global Public Health* 1:87–107. 2006.

536 Liddell Hart, B.H. *Strategy*. London: Meridian. 1967.

537 Pinker, S. *The Blank Slate: The Modern Denial of Human Nature*. London: Penguin Books. 2002.

538 Adams, D. The Seville Statement on Violence: A progress report. *Journal of Peace Research* 26:113–121. 1989.

539 *For example, in 1641 by Massachusetts.*

540 Woolman, John. *Some Considerations on Keeping Negroes*. 1754. Northampton, MA: Gehenna Press. 1970 (reprint).

541 Reardon, Betty. *Women and Peace: Feministic Vision of Global Security*. Albany, NY: State University of New York Press. 1993.

542 Potts, Malcolm. Why can' t a man be more like a woman? Sex, Power and Politics *Obstetrics and Gynecology* 106:1065–1070. 2005.

543 Fearon, Kate. *Women' s Work: The Story of the Northern Ireland Women' s Coalition*. Belfast: The Blackstaff Press. 1999.

544 information@huntalternatives.org.

545 Fearon, James D., and Laitin, David D. Ethnicity, insurgency and civil war. *American Political Science Review* 97:36–58. 2003.

Rice, S.E. Poverty breeds insecurity. In *Too Poor for Peace: Global Conflict, and Security in the 21st Century*. L. Brainard, D. Chollet (Eds). Washington, DC:

Brookings Institution Press. 2007.

A Prime Minister's Strategy Unit Report to the Government of the UK. Investing in Prevention: An International Strategy to Manage Risks of Instability and Improve Crisis Response. February 2005.

546 Potts. M. Sex and the birth rate: human biology, demographic change, and access to fertility regulation methods. *Population and Development Review* 23:1–39. 1997.

547 Abu Bakr Naji. *The Management of Savagery: The Most Critical Stage through which the Umma Will Pass* (Trans. W McCants). Combating Terrorism Center, May 23, 2006. www.ctc.usma.edu/Management of_Savergy.pdf.

548 Campbell, M., Sahin, Hodoglugil, Potts, M. Barriers to fertility regulation: a review of the literature. *Studies in Family Planning* 37:87–98. 2006.

549 Kaplan, Robert D. *Soldiers of God: With Islamic Warriors in Afghanistan and Pakistan*. New York: Vintage Books. 1990. Page 49.

550 Stockholm International Peaces Institute (SIPI). www.sipri.org/contents/milap/milex/mex_database1.html (Accessed April 10, 2008).

Library Congress Country Studies. http://memory.loc.gov/cgi-bin/query2/r?frd/cstdy:@field(DOCID+il0184 (Accessed August 12, 2006).

551 Out of their silos. *The Economist*. June 10, 2006. Page 36.

552 Tian, Jingdong, Hui Gong, Nijing Sheng, Xiaochuan Zhou, Erdogan Gulari, Xiaolian Gao, and George Church. Accurate multiplex gene synthesis from programmable DNA microchips. *Nature* 432:1050–1054. 2004.

553 Wilson, E. O. *Consilience; The Unity of Knowledge*. New York: Alfred A Knopf. 1998. Page 264.

554 Abraham Lincoln, Second Inaugural Address, 1865.

옮긴이의 말

내게 전쟁이란 늘 TV나 신문, 책, 또는 노인들의 경험담 속에나 존재하는 것에 불과했다. 그런데 이 책을 한창 번역하고 있던 시기에 연평도 포격 사건이 터졌고, 전쟁이라는 실체는 한층 내 곁으로 성큼 다가온 느낌이었다. 전쟁터마다 나타나기로 유명한 외국 종군기자의 한국 입국 소식과 북한의 불안한 정치상황상 돌파구가 필요하다는 분석, 연평도 이외의 지역에 추가적 폭격이 있을 수 있다는 전문가의 의견, 그리고 엘리베이터에 붙은 유사시 대피요령 안내문과 35년 만에 처음 실시된 전국민 대피훈련은 '당장 내일 전쟁이 날지도 모른다(그럼 이 책은 무사히 출간될 수 있을까?)' 는 불안을 내게 안겼다. 설상가상으로 대통령을 비롯한 고위 인사들의 입에서는 '몇 배로 응징' 혹은 '철저히 보복' 하겠다는 과감한 발언이 쏟아지고 있었다. 테러에 관한 내용을 집중적으로 다룬 이 책의 5장을 보면, 미국을 위기로 몰고 간 것은 엄밀히 말하면 9·11 테러 자체가 아니라 그에 대한 미국 정부의 대응이었다. 그런데 여기 한국에서도 그와 똑같은 상황이 벌어지고 있었다. 다행히 전쟁은 일어나지 않았지만, 만일 충돌이 있었다면 이쪽이든 저쪽이든 수많은 사람들이 목숨을 잃었을지 모른다. 그리고 인류 역사에서 늘 그래 왔듯, 전쟁을 부르짖은 이들은 권력을 가진 지도자들이지만 목숨을 잃는 이들은 무고한 약자들이었을 것이다.

의사였던 이 책의 저자가 진화론과 생물학 등 다양한 분야로 눈을 돌리게 된 계기도 바로 이러한 아이러니에 대한 해답을 찾으려는 데서 출발했다. 진화론에서 그가 얻은 통찰은, 같은 인간을 공격하고 전쟁을 일으키는 인간의 폭력적 기질—'석기시대 충동'—은 '진화의 찌꺼기'라는 것이었다. 아득한 과거에는 인간의 생존과 번식에 유리하게 작용한 그러한 성향이 수많은 조건이 달라진 오늘날의 세계에서는 오히려 인간 종의 생존 자체를 위협하고 있다. 문명의 진화 속도를 생물학의 진화가 따라잡지 못하고 있는 것이다.

인간의 모든 발명이 언제든 무기로 돌변할 준비가 되어 있는 21세기에 '문명의 충돌'이 벌어진다면 그것은 특정 종교 간의 충돌이 아닌, '근본주의'와 '이성'의 충돌이 될 것이라고 저자는 말한다. 온전히 선한 세력과 온전히 악한 세력 같은 것은 없다. 15장에서 인용하고 있는 '선과 악을 나누는 경계는 모든 인간의 심장을 가로지른다'는 솔제니친의 통찰은 정확하다. 인간은 이성적 판단이 가능한 존재인 동시에 '생존 기계'로서의 생물학적 본성에서도 완전히 자유로울 수 없는 존재다. 21세기 문명의 충돌을 막고 우리가 살아남을 수 있는 유일한 길은 바로 이러한 겸손한 자각에서부터 출발할 것이며, 이 책은 독자들을 바로 그 출발점에 세워줄 수 있을 것 같다.

보통의 독자들에게 진화심리학은 어려운 이야기일 것이라는 선입견이 있을지도 모르겠다. 사실, 이 책을 읽다 보면 각종 분야의 경계를 허물고 자유롭게 드나들며 이야기를 풀어나가는 저자의 해박한 지식에 감탄하지 않을 수 없을 것이다. 그러나 그 방대한 지식으로 독자를 압도하거나 질식시키지 않고, 자칫 딱딱할 수 있는 내용임에도 불구하고 문외한조차도 쉽게 글 속으로 빠져들게 하는 힘은 중간중간 유머를 잃지 않는 저자의 글솜씨와 그 이면에서 스며 나오는 인간에 대한 따뜻한 시선에 있다. 암컷과 수컷의 특성을 비교하면서 저자인 말콤 포츠가 언급하는 자신과 아내 사이에 있었던 에피

소드, 수컷 간 위계질서와 신경전을 설명하면서 들려준 곰베 유역의 침팬지—녀석은 저자의 등에 자신의 생식기를 일부러 스치며 지나갔다!—이야기, 그리고 집단공격 및 전쟁의 기본 추동을 설명하기에 앞서 들려주는 캘리포니아 대학 학생들의 기발한 발표 수업 이야기 등이 양념처럼 곁들여져 읽는 재미를 더해준다. 아울러 중간중간 적절히 제시되는 인간의 폭력성, 복종성향, 집단 사고 등을 보여 주는 각종 심리 실험 결과, 그리고 포로 수용이나 이라크 공격 등 구체적 정치 사안에 대한 설문 조사 결과—응답자의 성별에 따라 유의미한 차이가 나타남—나 아들을 둔 의원들과 딸을 둔 의원들의 정치 행보 간 차이 등에 관한 분석, 침팬지나 보노보의 성생활(인간과 비슷한 면이 꽤 많음을 결코 부인할 수 없다)에 관한 내용 등도 흥미진진하다. 모자라는 지식으로도 읽는 내내 내가 느꼈던 그 즐거움이 독자들에게도 똑같이 전달되었으면 하는 바람이지만, 혹여 미흡한 번역으로 인해 온전히 전달하지 못한 부분이 있지나 않을까 조바심이 들기도 한다. 아직 우리말로 완전히 정착되거나 통일되지 않은 듯한 용어나 표현은 한자나 영어 원문을 병기하여 의미를 명확히 하고자 했으나, 틀림없이 아쉬운 부분도 있을 것이다. 이에 대해 관련 분야의 전문가인 독자가 계시다면, 더 나은 의견을 주셔도 좋겠다.

끝으로 이 책이 나오기까지 언제나처럼 한결 같은 응원을 보내준 가족과 내 좋은 친구들, 전쟁과 관련된 내용에 든든한 자문 역할을 맡아준 TEAMKISH 회원들에게도 깊은 감사의 말을 전한다. 아울러 지난 여름 예술의 전당에서 들었던 전중환 선생의 진화심리학 강의와 (개인적으로 전혀 알지 못하지만) 관련 저서들로 내 부족한 지식을 채워준 여러 저자들에게도 신세를 졌음을 밝힌다.

2011년 봄

박경선

찾아보기

ㄱ

가브리엘, 디미트리오스Gavriel, Dimitrios 225
가오, 샤오리엔Gao, Xiaolian 493
간디, 라지브Gandhi, Rajiv 141
간디, 인디라Gandhi, Indira 141, 411
갈디카스, 비루테Galdikas, Birute 50
갈릴레오Galileo 309
개틀링, 리처드 조던Gatling, Richard Jordan 291, 293
게이츠, 러글스Gates, Ruggles 403
고와티, 패트리샤Gowaty, Patricia 170
골드하겐, 다니엘 요나Goldhagen, Daniel Jonah 363
괴링, 헤르만Göring, Hermann 297, 333, 364
구달, 제인Goodall, Jane 9, 35, 48, 50~52, 57, 65~66, 70~73, 77, 83, 170, 172, 176, 284, 309, 351, 473
구레비치, 필립Gourevitch, Philip 458
구스타부스 아돌프 왕Gustavus Adolphus, King 112
그랜트, 로즈마리Grant, Rosemary 41
그랜트, 피터Grant, Peter 41
그레이, 글렌Gray, Glenn 100, 117, 154, 185
그레이엄, 빌리Graham, Billy 463
그로티우스, 휴고Grotius, Hugo 323, 346
그린블랫, 로버트Greenblatt, Robert 10, 146
글레디쉬, 닐스 페터Gleditsch, Nils Petter 389
글레이저, 잭Glaser, Jack 423~424
글리든, 조지프 파웰Glidden, Joseph Farwell 292
긴머, 조르주Guynemer, Georges 89

ㄴ

나세르 대통령Nasser, President 128
나지, 아부 바크르Naji, Abu Bakr 484
나폴레옹Napoleon 289, 313
네루, 자와할랄Nehru, Jawaharlal 381
네일러, 션Naylor, Sean 483
노벨, 알프레드Nobel, Alfred 293
놀턴, 찰스Knowlton, Charles 406
누르하치Nurhaci 24~25
니얼 왕Niall, King 24~25
니콜라이 2세Nicholas II, Tsar 324
닉슨, 리처드Nixon, Richard 378, 422, 454
닐, 제임스Neel, James 218

ㄷ

다리우스 대왕Darius 242, 244
다윈, 찰스Darwin, Charles 7, 22, 35. 39, 40~44, 46, 48, 55, 78, 169, 175, 214~215, 265, 271, 280~282
다이아몬드, 제러드Diamond, Jared 65
다트, 레이몬드Dart, Raymond 203

대처, 마거릿Thatcher, Margaret 169
더들리, 수전Dudley, Susan 114
던바, 로빈Dunbar, Robin 230, 341
데이비드, 헨리David, Henry 134
데이비스, 저프Davis, Geof 15
데이비스, 킹슬리Davis, Kingsley 411
도너휴, 존Donohue, John 134~135
도브리닌, 아나톨리Dobrynin, Anatoly 237
도조 히데키Tojo Hideki 334
도킨스, 리처드 Dawkins, Richard 369
두란, 프레이 디에고Durian, Fray Diego 276
드 망, 앙리de Man, Henry 97
드 발, 프란스de Waal, Frans 57~58, 121, 283
드레이퍼, 윌리엄Draper, William 419
드로스닌, 마이클Drosnin, Michael 271
딜레이, 톰DeLay, Tom 269

ㄹ

라마 5세Ram V 402
라스 카사스, 바르톨로메 데de Las Casas, Bartolome 358
라이트, 퀸시Wright, Quincy 200, 235
람세스 2세Ramses II 332
람팔, 시리다Ramphal, Shridath 386
랭니스, 루이스Langness, Lewis 217
랭엄, 리처드Wrangham, Richard 9, 39, 69, 275
러셀, 프레데릭Russell, Frederick 322
러스킨, 존Ruskin, John 403
럼스펠드, 도널드Rumsfeld, Donald 270, 336, 346, 437, 440, 462
레빗, 스티븐 D. Levitt, Stephen D. 134~135
레이건, 로널드Reagan, Ronald 308, 421, 452
로퍼, 마릴린 키스Roper, Marilyn Keyes 203
롬멜, 에르빈Rommel, Erwin 90
루소, 장-자크Rousseau, Jean-Jacques 36~37, 172, 200
루이스, C. S. Lewis, C. S. 279~280
루즈벨트, 프랭클린 D. Roosevelt, Franklin D. 342, 376
루터, 마르틴Luther, Martin 363
르메이, 커티스LeMay, Curtis 236, 303, 317
르블랑, 스티븐LeBlanc, Steven 205, 210
리, 로버트 E.Lee, Robert E. 97
리들리, 매트Ridley, Matt 63
리버, 프랜시스Lieber, Francis 324
리어든, 베티Reardon, Betty 479
리키, 루이스Leakey, Louis 50
리프, 데이비드Rieff, David 340
리히트호펜, 만프레드 폰von Richthofen, Manfred 309
링컨, 에이브러햄Lincoln, Abraham 253, 323, 494

ㅁ

마르크스, 카를Marx, Karl 386
마셜, 조지 C.Marshall, George C. 180
마셜, S. L. A.Marshall, S. L. A. 103
마스크, 라에드 압델-하메드Masq, Raed Abdel-Hamed 148
마오쩌둥Mao Zedong 131
마이, 무크타르Mai, Mukhtar 486
마이어스, 노먼Myers, Norman 391~392
마일스, 마리아Miles, Maria 256
마키아벨리, 니콜로Machiavelli, Niccolo 443
마트마, 힐라리Matama, Hilali 50
마호메트Mohammed 150, 273~274
만, 호레이스Mann, Horace 281
만델라, 넬슨Mandela, Nelson 152
만델라, 위니Mandela, Winnie 152
말란, 다니엘 프랑수아Malan, Daniel Francois 44
매디슨, 제임스Madison, James 253
매케인, 존McCain, John 326
맥나마라, 로버트McNamara, Robert 228, 303
맥베이, 티모시McVeigh, Timothy 337~339
맨체스터, 윌리엄Manchester, William 101, 113
맬서스, 토머스Malthus, Thomas 386, 388
머피, 오디Murphy, Audie 98~99
메이, 존May, John 386
메이스, 루스Mace, Ruth 15
메이슨, 존Mason, John 358
메이저, 존Major, John 395

몬태규, 애슐리Montagu, Ashley 37
몬태규, C. E. Montague, C. E. 99
무샤라프 대통령Musharraf, President 434
미구엘, 에드워드Miguel, Edward 385
미드, 마가렛Mead, Margaret 37, 476
미셔, 프리드리히Miescher, Friedrich 42~43
미콜라셰크, 폴Mikolashek, Paul 438
밀그램, 스탠리Milgram, Stanley 81, 166
밀로셰비치, 슬로보단Milosevic, Slobodan 332

ㅂ
바오로 6세Paul VI, Pope 409
바울Paul, Saint 256, 464
바이너, 닐Wiener, Neil 129, 131
반두라, 앨버트Bandura, Albert 82
반즈, 톰Barnes, Tom 10, 235~236
버크, 조애나Bourke, Joanna 97
버클리, 윌리엄Buckley, William 214
버포드, 빌Buford, Bill 355
베긴, 메나헴Begin, Menachem 145
베네딕, 리처드Benedick, Richard 389
베르하르디, 테오도르 폰von Bernhardi, Theodor 254
베아, 이스마엘Beah, Ishmael 125
베이커, 제임스Baker, James 379, 440
베이컨, 로저Bacon, Roger 289
베한진 왕Behanzin, King 189
벨 주교Bell, Bishop 299
벨, 찰스Bell, Charles 312
보아스, 프란츠Boas, Franz 37
보어, 안드레아Boer, Andrea 131
보엠, 크리스토퍼Boehm, Christopher 243, 245
보울스, 새뮤얼Bowles, Samuel 353, 469
보이킨, 윌리엄 '제리' Boykin, William "Jerry" 463
뵐라우프, 율리우스Wohlauf, Julius 365
뵐러, 프리드리히Wohler, Freidrich 493
부르디에, 조지 앙리Beauthier, Georges Henri 336
부시, 조지 H. W. Bush, George H. W. 155, 395, 421, 463
부시, 조지 W. Bush, George W. 155, 160~161, 249~250, 270, 347, 420~421, 424, 434, 440~443, 455, 463
부시, 프레스콧 Bush, Prescott 420
부토, 베나지르Bhutto, Benazir 141, 169
부토, 줄피카르 알리Bhutto, Zulfikar Ali 381
불럭, 앨런Bullock, Allan 361
브라운, 프레스턴Brown, Preston 332
브래들로, 찰스Bradlaugh, Charles 406
블레어, 토니Blair, Tony 270, 336, 346
블레이크, 조지프Blake, Joseph 116
빈 라덴, 무하마드 빈 아와드bin Laden, Muhammad bin 395~396
빈 라덴, 오사마bin Laden, Osama 147, 150, 278, 354~355, 396~397, 422, 434~438, 447~448, 463
빌맨, 브라이언Billman, Brian 384
빌헬름 황제Wilhelm, Kaiser 296

ㅅ
사티아나스, 샹커Satyanath, Shanker 385
새폴스키, 로버트Sapolsky, Robert 136
생어, 마가렛Sanger, Margaret 395, 406~407, 417
샤, 티모시Shah, Timothy 466
샤뇽, 나폴레옹Chagnon, Napoleon 218, 239, 267
샤론, 아리엘Sharon, Ariel 336
샤쿠르, 사니카Shakur, Sanyika 151
샤프, 클로드Chappe, Claud 291
서스맨, 로버트Sussman, Robert 203
설로웨이, 프랭크Sulloway, Frank 49, 424
섬너, 윌리엄Sumner, William 78
셰퍼, 조지프Shepher, Joseph 115
손자Sun Tzu 246, 435
수아송, 자닌Soisson, Janine 277
수아송, 피에르Soisson, Pierre 277
쉰펜호벨, 불프Schienfenhovel, Wulf 283
슐타이스, 올리버Schultheiss, Oliver 54
스위프트, 조너선Swift, Jonathan 366, 369, 489
스탈린, 이오시프Stalin, Joseph 332, 361~362,

368, 377, 417, 442~443, 494
스톱스, 마리Stopes, Marie 403
스톱포드, 프레데릭Stopford, Frederick 247~248
시어, 레베카Sear, Rebecca 15
시쿨루스, 디오도루스Siculus, Diodorus 213
신딩, 스티븐Sinding, Steven 386
신코타, 리차드Cincotta, Richard 130
실라르드, 레오Szilard, Leo 375
실버, 록산느 코헨Silver, Roxane Cohen 226

ㅇ

아드리, 로버트Ardrey, Robert 38
아라파트, 야세르Arafat, Yasser 165
아론, 아서Aaron, Arthur 300
아르히포프, 바실리Arkhipov, Vasily 238
아리스토텔레스Aristotle 321
아리스토파네스Aristophanes 480
아마디네자드, 마무드Ahmadinejad, Mahmoud 414
아민,이디Amin, Idi 332, 417~418
아바스, 마무드Abbas, Mahmoud 463
아부 스웨이, 다우드Abu Sway, Daoud 148
아슈르바니팔 왕Ashurbanipal, King 332, 347
아스가자데, 무하마드Asgharzadeh, Muhammad 128
아우구스티누스Augustine, Saint 321, 352, 400~402, 405
아이젠하워, 드와이트Eisenhower, Dwight 419, 462
아인슈타인, 알베르트Einstein, Albert 36, 59, 175, 376
아타, 모하메드Atta, Mohammad 226, 278, 398, 459
아흐메드, 마흐디 마호메트 Ahmed, Mahdi Mohammed 275
알 와합, 아브다al-Wahhab, Abd 278
알 자르카위, 아부 무사브 알al-Zarqawi, Abu Musab 435
알 자와히리, 아이만al-Zawahiri, Ayman 435
알렉산더, 제리안 Alexander, Gerianne 26
알렉산드로스 대왕Alexander the Great 242, 257, 290, 304, 332,
알바라도, 페드로 데de Alvarado, Pedro 305
알트만, 잔Altman, Jeanne 66
애쉬, 솔로몬 E. Asch, Solomon E. 81
애틀리, 클레멘트Attlee, Clement 371
야구브, 유시프Yagoub, Yousif 273
야스코 야마가타Yasuko Yamagata 376
어윈, 앤소니 S. Irwin, Anthony S. 98
에드워드 1세Edward I, King 289
에드워드 7세Edward VII, King 25, 324
에크하르트, 윌리엄Eckhardt, William 230~231
엔도 세이치Endo Seichi, 382
엔겔만, 로버트Engelman, Robert 130
여호수아Joshua 332, 349
오니시 타키지로Onishi Takijiro 147
오언, 로버트 데일Owen, Robert Dale 406
와츠, 마이클Watts, Michael 386
왓슨, 제임스Watson, James 42
요세푸스Josephus 257, 356
요제프, 프란츠Joseph, Franz 253
우데트, 에른스트Udet, Ernst 89~90
우르바노 2세Urban II, Pope 383
울포위츠, 폴Wolfowitz, Paul 279, 440
워드, 캐롤Ward, Carol 265
워싱턴, 조지Washington, George 96, 168
웨슬리, 존Wesley, John 478
웨커네이걸, 마티스Wackernagel, Mathias 392
윌슨, 데이비드 슬론Wilson, David Sloan 272
윌슨, 우드로Wilson, Woodrow 296, 342
윌슨, E. O. Wilson, E. O. 38, 47, 59~60, 272, 468, 494
유세프, 람지Yousef, Ramzi 450
이시이 시로Ishii Shiro 334
이커, 아이라Eaker, Ira 303

ㅈ

자한, 샤Jahan, Shah 479
장제스Kai-shek, Chiang 359
잭슨, 스톤월Jackson, Stonewall 104
잭슨, 하이럼Jackson, Hiram 453
제노비스, 키티Genovese, Kitty 227

제임스 왕James, King 106
제퍼슨, 토머스Jefferson, Thomas 258
젠킨스, 로버트Jenkins, Robert 161
조프르, 조제프Joffre, Joseph 254
존슨, 도미니크Johnson, Dominic 440
존슨, 린든Johnson, Lyndon 161
주커만, 솔리Zuckerman, Solly 57
주코프, 게오르기Zhukov, Georgy 244
지로, 마리 루이즈Giraud, Marie Louise 417
짐바르도, 필립Zimbardo, Philip 79, 81, 166, 329, 370

ㅊ

차우셰스쿠, 니콜라에Ceausescu, Nicolae 417
처웰 경Cherwell, Lord 298
처치, 조지Church, George 498
처칠, 윈스턴Churchill, Winston 80, 97, 160, 248~249, 293, 295, 297~298, 303, 377, 487, 493
체니, 딕Cheney, Dick 270, 431, 440, 462
체인, 언스트Chain, Ernst 31
추두리, 자프룰라Chowdhury, Zafrullah 10, 412
최정규Choi Jung-Kyoo 353, 469
출라롱컨 왕Chulalongkorn, King 402
치점, 로데릭Chisholm, Roderick 97
칭기스칸Genghis Kahn 23~26, 99, 185, 304

ㅋ

카네이로, 로버트Carneiro, Robert 266
카이사르, 율리우스Caesar, Julius 213, 244, 250, 309, 319, 332, 340
카진스키, 테드Kaczynski, Ted 145
카터, 지미Carter, Jimmy 128, 452, 490
카플란, 로버트Kaplan, Robert 386
칸, A. Q.Kahn, A. Q. 382, 450
칸트, 임마누엘Kant, Immanuel 342
캐리어, 데이비드Carrier, David 203
캠벨, 더글러스Campbell, Douglas 18, 20, 90
캠벨, 마사Campbell, Martha 7, 165, 395
캠벨, 앤Campbell, Anne 170
캠벨, 케네스Campbell, Kenneth 54
케넌, 조지Kennan, George 443
케네디, 존 F. Kennedy, John F. 25, 237, 238
케리, 로버트Kerrey, Robert 337~339
케리, 존Kerry, John 249, 377
켈레트, 리처드Kellet, Richard 294
코르테스, 에르난Cortez, Hernan 275~276, 313
콘스탄티누스 대제Constantine the Great 320~321
쾨슬러, 아서Koestler, Arthur 349, 362
쿡, 제임스Cook, James 214, 216
쿡, D. M. Cook, D. M. 97
크라수스Crassus 251
크렌츠, 페터Krentz, Peter 110
크릭, 프랜시스Crick, Francis 42
크세르크세스Xerxes 251
클라우제비츠, 카를 폰von Clausewitz, Carl 346
클린턴, 빌Clinton, Bill 25, 335
키스, 아서 경Keith, Sir Arthur 200
키신저, 헨리Kissinger, Henry 422
키치너, 호레이쇼Kitchener, Sir Horatio 275
키플링, 러드야드Kipling, Rudyard 79
킬브랜든 경Kilbrandon, Lord 88
킬패트릭, 리Kilpatrick, Lee 271
킹, W. L. 맥켄지King, W. L. Mackenzie 371

ㅌ

타후, 나이Tahu, Ngai 359
탕셍치Tang Sheng-chih 359
터친, 피터Turchin, Peter 387~388
테일러, 텔포드Taylor, Telford 333
테일러, A. J. Taylor, A. J. 298
텔러, 에드워드 Teller, Edward 377
토드, 존Todd, John 403
토프트, 모니카Toft, Monica 466
투트모스 3세Thutmoses III 242
튀탱, 캐롤린Tutin, Caroline 204
트랩, 빌헬름Trapp, Wilhelm 364
트레비사나토, 시로Trevisanato, Siro 378
트렌차드 경Trenchard, Lord 295
트로터, 윌프레드Trotter, Wilfred 38

트루먼, 해리Truman, Harry 371, 376, 377
티베츠, 폴Tibbets, Paul 283
티어니, 패트릭Tierney, Patrick 218

ㅍ

파세크니크, 블라디미르Pasechnick, Vladimir 379
파월, 콜린Powell, Colin 419
팽크허스트, 에밀리Pankhurst, Emily 180
퍼킨스, 이반Perkins, Ivan 90
페르디난트, 프란츠Ferdinand, Franz 141
페어헤드, 제임스Fairhead, James 388
페탱, 마샬Petain, Marshall 417
펜, 윌리엄Penn, William 342
펠루소, 낸시Peluso, Nancy 386
포포프, 세르게이Popov, Serge 381
폴러스, 프레데릭Paulus, Frederick 232
푸미폰 왕Bhumibol, King 402
푹스, 클라우스Fuchs, Klaus 377
풀러, 게리Fuller, Gary 129
퓨지, 앤Pusey, Anne 63~64, 75, 170
프랑코, 프란시스코Franco, Francisco 333, 362
프랜시스, 달린Francis, Darlene 58
프랭클린, 로절린드Franklin, Rosalind 42
프레마다사, 라나싱헤 Premadasa, Ranasinghe 141
프루에츠, 질Pruetz, Jill 285
플레밍, 알렉산더Fleming, Alexander 311
플레이스, 프랜시스Place, Francis 406
플릭, 너대니얼Flick, Nathaniel 96, 122
피노체트, 아우구스토Pinochet, Augusto 335
피사로, 프랜시스코Pizarro, Francisco 313
피셔, 잭 경Fisher, Sir Jack 295, 324
피셔, 존Fisher, John 293
피터슨, 데일Peterson, Dale 39
핀, 마크Finn, Mark 265

ㅎ

하드라다, 하롤드Hardrada, Harold 109
하디, 알리스터 경Hardy, Sir Alister 271
하버, 클라라Haber, Clara 373
하버, 프리츠Haber, Fritz 373
하브야리마나, 주베날Haryarimana, Juvenal 152
하셀브뢰크, 요하네스Hasselbroeck, Johannes 331
하위징하, 요한Huizinga, Johan 37
하이젠베르크, 베르너Heisenberg, Werner 375, 381, 495
하이트, 조너선Haidt, Jonathan 468
하인드, 로버트Hinde, Robert 50, 57
하인즈, 멜리사Hines, Melissa 26
하트, 도나Hart, Donna 203
하트, 바실 리델Hart, Basil Liddell 476
한, 오토Hahn, Otto 375
해롤드 왕Harold, King 242
해리스, 아서Harris, Arthur 303
해리스, 샘Harris, Sam 467
해밀턴, 알렉산더Hamilton, Alexander 253
해밀턴, 윌리엄Hamilton, William 76
핸슨, 빅터 데이비스Hanson, Victor Davis 108, 110
핼리팩스 경Halifax, Lord 249
햅번, 캐서린Hepburn, Katharine 13, 33, 434
허드슨, 발레리Hudson, Valerie 131
허디, 새라 블래퍼Hrdy, Sarah Blaffer 165, 170, 178
헉슬리, 토머스 헨리Huxley, Thomas Henry 199
헤밍스, 샐리Hemings, Sally 258
헤밍웨이, 어니스트Hemingway, Ernest 96
헤이그, 더글라스 경Haig, Sir Douglas 310
헤이그, 알Haig, Al 419
헤이든, 마이클Hayden, Michael 130
헨리 5세Henry V, King 93~94, 252
호머-딕슨, 토머스Homer-Dixon, Thomas 388
호프먼, 로이Hoffman, Roy 337
홀, 폴Hall, Paul 150
홀랜드, 존Holland, John P. 292, 295, 308
홀먼, 앨리슨Holman, Alison 226
홀퍼, 조지프Holper, Joseph 253
홉스, 토머스Hobbes, Thomas 37, 200

홉튼 경Hopton, Lord 251
화이트, 마틴Whyte, Martin 178
화이트, 팀White, Tim 204
후세인,사담Hussein, Saddam 149, 195, 228, 245, 326, 332, 379, 439~442, 451
후커, 조지프Hooker, Joseph 186
휘트필드, 조지Whitfield, George 478
휠러, 모티머Wheeler, Mortimer 286
히로이토 천황Hirohito, Emperor 377
히틀러, 아돌프Hitler, Adolf 37, 90, 126, 179, 249, 252, 310, 332, 362~363, 374~375, 417, 441~442, 451, 465, 495
힌치리프, 피터Hinchcliffe, Peter 302
힐랄, 무사Hilal, Musa 447
힘러, 하인리히Himmler, Heinrich 362, 433